Cashflow Rechnung mit System

Marco Fontana

Cashflow Rechnung mit System

Für Studium und Praxis

Marco Fontana
Hochschule Luzern
Rotkreuz, Schweiz

ISBN 978-3-658-40718-6   ISBN 978-3-658-40719-3 (eBook)
https://doi.org/10.1007/978-3-658-40719-3

Die Deutsche Nationalbibliothek verzeichnet diese Publikation in der Deutschen Nationalbibliografie; detaillierte bibliografische Daten sind im Internet über http://dnb.d-nb.de abrufbar.

Planung/Lektorat: Vivien Bender
Springer Gabler ist ein Imprint der eingetragenen Gesellschaft Springer Fachmedien Wiesbaden GmbH und ist ein Teil von Springer Nature.
Die Anschrift der Gesellschaft ist: Abraham-Lincoln-Str. 46, 65189 Wiesbaden, Germany

Vorwort

Während meiner Tätigkeit als Finanzvorstand eines kleineren Konzerns wurde mir bewusst, dass die Erstellung einer Cashflow-Rechnung ein hochkomplexer und anspruchsvoller Prozess ist. Die Suche nach geeigneter Literatur zur Beschreibung dieses Prozesses verlief nicht zufriedenstellend. Gerade für Personen im Finanzbereich einer Tochtergesellschaft eines Konzerns stellt die korrekte Erstellung einer Cashflow-Rechnung zum Einbezug in die Konzernrechnung eine Herausforderung dar. Es mangelt häufig an vertieftem Verständnis und an einer brauchbaren Systematik.

Die eigentliche Ursache für das fehlende vertiefte Verständnis hat sich mir während meiner langjährigen Tätigkeit als Dozent an einer Fachhochschule offenbart. Auch die mir bekannten Lehrbücher erläutern die notwendigen Denkschritte und die anzuwendende Systematik überwiegend nur anekdotisch und mit praxisfernen Beispielen. Ob die auszubildenden Menschen ein vertieftes Verständnis erlangen, hängt von den Fähigkeiten des Dozenten oder der Dozentin ab, die Zusammenhänge und die Methodik verständlich zu vermitteln. Das Thema fristet in vielen Universitäten und Fachhochschulen oder anderen Ausbildungs- und Weiterbildungsinstitutionen ein Mauerblümchendasein. Der systematischen Erstellung einer praxisnahen Cashflow-Rechnung wird kaum Zeit eingeräumt. Häufig wird ein für die Praxis unzulängliches Vorgehen vermittelt.

Letztlich kann dies auch zu Qualitätsmängeln in der Wirtschaftsprüfung führen. Die für Prüfungshandlungen im Bereich der Erstellung der Cashflow-Rechnung eingesetzten Angestellten des Prüfungsunternehmens verfügen teilweise nicht über das notwendige Verständnis für die korrekte Erstellung von Cashflow-Rechnungen.

Mit diesem Buch möchte ich sowohl Personen ansprechen, die selbst in der Ausbildung oder Weiterbildung stehen oder dort als Dozenten tätig sind, aber auch solche, die in der Praxis mit der Erstellung von Cashflow-Rechnungen befasst sind oder diese prüfen. Es geht darum, unter Beachtung der Vorgaben von Rechnungslegungsstandards oder Regelwerken praxisnahe Konstellationen mittels einer systematischen Herangehensweise zu bearbeiten, um eine fehlerfreie und korrekte Cashflow-Rechnung zu erstellen. Wichtig ist mir dabei ein vertieftes Verständnis für seine inhärente Logik. Das Buch entwickelt die Systematik zu diesem Zweck aufbauend von der einfach verständlichen originären Herleitung über die derivative Herleitung bis zu einer modifizierten derivativen Herleitung.

Dabei wird lehrbuchartig jeder Schritt im Einzelnen erläutert und verständlich dargestellt. Beispiele und Lernziele unterstützen diese Zielsetzung.

Mein Dank geht an Herrn Andrea Zanetti, dipl. Wirtschaftsprüfer, für die Hinweise aus der Praxis und die Unterstützung in der Konzeptphase, Herrn Prof. Dr. Stefan Behringer für das Korrekturlesen und die wertvollen Hinweise zur Optimierung des Texts aus Sicht der lesenden Personen, Frau Vivien Bender von Springer Gabler für das Lektorat und ihre Unterstützung im Gesamtprozess sowie allen involvierten Personen der Springer Nature Gruppe für die wohlwollende Aufnahme und die professionelle Begleitung im Produktionsprozess. Dank gebührt auch der Hochschule Luzern für die Möglichkeit gewisse Teile dieses Werks während der Arbeitszeit zu bearbeiten. Schließlich danke ich meiner Partnerin Janine Gross für das Korrekturlesen des Manuskripts und für die verständnisvolle Begleitung während der mehrjährigen Erstellungsphase.

Mit dieser Publikation ist die Hoffnung verbunden, eine Lücke zu schließen und damit den in der betrieblichen Praxis tätigen, aber auch den in der Aus- oder Weiterbildung stehenden Fachleuten eine Hilfestellung zu bieten. Für konstruktive Kritik bin ich empfänglich und freue mich darauf.

Rotkreuz, Schweiz   Marco Fontana

Inhaltsverzeichnis

Abkürzungsverzeichnis

A	Aussonderung (Posten im Zusammenhang mit gesondert auszuweisenden Zahlungen)
AfA	Absetzung für Abnutzung (steuerrechtlich für Abschreibung)
AFRAC	Austrian Financial Reporting and Auditing Committee
AV	Anlagevermögen
bzw.	beziehungsweise
CHF	Schweizer Franken (Währungseinheit)
Cf	Cashflow
CfR	Cashflow-Rechnung (Deutschland/Österreich: Kapitalflussrechnung; Schweiz/Österreich: Geldflussrechnung)
Δ	(griechischer Buchstabe Delta) Veränderung, Differenz, Abweichung
Diss.	Dissertation
DRS	Deutscher Rechnungslegungs Standard
DRSC	Deutsches Rechnungslegungs Standard Committee e.V.
E	Erfolgswirksamer Vorgang, erfolgsverändernd; Gewinn-und-Verlust-wirksam
Σ	(Griechischer Buchstabe Sigma) Summe
Engl.	Englisch
ER	Erfolgsrechnung (Deutschland/Österreich: Gewinn-und-Verlust-Rechnung)
€	Euro (EUR)
F	Finanzierungstätigkeit
G	Geschäftstätigkeit
GE	Geldeinheiten
GFR	Geldflussrechnung (Schweiz, Österreich für Statement of Cash Flows, Cashflow-Rechnung)
ggf.	gegebenenfalls
GoB	Grundsätze ordnungsmäßiger Buchführung (und Bilanzierung)
GoR	Grundsätze ordnungsmäßiger Rechnungslegung
GuV; G + V	Gewinn-und-Verlust(-Rechnung); (Schweiz: Erfolgsrechnung)

H	Haben (buchhalterisch: rechte Kontoseite)
HGB	(Deutsches) Handelsgesetzbuch
I	Investitionstätigkeit
IAS	International Accounting Standard(s)
IASB	International Accounting Standards Board
IFRS	International Financial Reporting Standards
i. H. v.	In Höhe von
i. S.	Im Sinne
IT	Informationstechnologie (engl. „Information Technology")
KFR	Kapitalflussrechnung (in Deutschland, teilweise auch Österreich für Statement of Cash Flows)
L	Liquiditätswirksamer Vorgang, liquiditätsverändernd, finanzmittelfondsverändernd, zahlungswirksam, zahlungsmittelverändernd
N	Neutraler Vorgang (weder liquiditäts-, noch erfolgsverändernd)
Nr.	Nummer
OR	(Schweizerisches) Obligationenrecht; fünfter Teil des Zivilgesetzbuchs (ZGB)
Pos.	Position
PublG	Publizitätsgesetz (Deutschland; in der Fassung vom 12. Dezember 2019)
Rz.	Randziffer
S	Soll (buchhalterisch: linke Kontoseite)
SCF	Statement of Cash Flows (nach IAS 7)
Seq.	Sequenz
SGF	Swiss GAAP FER (Fachempfehlungen zur Rechnungslegung)
sog.	sogenannt
Tz.	Textziffer
u. a.	unter anderem, unter anderen
UGB	(Österreichisches) Unternehmensgesetzbuch
UV	Umlaufvermögen
Verr. St.	Verrechnungssteuern (Schweiz)
z. B.	zum Beispiel
ZGB	Zivilgesetzbuch (Schweiz)

Abbildungsverzeichnis

Tabellenverzeichnis

Teil I

Grundlagen der Cashflow-Rechnung

Einführung 1

Das Einführungskapitel des ersten Teils vermittelt zunächst im ersten Abschnitt einen Gesamtüberblick über den Buchteil und geht anschließend im zweiten Abschnitt darauf ein, wer mit diesem Teil primär angesprochen wird. Im dritten Abschnitt dieses Kapitels liegt der Fokus auf den Begriffen im Zusammenhang mit der Thematik der Cashflow-Rechnung. Dabei kommt auch zur Geltung, dass sich innerhalb des deutschsprachigen Raums noch keine einheitliche Terminologie durchgesetzt hat. Der vierte Abschnitt gibt einen Ausblick auf den zweiten Teil des Buchs und umschreibt grob dessen Zielsetzungen und Inhalte.

1.1 Inhaltsüberblick zum ersten Teil

▶ Grundlagen der Cashflow-Rechnung schafft das begriffliche Fundament und stellt die Methodik zur systematischen Ableitung und Präsentation dar.

Der vorliegende Grundlagenteil möchte die Grundlagen der Cashflow-Rechnung vermitteln und diese durch Beispiele illustrieren. Im Gegensatz zu vielen anderen Lehrbüchern liegt der Schwerpunkt der Ausführungen bei der technischen Vorgehensweise zur Aufstellung und nicht bei der Präsentation der Rechnung oder bei deren Analyse. Besonderes Augenmerk wird auf eine verständlich vermittelte *Systematik* gelegt, welche eine fehlerfreie und stimmige Ableitung einer Cashflow-Rechnung ermöglicht. Daher wird ein stufenweiser Aufbau gewählt, der von einer einfach verständlichen Vorgehensweise schrittweise zu der in der Praxis verwendeten Methodik überleitet.

Ausgangspunkt bildet die Analyse einzelner geschäftlicher Vorgänge. Diese werden hinsichtlich der Cashflow-Rechnung beurteilt. Die Ableitung von Cashflows aus Einzeltransaktionen wird auch als „originäre Herleitung" bezeichnet und bildet Gegenstand

M. Fontana, *Cashflow Rechnung mit System*, https://doi.org/10.1007/978-3-658-40719-3_1

des Kap. 2. Sie erfordert nur grundlegende Kenntnisse der Buchführung und bildet damit die didaktische Brücke zum Bekannten und Vertrauten.

Danach folgt im Kap. 3 die Einführung in die Ableitung der Cashflow-Rechnung aus der Veränderung von Bilanzpositionen. Diese Form der Herleitung wird fachsprachlich auch als „derivative Herleitung" bezeichnet. Sie erfordert neben einem vertieften Verständnis der Buchführung und Rechnungslegung auch eine sehr systematische Vorgehensweise. Unter vereinfachenden Annahmen wird diese Vorgehensweise sowohl mit einer buchhalterischen als auch mit einer rechnerischen Herangehensweise erläutert und mit konkreten Zahlenbeispielen illustriert. Dabei wird die hohe Komplexität der notwendigen Analyse der Elemente der Gewinn-und-Verlust-Rechnung und die Notwendigkeit der korrekten Zuordnung dieser Elemente auf die einzelnen Bilanzpostenveränderungen deutlich.

Das Kap. 4 zeigt den in der Praxis häufig eingeschlagenen Weg der zusammenfassenden Bereinigung der Bilanzveränderungen auf, der als „indirekte Berechnung des Geldflusses aus der Geschäftstätigkeit" bezeichnet wird. Diese summarische Bereinigung reduziert die Komplexität der Analyse im Bereich der Geschäftstätigkeit und vermeidet vor allem die Problematik der konkreten Zuordnung von Bereinigungsposten auf einzelne Bilanzpositionen. Andererseits zeigt das Kapitel die Notwendigkeit differenzierter Analysen der Bilanzpostenveränderungen im Bereich der Investitions- und Finanzierungstätigkeit auf. So wird die konzeptionelle Grundlage für eine auch in der betrieblichen Praxis umsetzbaren und dennoch systematischen und damit nachvollziehbaren Methodik gelegt, die als modifizierte derivative Herleitung bezeichnet wird.

Das Kap. 5 ist dieser systematischen Vorgehensweise gewidmet. Im Zentrum steht die Analyse der Veränderungen der einzelnen Bilanzposten. Diese werden den drei Tätigkeitsbereichen der Cashflow-Rechnung zugeordnet. Dabei wird Rückgriff auf das zweite Kapitel genommen. Jede Bilanzpostenveränderung des Investitions- und Finanzierungsbereichs wird systematisch analysiert. Dabei werden drei grundlegende Veränderungsarten unterschieden. Bei der Analyse wird zudem besonders auf eine Bruttobetrachtung der Veränderungen geachtet. Damit werden unzulässige Verrechnungen von Geldzuflüssen und -abflüssen vermieden. Das Kapitel beinhaltet ein Zahlenbeispiel zur Illustration und praktische Hinweise zur Arbeitsmethodik für die Analyse der Bilanzposten und die Übertragung der identifizierten finanzmittelfondsrelevanten Veränderungen in die eigentliche Cashflow-Rechnung.

Das Kap. 6 widmet sich der Frage, wie die einzelnen Cashflows zusammengefasst, gegliedert und insgesamt dargestellt werden. Dieses Kapitel befasst sich mit der Präsentation der Cashflow-Rechnung. Diese setzt Regeln für die Zuordnung und Darstellung voraus. Im dem Kapitel werden vereinfachende Regeln verwendet. Eine differenziertere Auseinandersetzung mit verschiedenen Jurisdiktionen und Rechnungslegungsstandards erfolgt dann im zweiten Teil des Buchs.

1.2   Zielpublikum und Anspruchsniveau

▶   Der Grundlagenteil adressiert lehrbuchartig die Grundstufe der Bachelorausbildung und soll einen Überblick über die verschiedenen Herangehensweisen schaffen.

Der Grundlagenteil richtet sich entsprechend seiner Zielsetzung an Fachleute des finanziellen Rechnungswesens und Studierende, welche auf der Grundlage ihrer bestehenden Fachkenntnisse in finanzieller Buchführung und Rechnungslegung in das Gebiet der Cashflow-Rechnung vordringen. Dabei steht eine Heranführung an die Thematik und an die darin verwendeten Begriffe entlang der bestehenden Vorkenntnisse aus der finanziellen Buchführung und Rechnungslegung an erster Stelle. Nach der Herleitungsmethode aus einzelnen Zahlungsvorgängen (originäre Herleitung) folgt eine Darstellung der Herleitung aus den Jahresabschlusszahlen (derivative Herleitung). Diese Methode wird im Anschluss in mehreren Punkten modifiziert. Auf dieser konzeptionellen Grundlage folgen Hinweise zur handwerklichen Umsetzung dieser modifizierten derivativen Herleitung. Schließlich wird die Zusammenführung der analysierten Elemente zur Cashflow-Rechnung aufgezeigt und illustriert.

Durch vereinfachende Annahmen, z. B. den Verzicht auf die Berücksichtigung von Umsatzsteueraspekten oder Annahmen zur buchhalterischen Abwicklung von Investitionen, werden Sonderfälle und Herausforderungen zunächst bewusst eliminiert. Auch werden im Grundlagenteil Unterschiede in den gesetzlichen Regelungen oder den Rechnungslegungsstandards ausgeblendet. Diese Reduktion der Komplexität dient der Fokussierung auf die grundsätzliche Systematik. Sie erleichtert auch den Einstieg in das Themenfeld.

Somit weist der Grundlagenteil das Anspruchsniveau der Einführung in die Cashflow-Rechnung für Studierende von Universitäten und Fachhochschulen auf Ebene der Grundstufe der Ausbildung zum Bachelor auf. Er eignet sich aber auch für Fachleute aus der Praxis, welche sich eigenständig oder im Rahmen ihrer Weiterbildung erstmals mit Cashflow-Rechnungen und deren Erstellung befassen möchten, aber keine diesbezügliche Einführung in ihrer Ausbildung genießen konnten oder die Erinnerung an deren Inhalte erneuern und erweitern möchten.

Entsprechend dem Charakter eines Lehrbuchs finden sich zu jedem Unterabschnitt Lernziele, Tipps und Beispiele. Auf bestehende Literatur wird nur verwiesen, wenn dies für den Lernerfolg und das Verständnis notwendig ist oder wenn daraus zitiert wird.

Der Grundlagenteil bildet innerhalb des Gesamtwerks die Voraussetzung für das Verständnis des zweiten Buchteils.

1.3 Begriffliche Aspekte im internationalen Umfeld

▶ **Cashflow** bedeutet Zahlungsstrom oder Geldfluss. Ein Geldfluss ist eine Einzahlung oder eine Auszahlung.

Das „Cash Flow Statement" wurde Mitte des 20. Jahrhunderts in den USA als Finanzflusstabelle zur Analyse von Jahresabschlüssen von Unternehmen mit börsennotierten Aktien entwickelt. Ziel war es, eine damals als Cash Flow bezeichnete Kennzahl, als Element der Aktienanalyse zu berechnen.

Cash Flow ist als Anglizismus auch in den deutschen Sprachgebrauch eingegangen und wurde als Cash-flow in der Aktienanalyse in Deutschland (DVFA 1982) verwendet.

Solche auf die Ermittlung einer Kennzahl gerichteten Rechnungen bilden heute nur noch ein Teilelement einer Gesamtrechnung über alle Zahlungsströme einer Periode, dem

Statement of Cash Flows im Sinne der internationalen Rechnungslegungsstandards (IASB 2022, S. 949). Die offizielle deutsche Übersetzung des maßgeblichen IAS 7 lautet in Anlehnung an den von Karl Käfer (z. B. 1967) als Übersetzung des Begriffs „Funds Statement" geprägten Begriff Kapitalflussrechnung (IASB 2013, S. 647). Dieser Begriff hat sich in Deutschland bis heute durchgesetzt, obwohl er im Grunde in zweierlei Hinsicht irreführend ist: Kapital ist nicht Cash und Kapital kann nicht fließen. Eine korrektere und enger an den englischen Ursprung angelehnte Übersetzung ist Geldflussrechnung. Dieser Begriff wurde ebenfalls schon durch Käfer (1967, S. 55) geprägt und ist in der Schweiz weit verbreitet.

In der weiteren Folge wird daher Cashflow-Rechnung gleichbedeutend zu Geldflussrechnung gesetzt. Mit Rücksicht auf den Sprachgebrauch in Deutschland wird in zweiter Line aber auch Kapitalflussrechnung als Synonym zu Cashflow-Rechnung verwendet. Wichtig dabei ist der Hinweis, dass der hier verwendete Begriff Cashflow-Rechnung nicht als Vorstufe zu einer voll ausgebauten Geldflussrechnung oder Kapitalflussrechnung verstanden wird, wie dies z. B. noch Amen (1994, S. 18) und andere Autoren taten, sondern als Gesamtrechnung, welche sämtliche Geldflüsse des Unternehmens für eine Rechnungsperiode im Sinne des IAS 7 „Statement of Cash Flows" umfasst und nicht nur diejenigen aus dem Leistungsbereich bzw. aus der operativen Geschäftstätigkeit.

▶ **Cashflow-Rechnung** wird hier gleichbedeutend zu Geldflussrechnung, Kapitalflussrechnung oder Statement of Cash Flows verwendet.

Für den *englischen Begriff Cash Flow* wird in der Folge bevorzugt Geldfluss oder Zahlungsstrom als deutsche Übersetzung verwendet. Insofern wird auch Abstand von der nicht mehr zeitgemäßen Cashflow-Auffassung genommen, welche diesen Begriff noch sehr eng verstand als „Geldversorgungsbeitrag aus Betriebstätigkeit" (vgl. z. B. Käfer 1967, S. 352). In der Folge wird der Begriff Cashflow vielmehr generisch als Zahlungsstromgröße verwendet, die jegliche Ein- oder Auszahlung und im Plural (Cashflows, Geldflüsse) eine Gesamtheit von Ein- und/oder Auszahlungen bedeutet.

1.4   Ausblick auf den zweiten Buchteil

▶   „Der Teufel steckt im Detail". Der zweite Buchteil geht auf die Besonderheiten
     und Details ein, die in der Praxis häufige Fehlerquellen und Herausforderungen
     darstellen.

Im *zweiten Buchteil* werden die Grundlagen ergänzt und vertieft. Einerseits werden die vereinfachenden Annahmen beseitigt, um sich einer praxisnahen Problemstellung anzunähern. Andererseits werden Besonderheiten thematisiert, wie sie in der Praxis bei der Erstellung von Geldflussrechnungen auftauchen und häufig auch der Grund für Fehldarstellungen bilden. Beispielhaft werden Umsatzsteueraspekte, aktivierte Eigenleistungen oder nicht finanzmittelfondswirksame Geschäftsvorgänge angeführt. Es sind solche Besonderheiten, welche in der Praxis die größten Herausforderungen darstellen. Zudem werden die Regelungen zur Geldflussrechnung in den verschiedenen Jurisdiktionen im deutschsprachigen Raum sowie die wichtigsten Rechnungslegungsstandards vergleichend herangezogen. Der zweite Buchteil ist somit an fortgeschrittene Ersteller und Prüfer von Geldflussrechnungen sowie an Studierende mit Vertiefung in finanzieller Rechnungslegung oder auch an solche auf Master- oder Weiterbildungsstufe gerichtet.

Kapitel-Zusammenfassung

- **Inhaltsübersicht** zum Grundlagenteil
  - Kap. 1: Einführung
  - Kap. 2: Die Ableitung der Cashflows aus einzelnen Geschäftsfällen („originäre Herleitung")
  - Kap. 3: Die derivative Herleitung
  - Kap. 4: Die modifizierte derivative Herleitung
  - Kap. 5: Systematisches Vorgehen bei der Erstellung
  - Kap. 6: Darstellung und Gliederung der Cashflow-Rechnung
- **Zielpublikum** des Grundlagenteils
  - Fachleute des finanziellen Rechnungswesens ohne Kenntnisse der Geldflussrechnung
  - Studierende in der Bachelorausbildung an Universitäten und Fachhochschulen
- **Anspruch** des Grundlagenteils
  - Vermittlung von Grundlagen der Geldflussrechnung
  - Einführung in die systematische Vorgehensweise zur Analyse und Aufstellung
- **Begriffe**
  - Cashflow: Zahlungsstrom oder Geldfluss, Ein- oder Auszahlung
  - Cashflow-Rechnung: Geldflussrechnung, Kapitalflussrechnung, Statement of Cash Flows
- **Ausblick auf den zweiten Buchteil**
  Teil 2: Herausforderungen und Besonderheiten der Cashflow-Rechnung

Literatur

Amen M (1994) Erstellung von Kapitalflussrechnungen. Oldenbourg, München/Wien

Deutsche Vereinigung für Finanzanalyse und Anlageberatung (DVFA) (1982) Der Cash-flow in der Finanzanalyse. *Kennzahlen in der Finanzanalyse*, 21. Darmstadt

International Accounting Standards Board (IASB) (2013) International financial reporting standards® zum 1. Januar 2013. IFRS Foundation, London

International Accounting Standards Board (IASB) (2022) IFRS® standards required for accounting periods beginning on or after 1 January 2022, excluding changes not yet required. IFRS Foundation, London

Käfer K (1967) Kapitalflussrechnungen: Funds statement, Liquiditätsnachweis, Bewegungsbilanz als 3. Jahresrechnung der Unternehmung. Poeschel, Stuttgart

Die Ableitung der Cashflows aus einzelnen Geschäftsfällen

2

Die originäre Herleitung

In diesem Kapitel geht es um die Einführung in die Cashflow-Rechnung auf der Grundlage von Einzelsachverhalten („originäre Herleitung"). Im ersten Abschnitt werden einzelne Geschäftsfälle daraufhin analysiert, ob sie als Cashflow zu beurteilen sind oder nicht. Dabei spielt der Begriff des Finanzmittelbestands eine zentrale Rolle. Im zweiten Abschnitt werden die drei hauptsächlichen Tätigkeitsbereiche dargestellt, nach denen Geldflüsse in der Präsentation gegliedert werden. Die Vorgehensweise und die Regeln für die Vornahme der Zuordnung zu diesen drei Hauptbereichen der Cashflow-Rechnung bilden ebenfalls Teil des vorgenannten Abschnitts. Der dritte Abschnitt gibt einen Überblick über die wichtigsten Grundsätze der Gliederung und Präsentation der einzelnen Posten der Cashflow-Rechnung. Danach folgt im vierten Abschnitt die Darstellung von ausgewählten Vor- und Nachteilen der sog. originären Methode zur Ermittlung der Geldflüsse. Der letzte Abschnitt ist einer ersten Annäherung an die Quellen der Regulierung der Cashflow-Rechnung gewidmet. Dabei werden Gesetze und Rechnungslegungsstandards vor allem aus dem deutschsprachigen Raum betrachtet. Zudem werden Hinweise auf die internationalen Standards der Rechnungslegung gegeben.

2.1 Der Geldfluss als Bewegung des Finanzmittelbestands

▶ **Cashflow ist Geldfluss.** Aber was ist Geld? Was bedeutet fließen?

Wenn Cashflow als Geldfluss übersetzt wird, folgt die Frage: Was ist Geld? Die Antwort scheint zunächst banal. Es sind die als gesetzliches Zahlungsmittel anerkannten Noten und Münzen im Verfügungsbereich des Unternehmens (Bargeld). Doch heute wird Bargeld immer mehr verdrängt durch Buchgeld, vorwiegend in der Form von Forderungen gegenüber Kreditinstituten. Ist das auch Geld, dessen Zugang in das Kreditinstitut als Geldfluss zu beurteilen ist?

Was bedeutet fließen im Kontext von Geldfluss? Ist jede Veränderung eines Bestands an Geld ein Geldfluss? Schließt Geldfluss den Zugang und den Abgang von Geld ein? Welches ist das Kriterium, um einen Geschäftsfall daraufhin zu beurteilen, ob er einen Geldfluss beinhaltet oder nicht? Diesen Fragen sind die ersten vier Unterabschnitte gewidmet. Der fünfte Unterabschnitt verknüpft letztere Frage mit der im Rahmen der Buchführung üblichen Abbildung der Geschäftsfälle in Form von Buchungssätzen oder Journaleinträgen.

2.1.1 Der Finanzmittelbestand als „Flüssige Mittel" ohne Abzugsposten

Lernziel
Den Finanzmittelfonds „Flüssige Mittel" umschreiben.

Es ist in der Praxis gar nicht so offensichtlich, wie die Abgrenzung zwischen Geld und anderen Vermögenswerten vor dem Hintergrund einer Geldflussrechnung vorzunehmen ist. Es ist letztlich eine Frage der Zweckmäßigkeit, wie weit oder wie eng der Begriff gefasst wird. Es gibt keine allgemeingültige Abgrenzung. Vielmehr liegt diese Aufgabe bei dem Gesetzgeber oder bei der Organisation, welche Standards zur Rechnungslegung setzt. Bei rein freiwillig erstellten Cashflow-Rechnungen liegt es letztlich sogar bei den für die Rechnungslegung zuständigen Organen der Gesellschaft, den Begriff zu definieren und abzugrenzen.

Traditionell erfolgt die Definition und Abgrenzung durch Beizug des Begriffs „Fonds". „Verwandte Aktiven (und Leistungen), meist auch zugehörige Passiven, werden als buchhalterische Einheit aufgefasst; sie bilden einen *Fonds*, der als Gesamtheit durch Zu- und Abflüsse verändert wird" (Käfer 1974, S. 24). Das DRSC spricht im DRS 21 von dem Finanzmittelfonds (2017, Tz. 9). Die Definition und Abgrenzung des Fonds lässt sich über die dem Fonds zugehörigen Bilanzpositionen, allenfalls auch durch Bezeichnung von dazugehörigen einzelnen Konten der Buchhaltung, praktisch umsetzen.

▶ Ein **Fonds** ist eine buchhalterische Gesamtheit von Vermögenswerten und allenfalls dazugehörigen Verbindlichkeiten.

Die naheliegendste Form des Fonds wäre der Fonds „Geld" (Cash, Zahlungsmittel). Dieser würde die Barmittel und die Sichtguthaben bei Kredit- oder Finanzinstituten einschließen. Diese Fondsabgrenzung wird jedoch selten verwendet. Die folgende Tabelle zeigt ein Beispiel für die Ermittlung des Fondsbestands zu einem Stichtag auf der Grundlage der Fondsdefinition „Geld".

Beispiel für den Fonds „Geld"

Beispiel für den Fonds „Geld"

Buchhaltungskonto	Saldo in Geldeinheiten zum Stichtag
Nebenkasse	1387
Hauptkasse	4248
Guthaben Postbank (Deutsche Bank AG)	1345
Commerzbank laufendes Konto Nr. xxxx	8428
UBS laufendes Konto Nr. xxx	2392
Fondsbestand (Summe)	17800

Viel häufiger und gewissermaßen der übliche Standard für den Fonds ist die Fondsdefinition „Flüssige Mittel" (nach Swiss GAAP FER 4.4) bzw. „cash and cash equivalents"
von IAS 7.7 (IASB 2022) Im Kern handelt es sich um eine erweiterte Fondsabgrenzung
des oben dargestellten Fonds „Geld". Zusätzlich werden geldähnliche Posten miteinbezogen. Nach IAS 7 (International) wird der Fonds als „cash and cash equivalents" bezeichnet. Nach Swiss GAAP FER 4 (Schweiz) hat der Fonds die Bezeichnung „Flüssige Mittel". Auch der Finanzmittelfonds nach DRS 21 (Deutschland) und der Fonds „Flüssige
Mittel" nach AFRAC 36 (Österreich) beinhalten diese beiden Komponenten. Allerdings
müssen bei diesen beiden letztgenannten Fondsabgrenzungen zwingend bestimmte Posten
auf der Passivseite der Bilanz als Abzugsposten mindernd in der Fondsabgrenzung berücksichtigt werden. Die verwendete Terminologie für die einzelnen Komponenten der
Fondsabgrenzung und für die Bezeichnung des Fonds selbst ist unterschiedlich und wird
in Tab. 2.1 vergleichend gegenübergestellt.

Insbesondere die Zahlungsmitteläquivalente (Cash equivalents) werden unterschiedlich bezeichnet. Stellvertretend wird hier die Definition des DRS 21 angeführt:

▶ **„Zahlungsmitteläquivalente:** Als Liquiditätsreserve gehaltene, kurzfristige, äußerst
liquide Finanzmittel, die jederzeit in Zahlungsmittel umgewandelt werden können und nur
unwesentlichen Wertschwankungen unterliegen. Zahlungsmitteläquivalente dürfen daher
nur eine Restlaufzeit im Erwerbszeitpunkt von maximal drei Monaten haben." (DRSC
2017, Tz. 9)

Tab. 2.1 Vergleich der Fondsdefinitionen verschiedener Rechnungslegungsstandards

IAS 7	DRS 21, AFRAC 36	Swiss GAAP FER 4
International	Deutschland, Österreich	Schweiz
Cash	Zahlungsmittel	Flüssige Mittel
Cash equivalents	Zahlungsmitteläquivalente	Geldnahe Mittel
Cash and cash equivalents*	**Finanzmittelfonds*, Flüssige Mittel***	**Flüssige Mittel**

* zudem zwingend Berücksichtigung von Abzugsposten nach Abschn. 2.1.2

Die Definition gemäß DRS 21 ist sehr ähnlich zu derjenigen von IAS 7, AFRAC 36 und Swiss GAAP FER 4.[1] Somit gehören Liquiditätsreserven, die in Form von an einer Börse gehandelten Aktien gehalten werden, zumeist nicht dazu, weil diese in der Regel erheblichen Wertschwankungen unterliegen. Im Gegensatz zu Swiss GAAP FER 4 verlangen DRS 21 und AFRAC 36 zwingend die Berücksichtigung bestimmter kurzfristiger Verbindlichkeiten im Fonds (vgl. DRS 21.34, AFRAC 36.6), wie sie nachstehend in Abschn. 2.1.2 beschrieben werden, während Swiss GAAP FER den Abzug ermöglicht, aber nicht zwingend vorschreibt (Wahlrecht).

2.1.2 Verbindlichkeiten gegenüber Kreditinstituten als Abzugsposten

Lernziel
Den Finanzmittelfonds nach DRS 21, den Fonds „Flüssige Mittel" nach AFRAC 36, den Fonds „Cash and cash equivalents" nach IAS 7 bzw. „Netto-flüssige Mittel" (Swiss GAAP FER 4) umschreiben.

Neben den Zahlungsmitteln und den Zahlungsmitteläquivalenten werden häufig noch bestimmte Verbindlichkeiten als Abzugsposten in der Fondsabgrenzung berücksichtigt. Insbesondere werden Verbindlichkeiten gegenüber Kreditinstituten im Zuge von Kontoüberziehungen als Teil der Bewirtschaftung der flüssigen Mittel gesehen. Solche Verbindlichkeiten bewegen sich im Rahmen einer vorgängig vereinbarten oder geduldeten Kontoüberziehung (Kreditlinie). Solche kurzfristigen Verbindlichkeiten gegenüber Kreditinstituten werden nicht als Finanzierungsvorgang, sondern als Verminderung des Fondsbestands qualifiziert. Dies ist insbesondere dann der Fall, wenn der Saldo des entsprechenden Kontos häufig wechselt, d. h. zeitweise ein Guthaben aufweisen kann und dann wieder infolge Überziehung eine Verbindlichkeit darstellt (vgl. IASB 2022, IAS 7.8). In IAS 7 wird ein solchermaßen abgegrenzter Fonds nicht besonders bezeichnet, sondern lediglich erwähnt, dass in solchen Fällen diese Verbindlichkeiten aus überzogenen Konten bei Kreditinstituten bei der Berechnung von „cash and cash equivalents" miteinbezogen werden.

Ganz ähnlich wird dies in Deutschland im DRS 21.34 geregelt, jedoch noch leicht erweitert um andere kurzfristige Kreditaufnahmen, soweit sie zur Disposition der liquiden Mittel gehören. Solche Verbindlichkeiten sind in den Finanzmittelfonds einzubeziehen und offen abzusetzen (DRSC 2017). Der Finanzmittelfonds nach DRS 21 ist somit ein Netto-Fonds, welcher gewisse Vermögenswerte beinhaltet und bestimmte Verbindlichkeiten davon in Abzug bringt.

---

[1] Dort beträgt die Restlaufzeit auch höchstens 90 Tage, wird jedoch ab dem Bilanzstichtag und nicht dem Erwerbszeitpunkt berechnet (vgl. Swiss GAAP FER 4.13).

Die Regelung in Österreich in der AFRAC-Stellungnahme 36 zur Geldflussrechnung (UGB) in Rz. (6) (AFRAC 2020, S. 3) ist fast identisch mit der internationalen Regelung nach IAS 7. Der entsprechende Netto-Fonds wird als „Fonds der flüssigen Mittel" bezeichnet.

Das schweizerische Handelsrecht spricht in Art. 961b OR lediglich von der „Veränderung der flüssigen Mittel", ohne diese genauer abzugrenzen. Nach Swiss GAAP FER, welche in der Schweiz jedoch nicht für die Auslegung des Handelsrechts maßgeblich sind, wird in Rz. 5 des Standards Nr. 4 ein Fonds „Netto-flüssige Mittel" erwähnt. Danach ist es zulässig, aber nicht verpflichtend, von den Zahlungsmitteln und Zahlungsmitteläquivalenten „jederzeit fällige Bankverbindlichkeiten (Kontokorrente)" in Abzug zu bringen, sofern sie dazugehören (Swiss GAAP FER 2020). Es liegt hier also ein Wahlrecht vor.

Für weitere Einzelheiten zur Fondsabgrenzung wird auf den zweiten Buchteil (Abschn. 8.2) verwiesen.

In der Abb. 2.1 sind die Unterschiede zwischen den Fondsdefinitionen für eine Geldflussrechnung in vereinfachter Form dargestellt. Die Vereinfachungen beziehen sich auf die beispielhaft eingefügten Bezeichnungen für die einzelnen Gruppen von Bilanzpositio-

Abb. 2.1 Vereinfachte Darstellung zu Fonds für die Geldflussrechnung

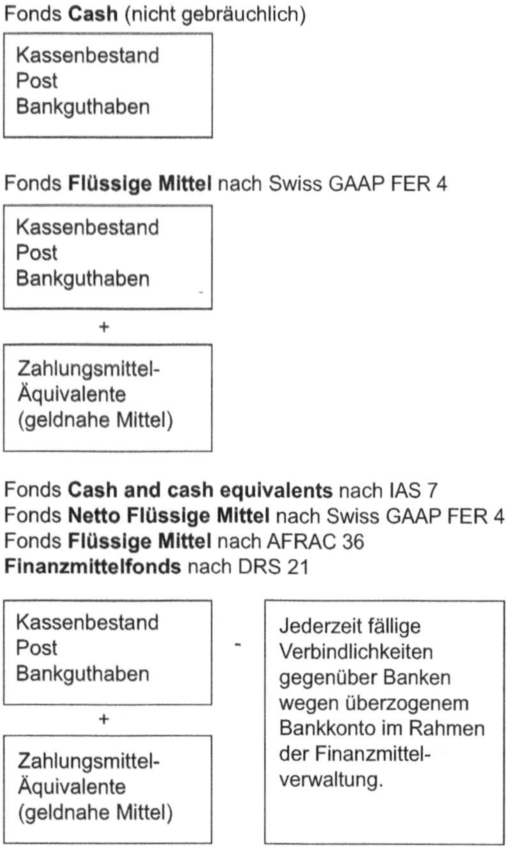

Fonds **Cash** (nicht gebräuchlich)

| Kassenbestand |
| Post |
| Bankguthaben |

Fonds **Flüssige Mittel** nach Swiss GAAP FER 4

| Kassenbestand |
| Post |
| Bankguthaben |

+

| Zahlungsmittel-Äquivalente (geldnahe Mittel) |

Fonds **Cash and cash equivalents** nach IAS 7
Fonds **Netto Flüssige Mittel** nach Swiss GAAP FER 4
Fonds **Flüssige Mittel** nach AFRAC 36
Finanzmittelfonds nach DRS 21

| Kassenbestand Post Bankguthaben | - | Jederzeit fällige Verbindlichkeiten gegenüber Banken wegen überzogenem Bankkonto im Rahmen der Finanzmittel-verwaltung. |

+

| Zahlungsmittel-Äquivalente (geldnahe Mittel) |

nen oder Konten. Maßgeblich sind die einzelnen Standards und die Beurteilung im Einzelfall des konkreten Unternehmens.

2.1.3 Finanzmittelbestand zum Stichtag und die Veränderung während der Rechnungsperiode

Lernziele
- Die Bestandteile des Fondsveränderungsnachweises aufzählen.
- Das Zusammenwirken dieser Bestandteile erläutern.
- Die Rolle des Fondsveränderungsnachweises in der Geldflussrechnung umschreiben.

Das Ziel der Geldflussrechnung besteht darin, die Veränderung des Finanzmittelbestands, wie er in der Fondsdefinition abgegrenzt wurde, nach seinen Ursachen zu erklären. Zunächst ist aber die in einer Rechnungsperiode erfolgte Veränderung zu ermitteln. Dies erfolgt im Fondsveränderungsnachweis, manchmal auch verkürzt als „Liquiditätsnachweis" bezeichnet (vgl. z. B. Käfer 1974, S. 25).

Der Liquiditätsnachweis ist eine matrixartige Gegenüberstellung der einzelnen Bestandteile des Fonds zum Beginn und zum Ende der Rechnungsperiode. Dabei wird manchmal auch die Veränderung jedes einzelnen Bestandteils ausgewiesen. Von größerer Bedeutung ist aber die Netto-Veränderung der Gesamtbeträge des Fonds zwischen den beiden Stichtagen.

Im Rahmen der Geldflussrechnung hat der Liquiditätsnachweis zwei Funktionen. Einerseits weist er die bei der Ermittlung des Finanzmittelfonds berücksichtigten Posten als Überleitung zu den Posten in den Bilanzen nach. Andererseits muss das Ergebnis des Liquiditätsnachweises, nämlich die betragsmäßige Nettoveränderung des Fonds in der Rechnungsperiode, mit der Summe der in der Geldflussrechnung ausgewiesenen Geldflüsse abstimmbar sein.

▶   Die Veränderung des Fonds ergibt sich durch Vergleich des Bestands zum Ende der Periode mit dem Bestand zum Anfang der Periode.

Eine Verpflichtung zum Ausweis des vollständigen Liquiditätsnachweises in der Geldflussrechnung besteht nicht. Dennoch wird zumindest der Bestand des Fonds zum Anfang und zum Ende der Abrechnungsperiode am Schluss der Geldflussrechnung als Nachweis der Übereinstimmung der Summe der Geldflüsse nach Ursachen zuzüglich allfälliger Überleitungsposten mit der Nettoveränderung des Fonds aufgeführt.[2] Zum anderen ist die Defi-

---

[2] Vgl. DRS 21 (DRSC 2017, Anlage 1), AFRAC-Stellungnahme 36 (AFRAC 2020, Rz. (42), S. 13), bzw. Rz. (43), S. 15), diesbezüglich keine direkte Ausweispflicht: Swiss GAAP FER 4 (Swiss GAAP FER 2020, Rz. 3), IAS 7 (IASB 2022).

nition und genaue Zusammensetzung des Fonds sowie ggf. eine Überleitung zu den entsprechenden Bilanzpositionen nach den meisten Regelwerken im Anhang offenzulegen.[3]

2.1.4   Illustrationsbeispiel für den Nachweis der Veränderung des Finanzmittelbestands

Lernziele
- Den Finanzmittelbestand zu einem Zeitpunkt korrekt berechnen.
- Die Nettoveränderung des Finanzmittelbestands für eine Periode ermitteln.

Die Vorgehensweise zur Erstellung eines Liquiditätsnachweises wird mit Hilfe des Beispiels „Metaxa AG" aufgezeigt.

Beispiel

Beispiel Metaxa AG

Die Metaxa AG ist ein in Deutschland ansässiges, nicht kapitalmarktorientiertes Unternehmen, das eine Kapitalflussrechnung als freiwilliger Bestandteil des Einzelabschlusses aufstellt und dabei den DRS 21 beachtet.

Nachstehend sind einige Posten aus der Bilanz nach HGB wiedergegeben (Werte in 1000 €, in Klammern Werte Vorjahr).

- B.III.1 Anteile an verbundenen Unternehmen 2000 (0)
- B.III.2. Sonstige Wertpapiere 1230 (889)
- B.IV. Kassenbestand, Bundesbankguthaben, Guthaben bei Kreditinstituten und Schecks 1291 (1593)
- C.2. Verbindlichkeiten gegenüber Kreditinstituten 256 (0);
  - davon mit einer Restlaufzeit bis zu einem Jahr 156 (0)
  - davon mit einer Restlaufzeit von mehr als einem Jahr 100 (0)

Zusätzlich stehen noch die folgenden internen Informationen zur Verfügung.

Die sonstigen Wertpapiere setzen sich wie folgt zusammen:

- Festgeldanlage mit ursprünglicher Laufzeit von 30 Tagen 1000 (500)
- Obligationen mit einer ursprünglichen Restlaufzeit von 6 Monaten im Erwerbszeitpunkt, fällig am 15. Februar 200 (0)
- Kurzfristige Vermögensanlage in Form von Aktien börsennotierter Unternehmen 30 (389)

---

[3] Vgl. DRS 21 (DRSC 2017, Tz. 52), AFRAC-Stellungnahme 36 (AFRAC 2020, Rz. (8) und (9), S. 4), Swiss GAAP FER 4 (Swiss GAAP FER 2020, Rz. 3), IAS 7 (IASB 2022, Rz. 45 und 46).

Die Verbindlichkeiten gegenüber Kreditinstituten mit einer Restlaufzeit von bis zu einem Jahr bestehen vollumfänglich aus Überziehung auf dem laufenden Konto mit einer der Hausbanken.

Auf der Grundlage von DRS 21 ist der Bestand des Finanzmittelfonds zu berechnen und seine Veränderung zum Vorjahr zu ermitteln.

Der Finanzmittelfonds setzt sich aus den Zahlungsmitteln und den Zahlungsmittel-äquivalenten zusammen, wobei jederzeit fällige Verbindlichkeiten gegenüber Kreditin-stituten sowie andere kurzfristige Kreditaufnahmen, die zur Disposition der liquiden Mittel gehören, davon offen abzusetzen sind. ◀

Die Lösung zu dem Beispiel Metaxa AG ist in der Abb. 2.2 dargestellt.

Im vorliegenden Beispiel sind nur Teile der Bilanzposition „sonstige Wertpapiere" im Finanzmittelfonds zu berücksichtigen, nämlich die gegenüber einem Kreditinstitut beste-henden Forderungen aus Festgeldanlagen mit einer ursprünglichen Restlaufzeit von maxi-mal drei Monaten. Auch wenn die Obligationen in eineinhalb Monaten ab Bilanzstichtag zur Rückzahlung fällig werden, dürfen sie nicht als Zahlungsmitteläquivalente berück-sichtigt werden, weil deren ursprüngliche Restlaufzeit im Erwerbszeitpunkt mehr als drei Monate umfasste.[4] Die kurzfristigen Anlagen in Aktien fallen ebenfalls nicht in Betracht als Zahlungsmitteläquivalente, weil sie zwar äußerst liquide sind, aber wesentlichen Wert-schwankungsrisiken unterliegen.

Im Ergebnis zeigt der Liquiditätsnachweis, dass der Finanzmittelfonds im Verlauf der Rechnungsperiode (hier des Geschäftsjahrs) um rund 42.000 € zugenommen hat. Diese

Liquiditätsnachweis der Metaxa AG (Werte in 1000 €)	Bilanzstichtag Geschäftsjahr	Bilanzstichtag Vorjahr	Veränderung
Zahlungsmittel			
Kassenbestand, Bundesbankguthaben, Guthaben bei Kreditinstituten und Schecks	1 291	1 593	- 302
Zahlungsmitteläquivalente			
Festgeldanlagen	1 000	500	+ 500
Abzugsposten			
Kontoüberziehung laufendes Konto Hausbank	- 156	0	- 156
Finanzmittelfonds	**2 135**	**2 093**	**+ 42**

Abb. 2.2 Lösung zum Beispiel Metaxa AG

---

[4]Im Gegensatz zu der Regelung in Swiss GAAP FER 4, welche von der Restlaufzeit zum Bilanz-stichtag ausgeht.

Netto-Zunahme ist das Ergebnis von vielen einzelnen Zahlungsströmen, welche den Finanzmittelfonds im Einzelnen verändert haben. Dies ist Gegenstand des nächsten Unterabschnitts.

2.1.5 Beurteilung von Geschäftsfällen hinsichtlich ihrer Finanzmittelbestandsveränderung

Lernziele
- Das Kriterium für die Beurteilung eines Geschäftsfalls hinsichtlich des Geldflusses beschreiben.
- Geschäftsfälle hinsichtlich Geldflusseigenschaft klassifizieren.
- Den Zusammenhang zwischen Fondsveränderung und Summe der Geldflüsse erläutern.

Während einer Rechnungsperiode fallen in einem Unternehmen viele Geschäftsfälle unterschiedlicher Art an. In diesem Unterabschnitt geht es darum aus dieser Gesamtheit von Transaktionen und Buchungstatsachen diejenige Teilmenge der Geschäftsfälle zu bestimmen, welche für die Geldflussrechnung von Bedeutung ist und darin abgebildet werden soll. Wie die Bezeichnung Cashflow-Rechnung sagt, sollen Zahlungsströme (die Cashflows) abgebildet werden. Zahlungsströme sind Einzahlungen oder Auszahlungen von Geld. Die Definition des Finanzmittelfonds konkretisiert den Begriff Geld (Cash). Als Geldfluss gilt nun aber nicht jede Geldbewegung, sondern nur diejenigen, welche *den Finanzmittelfonds insgesamt verändern*. Diese Umschreibung der Geldflüsse schließt also diejenigen Geldbewegungen aus, welche zwar ein Element des Finanzmittelfonds z. B. reduzieren, aber gleichzeitig ein anderes Element erhöhen. Eine Übertragung eines Betrags von einem Bankkonto auf ein Bankkonto bei einer anderen Bank gilt somit nicht als Geldfluss, weil dadurch der Gesamtbestand des Finanzmittelfonds sich in der Summe nicht verändert.

Die Beurteilung eines Geschäftsfalls auf seine sog. Zahlungsstromeigenschaft hin ist auf Grundlage des Kriteriums „Veränderung des Finanzmittelfonds insgesamt" vorzunehmen. Danach entscheidet sich, ob der Geschäftsfall einen Geldfluss (Cashflow) im Sinne der Geldflussrechnung beinhaltet. Interne Umschichtungen innerhalb des Finanzmittelfonds sind keine Geldflüsse im Sinne der Geldflussrechnung.

In der Praxis ist es für buchhalterisch ausgebildete Personen am einfachsten, die mit dem Geschäftsfall vorzunehmende buchhalterische Journaleintragung zu beurteilen. Dabei genügt es, in relativ grob eingeteilten Bilanz- und Gewinn-und-Verlust-Positionen zu denken. Ist der Geschäftsfall buchhalterisch abgebildet, gilt es zu analysieren, ob genau einer der beiden Einträge (Soll-Eintrag oder Haben-Eintrag) ein Bilanzkonto ist, das in der Finanzmittelfonds-Definition enthalten ist. Ist dies der Fall, handelt es sich um einen Geld-

Tab. 2.2 Entscheidungstabelle zur Analyse eines Journaleintrags*

Soll – Eintragung	Haben – Eintragung	Vorgang ist ein Geldfluss
		Nein
✓		Ja
	✓	Ja
✓	✓	Nein

* ✓ = ist Bestandteil der Finanzmittelfonds-Definition

fluss. Handelt es sich bei dem Konto um den Soll-Eintrag, liegt eine Einzahlung oder ein Geldzufluss vor, anderenfalls handelt es sich um eine Auszahlung oder einen Geldabfluss. Ist weder der Soll-Eintrag noch der Haben-Eintrag ein Bilanzkonto, welches Bestandteil der Finanzmittelfonds-Definition bildet, dann liegt kein Geldfluss vor. Wie vorhin erwähnt, liegt auch dann kein Geldfluss vor, wenn es sich bei beiden Einträgen um Bestandteile der Finanzmittelfonds-Definition handelt.

Dies kann in Form einer Entscheidungstabelle dargestellt werden (vgl. Tab. 2.2).

Die Gesamtheit aller Geschäftsfälle lässt sich somit in Zahlungsvorgänge und andere Geschäftsfälle einteilen. Aber nicht alle Zahlungsvorgänge sind für die Cashflow-Rechnung von Bedeutung; Zahlungen, die keine Veränderung des Finanzmittelfonds insgesamt bewirken, werden nicht in der Geldflussrechnung als Zahlungsströme ausgewiesen.

Beispiel

Beispiel Kiesbauer GmbH (Swiss GAAP FER)

Die Kiesbauer GmbH mit Sitz in der Schweiz betreibt einen Handel mit Stoffen und Zubehör für Schneidereien und Textilverarbeitungsbetriebe. Die Kiesbauer GmbH ist eine Konzerngesellschaft der Textil Holding AG, welche einen Konzernabschluss nach den Vorschriften von Swiss GAAP FER 4 erstellt. Sie verwendet als Fonds „Nettoflüssige Mittel". Der Finanzverantwortliche der Kiesbauer GmbH muss dazu im Rahmen eines Berichtspakets eine Geldflussrechnung erstellen, welche auf Konzernebene in die konsolidierte Geldflussrechnung einbezogen wird. Der Finanzmittelfonds umfasst bei der Kiesbauer GmbH zwei Bargeldkassen (Hauptkasse und Ladenkasse), ein Konto bei der PostFinance AG sowie drei laufende Konten bei der UBS AG, der Credit Suisse AG und der Solothurner Kantonalbank. Zudem besteht bei der Credit Suisse AG ein Festgeldkonto mit einer Laufzeit von einem Monat. Die UBS AG hat der Kiesbauer GmbH eine Kreditline eingeräumt, die sie durch Überziehung des Kontos in Anspruch nehmen kann. Die dadurch entstehende Verbindlichkeit ist auf Verlangen der Bank sofort rückzahlbar. Von dieser Überziehungsmöglichkeit wird bei vorübergehend angespannter Liquiditätslage Gebrauch gemacht.

Die nachstehende Auswahl von Geschäftsfällen ist daraufhin zu beurteilen, ob es sich um Geldflüsse (Cashflows) im Sinne der Geldflussrechnung handelt.

1. Gutschriftanzeige der Credit Suisse AG für Zahlungseingang mit dem Vermerk „Blättler AG, Langenthal, Rg. Nr. 38949-34"
2. Der Importeur für Stoffe hat eine Lieferung in Rechnung gestellt.
3. Belastungsanzeige der Solothurner Kantonalbank mit dem Vermerk „Ihr Zahlungsauftrag vom 23. April 20XX"
4. Kasseneingang Hauptkasse mit dem Vermerk „Ablieferung Tagesumsatz Ladenkasse"
5. Belastungsanzeige der UBS AG mit dem Vermerk „Übertrag auf Konto SoKB5"
6. Belastungsanzeige der Credit Suisse mit dem Vermerk „DTA Zahlung Löhne und Gehälter"
7. Belastungsanzeige der UBS AG mit dem Vermerk „Begünstigter: Allreal Immobilien AG; Zahlungsgrund; Miete April".
8. Gutschrift Ladenkasse mit dem Vermerk „Barverkauf Dekorationsstoffe"
9. Gutschrift Hauptkasse mit dem Eintrag „Rückzahlung Gehaltsvorschuss Müller" im Kassenbuch.
10. Belastungsanzeige der Credit Suisse AG mit dem Vermerk „Bankgebühren und Spesen April".
11. Belastungsanzeige der UBS AG mit dem Vermerk „Ihr Zahlungsauftrag vom …; Begünstigter: Textilimport AG, Balsthal; Zahlungsgrund: Rg. 84994-34 abzüglich Skonto".
12. Belastungsanzeige der Solothurner Kantonalbank mit dem Text: „Begünstigter: Computer Handels GmbH, Basel; Zahlungsgrund: Rg. 9345233492A".
13. Gutschriftanzeige betreffend das laufende Konto bei der Credit Suisse AG: „Übertrag Festgeldkonto bei Endfälligkeit".
14. Interner Beleg: Ausbuchung Kundenguthaben Emil Peterhans GmbH, Ermatingen.
15. Gutschriftanzeige Credit Suisse AG mit Vermerken „Textil Holding AG, Gesellschafterdarlehen gemäß Vertrag vom 16. April 20XX".

Diese Vorgänge sind hinsichtlich ihrer Cashflow-Eigenschaft wie folgt zu beurteilen. In Klammern wird eine Kurzbegründung angeführt.

1. Geldfluss (Fondskonto im Soll, Gegenkonto nicht im Fonds, vermutlich Forderungen aus Lieferungen und Leistungen).
2. Kein Geldfluss (Der Rechnungseingang berührt weder im Soll noch im Haben ein Konto des Fonds).
3. Nicht beurteilbar (Ein Fondskonto wird im Haben berührt. Es ist jedoch unklar, ob im Soll ein anderes Fondskonto steht oder ein Konto außerhalb des Finanzmittelfonds).
4. Kein Geldfluss (Der Übertrag der Tagesumsätze von der Ladenkasse in die Hauptkasse führt zu einem Journaleintrag, der sowohl auf der Soll-, als auch auf der Haben-Seite ein Konto des Finanzmittelfonds beinhaltet).

---

[5] Interne Abkürzung für Solothurner Kantonalbank.

5. Kein Geldfluss (Analog zu 4. Es handelt sich auch hier um eine interne Mittelverschiebung innerhalb des Finanzmittelfonds).

6. Geldfluss (Fondskonto wird im Haben angesprochen, im Soll wird jedoch ein Konto außerhalb der Fondsdefinition verwendet, z. B. Kontrollkonto Löhne und Gehälter oder ähnlich).

7. Geldfluss (Fondskonto wird im Haben angesprochen, im Soll wird jedoch ein Konto außerhalb der Fondsdefinition verwendet, vermutlich Mietaufwand oder ähnlich).

8. Geldfluss (Fondskonto Ladenkasse wird im Soll bebucht, im Haben wird ein Erlöskonto und allenfalls ein Konto für Umsatzsteuerschuld angesprochen).

9. Geldfluss (Fondskonto Hauptkasse wird im Soll bebucht, im Haben wird kein Konto aus der Fondsdefinition angesprochen).

10. Geldfluss (Im Fondskonto Credit Suisse AG wird im Haben gebucht, während die Soll-Buchung vermutlich ein Aufwandkonto ist)

11. Geldfluss (Im Fondskonto UBS AG wird im Haben gebucht, während die Soll-Buchung vermutlich ein Konto ist, das den Verbindlichkeiten aus Lieferungen und Leistungen zugehörig ist).

12. Geldfluss (Im Fondskonto UBS AG wird im Haben gebucht, während die Soll-Buchung vermutlich ein Konto außerhalb des Fonds ist, dem die Rechnung für die Anschaffung eines Gegenstands des Sachanlagevermögens, z. B. eines „Servers", gutgeschrieben wurde).

13. Kein Geldfluss (Es handelt sich auf beiden Seiten des Journaleintrags um Konten, die zum Finanzmittelfonds „Netto-flüssige Mittel" gehören).

14. Kein Geldfluss (Weder die Soll-, noch die Haben-Buchung dieses Geschäftsfalls berühren ein Konto, das zum Finanzmittelfonds gehört).

15. Geldfluss (Im Fondskonto Credit Suisse AG wird im Soll gebucht, während es sich bei der Gegenbuchung um eine Verbindlichkeit handelt, die außerhalb des Fonds liegt). ◄

Die mit der Geldflussrechnung zu erklärende gesamte Nettoveränderung des Finanzmittelfonds besteht aus der Gesamtheit der einzelnen Zu- und Abgänge, bereinigt um Überträge innerhalb des Finanzmittelfonds. Die originäre Methode verwendet daher als Ausgangspunkt die Gesamtheit der einzelnen Transaktionen in den Konten, die zu dem Finanzmittelfonds gehören und scheidet davon die internen Umbuchungsvorgänge innerhalb der Konten des Finanzmittelfonds aus.[6] Die verbleibenden Transaktionen sind nach den in den folgenden Abschnitten dargestellten Regeln zu klassifizieren und zusammenge-

---

[6] Genau betrachtet fallen auch die innerhalb des Finanzmittelfonds anfallenden umrechnungskursbedingten Veränderungen der umgerechneten Fremdwährungsbestände nicht unter die Kategorie der Geldflüsse. Je nach Standard sind auch andere Veränderungen des Finanzmittelfonds als Vorgänge ohne Zahlungsstrom-Eigenschaft bezeichnet. Im Grundlagenteil wird diese Spezialproblematik jedoch ausgeblendet.

fasst auszuweisen. Daraus entsteht die Geldflussrechnung bzw. Kapitalflussrechnung. Die Summe aller so ermittelten Geldflüsse wird am Schluss mit der Differenz zwischen dem Endbestand und dem Anfangsbestand des Finanzmittelfonds abgestimmt, um nachzuweisen, dass es sich um eine vollständige und fehlerfreie Aufstellung aller Geldflüsse handelt.

Fazit

Cashflow ist ein Zahlungsstrom. Dabei fließt Geld in das Unternehmen (Einzahlung) oder vom Unternehmen ab (Auszahlung). Dabei kommt es darauf an, was als Geld berücksichtigt wird.

Zu diesem Zweck werden *Fonds* definiert. Der Fonds ist der Liquiditätsbestand des Unternehmens. Dessen Abgrenzung kann unterschiedlich ausfallen. Entsprechend bestehen mehrere Arten von Fonds. Sie fassen mehrere Bilanzposten zusammen. In diesem Grundlagenteil wird ein vereinfacht definierter Fonds „Flüssige Mittel" verwendet und hinsichtlich anderer Fonds und Abgrenzungsfragen auf den zweiten Buchteil verwiesen. Der *Fondsveränderungsnachweis* zeigt den Fondsbestand zum Anfang und zum Ende der Periode und erlaubt die Ermittlung der Nettoveränderung des Fonds.

Als Entscheidungskriterium, ob ein Geschäftsfall einen Geldfluss beinhaltet, wird der „Fonds" herangezogen. Verändert sich dieser durch den Geschäftsfall, liegt ein *Geldfluss* vor. Verändert er sich insgesamt nicht, liegt kein Geldfluss vor. Nur im ersten Fall ist der Geschäftsfall für die Geldflussrechnung von Bedeutung und wird darin abgebildet. Die anderen Geschäftsfälle berühren die Geldflussrechnung nicht. Die für die Geldflussrechnung relevanten Geschäftsfälle haben daher gemeinsam, dass genau eine Seite ihrer Abbildung als Buchungssatz oder Journaleintrag ein Konto betrifft, welches als Bestandteil des für die Geldflussrechnung maßgeblichen Fonds definiert wurde.

Die Summe aller Geldflüsse in einer Periode ist betragsmäßig gleich der Nettozu- oder -abnahme des Fondsbestands zwischen dem Periodenbeginn und dem Periodenende.

2.2   Die Gliederung der Geldflüsse nach den drei Tätigkeitsbereichen

▷   In diesem Abschnitt werden die Regeln der Klassifizierung von Geldflüssen behandelt.

Alle betrachteten Standards zur Geldflussrechnung verwenden eine Klassifizierung der Geldflüsse nach drei Tätigkeitsbereichen. Es handelt sich um folgende drei Tätigkeitsfelder:

- Geldflüsse aus der (laufenden) Geschäftstätigkeit („operating activities")
- Geldflüsse aus der Investitionstätigkeit („investing activities")
- Geldflüsse aus der Finanzierungstätigkeit („financing activities")

Deren Bezeichnung in den einzelnen Standards ist teilweise leicht unterschiedlich.[7] In den folgenden Unterabschnitten werden diese Tätigkeitsbereiche erläutert und insbesondere gewisse Grundregeln für die Zuteilung der Geldflüsse zu diesen Tätigkeitsbereichen aufgestellt und erläutert.

▶   Die hier dargestellten Zuteilungsregeln stellen eine Vereinfachung dar. Damit ist die Erstellung einer gesetzes- oder standardkonformen Geldflussrechnung nicht vollumfänglich gewährleistet. Die Vereinfachung wurde aus didaktischen Gründen vorgenommen.

Mit Blick auf den Grundlagencharakter dieses Teils werden Spezialzuteilungsregeln und Wahlrechte, wie sie in einzelnen Standards enthalten sind, nicht an dieser Stelle erörtert. Maßgebend dafür ist der im Einzelfall anwendbare Standard. Diesbezüglich wird auf den zweiten Buchteil, insbesondere das Kap. 9 verwiesen.

Die Anwendung der Zuteilungsregeln wird an einem konkreten Beispiel aufgezeigt. Die Erläuterungen dazu enthalten auch methodische Hinweise für die Lösung praktischer Problemstellungen im Umfeld der originären Herleitung der Cashflow-Rechnung.

2.2.1 Geldflüsse aus der Geschäftstätigkeit

Lernziele
- Den Begriff der Geschäftstätigkeit umschreiben.
- Die Regel für die Zuteilung eines Geldflusses zur Geschäftstätigkeit beschreiben.
- Typische Beispiele für Geldflüsse aus der Geschäftstätigkeit aufzählen.

Die einfachste Umschreibung für den Begriff der Geschäftstätigkeit ist die negative Umschreibung, wonach alles Geschäftstätigkeit ist, was nicht unter die Investitions- oder Finanzierungstätigkeit fällt. Zur Hauptsache sind dies Geldflüsse, die aus der betrieblichen Leistungserstellung resultieren. Es können aber auch sonstige Ein- und Auszahlungen darunterfallen, die nicht der Investitions- oder Finanzierungstätigkeit zuzuordnen sind, z. B. Zahlungen für Ertragsteuern.

---

[7] Swiss GAAP FER 4 bezeichnet die Tätigkeitsklassen teilweise auch als Bereiche (Investitionsbereich, Finanzierungsbereich). „Operating activities" werden als „Betriebstätigkeit" bezeichnet (vgl. Swiss GAAP FER 2020, S. 42), in Österreich als „betriebliche Tätigkeit" (vgl. AFRAC 2020, Rz. (18) – (23), S. 6–7) während diese in Deutschland als „laufende Geschäftstätigkeit" ausgewiesen werden soll (vgl. DRSC 2017, Tz. 9). In der Folge wird „Geschäftstätigkeit" verwendet.

▶ Alle Geldflüsse, die nicht als solche aus einer Investitions- oder einer Finanzierungstätigkeit zu klassifizieren sind, werden als Geldflüsse aus (laufender) Geschäftstätigkeit klassifiziert.

Die (vereinfachte) Regel für die Beurteilung, ob es sich bei einem Geldfluss um einen Geldfluss aus der Geschäftstätigkeit handelt, lautet somit: Handelt es sich *nicht* um eine Investitions- oder Finanzierungstätigkeit? Dabei wird der dem Geldfluss zugrunde liegende Geschäftsfall nach buchhalterischen Regeln analysiert. Im ersten Schritt wird die *Gegenbuchung* zu dem Eintrag in dem Konto, das dem Finanzmittelfonds angehört, *ermittelt*. Die Art des Gegenkontos kann bereits die Grundlage für die Beurteilung sein, ob es sich um eine Investitions- oder Finanzierungstätigkeit handelt. Kann beides ausgeschlossen werden, ist der Geldfluss im Bereich der Geschäftstätigkeit auszuweisen. Dabei ist nach den in den Abschn. 2.2.2 und 2.2.3 beschriebenen Regeln zu verfahren.

Ein häufiger Sonderfall sind *Zahlungsvorgänge als Gegenleistung für Lieferungen oder Leistungen auf Kredit* (gegen Rechnung). Bei solchen Geldflüssen ist das Gegenkonto ein Konto im Bereich der Forderungen oder der Verbindlichkeiten. Regelmäßig ist solchen Buchungsvorgängen der Gegenstand der Lieferung oder der Leistung ohne Einsicht in den Buchungsbeleg nicht zu entnehmen. Dasselbe gilt, wenn die Gegenbuchung ein sog. Kontroll- oder Abstimmkonto betrifft. In solchen Fällen ist zur Analyse des zugrunde liegenden Geschäftsfalls in diesem Gegenkonto die inhaltlich verknüpfte, jedoch zeitlich vorgelagerte Buchung zu ermitteln (z. B. die Erfassung der Rechnung an den Kunden oder die Rechnung des Lieferanten). Die buchhalterische Abbildung dieser Rechnung ist die Grundlage für die Beurteilung, ob es sich um einen Investitions- oder allenfalls Finanzierungsvorgang handelt. Während letzteres selten vorkommt, sind Rechnungen für den Erwerb von Gegenständen des Anlagevermögens oder für die Veräußerung solcher Gegenstände nicht unüblich. Fallen Investitions- und Finanzierungsvorgänge nicht in Betracht, kann nach dem Ausschlussverfahren gefolgert werden, dass ein Geldfluss aus der Geschäftstätigkeit vorliegt.

Beispiel

Beispiele für Geldflüsse aus Geschäftstätigkeit

- Einzahlungen aus dem Verkauf von Gütern und Erzeugnissen sowie aus der Erbringung von Leistungen
- Einzahlungen aus Gebühren, Kommissionen und anderen Umsatzerlösen
- Auszahlungen an Lieferanten für erhaltene Lieferungen von Gütern und Materialien
- Auszahlungen an Dienstleister für erhaltene Leistungen
- Auszahlungen an das Personal sowie für Rechnung des Personals
- Auszahlungen und Rückerstattungen im Zusammenhang mit Ertragsteuern

Die Liste ist angelehnt an die Beispiele in IAS 7.14 (IASB 2022, S. A976).

Dabei handelt es sich immer um solche Vorgänge, die nicht als Investitions- oder Finanzierungstätigkeit zu klassifizieren sind. Zahlungen für Lieferungen, die letztlich als Anlagevermögen bilanziert werden, sind als Geldflüsse aus Investitionstätigkeit zu behandeln. ◄

2.2.2 Geldflüsse aus der Investitionstätigkeit

Lernziele
- Den Begriff der Investitionstätigkeit umschreiben.
- Die Regel für die Zuteilung eines Geldflusses zur Investitionstätigkeit erläutern.
- Typische Beispiele für Geldflüsse aus der Investitionstätigkeit aufzählen.

Investitionsaktivitäten umfassen nach IAS 7.6 den Erwerb und die Veräußerung von Gegenständen des Anlagevermögens sowie anderer Vermögensanlagen, welche nicht Teil des Finanzmittelfonds sind (eigene Übersetzung aus IASB 2022, S. A975). Es handelt sich bei Letzteren vor allem um kurzfristig angelegte flüssige Mittel z. B. in Form von Wertpapieren, die als Umlaufvermögen bilanziert werden und nicht als Zahlungsmitteläquivalente qualifizieren, weil sie z. B. erheblichen Wertschwankungen unterliegen. Solche Vermögensanlagen stehen nicht primär im Zusammenhang mit der laufenden Geschäftätigkeit, weshalb sie den Investitionstätigkeiten zugeordnet werden. Andererseits fallen beispielsweise kurzfristige Vorschüsse an Mitarbeiter oder andere sonstige Forderungen, die einen engen Zusammenhang mit der laufenden Geschäftstätigkeit aufweisen, nicht unter die Investitionstätigkeiten.

In gewissen Standards werden erhaltene Zinsen und erhaltene Dividenden entweder wahlweise oder verpflichtend dem Geldfluss aus Investitionstätigkeit zugordnet. Für Einzelheiten dazu wird auf Abschn. 6.3.1.5 sowie Abschn. 9.3 verwiesen.

▶   Geldflüsse aus Investitionsaktivitäten sind vor allem Zahlungsströme im Zusammenhang mit dem Erwerb und der Veräußerung von Gegenständen des Anlagevermögens.

Die Gegenbuchung zu dem Eintrag in ein Konto, das Teil des Finanzmittelfonds bildet, ist bei der originären Methode dafür maßgebend, ob ein als Geldfluss identifizierter Geschäftsvorgang als Investitionstätigkeit zu klassifizieren ist. Der Barkauf eines Laserdruckers ist ein typischer Fall dafür. Die Gegenbuchung zum Eintrag im Kassenkonto ist ein Konto im Bereich des Anlagevermögens.[8] Die Analyse ist aufwändiger, wenn der Erwerb auf Kredit erfolgte. Dann wird bei der Lieferung zunächst eine Rechnung erfasst, die später durch Zahlung ausgeglichen wird. Die originäre Methode setzt bei dem letzten Vorgang

---

[8] Es wird unterstellt, dass es sich nicht um ein geringwertiges Gut handelt.

an. Die Analyse des Gegenkontos bei dem Zahlungsvorgang ist noch nicht sehr erhellend. Die Buchung auf das Personenkonto des liefernden Unternehmens lässt noch keine abschließende Beurteilung über die Klassifizierung der Zahlung zu. Zunächst muss im Gegenkonto die dem Zahlungsvorgang zugrunde liegende Buchung zur Erfassung der Eingangsrechnung als Eintrag gesucht werden. Erst die Analyse des Gegenkontos dieser Buchung (Konto im Anlagevermögen) lässt eine abschließende Beurteilung zu, ob die Zahlung der Investitionstätigkeit zuzuordnen ist.

Beispiel

Beispiele für Geldflüsse aus Investitionstätigkeit

- Auszahlungen für die Anschaffung von Gegenständen des Sachanlagevermögens und des immateriellen Anlagevermögens, einschließlich aktivierter Eigenleistungen (z. B. selbst hergestellte Gegenstände des Anlagevermögens oder aktivierte Entwicklungskosten).
- Einzahlungen aus der Veräußerung von Gegenständen des Sachanlagevermögens und des immateriellen Anlagevermögens.
- Auszahlungen für die Gewährung von Darlehen oder zur Anschaffung von Aktien oder Obligationen.
- Einzahlungen aus der Rückzahlung von Darlehen oder aus dem Verkauf von Aktien oder Obligationen.
- Abhängig von Standard: Einzahlungen aus erhaltenen Zinsen oder Dividenden.

Die Beispiele sind in Anlehnung an IAS 7.16 (IASB 2022, S. A977) formuliert. ◄

2.2.3 Geldflüsse aus der Finanzierungstätigkeit

Lernziele
- Den Begriff der Finanzierungstätigkeit umschreiben.
- Die Regel für die Zuteilung eines Geldflusses zur Finanzierungstätigkeit erläutern.
- Typische Beispiele für Geldflüsse aus der Finanzierungstätigkeit aufzählen.

Finanzierungstätigkeiten sind Aktivitäten, die zu einer Veränderung des Betrags oder der Zusammensetzung des eingebrachten Eigenkapitals oder der Finanzverbindlichkeiten führen. Bei den Finanzverbindlichkeiten handelt es sich um eine Teilmenge des Fremdkapitals. Es sind diejenigen Verbindlichkeiten, die primär zur Versorgung des Unternehmens mit Geld eingegangen wurden (Finanzierungscharakter). Sie sind häufig verzinslich und können langfristig oder kurzfristig fällig werden.

In allen Standards werden zudem bezahlte Dividenden entweder wahlweise oder verpflichtend dem Geldfluss aus Finanzierungstätigkeit zugordnet. In den meisten Standards sind auch bezahlte Zinsen entweder wahlweise oder verpflichtend dem Geldfluss aus Finanzierungstätigkeit zugordnet. Für Einzelheiten dazu wird auf Abschn. 6.3.1.5 sowie Abschn. 9.3 verwiesen.

▶　　Geldflüsse aus Finanzierungstätigkeit ergeben sich – vereinfacht ausgedrückt – aus der Aufnahme und Rückzahlung von Fremdkapital mit Finanzierungscharakter sowie der Einzahlung in das oder Rückzahlung des Eigenkapitals, einschließlich Dividendenauszahlungen.

Die Beurteilung von Veränderungen des Finanzmittelfonds hinsichtlich des Tätigkeitsbereichs erfolgt bezogen auf Finanzierungstätigkeiten ebenfalls durch Beizug des Gegenkontos der Buchung. Grundlage bildet die buchhalterische Erfassung des Zahlungsvorgangs. Dieses Vorgehen führt in den meisten Fällen von Finanzierungstätigkeiten bereits zu einer zuverlässigen Beurteilung, weil Finanzierungsvorgänge nur ausnahmsweise über Forderungs- oder Verbindlichkeitskonten abgewickelt werden. In solchen seltenen Fällen ist die mit der Gegenbuchung noch weiter verkettete Vorgängerbuchung heranzuziehen.

Beispiel

Beispiele für Geldflüsse aus Investitionstätigkeit

- Einzahlungen aus der Ausgabe von neuen Aktien, Geschäftsanteilen oder anderen Eigenkapitalinstrumenten.
- Auszahlungen zum Erwerb (Rückkauf) eigener Anteile oder Aktien.
- Auszahlungen als Gegenleistung zu Kapitalherabsetzungen einschließlich Rückzahlung von Kapitalrücklagen (Kapitalreserven).
- Einzahlungen aus Obligationenanleihen, Aufnahme von Darlehen und sonstigen Krediten mit vorwiegendem Finanzierungscharakter.
- Auszahlungen für die Rückzahlung und Tilgung von Darlehen und Krediten sowie für die Rücknahme von Obligationen aus früheren Anleihen.
- Dividendenzahlung an die Aktionäre.
- Auszahlungen für die Tilgung von Verbindlichkeiten aus Leasingverträgen, die bilanziert wurden.
- In den meisten Standards verpflichtend oder wahlweise: bezahlte Zinsen. ◀

Bei einer Erhöhung des Aktienkapitals mit einer großen Anzahl Beteiligter werden oft sog. Einzahlungskonten (Forderungen gegenüber Aktionären) verwendet. Bei der Ausrichtung von Dividendenzahlungen erfolgt häufig auch eine Gutschrift des Dividendengesamtbetrags auf ein Verbindlichkeitskonto. Erst im Anschluss folgt die buchhalterische Erfassung der eigentlichen Auszahlung auf das Konto der mit der Abwicklung der Auszahlung beauftragten Bank sowie eventuell die Zahlung im Zusammenhang mit der Abführung von Kapitalertragsteuern (Schweiz: Verrechnungssteuer). In solchen zweistufig erfassten Finanzierungsvorgängen ist eine Nachverfolgung der Zahlung an sich zwar notwendig. Der Charakter der Zahlung erschließt sich aber dennoch schon bei der Betrachtung des Kontos für deren Gegenbuchung. Eine weitere Nachverfolgung erübrigt sich dadurch zumeist.

2.2.4 Illustrationsbeispiel für die Zuordnung von Geldflüssen auf die Tätigkeitsbereiche

Lernziele
- Die Regeln für die Zuteilung von Geldflüssen auf Tätigkeitsbereiche anwenden.
- Die Vorgehensschritte zur Zuteilung aufzählen und beschreiben.
- Die Herausforderungen der Zuteilung in der Praxis beurteilen.

In diesem Unterabschnitt werden die vorangehenden Ausführungen zu den Tätigkeitsbereichen auf das konkrete Beispiel angewendet, das im Abschn. 2.1.5 dargestellt ist. Dort ging es um die Beurteilung von Transaktionen hinsichtlich ihrer Eigenschaft als Zahlungsstrom (Cashflow). Ein Teil der Transaktionen wurde als Geldfluss identifiziert. Ein Geschäftsfall konnte nicht beurteilt werden. Diese Geldflüsse bilden die Ausgangslage für die Fortsetzung des Beispiels.

Bei der Fortsetzung wird auf das Vorgehen zur Klassifizierung der Geldflüsse nach Tätigkeitsbereichen fokussiert. Dazu sind folgende Denk- und Analyseschritte zu durchlaufen:

1. Handelt es sich um eine Auszahlung oder Einzahlung? (Dabei ist auf das Fondskonto zu achten. Ist es im Soll des Journaleintrags, handelt es sich um eine Einzahlung, anderenfalls um eine Auszahlung).
2. Auf welches Konto erfolgte die Gegenbuchung zum Fondskonto?
3. Handelt es sich dabei um ein Konto, das den Investitionstätigkeiten zugerechnet wird?
4. Handelt es sich dabei um ein Konto, das den Finanzierungstätigkeiten zugerechnet wird?
5. Ist die Klassifizierung aufgrund des Gegenkontos noch nicht möglich?
6. Welches ist der mit dem Zahlungsvorgang verkettete, vorangegangene Buchungsvorgang?
7. Wie lautet die Buchung für den verketteten Vorgang?
8. Lässt sich aus dieser Buchung ableiten, ob es sich um eine Investitionstätigkeit handelt?
9. Lässt sich aus dieser Buchung ableiten, ob es sich um eine Finanzierungstätigkeit handelt?

10. Ist die Klassifizierung aufgrund dieser Buchung allein noch nicht zuverlässig möglich?
11. Einsichtnahme und Analyse des dazugehörigen Buchungsbelegs (Rechnung, Vertrag usw.)
12. Zuordnung zum Tätigkeitsbereich aufgrund des so analysierten Geschäftsfalls aufgrund der Zuordnungsregeln des verwendeten Standards und der Entscheidungen über ausgeübte Wahlrechte.

Beispiel

Beispiel Kiesbauer GmbH (Fortsetzung von Abschn. 2.1.5)

Nachstehend werden diejenigen Geschäftsfälle aufgeführt, die im ersten Teil des Beispiels als Geldflüsse identifiziert wurden. Sie werden neu nummeriert. Die übrigen Geschäftsfälle sind für die Erstellung der Geldflussrechnung nicht von Bedeutung und werden in der Folge ignoriert.

Als Geldflüsse wurden folgende Geschäftsfälle identifiziert:

1. Gutschriftanzeige der Credit Suisse AG für Zahlungseingang mit dem Vermerk „Blättler AG, Langenthal, Rg. Nr. 38949-34"
2. Belastungsanzeige der Solothurner Kantonalbank mit dem Vermerk „Ihr Zahlungsauftrag vom 23. April 20XX" (neue Erkenntnis: wurde mit dem Gegenkonto „Rückstellung Prozessrisiken" gebucht)
3. Belastungsanzeige der Credit Suisse mit dem Vermerk „DTA Zahlung Löhne und Gehälter"
4. Belastungsanzeige der UBS AG mit dem Vermerk „Begünstigter: Allreal Immobilien AG; Zahlungsgrund; Miete April".
5. Gutschrift Ladenkasse mit dem Vermerk „Barverkauf Dekorationsstoffe"
6. Gutschrift Hauptkasse mit dem Eintrag „Rückzahlung Gehaltsvorschuss Müller" im Kassenbuch.
7. Belastungsanzeige der Credit Suisse AG mit dem Vermerk „Bankgebühren und Spesen April".
8. Belastungsanzeige der UBS AG mit dem Vermerk „Ihr Zahlungsauftrag vom …; Begünstigter: Textilimport AG, Balsthal; Zahlungsgrund: Rg. 84994-34 abzüglich Skonto".
9. Belastungsanzeige der Solothurner Kantonalbank mit dem Text: „Begünstigter: Computer Handels GmbH, Basel; Zahlungsgrund: Rg. 9345233492A".
10. Gutschriftanzeige Credit Suisse AG mit Vermerken „Textil Holding AG, Gesellschafterdarlehen gemäss Vertrag vom 16. April 20XX".

Diese Geldflüsse sollen nun in Ein- und Auszahlungen einerseits und nach den drei Tätigkeitsbereichen klassifiziert werden. Die Herleitung der Klassifizierung wird in Klammern erläutert.

1. **Einzahlung; Geschäftstätigkeit** (Die Analyse der mit dem Eintrag im Gegenkonto verketteten Buchung betreffend die Rechnung Nr. 38949-34 ergab, dass es sich um einen Umsatz aus einer Lieferung von Stoffen handelt. Damit ist eine Investitions- oder Finanzierungstätigkeit ausgeschlossen)

2. **Auszahlung; Geschäftstätigkeit** (Die Analyse des Gegenkontos ergab, dass das Gegenkonto weder der Investitions- noch der Finanzierungstätigkeit zuzuordnen ist).

3. **Auszahlung; Geschäftstätigkeit** (Das Gegenkonto lautet „Kontrollkonto Löhne und Gehälter". Damit verkettet ist eine komplexe Sammelbuchung im Zusammenhang mit der Gehaltsabrechnung Löhne und Gehälter, die keine Rückzahlung oder Gewährung von langfristigen Darlehen an oder von Angestellten enthielt. Es konnte damit ausgeschlossen werden, dass die Zahlung Komponenten enthielt, die der Finanzierungs- oder Investitionstätigkeit zuzurechnen wären).

4. **Auszahlung; Geschäftstätigkeit** (Das Gegenkonto lautete „Raumaufwand"; damit konnte ausgeschlossen werden, dass es sich um ein Leasingverhältnis handelt, das bilanziell abgebildet wurde und als Finanzierungstätigkeit einzustufen wäre).

5. **Einzahlung; Geschäftstätigkeit** (Das Gegenkonto lautete „Umsatzerlöse aus Lieferungen", womit eine Finanzierungs- oder Investitionstätigkeit ausgeschlossen werden konnte).

6. **Einzahlung; Geschäftstätigkeit** (Das Gegenkonto lautet „Gehaltsvorschüsse an Angestellte". Dieses steht im engen Zusammenhang mit der laufenden Geschäftstätigkeit. Es handelt sich darum nicht primär um eine Investitionstätigkeit. Auch eine Finanzierungstätigkeit kann ausgeschlossen werden, weil das Konto kein Passivkonto ist).

7. **Auszahlung; Geschäftstätigkeit** (Das Gegenkonto in der GuV lautet „Bankgebühren und -spesen". Auch wenn diese Gebühren im Zusammenhang mit einer Finanzierung oder einer Investition stehen könnten, sind sie weder der Investitions-, noch der Finanzierungstätigkeit zuzurechnen. Gegenbuchungen auf ein Konto der Gewinn-und-Verlust-Rechnung sind nur in seltenen Ausnahmefällen als Investitions- oder Finanzierungstätigkeit zu klassifizieren, nämlich allenfalls Zinsen oder erhaltene Dividenden).

8. **Auszahlung; Geschäftstätigkeit** (Das Gegenkonto ist das Lieferantenkonto der Textilimport AG. Daraus lässt sich noch nicht zuverlässig auf die Art des Geldflusses schließen. Aus der im Lieferantenkonto erfassten Eingangsrechnung mit der Nummer 84994-34 ist die Buchung auf dem Konto „Handelswareneinkauf" verbunden. Damit lässt sich ausschließen, dass es sich um die Anschaffung von Anlagevermögen handelte. Eine Finanzierungstätigkeit lässt sich ebenfalls ausschließen. Der Geldfluss ist also auf eine Zahlung an einen Lieferanten für den Einkauf von Handelswaren zuzuordnen, was eine Klassifizierung als Geschäftstätigkeit bewirkt).

9. **Auszahlung; Investitionstätigkeit** (Das Gegenkonto ist das Lieferantenkonto der Computer Handels GmbH. Daraus lässt sich noch nicht zuverlässig auf die Art des Geldflusses schließen. Aus der im Lieferantenkonto erfassten Eingangsrechnung mit der Nummer 9345233492A ist die Buchung auf dem Aktivkonto „Büromaschinen und EDV-Anlagen"[9] verbunden. Dies lässt auf einen Investitionsvorgang schließen. Die Auszahlung wird daher den Geldflüssen aus Investitionstätigkeit zugeordnet).

10. **Einzahlung; Finanzierungstätigkeit** (Die Gegenbuchung erfolgte auf dem Passivkonto „Gesellschafterdarlehen Textil Holding AG". Daraus und aus dem Buchungstext lässt sich direkt und ohne weitere Analysen auf eine Finanzierungstätigkeit schließen. Es handelt sich offensichtlich um die Gewährung eines Gesellschafterdarlehens durch Banküberweisung). ◄

Das vorstehend beschriebene mehrstufige Vorgehen zeigt deutlich auf, dass die vorzunehmenden Analysen und Beurteilungen komplexer Art sein können und teilweise hohen Sachverstand und Verständnis für buchhalterische Zusammenhänge erfordern. Neben Zugang zu den Einzelheiten der buchhalterischen Erfassung (Journaleintrag) kann auch der Zugang zu den Buchungsbelegen notwendig werden. Diese Analysen zu automatisieren, stellt eine große Herausforderung dar. Dem Autor sind keine Standardsoftwaresysteme bekannt, welche im Standard und ohne weitere Programmierung die Klassifizierung von Zahlungsvorgängen automatisiert vorzunehmen in der Lage sind. Für weitere Ausführungen zu den Herausforderungen der originären Herleitung wird auf Kap. 13 verwiesen. Es dürfte auch schwierig sein, diese Analyseschritte denjenigen Personen als Zusatzauftrag zu übergeben, die mit der Verbuchung von Zahlungseingängen und -ausgängen betraut sind. Zumeist fehlt diesen Personen entweder der notwendige Überblick, die Fachkenntnisse oder der Zugang zu den notwendigen Bereichen der Buchhaltung. Um eine hohe Datenqualität zu gewährleisten, müsste diese Aufgabe einer Person mit Leitungsfunktionen im Buchhaltungsbereich übertragen werden. Weil die Anzahl der Buchungen im Bereich des Zahlungsverkehrs in der Regel sehr groß ist, wäre dies mit sehr hohem zusätzlichem Aufwand für diese Person verbunden. Dies erklärt, warum in der Praxis die originäre Herleitungsmethode nur selten zur Anwendung gelangt. Für das Verständnis der Geldflussrechnung ist diese Methode jedoch als Einstieg sehr wertvoll.

Fazit

Die einzelnen Geldflüsse werden nach drei Tätigkeitsbereichen klassifiziert in der Cashflow-Rechnung ausgewiesen. Alle betrachteten Standards verwenden diese Dreiteilung, auch wenn die Bezeichnungen leicht voneinander abweichen. Es handelt sich um die folgenden *drei Tätigkeitsbereiche:*

---

[9] Zur Vermeidung von weiterer Komplexität wird die Erfassung der Vorsteuer auf der Anschaffung an dieser Stelle noch vernachlässigt und der gesamte Zahlungsbetrag einheitlich klassifiziert.

- *Geldflüsse aus der (laufenden) Geschäftstätigkeit* („operating activities")
- *Geldflüsse aus der Investitionstätigkeit* („investing activities")
- *Geldflüsse aus der Finanzierungstätigkeit* („financing activities")

In den Grundzügen sind die Regeln für die Zuordnung einzelner Geldflusstransaktionen zu diesen Tätigkeitsbereichen in allen Standards vergleichbar. Sie unterscheiden sich aber in Einzelheiten, insbesondere z. B. was Geldflüsse im Zusammenhang mit Dividenden oder Zinsen betrifft. Alle Zahlungsströme, die nicht unter der Investitions- oder Finanzierungstätigkeit auszuweisen sind, werden bei einer vereinfachten Zuordnung als Geldflüsse aus der laufenden Geschäftstätigkeit klassifiziert. Zahlungsströme im Zusammenhang mit Aktivitäten zum Erwerb und zur Veräußerung von Gegenständen des Anlagevermögens sowie von kurzfristigen Anlagen, die aber nicht Teil des Finanzmittelfonds sind, werden als Investitionstätigkeiten ausgewiesen. Finanzierungstätigkeiten sind Aktivitäten, die zu Veränderungen in der Höhe und Zusammensetzung des Eigenkapitals und der Finanzverbindlichkeiten führen. Darüber hinaus bestehen für bestimmte Zahlungsströme Sonderzuteilungsregeln, die aber nicht einheitlich in allen Standards geregelt sind. Insbesondere zu erhaltenen und geleisteten Zins- und Dividendenzahlungen, aber auch zu Gewinnsteuerzahlungen bestehen Regelungsdifferenzen zwischen den Standards. Im vorliegenden Grundlagenteil werden die Besonderheiten diesbezüglicher Regelungen einzelner Standards noch unberücksichtigt gelassen.

2.3   Die Gliederung und Darstellung innerhalb der Tätigkeitsbereiche

Nachdem im vorherigen Abschnitt dargestellt wurde, wie die einzelnen Geldflüsse nach den Tätigkeitsbereichen klassifiziert werden, geht es in diesem Abschnitt um Fragen der Gliederung und Darstellung dieser Geldflüsse innerhalb der drei Tätigkeitsbereiche. Zudem beschreibt der Abschnitt weitere Elemente und Darstellungsgrundsätze einer mittels der originären Herleitung entwickelten Geldflussrechnung. Zunächst werden solche allgemeinen Darstellungsgrundsätze beschrieben. Dann werden die Gliederungs- und Darstellungsregeln für die einzelnen Tätigkeitsbereiche umrissen. Weil sich in diesem Punkt die verschiedenen Standards stark unterscheiden, erfolgt eine Beschränkung auf Gemeinsamkeiten und Ähnlichkeiten. Für eine genauere Darstellung wird auf Abschn. 6.3 verwiesen. Am Schluss folgen Ausführungen zur Abstimmung mit der Nettoveränderung des Finanzmittelfonds sowie ein Beispiel für die Gesamtdarstellung einer nach der originären Methode erarbeiteten Geldflussrechnung. Es handelt sich im vorliegenden Abschnitt um einführende Darstellungen, die sich ausschließlich auf die originäre Herleitung beziehen. Weitere Erläuterungen zu der Präsentation der Geldflussrechnung erfolgen im Abschn. 6.3.

2.3.1 Allgemeine Darstellungsgrundsätze

Lernziele
- Den Begriff der direkten Methode umschreiben.
- Den Zusammenhang zwischen der originären Herleitungsmethode und der direkten Methode der Darstellung von Geldflüssen erläutern.
- Das Konzept der Bruttodarstellung von der Nettodarstellung abgrenzen und erläutern.
- Quellen für weitere Gliederungs- und Darstellungsregeln aufzählen und deren Bedeutung für das eigene Land bewerten.

In den Standards und der Literatur zur Geldflussrechnung haben sich die Begriffe „direkte Methode" und „indirekte Methode" etabliert.

▶ **Direkte Methode** Bei der direkten Methode werden die Geldflüsse nach bedeutenden Gruppen von Brutto-Einzahlungen und Gruppen von Brutto-Auszahlungen gegliedert und präsentiert (vgl. IAS 7.18, IASB 2022, S. A978).

Die aus der Klassifizierung ermittelten Geldflüsse aus der Geschäftstätigkeit könnten nach der direkten Methode beispielsweise wie folgt zusammengefasst und dargestellt werden:

- Einzahlungen aus dem Verkauf von Gütern, Erzeugnissen und der Erbringung von Dienstleistungen
- Andere Einzahlungen aus der laufenden Geschäftstätigkeit
- Auszahlungen an Lieferanten von Gütern und Materialien sowie an Dienstleister
- Auszahlungen an das Personal (einschließlich Auszahlungen auf deren Rechnung)
- Geleistete Zahlungen für Ertragsteuern
- Erhaltene Rückzahlungen von Ertragsteuern

Die Summe aller Ein- und Auszahlungen ergibt ein Total „Geldflüsse aus Geschäftstätigkeit".

Es liegt in der Natur der originären Herleitung, dass sie von einzelnen Geldflüssen auf Transaktionsebene ausgeht. Dies führt zwingend zu einer Ermittlung der Auszahlungen und der Einzahlungen. Werden einzelne Geldflussvorgänge zu Gruppen zusammengefasst, verlangt die direkte Methode, dass nur Einzahlungen und Auszahlungen zu Gruppen zusammengefasst werden. Das bedeutet, dass grundsätzlich innerhalb einer Gruppe keine Saldierung von Ein- und Auszahlungen erfolgt. Dies wird als Bruttodarstellung bezeichnet. Sie ist bei Anwendung der direkten Methode für die gesamte Geldflussrechnung anzuwenden. Vorbehalten bleiben von Standards vorgesehene Ausnahmen (z. B. IAS

7.22–24, IASB 2022, S. A979 –A980). Diese Ausnahmen gestatten in bestimmten Fällen die Nettodarstellung, d. h. den Ausweis einer Saldogröße aus Ein- und Auszahlungen. Ein Beispiel dafür wäre, dass die Verrechnung von Einzahlungen von Kunden aus Warenlieferungen und Auszahlungen an Kunden z. B. für Rücksendungen von Waren als zulässig betrachtet wird, sodass nur die Nettoeinzahlungen aus Lieferungen (und Rücksendungen) von Waren als eine einzige Geldflussposition in der Darstellung der Cashflow-Rechnung präsentiert wird.

▶ Bei der originären Herleitung und damit der direkten Methode ist grundsätzlich eine durchgängige *Bruttodarstellung* der Geldflüsse verlangt. Ausnahmen dazu sind in den relevanten Standards beschrieben.

Die anwendbaren Gesetze und Standards enthalten noch weitere Vorgaben zur Darstellung und Gliederung. Beispielsweise bestehen unterschiedliche Vorgaben zum Ausweis von Vergleichszahlen des Vorjahres. Für die anwendbaren Gesetze und Standards wird auf die Ausführungen in Abschn. 2.5 verwiesen. Die Vorgaben sind sowohl von der Regulierungstiefe her als auch von der verwendeten Terminologie her in den einzelnen Standards sehr individuell ausgestaltet. Aus diesem Grund werden auch die Ausführungen zu der Gliederung der einzelnen Tätigkeitsbereiche kurz gehalten und es wird versucht, den wesentlichen Kern aller Standards in vereinfachter Form zusammenzufassen.

2.3.2 Die Gliederung der Geldflüsse aus der Geschäftstätigkeit

Lernziel
- Vereinfachte Gliederungs- und Darstellungsgrundsätze für Geldflüsse aus der laufenden Geschäftstätigkeit unter der direkten Methode beschreiben

Für die Gliederung und Darstellung der Geldflüsse aus der Geschäftstätigkeit wird in allen Standards sowohl die direkte als auch die indirekte Methode zugelassen. Bei der originären Herleitung ist jedoch kein Raum für die indirekte Methode. Die indirekte Methode knüpft nicht an einzelne Transaktionen im Bereich des Finanzmittelfonds an, sondern stellt eine summarische Bereinigung von bestimmten Bilanzpostenveränderungen dar. Sie bildet einen Teilaspekt der derivativen Herleitung der Cashflow-Rechnung. Daher wird sie später im Zusammenhang mit einer bestimmten Modifikation der derivativen Herleitung näher beschrieben.

Hinsichtlich der Darstellungsregeln nach der direkten Methode wird auf die Ausführungen im Abschn. 2.3.1 verwiesen.

2.3.3   Die Gliederung der Geldflüsse aus der Investitionstätigkeit

Lernziel
- Vereinfachte Gliederungs- und Darstellungsgrundsätze für Geldflüsse aus der Investitionstätigkeit beschreiben.

Für die Gliederung und Darstellung von Geldflüssen, die der Investitionstätigkeit zuge-rechnet worden sind, gilt ausschließlich die direkte Methode. Zudem ist eine Bruttodar-stellung der Geldflüsse verlangt. Vorbehalten bleiben Ausnahmen, die im Standard ent-sprechend beschrieben sind. Demnach sind also in jedem Fall diejenigen Geldflüsse, welche Einzahlungen darstellen, gesondert von den Geldflüssen, die Auszahlungen sind, auszuweisen. Die meisten Standards verlangen eine Einteilung in Geldflüsse nach sachlo-gisch zusammengehörigen Untergruppen, beispielsweise nach Sachanlagevermögen, im-materiellen Vermögensgegenständen, Finanzanlagevermögen, Finanzmittelanlagen im Rahmen der kurzfristigen Finanzdisposition und eventuell noch nach erhaltenen Zinsen und erhaltenen Dividenden (in Anlehnung an die Gliederungsvorschrift von DRS 21.46). Jede Untergruppe ist, sofern anwendbar, in zwei gesondert auszuweisende Positionen auf-zuteilen: die Einzahlungen und die Auszahlungen. Für die konkret geltenden Mindestglie-derungsvorgaben sind die jeweils anwendbaren Standards heranzuziehen.

2.3.4   Die Gliederung der Geldflüsse aus der Finanzierungstätigkeit

Lernziel
- Vereinfachte Gliederungs- und Darstellungsgrundsätze für Geldflüsse aus der Fi-nanzierungstätigkeit beschreiben

Für die Gliederung und Darstellung von Geldflüssen, die der Finanzierungstätigkeit zuge-rechnet worden sind, gilt ebenfalls die direkte Methode und der Grundsatz der Bruttodar-stellung. Vorbehalten bleiben Ausnahmen, die im Standard aufgeführt sind.

Analog zu den Geldflüssen aus der Investitionstätigkeit sind auch für den Bereich der Finanzierungstätigkeit wichtige Gruppen gleichartiger Geldflüsse zu bilden und dabei eine Bruttodarstellung einzuhalten. Die Einzahlungen sind pro Gruppe gesondert von den Auszahlungen pro Gruppe auszuweisen. Hinsichtlich der Bildung von Gruppen und deren Bezeichnung unterscheiden sich die Standards stark voneinander, auch was die Glie-derungstiefe betrifft. Nachfolgend werden einige typische Geldflussgruppen im Bereich der Finanzierungstätigkeit aufgeführt. Für die im konkreten Fall zu berücksichtigenden Re-geln zur Gliederung und Darstellung sind jedoch die maßgebenden Standards zu beachten.

- Einzahlungen aus Kapitalerhöhungen
- Auszahlungen für Kapitalherabsetzungen mit Mittelfreigabe
- Auszahlungen für Gewinnausschüttungen (Dividenden)
- Auszahlungen für den Erwerb eigener Anteile
- Einzahlungen aus der Veräußerung eigener Anteile
- Einzahlungen aus der Aufnahme von Anleihen und sonstigen langfristigen Darlehen
- Auszahlungen zur Rückzahlung von Anleihen und sonstigen langfristigen Darlehen
- Einzahlungen aus der Aufnahme von kurzfristigen Finanzverbindlichkeiten
- Auszahlungen aus der Rückzahlung von kurzfristigen Finanzverbindlichkeiten (in Anlehnung an Swiss GAAP FER 4.12, vgl. Swiss GAAP FER 2020, S. 43)
- Eventuell, je nach Standard, bezahlte Zinsen (verpflichtend oder als Wahlrecht)

2.3.5 Die Abstimmung mit der Veränderung des Finanzmittelbestands

Lernziele
- Den Zusammenhang zwischen der Summe der Geldflüsse aus den Tätigkeitsbereichen und der Differenz zwischen End- und Anfangsbestand des Finanzmittelfonds beschreiben.
- Den Zweck der Abstimmung zwischen den beiden Größen erläutern.
- Gründe für Abstimmdifferenz aufzählen und erläutern.

Die Summe aus den Nettogeldflüssen der drei Tätigkeitsbereiche müsste grundsätzlich mit dem Unterschiedsbetrag zwischen dem Finanzmittelfondsbestand zum Ende des Jahres und zum Anfang des Jahres übereinstimmen. Daher ist es üblich, nach den drei Tätigkeitsbereichen den rechnerischen Nachweis dieser Übereinstimmung durch Angabe der Anfangs- und Endbestände des Finanzmittelfonds zu erbringen. Ausgangspunkt ist der Anfangsbestand des Finanzmittelfonds zu Beginn der Rechnungsperiode. Nach Hinzurechnung der drei Nettogeldflusstotale der Tätigkeitsbereiche müsste der Finanzmittelfonds zum Ende der Rechnungsperiode resultieren. Dies ist der Zweck der am Ende der Geldflussrechnung dargestellten Abstimmung mit den Finanzmittelfondsbeständen.

In den meisten Standards werden jedoch gewisse Veränderungen des Finanzmittelfonds nicht als Geldfluss zugelassen. Soweit solche Veränderungen bestehen, ergibt sich eine Abstimmdifferenz. Zur Vermeidung der Abstimmdifferenz wird der entsprechende Posten im Rahmen der Abstimmung mit dem Finanzmittelfondsbestand als gesonderter Posten außerhalb der drei Tätigkeitsbereiche aufgeführt. In allen Standards werden in der Präsentationswährung entstehende, wechselkursbedingte Wertänderungen von in fremder Währung gehaltenen Teilen des Finanzmittelfonds, nicht als Geldflüsse betrachtet. Sie bilden daher regelmäßig einen solchen Überleitungsposten, wie er oben beschrieben wurde.

2.3.6 Darstellung und Gliederung der Geldflussrechnung nach der direkten Methode

Lernziele
- Die Gliederungs- und Darstellungsregeln der direkten Methode auf ein Beispiel anwenden.
- Die Abstimmung mit der Veränderung des Finanzmittelfonds durchführen.

In der Abb. 2.3 werden die in den vorangehenden Unterabschnitten dargelegten Darstellungs- und Gliederungsprinzipien zu einer beispielhaften Gesamtdarstellung einer Cashflow-Rechnung nach der direkten Methode zusammengeführt. Zum Zweck der Verbesserung der Übersichtlichkeit wurden nur wenige Positionen aufgeführt. In diesem Sinne ist die Darstellung praxisfremd. Der klare Blick auf die Gesamtzusammenhänge

Geldflussrechnung Werte in 1000 GE	Geschäftsjahr XX
Geldflüsse aus der Geschäftstätigkeit	
Einzahlungen von Kunden für Warenlieferungen	+8 234
Auszahlungen an Lieferanten	-2 398
Auszahlungen an und für das Personal	-2 808
Auszahlungen für Ertragsteuern	- 834
Total Geldflüsse aus Geschäftstätigkeit	**+2 194**
Geldflüsse aus der Investitionstätigkeit	
Auszahlungen für Kauf von Sachanlagen	- 823
Einzahlungen aus Verkauf von Sachanlagen	+ 47
Auszahlungen für Gewährung von Darlehen	- 500
Einzahlungen aus Rückzahlung von Darlehen	+ 50
Erhaltene Zinsen	+ 80
Total Geldflüsse aus Investitionstätigkeit	**-1 146**
Geldflüsse aus der Finanzierungstätigkeit	
Einzahlungen aus Erhöhung des Grundkapitals	+1 500
Einzahlungen aus Aufnahme Bankdarlehen	+1 000
Auszahlungen aus Rückzahlung kf. Finanzverb.	- 750
Auszahlungen für Gewinnausschüttung	-1 100
Bezahlte Zinsen	- 240
Total Geldflüsse aus Finanzierungstätigkeit	**+ 410**
Umrechnungsbedingte Wertänderungen auf Finanzmittelfondsbestände in Fremdwährung	+ 88
Finanzmittelfonds zum 1. Januar	+ 194
Finanzmittelfonds zum 31. Dezember	**+1 740**

Abb. 2.3 Vereinfachtes Beispiel einer Geldflussrechnung nach der direkten Methode

soll geschärft werden. Auch aus diesem Grund wurde auf die Angabe von Vergleichszahlen der Vorperiode verzichtet. Bewusst wurden generische Bezeichnungen verwendet.

Geldflussrechnungen werden in Staffelform dargestellt. Bei den Geldbeträgen werden *Einzahlungen* ohne Vorzeichen dargestellt oder mit positivem Vorzeichen versehen. *Auszahlungen* werden mit einem negativen Vorzeichen versehen oder in Klammern gesetzt. Dies erleichtert das Nachvollziehen der Berechnung des Totals.

Bei der Aufstellung einer Geldflussrechnung nach der originären Methode ist noch anzumerken, dass dies automatisch zu einem Bruttoausweis der Geldflüsse hinsichtlich Umsatzsteuer und Vorsteuer führt. Die Investitionsauszahlungen und Zahlungen an Lieferanten werden einschließlich der mitbezahlten Vorsteuer ausgewiesen. Einzahlungen aus dem Verkauf von Anlagevermögen und aus dem Verkauf von Gütern und Dienstleistungen werden einschließlich der Umsatzsteuer ausgewiesen. Dies liegt am Anknüpfungspunkt der originären Methode. Sie geht von den Zahlungsein- und -ausgängen innerhalb des Finanzmittelfonds aus. Die jeweiligen Steuerbeträge sind systembedingt in diesen Zahlungen enthalten. Die Tatsache des Bruttoausweises von Umsatz- und Vorsteuern sollte offengelegt werden.

Die Abführung der Nettoschuld aus Umsatzsteuer abzüglich Vorsteuerrückerstattungsansprüchen an die zuständige Behörde des Staats wird regelmäßig als Geldabfluss aus Geschäftstätigkeit ausgewiesen, auch wenn darin Gutschriften aus Vorsteuern für Investitionsvorgänge in Abzug gebracht worden sind. In diesen Fällen entsteht durch die Rückerstattung der Vorsteuern auf Investitionsvorgängen kein Geldzufluss.

Fazit

Aus der *originären Herleitung* ergeben sich naturgemäß Ein- und Auszahlungen. Dies führt zu einem *Ausweis nach der sog. direkten Methode*. Nachdem die aus den Transaktionen des Finanzmittelfonds abgeleiteten einzelnen Geldflüsse nach den drei Tätigkeitsbereichen klassifiziert wurden, müssen sie innerhalb der Bereiche sachgerecht zusammengefasst werden. Dazu bestehen unterschiedliche Ansätze in den verschiedenen Standards. Gemeinsam ist allen Standards, dass im Grundsatz ein *Bruttoausweis verlangt* wird. Abgesehen von genau definierten Ausnahmen dürfen Geldzuflüsse und Geldabflüsse nicht miteinander verrechnet ausgewiesen werden, sondern die Geldzuflüsse und Geldabflüsse sind gesondert auszuweisen. Sie sind *sachgerecht zusammenzufassen und als Geldflussgruppen entsprechend auszuweisen*. Hinsichtlich der Anforderungen an gesondert auszuweisende Gruppen von gleichartigen Geldflüssen unterscheiden sich die Standards. Teilweise werden Mindestgliederungsschemata vorgegeben (z. B. DRS 21), teilweise werden bestimmte gesondert auszuweisende Posten vorgegeben, jedoch die Gliederung nicht zusätzlich reguliert (z. B. IAS 7). Im vorliegenden Grundlagenteil werden die Besonderheiten diesbezüglicher Regelungen einzelner Standards noch unberücksichtigt gelassen. Die *Summe der Nettogeldflüsse* für die drei Tätigkeitsbereiche ist am Schluss *mit der Nettoveränderung des Finanzmittelbestands abzustimmen*. Weil Änderungen des Finanzmittelbestands infolge wechselkursbedingter Wertveränderung von Fremdwährungsbeständen nicht als Geldflüsse zu betrachten sind, verlangen einzelne Standards den Ausweis dieser Veränderung außerhalb der drei Tätigkeitsbereiche der Cashflow-Rechnung als Überleitungsposten zur Veränderung des Finanzmittelfonds.

2.4   Vorläufige Würdigung der originären Herleitung

▶   Welche Vor- und Nachteile weist die Ableitung der Geldflüsse aus Einzeltransaktionen auf?

Die Ableitung einer Geldflussrechnung nach der originären Vorgehensweise, d. h. durch Ermittlung aus den einzelnen Geschäftsfällen, die zu einer Veränderung des Finanzmittelfonds geführt haben, ist an sich das zu präferierende Verfahren, weil es eine zuverlässige Analyse der Zahlungsströme ermöglicht und gewährleistet, dass nur Zahlungsströme, also Einzahlungen oder Auszahlungen in der Geldflussrechnung berücksichtigt werden. Die irrtümliche Berücksichtigung von nicht zahlungswirksamen Geschäftsfällen ist bereits schon aus der Methodik heraus ausgeschlossen.

Ein weiterer Vorteil dieses Herleitungsverfahrens ist die Tatsache, dass im Bereich der Zahlungsströme aus der laufenden Geschäftstätigkeit eine Darstellung nach der sog. direkten Methode resultiert. Sie stellt die Auszahlungen und die Einzahlungen gegenüber, die sich aus der laufenden Geschäftstätigkeit ergeben. Diese Darstellung ist für den Leser sehr aussagekräftig und intuitiv verständlich. Überdies ermöglicht sie es auch, die vergangenheitsorientierte Geldflussrechnung mit der Finanzplanung, also der prospektiven Geldflussrechnung (Geldflussplanung) besser zu verknüpfen und diese Planung und die damit verbundenen Prozesse durch Vergleich mit den effektiv angefallenen Geldflüssen laufend zu optimieren.

Allerdings ist die praktische Umsetzung der originären Methode, entgegen der auf den ersten Blick einfach erscheinenden Vorgehensweise, auch schon auf der Ebene des Einzelabschlusses nicht ganz unproblematisch. Die Methode ist nur anwendbar, wenn ein Zugriff auf den Buchungsstoff auf Ebene der Einzelbuchungen besteht. Teilweise ist auch der Rückgriff auf Buchungsbelege nötig. Dabei ist es erforderlich, jede einzelne zahlungswirksame Transaktion zunächst nach den drei Tätigkeitsbereichen zu klassifizieren. Zudem sind die Transaktionen auch noch innerhalb der Tätigkeitsbereiche in Abhängigkeit von der Art und dem Inhalt des Geschäftsfalls korrekt einzugliedern und zu bezeichnen. Auf diese praktischen Herausforderungen geht das Kap. 13 näher ein.

Fazit

Obwohl die originäre Methode der eigentliche Königsweg zur Cashflow-Rechnung darstellt, lässt sich dieses Herleitungsverfahren in der Praxis kaum so umsetzen, dass mit angemessenem Aufwand eine gesetzes-, bzw. standardkonforme Geldflussrechnung entsteht. Entweder ist die Einrichtung einer automatischen Analyse mit hohen Einmalinvestitionen verbunden oder die manuelle zusätzliche Kontierung aller Zahlungsvorgänge macht einen hohen laufenden Aufwand notwendig.

2.5 Maßgebende Gesetze und Standards

▶ In diesem Abschnitt wird die Frage untersucht, welche gesetzlichen Grundlagen in den drei deutschsprachigen Ländern Deutschland, Österreich und Schweiz zum Thema der Cashflow-Rechnung bestehen und welchen Regelungsinhalt sie im Kern aufweisen.

In den folgenden Unterabschnitten werden die relevanten Standards der Rechnungslegung identifiziert und ihr wesentlicher Regelungsinhalt vergleichend nebeneinandergestellt. Neben den von nationalen Standardsetzungsgremien verabschiedeten Standards wird auch der internationale Standard zur Rechnungslegung, welcher von dem IASB beschlossen wurde (IAS 7), in die Darstellung einbezogen. Mit Rücksicht auf den Charakter und die Zielsetzung des Grundlagenteils beschränkt sich der Vergleich auf wenige wichtige Aspekte. Für Einzelheiten wird auf die einzelnen Gesetze und Standards sowie die Lehrbücher und Kommentare dazu verwiesen.

2.5.1 Vergleich der gesetzlichen Regelungen

Lernziele
- Die Pflicht zur Erstellung einer Geldflussrechnung im eigenen Land mit Hilfe der maßgebenden Gesetze im konkreten Fall beurteilen.
- Den Regelungsumfang der maßgeblichen Gesetzgebung zur Cashflow-Rechnung im eigenen Land umschreiben und mit deutschsprachigen Nachbarländern vergleichen.

In einem ersten Schritt werden die gesetzlichen Regelungen in den drei Ländern Deutschland, Österreich und Schweiz kurz dargestellt. Danach werden die wichtigsten Regelungsinhalte vergleichend nebeneinander gestellt.

2.5.1.1 Pflicht zur Erstellung einer Geldflussrechnung/ Kapitalflussrechnung

Die Pflicht zur Erstellung einer Geldflussrechnung bzw. Kapitalflussrechnung ist in den drei Ländern Deutschland, Österreich und Schweiz unterschiedlich geregelt. In Deutschland bildet das *Handelsgesetzbuch* die primäre Rechtsquelle; in Österreich ist es das *Un-*

ternehmensgesetzbuch und in der Schweiz das *Obligationenrecht* (Teil des Zivilgesetzbuchs). Für kapitalmarktorientierte Kapitalgesellschaften[10] bestehen noch zusätzliche Regelungen, auf die hier aber nicht im Einzelnen eingegangen wird.[11] In Deutschland ist zudem noch das *Publizitätsgesetz* von gewisser Bedeutung.

2.5.1.1.1 Deutschland

Nach § 264 Abs. 1 HGB haben die „gesetzlichen Vertreter einer kapitalmarktorientierten Kapitalgesellschaft, die nicht zur Aufstellung eines Konzernabschlusses verpflichtet ist, … den Jahresabschluss um eine Kapitalflussrechnung … zu erweitern …". Von der Erweiterungspflicht des Jahresabschlusses um eine Kapitalflussrechnung sind sie unter bestimmten Voraussetzungen des § 264 Abs. 3 HGB, u. a. bei Einbezug dieser Kapitalgesellschaft in einen Konzernabschluss, wieder befreit.

Neben Kapitalgesellschaften fallen auch bestimmte andere Gesellschaften nach § 264a HGB in den Anwendungsbereich, soweit sie nicht nach § 264b HGB von der Anwendung der Vorschriften befreit sind.

> ► Eine Kapitalflussrechnung ist nur dann verpflichtender Bestandteil eines Jahresabschlusses (Einzelabschluss), wenn die Gesellschaft eine kapitalmarktorientierte Kapitalgesellschaft ist und sie nicht in einen Konzernabschluss einbezogen ist (§ 264 Abs. 3 HGB).

Haupterscheinungsform der verpflichtend zu erstellenden Kapitalflussrechnung ist in Deutschland die Konzernkapitalflussrechnung. § 297 Abs. 1 Satz 1 HGB lautet: „Der Konzernabschluss besteht aus der Konzernbilanz, der Konzern-Gewinn- und Verlustrechnung, dem Konzernanhang, der Kapitalflussrechnung und dem Eigenkapitalspiegel." Die Pflicht zur Aufstellung eines Konzernabschlusses ist in § 290 HGB geregelt. Ein Mutterunternehmen ist allerdings unter den Voraussetzungen der § 291 – 293 HGB von der Pflicht befreit, einen Konzernabschluss aufzustellen.[12] Eine Pflicht zur Aufstellung einer Konzernrechnung kann sich auch aus § 11 PublG[13] ergeben. Allerdings braucht eine solche Konzernrechnung keine Kapitalflussrechnung zu umfassen (§ 13 Abs. 3 Satz 2 PublG).

---

[10] Vgl. § 264d HGB, bzw. Art. 962 Abs. 1 Ziff. 1 und Art. 963b Abs. 1 Ziff. 1 OR bzw. den Begriff der „Publikumsgesellschaft" nach Art. 727 Abs. 1 Ziff. 1 OR.

[11] Dabei handelt es sich überwiegend um Zulassungsfolgepflichten, die in Verordnungen oder Reglementen der entsprechenden Wertpapierbörsen festgelegt sind. Regelmäßig erfolgen darin auch Regulierungen zu einzuhaltenden Standards zur Rechnungslegung, die zumeist über die gesetzlich geforderten Vorschriften hinausgehen.

[12] Bei § 291 und 292 HGB handelt es sich um die Befreiung infolge des Einbezugs in einen anderen Konzernabschluss. Bei § 293 HGB handelt sich um grössenabhängige Kriterien der Befreiung.

[13] Publizitätsgesetz vom 15. August 1969 in der Fassung vom 12. Dezember 2019 der Bundesrepublik Deutschland.

▶ Hauptanwendungsfall der Kapitalflussrechnung in Deutschland ist die konsolidierte Kapitalflussrechnung (Konzernkapitalflussrechnung), die einen Bestandteil des Konzernabschlusses bildet.

2.5.1.1.2 Österreich

Im österreichischen Unternehmensgesetzbuch fehlen explizite Regelungen bezüglich der Cashflow-Rechnung im Jahresabschluss (Einzelabschluss).

Der § 250 Abs. 1 UGB lautet: „Der Konzernabschluss besteht aus der Konzernbilanz, der Konzern-Gewinn- und Verlustrechnung, dem Konzernanhang, der Konzernkapitalflussrechnung und einer Darstellung der Komponenten des Eigenkapitals und ihrer Entwicklung." Die Pflicht zur Aufstellung eines Konzernabschlusses richtet sich nach § 244 UGB. Auch das UGB kennt analoge Vorschriften zur Befreiung von dieser Pflicht aufgrund des Einbezugs in einen befreienden Konzernabschluss (§ 245 und § 245a UGB) und aufgrund von Größenkriterien (§ 246 UGB).

▶ In Österreich ist die Aufstellung einer Kapitalflussrechnung im Einzelabschluss freiwillig und gesetzlich nicht vorgeschrieben. Hingegen ist die Konzernkapitalflussrechnung verpflichtender Bestandteil eines Konzernabschlusses.

2.5.1.1.3 Schweiz

In der Schweiz ist der fünfte Teil des Zivilgesetzbuchs, das Obligationenrecht, die maßgebende gesetzliche Grundlage zur Beurteilung der Pflicht zur Aufstellung einer Geldflussrechnung. Danach sind nur bestimmte Unternehmen verpflichtet, als Teil der Jahresrechnung (Einzelabschluss) eine Geldflussrechnung zu erstellen.[14] Es handelt sich dabei um „größere Unternehmen", welche nach Art. 961 OR die zu einer ordentlichen Revision verpflichteten Unternehmen umfassen. Zudem können qualifizierte Minderheiten[15] die Rechnungslegung nach den Vorschriften für größere Unternehmen verlangen (Art. 961d Abs. 2 OR). Auf die Geldflussrechnung kann jedoch verzichtet werden, wenn das Unternehmen selbst eine Konzernrechnung nach einem anerkannten Standard der Rechnungslegung[16] erstellt oder wenn das Unternehmen in einen solchen Konzernabschluss als kontrolliertes Unternehmen einbezogen wird (Art. 961d Abs. 1 OR).

Die Frage, ob ein Unternehmen zu einer ordentlichen Revision verpflichtet ist, wurde rechtsformabhängig geregelt. Für Unternehmen in der Rechtsform einer Aktiengesellschaft ist Art. 727 OR maßgebend. Das Recht der Gesellschaft mit beschränkter Haftung (Art. 818 Abs. 1 OR) und das Recht der Genossenschaft (Art. 906 Abs. 1 OR) verweisen ebenfalls darauf. Die Regelung von Art. 727 OR ist komplex und lässt sich nicht einfach

---

[14] Art. 961 Abs. 1 Ziff. 2 OR.

[15] Es handelt sich z. B. bei Aktiengesellschaften oder Gesellschaften mit beschränkter Haftung um Anteilsinhaber, die mehr als 10 Prozent des Grundkapitals vertreten.

[16] Diese werden mittels Verordnung durch den schweizerischen Bundesrat bezeichnet (Art. 962 Abs. 5 OR).

zusammenfassen. Die Pflicht zur Durchführung einer ordentlichen Revision lässt sich in vereinfachender Weise auf drei Sachverhaltsgruppen zusammenführen:

- Die Gesellschaft ist eine „Publikumsgesellschaft",[17]
- die Gesellschaft überschreitet gewisse Größenkriterien (Schwellenwerte) oder
- die Gesellschaft ist zur Erstellung einer Konzernrechnung verpflichtet.[18]

▶   In der Schweiz sind sog. „größere Gesellschaften" verpflichtet, eine Geldflussrechnung als Teil der Jahresrechnung (Einzelabschluss) aufzustellen. Sie sind davon nur befreit, wenn sie selbst einen Konzernabschluss nach einem anerkannten Standard aufstellen oder in einen solchen als kontrolliertes Unternehmen einbezogen sind. Auf Verlangen qualifizierter Minderheiten ist ebenfalls eine Geldflussrechnung im Rahmen der Rechnungslegung für größere Unternehmen aufzustellen.

Aus den vorgenannten Vorschriften ergibt sich, dass eine Gesellschaft, die zur Erstellung einer Konzernrechnung verpflichtet ist, als größere Gesellschaft gilt. Allerdings haben die Vorschriften zur Rechnungslegung für größere Unternehmen für Konzernrechnungen keine Gültigkeit. Als Folge davon muss die Konzernrechnung nach schweizerischem Recht nicht zwingend eine konsolidierte Geldflussrechnung enthalten (vgl. Treuhand-Kammer 2014, S. 355).

Art. 963b Abs. 1 OR bestimmt allerdings, dass die Konzernrechnung bestimmter Unternehmen nach einem anerkannten Standard zur Rechnungslegung erstellt werden muss. Diese werden vom schweizerischen Bundesrat in einer Verordnung bezeichnet. Soweit diese anerkannten Standards zur Rechnungslegung eine Konzerngeldflussrechnung als verpflichtenden Bestandteil einer Konzernrechnung festlegen, müssen solche Unternehmen dennoch eine Konzerngeldflussrechnung aufstellen. Deren Aufstellung und Struktur richtet sich nach den Vorschriften des entsprechenden Standards. Dem Art. 963b Abs. 1 OR unterliegen allerdings nur drei Gruppen von Unternehmen:

- Gesellschaften, deren Beteiligungspapiere an einer Börse kotiert sind, sofern die Börse die Anwendung eines anerkannten Standards verlangt;
- Genossenschaften mit mindestens 2000 Genossenschaftern;
- Stiftungen, die von Gesetzes wegen zu einer ordentlichen Revision verpflichtet sind.

Zudem können bestimmte qualifizierte Minderheiten verlangen, dass die Konzernrechnung nach einem anerkannten Standard der Rechnungslegung erstellt wird (Art. 963b Abs. 4 OR).

---

[17] Es handelt sich hier um eine Legaldefinition, welche drei unterschiedliche Sachverhalte zusammenfasst. Für Einzelheiten wird auf Art. 727 Abs. 1 Ziff. 1 OR verwiesen.

[18] Diese Pflicht ist in Art. 963 OR geregelt.

▶ Die Konzerngeldflussrechnung ist in der Schweiz nach Gesetz die Ausnahme. Sie muss grundsätzlich nicht als Teil der Konzernrechnung aufgestellt werden, sofern die Gesellschaft nicht in die spezielle Gruppe von Unternehmen nach Art. 963b Abs. 1 OR fällt, die eine Konzernrechnung nach anerkanntem Standard für die Rechnungslegung erstellen müssen oder qualifizierte Minderheiten dessen Anwendung für die Konzernrechnung verlangen.

2.5.1.2 Wesentliche Inhalte der gesetzlichen Regelungen im Vergleich

Allen Jurisdiktionen des deutschsprachigen Raums gemeinsam ist die sehr knappe bis fehlende gesetzliche Regelung der Einzelheiten über die Ausgestaltung der Kapitalflussrechnung bzw. der Geldflussrechnung. Die einzige inhaltliche Regelung findet sich im schweizerischen Gesetz mit Bezug auf die Geldflussrechnung im Einzelabschluss.

Art. 961b OR
Die Geldflussrechnung stellt die Veränderung der flüssigen Mittel aus der Geschäftstätigkeit, der Investitionstätigkeit und der Finanzierungstätigkeit je gesondert dar.

Auf konkrete Vorschriften für die Ausgestaltung der Konzernkapitalflussrechnung haben sowohl der schweizerische, der österreichische als auch der deutsche Gesetzgeber verzichtet.

2.5.2 Regelungen in Rechnungslegungsstandards zur Geldflussrechnung

Lernziele
- Das Verhältnis zwischen den jeweiligen nationalen Rechnungslegungsstandards zu den handelsrechtlichen Vorschriften beschreiben.
- Die international und national (im eigenen Land) bestehenden Standards zur Rechnungslegung mit Bezug zur Geldflussrechnung nennen.
- Die wesentlichen Unterschiede hinsichtlich der Regelungsbereiche zwischen dem eigenen nationalen Rechnungslegungsstandard und den internationalen Standards der Rechnungslegung aufzeigen.

Wie sich aus den obigen Darstellungen zu den nationalen gesetzlichen Regelungen gezeigt hat, bestehen erhebliche Regelungslücken hinsichtlich der Ausgestaltung von Geldflussrechnungen. Zudem liegt der Hauptanwendungsbereich der Geldflussrechnungen bei Unternehmen, die einen Abschluss nach einem Rechnungslegungsstandard erstellen müssen.

Dies betrifft zur Hauptsache kapitalmarktorientierte Unternehmen. Dort sind die internationalen Rechnungslegungsstandards des IASB (für deutsche und österreichische Mutterunternehmen in der Fassung, wie sie nach Art. 4 der Verordnung (EG) Nr. 1606/2002 des Europäischen Parlaments und des Rates vom 19. Juli 2002[19] übernommen wurden) maßgebend für die Rechnungslegung. In der Schweiz werden auch weitere Rechnungslegungsstandards an der Schweizer Börse zugelassen, namentlich die Swiss GAAP FER.

Zur Ausfüllung der gesetzlichen Lücken und als Empfehlung für freiwillige Ersteller von Geldflussrechnungen haben nationale Standardsetzer in Deutschland und in Österreich Rechnungslegungsstandards erlassen bzw. Stellungnahmen abgegeben, die sich auch mit der Ausgestaltung von Geldflussrechnungen bzw. Kapitalflussrechnungen befassen. Zunächst wird das Verhältnis dieser Standards zu den gesetzlichen Vorschriften beleuchtet. Dann werden die Standards der drei Länder Deutschland, Österreich und Schweiz den internationalen Standards vergleichend gegenübergestellt. Als internationale Standards werden die IFRS (namentlich der IAS 7) und die IFRS for SMEs herangezogen. Letztere befassen sich mit der Rechnungslegung von nicht kapitalmarktorientierten Unternehmen und Unternehmensgruppen (Konzernen).

2.5.2.1 Bezug zu nationalen gesetzlichen Regelungen

Es geht hier um die Frage, inwieweit die nationalen Rechnungslegungsstandards zur Ausfüllung der Regelungslücken und zur Interpretation unbestimmter Rechtsbegriffe in der nationalen Gesetzgebung heranzuziehen sind oder ob sie eine freiwillig anzuwendende höhere Qualitätsnorm darstellen, die über die gesetzlichen Vorschriften hinausgehen. Dies wird länderweise analysiert.

2.5.2.1.1 Deutschland/DRS 21

Das Deutsche Rechnungslegungs Standard Committee e.V. (DRSC) hat entsprechend seinem Auftrag, u. a. Grundsätze für eine ordnungsmäßige Konzernrechnungslegung zu entwickeln, den Deutschen Rechnungslegungs Standard Nr. 21 (DRS 21) im Jahr 2014 verabschiedet und zuletzt im Jahr 2017 teilweise geändert. Dessen Charakter ist dual. Einerseits werden „die Grundsätze niedergelegt, die Mutterunternehmen zu beachten haben, die gemäß § 297 Abs. 1 HGB eine Kapitalflussrechnung für den Konzernabschluss aufzustellen haben" (DRSC 2017, Zusammenfassung). Andererseits dient der Standard aber auch als Empfehlung für Unternehmen, die freiwillig eine Kapitalflussrechnung aufstellen.

Die Anerkennung des DRSC bzw. die Bekanntmachung des Standards durch das Bundesministerium der Justiz und für Verbraucherschutz im Sinne von § 342 Abs. 2 HGB bewirkt eine gesetzliche Vermutung, dass die für die Konzernrechnungslegung betreffenden Grundsätze ordnungsmäßiger Buchführung (GoB) beachtet worden sind, wenn eine Konzernrechnung unter Beachtung des Standards erstellt wurde. Die Standards erlangen aber keine Gesetzeskraft. Eine Nichtbeachtung des Standards muss daher von einem Ge-

---

[19] Sog. IAS Verordnung.

richt nicht zwingend als Verstoß gegen die GoB zu beurteilen sein (vgl. Schmidt und Holland 2018, Rz. 18). Verstöße können jedoch zu Konsequenzen für den Bestätigungsvermerk des Wirtschaftsprüfers führen (vgl. Schmidt und Holland 2018, Rz. 19).

▶ DRS 21 kann als Auslegungshilfe für fehlende oder unbestimmte Regelungen zur gesetzlich zu erstellenden Konzernkapitalflussrechnung herangezogen werden, auch wenn Gerichte letztlich nicht unwiderruflich daran gebunden sind. Die Nichteinhaltung des DRS 21 kann eine Auswirkung auf den Bestätigungsvermerk des Wirtschaftsprüfers haben. Der DRS 21 dient auch als Empfehlung zur Kapitalflussrechnung im Jahresabschluss und für freiwillig erstellte Kapitalflussrechnungen.

2.5.2.1.2 Österreich/AFRAC-Stellungnahme 36

„Das österreichische Pendant zum deutschen DRSC stellt das **Austrian Financial Reporting and Auditing Committee (AFRAC)** dar" (Denk et al. 2016, S. 32). „Das Austrian Financial Reporting and Auditing Committee (AFRAC, Beirat für Rechnungslegung und Abschlussprüfung) ist der privat organisierte und von den zuständigen Behörden unterstützte österreichische Standardsetter auf dem Gebiet der Finanzberichterstattung und Abschlussprüfung." (AFRAC 2020, Titelei) Dieses österreichische Standardsetzungsgremium hat im Jahr 2020 eine Stellungnahme Nr. 36 mit dem Titel Geldflussrechnung (UGB) veröffentlicht. „Gegenstand der vorliegenden Stellungnahme sind daher Regelungen für die Ausgestaltung sowohl der Konzerngeldflussrechnung als auch der Geldflussrechnung zum Jahresabschluss." (AFRAC 2020, Rz. (2), S. 2). Als Quellen der GoB gelten u. a. „neuerdings … auch in Österreich Publikationen des … AFRAC" (Denk et al. 2016, S. 31). Auch wenn keine direkte Verankerung des privaten Rechnungslegungssetzungsgremiums im Gesetz besteht wie in Deutschland, wird dennoch deutlich, dass die AFRAC-Stellungnahme 36 als Auslegungshilfe zu den Regeln des UGB zu betrachten ist und eine der Quellen der GoB im Sinne von § 250 Abs. 2 UGB darstellt.

▶ Die AFRAC Stellungnahme 36 Geldflussrechnung (UGB) ist als Quelle von GoB im Sinne einer Auslegungshilfe zu den Regeln des UGB über die Konzernkapitalflussrechnung als verpflichtender Bestandteil des Konzernabschlussesheranzuziehen. Sie hat auch den Charakter einer Empfehlung zur Ausgestaltung der freiwillig zu erstellenden Geldflussrechnung zum Jahresabschluss.

2.5.2.1.3 Schweiz/Swiss GAAP FER 4

Die gesetzlichen Bestimmungen zur Geldflussrechnung im Einzelabschluss wurden mit Wirkung für Geschäftsjahre, die am 1. Januar 2015 beginnen, im Rahmen der Inkraftsetzung des revidierten Rechts der kaufmännischen Buchführung und Rechnungslegung eingeführt. Die Geldflussrechnung ist nach Art. 958 Abs. 2 in Verbindung mit Art. 961 Abs. 1 Ziff. 2 OR Bestandteil der Rechnungslegung des Unternehmens, namentlich der Jahresrechnung (Einzelabschluss). Die Rechnungslegung untersteht den Grundsätzen ordnungsmäßiger Rechnungslegung nach Art. 958c OR. Die dort aufgeführten einzelnen

Grundsätze stellen eine nicht abschließende Aufzählung dar (vgl. Treuhand-Kammer 2014, S. 36) und sind somit als auslegungsbedürftiger Rechtsbegriff zu sehen. Es stellt sich die Frage, welche Quellen dafür heranzuziehen sind. Im vorliegenden Zusammenhang steht vor allem die Frage im Vordergrund, ob die von der Fachkommission für Fachempfehlungen zur Rechnungslegung, welche von der Stiftung für Fachempfehlungen zur Rechnungslegung Swiss GAAP FER getragen wird, herausgegebenen Fachempfehlungen als Auslegungshilfe für Lücken und unbestimmte Rechtsbegriffe im Sinne der Konkretisierung der Grundsätze ordnungsmäßiger Rechnungslegung heranzuziehen sind oder ob sie einen eigenständigen Rechnungslegungsstandard darstellen, der über das Gesetz hinausgehende Regelungen aufstellt und somit nicht allgemein verbindlichen Charakter haben.

Allein schon aus der Zielsetzung und der geschichtlichen Entwicklung der Trägerorganisation geht deutlich hervor, dass nicht die Auslegung und Konkretisierung der gesetzlichen Bestimmungen im Zentrum steht, sondern vielmehr das Ziel darin besteht „die Vergleichbarkeit der Jahresrechnungen zu fördern, und den Informationsgehalt sowie das Konzept der Rechnungslegung in der Schweiz dem international üblichen Niveau anzunähern." (Swiss GAAP FER 2020 S. 5).

Auch die Tatsache, dass das schweizerische Rechnungslegungsrecht die rechnungslegungspflichtigen Unternehmen in zwei Klassen einteilt, nämlich solche, die lediglich die gesetzlichen Bestimmungen zur Rechnungslegung und damit die GoR einzuhalten haben und solche, die eine Rechnungslegung nach anerkanntem Standard der Rechnungslegung zu erstellen haben, zeigt dass die Swiss GAAP FER über das Gesetz hinaus gehende Anforderungen stellen. Im Bereich der Konzernrechnung ist diese Zweiteilung der konzernrechnungslegungspflichtigen Unternehmen in Art. 963b OR klar ausgeprägt. Der überwiegende Anteil dieser Unternehmen untersteht lediglich den Grundsätzen ordnungsmäßiger Rechnungslegung. Eine Minderheit, insbesondere bestimmte börsennotierte Unternehmen, muss einen anerkannten Standard der Rechnungslegung anwenden. Swiss GAAP FER ist einer der vom schweizerischen Bundesrat anerkannten Standards der Rechnungslegung. Im Bereich des Einzelabschlusses, welcher für die Geldflussrechnung von Bedeutung ist, erfolgt die Zweiteilung in solche Gesellschaften, die ausschließlich die gesetzlichen Bestimmungen zur Rechnungslegung und damit die GoR einzuhalten haben und solche, die *zusätzlich* dazu eine Jahresrechnung nach einem der vom Bundesrat bezeichneten, anerkannten Standards der Rechnungslegung zu erstellen haben (Art. 963b OR). Bei Letzteren handelt es sich ebenfalls um eine analog abgegrenzte Minderheit der rechnungslegungspflichtigen Unternehmen, die erhöhten Anforderungen an die Rechnungslegung unterstehen sollen, namentlich Gesellschaften, deren Anteile zum Handel an einer Börse zugelassen sind (sofern die Börse die Anwendung eines anerkannten Standards verlangt) und größere Genossenschaften sowie bestimmte Stiftungen.

Daraus ergibt sich klar, dass die Swiss GAAP FER nicht den Charakter einer Auslegungshilfe zur Konkretisierung der gesetzlichen Bestimmungen und letztlich der GoR haben, sondern als eigenständige Empfehlung zu sehen sind, die zunächst rein freiwillig einzuhalten ist und höhere Ansprüche an die Rechnungslegung stellt als das Gesetz. „Die

Rechnungslegungsstandards der FER verlangen als oberstes Prinzip die Vermittlung eines den tatsächlichen Verhältnissen entsprechenden Bilds der Vermögens-, Finanz- und Ertragslage (True & Fair View)." (Swiss GAAP FER 2020, S. 5). Dies wird auch durch die Anerkennung als Standard der Rechnungslegung durch den schweizerischen Bundesrat unterstrichen, was Swiss GAAP FER auf die gleiche Stufe wie z. B. die IFRS stellt.

Werden die Swiss GAAP FER als eine mögliche Ausprägung der „anerkannten Standards der Rechnungslegung" im Sinne von Art. 962a OR eingehalten, stellt dies einen zwingend zu erstellenden, ergänzenden Abschluss dar, welcher die nach Gesetz zu erstellende Jahresrechnung nicht ersetzt.

In Ermangelung genügend konkreter Aussagen zur Ausgestaltung von Geldflussrechnungen in Lehre und Rechtsprechung orientiert sich die Praxis dennoch freiwillig an den Empfehlungen von Swiss GAAP FER 4. Deren Beachtung hat nicht die gesetzliche Vermutung der Einhaltung der GoR zur Folge und deren Nichtbeachtung kann nicht als Verstoß gegen die gesetzlichen Vorschriften des OR gesehen werden. Die Nichtbeachtung gewisser Empfehlungen von Swiss GAAP FER 4 hat auch keine direkte Auswirkung auf die Berichterstattung der Revisionsstelle zur Gesetzmäßigkeit der Jahresrechnung. Vielmehr sind andere Quellen der GoR heranzuziehen, um die Gesetzmäßigkeit zu beurteilen. Allerdings sind diesbezügliche Grundlagen sehr spärlich vorhanden, weil in der Schweiz kein vergleichbares Gremium zu den in Deutschland oder Österreich vorhandenen Rechnungslegungskomitees existiert, das die gesetzlich oder behördlich legitimierte Aufgabe hat, die gesetzlichen Bestimmungen (z. B. zur Ausgestaltung der Konzernrechnung oder der Geldflussrechnung) zu konkretisieren.

▶   Swiss GAAP FER stellen vom Gesetz unabhängige, eigenständige Rechnungslegungsstandards mit der Zielsetzung einer „True & Fair View" dar. Sie haben damit den Anspruch über das Gesetz hinausgehende Empfehlungen zu sein und nicht die gesetzlichen Vorschriften zu konkretisieren. Entsprechend ist es problematisch, Swiss GAAP FER 4 als Quelle der GoR nach schweizerischem Recht zu betrachten und damit Lücken in den gesetzlichen Regelungen zur Geldflussrechnung zu füllen. Dies gilt genauso für die internationalen Rechnungslegungsstandards, konkret IAS 7.

2.5.2.2 Wesentliche Inhalte im Vergleich

Neben den drei vorgenannten Stellungnahmen und Standards auf der nationalen Ebene, teilweise mit engem Bezug zu den handelsrechtlichen Bestimmungen, bestehen auf internationaler Ebene Standards. In diesem Unterabschnitt werden die nationalen Verlautbarungen mit den internationalen Standards verglichen. Eine vertiefte Auseinandersetzung mit den Einzelheiten würde aber über den Zweck dieses Grundlagenteils hinausgehen. Es erfolgt daher eine Beschränkung auf eine synoptische Darstellung der Regelungsinhalte und auf Hinweise zu ausgewählten Unterschieden zwischen den nationalen Regelungen und den internationalen Standards. Insbesondere die AFRAC-Stellungnahme 36 hat sich u. a. am internationalen Standard (IAS 7) orientiert (AFRAC 2020, Rz. (3), S. 2). Einzelheiten der Regelung werden teilweise an anderer Stelle behandelt. Für darüber hinausgehende Angaben wird auf Spezialliteratur zu den Standards sowie auf den Wortlaut der einzelnen Standards selbst verwiesen.

Auf internationaler Ebene ist der Standard IAS 7 Statement of Cash Flows (IASB 2022, S. A971–A986) in erster Linie relevant. Es darf aber nicht übersehen werden, dass für nicht kapitalmarktorientierte Unternehmen und Konzerne die IFRS for SMEs bestehen, welche in „Section 7 Statement of Cash Flows" (IASB 2015, S. 36–40) Regelungen zur Geldflussrechnung bereithalten. Diese sind zwar textlich kürzer gefasst, aber inhaltlich weitgehend deckungsgleich mit den Regelungen von IAS 7.

In der Tab. 2.3 werden die wesentlichen Regelungsinhalte der drei nationalen Standards und der zwei internationalen Standards synoptisch dargestellt. Im Einzelnen handelt es sich um den Vergleich folgender Standards:

Tab. 2.3 Regelungsinhalte ausgewählter Standards zur Geldflussrechnung

Bereich/Thema	IAS 7	IFRS for SMEs	DRS 21	AFRAC 36	Swiss GAAP FER 4
Ziel/Nutzen	4		1	1	7–8
Geltungsbereich	1–3	7.1	2–8	2–4	
Definitionen	6	Appendix B	9		
Grundlagen der Kapitalflussrechnung			10–14	12–14	
Fondsabgrenzung	7–9	7.2	9, 33–37	5–7	3–5, 13
Klassifikation der Geldflüsse/ Gliederung	10	7.3	15	15–17	1
Geschäftstätigkeit	13–15	7.4	9	20–22	9, 10
Investitionstätigkeit	16	7.5	9	22, 24–25	11
Finanzierungstätigkeit	17	7.6	9	27	12
Darstellungsmethoden der Geldflüsse aus Geschäftstätigkeit	18–21	7.7–7.9	24–25, 38–41	18–19	2, 9–10
Darstellung der Geldflüsse aus Investitions- und Finanzierungstätigkeit	21	7.10	24, 42–51	24–28	11–12
Zulässige Nettodarstellung	22–24		26		
Zahlungsströme in Fremdwährungen	25–28	7.11–7.13	35	11	Swiss GAAP FER 30.64
Zinsen und Dividenden	31–34	7.14–7.16	44, 48, 51	22, 25, 27	12
Gewinnsteuern	35–36	7.17	39–40	21	

(Fortsetzung)

Tab. 2.3 (Fortsetzung)

Bereich/Thema	IAS 7	IFRS for SMEs	DRS 21	AFRAC 36	Swiss GAAP FER 4
Beteiligungen, assoziierte Gesellschaften und Gemeinschaftsunternehmen	37–38		36	25, 32–35	Swiss GAAP FER 30.29–31
Veränderungen von Beteiligungsverhältnissen	39–42B		36, 43	36, 38, 41	Swiss GAAP FER 30.29–31
Nicht zahlungswirksame Transaktionen	43–44	7.18–7.19	29–31, 52	29 – 31	6, 14
Veränderung von Finanzverbindlichkeiten	44A–44E				
Offenlegung der Zusammensetzung des Fonds und Bilanz-Überleitungsrechnung	45–47	7.20	52	8–10	3
Andere Offenlegungen	48–52	7.21	52	37, 39, 40	
Mindestgliederung, Gliederungsschemata			Anlage 1	42–43	9–12, Swiss GAAP FER 30.29–31

- IAS 7 (IASB 2022, S. A971–A986)
- IFRS for SMEs, Section 7 (IASB 2015, S. 36–40)
- DRS 21 (DRSC 2017)
- AFRAC-Stellungnahme 36 (AFRAC 2020)
- Swiss GAAP FER Nr. 4 (Swiss GAAP FER 2020, S. 41–43)[20]

Die in der Tabelle aufgeführten Ziffern beziehen sich auf die Randziffern (Textziffern) des im Spaltentitel genannten Standards. Teilweise bestehen auch Regelungen zur Geldfluss-rechnung außerhalb des Swiss GAAP FER Standards Nr. 4. Diese sind zusätzlich angege-ben, beziehen sich aber vor allem auf die Konzerngeldflussrechnung (Swiss GAAP FER Standard Nr. 30).

---

[20] Die Sondervorschriften nach Swiss GAAP FER 14 (Konzernrechnung von Versicherungsunter-nehmen) hinsichtlich „Mittelflussrechnung" (Abschnitt III) werden in dieser Tabelle nicht berück-sichtigt (vgl. Swiss GAAP FER 2020, S. 68–69).

Fazit

Die gesetzlichen Regelungen zur Aufstellungspflicht einer Cashflow-Rechnung betreffen in Deutschland und Österreich vorwiegend die Konzernkapitalflussrechnung, während in der Schweiz die Geldflussrechnung im Einzelabschluss für bestimmte Unternehmen vorgeschrieben wird. Unternehmen, deren Anteile an einer Börse gehandelt werden, müssen in allen drei Ländern die von der jeweiligen Börse vorgeschriebenen Rechnungslegungsvorschriften einhalten, welche in den meisten Fällen für die Konzernrechnung eine Geldflussrechnung nach einem Rechnungslegungsstandard als verpflichtenden Bestandteil vorsehen. Die gesetzlichen Regelungen zur Ausgestaltung von Geldflussrechnungen sind in allen drei untersuchten Ländern sehr allgemein gehalten oder fehlen völlig. In Österreich und Deutschland werden diese Lücken durch Rechnungslegungsstandards gefüllt (DRS 21 und AFRAC 36), welche von privatrechtlich organisierten Standardsetzungsgremien verabschiedet wurden. In der Schweiz fehlt ein solcher Standard zur Konkretisierung der gesetzlichen Regelungen. Obwohl nicht dazu vorgesehen oder geeignet, orientiert sich die Praxis zur Ausfüllung der Lücken im Gesetz häufig dennoch an der Fachempfehlung Swiss GAP FER Nr. 4 (Fachempfehlung zur Rechnungslegung). Auf internationaler Ebene bestehen die vom IASB verabschiedeten Standards, namentlich der IAS 7 sowie die Section 7 der IFRS for SMEs. Erstere sind vor allem für Mutterunternehmen mit Sitz in einem EU-Land, deren Anteile an einer Börse gehandelt werden, bedeutsam. Letztere dürfen nur von nicht kapitalmarktorientierten Unternehmen und Konzernen angewendet werden. Die verschiedenen nationalen und internationalen Standards zur Cashflow-Rechnung regeln ähnliche Themenbereiche und die getroffenen Regelungen sind in bestimmten Bereichen, z. B. der groben Gliederung und der Fondsabgrenzung im Wesentlichen deckungsgleich, während sie sich in inhaltlichen Einzelheiten und in der Regelungstiefe jedoch voneinander unterscheiden.

Einzelheiten zu den Inhalten, den Gemeinsamkeiten und Unterschieden der herangezogenen Standards sind in den späteren Kapiteln enthalten, namentlich in den Abschn. 4.1.3, 6.3, 8.1, 8.2, 9.3 und 10.1.

Kapitel-Zusammenfassung

Das zweite Kapitel zeigte die originäre Herleitung von Geldflüssen auf. Dabei bilden die einzelnen Transaktionen in den Konten, die zum sog. **Finanzmittelfonds** gehören, den Ausgangpunkt der Analyse. In diesem Kapitel wurden auch die unterschiedlichen Möglichkeiten zur **Abgrenzung des Finanzmittelfonds** aufgezeigt. Der Fonds dient letztlich dazu, Geldflüsse von anderen Transaktionen zu unterscheiden. Jede Transaktion, welche den Fonds insgesamt verändert, gilt als **Geldfluss (Zahlungsstrom, Cashflow)**. Interne Umschichtungen innerhalb des Finanzmittelfonds sind somit keine Geldflüsse, obwohl sie einen Zahlungsvorgang beinhalten. Die Gesamtheit der Geldflüsse einer Rechnungsperiode bildet die Geldflussrechnung.

Im nächsten Schritt wurde die **Klassifizierung der Geldflüsse** näher untersucht. Dabei wurde festgestellt, dass allen Konzepten der Geldflussrechnung in den drei in Betrachtung stehenden Ländern, aber auch nach internationalen Rechnungslegungsstandards, gemeinsam ist, dass sie die Geldflüsse in drei Klassen oder Tätigkeitsbereiche einteilen. Es handelt sich dabei um Finanzierungs- und Investitionstätigkeiten sowie um die (laufende) Geschäftstätigkeit („operating activities"). Die Regeln für diese Klassifizierung wurden in vereinfachender Weise dargestellt und für die konkrete Ausgestaltung der Gliederungs- und Zuordnungsvorschriften einer Cashflow-Rechnung wurde auf die einzelnen Standards verwiesen.

Schließlich wurde generell dargestellt, wie die **Geldflüsse** innerhalb der einzelnen Tätigkeitsbereiche **nach der direkten Methode zusammenzufassen und zu gliedern** sind, wobei auch hier mit Rücksicht auf den Charakter eines Grundlagenteils eine vereinfachende Betrachtung zur Anwendung kam. Eine vorläufige Beurteilung der originären Methode zeigte die Vorteile und Nachteile auf. Am Schluss des Kapitels wurden die **gesetzlichen Grundlagen** in den drei betrachteten Ländern angesprochen und eine vergleichende Darstellung der Regelungsinhalte verschiedener **Standards** zur Thematik der Cashflow-Rechnung vermittelt. Zudem wurde das Verhältnis dieser Standards zu den gesetzlichen Regeln beleuchtet.

Literatur

Austrian Financial Reporting and Auditing Committee – AFRAC (2020) AFRAC-Stellungnahme 36: Geldflussrechnung (UGB). AFRAC, Wien

Denk C, Fritz-Schied G, Mitter C, Wohlschlager H, Wolfsgruber H (2016) Externe Unternehmensrechnung. Handbuch für Studium und Bilanzierungspraxis. Linde, Wien

Deutsches Rechnungslegungs Standards Committee e.V. (DRSC) (2017) Deutscher Rechnungslegungs Standard Nr. 21 (DRS 21) Kapitalflussrechnung. DRSC, Berlin

International Accounting Standards Board (IASB) (2015) International Financial Reporting Standard for Small and Medium-sized Entities (IFRS for SMEs). IFRS Foundation, London

International Accounting Standards Board (IASB) (2022) IFRS® Standards required for accounting periods beginning on or after 1 January 2022, excluding changes not yet required. IFRS Foundation, London

Käfer K (1974) Praxis der Kapitalflussrechnung, 2., verbess. u. erw. Ausg. SKV, Zürich

Schmidt S, Holland B (2018) Privates Rechnungslegungsgremium; Rechnungslegungsbeirat. In: Beck'scher Bilanz-Kommentar. Beck, München, S 2720–2729

SWISS GAAP FER, Stiftung für Fachempfehlungen zur Rechnungslegung (2020) Fachempfehlungen zur Rechnungslegung. Stand: 1. Januar 2020. Stiftung für Fachempfehlungen zur Rechnungslegung, St. Gallen

TREUHAND-KAMMER (2014) Schweizer Handbuch der Wirtschaftsprüfung, Band „Buchführung und Rechnungslegung". Treuhand-Kammer, Zürich

Die derivative Herleitung

Ableitung der Geldflüsse aus dem Jahresabschluss (mit direkter Darstellung)

Obwohl die originäre Vorgehensweise an sich zu bevorzugen wäre, lässt sie sich in der Praxis eines Unternehmens mit großer Anzahl von Geschäftsvorfällen und einer komplexen Buchführung kaum vernünftig realisieren (vgl. dazu für mehr Einzelheiten Kap. 13). Sie kommt ohnehin nur zur Anwendung, wenn auf Einzelheiten der Buchführung zugegriffen werden kann. Schon in den 1960er-Jahren, als die Thematik einer Mittelflussrechnung oder Kapitalflussrechnung intensiver in der Literatur behandelt wurde, wurde die Problematik zunächst aus der Perspektive der externen Analyse von Jahresrechnung durch Außenstehende angegangen. Jahresabschlüsse bestanden regelmäßig nur aus Bilanz und Gewinn-und-Verlust-Rechnung sowie einem Anhang. Erste Unternehmen zeigten freiwillig gewisse Zusatzrechnungen, die sie als Mittel- oder Kapitalflussrechnung bezeichneten. Aktienanalysten versuchten „Cash Flow-orientierte Informationen" (Geuppert 2003, S. 8) zur besseren Beurteilung börsennotierter Unternehmen zu entwickeln und beizuziehen. Infolge des fehlenden Zugangs zu Einzelheiten der Buchführung bildete dabei eine abgeschlossene Jahresrechnung die Grundlage für die Herleitung dieser Informationen. Dieser als derivativer Ansatz bezeichnet Weg zur Cashflow-Rechnung ist fundamental unterschiedlich zu der im Kap. 2 beschriebenen originären Vorgehensweise. Statt auf einzelne Buchungen und Geschäftsvorfälle stützt sich der derivative Ansatz auf die zusammenfassenden Werte des Jahresabschlusses ab.

Dieses Kapitel bezweckt eine Einführung in die grundlegende Vorgehensweise der Ableitung von Cashflows aus der abgeschlossenen Jahresrechnung. Zunächst werden die Zusammenhänge zwischen Bilanz, Gewinn-und-Verlust-Rechnung und Cashflow-Rechnung aufgezeigt. Damit wird eine konzeptionelle Grundlage geschaffen, welche die Logik der Vorgehensweise verständlich machen soll. Dann werden die aus didaktischen Gründen getroffenen Annahmen vorgestellt, welche zwar zum besseren Verständnis der grundlegenden Mechanik der derivativen Herleitungsmethode beitragen, aber auch die Qualität der Ergebnisse vermindern. Anschließend wird in zwei gesonderten Abschnitten eine

M. Fontana, *Cashflow Rechnung mit System*, https://doi.org/10.1007/978-3-658-40719-3_3

buchhalterische und eine mathematisch-arithmetische (rechnerische) Variante der Ableitung von Cashflows zur Darstellung gebracht. Sie werden als Illustration mit konkreten Zahlenbeispielen unterlegt. Am Ende des Kapitels werden Nachteile und Unzulänglichkeiten der in diesem Kapitel vorgestellten Vorgehensweise kritisch beleuchtet. Sie veranlassen nicht nur Außenstehende nach Wegen zur Vermeidung solcher Unsicherheiten, praktischer Probleme und Fehlerquellen suchen. Differenziertere Vorgehensweisen beseitigen viele dieser Unzulänglichkeiten. Dazu dient die modifizierte derivative Methode, welche im Kap. 4 dargestellt wird.

3.1   Konzeptionelle Grundlagen

▶   Bilanzen, Gewinn-und-Verlust-Rechnung und Cashflows stehen aufgrund
      buchhalterischer Gesetzmäßigkeiten in einem engen Zusammenhang.

Jahresabschlüsse basieren auf der Buchführung. Die Buchführung folgt strengen Gesetzmäßigkeiten der betragsmäßigen Gleichheit der Summe von Soll- und Haben-Einträgen über das Gesamtsystem aller Konten hinweg. Die derivative Vorgehensweise stützt sich auf diese enge Verflechtung ab, die zwischen den Bilanzveränderungen außerhalb des Finanzmittelfonds, der Gewinn-und-Verlust-Rechnung und den Veränderungen des Finanzmittelfonds (= Cashflows) besteht. Dieser Abschnitt zeigt diese Zusammenhänge auf und bildet so das konzeptionelle Fundament für die danach folgenden Abschnitte.

Die Bilanzen (zum Ende und zum Beginn der Rechnungsperiode) werden für die Zwecke der derivativen Methode in zwei Teile gegliedert. Einerseits werden gewisse Bilanzposten zu dem Finanzmittelfonds zusammengefasst und bilden denjenigen Teil der Bilanz, der die Liquidität umfasst (vgl. auch Abschn. 2.1). Die übrigen Bilanzposten sind die Bilanzposten außerhalb des Finanzmittelfonds. Käfer (1974) spricht auch von „Konten der Gegenbestände" (S. 40). Diese Aufteilung wird in Abb. 3.1 dargestellt. Jeder Bilanzposten wird entweder dem Finanzmittelfonds zugeteilt oder bildet einen Gegenbestandsposten dazu.

Nachstehend werden zunächst der Finanzmittelfonds, dann die Bilanzposten außerhalb des Finanzmittelfonds und schließlich die Gewinn-und-Verlust-Rechnung in ihren gegenseitigen Beziehungen dargestellt.

3.1.1   Der Finanzmittelfonds

Lernziele
- Die zwei wesentlichen Gruppen von Veränderungen des Finanzmittelfonds aufzählen.
- Die Relevanz der beiden Gruppen für die Cashflow-Rechnung beschreiben.
- Die Regel zur Unterscheidung der beiden Gruppen erläutern und anwenden.

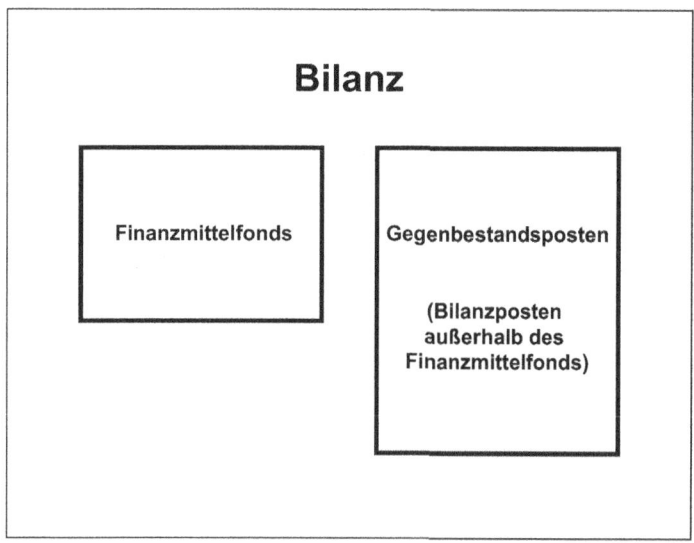

Abb. 3.1 Die Aufteilung der Bilanz in zwei Teile. (Eigene Darstellung)

Wie bereits oben unter Abschn. 2.1 beschrieben wurde, lässt sich die Cashflow-Rechnung als Veränderungsrechnung des Finanzmittelfonds beschreiben. Während bei der originären Methode die einzelne Veränderung im Sinne eines Geschäftsfalls der Ausgangspunkt für die Analyse bildet, versucht die derivative Vorgehensweise gleichartige Gruppen von Veränderungen des Finanzmittelfonds aus den Bewegungen der Bilanzposten abzuleiten.

Für das Verständnis dieser Vorgehensweise ist es wichtig, die möglichen Veränderungen der Konten des Finanzmittelfonds in zwei Gruppen einzuteilen. Sie unterscheiden sich hinsichtlich ihrer Bedeutung für die Cashflow-Rechnung.

3.1.1.1 Finanzmittelfonds-interne Veränderungen

Unter Finanzmittelfonds-internen Veränderungen werden solche Bewegungen verstanden, die zwar zu Veränderungen der einzelnen Konten des Finanzmittelfonds führen, diesen insgesamt jedoch unverändert lassen. Es handelt sich um Überträge von einem Konto des Finanzmittelfonds zu einem anderen Konto, das ebenfalls dem Finanzmittelfonds zugehörig ist.

> **Beispiel**
>
> **Beispiel einer Finanzmittelfonds-internen Veränderung**
> Ein Unternehmen hat ein auf Sicht fälliges Guthaben bei der Deutsche Bank AG. Gleichzeitig führt die Sparkasse am Sitz des Unternehmens ein laufendes Konto mit Überziehungsmöglichkeit, das vom Unternehmen auch als Teil des Finanzmittelfonds betrach-

tet wird. Die Löhne und Gehälter werden der Belegschaft regelmäßig zu Lasten des
Kontos bei der Deutsche Bank AG überwiesen.

Im Vorfeld der Lohn- und Gehaltszahlung stellt die Liquiditätssteuerung des Unternehmens fest, dass der Saldo nicht ausreichend ist. Daher wird eine Überweisung vom
Konto bei der Sparkasse auf das Konto bei der Deutsche Bank AG in Höhe von
€ 700.000,-- veranlasst.

Das Unternehmen verwendet zwecks interner Kontrolle und Vermeidung von Dop-
pelbuchungen ein „Kontrollkonto interne Überträge Geldkonten". Die Journaleinträge
sind in der folgenden Tabelle dargestellt.

Journaleinträge eines Finanzmittel-Übertrags

Kontobezeichnung	Betrag Soll (€)	Betrag Haben (€)
Kontrollkonto interne Überträge Geldkonten	700.000,--	
Sparkasse		700.000,--
Deutsche Bank AG	700.000,--	
Kontrollkonto interne Überträge Geldkonten		700.000,--

Die erste Journaleintragung erfolgte auf der Grundlage einer Belastungsanzeige der
Sparkasse. Die zweite Journaleintragung weist als Buchungsbeleg auf die Gutschriftanzeige der Deutsche Bank AG hin. Das Kontrollkonto weist nach Erfassung der beiden Geschäftsfälle einen Saldo von Null auf, sofern dies schon davor der Fall war.
Obwohl sich aufgrund dieses Geschäftsfalls drei Kontobestände verändern, bleibt die
Summe der Salden aller Konten des Finanzmittelfonds unverändert. Die Zunahme im
einen Konto gleicht die Abnahme im anderen Konto genau aus. ◄

Diese Gruppe von Geschäftsfällen finden nicht Eingang in die Cashflow-Rechnung,
obwohl Geld geflossen ist. Solche Geschäftsfälle sind daran zu erkennen, dass im Journal beide beteiligten Konten Teil des Finanzmittelfonds sind. Aufgrund der buchhalterischen Logik bewirkt dies, dass der Finanzmittelfonds sich in der Summe nicht verändert. Der Geldzufluss und der Geldabfluss von Finanzmittelfonds-internen Bewegungen
werden für die Geldflussrechnung saldiert. Dadurch kommen sie dort nicht zum
Ausweis.

▶   Finanzmittelfonds-interne Bewegungen sind Cashflows, die in der Cashflow-
     Rechnung nicht ausgewiesen werden.

3.1.1.2 Finanzmittelfonds-externe Veränderungen

Unter einer Finanzmittelfonds-externen Veränderung wird ein Geschäftsfall verstanden,
dessen eine Seite des Journaleintrags ein Konto des Finanzmittelfonds betrifft, dessen
andere Seite jedoch ein Konto betrifft, das außerhalb des Finanzmittelfonds liegt. Für letz-

tere kommen grundsätzlich nur Konten in Frage, die zu der Gewinn-und-Verlust-Rechnung oder zu einem Bilanzposten außerhalb des Finanzmittelfonds gehören.

Wie bereits oben unter Abschn. 2.1 dargelegt wurde, handelt es sich bei dieser Gruppe von Veränderungen des Finanzmittelfonds um Cashflows, die in der Cashflow-Rechnung ausgewiesen werden.[1]

▶   Finanzmittelfonds-externe Veränderungen sind ausweispflichtige Cashflows. Neben der Zu- oder Abnahme des Finanzmittelfonds verändern sie gleichzeitig auch entweder einen Bilanzposten außerhalb des Finanzmittelfonds oder eine Position der Gewinn-und-Verlust-Rechnung.

Die gesamte Cashflow-Rechnung besteht bei direkter Darstellung aus einer geordneten und gruppierten Aufstellung aller Finanzmittelfonds-externen Veränderungen des Finanzmittelfonds.

▶ Finanzmittelfonds-externe Veränderungen des Finanzmittelfonds werden als **„liquiditätswirksame Vorgänge"** bezeichnet und die Gegenbuchungen in Konten oder Positionen werden mit der **Abkürzung „L"** als solche Vorgänge markiert.

Das Ziel der derivativen Methode besteht darin, aus den Angaben im Jahresabschluss die liquiditätswirksamen Vorgänge zu ermitteln. Dabei werden nicht einzelne Vorgänge, sondern ganze Gruppen gleichartiger liquiditätswirksamer Vorgänge aus den Veränderungen von Bilanzposten außerhalb des Finanzmittelfonds durch Bereinigungsvorgänge abgeleitet.

Die liquiditätswirksamen Veränderungen des Finanzmittelfonds weisen als Zunahmen eine Soll-Kennung und als Abnahmen eine Haben-Kennung auf. Im Hinblick auf die Präsentation der Cashflow-Rechnung müssen diese buchhalterischen Kennungen in positive und negative Vorzeichen übersetzt werden. Dabei gilt folgende Regel zur Vorzeichenvergabe in der Cashflow-Rechnung:

▶   Ein Geldzufluss weist eine Soll-Kennung im Finanzmittelfonds auf und wird in ein positives Vorzeichen bei Darstellung der Cashflow-Rechnung übersetzt. Ein Geldabfluss weist eine Haben-Kennung im Finanzmittelfonds auf und wird mit einem negativen Vorzeichen übersetzt.

---

[1]An dieser Stelle wird nicht auf die folgende Ausnahme zu dieser Regel eingegangen: Wechselkursbedingte Wertveränderungen von Finanzmittelfondsbeständen in fremder Währung gelten nach einigen Standards nicht als ausweispflichtige Geldflüsse, sondern werden als Überleitungsposten zwischen der Cashflow-Rechnung und dem Liquiditätsveränderungsnachweis dargestellt.

3.1.2   Bilanzposten außerhalb des Finanzmittelfonds

Nicht jede Veränderung eines Bilanzpostens, der außerhalb des Finanzmittelfonds steht (nachstehend als *Gegenbestandsposten* bezeichnet), ist jedoch auf einen Geldfluss zurückzuführen. Zahlungsstrombedingte Veränderungen von Gegenbestandsposten sind vielmehr nur eine Teilmenge der gesamten möglichen Ursachen der Veränderung.

Lernziele

- Die drei möglichen Gruppen von Veränderungen der Gegenbestandsposten aufzählen.
- Das grundsätzliche Buchungsschema jeder Veränderungsgruppe umschreiben.
- Die Bedeutung der drei Gruppen von Veränderungen für die Cashflow-Rechnung erläutern.

Zusätzlich fallen einerseits sog. *erfolgswirksame Veränderungen* der Gegenbestandsposten in Betracht. Gemeint sind Vorgänge, die einerseits einen Gegenbestandsposten zum Finanzmittelfonds in der Bilanz betreffen und andererseits ein Konto der Gewinn-und-Verlust-Rechnung (Erfolgsrechnung). Andererseits können aber auch Vorgänge, die zwei Gegenbestandsposten gleichzeitig betreffen, Ursache für Veränderungen eines Gegenbestandsposten sein. Diese drei Gruppen von Veränderungen der Gegenbestandsposten in der Bilanz zum Finanzmittelfonds werden nachstehend erläutert.

3.1.2.1   Veränderungen mit Gegenbuchung im Finanzmittelfonds

Die erste Gruppe der Veränderungen von Gegenbestandsposten zum Finanzmittelfonds sind diejenigen Veränderungen, deren Gegenbuchung eine Veränderung des Finanzmittelfonds bewirkt. Es handelt sich um eine Teilmenge der unter Abschn. 3.1.1.2 beschriebenen liquiditätswirksamen Vorgänge. Sie zeichnet sich dadurch aus, dass die Gegenbuchung zu dem Zahlungsvorgang ein Gegenbestandskonto in der Bilanz verändert. Diese Gegenbuchungen sind deshalb besonders von Interesse, weil sie das Gegenstück zu der Finanzmittelfondsveränderung bilden, welches in der Cashflow-Rechnung auszuweisen ist.

▶ Veränderungen von Gegenbestandskonten, deren Gegenbuchung den Finanzmittelfonds verändert, werden als **„liquiditätswirksame Vorgänge"** bezeichnet und mit der **Abkürzung „L"** markiert.

Es ist jedoch zu beachten, dass es sich um die *Gegenbuchung* zu dem eigentlichen Zahlungsvorgang und damit zum Cashflow handelt. Das hat zur Folge, dass eine Vorzeichenumkehrung gegenüber dem eigentlichen Cashflow Vorgang vorliegt.

Beispiel

Beispiele von liquiditätswirksamen Vorgängen

Erhaltene Überweisungen von Kunden auf das Bankkonto zur Begleichung offener Rechnungen für erhaltene Handelswarenlieferungen stellen solche liquiditätswirksamen Vorgänge dar. Dabei weist die Gutschrift auf dem Bankkonto buchhalterisch eine Soll-Kennung auf. In der Geldflussrechnung wird diese Veränderung des Finanzmittelfonds als Cashflow mit positivem Vorzeichen umgedeutet (Soll = +), weil Geld zugeflossen ist.

Im Gegensatz dazu weist die Veränderung des Gegenbestandspostens, hier die Bilanzposition Forderungen aus Lieferungen und Leistungen, buchhalterisch eine Bewegung mit einer Haben-Kennung auf. Dies würde einem negativen Vorzeichen entsprechen. ◄

Die liquiditätswirksame Bewegung des Gegenbestandspostens ist somit nicht der Cashflow, sondern dessen Spiegelbild. Liquiditätswirksame Veränderungen im Gegenbestandsposten weisen wegen ihrer Natur als Gegenbuchung immer das umgekehrte „Vorzeichen" (im Sinne der Soll-/Haben-Kennung) des in der Cashflow-Rechnung auszuweisenden Vorgangs auf.

► Die liquiditätswirksame Bewegung des Gegenbestandspostens weist als Gegenbuchung naturgemäß die umgekehrte Soll-/Haben-Kennung des in der Cashflow-Rechnung auszuweisenden Cashflows auf. Daher muss eine liquiditätswirksame Bewegung im Gegenbestandsposten mit Soll-Kennung in der Cashflow-Rechnung in ein negatives Vorzeichen übersetzt werden (Geldabfluss) und eine Bewegung mit Haben-Kennung in ein positives Vorzeichen (Geldzufluss).

Die Ermittlung der liquiditätswirksamen Bestandteile der Veränderung eines Gegenbestandspostens bildet das Ziel der derivativen Methode mit direkter Darstellung der Cashflows.

3.1.2.2 Veränderungen mit Gegenbuchung in der Gewinn-und-Verlust-Rechnung

Bereits einleitend wurde der Charakter dieser Gruppe von Veränderungen eines Gegenbestandspostens zu dem Finanzmittelfonds erläutert.

► Zu- und Abnahmen eines Gegenbestandspostens, deren Gegenbuchungen Bestandteil der Gewinn-und-Verlust-Rechnung bilden, werden als **„erfolgswirksame Vorgänge"** definiert. Solche Veränderungen eines Gegenbestandspostens werden mittels der **Abkürzung „E"** markiert.

Erfolgswirksame Vorgänge betreffen eine Bilanzposition außerhalb des Finanzmittelfonds und weisen eine Gegenbuchung auf, die in der Gewinn-und-Verlust-Rechnung erfasst wurde. Diese Umschreibung umfasst auch den Jahresüberschuss oder -fehlbetrag,[2] der in der Bilanz erfasst wurde. Der Saldo der Gewinn-und-Verlust-Rechnung ist dessen Gegenbuchung.

Beispiel

Beispiele für erfolgswirksame Vorgänge
Ein Beispiel für einen erfolgswirksamen Vorgang stellt die Erfassung einer Abschreibung auf Produktionsmaschinen in der Bilanz dar.

Ein weiteres Beispiel ist die Erfassung der Rechnungstellungen für gelieferte Handelswaren, einschließlich später erfasster Erlösminderungen (z. B. wegen ausgebuchter Zahlungsdifferenzen).

Schließlich ist auch die Erfassung der Bestandsveränderung von Handelswarenvorräten zum Jahresende bei ruhender Kontoführung des Handelswarenbestands ein typischer erfolgswirksamer Vorgang. ◄

Solche Vorgänge in Gegenbestandsposten führen nicht zu einer Veränderung des Finanzmittelfonds, sondern ausschließlich zu einer Veränderung des Jahresüberschusses oder -fehlbetrags. Sie sind somit nicht liquiditätswirksame Vorgänge, führen aber dennoch zu einer Veränderung des Saldos der Gewinn-und-Verlust-Rechnung. Die periodengerecht abgrenzende Buchführungstechnik ist von einer großen Anzahl solcher Vorgänge geprägt. Gelingt es die Veränderung der Gegenbestandsposten um diese erfolgswirksamen Vorgänge zu bereinigen, ist man der Ermittlung der liquiditätswirksamen Vorgänge schon sehr nahe gekommen.

▶ Erfolgswirksame Vorgänge mit Bezug zu Gegenbestandsposten sind nicht liquiditätswirksam. Bei der Darstellung nach der sog. direkten Methode erscheinen sie daher nicht in der Cashflow-Rechnung.

3.1.2.3 Veränderungen mit Gegenbuchung in anderem Gegenbestandsposten

Wie bereits einleitend erwähnt, können in einem Gegenbestandsposten neben liquiditätswirksamen und erfolgswirksamen Veränderungen auch noch solche Veränderungen eintreten, die weder liquiditäts- noch erfolgswirksam sind.

▶ Veränderungen eines Gegenbestandspostens, welche weder liquiditätswirksam noch erfolgswirksam sind, werden in der Folge als **„neutrale Vorgänge"** bezeichnet und mit der **Abkürzung „N"** markiert.

---

[2] In dem schweizerischen Obligationenrecht als Jahresgewinn oder -verlust (Art. 959a Abs. 2 Ziff. 3 lit. g OR), umgangssprachlich zusammenfassend auch als Jahreserfolg bezeichnet.

Es handelt sich bei neutralen Vorgängen um Veränderungen, deren Gegenbuchung eine Veränderung eines anderen Gegenbestandspostens in der Bilanz bewirkt. Man könnte sie auch als Vorgänge innerhalb der Gruppe der Gegenbestandsposten bezeichnen.

Beispiel

Beispiel eines neutralen Vorgangs
Als Beispiel für einen solchen Vorgang kann die Erfassung einer Rechnung für die Anschaffung eines Gegenstands des Anlagevermögens dienen. Einerseits wird ein Zugang zu dem Anlagevermögen erfasst und andererseits wird eine Verbindlichkeit eingebucht. Beide Bilanzposten sind außerhalb des Finanzmittelfonds und sind somit Gegenbestandsposten. ◄

Wie die erfolgswirksamen sind auch neutrale Vorgänge keine Geldflüsse. Sie werden daher auch als zahlungsunwirksame Vorgänge bezeichnet.

▶ Neutrale Vorgänge sind keine Cashflows und werden daher auch nicht in der Cashflow-Rechnung ausgewiesen.

Gewisse Regelwerke verlangen jedoch die Offenlegung gewisser neutraler Vorgänge außerhalb der eigentlichen Cashflow-Rechnung, z. B. als Fußnote oder als Angabe im Anhang (vgl. Abschn. 10.1).

3.1.3 Die Gewinn-und-Verlust-Rechnung

Nachdem die beiden vorangegangenen Unterabschnitte sich mit der Veränderung der Bilanz während der Rechnungsperiode befasst haben, wird nun die Gewinn-und-Verlust-Rechnung als zweiter Bestandteil des Jahresabschlusses betrachtet.

Lernziele
- Die drei für die Herleitung der Cashflow-Rechnung relevanten Vorgänge mit Bezug zu der Gewinn-und-Verlust-Rechnung aufzählen.
- Das grundsätzliche Buchungsschema für jede Gruppe von Vorgängen umschreiben.
- Die Bedeutung jeder Gruppe für die Cashflow-Rechnung erläutern.

Vorgänge mit Bezug zu der Gewinn-und-Verlust-Rechnung lassen sich im Verhältnis zu den beiden in den vorangegangenen Unterabschnitten erläuterten Teilen der Bilanz in drei sachlogisch unterschiedliche Gruppen einteilen.

- Vorgänge mit Gegenbuchung in einem Konto des Finanzmittelfonds
- Vorgänge mit Gegenbuchung in einem Bilanzkonto außerhalb des Finanzmittelfonds
- Vorgänge mit Gegenbuchung in einem Konto der Gewinn-und-Verlust-Rechnung

Die dritte Gruppe ist nur der Vollständigkeit halber erwähnt und hat für die Geldflussrechnung keine Bedeutung. Mit Ausnahme der dritten Gruppe sind diese Vorgänge bereits schon in den vorangegangen Unterabschnitten besprochen worden. Dennoch werden die drei Gruppen kurz erläutert.

3.1.3.1   Vorgänge mit Gegenbuchung in dem Finanzmittelfonds

Diese Vorgänge verändern zum einen den Finanzmittelfonds und zum anderen den Jahresüberschuss oder -fehlbetrag. Sie zeichnen sich dadurch aus, dass der Journaleintrag ein Konto umfasst, das dem Finanzmittelfonds zugeordnet wurde und andererseits ein Konto, das in einer Position der Gewinn-und-Verlust-Rechnung ausgewiesen wird. Es handelt sich also um die erfolgswirksame Teilmenge der Vorgänge, die schon im Abschn. 3.1.1.2 als „Finanzmittelfonds-externe Veränderung" dargestellt wurden. Wie dort bereits erwähnt wurde, sind solche Vorgänge in der Cashflow-Rechnung darzustellen, weil sie liquiditätswirksam sind.

> **Beispiel**
>
> **Beispiel eines erfolgswirksamen Vorgangs mit Veränderung des Finanzmittelfonds**
> Die Unikredit Bank belastet dem buchführungspflichtigen Unternehmen Rotac Motorenbau GmbH den Betrag von € 6.480,20 wegen Kreditzinsen im Zusammenhang mit dem überzogenen laufenden Konto.
>
> Die Rotac Motorenbau GmbH erfasst den Vorgang einerseits im Soll eines Kontos, das in der Gewinn-und-Verlust-Rechnung in der Position „Zinsen und ähnliche Aufwendungen"[3] ausgewiesen wird. Weil der Betrag dem laufenden Konto bei der Unikredit Bank belastet wurde, erfasst die Rotac Motorenbau GmbH den Vorgang im Haben des Kontos „Unikredit Bank", welches Teil des Finanzmittelfonds bildet (vgl. Abschn. 2.1.2), obwohl es eine Verbindlichkeit darstellt. ◄

Der erfolgswirksame Vorgang und der zahlungsmittelwirksame Vorgang werden nicht durch ein Bilanzkonto innerhalb der Gegenbestände zum Finanzmittelfonds miteinander verbunden. Vielmehr erfolgt die Buchung unter Umgehung von Gegenbestandskonten. Üblicherweise werden Zinszahlungen, Mietzahlungen, erhaltene Dividenden, Barkäufe und Barverkäufe in der Weise erfasst, dass sie unter diese Gruppe fallen.

Es ist wichtig, die beiden Seiten des erfolgs- und gleichzeitig zahlungsmittelwirksamen Vorgangs zu unterscheiden. Obwohl der Vorgang zahlungsmittelwirksam ist und damit in der Cashflow-Rechnung ausgewiesen wird, ist es die Veränderung des Finanzmittelfonds,

---

[3] § 275 Abs. 2 Nr. 13 HGB (in der Schweiz: Finanzaufwand, Art. 959b Abs. 2 Ziff. 7 OR).

die zum Ausweis gelangt und nicht etwa deren Gegenbuchung in der Gewinn-und-Verlust-Rechnung. Dies ist insbesondere für die korrekte Übersetzung von Soll-/Haben-Kennungen in positive und negative Vorzeichen, wie sie für die Darstellung der Cashflow-Rechnung üblich sind, von hoher Bedeutung. Der Zinsertrag beispielsweise, der bar bezahlt wurde, weist eine Haben-Kennung auf und würde somit nach der Regel „Soll = + und Haben = -" als negativer Wert in der Cashflow-Rechnung ausgewiesen, was offensichtlich falsch ist, weil ja Geld zugeflossen ist.

▶ Die in der Gewinn-und-Verlust-Rechnung ersichtlichen Positionen sind nie als Cashflows zu betrachten, sondern als deren Gegenstück oder Spiegelbild. Sie weisen eine zu den Cashflows (Veränderungen des Finanzmittelfonds) entgegengesetzte Soll-/Haben-Kennung auf.

3.1.3.2 Vorgänge mit Gegenbuchung in einem Gegenbestandsposten der Bilanz

Im Gegensatz zu der vorstehend beschriebenen Gruppe von Vorgängen mit direkter Zahlungswirksamkeit, handelt es ich bei den Vorgängen mit Gegenbuchung in ein Bilanzkonto innerhalb des Gegenbestands zu dem Finanzmittelfonds um nicht zahlungswirksame Vorgänge. Periodengerecht abgrenzende Buchführung und Kreditgeschäfte (z. B. Käufe und Verkäufe auf Rechnung), aber auch die Verwendung bilanzieller Kontrollkonten bewirken eine große Zahl solcher Vorgänge. Diese Gruppe von Vorgängen wurde bereits oben in dem Abschn. 3.1.2.2 als erfolgswirksame Vorgänge in Bilanzposten außerhalb des Finanzmittelfonds dargestellt.

Beispiel

Beispiele von erfolgswirksamen Vorgängen mit Gegenbuchung in Gegenbestandsposten

- Erfassung des Nettobetrags einer Rechnung für an Kunden gelieferte Erzeugnisse.
- Erfassung der jährlichen Abschreibung auf eine Videokonferenzanlage.
- Erfassung des Nettobetrags einer Rechnung für den Verkauf eines gebrauchten Firmenwagens an den Autohändler (als Erlös aus Veräußerung).
- Erfassung der Bestandsveränderung an fertigen Erzeugnissen (bei ruhender Kontoführung).
- Erfassung des aufgelaufenen Zinses im Zuge der Abschlusserstellung (Rechnungsabgrenzung). ◀

Obwohl diese Gruppe einen sehr bedeutenden Anteil am gesamten Buchungsvolumen aufweist, kommt sie bei direkter Darstellung der Cashflows nicht zum Ausweis, weil diese Vorgänge keine Cashflows darstellen. Dennoch hat diese Gruppe im Rahmen der derivativen Herangehensweise eine wichtige Funktion. Sie dient dazu, die Veränderungen der Gegenbestandsposten zu bereinigen. Dies ist der wichtigste Schritt zur Ermittlung der Cashflows.

▶ Erfolgswirksame Vorgänge in Gegenbestandsposten werden bei direkter Darstellung nicht in der Cashflow-Rechnung ausgewiesen, dienen aber der Bereinigung der Gegenbestandsposten-Veränderungen. Sie sind für die Ermittlung der Cashflows im Rahmen der derivativen Herangehensweise von indirekter Bedeutung.

3.1.3.3 Vorgänge mit Gegenbuchung in der Gewinn-und-Verlust-Rechnung

Der Vollständigkeit halber ist auch noch die Gruppe der Vorgänge zu erwähnen, die sich dadurch auszeichnet, dass beide im Buchungsjournal angesprochenen Konten Bestandteil der Gewinn-und-Verlust-Rechnung sind.

Beispiel

Beispiel eines internen Vorgangs innerhalb der Gewinn-und-Verlust-Rechnung
Einem Angestellten wird eine Werkswohnung zur Verfügung gestellt. Die marktübliche Miete von monatlich € 730,-- wird jeweils von seinem Bruttogehalt in Abzug gebracht. Das Bruttogehalt wird unter Löhne und Gehälter im Soll erfasst, während die Miete im Haben des Kontos Mieterträge gebucht wird. Sowohl die Soll-, als auch die Habenseite der Buchung betreffen Positionen der Gewinn-und-Verlust-Rechnung, weshalb „Miete Werkswohnung" im Umfang der monatlichen Miete einen internen Vorgang innerhalb der Gewinn-und-Verlust-Rechnung darstellt. ◀

Hervorzuheben sind zwei Besonderheiten dieser Gruppe von Vorgängen. Einerseits bewirkt die Kompensation des gewinnerhöhenden Buchungsteils mit dem gewinnvermindernden Buchungsteil, dass der Vorgang insgesamt keine Auswirkung auf den Jahresüberschuss oder -fehlbetrag hat und somit gesamthaft betrachtet als „erfolgsneutral" zu bezeichnen ist. Andererseits berühren solche Vorgänge auch nicht den Finanzmittelfonds, womit sie zudem auch als „zahlungsmittelunwirksam" zu beurteilen sind. Der im obigen Beispiel erwähnte Ertrag aus Vermietung einer Werkswohnung ist daher nicht als Cashflow in der Cashflow-Rechnung auszuweisen, weil kein Geld geflossen ist. Richtigerweise gilt dies auch für denjenigen Teil des Bruttogehalts, der für die Miete in Abzug gebracht wurde. Nicht der in der Gewinn-und-Verlust-Rechnung erfasste Betrag für Löhne und Gehälter, sondern der um die verrechnete Miete gekürzte Betrag ist korrekterweise in der Cashflow-Rechnung als „Auszahlungen an das Personal" auszuweisen.

Obwohl solche Vorgänge vergleichsweise geringen Anteil am gesamten Buchungsvolumen aufweisen, sind sie dennoch nicht ganz zu vernachlässigen. Sie weisen eine Ähnlichkeit zu der Gruppe, die unter Abschn. 3.1.2.3 als Vorgänge innerhalb der Gruppe der Gegenbestandsposten beschrieben wurden (neutrale Vorgänge).

▶ Interne Vorgänge innerhalb der Gewinn-und-Verlust-Rechnung sind gesamthaft betrachtet weder erfolgs- noch zahlungsmittelwirksam und somit als **„neutrale Vorgänge"** nicht in der Cashflow-Rechnung mit direkter Darstellung auszuweisen.

Die Gewinn-und-Verlust-Rechnung sollte daher vorab um solche Vorgänge bereinigt werden, wenn eine direkte Darstellung der Geldflüsse aus Geschäftstätigkeit vorgesehen ist.

3.1.4 Gesamtdarstellung der Zusammenhänge

In diesem Abschnitt werden die Zusammenhänge zwischen dem Finanzmittelfonds, den Gegenbestandsposten innerhalb der Bilanz sowie der Gewinn-und-Verlust-Rechnung in grafischer Form erläutert.

Lernziele
- Die Zusammenhänge zwischen den beiden Teilbereichen der Bilanz und der Gewinn-und-Verlust-Rechnung aufzeigen.
- Die hohe Bedeutung der Gegenbestandsposten bei der derivativen Ermittlung der Cashflows erläutern.
- Die Beziehungen zwischen den drei Elementen Finanzmittelfonds, Gegenbestandsposten und Gewinn-und-Verlust-Rechnung korrekt nach den Vorgangstypen L, E und N kategorisieren.

Obwohl der Jahresabschluss u. a. aus den beiden Elementen Bilanz und Gewinn-und-Verlust-Rechnung besteht, werden in Übereinstimmung mit den bisherigen Ausführungen für die nachstehende Darstellung drei voneinander getrennte Kontogesamtheiten gebildet:

- Gewinn-und-Verlust-Rechnung
- Gegenbestandsposten zum Finanzmittelfonds innerhalb der Bilanz
- Finanzmittelfonds innerhalb der Bilanz

In der Abb. 3.2 sind diese drei Kontogesamtheiten als Rechtecke dargestellt. Die in den vorstehenden Unterabschnitten besprochenen Gruppen von Vorgängen bilden die Beziehungen zwischen bzw. innerhalb dieser Kontogesamtheiten. Die in der Abbildung verwendeten Ziffern zur Bezeichnung dieser Beziehungen werden nachstehend aufgeführt und es wird ein Bezug zu dem Abschnitt hergestellt, in dem diese Vorgangsgruppe besprochen wurde.

1. Finanzmittelfonds-interne Veränderungen Abschn. 3.1.1.1
2. Finanzmittelfonds-externe Veränderungen Abschn. 3.1.1.2
3. Veränderungen Gegenbestandsposten mit Gegenbuchung im Finanzmittelfonds Abschn. 3.1.2.1
4. Veränderungen Gegenbestandsposten mit Gegenbuchung in der Gewinn-und-Verlust-Rechnung Abschn. 3.1.2.2

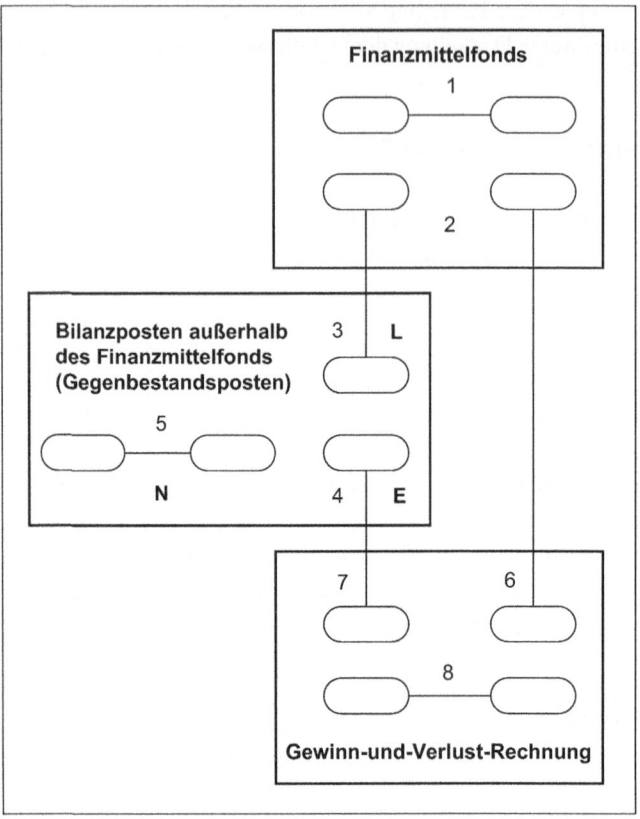

Abb. 3.2 Gesamtdarstellung der Vorgangsarten. (Eigene Darstellung)

5. Veränderungen innerhalb der Gegenbestandsposten Abschn. 3.1.2.3
6. Vorgänge in der Gewinn-und-Verlust-Rechnung mit Gegenbuchung in dem Finanzmittelfonds Abschn. 3.1.3.1
7. Vorgänge in der Gewinn-und-Verlust-Rechnung mit Gegenbuchung in einem Bilanzposten außerhalb des Finanzmittelfonds Abschn. 3.1.3.2
8. Vorgänge innerhalb der Gewinn-und-Verlust-Rechnung Abschn. 3.1.3.3

▶   **Wichtig**   Im Hinblick auf die Klassifizierung der Veränderungen der Bilanzposten außerhalb des Finanzmittelfonds sind die drei dort möglichen Vorgangsgruppen hervorzuheben:

L = Liquiditätsverändernd (zahlungsmittelwirksam, finanzmittelfondsverändernd)
E = Erfolgsverändernd (Gewinn-und-Verlust-wirksam)
N = Neutral (weder zahlungsmittelverändernd noch Gewinn-und-Verlust-wirksam, Bilanz-intern)

Die Vorgangsgruppe 6 (bzw. diejenigen Teile der Vorgangsgruppe 2 mit Gegenbuchung in einer Position der Gewinn-und-Verlust-Rechnung) stellt eine Kombination von Klassifikationen sowohl als L als auch als E dar. Will man die Komplexität reduzieren, kann statt einer direkten Beziehung zwischen Finanzmittelfonds und Gewinn-und-Verlust-Rechnung eine indirekte Beziehung über einen Gegenbestandsposten fingiert werden. Dabei wird unterstellt, dass zwei Buchungsvorgänge in der gleichen logischen Sekunde erfolgen: Zunächst erfolgt eine ausschließlich Gewinn-und-Verlust-wirksame Buchung auf ein Gegenbestandskonto. Zeitgleich erfolgt eine nur finanzmittelfondsverändernde Buchung mit Bezug auf dasselbe Gegenbestandskonto. Dieses hat dann zwar einen Umsatz, aber dessen Saldo hat sich nicht verändert, weil ein durchlaufender Posten verbucht wurde.

Unterstellt man, dass alle zahlungsmittelverändernden Vorgänge mit Gegenbuchung in der Gewinn-und-Verlust-Rechnung auf die vorstehend geschilderte indirekte Weise über ein Gegenbestandskonto als zwei Buchungsvorgänge erfasst wurden, dann kann aus der Sicht des betroffenen Gegenbestandskontos der ersten Buchung eindeutig die Klassifikation E und der zweiten Buchung die Klassifikation L zugeordnet werden. Unter der Prämisse dieser Buchungstechnik bildet die Kontogesamtheit aller Gegenbestandsposten die zentrale Plattform zur Analyse. Gelingt es bei allen Gegenbestandsposten die E und N-Vorgänge zu eliminieren, verbleiben nur noch die L-Vorgänge. Damit ist es nur noch ein kleiner Schritt bis zur Erstellung der Cashflow-Rechnung. Diese Überlegung bildet die konzeptionelle Grundlage der derivativen Herangehensweise. „Für die derivative Ermittlung der Zahlungsströme erfolgt eine Verknüpfung von Erfolgsposten mit Posten der Veränderungsbilanz, wodurch die ursprünglich vorgenommenen Periodisierungen und Bewertungsmaßnahmen rückgängig gemacht werden und bewertungsunabhängige Zahlungsströme ermittelt werden, deren Saldo, also der Einzahlungs- oder Auszahlungsüberschuss, aufgrund des verrechnungstechnischen Zusammenhangs zu einer entsprechenden Veränderung des Fonds der flüssigen Mittel führt." (AFRAC 2020, Rz. (14), S. 5).

Fazit

Die derivative Herleitung der Cashflow-Rechnung stellt eine Beziehung zwischen drei Veränderungsrechnungen her. Ziel ist die Ermittlung der *Veränderungen des Finanzmittelfonds* während einer Rechnungsperiode. Dazu wird die *Veränderung der übrigen Bilanzposten außerhalb des Finanzmittelfonds (Gegenbestandsposten)* während einer Rechnungsperiode herangezogen. Diese Veränderungen werden um Vorgänge mit Gegenbuchung in der *Gewinn-und-Verlust-Rechnung* (E-Vorgänge) bereinigt. Es bleiben noch die Veränderungen übrig, welche zahlungsmittelverändernden Charakter (L-Vorgänge) haben. Vorab müssen noch neutrale Veränderungen (N-Vorgänge), d. h. die zwischen zwei Konten innerhalb der Gegenbestandsposten der Bilanz erfolgten Umbuchungen bereinigt werden. Dies ist die konzeptionelle Grundlage der *derivativen Herangehensweise*. Die Veränderungen des Finanzmittelfonds lassen sich dann analog zu der originären Methode mittels ihrer Gegenbuchung klassifizieren, gliedern und als Cashflow-Rechnung darstellen.

3.2   Vereinfachungen und Annahmen

Die in diesem Kapitel vorgestellte Vorgehensweise dient der Herleitung einer Cashflow-Rechnung mit direkter Darstellung, d. h. dem Ausweis von Geldzu- und -abflüssen in allen drei Tätigkeitsbereichen. Damit die Mechanik der Vorgehensweise möglichst verständlich vermittelt werden kann, sind aus didaktischen Gründen einige vereinfachende Annahmen getroffen worden.

> **Lernziel**
> Die der vereinfachten Vorgehensweise zugrunde liegenden Annahmen aufzählen und erläutern.

Wer die Erstellung einer Cashflow-Rechnung erlernt, wird oft mit vereinfachten Sachverhalten an diese komplexe Thematik herangeführt. In diesem Sinne werden in den folgenden Abschnitten einige wichtige vereinfachende Annahmen vorgestellt und erläutert. Es geht dabei in erster Linie darum, die Annahme zu treffen, dass keinerlei neutrale Vorgänge innerhalb der Gegenbestandsposten und innerhalb der Gewinn-und-Verlust-Rechnung bestehen. Diese Annahme wird in nachfolgenden Kapiteln weitgehend fallen gelassen (vgl. Kap. 4). Zudem wird eine von der Realität abweichende Buchungstechnik für gleichzeitig erfolgs- und liquiditätswirksame Buchungen unterstellt. Die dadurch bewirkte Reduktion der Komplexität soll die verständliche Darstellung der Mechanik zur Erstellung einer Cashflow-Rechnung mittels der derivativen Methode unterstützen.

3.2.1   Keine erfolgswirksame Buchung in den Finanzmittelfonds

Wie oben in Abschn. 3.1.4 bereits angesprochen, besteht die erste Vereinfachung der Wirklichkeit darin, die Annahme zu treffen, es gäbe keine Direktbuchungen zwischen Gewinn-und-Verlust-Rechnung und Finanzmittelfonds. Vielmehr wird angenommen, dass ein Konto aus den Gegenbestandsposten (Bilanzkonto außerhalb des Finanzmittelfonds) dazwischengeschaltet wurde, sodass zwei Buchungen fingiert werden. Beide Buchungen betreffen das gleiche Bilanzkonto innerhalb der Gegenbestandsposten. Eine der beiden Buchungen ist nur erfolgswirksam, nicht aber liquiditätswirksam und die andere Buchung ist nur liquiditätswirksam, aber nicht erfolgswirksam.

Beispiel

Realität
> Der Darlehenszins wurde dem Darlehensgeber mit Banküberweisung bezahlt.
> In der Buchhaltung wurde das Konto „Darlehenszinsaufwand" (Gewinn-und-Verlust-Rechnung) und das Konto „Bank XY" (Finanzmittelfonds) angesprochen.

Es handelt sich dabei um einen Vorgang, bei dem eine Buchung gleichzeitig erfolgswirksam und liquiditätswirksam ist. Dadurch ist der Vorgang nicht eindeutig auf E oder
L zuzuordnen. Der Vorgang umgeht die Gegenbestandsposten zum Finanzmittelfonds
und verbindet direkt den Finanzmittelfonds mit der Gewinn-und-Verlust-Rechnung.

Fiktion (vereinfachende Annahme)

Der Vorgang wird in zwei Buchungsvorgänge aufgespalten. Dazu wird ein passen-
des Konto in der Bilanz (außerhalb des Finanzmittelfonds) verwendet, beispielsweise
„Darlehenszinsabgrenzung" (sonstige Verbindlichkeit). Die Aufspaltung in zwei
gleichzeitig erfolgte Buchungsvorgänge bewirkt eine Aufteilung in zwei eindeutig zu
klassifizierende Teilvorgänge:

- Erfolgswirksame Buchung: Darlehenszinsaufwand/Darlehenszinsabgrenzung
- Liquiditätswirksame Buchung: Darlehenszinsabgrenzung/Bank XY

Jeder Teilvorgang verändert einen Gegenbestandsposten zum Finanzmittelfonds.

Weder der Anfangs- noch der Endbestand des Kontos Darlehenszinsabgrenzung
wird von dieser Buchung verändert. Weil eine Buchung den Bestand im gleichen Umfang erhöht, wie ihn die andere Buchung reduziert, verändert sich der Saldo des Kontos
durch diese zwei Buchungen insgesamt nicht. ◄

Entsprechend dieser Annahme haben sämtliche Posten der Gewinn-und-Verlust-Rechnung,
soweit es sich nicht um solche innerhalb der Gewinn-und-Verlust-Rechnung handelt, eine
„Gegenbuchung" auf einem Konto innerhalb der Gegenbestandsposten der Bilanz. Erfolgs-
und gleichzeitig zahlungswirksame Vorgänge werden in zwei gesonderte Vorgänge umgedeutet. Der Vorgang, der in Abb. 3.2 die Nr. 2 und die Nr. 6 verbindet, wird in zwei Vorgänge
(Nr. 7 – Nr. 4 und Nr. 3 – Nr. 2) aufgeteilt. Als Konsequenz dieser Fiktion werden sämtliche
Posten der Gewinn-und-Verlust-Rechnung zu nicht liquiditätswirksamen Vorgängen umqua-
lifiziert. Zudem berühren alle Vorgänge ein Konto innerhalb der Gegenbestandsposten der
Bilanz. Diese werden dadurch zum zentralen Analysegegenstand der derivativen Methode.

Damit dies auch tatsächlich für alle Vorgänge zutrifft, wird weiterhin angenommen,
dass keine neutralen Vorgänge existieren. Dies betrifft sowohl die Bilanz als auch die
Gewinn-und-Verlust-Rechnung. Folgende beiden Abschnitte erläutern diese Annahmen.

3.2.2 Keine Gewinn-und-Verlust-Rechnung-interne Vorgänge

Im Abschn. 3.1.3.3 wurden die Buchungsvorgänge dargestellt, welche Umbuchungen innerhalb der Gewinn-und-Verlust-Rechnung darstellen. Richtigerweise müssten diese Vorgänge identifiziert und bereinigt werden. Zur Vereinfachung wird in diesem Kapitel angenommen, dass keine Gewinn-und-Verlust-Rechnung-interne Vorgänge vorhanden sind.
Mit Bezug auf die Abb. 3.2 wird unterstellt, dass Vorgänge mit Nr. 8 nicht existieren. Das
bedeutet in Verbindung mit der Annahme unter Abschn. 3.2.1, dass jede Position der

Gewinn-und-Verlust-Rechnung die Gegenbuchung zu einem oder mehreren Konten innerhalb der Gegenbestandsposten sein muss.

3.2.3   Vernachlässigung der Mehrwertsteuereffekte

Sowohl die Vorsteuer auf den Investitionen und auf dem Betriebsaufwand als auch die Umsatzsteuer auf Umsatzvorgängen werden üblicherweise rein bilanziell erfasst. Sie weisen
bei Kreditgeschäften regelmäßig das Buchungsschema eines neutralen Vorgangs (vgl.
Nr. 5 in der Abb. 3.2) auf. Um diese Vorgänge unterscheiden sich die Zahlungen aus Kreditgeschäften von den in der GuV erfassten Beträgen. Werden diese Effekte nicht bereinigt,
ergibt sich ein Zahlungsbetrag ohne Berücksichtigung der Umsatzsteuer oder der Vorsteuer
(Nettoausweis). Hingegen werden Zahlungen aus Geschäften auf Barzahlungsbasis einschließlich der Umsatzsteuer oder der Vorsteuer ausgewiesen (Bruttoausweis). Solche Effekte werden zwecks Vereinfachung in diesem Kapitel noch unberücksichtigt gelassen.

3.2.4   Erfolgsunwirksame Investitionsvorgänge sind
zahlungswirksam

Aufgrund der oben dargestellten Logik sind erfolgswirksame Vorgänge in Gegenbestandsposten mit Investitionscharakter nicht zahlungswirksam (vgl. Nr. 4 in Abb. 3.2). Dies
trifft auch auf die meisten übrigen Veränderungen zu. Die Anschaffung eines Anlageguts
auf Rechnung ist an sich ein typischer neutraler Vorgang (vgl. Nr. 5 in Abb. 3.2). Erst die
Zahlung der Rechnung führt zu einem Zahlungsmittelabfluss (vgl. Nr. 3 in Abb. 3.2). Zur
Vereinfachung wird für dieses Kapitel die Annahme getroffen, dass alle Investitionen in
Gegenstände des Anlagevermögens gegen Eingehen einer Verbindlichkeit in der gleichen
Periode auch bezahlt worden sind und dass es sich dabei um kurzfristige Verbindlichkeiten
handelt. Durch diese Annahmen werden alle Anschaffungen von Gegenständen des Anlagevermögens als liquiditätswirksame Vorgänge betrachtet. Dies vereinfacht die Herleitung
der Cashflow-Rechnung, weil die Analyse der Zugänge zu dem Anlagevermögen hinsichtlich ihrer Zahlungswirksamkeit vermieden wird.

Analog wird dies auch für *veräußerte Gegenstände des Anlagevermögens* unterstellt.
Solche Vorgänge werden als Vorgänge behandelt, die noch in der der gleichen Periode liquiditätswirksam geworden sind. Es wird also angenommen, dass weder zum Periodenbeginn
noch zum Periodenende nicht beglichene Forderungen aus Anlagenverkäufen bestehen.

3.2.5   Erfolgsunwirksame Finanzierungsvorgänge sind
zahlungswirksam

Zur Vereinfachung wird weiterhin die Annahme getroffen, dass Veränderungen von Gegenbestandsposten mit Finanzierungscharakter, soweit sie nicht erfolgswirksame Vor-

gänge darstellen (vgl. Nr. 4 in Abb. 3.2), in der aktuellen Rechnungsperiode zahlungswirksam wurden. Damit werden Vorgänge zunächst ausgeschlossen, die neutral sind, d. h. deren Gegenbuchung ein anderes Konto innerhalb der Gegenbestandsposten betrifft (vgl. Nr. 5 in Abb. 3.2). Es wird also beispielsweise unterstellt, dass es keine Anschaffungen von Gegenständen des Anlagevermögens gab, die gegen Eingehen einer Verbindlichkeit mit Finanzierungscharakter oder durch Ausgabe neuer Aktien finanziert wurden.

3.2.6   Keine sonstigen neutralen Vorgänge

Schließlich wird für dieses Kapitel die vereinfachende Annahme getroffen, dass keine sonstigen neutralen Vorgänge innerhalb der Gegenbestandsposten erfolgt seien (vgl. Vorgang Nr. 5 in Abb. 3.2).

Beispielsweise werden Zuweisungen an Rücklagen (Schweiz: Reserven) oder sonstige weder erfolgs- noch liquiditätswirksamen Vorgänge ausgeblendet. Dies reduziert die Komplexität, führt aber zu Fehldarstellungen in der Cashflow-Rechnung. Diese Annahme ist wohl diejenige, welche am weitesten von der Realität entfernt liegt. Dennoch wird zur Vermeidung der Komplexität häufig explizit oder implizit diese Annahme getroffen, insbesondere, wenn die Herleitung einer Cashflow-Rechnung durch Außenstehende erfolgt.

▶   Als (realitätsfremde) Vereinfachung wird angenommen, dass keine neutralen Vorgänge, denen nicht auch eine Zahlung in der gleichen Periode zuzuordnen sind, innerhalb der Gegenbestandsposten erfolgt sind. Dies ermöglicht zwar eine erheblich einfachere Ermittlung der liquiditätswirksamen Vorgänge aus den Bilanzpostenveränderungen. Sie bewirkt aber auch eine Fehldarstellung in der Cashflow-Rechnung.

Die Ermittlusng der liquiditätswirksamen Vorgänge reduziert sich durch die vorstehend dargestellte Vereinfachung auf die Bereinigung der Veränderung des Bilanzpostens um die darin enthaltene erfolgswirksame Veränderung. Die Vereinfachung im Vorgehen wird allerdings durch eine fehlerhafte Darstellung erkauft (vgl. dazu Abschn. 3.5.1).

Fazit

Aus didaktischen Gründen werden Aufgabenstellungen in bestimmter Hinsicht so vereinfacht, dass die Ableitung einer Cashflow-Rechnung nahezu ohne Rückgriff auf buchhalterische Einzelheiten und interne Information ermöglicht wird. Die wichtigsten Vereinfachungen betreffen einerseits die Annahme, dass keine Direktbuchungen zwischen Gewinn-und-Verlust-Rechnung und Finanzmittelfonds erfolgt sind und andererseits, dass weder in der Gewinn-und-Verlust-Rechnung noch innerhalb der Gegenbestandsposten neutrale Vorgänge erfolgt sind. Damit reduziert sich die Ermittlung der Cashflows auf die Bereinigung der Veränderung der Gegenbestandsposten um die darin enthaltenen Gegenbuchungen zu Posten der Gewinn-und-Verlust-Rechnung.

Nachstehend wird dieses Konzept umgesetzt. Dabei werden zwei verschiedene Techniken herangezogen. Im Abschn. 3.3 werden die Gegenbestandsposten in einer buchhalterischen Sichtweise als Konten verstanden. Aus dieser Kontoanalyse resultieren die Gegenposten zu den Veränderungen des Finanzmittelfonds. Im Abschn. 3.4 werden die Cashflows auf arithmetische Weise, d. h. unter Verwendung von Additionen von Beträgen mit positiven und negativen Vorzeichen, abgeleitet. Als Ergebnis beider Techniken ergibt sich eine direkte Darstellung der Cashflow-Rechnung. Abschließend würdigt der Abschn. 3.5 die derivative Herangehensweise mit direkter Darstellung der Cashflows und geht auch kritisch auf die Konsequenzen der getroffenen Annahmen und die verwendeten Vereinfachungen ein.

3.3   Die buchhalterische Herleitung der Cashflows

Ausgangspunkt der derivativen Herangehensweise ist bekanntlich der Jahresabschluss. Bei Bilanzposten wird vorausgesetzt, dass sowohl der Bestand zu Beginn und zum Ende der Rechnungsperiode aus dem Jahresabschluss ersichtlich ist. Der Bestand zu Beginn der Rechnungsperiode stimmt aufgrund der Bilanzkontinuität mit dem Bestand zum Ende der vorangegangenen Rechnungsperiode überein. Dieser ist als Vergleichswert aus dem Vorjahr regelmäßig aus dem Jahresabschluss ersichtlich. Weiter wird vorausgesetzt, dass die Gewinn-und-Verlust-Rechnung der entsprechenden Rechnungsperiode bekannt ist.

Bei Jahresabschlüssen in Staffelform werden buchhalterische Sachverhalte in eine Präsentation überführt, die keine Soll- und Haben-Kennungen mehr aufweist, sondern mit positiven und negativen Vorzeichen arbeitet. Letzteres trifft auch für die Darstellung einer Cashflow-Rechnung zu. In diesem Abschnitt wird dennoch auf die Kontologik und damit auf eine eher buchhalterisch orientierte Herleitung der Cashflows zurückgegriffen. Diese Herleitungsvariante hat vor allem didaktische Zwecke und wird in der Praxis kaum eingesetzt.

3.3.1   Die Rekonstruktion der Vorgangsgruppen in Kontoform

Im Zentrum der Analyse stehen diejenigen Bilanzposten, welche den Gegenbestand zum Finanzmittelfonds bilden. Jeder dieser Posten wird in eine Kontodarstellung überführt, um daraus den liquiditätswirksamen Teil der Veränderung zu ermitteln. Auf der konzeptionellen Grundlage gemäß Abschn. 3.1.2 und unter Berücksichtigung der vereinfachenden Annahmen gemäß Abschn. 3.2 ist die Veränderung eines Gegenbestandspostens ausschließlich durch erfolgswirksame (E) und liquiditätswirksame (L) Vorgänge zu erklären. Annahmegemäß enthalten die Konten der Gegenbestandsposten aus Gründen der Vereinfachung zunächst keine Veränderungen aus neutralen Vorgängen (N), denen nicht innerhalb der gleichen Rechnungsperiode ein liquiditätswirksamer Vorgang in gleicher Höhe gegenübersteht.

Lernziel

Die summarische Rekonstruktion der Veränderungsursachen eines Gegenbestandspostens unter vereinfachenden Annahmen durchführen.

Ausgangspunkt der Vorgehensweise bildet die Überlegung, dass die Netto-Veränderung
eines Gegenbestandspostens in einer Rechnungsperiode aus Schluss- und Anfangsbestand
ermittelt werden kann. Wird diese Veränderung um die darin enthaltenen Gegenbuchungen zur Gewinn-und-Verlust-Rechnung (E-Vorgänge) bereinigt, verbleibt noch der Nettobetrag der L-Vorgänge als Residualgröße. Die konkrete Vorgehensweise dieser Bereinigung besteht nun darin, dass für jeden Gegenbestandsposten ein schulmäßiges Konto
(„T-Konto", Kontokreuz) aufgezeichnet wird. Im Anschluss folgen fünf Schritte:

1. Gegenbestandsposten insgesamt einem Tätigkeitsbereich zuordnen
2. Anfangsbestand eintragen
3. Schlussbestand eintragen
4. Erfolgswirksame Vorgänge eintragen (E-Vorgänge)
5. Residualgröße ermitteln (Gegenposten zur Finanzmittelfonds-Veränderung, L-Vorgänge)

Die fünf Schritte werden nachstehend erläutert und mit der Abb. 3.3 illustriert.

Die Klassifikation des Gegenbestandspostens *(Schritt 1)* dient der Zuordnung von er-
mittelten L-Vorgängen zu der richtigen Gruppe (Tätigkeitsbereiche) innerhalb der
Cashflow-Rechnung. Diese Klassifikation wird in Abschn. 3.3.3 näher erläutert. Die drei
Tätigkeitsbereiche wurden in Abschn. 2.2 bereits charakterisiert.

Gegenbestandsposten (Aktivum)

(1) Tätigkeitsbereich = G

Soll	Haben
(2) Anfangsbestand	
(4) Erfolgswirksame Vorgänge (E)	*(5) Liquiditätswirk-same Vorgänge*
	(3) Schlussbestand
Summe Soll	Summe Haben

Abb. 3.3 Buchhalterische Ermittlung der Zahlungsvorgänge. (Eigene Darstellung)

▶ **Abkürzungen für die drei Tätigkeitsbereiche**

G Geschäftstätigkeit
I Investitionstätigkeit
F Finanzierungstätigkeit

Kann ein Bilanzposten nicht genau einem Tätigkeitsbereich zugeordnet werden, muss er in zwei Posten aufgeteilt werden. Jeder Posten kann danach eindeutig klassifiziert werden, weil sowohl der Anfangs-, als auch der Schlussbestand nur Posten enthält, die dem entsprechenden Tätigkeitsbereich zugeordnet werden. In dem hier verwendeten Beispiel lassen sich alle Bilanzposten ohne Aufteilung eindeutig zuordnen.

Die Eintragung des Anfangsbestands *(Schritt 2)* basiert auf der Schlussbilanz der vorangegangenen Rechnungsperiode, welche aufgrund der Bilanzkontinuität auch den Anfangsbestand der aktuellen Periode zeigt. Unter Berücksichtigung der Art der Bilanzposition (Aktivum, Passivum) sowie des im Jahresabschluss ausgewiesenen Vorzeichens wird der Anfangsbestand buchhalterisch korrekt eingetragen.[4]

Bei dem Eintrag des Schlussbestands *(Schritt 3)* ist zu beachten, dass es sich bei dem Schlussbestand um den Kontosaldo zum Ausgleich des Kontos handelt, sodass eine Gleichheit von Soll-Summe und Haben-Summe im Konto entsteht. Dieser Ausgleichsposten steht somit auf der Gegenseite der für den Anfangsbestand verwendeten buchhalterischen Logik.[5]

Der *Schritt 4* besteht darin, die Gegenposten zur Gewinn-und-Verlust-Rechnung (ganze Posten oder Teile davon), welche in der aktuell untersuchten Bilanzposition erfasst wurden, einzutragen. Dies ist deshalb eine herausfordernde Aufgabe, weil sie ein hohes Verständnis für buchhalterische Zusammenhänge, zuweilen auch interne Zusatzinformationen über die Zusammensetzung von Posten der GuV erfordert. Wenn diese fehlen, müssen hilfsweise Annahmen aufgrund üblicher buchhalterischer Vorgehensweisen getroffen werden. Sind diese Annahmen unzutreffend, hat dies auch Folgen für die Korrektheit der Cashflow-Rechnung.

In dem abschließenden *Schritt 5* wird der zum Ausgleich des Kontos fehlende Betrag ermittelt. Es handelt sich um die Bestimmung einer Residualgröße analog der Ermittlung eines Kontosaldos. Das Ergebnis ist der Nettobetrag der liquiditätswirksamen Buchungen in diesem Gegenbestandsposten. Nettobetrag ist zu verstehen als der Saldo aus Ein- und Auszahlungen. Ohne weitere interne Informationen lässt sich die Bruttozusammensetzung dieser Stromgröße im Rahmen dieser Vorgehensweise nicht ermitteln. Bei einem Gegenbestandsposten des Anlagevermögens könnte der ermittelte Nettobetrag z. B. die Differenz zwischen Investitionsauszahlungen und Einzahlungen aus der Veräußerung von Gegenständen des Anlagevermögens enthalten. Diese Nettobetrachtung wird Gegenstand von Kritik an der hier vorgestellten Vorgehensweise sein (vgl. Abschn. 3.5.2). Zumindest für den Be-

---

[4] Aktivposten mit üblichem Vorzeichen werden auf der linken Kontoseite (Soll) eingetragen und Passivposten mit üblichem Vorzeichen werden auf der rechten Kontoseite (Haben) eingetragen.

[5] Aktivposten mit üblichem Vorzeichen werden auf der rechten Kontoseite (Haben) eingetragen und Passivposten mit üblichem Vorzeichen werden auf der linken Kontoseite (Soll) eingetragen.

reich der Investitions- und der Finanzierungstätigkeit verlangen die meisten Regulierungen einen Bruttoausweis, d. h. den getrennten Ausweis von Ein- und Auszahlungen.

Beispiel

Beispiel für die buchhalterische Ermittlung von erhaltenen Kundenzahlungen
Die Bilanzposition Forderungen aus Lieferungen und Leistungen wies zu Beginn des Geschäftsjahres einen Stand von 200 und zum Ende des Jahres von 300 auf. In der Gewinn-und-Verlust-Rechnung werden Umsatzerlöse in Höhe von 500 ausgewiesen. Daraus lassen sich mit der buchhalterischen Vorgehensweise und unter den vereinfachenden Annahmen die Nettozahlungen von Kunden ermitteln. Die konkrete Vorgehensweise wird in Abb. 3.4 dargestellt. Annahmegemäß wurde die Mehrwertsteuer ausgeblendet und Barverkäufe wurden in Kreditverkäufe umgedeutet, die in der gleichen Sekunde über eine gesonderte Buchung bezahlt wurden (vgl. Abschn. 3.2.3 und 3.2.4). Entsprechend wird für alle Buchungen in der Position „Umsatzerlöse" unterstellt, dass deren Gegenbuchung zunächst in einem Konto der Bilanzposition „Forderungen aus Lieferungen und Leistungen" erfasst wurde. Unter Berücksichtigung dieser Annahmen betragen die mit einer Gegenbuchung in den Forderungen aus Lieferungen und Leistungen erfassten Geldzuflüsse im Finanzmittelfonds netto 400. Dies entspricht den erhaltenen Zah-

Abb. 3.4 Beispiel für die buchhalterische Ermittlung der Nettozahlungen von Kunden. (Eigene Darstellung)

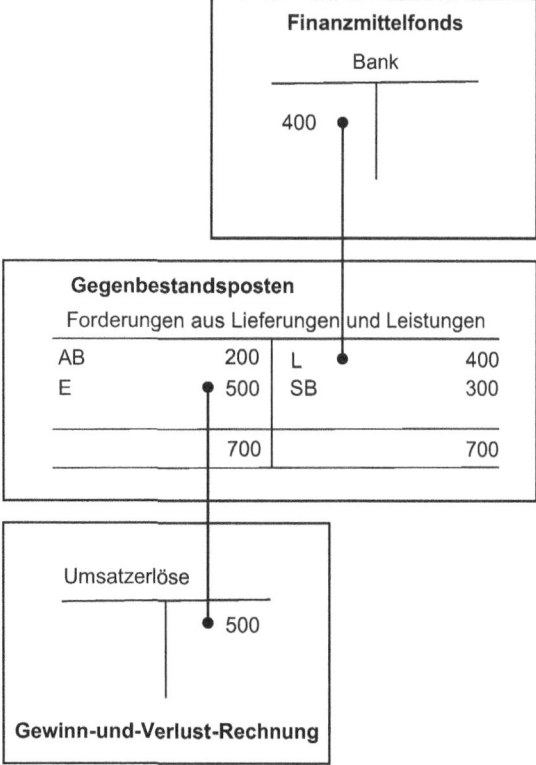

lungen von Kunden nach Abzug eventueller Rückerstattungen für bereits bezahlte Rücksendungen. Ungenauigkeiten ergeben sich wegen in den Umsatzerlösen erfassten Erlösminderungen, die nicht gegen ein Konto innerhalb der Bilanzposition Forderungen aus Lieferungen und Leistungen gebucht wurden (z. B. Fracht- und Portokosten bei Lieferung frei Haus). Dazu müssten die Umsatzerlöse entsprechend analysiert und differenzierter zugeteilt werden. Der Verzicht führt zu unzutreffenden Darstellungen. Will man dies vermeiden, sind umfangreiche Zusatzinformationen aus der Buchführung notwendig und der Grad der Komplexität erhöht sich deutlich. Daraus ergeben sich auch Kritikpunkte an der hier vorgestellten Vorgehensweise (vgl. Abschn. 3.5.3 und 3.5.4). ◄

Das Beispiel hat die grundlegende Mechanik der Bereinigung von Gesamtveränderungen von Bilanzposten um die darin enthaltenen erfolgswirksamen Vorgänge illustriert. Dieser Bereinigungsvorgang ist für jede Position des Gegenbestands zu dem Finanzmittelfonds vorzunehmen. Dabei ist darauf zu achten, dass sämtliche Posten der Gewinn-und-Verlust-Rechnung berücksichtigt werden. Auch der Jahresüberschuss oder -fehlbetrag ist als Bereinigungsposten miteinzubeziehen. Er ist bei der zutreffenden Gegenbestandsposition innerhalb des Eigenkapitals als Kontobewegung einzusetzen. Bei Aufstellung der Bilanz vor Gewinnverwendung entspricht dies dem in der Bilanz ausgewiesenen Jahresergebnis. Die buchhalterische Berücksichtigung einer Gewinnverwendung wurde durch die vereinfachenden Annahmen (vgl. Abschn. 3.2.6) vorerst ausgeblendet.

Wie bereits erwähnt, müssen gewisse Positionen der Gewinn-und-Verlust-Rechnung auf mehrere Positionen des Gegenbestands in der Bilanz aufgeteilt werden. Dazu sind entweder interne Zusatzinformationen notwendig oder die Aufteilung kann unter Verwendung von Annahmen auf der Grundlage üblicher buchhalterischer Zusammenhänge abgeleitet werden. Folgende zwei Beispiele veranschaulichen dies.

Beispiel

Beispiele für das Vorgehen zur Aufteilung von Positionen der Gewinn-und-Verlust-Rechnung

Beispiel 1 Abschreibungen

Abschreibungen auf immaterielle Vermögensgegenstände des Anlagevermögens und Sachanlagen bilden eine Position der GuV, sofern keine außerplanmäßigen Abschreibungen zu verzeichnen sind. Sie beziehen sich aber regelmäßig auf mehrere Positionen innerhalb der Gegenbestandsposten der Bilanz. Hier ist eine Aufteilung notwendig, um eine differenzierte Analyse der Cashflows aus Investitionstätigkeiten nach den einzelnen Posten des Anlagevermögens vorzunehmen. Die Informationen allein aus der Gewinn-und-Verlust-Rechnung sind hierzu nicht ausreichend. Es müssen beispielsweise Zusatzangaben aus einem Anlagenspiegel oder aus unternehmensinternen Informationsquellen beigezogen werden, um die Abschreibungen korrekt auf die einzelnen Positionen der Gegenbestandsposten aufteilen zu können.

Beispiel 2 Aufwand für bezogene Waren

Im Warenhandelsbetrieb darf angenommen werden, dass die Vorräte ausschließlich aus Handelswaren bestehen. Annahmegemäß wird zudem die Mehrwertsteuer auch bei dieser Überlegung ausgeblendet und Bareinkäufe werden zu Krediteinkäufen (auf Rechnung) umgedeutet, die zeitgleich bezahlt werden. Bei ruhender Kontoführung der Handelswarenvorräte lässt sich der Anteil des Aufwands für bezogene Waren, der sich auf in der aktuellen Rechnungsperiode verkaufte, jedoch in Vorperioden bezogene Waren bezieht, aus der buchhalterischen Bestandsabnahme des Handelswarenvorrats ableiten. Dabei wird unterstellt, dass keine unüblich hohen Abschreibungen auf Handelswarenvorräte vorgenommen wurden.[6] Es kann dann vermutet werden, dass der verbleibende Teil des Aufwands für bezogene Waren sich auf Gegenbuchungen zu der Position Verbindlichkeiten aus Lieferungen und Leistungen in der Bilanz bezieht (Rechnungen von Lieferanten für bezogene Handelswaren). ◄

In den Beispielen geschilderte Annahmen können zu Fehldarstellungen in der Cashflow-Rechnung führen, wenn sie unzutreffend sind. Dies kann nur durch unternehmensinterne Zusatzinformationen über Einzelheiten der Buchführung vermieden werden. Außenstehende verfügen darüber jedoch nicht und müssen daher mit Annahmen arbeiten, die nur zu einer Näherungslösung für die Cashflow-Rechnung führt.

3.3.2   Ableitung und Interpretation der Cashflows

Nach Abschluss dieser Analyse liegt die Summe der Gegenbuchungen zu den Veränderungen des Finanzmittelfonds (L-Vorgänge) als Netto-Betrag vor. In diesem Unterabschnitt geht es darum aus diesen Gegenbuchungen die eigentlichen Cashflows abzuleiten und mit dem in der Cashflow-Rechnung auszuweisenden, korrekten Vorzeichen zu versehen.

Lernziel
Die ermittelten Gegenposten zu den Cashflows vorzeichengerecht für die Darstellung in der Cashflow-Rechnung vorbereiten.

Wie aus dem Beispiel in Abb. 3.4 ersichtlich ist, entspricht der mit L bezeichnete Kontoeintrag dieser liquiditätswirksamen Nettogröße. Es ist aber das buchhalterische Gegenstück zu dem eigentlichen Cashflow, welcher als Eintrag im Konto Bank innerhalb des Finanzmittelfonds zu finden ist.

---

[6] Diese wären nach § 275 Abs. 2 Nr. 7b HGB unter den Abschreibungen auszuweisen.

Der eigentliche Nettogeldfluss in Höhe von 400 im besagten Beispiel steht im Konto des Finanzmittelfonds auf der linken Seite (Soll). Dies entspricht einer Zunahme des Finanzmittelfonds. Dies trifft auch für eine Verbindlichkeit gegenüber Kreditinstituten zu, die dem Finanzmittelfonds zugeordnet wurde. Auch dort führt ein Eintrag auf der linken Seite zu einer Verminderung der Verbindlichkeit, was sich in einer Erhöhung des Finanzmittelfonds ausdrückt, weil der Abzugsposten kleiner wird.

Die Regel für die Übersetzung des Kontoeintrags im Finanzmittelfonds in einen vorzeichengerecht ausgedrückten Cashflow Betrag lautet daher wie folgt.

Eintrag im Konto des Finanzmittelfonds:

- Eintrag links (Soll) = Zunahme Finanzmittelfonds = Geld*zu*fluss = + Cashflow
- Eintrag rechts (Haben) = Abnahme Finanzmittelfonds = Geld*ab*fluss = − Cashflow

Es ist zu beachten, dass bei Verwendung des Eintrags im Gegenbestandsposten diese Regel genau umgekehrt anzuwenden ist, weil es sich dort um die Gegenbuchung zu dem Kontoeintrag des Finanzmittelfonds handelt.

▶ **Wichtig** In allgemeiner Form lautet also die Regel für den die Übersetzung des mit L bezeichneten Kontoeintrags im Gegenbestandskonto in einen Cashflow Betrag (mit korrektem Vorzeichen für die Cashflow-Rechnung) wie folgt:

Liquiditätswirksamer Eintrag im Gegenbestandskonto:
- **Eintrag links** (Soll) = Abnahme Finanzmittelfonds = Geld<u>ab</u>fluss = – **Cashflow**
- **Eintrag rechts** (Haben) = Zunahme Finanzmittelfonds = Geld<u>zu</u>fluss = + **Cashflow**

3.3.3 Die Zuordnung der Cashflows zu Tätigkeitsbereichen

Mit der Ermittlung der Cashflows ist ein Teilschritt erledigt. In diesem Unterabschnitt wird dargelegt, nach welchen Regeln die ermittelten Cashflow Beträge den drei Tätigkeitsbereichen der Cashflow-Rechnung zugeordnet werden. Auf die Gliederungs- und Zusammenfassungsregeln innerhalb der Tätigkeitsbereiche wird an dieser Stelle nicht eingegangen, sondern auf Abschn. 2.3 verwiesen.

Lernziel
Die Cashflows nach vereinfachten Regeln den drei Tätigkeitsbereichen der Cashflow-Rechnung zuordnen.

3.3.3.1 Abhängigkeit der Zuordnung von der Art des Bilanzpostens

Grundsätzlich lassen sich bei einer vereinfachten Betrachtungsweise die Cashflows regelbasiert aus dem Typ des Gegenbestandspostens, der dem Cashflow gegenübersteht, ableiten. Diese vereinfachten Zuordnungen sind für die hier besprochene Einführung in die derivative Herleitung ausreichend. Sie bilden aber nicht alle Besonderheiten und Wahlrechte ab, die in den maßgebenden Rechnungslegungsstandards enthalten sind. Diesbezüglich wird auf den zweiten Teil dieses Buchs (insbesondere Abschn. 9.3) verwiesen.

In Abschn. 2.2 wurden bereits die drei Tätigkeitsbereiche dargestellt, in die sich die Cashflow-Rechnung untergliedert. Diese Ausführungen sollen im Anschluss noch konkretisiert werden, sodass es möglich ist, aus der Bilanzposition (außerhalb des Finanzmittelfonds) den dazugehörigen Tätigkeitsbereich der Cashflow-Rechnung abzuleiten. Dabei wird ein sehr einfacher Entscheidungsbaum gemäß Abb. 3.5 zugrunde gelegt.

Falls ein Gegenbestandsposten nicht der Investitions- oder Finanzierungstätigkeit zugeordnet werden kann, wird er der Geschäftstätigkeit zugeordnet. Dies ist, wie erwähnt, eine stark vereinfachte Vorgehensweise, die aber einfach zu erlernen und anzuwenden ist. In den nachfolgenden Abschnitten werden die Regeln erläutert, die für die Entscheidungen betreffend die Zuteilung eines liquiditätswirksamen Vorgangs innerhalb eines Gegenbestandspostens heranzuziehen sind.

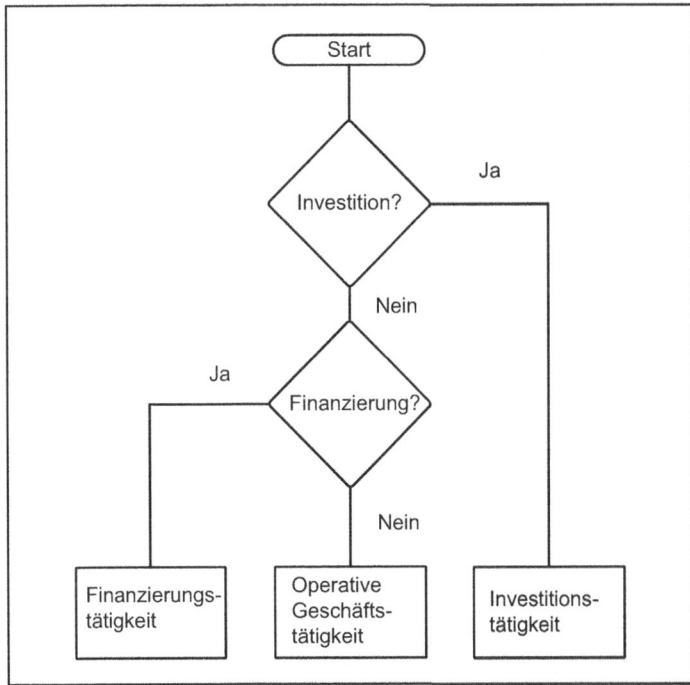

Abb. 3.5 Vereinfachter Entscheidungsbaum für die Zuteilung zum Tätigkeitsbereich (eigene Darstellung)

3.3.3.2 Geldflüsse der Investitionstätigkeit

Welche Gegenbestandsposten enthalten liquiditätswirksame Vorgänge im Investitionsbereich? Wie in Abschn. 2.2.2 bereits dargelegt, umfassen die Investitionstätigkeiten nach IAS 7.6 (IASB 2022, S. A975) den Erwerb und die Veräußerung von Gegenständen des Anlagevermögens sowie anderer Vermögensanlagen, welche nicht Teil des Finanzmittelfonds sind. Entsprechend fallen alle Gegenbestandsposten, die als Anlagevermögen qualifizieren, in Betracht. Zudem gehören noch kurzfristig angelegte flüssige Mittel z. B. in Form von Wertpapieren, die im Umlaufvermögen bilanziert werden, jedoch nicht als Zahlungsmitteläquivalente qualifizieren, zu den Gegenbestandsposten, die Vorgänge mit Investitionscharakter enthalten.

▶ Alle Posten des Anlagevermögens sowie solche Posten des Umlaufvermögens, die Vermögensanlagen beinhalten, die nicht zum Finanzmittelfonds gehören, stellen Gegenbestandsposten dar, die Vorgänge aus dem Bereich der Investitionstätigkeit enthalten können.

Die vereinfachende Annahme, dass keine neutralen Vorgänge bestehen (vgl. Abschn. 3.2.4) bewirkt, dass alle Investitionstätigkeiten (einschließlich Veräußerungen von Gegenständen des Anlagevermögens) so behandelt werden, wie wenn sie nicht als Kreditgeschäfte erfolgt wären, sondern Zug um Zug gegen Zahlung. Werden die Gegenbestandsposten mit Investitionscharakter um die erfolgswirksamen Vorgänge bereinigt, verbleiben somit die liquiditätswirksamen Vorgänge. Die vereinfachende Annahme deutet faktisch alle Investitionsvorgänge, die tatsächlich auf Rechnung erfolgt sind, so um, wie wenn die Rechnung noch in der gleichen Rechnungsperiode durch Zahlung ausgeglichen wurde. Sie schließt somit Situationen mit noch offenen Rechnungen betreffend Investitionsvorgänge zu den Bilanzstichtagen aus. Diese Anteile an Forderungen oder Verbindlichkeiten hätten sonst ebenfalls als solche Gegenbestandsposten mit Investitionscharakter berücksichtigt werden müssen.

3.3.3.3 Geldflüsse der Finanzierungstätigkeit

Welche Gegenbestandsposten enthalten Geldflüsse aus Finanzierungstätigkeit? Wie bereits in Abschn. 2.2.3 erwähnt, sind Finanzierungstätigkeiten Aktivitäten, die zu einer Veränderung des Betrags oder der Zusammensetzung des Eigenkapitals oder der Finanzverbindlichkeiten führen.

▶ Die Posten des Eigenkapitals und der Finanzverbindlichkeiten enthalten Vorgänge aus dem Bereich der Finanzierungstätigkeit.

Zu den Posten des eingebrachten Eigenkapitals zählen das gezeichnete Kapital, die Kapitalrücklagen sowie eigene Anteile. In allen Standards werden zudem bezahlte Dividenden entweder wahlweise oder verpflichtend dem Geldfluss aus Finanzierungstätigkeit zugeordnet. Eigenkapitalposten, aus denen diese Dividenden ausgerichtet werden, sind demnach ebenfalls als Gegenbestandsposten mit Finanzierungscharakter zu betrachten. Dies gilt auch für die Verbindlichkeiten aus noch nicht bezahlten Dividenden, welche als Finanzverbindlichkeiten zu betrachten sind.

Bei den Finanzverbindlichkeiten handelt es sich um eine Teilmenge des Fremdkapitals. Es sind diejenigen Verbindlichkeiten, die primär zur Versorgung des Unternehmens mit Geld eingegangen wurden (Finanzierungscharakter). Sie sind häufig verzinslich und können langfristig oder kurzfristig sein. Teilweise kann die Abgrenzung zu Verbindlichkeiten aus der laufenden Geschäftstätigkeit schwierig sein. Erhaltene Anzahlungen z. B. weisen Merkmale der laufenden Geschäftstätigkeit aber auch der Finanzierungstätigkeit auf. In solchen Fällen ist der überwiegende Charakter maßgeblich, was in diesem Fall die laufende Geschäftstätigkeit ist.

3.3.3.4   Geldflüsse der Geschäftstätigkeit

Wie in der Abb. 3.5 dargestellt, bildet in der vereinfachten Zuordnung der Bereich der laufenden Geschäftstätigkeit sozusagen den Auffangtatbestand.

▶   Alle nicht in die Klasse der Investitions- oder Geschäftstätigkeit fallenden Gegenbestandsposten sind als solche mit Bezug zur laufenden Geschäftstätigkeit zu betrachten.

Erneut wird betont, dass dieser Merksatz eine bewusste Vereinfachung gegenüber den Zuordnungsregeln in den maßgeblichen Rechnungslegungsstandards darstellt. Die Regel führt auch nur deshalb zu korrekten Zuordnungen, weil noch weitere Vereinfachungen (vgl. Abschn. 3.2) angenommen wurden.

Die einzelnen Posten des Cashflow aus operativer Geschäftstätigkeit werden bei der direkten Darstellung als eine ursachenbezogene Einzahlungsüberschussrechnung gegliedert. Dadurch stellen sich Zuordnungsfragen.

Aus der Analyse der Gegenbestandsposten konnten Cashflows ermittelt werden, die einen engen Bezug zu einer Gruppe von Bilanzkonten aufweisen. Für die Darstellung in der Cashflow-Rechnung wird jedoch von vielen Standards eine eher nach Herkunft und Verwendung orientierte Gliederung verlangt. Die bilanzorientierten Stromgrößen sind daher in eine entsprechende Gliederung der Ein- und Auszahlungen zu übersetzen.

Die bekannten buchhalterischen Zusammenhänge zwischen Bilanz- und GuV-Konten können hierzu Grundlagen für Annahmen bieten, wenn keine weiteren unternehmensinternen Zusatzinformationen vorliegen oder beschafft werden können. Die Tab. 3.1 führt beispielhaft einige Gegenbestandsposten auf und gibt Hinweise für die mögliche Zuordnung zu der zutreffenden Position innerhalb der Cashflow-Rechnung bei direkter Darstellung der Cashflows aus Geschäftstätigkeit. Die Tabelle zeigt aber auch die Herausforderungen der direkten Darstellungsart auf. Sie erfordert für viele Gegenbestandsposten eine differenzierte Analyse. So ist häufig eine verfeinerte Untergliederung von Gegenbestandsposten notwendig, teilweise bis auf Ebene Buchhaltungskonto, um eine korrekte Analyse vorzunehmen und anschließend eine zutreffende Zuordnung auf die Position der Cashflow-Rechnung durchzuführen.

Tab. 3.1 Beispiele für typische Zuordnungen für die Darstellung der Cashflow-Rechnung

Liquiditätswirksamer Vorgang in einem Gegenbestandsposten	Bezeichnung in der Cashflow-Rechnung (Cashflow aus Geschäftstätigkeit, direkt)
Forderungen aus Lieferungen und Leistungen	Einzahlungen aus dem Verkauf von Gütern, Erzeugnissen und der Erbringung von Dienstleistungen (Einzahlungen von Kunden)
Sonstige Vermögensgegenstände	Andere Einzahlungen aus laufender Geschäftstätigkeit (z. B. aus Vermietung/Verpachtung, Versicherungsleistungen usw.)
Verbindlichkeiten aus Lieferungen und Leistungen	Auszahlungen an Lieferanten von Gütern und Materialien sowie an Dienstleister
Rückstellungen für Pensionen und ähnliche Verpflichtungen	Auszahlungen an und für Rechnung des Personals
Steuerrückstellungen Sonstige Verbindlichkeiten (aus Steuern)	Geleistete Steuerzahlungen/Erhaltene Steuerrückzahlungen
Sonstige Rückstellungen (Zusatzinformationen über die Zusammensetzung sind unabdingbar)	Können nur nach Aufspaltung in Teilbestände den zutreffenden Positionen der Cashflow-Rechnung zugeordnet werden.
Sonstige Verbindlichkeiten im Rahmen der sozialen Sicherheit	Auszahlungen an und für Rechnung des Personals
Sonstige Verbindlichkeiten (Zusatzinformationen über die Zusammensetzung sind unabdingbar)	Können nur nach Aufspaltung in Teilbestände den zutreffenden Positionen der Cashflow-Rechnung zugeordnet werden.

Die konkrete Bezeichnung und die Gliederung der einzelnen Posten innerhalb des Cashflow aus operativer Geschäftstätigkeit sind in vielen Regelwerken nicht verbindlich vorgegeben, sodass teilweise ein gewisser Spielraum vorhanden ist (Abschn. 2.3.2). Diesbezüglich weisen die Regelwerke erhebliche Unterschiede in der Regulierung auf. Es können daher keine allgemeingültigen Zuordnungsregeln festgehalten werden. Die in den Beispielen dargestellten Verbindungen zwischen Gegenbestandsposten der Bilanz und auszuweisenden Cashflow-Positionen reflektieren generische buchhalterische Zusammenhänge, die im Einzelfall zu verifizieren und anzupassen sind. In jedem Fall wird klar, dass zumindest sehr gute Kenntnisse der üblichen Zusammenhänge zwischen Gegenbestandsposten in der Bilanz und den Komponenten der Posten der GuV notwendig sind, um die derivative Methode in der vorliegenden Form zumindest näherungsweise umzusetzen. Dennoch beruht die Vorgehensweise in vielen Aspekten auf Annahmen. Nur auf der Grundlage des Zugangs zu den Einzelheiten der Buchführung könnte eine differenzierte Analyse und damit eine zutreffendere Darstellung bewirkt werden.

3.3.4   Illustrationsbeispiel zur buchhalterischen Herleitung

Im Sinne einer Illustration der buchhalterischen Herleitung wird in diesem Abschnitt ein vereinfachtes Beispiel eines Jahresabschlusses verwendet, das hinsichtlich Gliederung oder Bezeichnung der Posten nicht bestimmten landesspezifischen gesetzlichen Ansprüchen genügt, sondern eine unternehmensinterne Berichterstattung darstellt. Sie wurde in Vorbereitung zu einem Bericht im Rahmen des Einbezugs in die Konzernrechnung aufgestellt. Auf dieser Grundlage und mit einigen Zusatzinformationen wird anschließend aufgezeigt, wie versucht wird die Veränderungen der Gegenbestandsposten summarisch mittels der buchhalterischen Soll-Haben-Logik zu rekonstruieren. Aus den identifizierten Summen der liquiditätswirksamen Veränderungen wird im nächsten Schritt eine Cashflow-Rechnung abgeleitet.

Lernziel
Die derivative Herangehensweise mit direkter Darstellung der Cashflows an einem praktischen Beispiel mittels buchhalterischer Herleitung anwenden und erläutern.

Aus Gründen der Platzersparnis für die Darstellung des Lösungswegs werden statt Kontokreuzen Tabellen verwendet und statt Soll- und Haben-Einträgen werden die Beträge mit einer Soll-Kennung (S) und einer Haben-Kennung (H) versehen, die als positive (S) und negative (H) Beträge zu interpretieren sind. Die Kontogleichung für ein Aktivkonto kann unter dieser Annahme als reine Addition dargestellt werden: Anfangsbestand (S) + Zugang (S) + Abgang (H) + Schlussbestand (H) = 0.

3.3.4.1 Angaben zum Jahresabschluss

Das Unternehmen weist in seinem internen Berichtspaket Bilanzwerte gemäß Abb. 3.6 aus. Die Werte der Gewinn-und-Verlust-Rechnung sind in der Abb. 3.7 dargestellt.

Es liegen folgende *zusätzlichen Angaben und Informationen* vor:

1. Bei den Verbindlichkeiten gegenüber Kreditinstituten handelt es sich ausschließlich um ein überzogenes laufendes Konto im Rahmen einer zugesicherten Kreditlinie.
2. Die Wertpapiere des Umlaufvermögens fallen nicht als Teil des Finanzmittelfonds in Betracht und die Veräußerungen im Berichtsjahr erfolgten zum Buchwert.
3. Auf den Wertpapieren des Umlaufvermögens wurden im Berichtsjahr Abschreibungen in Höhe von 20 vorgenommen. Auf Wertpapiere des Anlagevermögens entfielen Abschreibungen in Höhe von 40.
4. Im Berichtsjahr erfolgten keine Veräußerungen von Gegenständen des Anlagevermögens, mit Ausnahme der Teilrückzahlung einer Ausleihung.
5. Im Berichtsjahr erfolgten keine Abschreibungen auf Posten des Umlaufvermögens, die den üblichen Umfang wesentlich übersteigen.
6. Die aktiven Rechnungsabgrenzungsposten enthalten zu Beginn und zum Ende des Geschäftsjahres ausschließlich Abgrenzungsbuchungen aus vorausbezahlten Mieten und Versicherungsprämien mit sonstigem betrieblichem Charakter.

Bilanz Werte in 1000 GE	01.01.2022	31.12.2022
AKTIVA		
Flüssige Mittel	1 200	200
Wertpapiere	100	200
Forderungen aus Lieferungen und Leistungen	2 000	1 800
Sonstige Vermögensgegenstände	500	400
Vorräte	3 000	3 500
Rechnungsabgrenzungsposten	200	150
Ausleihungen	4 000	4 500
Wertpapiere des Anlagevermögens	8 000	7 600
Sachanlagen	12 000	11 600
Immaterielle Vermögensgegenstände	2 000	2 200
Total Aktiva	**33 000**	**32 150**
PASSIVA		
Verbindlichkeiten aus Lieferungen und Leistungen	2 500	3 000
Verbindlichkeiten gegenüber Kreditinstituten	-	150
Anleihen	10 000	10 000
Sonstige verzinsliche Verbindlichkeiten	1 000	1 500
Sonstige Verbindlichkeiten	500	500
Rechnungsabgrenzungsposten	400	300
Rückstellungen	8 400	8 200
Gezeichnetes Kapital	5 000	4 000
Kapitalrücklage	2 500	2 000
Gewinnrücklagen	1 800	1 800
Gewinnvortrag/Verlustvortrag	100	50
Jahresüberschuss/Jahresfehlbetrag	800	650
Total Passiva	**33 000**	**32 150**

Abb. 3.6   Illustrationsbeispiel: Bilanzwerte

7. Von den Abschreibungen in Höhe von 1000 entfallen gemäß Anlagespiegel 200 auf immaterielle Vermögensgegenstände.
8. Die Erträge aus anderen Wertpapieren und Ausleihungen des Finanzanlagevermögens setzen sich im Berichtsjahr aus Zinserträgen auf Ausleihungen in Höhe von 120, Zinserträgen auf Obligationen in Höhe von 200 und Dividendenerträgen in Höhe von 130 zusammen.
9. Es erfolgte eine Rückzahlung eines Darlehens in Höhe von 500, welches zu Beginn des Berichtsjahres unter sonstige verzinsliche Verbindlichkeiten ausgewiesen war.
10. Die sonstigen Verbindlichkeiten umfassen Verbindlichkeiten im Rahmen der sozialen Sicherheit in Höhe von 300 (Vorjahr 300) sowie für Steuern in Höhe von 200 (Vorjahr 200).

Gewinn-und-Verlust-Rechnung Werte in 1000 GE	2025	2024
Umsatzerlöse	10 500	9 800
Erhöhung oder Verminderung des Bestands an fertigen und unfertigen Erzeugnissen	- 300	100
Sonstige betriebliche Erträge	650	650
Materialaufwand	- 5 800	- 5 600
Personalaufwand	- 1 050	- 1 020
Abschreibungen	- 1 000	- 950
Sonstige betriebliche Aufwendungen	- 1 850	- 1 900
Erträge aus anderen Wertpapieren und Ausleihungen des Finanzanlagevermögens	450	400
Sonstige Zinsen und ähnliche Erträge	10	-
Abschreibungen auf Finanzanlagen und auf Wertpapieren des Umlaufvermögens	- 60	- 100
Zinsen und ähnliche Aufwendungen	- 410	- 450
Steuern vom Einkommen und Ertrag	- 340	- 280
Ergebnis nach Steuern	**800**	**650**
Sonstige Steuern	-	-
Jahresüberschuss/Jahresfehlbetrag	**800**	**650**

Abb. 3.7 Illustrationsbeispiel: Werte der Gewinn-und-Verlust-Rechnung

11. Die passiven Rechnungsabgrenzungsposten enthalten ausschließlich Buchungen im Zusammenhang mit erhaltenen Zahlungen aus Mieten, die sich auf das Folgejahr beziehen.

12. Die Rückstellungen betreffen ausschließlich Pensionen und ähnliche Verpflichtungen.

13. Im Berichtsjahr erfolgte eine Erhöhung des gezeichneten Kapitals, wobei ein Aufgeld in Höhe von 500 vereinnahmt werden konnte.

14. Im Berichtsjahr wurde eine Ausschüttung von 600 beschlossen und durchgeführt. Kapitalertragsteuern wurden noch in der gleichen Rechnungsperiode abgeführt. Zuführungen zu Gewinnrücklagen erfolgten nicht. Der verbliebene Teil des Bilanzgewinns wurde in den Gewinnvortrag eingestellt.

3.3.4.2   Rekonstruktion der Vorgangsgruppen in Kontoform

Zunächst einmal ist der Finanzmittelfonds festzulegen. Auf der Grundlage der vorstehenden Angaben (1, 2) besteht dieser aus den flüssigen Mitteln und den Verbindlichkeiten
gegenüber Kreditinstituten.

Daraus lässt sich eine Analyse der Bilanzkonten außerhalb des Finanzmittelfonds (Gegenbestandsposten) erstellen, wie sie in Abb. 3.8 dargestellt ist. Diese Abbildung gibt die
ersten drei Arbeitsschritte gemäß Abschn. 3.3.1 wieder. Das Arbeitsblatt weist lediglich
die Gegenbestandskonten aus während die Konten des Finanzmittelfonds nicht mehr aufgeführt werden. In der Spalte „Typ" werden die Gegenbestandskonten gemäß den in Abschn. 3.3.1 erwähnten Abkürzungen für die drei Tätigkeitsbereiche (Schritt 1) klassifiziert.
Die Beträge aus der Bilanz zum 31.12.2024 sind als Anfangsbestand erfasst und mit entsprechender Soll- und Haben-Kennung versehen (Schritt 2). Die Beträge zum 31.12.2025
werden als Schlussbestand eingetragen, weisen jedoch die umgekehrte Soll-Haben-Logik
im Vergleich mit dem Anfangsbestand auf (Schritt 3). Bei den Schlussbeständen handelt
es sich in buchhalterischer Sicht um den Saldo zum Ausgleich des Kontos. Deshalb weist
dieser die umgekehrte Logik der Soll- und Haben-Kennung auf.

Die Spalte Kontrollsumme weist die Summe aller links davon stehenden Posten aus.
Sie dient letztlich der Kontrolle, ob die Summe der Soll-Einträge mit der Summe der
Haben-Einträge übereinstimmt. Ist der Anfangsbestand eingetragen, sind die Kontoum-

Gegenbestandsposten	Anfangs-bestand	erfolgs-wirksam	liquiditäts-wirksam	Schluss-bestand	Kontroll-summe	Typ	Ref.
Wertpapiere	200 S			100 H	100 S	I	
Forderungen aus Lieferungen und Leistungen	1 800 S			2 000 H	200 H	G	
Sonstige Vermögensgegenstände	400 S			500 H	100 H	G	
Vorräte	3 500 S			3 000 H	500 S	G	
Rechnungsabgrenzungsposten	150 S			200 H	50 H	G	
Ausleihungen	4 500 S			4 000 H	500 S	I	
Wertpapiere des Anlagevermögens	7 600 S			8 000 H	400 H	I	
Sachanlagen	11 600 S			12 000 H	400 H	I	
Immaterielle Vermögensgegenstände	2 200 S			2 000 H	200 S	I	
Verbindlichkeiten aus Lieferungen und Leistungen	3 000 H			2 500 S	500 H	G	
Anleihen	10 000 H			10 000 S	-	F	
Sonstige verzinsliche Verbindlichkeiten	1 500 H			1 000 S	500 H	F	
Sonstige Verbindlichkeiten	500 H			500 S	-	G	
Rechnungsabgrenzungsposten	300 H			400 S	100 S	G	
Rückstellungen	8 200 H			8 400 S	200 S	G	
Gezeichnetes Kapital	4 000 H			5 000 S	1 000 S	F	
Kapitalrücklage	2 000 H			2 500 S	500 S	F	
Gewinnrücklagen	1 800 H			1 800 S	-	F	
Gewinnvortrag/Verlustvortrag	50 H			100 S	50 S	F	
Jahresüberschuss/Jahresfehlbetrag	650 H			800 S	150 S	F	
Summe	50 H	-	-	1 200 S	1 150 S		

Abb. 3.8   Illustrationsbeispiel: Analyse der Gegenbestandskonten (Schritt 1)

Tab. 3.2 Illustrationsbeispiel: Nachweis der Veränderung des Finanzmittelfonds

Bilanzposten	Anfangsbestand	+ Veränderung	= Schlussbestand
Flüssige Mittel	200 S	+ 1000 S	= 1200 S
Verbindlichkeiten gegenüber Kreditinstituten	150 H	+ 150 S	= 0
Summe	**50 S**	**+ 1150 S**	**= 1200 S**

sätze vollständig rekonstruiert. Wurde der Saldo (hier der Schlussbestand) korrekt eingetragen, muss die Kontrollsumme den Wert null aufweisen. Bei der Berechnung werden Haben-Kennungen als negative Werte interpretiert.

Weil die Einträge in der Abb. 3.8 noch nicht vollständig sind, weist diese Spalte überwiegend noch von null abweichende Beträge aus.

Weil die Liste nur die Differenzen der Gegenbestandsposten (Bilanzposten ohne Finanzmittelfonds) umfasst, weist die Summenzeile unten nicht eine Summe von null auf. Bei einer vollständigen Bilanz wäre aufgrund buchhalterischer Gesetzmäßigkeiten die Summe gleich null. Der als Summe ausgewiesene Betrag entspricht den nicht aufgeführten Posten des Finanzmittelfonds.

Der in Tab. 3.2 dargestellte Nachweis der Veränderung des Finanzmittelfonds in buchhalterischer Darstellung belegt dies. Die Anfangs- und Schlussbestände stimmen mit den Beträgen in den Bilanzen zum 31.12.2024 (Anfangsbestand) sowie 2025 (Schlussbestand) überein. Der Finanzmittelfonds hat um 1150 zugenommen.

Die einzelnen Komponenten dieser Veränderung sind mit Hilfe der Cashflow-Rechnung zu erklären. Zu diesem Zweck erfolgt nun der Schritt 4 in der Arbeitstabelle. Jede Zeile darin entspricht letztlich einer summarischen Kontodarstellung. Der Schritt 4 gemäß dem in Abschn. 3.3.1 dargestellten Ablauf besteht in der Zuordnung aller Posten der Gewinn-und-Verlust-Rechnung auf die jeweils zutreffende Zeile des Arbeitsblatts. Dies entspricht der summarischen Rekonstruktion der Gegenbuchungen zu den Buchungen in der Gewinn-und-Verlust-Rechnung. Hierzu wird die Spalte „erfolgswirksam" im Arbeitsblatt verwendet. Wichtig ist, dass die verwendete Soll-Haben-Kennung sich auf die bilanzielle Gegenbuchung zu dem Eintrag in der Gewinn-und-Verlust-Rechnung bezieht. Die Abb. 3.9 zeigt die vollständig rekonstruierten Vorgänge in der Spalte „erfolgswirksam". Der Eintrag der liquiditätswirksamen Vorgänge ergibt sich als Ermittlung der Residualgröße, welche bewirkt, dass die Kontrollsumme null ergibt. Die Folgerung, dass die verbleibenden Veränderungen ausschließlich liquiditätswirksame Vorgänge darstellen, trifft nur zu, wenn keine neutralen Vorgänge bestehen, die zu berücksichtigen wären. Dies wurde hier aber zur Vereinfachung zum vorneherein ausgeschlossen (vgl. Abschn. 3.2).

Die in dem Arbeitsblatt in der letzten Spalte (Ref.) enthaltenen Referenzen auf Erläuterungen (kleine Buchstaben) beziehen sich auf die nachstehenden Ausführungen. Sie zeigen auf, welche Überlegungen und Annahmen hinter den Einträgen in der Spalte „erfolgswirksam" der entsprechenden Zeile stehen.

Gegenbestandsposten	Anfangs-bestand	erfolgs-wirksam	liquiditäts-wirksam	Schluss-bestand	Kontroll-summe	Typ	Ref.
Wertpapiere	200 S	20 H	80 H	100 H	-	I	a
Forderungen aus Lieferungen und Leistungen	1 800 S	10 500 S	10 300 H	2 000 H	-	G	b
Sonstige Vermögensgegenstände	400 S	1 210 S	1 110 H	500 H	-	G	c
Vorräte	3 500 S	500 H		3 000 H	-	G	d
Rechnungsabgrenzungsposten	150 S	50 S		200 H	-	G	e
Ausleihungen	4 500 S	-	500 H	4 000 H	-	I	f
Wertpapiere des Anlagevermögens	7 600 S	40 H	440 S	8 000 H	-	I	a
Sachanlagen	11 600 S	800 H	1 200 H	12 000 H	-	I	g
Immaterielle Vermögensgegenstände	2 200 S	200 H		2 000 H	-	I	h
Verbindlichkeiten aus Lieferungen und Leistungen	3 000 H	7 500 H	8 000 S	2 500 S	-	G	i
Anleihen	10 000 H	-		10 000 S	-	F	j
Sonstige verzinsliche Verbindlichkeiten	1 500 H	-	500 S	1 000 S	-	F	j
Sonstige Verbindlichkeiten (Steuern)	500 H	340 H	340 S	500 S	-	G	k
Sonstige Verbindlichkeiten (Zinsaufwand)	-	410 H	410 S	-	-	G	k
Rechnungsabgrenzungsposten	300 H	100 H		400 S	-	G	l
Rückstellungen	8 200 H	1 050 H	850 S	8 400 S	-	G	m
Gezeichnetes Kapital	4 000 H		1 000 H	5 000 S	-	F	n
Kapitalrücklage	2 000 H		500 H	2 500 S	-	F	o
Gewinnrücklagen	1 800 H			1 800 S	-	F	p
Gewinnvortrag/Verlustvortrag	50 H	650 H	600 S	100 S	-	F	q
Jahresüberschuss/Jahresfehlbetrag	650 H	150 H		800 S	-	F	r
Summe	**50 H**	**-**	**1 150 H**	**1 200 S**	**-**		s

Abb. 3.9 Illustrationsbeispiel: Rekonstruktion der Vorgänge in den Gegenbestandsposten

a. *Abschreibungen* in Höhe von 20, bzw. 40 (vgl. Zusatzangabe 3 oben)
b. Es wurde angenommen, dass alle Gegenbuchungen zu *Umsatzerlösen* in Konten der Bilanzposition Forderungen aus Lieferungen und Leistungen erfolgten.
c. In der Zeile „sonstige Vermögensgegenstände" wurde angenommen, dass die in der GuV ausgewiesenen *sonstigen betrieblichen Erträge* in Höhe von 650 über diese Bilanzposition abgewickelt wurden (vgl. auch Zusatzangabe 4 oben), weil keine Gewinne aus Veräußerung von Gegenständen des Anlagevermögens anfielen und die Veräußerungen der Wertpapiere des UV zum Buchwert erfolgten (vgl. Zusatzangabe 3 oben).

Weitere sonstige betriebliche Erträge betreffen Gegenbuchungen zu den passiven Rechnungsabgrenzungen (vgl. l. und Zusatzinformation 11 oben). Dieser Anteil umfasst eine Ertragsverminderung in Höhe von 100 (vgl. l. unten). Die über die Bilanzposition sonstige Vermögensgegenstände abgewickelten sonstigen betrieblichen Erträge betragen deswegen vor Berücksichtigung der erwähnten Ertragsverminderung gesamthaft 750.

Im Sinne der Fiktion der Abwicklung aller Posten der Gewinn-und-Verlust-Rechnung über Gegenbestandsposten in der Bilanz wird weiter angenommen, dass auch die Finanzerträge zunächst über die sonstigen Vermögensgegenstände verbucht wurden (vgl. Abschn. 3.2.1). Es kommen somit noch die Gegenbuchungen zu *Erträgen aus Wertpapieren und Ausleihungen* in Höhe von 450 hinzu (vgl. Zusatzinformation 8 oben). Schließlich sind noch die Gegenbuchungen zu den *sonstigen Zinsen und*

ähnlichen Erträgen in Höhe von 10 zu berücksichtigen. Damit ergeben sich erfolgswirksame Vorgänge im Soll der Bilanzposition sonstige Vermögensgegenstände von
insgesamt 1210 (750 + 450 + 10).

d. Bei den Vorräten wurde angenommen, dass sich deren Veränderung aus der *Verminderung des Bestands an fertigen und unfertigen Erzeugnissen* in Höhe von 300 gemäß
Gewinn-und-Verlust-Rechnung und aus der Veränderung des Bestands an Roh-, Hilfs-
und Betriebsstoffen sowie bezogenen Waren zusammensetzt (vgl. auch Zusatzinformation 5 oben). Letztere wurde aus der Bestandsdifferenz der Position Vorräte abgeleitet (die Gesamtveränderung beträgt 500, davon fertige und unfertige Erzeugnisse
300; somit verbleiben 200 für die Bestandsveränderung der übrigen Vorräte).

e. Es wurde angenommen, dass die gesamte Veränderung der aktiven Rechnungsabgrenzungsposten in Höhe von netto 50 erfolgswirksam war und ausschließlich mit der
Position *sonstige betriebliche Aufwendungen* im Zusammenhang steht (vgl. auch Zusatzangabe 6 oben). Somit ist festzuhalten, dass Aufwandsminderungen in Höhe von
50 betreffend die Position sonstige betriebliche Aufwendungen bereits in einem Gegenbestandsposten berücksichtigt worden sind. Nach Bereinigung um diese Aufwandsminderungen sind somit sonstige betriebliche Aufwendungen in Höhe von 1900
angefallen.

f. Bei den Ausleihungen durfte angenommen werden, dass *keine Abschreibungen* erfolgt
sind (vgl. Zusatzangabe 3 oben). Die Abschreibungen auf Wertpapiere erklären bereits
den gesamten Abschreibungsaufwand in der entsprechenden Position der Gewinn-
und-Verlust-Rechnung. Somit sind keine erfolgswirksamen Vorgänge in der Position
Ausleihungen zu berücksichtigen.

g. Gemäß Zusatzinformation 7 kann gefolgert werden, dass die *Abschreibungen auf
Sachanlagen* 800 betragen. Sonstige erfolgswirksame Vorgänge betreffend die Sachanlagen, wie z. B. die Ausbuchung eines Gewinns aus Veräußerung von Gegenständen
des Sachanlagevermögens, sind im Berichtsjahr nicht erfolgt (vgl. Zusatzinformation
4 oben).

h. Die *Abschreibungen in Höhe von 200* gemäß Zusatzinformation 7 oben in Verbindung
mit der Zusatzinformation 4 erklären die Gesamtheit der erfolgswirksamen Vorgänge
in der Position „immaterielle Vermögensgegenstände".

i. Bei den Verbindlichkeiten aus Lieferungen und Leistungen wurde angenommen, dass
die erfolgswirksamen Gegenbuchungen aus den GuV-Positionen Materialaufwand
und sonstige betriebliche Aufwendungen stammen. Der ausgewiesene *Materialaufwand*
gemäß Gewinn-und-Verlust-Rechnung in Höhe von 5800 setzt sich aus der Gegenbuchung zu der Bestandsabnahme bestimmter Teile der Vorräte in Höhe von 200 (vgl. d.)
und Aufwand aus Einkäufen auf Kredit in Höhe von 5600 zusammen. Annahmegemäß
(vgl. Abschn. 3.2.1 und 3.2.4) sind zu den Bilanzstichtagen keine Rechnungen für Investitionen in den Verbindlichkeiten enthalten und allfällige Bareinkäufe werden als
über die Verbindlichkeiten abgewickelt betrachtet. Des Weiteren wurde angenommen,
dass die *sonstigen betrieblichen Aufwendungen* als Kreditgeschäfte über die Verbindlichkeiten aus Lieferungen und Leistungen abgewickelt wurden, soweit es sich nicht

um Rechnungsabgrenzungsvorgänge (vgl. e. und Zusatzinformation 10 oben) handelt. Die Summe dieser als Rechnungseingänge erfassten Aufwendungen beträgt 1900 (1850 korrigiert um die Aufwandminderung von 50 gemäß e.).

j. Bei den Positionen Anleihen und sonstige verzinsliche Verbindlichkeiten bestehen *keine Hinweise auf erfolgswirksame Vorgänge* (insbesondere keine Erträge aus Aufzinsung vgl. Zusatzinformation 8 oben). Eine genauere Prüfung, ob antizipative Zinsabgrenzungen enthalten sind, wäre nötig, weil hierzu keine Zusatzangaben vorliegen. Hier wird der Einfachheit halber angenommen, dies sei nicht der Fall. Die gesamten Veränderungen müssen somit liquiditätswirksam gewesen sein (vgl. Zusatzinformation 9 oben).

k. Die sonstigen Verbindlichkeiten werden dazu verwendet, um die Abwicklung des *Aufwands für Steuern* vorzunehmen. Daher wird der in der Gewinn-und-Verlust-Rechnung ausgewiesene Steueraufwand in Höhe von 340 als einziger erfolgswirksamer Vorgang erfasst. Weil sich die Verbindlichkeiten im Rahmen der sozialen Sicherheit nicht verändert haben, ist es zwecks Entflechtung vertretbar, die Abwicklung des Personalaufwands über eine andere Position der Bilanz vorzunehmen (vgl. m.). Die verbleibende Veränderung der Position besteht dann aus der Gegenbuchung zu den Steuerzahlungen.

Zur Entflechtung wurde noch eine zusätzliche Zeile eingefügt, um die die Gegenbuchung der *Zinsen und ähnlichen Aufwendungen* abzubilden.

l. Die Veränderung der Rechnungsabgrenzungen in Höhe von 100 bezieht sich auf *sonstige betriebliche Erträge* (vgl. c. und Zusatzinformation 11 oben).

m. Diese Position wird hier ausnahmsweise zwecks Entflechtung der Vorgänge dazu verwendet, den in der GuV ausgewiesenen *Personalaufwand* indirekt über die Bilanz abzuwickeln (statt über eine Aufteilung der Position sonstige Verbindlichkeiten). Der ausgewiesene Personalaufwand wird mit umgekehrter Soll-/Haben-Kennung als erfolgswirksamer Vorgang berücksichtigt. Die verbleibende Veränderung ist dann der liquiditätswirksame Teil des Personalaufwands. Die Rückstellungen stehen ausschließlich mit dem Personalaufwand in Verbindung (vgl. Zusatzinformation 12 oben).

n. Die Veränderung erklärt sich ausschließlich durch eine liquiditätswirksame Transaktion (vgl. Zusatzinformation 13 oben).

o. Die Veränderung erklärt sich ausschließlich durch eine liquiditätswirksame Transaktion (vgl. Zusatzinformation 13 oben).

p. Die Gewinnrücklagen haben sich nicht verändert. Es wird angenommen, dass weder Zuführungen noch Entnahmen erfolgt sind (neutrale Vorgänge). Aufgrund der Erläuterungen q. und r. kann auch ausgeschlossen werden, dass Ausschüttungen zu Lasten der Gewinnrücklagen erfolgt sind.

q. Der Gewinnvortrag hat sich wie folgt entwickelt: Vortrag zum 1.1. = 50 zuzüglich Jahresüberschuss 2024 in Höhe von 650 abzüglich Ausschüttung in Höhe von 600 = neuer Vortrag 100 (vgl. Zusatzinformation 14 oben). Der Übertrag des Jahresüberschusses auf den Gewinnvortrag ist ein neutraler Vorgang. Dazu wäre eine gesonderte Spalte zur Erfassung notwendig. In Ermangelung einer entsprechenden Spalte wird dieser Übertrag in der Spalte „erfolgswirksam" abgebildet. Er gleicht sich durch eine

entsprechende Gegenposition in gleicher Höhe in der Zeile Jahresüberschuss/Jahres-
fehlbetrag wieder aus (siehe r.)

r. In dem Jahresüberschuss/Jahresfehlbetrag wird die Gegenbuchung zu dem Saldo der Gewinn-und-Verlust-Rechnung für das Jahr 2025 (800 H) in der Spalte „erfolgswirksam"
erfasst. Zusammen mit dem Vorgang aus q. (Neutrale Umgliederung des Jahresüberschusses 2024 in Höhe von 650 S) ergibt sich eine Nettoveränderung in Höhe von 150 H.

s. Die Summe in der Spalte „erfolgswirksam" beträgt null. In der Spalte „liquiditätswirksam" werden die Gegenbuchungen zu den Veränderungen des Finanzmittelfonds mit
einer Summe in Höhe von 1150 aufgeführt.

Damit ist die Rekonstruktion der Vorgangsgruppen für die Gegenbestandskonten abgeschlossen. Die tabellarische Vorgehensweise hat den Vorteil, dass Kontrollsummen gebildet werden können. Die Summe in der Spalte „erfolgswirksam" ist dann null, wenn alle
Posten der Gewinn-und-Verlust-Rechnung als Gegenbuchungen in den Bilanzposten des
Gegenbestands korrekt berücksichtigt worden sind. Die Spalte „Kontrollsumme" stellt sicher, dass die Analyse korrekt erfolgt ist und die Soll-Haben-Betragsgleichheit jedes Gegenbestandspostens eingehalten wurde. Dann beträgt die Summe der Spalte „Kontrollsumme"
null.

3.3.4.3 Aufstellung und Präsentation der Cashflow-Rechnung

Der nächste Schritt besteht in der Ableitung der Cashflows und deren Zuordnung zu den
Tätigkeitsbereichen (vgl. Abschn. 3.3.2 und 3.3.3). Die konkrete Umsetzung für das Illustrationsbeispiel wird in Abb. 3.10 dargestellt und nachstehend erläutert.

Einleitend ist zu festzuhalten, dass die hier verwendete Darstellung der Cashflow-
Rechnung gegenüber den Vorgaben der Rechnungslegungsstandards etwas vereinfacht ist
und somit in einigen Punkten davon abweicht. Allerdings sind auch diese Vorgaben nicht
einheitlich, sondern unterscheiden sich zum Teil erheblich voneinander. Die Einträge in
der Spalte „Erläuterungen" der Cashflow-Rechnung gemäß Abb. 3.10 beziehen sich auf
die Ziffern in den nachstehenden Erläuterungen. Die Referenzen mit kleinen Buchstaben
beziehen sich auf die im Abschn. 3.3.4.2 erläuterten Zeilen aus dem Arbeitsblatt zur Rekonstruktion der Vorgänge in den Gegenbestandsposten. Die in der Spalte mit der Über-
schrift „2025" aufgeführten Cashflows sind aus der Spalte „liquiditätswirksam" des Arbeitsblatts in der Abb. 3.9 entnommen. Dabei wurde zur Überleitung von der Bewegung
im Gegenbestandsposten auf die Bewegung in dem Finanzmittelfonds die Soll-Haben-
Kennung vertauscht. Die dadurch ermittelte Veränderung im Finanzmittelfonds wurde
dann nach der Regel Soll = + Cashflow und Haben = − Cashflow in die Cashflow-Rechnung
als Betrag mit Vorzeichen übertragen. Die direkte Überleitungsregel von der Soll-/Haben-
Kennung der Veränderung des Gegenbestandspostens auf den vorzeichengerechten Cashflow wurde bereits oben (Abschn. 3.3.2) dargestellt. Danach sind Soll-Einträge im Gegenbestandsposten für die Cashflow-Rechnung als Geldabflüsse (− Cashflow) und
Haben-Einträge als Geldzuflüsse (+ Cashflow) zu übersetzen.

Cashflow-Rechnung (Geldflussrechnung) Werte in 1000 GE	Erläuterung	2025
Cashflows aus der Geschäftstätigkeit		
Einzahlungen aus dem Verkauf von Gütern und Erzeugnissen / Erbringung von Dienstleistungen	1	10 300
Andere Einzahlungen aus Geschäftstätigkeit	2	650
Auszahlungen an Lieferanten von Gütern und Materialien sowie an Dienstleister	3	- 8 000
Auszahlungen an / für Rechnung von Beschäftigten	4	- 850
Erhaltene Zinsen	5	330
Erhaltene Dividenden	6	130
Bezahlte Zinsen	7	- 410
Ertragsteuerzahlungen	8	- 340
Total Cashflows aus der Geschäftstätigkeit		**1 810**
Cashflows aus der Investitionstätigkeit		
Auszahlungen für Investionen in das Sachanlagevermögen	9	- 1 200
Einzahlungen aus Abgängen von Gegenständen des Finanzanlagevermögen	10	500
Auszahlungen für Investionen in das Finanzanlagevermögen	11	- 440
Einzahlungen aufgrund von Finanzmittelanlagen im Rahmen der kurzfristigen Finanzdisposition	12	80
Total Cashflows aus der Investitionstätigkeit		**- 1 060**
Cashflows aus der Finanzierungstätigkeit		
Einzahlungen aus Eigenkapitalzuführungen	13	1 500
Auszahlungen aus der Tilgung von Anleihen und (Finanz-) Krediten	14	- 500
Gezahlte Dividenden	15	- 600
Total Cashflows aus der Finanzierungstätigkeit		**400**
Nettoveränderung des Finanzmittelfonds	16	**1 150**

Abb. 3.10   Illustrationsbeispiel: Darstellung der Cashflow-Rechnung

Erläuterungen zu den einzelnen Posten der Cashflow-Rechnung gemäß Abb. 3.10:

1. Es handelt sich um den Geldzufluss aus Kundenzahlungen von Forderungen aus Lieferungen und Leistungen (vgl. b.).
2. Unter „andere Einzahlungen aus Geschäftstätigkeit" wird ein Betrag in Höhe von 650 ausgewiesen. Dieser ergibt sich aus dem Gesamtbetrag der liquiditätswirksamen Veränderungen in der Bilanzposition „sonstige Vermögensgegenstände" in Höhe von 1110 nach Bereinigung um die gesondert auszuweisenden erhaltenen Zinsen in Höhe von 330 (vgl. 5) und um die erhaltenen Dividenden in Höhe von 130 (vgl. 6).
3. Die Auszahlungen in Höhe von 8000 umfassen die Zahlungen an Lieferanten und Dienstleister im Zusammenhang mit Material-, Güter- und Wareneinkäufen sowie be-

zogenen Leistungen im Zusammenhang mit dem Materialaufwand und dem sonstigen betrieblichen Aufwand. Diese ergeben sich aus der um erfolgswirksame Vorgänge bereinigten Veränderung der Verbindlichkeiten aus Lieferungen und Leistungen (vgl. i).

4. Der Personalaufwand ist zu großen Teilen zahlungswirksam. Einzig die Gegenbuchung zu der Nettoveränderung der Rückstellungen für Pensionen in Höhe von 200 ist es nicht. Der liquiditätswirksame Vorgang innerhalb der Rückstellungen (vgl. m.) umfasst einschließlich der indirekt darüber gelenkten Personalaufwandbuchungen einen Geldabfluss in Höhe von 850.

5. Die gesondert auszuweisenden, erhaltenen Zinsen[7] betragen 330. Sie sind ein Teil der liquiditätswirksamen Veränderungen in der Bilanzposition „sonstige Vermögensgegenstände" (vgl. c). Sie setzen sich aus Zinserträgen auf Ausleihungen in Höhe von 120, Zinserträgen auf Obligationen in Höhe von 200 (vgl. Ziff. 8 Abschn. 3.3.4.1) und sonstigen Zinsen und ähnlichen Erträgen in Höhe von 10 zusammen. Es wird dabei unterstellt, dass die in der Gewinn-und-Verlust-Rechnung erfassten Zinserträge vollumfänglich auch in der Rechnungsperiode bezahlt wurden und somit zu den Bilanzstichtagen keine Zinsabgrenzungsposten bestanden.

6. Die erhaltenen Dividenden in Höhe von 130 sind ebenfalls ein Teilbetrag der liquiditätswirksamen Veränderungen der sonstigen Vermögensgegenstände.[8] Es wurde unterstellt, dass neben den gebuchten Dividendenerträgen in der gleichen Periode und in gleicher Höhe auch eine Dividendenzahlungen erfolgten. Die Dividendenerträge gemäß Zusatzinformation 8. in Abschn. 3.3.4.1 betragen 130.

7. Die gesondert auszuweisenden bezahlten Zinsen[9] sind ein Teil der liquiditätswirksamen Veränderungen der sonstigen Verbindlichkeiten (vgl. k.). Weil der Zinsaufwand mit den Zinszahlungen identisch ist, ergeben sich die bezahlten Zinsen aus der Aufwandposition „Zinsen und ähnliche Aufwendungen".

8. Der Aufwand für Ertragsteuern ist gleich hoch wie die Zahlungen für Ertragsteuern, weil die Verbindlichkeit aus Steuern (vgl. k.) unverändert geblieben ist.

9. Die liquiditätswirksamen Veränderungen der Sachanlagen (vgl. g.) umfassen ausschließlich Ausgaben für Investitionen, weil es keine Veräußerungen von Gegenständen des Sachanlagevermögens gab (vgl. Zusatzinformation 4. in Abschn. 3.3.4.1).

10. Es darf angenommen werden, dass die Abnahme der Position „Ausleihungen" ausschließlich auf Rückzahlungen beruht. Abschreibungen erfolgten keine (vgl. Zusatzinformation 3 in Abschn. 3.3.4.1). Die liquiditätswirksame Veränderung in den Aus-

---

[7]Anmerkung: Die Darstellung der erhaltenen Zinsen innerhalb der Cashflows aus Geschäftstätigkeit entspricht nicht den Vorgaben des DRS 21.

[8]Anmerkung: Die Darstellung der erhaltenen Dividenden innerhalb der Cashflows aus Geschäftstätigkeit entspricht nicht den Vorgaben des DRS 21.

[9]Die Darstellung der bezahlten Zinsen innerhalb der Cashflows aus Geschäftstätigkeit entspricht nicht den Vorgaben des DRS 21.

leihungen entspricht somit der Gegenbuchung zu einer Einzahlung aus dem (Teil-) Abgang eines Gegenstands des Finanzanlagevermögens.

11. Die nach Berücksichtigung der Abschreibung (vgl. a. in Verbindung mit Zusatzinformation 4. in Abschn. 3.3.4.1) verbleibende Veränderung der „Wertpapiere des Anlagevermögens" in Höhe von 440 wird als Auszahlung für den Kauf von Wertpapieren interpretiert.[10]

12. Dieser Posten bezieht sich auf die zahlungsmittelwirksame Veränderung der Wertpapiere des Umlaufvermögens (a). Allerdings handelt es sich hier um eine Nettogröße. Richtigerweise müssten Zukäufe und Verkäufe als gesonderte Cashflows ausgewiesen werden. Die fehlende Bruttodarstellung ist eine Unzulänglichkeit der vereinfachten derivativen Methode.

13. Die Erhöhung des Finanzmittelfonds durch eine Eigenkapitalzuführung ergibt sich aus der Erhöhung des gezeichneten Kapitals, die unter Berücksichtigung des Aufgelds einen Geldzufluss in Höhe von 1500 generiert hat (vgl. n. und o.).

14. Die sonstigen verzinslichen Verbindlichkeiten haben um 500 abgenommen. Weil keine erfolgswirksamen Vorgänge in dieser Position zu verzeichnen waren und neutrale Vorgänge ausgeschlossen wurden (vgl. Abschn. 3.2.5), muss die Abnahme liquiditätswirksam sein (vgl. j.).

15. Die in der Position Gewinnvortrag/Verlustvortrag (vgl. q.) zu verzeichnende Veränderung, die weder neutral noch erfolgswirksam war, betrifft die Dividendenausschüttung (vgl. Zusatzerläuterung 14. in Abschn. 3.3.4.1) und wird als gezahlte Dividende ausgewiesen.

16. Die Nettoveränderung des Finanzmittelfonds ist die Summe der drei in fetter Schrift gedruckten Cashflow- Tätigkeitsbereiche (+ 1810 − 1060 + 400 = + 1510). Sie entspricht aber auch der aus den Bilanzbeständen hergeleiteten Veränderung des Finanzmittelfonds (vgl. Tab. 3.2). Üblicherweise wird dieser Nachweis zumindest summarisch an die Cashflow-Rechnung angefügt. Aus Platzgründen wurde in der Abb. 3.10 der Nachweis der Veränderung des Finanzmittelfonds jedoch nicht aufgeführt.

3.3.5   Umsetzungsschwierigkeiten

Lernziel
Die Schwierigkeiten der buchhalterischen Herleitung der Cashflows aus einem Jahresabschluss beschreiben.

---

[10] Dies wird aus der Angabe 4 (Abschn. 3.3.4.1) geschlossen, wonach keine Veräusserungen stattgefunden haben.

Wie sich aus den Erläuterungen zu den einzelnen Arbeitsschritten und vor allem in dem Illustrationsbeispiel deutlich offenbarte, ist die Umsetzung der derivativen Vorgehensweise mit der buchhalterisch orientierten Kontoanalyse trotz stark vereinfachenden Annahmen zum Sachverhalt von einigen praktischen Schwierigkeiten und Herausforderungen geprägt.

Zunächst ist die Rekonstruktion der Bewegungen der Gegenbestandsposten von der Problematik geprägt, dass eine zutreffende *Zuordnung der Posten der Gewinn-und-Verlust-Rechnung* auf die Gegenbestandsposten nötig ist. Einerseits sind zusätzliche Informationen nötig, um bestimmte Posten der Gewinn-und-Verlust-Rechnung korrekt aufzuteilen (z. B. Abschreibungen) und andererseits entfallen häufig mehrere Elemente aus der Gewinn-und-Verlust-Rechnung auf einen einzelnen Posten der Gegenbestände. Dies macht die Rekonstruktion unübersichtlich. Eine korrekte Aufteilung auf die richtigen Gegenbestandsposten lässt sich zumeist nicht auf der Grundlage der Angaben aus dem Jahresabschluss ermitteln. Es sind unternehmensinterne Angaben nötig, die aus der Analyse von Buchhaltungszahlen zu ermitteln sind.

Zudem bestehen die Gegenbestandsposten vielfach aus Teilbeständen, die im Hinblick auf einen besseren Überblick und eine Entflechtung auf mehrere Zeilen aufgeteilt werden müssten. Dazu sind zusätzliche Informationen über die *Zusammensetzung von Gegenbestandsposten* nötig, die nicht alle aus den Angaben im Jahresabschluss abzuleiten oder zu entnehmen sind. Ein Gegenbestandsposten kann Bestände enthalten, deren liquiditätswirksame Veränderungen unterschiedlichen Tätigkeitsbereichen zuzuordnen sind. Aber auch wenn der gleiche Tätigkeitsbereich betroffen ist, muss häufig eine Aufgliederung mit Blick auf unterschiedliche Klassen von liquiditätswirksamen Veränderungen erfolgen, um eine korrekte Präsentation von Cashflows gemäß den maßgeblichen Rechnungslegungsstandards einzuhalten.

Die für die korrekte Analyse notwendige *fiktive Durchleitung von erfolgswirksamen Posten durch ein Konto der Bilanz* zur Vermeidung direkter Beziehungen zwischen Finanzmittelfonds und Gewinn-und-Verlust-Rechnung generiert zusätzliche Veränderungen und verstärkt dadurch den Bedarf nach Entflechtung zusätzlich.

Dann ergeben sich auch Schwierigkeiten in der *Darstellung und Präsentation der Cashflow-Rechnung*. Sie erfolgt konsequent nach der direkten Darstellungsform. Dies erfordert je nach Detaillierungsgrad des Darstellungsformats sehr genaue Vorarbeiten bei der Analyse. Werden beispielsweise Auszahlungen an Beschäftigte (einschließlich Auszahlungen für deren Rechnung an Sozialversicherungsträger) gesondert ausgewiesen, erfordert dies eine Aufspaltung aller Gegenbestandsposten, die Bestände im Zusammenhang mit Sozialversicherungen und Löhnen und Gehältern enthalten.

Schließlich erfolgt *systembedingt eine Saldierung von Ein- und Auszahlungen* in den einzelnen Gegenbestandsposten, weil die liquiditätswirksamen Vorgänge lediglich als Residualgröße und damit als Nettoveränderung ermittelt werden. Eine korrekte Darstellung der Cashflow-Rechnung geht jedoch von Bruttozahlungen aus und stellt Einzahlungen und Auszahlungen gesondert dar. Ein typisches Beispiel dieser Problematik stellt die fehlende Bruttodarstellung der zahlungsmittelwirksamen Veränderung der Wertpapiere des Umlaufvermögens (vgl. Ziff. 12 in Abschn. 3.3.4.3) dar.

Fazit

Die buchhalterische Herleitung der Cashflows aus den Angaben des Jahresabschlusses mit Hilfe der *summarischen Rekonstruktion der Bewegungen von Gegenbestandsposten in Kontoform* besticht zwar theoretisch, weist aber praktische Umsetzungsschwierigkeiten auf, die schon bei sehr vereinfachten Sachverhalten an die Grenze der Unübersichtlichkeit stoßen. Zudem sind sehr umfangreiche Zusatzinformationen über die Zusammensetzung von Posten des Jahresabschlusses und über Buchungsvorgänge nötig, die selbst für unternehmensinterne Stellen nur mit großem Aufwand zu beschaffen sind. Vorteile dieser Vorgehensweise sind der hohe didaktische Wert für das tiefere Verständnis der Zusammenhänge der Cashflow-Rechnung und die hohe Aussagekraft der ausschließlich direkten Darstellung aller Cashflows.

Die *Konzeption dieser Vorgehensweise basiert auf der allgemeinen Kontologik der Buchhaltung und den inhärenten Zusammenhängen zwischen den Rechnungen.* In der hier angewandten vereinfachten Vorgehensweise wurde angenommen, dass die Veränderungen zwischen dem Bestand eines Gegenbestandspostens der Bilanz zum Geschäftsjahresbeginn und zum Geschäftsjahresende nur aus erfolgswirksamen und liquiditätswirksamen Bewegungen bestehen. Neutrale Veränderungen wurden zwecks Vereinfachung nicht berücksichtigt. Nachdem die summarischen Kontoumsätze für alle Gegenbestandsposten auf diese Weise rekonstruiert worden sind, kann daraus eine Cashflow-Rechnung abgeleitet werden. Dabei müssen die *liquiditätswirksamen Veränderungen der Gegenbestandsposten einem der drei Bereiche der Cashflow-Rechnung zugeordnet* werden. Dies ist eine anspruchsvolle Aufgabe und kann ohne genügenden Einblick in die Einzelheiten der Buchführung zu erheblichen Falschdarstellungen führen.

Die Vorgehensweise ist relativ aufwändig und unübersichtlich. In der Praxis wird sie deshalb nicht in dieser Form eingesetzt. Für didaktische Zwecke ist sie jedoch hilfreich.

3.4   Die rechnerische Herleitung der Cashflows

Die im vorangegangenen Abschnitt dargestellte Vorgehensweise zeichnete sich dadurch aus, dass die Posten des Gegenbestands (zum Finanzmittelfonds) in der Bilanz als Ausgangspunkt dienten. Diesen wurden im Sinne von Bereinigungsposten die Posten der Gewinn-und-Verlust-Rechnung gesamthaft oder anteilig zugeordnet. Daraus ließen sich die liquiditätswirksamen Netto-Veränderungen der Gegenbestandsposten ableiten. Die Ermittlung der Cashflows stützte sich stark auf buchhalterische Elemente, wie Kontokreuze und Soll-Haben-Kennungen, ab. In diesem Abschnitt wird zwar die grundsätzliche Herangehensweise (derivativ) beibehalten und auch die Präsentation der Cashflows wird weiterhin ausschließlich in direkter Form vorgenommen. Jedoch ist die Vorgehensweise nicht mehr buchhalterisch, sondern rechnerisch (mathematisch-arithmetisch), d. h. es wird mit positiven und negativen Beträgen gearbeitet. Die verwendeten Operationen sind nicht mehr nur Additionen. Zudem wird ein anderer Ansatzpunkt gewählt; neuer Ausgangspunkt bilden die Posten der Gewinn-und-Verlust-Rechnung. Daraus wird mittels Überleitungsposten der Weg zu der Veränderung des Finanzmittelbestands gesucht. Diese Anpassung der konzeptionellen Grundlage wird im nächsten Abschnitt erläutert. Danach folgt die Darstellung der einzelnen Schritte des Vorgehens. Im dritten Unterabschnitt wird das verwendete Arbeitsblatt beschrieben. Nach der theoretischen Grundlage folgt im vierten Abschnitt ein konkretes Anwendungsbeispiel zur Illustration. Abschließend werden die Probleme in der Umsetzung der rechnerischen Vorgehensweise zusammengefasst.

3.4.1 Konzeptionelle Grundlage

Lernziele
- Den Zusammenhang der kontobezogenen (buchhalterischen) Analyse und der rechnerischen Herleitung der Cashflows mittels einer formelbasierten Darstellung nachvollziehen.
- Die buchhalterische Notierung von Beständen und Kontoeintragungen in eine mathematische Notierung mit positiven und negativen Vorzeichen überführen.
- Bestandsveränderungen von Bilanzposten vorzeichengerecht aus dem Jahresabschluss ableiten.
- Posten der Gewinn-und-Verlust-Rechnung vorzeichengerecht für die Cashflow Berechnung aufbereiten.

Die rechnerische Vorgehensweise basiert ebenfalls auf den in Abschn. 3.1 dargelegten konzeptionellen Grundlagen. Käfer (1974) drückte dies wie folgt aus: „Zu beachten und im Gedächtnis zu behalten ist, dass es sich bei dieser Rechnungsweise um die früher besprochene *Eliminierung der Aufwendungen und Erträge aus den Kontenumsätzen* handelt. Übrig bleiben die tatsächlichen Bewegungen der Fondsmittel" (S. 55). Zunächst wird die Vorgehensweise aus dem Illustrationsbeispiel gemäß Abschn. 3.3.4.2 herangezogen, um die inhaltlichen Verbindungen der rechnerischen Vorgehensweise mit der buchhalterischen Vorgehensweise aufzuzeigen.

Abb. 3.11 zeigt im Kern die Bestandsveränderung (zwischen Anfangs- und Schlussbestand) nach der Eliminierung der Aufwendungen und Erträge (Posten der Gewinn-und-Verlust-Rechnung mit „umgekehrtem Vorzeichen"). Die Addition dieser zwei Elemente (Bestandsveränderung und Gewinn-und-Verlust-Rechnung Posten) ergibt in der Spalte Kontrollsumme die resultierende Zu- oder Abnahme des Finanzmittelfonds. Abgesehen von der noch fehlenden Eintragung der liquiditätswirksamen Veränderungen in der entsprechenden Spalte entspricht diese Darstellung inhaltlich der Abb. 3.9 aus dem Abschn. 3.3.

Diesen Zusammenhang macht sich auch die rechnerische Methode zunutze. Zu beachten ist, dass die Bestandsveränderung in dem abgebildeten Arbeitsblatt ebenfalls mit „umgekehrtem Vorzeichen" gegenüber der üblichen Berechnung (Schlussbestand minus Anfangsbestand) verwendet wird (vgl. Erläuterung in Abschn. 3.3.4.2). Diese Vorzeichenumkehrungen bewirken, dass anstelle der Gegenbuchung zum Zahlungsvorgang die dadurch bewirkte

Gegenbestandsposten	Anfangs-bestand	erfolgs-wirksam	liquiditäts-wirksam	Schluss-bestand	Kontroll-summe	Typ	Ref.
Wertpapiere	200 S	20 H		100 H	80 S	I	a
Forderungen aus Lieferungen und Leistungen	1 800 S	10 500 S		2 000 H	10 300 S	G	b
Sonstige Vermögensgegenstände	400 S	1 210 S		500 H	1 110 S	G	c
Vorräte	3 500 S	500 H		3 000 H	-	G	d
Rechnungsabgrenzungsposten	150 S	50 S		200 H	-	G	e
Ausleihungen	4 500 S	-		4 000 H	500 S	I	f
Wertpapiere des Anlagevermögens	7 600 S	40 H		8 000 H	440 H	I	a
Sachanlagen	11 600 S	800 H		12 000 H	1 200 H	I	g
Immaterielle Vermögensgegenstände	2 200 S	200 H		2 000 H	-	I	h
Verbindlichkeiten aus Lieferungen und Leistungen	3 000 H	7 500 H		2 500 S	8 000 H	G	i
Anleihen	10 000 H	-		10 000 S	-	F	j
Sonstige verzinsliche Verbindlichkeiten	1 500 H	-		1 000 S	500 H	F	j
Sonstige Verbindlichkeiten (Steuern)	500 H	340 H		500 S	340 H	G	k
Sonstige Verbindlichkeiten (Zinsaufwand)	-	410 H		-	410 H	G	k
Rechnungsabgrenzungsposten	300 H	100 H		400 S	-	G	l
Rückstellungen	8 200 H	1 050 H		8 400 S	850 H	G	m
Gezeichnetes Kapital	4 000 H			5 000 S	1 000 S	F	n
Kapitalrücklage	2 000 H			2 500 S	500 S	F	o
Gewinnrücklagen	1 800 H			1 800 S	-	F	p
Gewinnvortrag/Verlustvortrag	50 H	650 H		100 S	600 H	F	q
Jahresüberschuss/Jahresfehlbetrag	650 H	150 H		800 S	-	F	r
Summe	**50 H**	**-**	**-**	**1 200 S**	**1 150 S**		s

Abb. 3.11   Illustrationsbeispiel: Eliminierung der Aufwendungen und Erträge

Veränderung des Finanzmittelbestands, also der Cashflow, direkt berechnet wird. Es wäre mühelos möglich dies durch algebraische Umformungen aus der allgemeinen Kontogleichung herzuleiten.[11] Die allgemeine Formel für den Cashflow nach der derivativen Vorgehensweise lautet daher:

▶   **Wichtig**   Δ **Finanzmittelfonds = (Δ Gegenbestandsposten) + (Gewinn-und-Verlust-Rechnungsposten)**

Δ= Delta (Differenz, Veränderung)

( ) = in Klammern (mit der Bedeutung: Vorzeichenumkehrung des eingeklammerten Ausdrucks)

Δ Gegenbestandsposten = (Schlussbestand) - Anfangsbestand

Schlussbestand = Saldo zum Ausgleich des Kontos

Soll = positiver Betrag

Haben = negativer Betrag

---

[11] Die allgemeine Kontogleichung kann wie folgt dargestellt werden (Klammern bedeuten negatives Vorzeichen): Anfangsbestand + (Gewinn-und-Verlust-Rechnung-Posten) + liquiditätswirksame Buchungen + Schlussbestand = 0. Dies ist algebraisch umgeformt: (Gewinn-und-Verlust-Rechnung-Posten) + Schlussbestand + Anfangsbestand = (liquiditätswirksame Buchungen). Liquiditätswirksame Buchungen sind die Gegenbuchungen der Fondsveränderung. Deren vorzeichenumgekehrter Wert entspricht damit der Fondsveränderung selbst. Der Term „(liquiditätswirksame Buchungen)" kann daher mit «Cash Flow» ersetzt werden. Damit lautet die Formel: Cash Flow = (Gewinn-und-Verlust-Rechnung-Posten) + ((Schlussbestand) – Anfangsbestand).

Die Berechnung von Δ Gegenbestandsposten wird mit Hilfe des nachstehenden Zahlenbeispiels illustriert.

Beispiel

Beispiel für die Ermittlung von „Δ Gegenbestandsposten"

Ausgangslage

Der in diesem Beispiel betrachtete Gegenbestandsposten ist die Bilanzposition Rückstellungen. Die Bilanz zum Ende des Berichtsjahres weist einen Bestand von 380 aus. Die Bilanz zum Ende des Vorjahres (= Bestand zu Beginn des Berichtsjahres) weist 620 aus.

Vorgehen zur Ermittlung von Δ Rückstellungen

Der Anfangsbestand wird buchhalterisch als 620 H und der Schlussbestand (im Sinne eines Ausgleichspostens) als 380 S ausgedrückt. Nun werden diese Beträge in positive und negative Vorzeichen umgesetzt. Somit beträgt der Anfangsbestand −620 und der Schlussbestand +380. Eingesetzt in die Formel ergibt sich somit: Δ Rückstellungen = (+380) − −620 = −380 + 620 = + 240

Interpretation

Das Ergebnis scheint falsch zu sein; der Bestand der Rückstellungen hat um 240 abgenommen. Es wird also erwartet, dass −240 richtig wäre. Das ist aber bei konsequent buchhalterischer Denkweise nicht korrekt, denn dies würde vernachlässigen, dass Anfangsbestände von Passivposten im Haben erfasst werden und somit einen negativen Betrag darstellen. Nimmt ein negativer Betrag ab, entspricht dies der gleichen Bewegungsrichtung wie die Zunahme eines positiven Betrags. Die Bewegungsgröße muss daher ein positives Vorzeichen aufweisen. Abb. 3.12 illustriert dies mit einer Kontodarstellung. Die Nettoveränderung ist links (im Soll), was als positives Vorzeichen übersetzt wird. ◄

Weil die rechnerische Ermittlung der Bestandsdifferenz nicht immer ganz mühelos erfolgt, empfiehlt sich eine buchhalterische Hilfsfrage: „Auf welcher Seite eines Kontos würde die Nettoveränderung des Gegenbestandspostens einzutragen sein, wenn Anfangs- und Schlussbestand schon eingetragen sind?". Bei einer Nettoveränderung auf der linken Kontoseite wäre eigentlich das Vorzeichen für „Δ Gegenbestandsposten" positiv, bei einer Nettoveränderung auf der rechten Kontoseite wäre es eigentlich negativ.

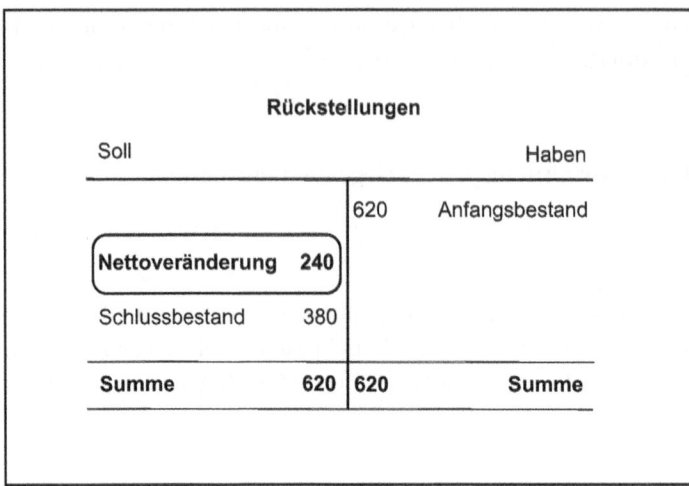

Abb. 3.12 Vorzeichenermittlung der Bestandsveränderung am Beispiel von Rückstellungen

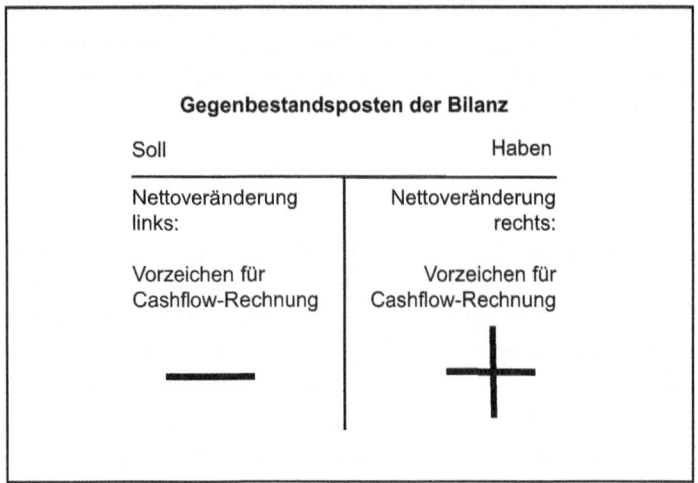

Abb. 3.13 Vorzeichen der Veränderung des Gegenbestandspostens für die Cashflow-Rechnung

▶   **Wichtig**   Zur Ermittlung des Vorzeichens sind nicht die Vorzeichen in der Bilanz-
darstellung des Jahresabschlusses, sondern die aus der buchhalterischen Kontodarstellung hergeleiteten Vorzeichen maßgebend.
    Dabei gilt: **links = positiv (+) und rechts = negativ (−).**

Es ist aber zu beachten, dass die Größe „Δ Gegenbestandsposten" in Klammern gesetzt
ist, was bedeutet, dass eine Vorzeichenumkehrung nötig ist, um mit Hilfe der Formel auf
Cashflows zu schließen. Dies ist in Abb. 3.13 grafisch in verkürzter Form dargestellt. Damit kehrt sich die übliche Überleitung von buchhalterischer Notation in die Vorzeichenlogik der Cashflow-Rechnung um.

Auch die Posten der Gewinn-und-Verlust-Rechnung sind in Klammern gesetzt, was ebenfalls bedeutet, dass nach der Ermittlung des buchhalterisch korrekten Vorzeichens der Beträge aus der GuV eine Umkehrung dieses Vorzeichens vorzunehmen ist. Buchhalterisch korrekte Vorzeichen bedeuten im Allgemeinen ein negatives Vorzeichen für Erträge (im Haben erfasst) und ein positives Vorzeichen für Aufwendungen (im Soll erfasst). Nach der erfolgten Vorzeichenumkehrung wirken die Vorzeichen allerdings plausibler und stimmen mit den üblicherweise verwendeten Vorzeichen in der Darstellung der Gewinn-und-Verlust-Rechnung überein. Zumeist werden Erträge in Jahresabschlüssen als positive Werte und Aufwendungen als negative Werte dargestellt. Damit ist die Vorzeichenumkehrung gegenüber dem buchhalterischen Vorzeichen bereits vollzogen. Dadurch können die Beträge aus der Gewinn-und-Verlust-Rechnung direkt in die Formel eingesetzt werden, ohne dass noch weitere Bearbeitungen nötig sind.[12]

3.4.2 Vorgehensschritte der rechnerischen Herleitung

Die vorangegangene Darstellung hat aufgezeigt, welche rechnerischen Zusammenhänge zwischen den Veränderungen der Gegenbestandsposten und den Posten der Gewinn-und-Verlust-Rechnung bestehen. Dieser Zusammenhang wird bei der rechnerischen Herleitung dazu verwendet, um eine vollständige Cashflow-Rechnung zu erstellen. In diesem Abschnitt werden die einzelnen Schritte der Vorgehensweise erläutert.

Lernziele
- Die Teilschritte der rechnerischen Herleitung einer Cashflow-Rechnung mit direkter Darstellung auf Grundlage der Jahresabschluss-Zahlen aufzählen und erläutern.
- Die Hauptproblematik des Vorgehens beschreiben.

Die rechnerische Vorgehensweise erfolgt in mehreren Schritten:

1. Die Gewinn-und-Verlust-Rechnung bildet den Ausgangspunkt. Sie wird Position für Position abgearbeitet und nötigenfalls werden Positionen aufgeteilt. Deren Werte können meistens ohne Transformation des Verzeichens übernommen werden (vgl. oben Abschn. 3.4.1).
2. Identifizierung derjenigen Gegenbestandsposten (oder Anteilen davon), welche sachlogisch mit der entsprechenden Position der Gewinn-und-Verlust-Rechnung im Sinne einer Gegenbuchungsbeziehung zusammenhängen.
3. Ermittlung der Bestandsdifferenz mit umgekehrtem Vorzeichen für die unter Schritt 2 identifizierten Gegenbestandsposten (oder Teilen davon).

---

[12] Obwohl es scheint, wie wenn die Beträge aus der GuV entnommen werden, handelt es sich aus buchhalterischer Sicht um die Gegenbuchungen zu den Einträgen in der GuV.

4. Ermittlung des Cashflows durch Addition der Beträge aus Schritt 1 und 3.
5. Klassifizieren der Cashflows nach den drei Tätigkeitsbereichen auf Grundlage des Charakters der in Schritt 2 verwendeten Gegenbestandsposten (hinsichtlich der Zuordnungslogik vgl. oben Abschn. 3.3.3).
6. Aufstellung und Präsentation der Cashflow-Rechnung nach den drei Tätigkeitsbereichen mit interner Untergliederung nach einzelnen Ein- und Auszahlungen.

Wie oben in Abschn. 3.4.1 dargelegt, wird im *Schritt 1* von einer aus einem Jahresabschluss entnommenen Gewinn-und-Verlust-Rechnung ausgegangen, deren Vorzeichenlogik bereits für die Außendarstellung eine Umkehrung gegenüber der buchhalterischen Soll-/Haben-Logik erfahren hat. In der Präsentation von Jahresabschlüssen werden üblicherweise Erträge als positive Werte und Aufwendungen als negative Werte dargestellt, obwohl bei konsequenter Anwendung der Übersetzung von Soll = + und Haben = − eigentlich eine gegenteilige Vorzeichenlogik resultieren würde (Aufwand = +, Erträge = −). Ein Jahresüberschuss wird entlang der Logik der Außendarstellung in der GuV-Rechnung als positive Zahl und ein Jahresfehlbetrag als negative Zahl dargestellt. Diese aus der externen GuV-Rechnung übernommene, bereits umgekehrte Vorzeichenlogik kann deshalb ohne weitere Bearbeitung für die rechnerische Herleitung der Cashflows verwendet werden.

Die Identifikation derjenigen Gegenbestandsposten *(Schritt 2)*, in denen sich (erfolgswirksame) Gegenbuchungen zu der unter Betrachtung stehenden Position (oder Teilmenge einer Position) der Gewinn-und-Verlust-Rechnung befinden, erfordert neben fundierten buchhalterischen und bilanziellen Kenntnissen auch unternehmensinterne Informationen aus dem Buchungsjournal und sonstigen Buchhaltungselementen, weil die Zusammenhänge nicht oder nur teilweise aus dem Jahresabschluss entnommen werden können. Die korrekte Identifikation zugehöriger Teile von Gegenbestandsposten stellt daher die Hauptherausforderung bei der rechnerischen Methode dar. Sie kann derart komplex sein, dass die effiziente Umsetzung der Methode daran scheitern kann.

Der in dem *Schritt 3* erwähnte Vorgang (Ermittlung der Veränderung der Gegenbestandsposten mit Vorzeichenumkehr) ist hingegen wieder ein relativ trivialer, rechnerischer Vorgang. Es geht zunächst um die Ermittlung der Bestandsveränderung. Dann ist deren Vorzeichen umzukehren. Gerade bei Passivposten mit Bestandsabnahmen können Fehler bei den Vorzeichen entstehen. Zu deren Vermeidung wird die Anwendung der in Abschn. 3.4.1 mittels der Abb. 3.12 und 3.13 visualisierten Hilfestellungen empfohlen. Im Gegensatz zu den Werten der Gewinn-und-Verlust-Rechnung müssen die Werte der im Jahresabschluss aufgeführten Bilanz zwecks Ermittlung des korrekten Vorzeichens zunächst wieder auf die buchhalterische Präsentation zurückgeführt werden. Bilanzen in Jahresabschlüssen zeichnen sich bekanntlich dadurch aus, dass Passivposten entgegen ihrer buchhalterischen Vorzeichenlogik (Haben = negatives Vorzeichen) als positive Werte ausgewiesen werden. Sie weisen somit systematisch schon ein vorab umgekehrtes Vorzeichen im Vergleich zu dem aus der buchhalterischen Darstellung abgeleiteten Vorzeichen aus. Dies ist bei der Ermittlung der vorzeichenumgekehrten Bestandsveränderung bei Verwendung von Passivposten aus einem Jahresabschluss zu berücksichtigen; die Differenz von Schlussbestand minus Anfangsbestand kann ohne Vorzeichenumkehr verwendet werden, weil die Bestände der Passivposten in dem Jahresabschluss bereits mit umgekehrtem Vorzeichen ausgedrückt worden sind. Bei Aktivposten ist hingegen das Vorzeichen der arithmetisch ermittelten Bestandsdifferenz im Hinblick auf die Verwendung bei der rechnerischen Methode noch umzukehren. Dies erübrigt sich bei Rückgriff auf eine Kontodarstellung und Anwendung der in Abb. 3.13 dargestellten Vorzeichenfindung. Diese gilt universell für Aktiv- und Passivposten.

Die in *Schritt 4* erwähnte Addition erfolgt üblicherweise in einem tabellarisch aufgebauten Arbeitsblatt, welches im Anschluss (vgl. Abschn. 3.4.3) beschrieben wird. Wichtig ist dabei, dass für jede später in der Cashflow-Rechnung gesondert darzustellende Zeile auch in dem Arbeitsblatt eine gesonderte Zeile verwendet wird. Weist ein Posten der Gewinn-und-Verlust-Rechnung Gegenbuchungen in mehrere Gegenbestandsposten auf, ist der entsprechende Posten der Gewinn-und-Verlust-Rechnung auf mehrere Zeilen aufzuteilen, sofern der daraus ermittelte Cashflow als eigene Berichtszeile in der Cashflow-Rechnung auszuweisen ist. Veränderungen von Gegenbestandsposten mit erfolgswirksamen Gegenbuchungen in mehrere Posten der Gewinn-und-Verlust-Rechnung sind auf die Zeilen mit den zutreffenden GuV- Posten aufzuteilen.

Die Klassifizierung der ermittelten Cashflows nach den drei Tätigkeitsbereichen *(Schritt 5)* ist eine wichtige vorbereitende Handlung für die Erstellung der Cashflow-Rechnung. Dabei kann auf den Charakter der verwendeten Gegenbestandskonten abgestellt werden, indem die in Abschn. 3.3.3 dargestellte Logik analog verwendet wird. Es wird erneut daran erinnert, dass diese Logik eine vereinfachte Logik ist und in Teilen von den Vorgaben der Rechnungslegungsstandards abweicht.

Aus jeder Zeile ergibt sich ein Element der Cashflow-Rechnung. In Verbindung mit der Klassifizierungsinformation erfolgt in *Schritt 6* die Erstellung der Cashflow-Rechnung. Als Folge der Verwendung von positiven und negativen Zahlen ist eine Überleitung von der buchhalterischen zu einer mathematischen Darstellung nicht mehr nötig. Die ermittelten Zahlenwerte können einschließlich Vorzeichen für die Cashflow-Rechnung übernommen werden. Die in den Zeilen vorzeichengerecht ermittelten Cashflow-Beträge sind lediglich noch durch eine Beschreibung der Ein- oder Auszahlung zu charakterisieren, allenfalls zusammenzufassen und in dem richtigen Tätigkeitsbereich aufzuführen. Je nach Rechnungslegungsstandard sind Vorgaben zu der Reihenfolge der Posten innerhalb des Tätigkeitsbereichs und zu dem Detaillierungsgrad sowie der Bezeichnung der Posten zu befolgen. In den meisten Standards orientieren sich die Vorgaben für die Gliederung in dem Bereich der operativen Geschäftstätigkeit nach Art bzw. auch Quelle und Empfänger der Einzahlungen und Auszahlungen. Bei den Investitions- und Finanzierungstätigkeiten jedoch gliedern sich die Cashflows primär nach Ein- und Auszahlung, sekundär nach Bilanzposition bzw. Vorgangsklasse. In dieser Hinsicht unterscheiden sich die verschiedenen Standards.

3.4.3   Der Aufbau des Arbeitsblatts für die rechnerische Methode

Der Schritt 4 in dem oben dargelegten Ablauf beinhaltet üblicherweise ein Arbeitsblatt, welches eine Überleitungsrechnung von den Posten der Gewinn-und-Verlust-Rechnung zu den einzelnen Posten der Cashflow-Rechnung enthält. Dabei bilden die mit umgekehrtem Vorzeichen versehenen Bestandsveränderungen der Bilanzposten außerhalb des Finanzmittelfonds die Überleitungsposten.

Lernziel

Den Aufbau und die sachlogischen Zusammenhänge des Arbeitsblatts beschreiben.

Das Arbeitsblatt weist beispielsweise die im Folgenden beschriebene Architektur auf. Es wird eine Tabelle verwendet. Dabei bildet *jede Position der Gewinn-und-Verlust-Rechnung mindestens eine Zeile*. Nötigenfalls werden Positionen auf mehrere Zeilen aufgeteilt. Dies ist immer dann erforderlich, wenn unterschiedliche Elemente in der entsprechenden GuV-Position enthalten sind, für die ein gesonderter Ausweis in der Cashflow-Rechnung vorgeschrieben oder gewollt ist. Typische Beispiele sind Posten, deren Gegenbuchung in mehreren Bilanzpositionen des Anlagevermögens zu finden sind, wie Abschreibungen, Zuschreibungen, Gewinne oder Verluste aus Veräußerung von Gegenständen des Anlagevermögens. Ein weiteres Beispiel sind Erträge aus anderen Wertpapieren, die sich z. B. aus Zinserträgen und Dividendenerträgen zusammensetzen können. Die damit zusammenhängenden Cashflows sind nach den meisten Rechnungslegungsstandards gesondert auszuweisen. Der Jahresüberschuss oder -fehlbetrag gemäß GuV ist ebenfalls als Zeile vorzusehen.

Die erste Spalte des Arbeitsblatts weist in Textform die *Bezeichnung der Position (Teilposition) aus der Gewinn-und-Verlust-Rechnung* aus. Dann folgt in der zweiten Spalte der *Betrag für den Aufwand oder Ertrag einschließlich Vorzeichen* betreffend diese Position gemäß Jahresrechnung für die Rechnungsperiode. Einzig der Jahresüberschuss/Jahresfehlbetrag ist im Sinne einer Saldogröße einzusetzen, sodass alle Posten der GuV in der zweiten Spalte ein Total in Höhe von null ergeben. Ein Jahresüberschuss ist im Sinne eines Ausgleichspostens daher als negativer Wert und ein Jahresfehlbetrag als positiver Wert zu berücksichtigen.

Dann folgen mehrere Spalten, welche die *Bestandsdifferenzen* der sachlogisch zu der Zeile gehörigen Bilanzpositionen (oder Teilen davon) *mit umgekehrtem Vorzeichen* aufnehmen. Sämtliche Veränderungen von *Posten außerhalb des Finanzmittelfonds* sind genau einmal in dem Arbeitsblatt zu berücksichtigen. Die Ermittlung einer Summe pro Spalte ist nicht sinnvoll, weil sie keinen Aussagewert besitzt. Hingegen ist die Ermittlung der Summe aller Spalten mit Gegenbestandsposten sinnvoll. Wenn diese Summe mit der Veränderung des Finanzmittelfonds übereinstimmt, wurden alle Veränderungen von Gegenbestandsposten betrags- und vorzeichenrichtig in dem Arbeitsblatt eingesetzt.

Schließlich folgen noch aus didaktischen Gründen je eine Spalte für den *Typ* des bzw. der Gegenbestandsposten (im Sinne der Tätigkeitsbereiche G, I, F) und für die *Referenz* auf Erläuterungen und Berechnungen.

3.4.4 Illustrationsbeispiel zur rechnerischen Vorgehensweise

Die vorstehend erläuterte Vorgehensweise und das Arbeitsblatt wird in diesem Abschnitt mit Hilfe eines konkreten Zahlenbeispiels illustriert und näher erläutert. Dabei werden die gleichen Zahlen und Zusatzinformationen zum Jahresabschluss wie in dem Illustrationsbeispiel zur derivativen Herleitung mit buchhalterischer Vorgehensweise verwendet. Für die Bilanz wird auf Abb. 3.6 und für die Gewinn-und-Verlust-Rechnung auf Abb. 3.7 verwiesen. Die Zusatzinformationen sind oben in Abschn. 3.3.4.1 dargestellt. Es wird auf deren erneute Wiedergabe verzichtet.

Die vollständig befüllte Tabelle in dem Arbeitsblatt ist in der Abb. 3.14 wiedergegeben. Die Referenzbuchstaben in der Spalte „Ref." beziehen sich auf nachstehende Erläuterungen und Berechnungen. Die Zahlen der Gewinn-und-Verlust-Rechnung wurden gemäß Abb. 3.7 in der zweiten Spalte erfasst, wobei die nachstehend erläuterten Aufspaltungen auf mehrere Zeilen nötig waren. In den drei Spalten „Δ Gegenbestand 1 – 3" werden die in der Spalte „Kontrollsumme" von Abb. 3.8 eingetragenen Veränderungen der Positionen des Gegenbestands erfasst. Dabei wird die oben unter Abschn. 3.4.2 beschriebene Regel für das Vorzeichen eingehalten.

Position der Gewinn-und-Verlust-Rechnung Beträge in 1000 GE	Ertrag/ Aufwand	Δ Gegen- bestand 1	Δ Gegen- bestand 2	Δ Gegen- bestand 3	Cashflow Element	Typ	Ref.
Umsatzerlöse	+ 10 500	- 200			+ 10 300	G	a.
Δ Bestand fertige und unfertige Erzeugnisse	- 300	+ 300			-	G	b
Sonstige betriebliche Erträge	+ 650	- 100	+ 100		+ 650	G	c
Materialaufwand	- 5 800	+ 200	- 500		- 6 100	G	d
Personalaufwand	- 1 050	+ 200	-		- 850	G	e
Abschreibungen (Sachanlagen)	- 800	- 400			- 1 200	I	f
Abschreibungen (Immaterielle Vermögenswerte)	- 200	+ 200				I	f
Sonstige betriebliche Aufwendungen	- 1 850	- 50	-	-	- 1 900	G	g
Zinserträge aus Wertpapieren / Ausleihungen AV	+ 320				+ 320	G	h
Erträge aus Wertpapieren AV (Dividenden)	+ 130				+ 130	G	h
Sonstige Zinsen und ähnliche Erträge	+ 10				+ 10	G	i
Abschreibungen auf Finanzanlagen (Ausleihungen)	-	+ 500			+ 500	I	j
Abschreibungen auf Finanzanlagen (Wertpapiere)	- 40	- 400			- 440	I	j
Abschreibungen auf Wertpapiere des UV	- 20	+ 100			+ 80	I	j
Zinsen und ähnliche Aufwendungen	- 410	-			- 410	G	k
Steuern vom Einkommen und Ertrag	- 340	-			- 340	G	l
Jahresüberschuss/Jahresfehlbetrag	- 800	+ 150	+ 650		-	F	m
Gewinnvortrag/Verlustvortrag		+ 50	- 650		- 600	F	n
Gezeichnetes Kapital / Kapitalrücklage		+ 1 000	+ 500		+ 1 500	F	o
Sonstige verzinsliche Verbindlichkeiten		- 500			- 500	F	p
Summe	**0**	**ΣΔ Gegenbestände:**	**+ 1 150**	**+ 1 150**			**r.**

Abb. 3.14 Illustrationsbeispiel: Überleitungstabelle von der Gewinn- und Verlustrechnung auf Cashflows

a. Die *Umsatzerlöse* werden mit der vorzeichenumgekehrten Veränderung der Forderungen aus Lieferungen und Leistungen zusammengezählt. Es wurde erneut angenommen, dass alle Gegenbuchungen zu Umsatzerlösen in Konten der Bilanzposition Forderungen aus Lieferungen und Leistungen erfolgten. Daraus resultiert in der Spalte „Cashflow Element" der Betrag der Einzahlungen von Kunden im Zusammenhang mit dem Verkauf von Gütern und Erzeugnissen sowie der Erbringung von Dienstleistungen. Es handelt sich um Cashflows, die als Geschäftstätigkeit (Typ = G) zu klassifizieren sind. Dies ergibt sich aus dem Charakter des Gegenbestandspostens (Forderungen aus Lieferungen und Leistungen), der weder der Investitions- noch der Finanzierungstätigkeit zuzurechnen ist.

b. Es wurde angenommen, dass sich die Veränderung der Vorräte aus der *Verminderung des Bestands an fertigen und unfertigen Erzeugnissen in Höhe von 300* gemäß Gewinn-und-Verlust-Rechnung und aus der Veränderung des Bestands an Roh-, Hilfs- und Betriebsstoffen sowie bezogenen Waren zusammensetzt (vgl. auch Zusatzinformation 5 oben Abschn. 3.3.4). Letztere wurde aus der verbleibenden Bestandsdifferenz der Position Vorräte abgeleitet. Die Gesamtveränderung beträgt 500. Davon umfasst die Veränderung des Bestands an fertigen und unfertigen Erzeugnisse 300. Somit verbleibt eine Bestandsveränderung in Höhe von 200 bezogen auf die übrigen Posten innerhalb der Vorräte.

c. Es wurde angenommen, dass die *sonstigen betrieblichen Erträge* ausschließlich über die Bilanzposition sonstige Vermögensgegenstände abgewickelt wurden (vgl. auch Zusatzangabe 4 oben in Abschn. 3.3.4). Es fielen gemäß den Zusatzangaben keine Gewinne aus Veräußerung von Gegenständen des Anlagevermögens an, welche Gegenbuchungen über ein Konto des Anlagevermögens aufweisen würden. Die Zunahme der sonstigen Vermögensgegenstände i. H. v. + 100 wird unter Umkehrung des Vorzeichens in der Spalte Δ Gegenbestand 1 eingetragen. Die Veränderung der passiven Rechnungsabgrenzung in Höhe von 100 betrifft ebenfalls ausschließlich die sonstigen Erträge (vgl. auch Zusatzangabe 11 oben in Abschn. 3.3.4). Sie wird unter Beachtung der Vorzeichenfindungsregel in der Spalte Δ Gegenbestand 2 eingetragen. Beide Gegenbestandsposten fallen unter den Typ G, sodass der resultierende Cashflow entsprechend klassifiziert wird.

d. Bei dem *Materialaufwand* wird in der Spalte Δ Gegenbestand 1 die nach Abzug von 300 (vgl. oben b.) noch verbleibende Bestandsabnahme der Vorräte in Höhe von 200 erfasst. In der Spalte Δ Gegenbestand 2 wird die Veränderung der Verbindlichkeiten aus Lieferungen und Leistungen in vollem Umfang erfasst, obwohl nicht bekannt ist, welcher Teil der Veränderung sich auch auf Rechnungen und Zahlungen im Zusammenhang mit sonstigen betrieblichen Aufwendungen bezieht. Dieser müsste richtigerweise ermittelt und in der Zeile „sonstiger betrieblicher Aufwand" eingetragen werden. Darauf wird hier jedoch verzichtet, weil in der Cashflow-Rechnung die Zeilenbezeichnung „Auszahlungen an Lieferanten von Gütern und Materialien sowie an Dienstleister" lautet. Diese umfasst die Cashflows aus der Zeile „Materialaufwand" und diejenigen der Zeile „sonstiger betrieblicher Aufwand". Wegen der späteren Zusammenfassung wird auf die an sich notwendige Aufspaltung hier verzichtet. Der Verzicht hat keine Auswirkung auf die Korrektheit der Cashflow-Rechnung.

e. Der *Personalaufwand* fällt zu großen Teilen in zahlungsmittelwirksamer Form an. Erfolgswirksame Veränderungen von Gegenbestandsposten, denen keine Zahlungen in gleicher Höhe während der Rechnungsperiode entgegenstehen, sind als Δ Gegenbestand zu berücksichtigen. Darunter fallen hier die Nettoveränderungen der Rückstellungen in Höhe von 200, weil sie Pensionen und ähnliche Verpflichtungen betreffen, die mit dem Personalaufwand in Verbindung stehen (vgl. Zusatzinformation 12 oben in Abschn. 3.3.4). Häufig sind auch in den sonstigen Verbindlichkeiten solche Veränderungen anzutreffen (z. B. geschuldete, aber noch nicht abgelieferte Beiträge an Sozialversicherungsträger, Abgrenzungen für erfolgsabhängige Prämien oder Boni etc.). In dem vorliegenden Sachverhalt bestehen aber keine solchen Veränderungen, weil der Anteil der Verbindlichkeiten im Rahmen der sozialen Sicherheit sich unverändert auf 300 beläuft und daher keine Veränderung zu berücksichtigen ist (vgl. Zusatzinformation 10 oben in Abschn. 3.3.4). Dies wird mit einem Null-Eintrag in der Spalte Δ Gegenbestand 2 angedeutet. Der sich ergebende Cashflow ist als Typ G zu klassifizieren, weil die beteiligten Gegenbestandsposten beide weder als Finanzierungs- noch als Investitionsposten einzuordnen sind.

f. Die *Abschreibungen* in Höhe von insgesamt 1000 sind ein Posten, der nach Maßgabe der Bilanzposten, deren Cashflows gesondert ausgewiesen werden, aufzuspalten ist. Gemäß Zusatzinformation 7 oben in Abschn. 3.3.4 entfallen von den Abschreibungen 200 auf immaterielle Vermögensgegenstände. Da nur noch die Cashflows aus Investitionsvorgängen im Zusammenhang mit Sachanlagen gesondert ausgewiesen werden müssen, wird der verbleibende Abschreibungsbetrag in Höhe von 800 den Sachanlagen zugeordnet. Im Hinblick auf eine erhöhte Übersichtlichkeit wurde der GuV-Posten Abschreibungen in dem Arbeitsblatt auf zwei Zeilen aufgeteilt dargestellt. Beide Zeilen werden dem Typ I (Investitionstätigkeit) zugeordnet, weil die beiden beteiligten Gegenbestandsposten dem Anlagevermögen zugehörig sind. Für beide Zeilen wird die entsprechende Veränderung der Bilanzposition mit umgekehrtem Vorzeichen in die Spalte Δ Gegenbestand 1 eingetragen.[13]

g. Die Gegenbuchungen zu den *sonstigen betrieblichen Aufwendungen* sind üblicherweise in den Gegenbestandsposten Verbindlichkeiten aus Lieferungen und Leistungen, sonstige Verbindlichkeiten und aktive Rechnungsabgrenzungsposten zu finden. Im vorliegenden Sachverhalt liegen für die nächste Rechnungsperiode vorausbezahlte Mieten und Versicherungsprämien in den aktiven Rechnungsabgrenzungsposten vor (vgl. auch Zusatzangabe 6 oben in Abschn. 3.3.4), deren Veränderung sich auf 50 beläuft. Auf die an

---

[13] Dies ist nur deswegen unproblematisch, weil in diesem Sachverhalt keine anderen erfolgswirksamen Veränderungen in den Gegenbestandposten enthalten sind. Wären z. B. Zuschreibungen oder Gewinne/Verluste aus Veräußerung enthalten, müsste der auf diese Posten entfallende Teil der Veränderung in der entsprechenden Zeile des Arbeitsblattes als Veränderung Gegenbestandposten eingetragen werden. Die in der Zeile Abschreibungen eingetragene Veränderung des Gegenbestands wäre entsprechend anzupassen.

sich notwendige Berücksichtigung der anteiligen Veränderung der Verbindlichkeiten aus Lieferungen und Leistungen wurde verzichtet (vgl. Begründung oben unter d.). Die sonstigen Verbindlichkeiten enthalten keine Bestände, die im Zusammenhang mit sonstigem betrieblichem Aufwand stehen (vgl. auch Zusatzangabe 10 oben in Abschn. 3.3.4). Der aus dieser Zeile sich ergebende Cashflow wird als Typ G klassifiziert, weil alle beteiligten Gegenbestandsposten (bzw. Teilbestände) den Charakter der laufenden Geschäftstätigkeit aufweisen. Sie weisen weder Investitions- noch Finanzierungscharakter auf.

h. Die *Erträge aus anderen Wertpapieren und Ausleihungen des Finanzanlagevermögens* in Höhe von 450 setzen sich im Berichtsjahr aus Zinserträgen auf Ausleihungen in Höhe von 120, Zinserträgen auf Obligationen in Höhe von 200 und Dividendenerträgen in Höhe von 130 zusammen (vgl. auch Zusatzangabe 10 oben in Abschn. 3.3.4). In der Cashflow-Rechnung sind erhaltene Zinsen und erhaltene Dividenden als gesonderte Zeilen auszuweisen. Entsprechend wird der Posten in dem Arbeitsblatt auf zwei Zeilen aufgeteilt und deren Bezeichnung aus Platzgründen etwas verkürzt. Es liegen gemäß den vorhandenen Zusatzinformationen keine Hinweise dafür vor, dass in den Eröffnungs- und Schlussbilanzen Posten enthalten sind, die Gegenbuchungen zu diesen Erträgen enthalten. In Frage könnten Ansprüche aus Kapitalertragsteuern oder aufgelaufene Zinsen kommen. Solche Ansprüche fallen weder unter Investitions- noch unter Finanzierungstätigkeiten, und daher wird diese Zeile als Typ G klassifiziert.[14]

i. Bei den *sonstigen Zinsen und ähnlichen Erträgen* gelten die Hinweise unter h. analog. Es liegen keine Anhaltspunkte für Bilanzposten vor, die in buchungstechnischem Zusammenhang mit diesen Erträgen stehen und eine Veränderung aufweisen.

j. Die *Abschreibungen auf Finanzanlagen und Wertpapiere des Umlaufvermögens* müssen aus Gründen des gesonderten Ausweises der Cashflows auf drei Zeilen aufgeteilt werden. Dazu dienen die Informationen aus Zusatzinformation 3 (vgl. oben Abschn. 3.3.4). Danach entfallen *Abschreibungen in Höhe von 20 auf Wertpapiere des Umlaufvermögens* und *die verbleibenden 40 auf solche innerhalb der Finanzanlagen.* Diesen beiden Zeilen werden die Veränderungen der Wertpapiere des UV bzw. des AV in vollem Umfang zugeordnet, weil gemäß den vorliegenden Zusatzinformationen keine Anhaltspunkte dafür bestehen, dass noch andere erfolgswirksame Veränderungen in diesen beiden Gegenposten enthalten sind (z. B. Zuschreibungen, Gewinne/Verluste aus Veräußerungen[15]). Zudem wird noch eine Zeile *Abschreibungen auf Ausleihungen*

---

[14] Bei beiden Posten handelt es sich um Geldflüsse, deren Zuordnung in den Rechnungslegungsstandards unterschiedlich geregelt ist oder bei denen ein Zuordnungswahlrecht besteht. Eine Zuordnung zum Bereich Investitionstätigkeit käme daher auch in Frage und ist in gewissen Rechnungslegungsstandards sogar zwingend vorgesehen.

[15] Es gab gemäß Zusatzinformation 4 keine Veräußerungen von Gegenständen des AV. Dass keine Gewinne aus der Veräußerung von Wertpapieren des Umlaufvermögens anfielen, lässt sich aus der Zusatzinformation 3 ableiten (Veräußerung zum Buchwert). Die Annahme, dass keine Zuschreibungen erfolgt sind, stützt sich nicht auf bekannte Informationen, sondern müsste durch Einsicht in die Buchungseinzelheiten verifiziert werden.

des AV eingefügt, deren Betragsspalte jedoch leer bleibt, weil keine Abschreibungen erfolgt sind. Diese Zeile dient der Ermittlung des Cashflows aus Rückzahlungen von Ausleihungen. Zu deren Ermittlung wird die Veränderung der Position Ausleihungen mit umgekehrtem Vorzeichen in die Spalte Δ Gegenbestand 1 eingetragen. Alle drei Zeilen werden dem Typ I zugeordnet, weil sowohl die Finanzanlagen als auch die Wertpapiere des Umlaufvermögens der Investitionstätigkeit zuzurechnen sind.

k. Bei den *Zinsen und ähnlichen Aufwendungen* sind keine Veränderungen von Positionen des Gegenbestands zu berücksichtigen. In Frage könnten die Verbindlichkeiten gegenüber Kreditinstituten (antizipative Zinsabgrenzung bezogen auf solchen Verbindlichkeiten) oder die sonstigen Verbindlichkeiten (Abgrenzung von aufgelaufenen Zinsen auf sonstigen verzinslichen Verbindlichkeiten) kommen. Eine genauere Prüfung, ob antizipative Zinsabgrenzungen dort enthalten sind, wäre nötig, weil hierzu keine Zusatzangaben vorliegen. Hier wird der Einfachheit halber angenommen, dies sei nicht der Fall. Obwohl es sich bei den beiden Gegenbestandsposten (bzw. den relevanten Teilbeständen) um solche aus dem Finanzierungsbereich handelt, die zu einem Typ F führen würden, wird im Sinne der vereinfachten Vorgehensweise diese Zeile vorerst als Geschäftstätigkeit (Typ G) klassifiziert, was dazu führen wird, dass die bezahlten Zinsen innerhalb der Cashflows aus Geschäftstätigkeit zum Ausweis gelangen.[16]

l. Die *Steuern vom Einkommen und Ertrag* werden hier in vollem Umfang als bezahlte Steuern behandelt, weil sich keine Anhaltspunkte für Gegenbestandsposten ergeben, die im Verlaufe des Berichtsjahres eine durch Steuern verursachte Veränderung aufweisen. Die sonstigen Verbindlichkeiten aus Steuern blieben unverändert. Es bestehen keine Rückstellungen für Steuern. Hinweise auf eventuelle Steuererstattungsansprüche unter den sonstigen Vermögensgegenständen liegen nicht vor. Letzteres müsste allerdings richtigerweise durch Einsicht in die Buchhaltungsunterlagen verifiziert werden, da hierzu keine Zusatzangaben im Sachverhalt angegeben wurden. Die sich aus den Steuern ergebenden Cashflows werden als Geschäftstätigkeit klassifiziert (Typ G), weil die besprochenen Gegenbestandsposten weder Investitions- noch Finanzierungstätigkeiten betreffen.

m. Der *Jahresüberschuss/Jahresfehlbetrag* aus der Gewinn-und-Verlust-Rechnung hat seine Gegenbuchung in der Bilanzposition Jahresüberschuss/Jahresfehlbetrag. Deren Veränderung mit umgekehrtem Vorzeichen beträgt 150. Diese wird in der Spalte Δ Gegenbestand 1 erfasst. Weil sich diese Veränderung aus der Erfassung des Jahresüberschusses aus dem laufenden Jahr (800) und der Umbuchung des Jahresüberschusses aus dem Vorjahr (−650) zusammensetzt, wird letztere Veränderung als neutraler Vorgang gegen die entsprechende gegenläufige Veränderung in der Position Gewinn-

---

[16] Der Ausweis von bezahlten Zinsen in der Cashflow-Rechnung ist nicht in allen Rechnungslegungsstandards einheitlich geregelt. Teilweise bestehen Ausweiswahlrechte. Hierzu folgen in dem zweiten Teil des Buchs nähere Angaben.

vortrag/Verlustvortrag eliminiert. Dieser Eintrag erfolgt in der Spalte Δ Gegenbestand 2 im Sinne einer Bereinigung der Veränderung um neutrale Vorgänge.

n. Als zusätzliche Hilfszeile wird die Position Gewinnvortrag/Verlustvortrag eingefügt, jedoch ohne Eintrag in der Spalte Ertrag/Aufwand. Diese Position hat sich um 50 verändert. Dies wird in der Spalte Δ Gegenbestand 1 eingetragen. In der Spalte Δ Gegenbestand 2 erfolgt wie bei dem Jahresüberschuss/Jahresfehlbetrag eine Bereinigung um den neutralen Umbuchungsvorgang in Höhe von 650 betreffend den Jahresüberschuss aus dem Vorjahr. Damit bleibt als bereinigte Veränderung der *Abgang aus Dividendenzahlung* übrig (vgl. auch Zusatzinformation 14 oben Abschn. 3.3.4). Dies wird aus der Annahme hergeleitet, dass die Veränderungen des Gewinnvortrags sich nur aus der Einbuchung des Vorjahresergebnisses, der Entnahme für Zuweisungen in Gewinnrücklagen sowie aus Entnahmen aus Ausschüttungen zusammensetzen. Weil sich die Gewinnrücklagen nicht verändert haben, kommt nur noch eine Ausschüttung in Betracht. Der resultierende Cashflow wird als Finanzierungsvorgang klassifiziert, weil die Posten des Eigenkapitals dem Typ F zuzuordnen sind.

o. Aus der Liste der Veränderungen der Gegenbestände sind noch wenige Posten noch nicht in dem Arbeitsblatt berücksichtigt. Dafür werden weitere Hilfszeilen ergänzt, allerdings ohne Einträge in der Spalte Ertrag/Aufwand, weil in diesen Gegenbeständen keine erfolgswirksamen Veränderungen erfolgt sind. Zunächst fallen unter diese Kategorie das *gezeichnete Kapital und die Kapitalrücklage*. Sie stehen in diesem Sachverhalt in einem engen inneren Verhältnis, weil deren Veränderung die Folge der durchgeführten Kapitalerhöhung durch Einzahlung von flüssigen Mitteln ist (vgl. auch Zusatzinformation 13 oben Abschn. 3.3.4). Sie werden daher in dieser Analyse in einer Zeile zusammengefasst. In der Spalte Δ Gegenbestand 1 wird die Veränderung des gezeichneten Kapitals und in der Spalte Δ Gegenbestand 2 diejenige der Kapitalrücklage eingetragen. Insgesamt ergibt sich dadurch ein zahlungsmittelverändernder Erlös aus der Erhöhung des Kapitals. Dies stellt eine Finanzierungstätigkeit dar. Der Typ F ergibt sich aus dem Charakter der beiden Gegenbestandsposten, die beide Eigenkapitalposten sind.

p. Als letzte nicht erfasste Veränderung eines Gegenbestandspostens ist noch diejenige der sonstigen verzinslichen Verbindlichkeiten zu berücksichtigen. Auch dafür wird eine weitere Hilfszeile ohne Eintrag in der Spalte Ertrag/Aufwand hinzugefügt. Die Veränderung in Höhe von 500 wird in der Spalte Δ Gegenbestand 1 eingetragen. Das sich ergebende Cashflow Element hat die Klassifizierung als Typ F, weil die sonstigen verzinslichen Verbindlichkeiten Finanzcharakter aufweisen.

Damit sind sowohl die gesamte Gewinn-und-Verlust-Rechnung als auch alle Veränderungen von Gegenbestandsposten in dem Arbeitsblatt eingetragen. Die Summe der Cashflow Elemente und die Summe aller vorzeichenumgekehrten Gegenbestandspostenveränderungen weisen 1150 auf. Dies entspricht der Veränderung des Finanzmittelbestands. Damit ist bestätigt, dass alle Gegenbestandsposten vollständig und richtig eingetragen wurden.

Die in der Spalte Cashflow Element ausgewiesenen Posten werden nun zu der Cashflow-Rechnung zusammengeführt. Dazu wird auf Abb. 3.10 in Abschn. 3.3.4 zurückverwiesen. Die Erläuterungen zu den einzelnen Zeilen folgen im Anschluss und beziehen sich auf die Ziffern in der Spalte Erläuterung in der vorgenannten Abbildung. Die Referenzen mit kleinen Buchstaben beziehen sich auf die entsprechenden Einträge in der Spalte „Ref." des in der Abb. 3.14 enthaltenen Arbeitsblatts.

1. Entspricht dem Cashflow Element in der Zeile „Umsatzerlöse" (a.).
2. Entspricht dem Cashflow Element in der Zeile „Sonstige betriebliche Erträge" (c.).
3. Entspricht der Summe der Cashflow Elemente aus den beiden Zeilen „Materialaufwand" (d.) und „Sonstige betriebliche Aufwendungen" (g.).
4. Entspricht dem Cashflow Element in der Zeile „Personalaufwand" (e.).
5. Entspricht der Summe der Cashflow Elemente aus der Zeile „Zinserträge aus Wertpapieren und Ausleihungen des Anlagevermögens" (h.) und der Zeile „Sonstige Zinsen und ähnliche Erträge" (i.).
6. Entspricht dem Cashflow Element in der Zeile „Erträge aus Wertpapieren AV (Dividenden)" (h.).
7. Entspricht dem Cashflow Element in der Zeile „Zinsen und ähnliche Aufwendungen" (k.).
8. Entspricht dem Cashflow Element in der Zeile „Steuern vom Einkommen und Ertrag" (l.).
9. Entspricht dem Cashflow Element in der Zeile „Abschreibungen (Sachanlagen)" (f.).
10. Entspricht dem Cashflow Element in der Zeile „Abschreibungen auf Finanzanlagen (Ausleihungen)" (j.).
11. Entspricht dem Cashflow Element in der Zeile „Abschreibungen auf Finanzanlagen (Wertpapiere)" (j.).
12. Entspricht dem Cashflow Element in der Zeile „Abschreibungen auf Wertpapiere des UV" (j.). Anzumerken bleibt, dass der ausgewiesene Betrag den Saldo von Cashflows aus Käufen und Veräußerungen darstellt, was dem Prinzip des Bruttoausweises widerspricht. Dies ist eine der Unzulänglichkeiten dieser Vorgehensweise.
13. Entspricht dem Cashflow Element in der Zeile „Gezeichnetes Kapital/Kapitalrücklage" (o.).
14. Entspricht dem Cashflow Element in der Zeile „Sonstige verzinsliche Verbindlichkeiten" (p.).
15. Entspricht dem Cashflow Element in der Zeile „Gewinnvortrag/Verlustvortrag" (n.).
16. Entspricht der Summe aller Veränderungen der Gegenbestandsposten der Bilanz nach Vorzeichenumkehr und somit auch der Summe aller Cashflow Elemente (r.). Auf den sonst üblichen Nachweis, dass diese Veränderung der Differenz zwischen Schlussbestand und Anfangsbestand des Finanzmittelfonds entspricht, wird in der vorliegenden Darstellung aus Platzgründen verzichtet (siehe dazu oben Tab. 3.2).

3.4.5   Umsetzungsschwierigkeiten

Die Illustration der rechnerischen Herleitung hat gezeigt, dass nicht nur mit der buchhalterischen, sondern auch mit dieser Vorgehensweise eine Darstellung der Cashflow-Rechnung möglich ist, welche die Cashflows *konsequent als Einzahlungen oder Auszahlungen darstellt (sog. direkte Darstellung)*. Es ist aber ebenfalls klar geworden, dass auch diese Vorgehensweise neben hohem Verständnis für buchhalterische und bilanzielle Zusammenhänge und Vorgaben auch umfangreiche Zusatzinformationen erfordert. Gegenüber der buchhalterischen Herleitung ist von Vorteil, dass von den Posten der Gewinn-und-Verlust-Rechnung ausgegangen werden kann und diese nicht zwingend einem Gegenbestandsposten zugeordnet werden müssen (keine Fiktion der Abwicklung über ein Gegenbestandskonto). Allerdings sind einige Herausforderungen zu bewältigen, welche die Anwendung dieser Herleitungsmethode auch unter vereinfachten Annahmen zum Sachverhalt als sehr kompliziert erscheinen lassen.

Im vorliegenden Abschnitt werden die Hauptherausforderungen der rechnerischen Vorgehensweise mit direkter Darstellung zusammenfassend erläutert.

> **Lernziel**
> Die wichtigsten Herausforderungen bei der Anwendung der rechnerischen Herleitung mit direkter Darstellung aufzählen und erläutern.

Zunächst ist auch im Illustrationsbeispiel erkennbar geworden, dass einige *Posten der Gewinn-und-Verlust-Rechnung* im Hinblick auf die korrekte Darstellung der Cashflows in der Cashflow-Rechnung bereits in dem Arbeitsblatt *aufgeteilt werden müssen*. Dabei sind in der Analysephase die bestehenden Mindestanforderungen des Rechnungslegungsstandards sowie allfällige darüber hinaus gehende eigene Ansprüche an die Gliederungstiefe der Cashflow-Rechnung zu berücksichtigen. Besonders häufig von der Problematik der Aufgliederung betroffen sind diejenigen Posten der Gewinn-und-Verlust-Rechnung, welche im Zusammenhang mit Gegenbestandsposten stehen, die der Investitionstätigkeit zugeordnet sind. Dies trifft insbesondere auf die Abschreibungen zu. Die Aufspaltung der Abschreibungsaufwendungen nach Gegenbestandsposten ist zwingend notwendig. Dies kann aus einem Anlagenspiegel oder aus internen Quellen des Unternehmens erfolgen. Die Aufgliederung richtet sich nach der Gliederungstiefe der Berichterstattung in dem Bereich der Cashflows aus Investitionstätigkeit der Cashflow-Rechnung.

Die Erträge aus Wertpapieren und Ausleihungen des Finanzanlagevermögens sind ein weiteres Beispiel einer notwendigen Aufgliederung von Posten der Gewinn-und-Verlust-Rechnung. Weil erhaltene Zinsen und erhaltene Dividenden in der Cashflow-Rechnung gesondert auszuweisen sind, ist eine Aufgliederung dieser Position nach Zinsen und Dividenden nötig.

Eine zweite Herausforderung besteht darin, dass nicht alle Veränderungen von Gegenbestandsposten als Gesamtbetrag einer einzigen Zeile zugeordnet werden können. Es ist vielmehr in gewissen Fällen eine *Aufspaltung der Veränderung der Gegenbestandsposten* notwendig. Dies ist generell dann notwendig, wenn mehrere Positionen der Gewinn-und-Verlust-Rechnung erfolgswirksame Vorgänge in Gegenbestandsposten verursachen. In dem Illustrationsbeispiel war die Veränderung der *Vorräte* beispielsweise durch zwei unterschiedliche erfolgswirksame Vorgänge beeinflusst. Neben guten Kenntnissen der buchhalterischen Zusammenhänge und der bilanziellen Anforderungen sind zur korrekten Aufgliederung solcher Veränderungen interne Informationen notwendig, die dem außenstehenden Nutzer des Jahresabschlusses nicht immer zur Verfügung stehen. Namentlich sind die Anfangs- und Schlussbestände der fraglichen Gegenbestandsposten in entsprechend aufgespalteter Form notwendig. Im Beispiel der Vorräte sind Anfangs- und Schlussbestand nach fertigen und unfertigen Erzeugnissen einerseits und übrigen Vorräten andererseits aufzugliedern.

Bei den *Posten des Anlagevermögens* ist die genaue Zusammensetzung der erfolgswirksamen Veränderungen nach Art der Gegenbuchung ebenfalls in Erfahrung zu bringen. So muss dort z. B. nach den folgenden erfolgswirksamen Veränderungen eine Aufteilung erfolgen:

- Abschreibungen
- Zuschreibungen
- Gewinne aus Veräußerungen
- Verluste aus Veräußerungen.

Der Grund dafür ist die unterschiedliche Erfassung dieser Buchungsvorgänge in unterschiedlichen Positionen der Gewinn-und-Verlust-Rechnung. Die einzelnen erfolgswirksamen Veränderungen in den Gegenbestandsposten sind entsprechend ihrer Gegenbuchung der korrekten Zeile in dem Arbeitsblatt zuzuordnen. Zumeist sind Anlagenspiegeldarstellungen hierfür unzureichend, weil sie lediglich den Buchwert des veräußerten Gegenstands angeben, nicht jedoch den erzielten Gewinn oder Verlust aus der Veräußerung. Zusätzliche Informationen, die üblicherweise nur unternehmensinternen Stellen zugänglich sind, können notwendig sein.

Die Bilanz enthält einige *Sammelposten*, welche Bestände mit unterschiedlichem Charakter beinhalten, was die Art der erfolgswirksamen Veränderungen betrifft. Besonders *sonstige Vermögensgegenstände, sonstige Verbindlichkeiten und Rückstellungen, eventuell auch Rechnungsabgrenzungsposten* sind besonders davon betroffen. Im Hinblick auf eine korrekte Analyse ist deren Zusammensetzung unter dem Gesichtspunkt der Gegenbuchung erfolgswirksamer Veränderungen besondere Aufmerksamkeit zuzumessen. In vielen Fällen ist die Ermittlung dieser Zusammensetzung nur unternehmensinternen Stellen möglich.

Gegenbestandsposten ohne erfolgswirksame Vorgänge bleiben in dem Arbeitsblatt zunächst unberücksichtigt. Dies ist eine dritte Herausforderung. Für solche Posten sind noch *zusätzliche Zeilen* anzufügen, um deren Veränderung zu erfassen.

Schließlich ist die *korrekte Klassifizierung* der einzelnen Zeilen und deren *korrekte Zuordnung zu den Posten der* vorgeschriebenen oder gewünschten *Gliederung der Cashflow-Rechnung* als letzte Herausforderung zu nennen. Dabei sind genaue Kenntnisse der einschlägigen Rechnungslegungsstandards nötig. Allfällige Wahlrechte und freiwilligen Zusatzangaben spielen dabei ebenfalls eine Rolle.

Fazit

Die rechnerische Herleitung der Cashflows aus den Angaben des Jahresabschlusses mit Hilfe der *Posten der Gewinn-und-Verlust-Rechnung sowie der Veränderung der Gegenbestandsposten in der Bilanz* ist eine Variation der buchhalterischen Herleitung. Genauso wie diese weist sie praktische Umsetzungsschwierigkeiten auf, die schon bei sehr vereinfachten Sachverhalten an die Grenze der Unübersichtlichkeit stoßen. Zudem sind sehr umfangreiche Zusatzinformationen über die Zusammensetzung von Posten des Jahresabschlusses und über Buchungsvorgänge nötig. Vorteile dieser Vorgehensweise sind der hohe didaktische Wert für das tiefere Verständnis der im nächsten Kapitel dargestellten modifizierten derivativen Herleitung der Cashflow-Rechnung und die hohe Aussagekraft der ausschließlich direkten Darstellung aller Cashflows.

Die *Konzeption dieser Vorgehensweise basiert ebenfalls auf der allgemeinen Kontologik der Buchhaltung.* Vereinfachend wird auch bei der rechnerischen Vorgehensweise angenommen, dass Veränderungen eines Gegenbestandspostens in der Bilanz nur aus erfolgswirksamen und liquiditätswirksamen Bewegungen bestehen. Aus den liquiditätswirksamen Vorgängen lässt sich eine Cashflow-Rechnung ableiten. Dabei müssen die Cashflows auf der Grundlage des Charakters der *Gegenbestandsposten einem der drei Bereiche der Cashflow-Rechnung zugeordnet* werden.

Insgesamt ist auch die rechnerische Vorgehensweise relativ aufwändig und unübersichtlich. In der Praxis wird sie deshalb nicht in dieser Form eingesetzt. Für didaktische Zwecke und als Vorstufe zu der modifizierten derivativen Methode ist sie jedoch hilfreich.

3.5   Kritische Würdigung

Dieses Kapitel zeigte die Ableitung einer Cashflow-Rechnung aus den Angaben des Jahresabschlusses mit direkter Darstellung der Cashflow Elemente als Einzahlungen und Auszahlungen als sog. derivative Herangehensweise auf. Dabei wurde sowohl eine eher buchhalterische Herleitung als auch eine rechnerische Herleitung beschrieben. Dieser Abschnitt möchte aufzeigen, inwiefern diese Vorgehensweisen sich für die Umsetzung in der betrieblichen Praxis und vor dem Hintergrund komplexer Buchungssachverhalte und -systeme eignen.

Lernziele
- Die Eignung der derivativen Herleitung mit direkter Darstellung in der Praxis beurteilen.
- Die wichtigsten Umsetzungsprobleme in der Anwendung aufzählen.

3.5.1 Vernachlässigung neutraler Vorgänge

Es ist daran zu erinnern, dass in Abschn. 3.2 eine Reihe von vereinfachenden Annahmen gesetzt wurden, die mit der betrieblichen Realität nicht korrespondieren. Eine der größten Abweichungen von den üblicherweise anzutreffenden Sachverhalten ist die Annahme, dass keine Buchungsvorgänge innerhalb der Gruppe der Gegenbestandsposten bestehen (vgl. Abschn. 3.2.6). Die Praxis weist hingegen eine große Vielfalt an solchen Vorgängen auf. Nachstehend aufgeführte *Beispiele neutraler Vorgänge* illustrieren dies:

- Verrechnung von Anzahlungen mit Schlussrechnungen.
- Verwendung des Jahresüberschusses und Zuführung zu Rücklagen.
- Umgliederungen von abgeschlossenen Projekten von „im Bau" zu der definitiven Kategorie.
- Umgliederung von kreditorischen Debitoren.
- Erfassung der Vorsteuer und der Umsatzsteuer auf Lieferungen und Leistungen und auf Investitionen und Veräußerungen von Gegenständen des Anlagevermögens bei der Nettomethode.
- Umbuchung von Vorsteuerguthaben auf geschuldete Umsatzsteuer.
- Erfassung der Kapitalertragsteuer.[17]
- Erfassung von Rechnungen für den Erwerb von Gegenständen des Anlagevermögens.
- Erfassung von Rechnungen aus der Veräußerung von Gegenständen des Anlagevermögens.
- Bilanzielle Erfassung von Leasingverträgen.
- Sachkapitalerhöhungen.
- Umwandlung von kurzfristigen Forderungen aus Lieferungen und Leistungen in eine Ausleihung.

Neben den erfolgs- und liquiditätswirksamen Veränderungen können auch die sog. neutralen Veränderungen den Bestand eines Kontos oder Postens in der Bilanz verändern. Diese dritte Kategorie von Veränderungen innerhalb von Gegenbestandsposten wurde in der oben dargestellten Vorgehensweise weitgehend durch entsprechend ausgestaltete Annahmen ausgeblendet. Sowohl bei der buchhalterischen als auch der rechnerischen Methode wurden nur zwei mögliche Ursachen der Veränderung in Betracht gezogen. Im Wesentlichen erfolgte eine Bereinigung der Gesamtveränderung des Gegenbestandspostens um die darin enthaltene erfolgswirksame Komponente. Unter der Annahme, dass keine neutralen Veränderungen bestehen, wurde dann die verbleibende Veränderung als liquiditätswirksam eingeordnet. Wie aus der Auflistung oben hervorgeht, ist diese Annahme aber sehr praxisfremd.

---

[17] In der Schweiz wird die entsprechende Steuer als Verrechnungssteuer bezeichnet.

Die fehlende Berücksichtigung neutraler Vorgänge kann zu unzutreffenden Cashflow-Rechnungen führen. Darunter fallen beispielsweise folgende möglichen Fehldarstellungen:

- Vorgänge ohne Auswirkung auf den Finanzmittelfonds werden fälschlicherweise als Cashflow aufgeführt bzw. in die Ermittlung von Cashflow-Größen einbezogen.[18]
- Es erfolgen sich kompensierende Fehldarstellungen z. B. bei dem Cashflow aus Geschäftstätigkeit und aus Investitionstätigkeit.[19]
- Zahlungsvorgänge werden mit unzutreffenden Beträgen ausgewiesen.[20]

Würden diese neutralen Vorgänge korrekt eliminiert, wäre die Vorgehensweise noch deutlich komplexer. In der Praxis lassen sich die für die Ausbildung durchaus zu rechtfertigenden vereinfachenden Annahmen nicht mehr halten, weil sie schlicht der Realität nicht entsprechen und daher zu Fehldarstellungen in der Cashflow-Rechnung führen.

3.5.2   Nettoausweis von Cashflows

Die vereinfachte Vorgehensweise zur derivativen Herleitung von Cashflows zeigt die finanzmittelfondswirksamen Veränderungen lediglich als Residualgröße. Die Veränderungen von Gegenbestandsposten werden um die darin enthaltenen erfolgswirksamen Vorgänge bereinigt. Als Residualgröße verbleiben die neutralen und die liquiditätswirksamen Vorgänge. Die Problematik der fehlenden Bereinigung von neutralen Vorgängen wurde bereits in Abschn. 3.5.1 thematisiert. Unter der Annahme, dass keine neutralen Vorgänge bestehen, verbleibt bei der derivativen Herleitung als Restgröße noch der Saldo aus liquiditätswirksamen Vorgängen.

Diese können aus Einzahlungen und Auszahlungen in den Finanzmittelfonds zusammengesetzt sein. Ein bedeutender Kritikpunkt an der vereinfachten Vorgehensweise besteht darin, dass eine Saldierung von Ein- und Auszahlungen erfolgt. Die Rechnungslegungsstandards (vgl. Abschn. 2.5.2.2) verlangen im Grundsatz eine Bruttodarstellung der Cashflows und lassen deren Saldierung nur in genau definierten Ausnahmefällen zu. Im Gegensatz zu der originären Methode und im Widerspruch zu den im erwähnten Abschnitt besprochenen Rechnungslegungsstandards generiert die vereinfachte Methode jedoch nur saldierte Ein- und Auszahlungen.

---

[18] Die Unterzeichnung eines Leasingvertrags wird bei bilanzieller Darstellung fälschlicherweise als Auszahlung für Investitionstätigkeiten und Einzahlung aus Finanzierungstätigkeit dargestellt.

[19] Ein Zugang zu den Sachanlagen wird fälschlicherweise als Auszahlung aus Investitionstätigkeit dargestellt, obwohl während der Rechnungsperiode nur eine Rechnung erfasst wurde und noch keine Zahlung geleistet wurde. Dadurch werden sowohl die Cashflows der Investitionstätigkeit wie die Cashflows aus Geschäftstätigkeit um den gleichen Betrag falsch dargestellt. Beide Effekte gleichen sich aber über die gesamte Cashflow-Rechnung wieder aus.

[20] Einzahlungen von Kunden werden nach Abzug der in den Kundenzahlungen enthaltenen Umsatzsteuer ausgewiesen, weil die neutrale Umsatzsteuerbuchung nicht bereinigt wurde.

Es wird in den weiteren Kapiteln darum gehen verfeinerte Methoden anzuwenden, welche den Anforderungen des Grundsatzes der Bruttodarstellung in der Cashflow-Rechnung besser gerecht werden.

3.5.3 Hohe Ansprüche an Umfang von Zusatzinformationen

Wie sich in den Illustrationsbeispielen deutlich gezeigt hat, lässt sich die vereinfachte Methode trotz vereinfachten Sachverhaltsannahmen nur mit einem großen Umfang an zusätzlichen Informationen über die Zusammensetzung von Bestandsgrößen (Gegenbestandsposten) und Posten der Gewinn-und-Verlust-Rechnung durchführen. Zudem sind buchungsbezogene Zusammenhänge zwischen den vorerwähnten Teilbeständen bzw. Bestandteilen von Posten der Gewinn-und-Verlust-Rechnung nötig. Diese liegen außenstehenden Analysten zumeist nicht vollständig vor. Die Anwendung der in diesem Kapitel erläuterten derivativen Methode mit direkter Darstellung ist daher in korrekter Ausführung überhaupt nur unternehmensinternen Stellen möglich.

Hauptursache für den großen Umfang an zusätzlichen Informationen ist die Notwendigkeit der Zuordnung von erfolgswirksamen Vorgängen zu den zutreffenden Gegenbestandsposten. Diese Aufgabe ist im Bereich der laufenden Geschäftstätigkeit besonders komplex. Es ist daher nachvollziehbar, dass nach Vorgehensweisen bzw. Darstellungsvarianten gesucht wird, welche diese Problematik zu entschärfen versuchen. Dazu muss jedoch teilweise auf die direkte Darstellung von Cashflows verzichtet werden.

3.5.4 Komplexes Vorgehen

Die im vorangegangenen Abschnitt besprochene Notwendigkeit von Zusatzinformationen führt zu einem sehr anspruchsvollen Vorgehen. Es ist ein hohes Maß an buchhalterischem und rechnungslegungsrechtlichem Wissen und Können notwendig, um die erfolgswirksamen Vorgänge korrekt den richtigen Teilbeständen von Gegenbeständen, bzw. deren Veränderung zuzuordnen. Würden zudem noch die vereinfachenden Annahmen wegfallen und praxisnahe Sachverhalte zugrunde gelegt, wäre die Anwendung der vereinfachten Methode mit direkter Darstellung kaum mehr zu bewältigen. Wie bereits in dem vorangegangenen Abschnitt angesprochen, lässt sich jedoch eine Vereinfachung des Vorgehens zu Lasten der Aussagekraft der Cashflow-Rechnung erzielen. Dabei wird im Bereich der Cashflows aus Geschäftstätigkeit weitgehend auf eine Darstellung von Ein- und Auszahlungen verzichtet. Sie wird durch eine summarische Herleitung der Gesamtsumme der Cashflows aus Geschäftstätigkeit ersetzt. Dies wird als indirekte Darstellung oder indirekte Methode zur Ermittlung der Cashflows aus Geschäftstätigkeit bezeichnet.

Fazit

Die vereinfachte derivative Herleitung mit direkter Darstellung basiert auf relativ praxisfernen *Vereinfachungen im Sachverhalt*. Obwohl positiv hervorzuheben ist, dass in der Cashflow-Rechnung die *direkte Darstellung* zur Anwendung gelangt, ist diesem Vorteil die *fehlende Bruttodarstellung als Kritikpunkt* entgegenzusetzen. Ein- und Auszahlungen werden in verrechneter Form als Residualgröße ermittelt.

Die gezeigte Vorgehensweise *erfordert zudem viele zusätzliche Informationen über die Zusammensetzung von Angaben im Jahresabschluss*. Die korrekte Zuordnung dieser Teilbestände aus Bilanz und Gewinn-und-Verlust-Rechnung legt eine systematische tabellarische Arbeitsweise nahe, die *hohe Ansprüche an buchhalterisches und bilanzielles Wissen* stellt. Die *Vorgehensweise ist relativ komplex*, obwohl erhebliche Vereinfachungen im Sachverhalt unterstellt werden. So wird beispielsweise angenommen, dass *keine neutralen Vorgänge* erfolgt sind. Als Folge dieser Komplexität hat sich die direkte Darstellung nach derivativer Herleitung der Cashflows in der Praxis nicht durchgesetzt.

Kapitel-Zusammenfassung

Im Gegensatz zur originären Herleitung **basiert** die derivative Herleitung der Cashflow-Rechnung **auf den Angaben im Jahresabschluss**. Dabei wird konzeptionell der Jahresabschluss in drei Stromrechnungen aufgeteilt: Die Veränderung des Finanzmittelfonds, die Veränderung der Gegenbestandsposten zum Finanzmittelfonds in der Bilanz und die Gewinn-und-Verlust-Rechnung. Auf der Grundlage der buchhalterischen Zusammenhänge wird aus den letzten beiden Rechnungen auf die Einzelheiten der Veränderung des Finanzmittelfonds geschlossen. Es resultiert eine **direkte Darstellung** der Ein- und Auszahlungen in der Cashflow-Rechnung. Zwei Herleitungswege wurden beschrieben: **Die buchhalterische und die rechnerische Herleitung der Cashflows**. Erstere stützt sich auf die Kontologik und damit auf Soll und Haben. Letztere basiert auf Algebra und Arithmetik, d. h. auf positiven und negativen Zahlen sowie auf Umformungen der allgemeinen Kontogleichung. Beide Vorgehensweisen sind **anspruchsvoll und komplex**, obwohl **stark vereinfachende Annahmen** zugrunde gelegt werden. Dennoch weist die so hergeleitete Cashflow-Rechnung vor allem **zwei Mängel** auf. Einerseits werden **neutrale Vorgänge ausgeblendet** und andererseits kommen **Cashflows nur als Nettogröße** zum Ausweis. Insgesamt ist die derivative Herleitung zwar einfacher als die originäre Herleitung. Aber die Anforderung der direkten Darstellung der Cashflows führt zu hoher Komplexität auch unter vereinfachenden Annahmen. In komplexen Sachverhalten der Praxis hat sich deswegen diese Vorgehensweise nicht durchgesetzt, obwohl die direkte Darstellung der Cashflows eine **hohe Aussagekraft** aufweist und auch **für Laien gut verständlich** ist. Die Komplexität des Vorgehens kann durch Inkaufnahme von Abstrichen an der Aussagekraft deutlich reduziert werden. Darauf wird in den folgenden Kapiteln näher eingegangen.

Literatur

Austrian Financial Reporting and Auditing Committee – AFRAC (2020) AFRAC-Stellungnahme 36: Geldflussrechnung (UGB). AFRAC, Wien

Geuppert F (2003) Cashflow accounting. Universität (Diss.), St. Gallen

International Accounting Standards Board (IASB) (2022) IFRS® Standards required for accounting periods beginning on or after 1 January 2022, excluding changes not yet required. IFRS Foundation, London

Käfer K (1974) Praxis der Kapitalflussrechnung. Poeschel, Stuttgart

Die modifizierte derivative Herleitung

4

Ein Ansatz zur Reduktion der Komplexität und zur Erhöhung der Normenkonformität

Wie im Kap. 3 dargelegt, weist die in reiner Form durchgeführte derivative Herleitung der Cashflow-Rechnung einige Unzulänglichkeiten auf. In dieser Form ist die Vorgehensweise noch nicht zur Erstellung von regelkonformen Cashflow-Rechnungen geeignet. Das vorliegende Kapitel beabsichtigt das Verständnis für die konzeptionelle Grundlage einer modifizierten derivativen Herleitung der Cashflow-Rechnung zu schaffen.

Im ersten Abschnitt dieses Kapitels werden daher zunächst die Unzulänglichkeiten der nicht modifizierten Herleitung auch vor dem Hintergrund praktischer Durchführungsprobleme und der Anforderungen von Regelwerken als zu lösende Aufgabe der modifizierten Vorgehensweise thematisiert. Im zweiten Abschnitt folgen die Lösungsansätze in verallgemeinerter Form. Die konkrete Anwendung der modifizierten derivativen Vorgehensweise wird im dritten Abschnitt einschließlich einer empfohlenen Schrittfolge dargestellt. Schließlich folgt im fünften Abschnitt eine kritische Würdigung der modifizierten derivativen Herleitung sowohl aus Sicht des Erstellungsprozesses als auch bezogen auf die Verbesserung der Aussagekraft der Cashflow-Rechnung.

4.1 Unzulänglichkeiten der derivativen Herleitung

Die Unzulänglichkeiten der derivativen Herleitung beziehen sich zum einen auf die Komplexität des Erstellungsprozesses und zum anderen auf Abweichungen gegenüber den Vorgaben der maßgebenden Regelwerke bezüglich Inhalt und Darstellung der Cashflow-Rechnung. Im ersten Unterabschnitt werden die auf den Erstellungsprozess bezogenen Herausforderungen dargestellt, welche sich primär auf den Bereich der Geldflüsse aus Geschäftstätigkeit beziehen. Im zweiten Unterabschnitt wird erläutert, inwieweit die Nettodarstellung von Geldflüssen eine Abweichung von den Vorgaben von Regelwerken dar-

M. Fontana, *Cashflow Rechnung mit System*, https://doi.org/10.1007/978-3-658-40719-3_4

stellt. Der dritte Unterabschnitt widmet sich der Frage des korrekten Umgangs mit neutralen Buchungsvorgängen in der Cashflow-Rechnung. Schließlich zeigt der vierte Unterabschnitt auf, dass viele Regelwerke Ausweiswahlrechte und besondere Darstellungsvorgaben (Einzelausweis) für bestimmte Geldflussposten kennen.

4.1.1   Komplexe Ermittlung des Geldflusses aus Geschäftstätigkeit

Lernziele
- Den Vorteil der einzelpostenweisen derivativen Herleitung hinsichtlich Aussagekraft erläutern.
- Die praktischen Nachteile der einzelpostenweisen derivativen Herleitung bei der Ermittlung des Geldflusses aus Geschäftstätigkeit konkret umschreiben und erläutern.

Der große *Vorteil* der einzelpostenweisen Ermittlung der Geldflüsse ist sicherlich die hohe Aussagekraft, die dadurch in der Cashflow-Rechnung erreicht werden kann. Die einzelpostenweise Ermittlung der Geldflüsse kann die einzelnen Gruppen von Geldflüssen in der Cashflow-Rechnung ausweisen und so die *Zusammensetzung des Totals des Geldflusses von Tätigkeitsbereichen in aussagekräftiger und verständlicher Weise erklären.* Der gesonderte Ausweis von sachlich zusammengehörigen Ausgabengruppen und Einzahlungsgruppen wird als „direkte Methode der Ermittlung des Geldflusses" bezeichnet.

▶   Die derivative Methode in ihrer ursprünglichen Form weist die einzelnen Komponenten von Geldflüssen in Tätigkeitsbereichen einzelpostenweise durch sachlich zusammengehörende Gruppen von Einzahlungen und Auszahlungen aus. Dies wird in der Literatur und in Regelwerken als **direkte Methode[1] der Ermittlung des Geldflusses** bezeichnet.

Diese Methode ist auch für Laien intuitiv verständlich, weil sie als Einzahlungs- und Auszahlungsrechnung in Erscheinung tritt. Zudem ist dieses Darstellungsformat auch für die Liquiditätssteuerung zweckmäßig. Die tatsächlichen Geldflüsse werden im gleichen Format dargestellt wie die Plan-Geldflussrechnung (Finanzplanung). Damit können Plan-Ist-Abweichungen auf Einzelposten-Ebene ermittelt und anschließend analysiert werden.

Wie bereits im vorangegangenen Kapitel als Kritikpunkt erwähnt wurde, ist die Komplexität des Vorgehens (vgl. Abschn. 3.5.4) in der praktischen Anwendung ein erheblicher

---

[1]Vgl. z. B. IAS 7.18 (a) (IASB 2022, S. A978).

Nachteil bei der Erstellung der Cashflow-Rechnung. Dabei steht vor allem der Bereich der Geldflüsse aus Geschäftstätigkeit im Zentrum dieser Kritik. Insbesondere wenn auch die *Umsatzsteuer* bei Zahlungen von Kunden und die *Vorsteuer* bei Zahlungen an Lieferanten und Dienstleister korrekt berücksichtigt werden sollen (Bruttoausweis der Zahlungen hinsichtlich Mehrwertsteuer), wird die korrekte Ermittlung von Geldflüssen sehr aufwändig. Vor allem aber ist die *zutreffende Zuordnung von erfolgswirksamen Vorgangsgruppen zu den entsprechenden Veränderungen von Bilanzposten* sehr schwierig. Sie erfordert umfangreiche interne Informationen aus der Buchführung. Diese setzen aufwändige nachträgliche Analysen voraus oder bedingen differenziertes Buchungsvorgehen unter Verwendung von gesonderten Konten. Solche Erweiterungen des Kontoplans, die ausschließlich mit Blick auf die Geldflussrechnung erfolgen, können den Aufwand für nachträgliche Analysen zwar reduzieren, erhöhen aber den Ausbildungsbedarf des Personals und den Ausbaugrad von internen Kontrollen im Hinblick auf korrekte buchhalterisch Erfassung von Geschäftsfällen.

Zur Komplexität im Bereich der Geldflüsse aus Geschäftstätigkeit trägt auch die *hohe Anzahl von neutralen Buchungsvorgängen* bei, die besonders im Zusammenhang mit Mehrwertsteuer und Verrechnung von Anzahlungen anfallen. Die korrekte Ermittlung und Berücksichtigung von solchen Buchungsvorgängen innerhalb der Bilanzposten, die den Charakter von Geschäftstätigkeit aufweisen, ist eine große Herausforderung. Dies kann eine Quelle von Fehldarstellungen in der Cashflow-Rechnung bilden, wenn auf die Bereinigung dieser Vorgänge bewusst verzichtet wird oder wenn diese fälschlicherweise nicht erfolgt. Auch wenn es sich nur um Verschiebungen innerhalb der einzelnen Posten des gleichen Tätigkeitsbereichs handelt, müssten korrekte Cashflow-Rechnungen solche Fehldarstellungen vermeiden, wenn die Verzerrungen wesentlich sind. Dies ist mit hohem Aufwand verbunden, der in vielen Fällen dazu führt, dass auf die einzelpostenweise Ermittlung der Geldflüsse im Sinne der direkten Methode verzichtet wird und summarische Ermittlungen auf Ebene des gesamten Tätigkeitsbereichs gesucht werden (vgl. unten Abschn. 4.2.1).

4.1.2 Nettodarstellung der Geldflüsse

Lernziele
- Die Nettodarstellung von Geldflüssen als Verringerung des Informationsgehalts der Cashflow-Rechnung beschreiben.
- Die regulatorischen Anforderungen an den Ausweis von Geldzu- und -abflüssen im deutschsprachigen Raum vergleichend darstellen.
- Den Anwendungsbereich der Bruttodarstellung von Geldflüssen innerhalb der drei Tätigkeitsbereiche umschreiben.

Wie im vorangegangenen Kapitel beschrieben (vgl. Abschn. 3.5.2) sind die Geldfluss-Beträge aus der Analyse nach der derivativen Herleitungsmethode systembedingt eine Re-

sidualgröße. Sie ergibt sich aus Bilanzveränderungen und erfolgswirksamen Vorgangsgruppen. Die Residualgröße ist ein Nettobetrag. Ursache ist die Ausgangsgröße für die
derivative Herleitung. Sie geht von der *Netto*veränderung der Bilanzposten aus. Somit ist
auch die Residualgröße eine Nettoveränderung im Sinne einer Saldierung von Auszahlungen und Einzahlungen.

Beispiel zum Informationsgehalt der Nettodarstellung von Geldflüssen
    Die Sotora AG zeigt in ihrer Cashflow-Rechnung Geldabflüsse aus Investitionen in
Grundstücke und Gebäude in Höhe von 125 Mio. €. Es handelt sich bei genauer Betrachtung um die Nettoinvestitionen.
    Im Geschäftsjahr wurden tatsächlich auch Grundstücke und Gebäude mit einem Er-
lös in Höhe von 36 Mio. € veräußert. Bei einer Bruttodarstellung ergäbe sich ein Geldzufluss aus Veräußerung von Grundstücken und Gebäuden in Höhe von 36 Mio. € und
andererseits ein Geldabfluss in Höhe von 161 Mio. €. ◄

Wie das Beispiel zeigt, weist die Nettodarstellung einen deutlichen Informationsverlust
im Vergleich zu der Bruttodarstellung auf. Soweit eine Bruttodarstellung einen Mehrwert
hinsichtlich des Informationsgehalts aufweist und sich dies vom Aufwand für die Erstellung her rechtfertigen lässt, ist sie somit aus Sicht der Empfänger einer Cashflow-Rechnung
zu bevorzugen.
    Entsprechend verlangt IAS 7 für die Geldflüsse aus Finanzierungs- und Investitionstä-
tigkeit im Grundsatz zwingend einen Bruttoausweis (IAS 7.21). Für die Geldflüsse aus
Geschäftstätigkeit (IAS 7.18a) wird dies jedoch nur verlangt, wenn die direkte Methode
verwendet wird (vgl. IASB 2022, S. A978–A979). Allerdings sind nach IAS 7.31 Geldflüsse aus Zinsen und Dividenden auch bei Anwendung der indirekten Methode brutto und
gesondert auszuweisen (vgl. IASB 2022, S. A980).
    Nach DRS 21 sind Zahlungsströme „grundsätzlich unsaldiert auszuweisen. Ausgenom-
men hiervon ist die indirekte Darstellung des Cashflows aus der laufenden Geschäftstätigkeit." (DRSC 2017, Tz. 26). Der Grundsatz wird analog zu den Regelungen des IASB
durch drei Gruppen von Ausnahmen durchbrochen.
    Die österreichische AFRAC-Stellungnahme 36 zur Geldflussrechnung (vgl. AFRAC
2020) äußert sich im eigentlichen Text der Stellungnahme nicht ausdrücklich zur Frage
der Bruttodarstellung. In der Erläuterung zur Rz. (27) (S. 21) wird festgehalten, dass Finanzierungsvorgänge im langfristigen Kapitalbereich brutto darzustellen sind. Dort sind
auch Ausnahmen zu dieser Regel festgehalten. Aus den Schemata zur Gliederung der
Geldflussrechnung (vgl. AFRAC 2020, Rz. (42)–(43), S. 13–16) ist jedoch implizit die
Regel erkennbar, dass die Geldflüsse brutto auszuweisen sind. Davon ausgenommen sind
die bei indirekter Ermittlung des Netto-Geldflusses aus der betrieblichen Tätigkeit aufzu-
führenden Posten.
    Die Swiss GAAP FER regeln die Geldflussrechnung im Standard Nr. 4 (Swiss GAAP
FER 2020, S. 41–43). Analog zu der AFRAC-Stellungnahme 36 wird der Bruttoausweis

nicht ausdrücklich angesprochen, sondern implizit mittels der Ausgestaltung der Gliederungsschemata verlangt (vgl. Rz. 9, Rz. 11–12, S. 42–43). Es fehlen – mit Ausnahme des entsprechenden Gliederungsschemas zum Geldfluss aus Betriebstätigkeit nach der indirekten Methode – Angaben zu eventuellen Ausnahmen von dem Grundsatz des Bruttoausweises.

Zusammenfassend kann festgehalten werden, dass die vorstehend erwähnten Regularien explizit oder implizit einen Bruttoausweis von Geldflüssen im Investitions- und Finanzierungsbereich verlangen. Bei den Geldflüssen aus der Geschäftstätigkeit wird bei Anwendung der direkten Methode ein Bruttoausweis im Sinne der klaren Trennung von Auszahlungen und Einzahlungen verlangt. Teilweise sind Ausnahmen dazu vorgesehen, die jedoch sehr eng gefasst sind. In allen Regelwerken ist die Ermittlung des Netto-Geldflusses aus der Geschäftstätigkeit nach der indirekten Methode von der Pflicht zur Bruttodarstellung befreit, weil die dort aufgeführten Posten Überleitungscharakter und nicht den Charakter von Geldflüssen aufweisen.

▶ Der Bruttoausweis von Geldflüssen im Sinne der gesonderten Ermittlung und Darstellung von Ein- und Auszahlungssummen ist in allen hier untersuchten Regelwerken als Grundsatz festgehalten. Die Ausnahmen dazu umfassen immer die Darstellung der Ermittlung des Netto-Geldflusses aus der Geschäftstätigkeit und je nach Standard noch weitere, jedoch eng umschriebene besondere Sachverhaltsgruppen.

Die derivative Methode ist somit dahingehend zu modifizieren, dass die Erfüllung der Anforderungen hinsichtlich des Bruttoausweises ermöglicht wird.

4.1.3 Vernachlässigung von neutralen Buchungsvorgängen

Lernziele
- Die Notwendigkeit der Berücksichtigung von neutralen Buchungsvorgängen im Sinne ihrer Elimination aus der Cashflow-Rechnung beschreiben.
- Die regulatorischen Vorgaben hinsichtlich Bereinigung von neutralen Buchungsvorgängen aufzählen und erläutern.

Die bisher beschriebene derivative Vorgehensweise ging zwecks Vereinfachung von der praxisfremden Annahme aus, dass keine neutralen Buchungsvorgänge zu berücksichtigen sind (vgl. Abschn. 3.2). Neutrale Buchungsvorgänge wurden im Rahmen der Erläuterung der konzeptionellen Grundlagen der derivativen Herleitung bereits als Veränderungen von Gegenbestandsposten in der Bilanz beschrieben (vgl. Abschn. 3.1.2.3), deren Gegenbuchung ein anderes Gegenbestandskonto in der Bilanz betrifft. Dort wurde auch festgehalten, dass neutrale Buchungsvorgänge keine Cashflows sind, weil sie für sich gesehen keine

Veränderung des Finanzmittelfonds bewirken. Sie sollten nicht als Geldflüsse im Sinne von Veränderungen des Finanzmittelfonds in der Cashflow-Rechnung ausgewiesen, sondern vollständig daraus eliminiert werden.

Beispiel

Beispiele neutraler Buchungsvorgänge

- Rechnung für den Kauf eines Gegenstands des Anlagevermögens.
- Umsatzsteuer auf einen Warenverkauf auf Kredit.
- Zuweisung eines Anteils des Jahresüberschusses in eine Rücklage (Schweiz: Reserve)
- Erstmalige Erfassung eines Leasingvertrags im Sinne des Finanzierungsleasing (Zugang im Anlagevermögen und Zugang einer Leasingverbindlichkeit)
- Umwandlung von Verbindlichkeiten aus Lieferungen und Leistungen in eine Darlehensschuld.
- Vorsteuer auf eine erhaltene Dienstleistung, die auf Kredit erbracht wurde.
- Rechnung an den Käufer von gebrauchten Gegenständen des Anlagevermögens.
- Umbuchungen im Rahmen der Erfassung der Mehrwertsteuervoranmeldung (Schweiz: Mehrwertsteuerabrechnung) betreffend Vorsteuerguthaben und Umsatzsteuerverbindlichkeit.
- Gutschrift der Gewinnausschüttung an die Anteilsinhaber.
- Erwerb einer Beteiligung gegen Hingabe eigener Aktien aus einer Kapitalerhöhung.
- Umwandlung einer Darlehensschuld in Eigenkapital.
- Verrechnung einer erhaltenen Anzahlung mit dem Wert der erbrachten Leistung.
- Umbuchung eines Vermögenswerts (z. B. von Gebäude im Bau zu Gebäude).
- Verrechnung (Umbuchung) einer Steuervorauszahlung mit der Steuerverbindlichkeit. ◄

Wie die Liste der Beispiele zeigt, sind neutrale Buchungsvorgänge in der Praxis alles andere als selten auftretende Transaktionen. Werden solche Vorgänge im Rahmen der derivativen Methode schlicht ausgeblendet, kann dies zu Fehldarstellungen in der Cashflow-Rechnung führen. Gewisse Anteile von Bilanzveränderungen werden dadurch trotz Bereinigung um erfolgswirksame Vorgänge als Cashflows ausgewiesen, obwohl es sich um einen Buchhaltungsvorgang handelt, der keine Veränderung des Finanzmittelfonds bewirkt hat.

Beispiel

Beispiel einer Fehldarstellung in der Cashflow-Rechnung infolge neutraler Vorgänge

   Im Beispiel-Unternehmen weist die Bilanzposition Maschinen im Verlaufe des Geschäftsjahres eine Nettozunahme i.H.v.800 Geldeinheiten (GE) auf. Es fanden keine

Veräußerungen von Maschinen im Verlaufe des Geschäftsjahres statt. Abschreibungen auf Maschinen wurden in Höhe von 1200 GE gebucht.

Am Ende des Geschäftsjahres war eine Rechnung für eine Maschine im Gesamtbetrag von 180 noch in den Verbindlichkeiten enthalten. Deren Zahlung erfolgte erst im folgenden Geschäftsjahr. Die Vorsteuer wird in diesem Beispiel nicht berücksichtigt.

Bei Anwendung der derivativen Methode würde der Geldabfluss aus Investitionen in Maschinen wie folgt ermittelt: Die Bilanzveränderung i. H. v. 800 GE würde lediglich um die erfolgswirksamen Vorgänge (E) bereinigt. Hier sind dies die Abschreibungen i. H. v. 1200 GE. Daraus würde auf liquiditätswirksame Vorgänge i. H. v. 2000 GE geschlossen. Dies trägt in der Cashflow-Rechnung zu der Auszahlung aus Kauf von Sachanlagen mit diesem Betrag bei.

Dabei wurden die neutralen Vorgänge wie Geldflüsse behandelt, was eine Fehldarstellung bewirkt. Richtigerweise ist der Anlagenzugang in Höhe von 180, der aufgrund der erhaltenen Rechnung für die Maschine erfasst wurde, als neutraler Vorgang (N) zu identifizieren. Er hat keine Auswirkung auf den Finanzmittelfonds im laufenden Geschäftsjahr. Die Bilanzveränderung ist daher nicht nur um die Abschreibungen (E), sondern auch um diese Rechnung (N) zu bereinigen, um die liquiditätswirksame Residualgröße abzuleiten. Die Residualgröße wird als Geldabfluss aus Investitionstätigkeit im Zusammenhang mit Maschinen i. H. v. 1820 GE interpretiert.

Die Identifikation von solchen neutralen Vorgängen aus unbezahlten Rechnungen für Investitionen in Sachanlagen erfolgt zweckmäßigerweise durch Analyse der Bilanzposten, in denen die Gegenbuchung zum Anlagezugang erfolgt ist (Verbindlichkeitskonto). Dies ist insbesondere wichtig, um Zahlungsvorgänge mit Investitionscharakter im Folgejahr zu ermitteln und um zu vermeiden, dass diese fälschlicherweise als Zahlungsvorgänge mit dem Charakter der Geschäftstätigkeit ausgewiesen werden. ◄

Es lassen sich verschiedene Gruppen von neutralen Vorgängen unterscheiden. Die neutralen Vorgänge können ausschließlich innerhalb der Gegenbestandsposten mit Geschäftstätigkeitscharakter erfolgen. Sie können gesondert auszuweisende Posten der Cashflow-Rechnung betreffen.[2] Sie können aber auch einen Einfluss auf Gegenbestandsposten mit Investitions- oder Finanzierungscharakter aufweisen. Diese Differenzierung ist wichtig, weil die maßgebenden Regelwerke differenzierte Regelungen zur Behandlung neutraler Vorgänge in der Cashflow-Rechnung vorsehen. Die diesbezüglichen Vorgaben werden nachfolgend zusammengefasst.

4.1.3.1   IAS 7 Statement of Cashflows

IAS 7 regelt die Frage von neutralen Vorgängen unter dem Titel „Non-cash transactions" in den Abschnitten 43–44. Der Begriff umfasst nicht nur neutrale Vorgänge, sondern jegliche

---

[2] Dies können je nach Standard unterschiedliche Posten sein. In vielen Fällen sind Steuern, Zinsen und Dividenden gesondert auszuweisen (vgl. Abschn. 9.3).

Veränderungen von Bilanzpositionen, die nicht liquiditätswirksam sind. Diese anderen Veränderungen, z. B. erfolgswirksame Vorgänge und Vorgänge, die nur in konsolidierten Cashflow-Rechnungen auftreten, werden an dieser Stelle nicht behandelt. Der Grundsatz des
Abschnitts 43 von IAS 7 lautet, dass Vorgänge mit Investitions- oder Finanzierungscharakter, welche keinen Einsatz von Zahlungsmitteln oder Zahlungsmitteläquivalenten erfordern,
aus der Cashflow-Rechnung eliminiert werden sollen (vgl. IASB 2022, S. A983). Allerdings
verlangt das IASB, dass solche Transaktionen an einer anderen Stelle im Finanzbericht offengelegt werden sollen, damit alle relevanten Informationen über diese Investitions- und
Finanzierungstätigkeiten bereitgestellt werden (vgl. IAS 7.43, IASB 2022, S. A983).

Neutrale Vorgänge mit dem Charakter der Geschäftstätigkeit sind von dieser Regelung
nicht betroffen. Bezüglich dieser Vorgänge greift die Regelung in Abschnitt 18 (b) für die
sog. indirekte Methode und in Abschnitt 19 (b) (ii) für die sog. direkte Methode. Bei der
indirekten Methode wird verlangt, dass der Gewinn oder Verlust um die Effekte von Vorgängen mit „non-cash nature" anzupassen sind. Bei der direkten Methode wird die Anpassung der relevanten Erfolgsposten um „other non-cash items" (andere nicht-
zahlungswirksame Posten) verlangt (vgl. IASB 2022, S. A978).

4.1.3.2   DRS 21 Kapitalflussrechnung

DRS 21 hält zum Thema der neutralen Vorgänge fest: „Geschäftsvorfälle, die nicht zu einer Veränderung des Finanzmittelfonds führen, sind nicht in die Kapitalflussrechnung aufzunehmen" (DRSC 2017, Tz. 29).

Als „ergänzende Angaben zur Kapitalflussrechnung" sind Angaben über „wesentliche zahlungsunwirksame Investitions- und Finanzierungsvorgänge und Geschäftsvorfälle" „geschlossen unter der Kapitalflussrechnung oder im Anhang zu machen" (DRSC 2017, Tz. 53–53).

4.1.3.3   AFRAC-Stellungnahme 36 Geldflussrechnung (UGB)

AFRAC 36 verlangt unter dem Titel „Nicht zahlungswirksame Investitions- und Finanzierungsvorgänge", dass „Investitions- und Finanzierungsvorgänge, die zwar die Vermögens-
und Kapitalstruktur des Unternehmens beeinflussen, aber nicht mit Zahlungen verbunden
sind" (AFRAC 2020, Rz. (29), S. 9), nicht in die Geldflussrechnung aufzunehmen sind.
„Sie sind gesondert darzustellen und im Anhang entsprechend zu erläutern" (AFRAC
2020, Rz. (29), S. 9).

> „Sofern bis zum Abschlussstichtag noch keine Zahlung stattgefunden hat, liegt auch bei bran-
> chenüblichen Zahlungszielen kein Geldfluss vor; die Geldflussrechnung bleibt unberührt. Um
> dennoch eine gesamthafte Darstellung der Investitionstätigkeit zu erreichen, sind solche un-
> baren Transaktionen zu erläutern". (AFRAC 2020, Rz. (30), S. 9)

4.1.3.4   Fachempfehlungen zur Rechnungslegung Standard 4
Geldflussrechnung

Der Standard Swiss GAAP FER 4 (Geldflussrechnung) weist zur Frage der neutralen Vorgänge folgende Bestimmungen auf.

„Nichtliquiditätswirksame Investitions- und Finanzierungstätigkeiten sind nicht in die Geldflussrechnung aufzunehmen. Sie werden im Anhang der Jahresrechnung erläutert" (Swiss GAAP FER 2020, S. 41, Rz. 6). Hinsichtlich der Behandlung von neutralen Vorgängen im Bereich von Geschäftstätigkeiten wird keine ausdrückliche Aussage gemacht. Indirekt kann aus der Vorgabe, dass der „Geldfluss aus Betriebstätigkeit (…) Einzahlungen und Auszahlungen aus der Betriebstätigkeit" (Swiss GAAP FER 2020, S. 42, Rz. 9) umfasst, geschlossen werden, dass bei direkter Methode neutrale Vorgänge zu eliminieren sind.

4.1.3.5 Gemeinsamkeiten der Regelwerke

Allen vier untersuchten Regelwerken ist gemeinsam, dass sämtliche nicht zahlungswirksamen Veränderungen von Bilanzposten, die Investitions- oder Finanzierungscharakter aufweisen, nicht in der Cashflow-Rechnung in Erscheinung treten sollen. Vielmehr sind dazu außerhalb der Cashflow-Rechnung Angaben zu machen.

Bezüglich der Bilanzveränderungen mit Geschäftstätigkeitscharakter sind die Regelwerke nicht einheitlich hinsichtlich der Behandlung. Dennoch dürfte überall mehr oder weniger gelten, dass bei der direkten Methode neutrale Vorgänge zu eliminieren sind. Dies umfasst auch neutrale Vorgänge in Gegenbestandsposten im Zusammenhang mit gesondert auszuweisende Posten wie Steuern, Zinsen und Dividenden bei nach der indirekten Methode ermittelten Cashflows aus Geschäftstätigkeit.

▶ Neutrale Vorgänge, die zumindest einen von zwei Bilanzposten außerhalb des Finanzmittelfonds verändern, der Investitions- oder Finanzierungscharakter aufweist, sind nach allen hier dargestellten Regelwerken zu bereinigen. Ein Verzicht darauf wäre eine Verletzung von klaren Vorgaben und würde dem Charakter der Cashflow-Rechnung als Darstellung von Zahlungsflüssen nicht gerecht.

Weil die indirekte Methode mit Ausnahme des Schlussergebnisses in der Herleitung ohnehin keine Zahlungsflüsse, sondern Überleitungsposten darstellt, stellt sich die Frage der Elimination von neutralen Posten ohnehin nur für diejenigen Vorgänge, die gleichzeitig auch eine Bilanzveränderung mit Investitions- und Finanzierungscharakter betreffen. Ein Beispiel einer solchen Transaktion ist die Umwandlung einer kurzfristigen Forderung gegenüber einem Kunden aus einer Lieferung (Geschäftstätigkeit) in ein langfristiges Darlehensguthaben (Investitionstätigkeit) im Rahmen einer Sanierung. Wir gehen im weiteren Verlauf davon aus, dass solche Vorgänge unter die Regelung von Transaktionen mit Finanzierungs- oder Investitionscharakter fallen und somit zu eliminieren sind. Neutrale Vorgänge innerhalb des Kreises von Posten mit Geschäftstätigkeitscharakter neutralisieren sich bei der indirekten Methode über das Gesamtergebnis des Geldflusses aus Geschäftstätigkeit hinweg gegenseitig. Eine gesonderte Elimination ist somit nicht notwendig.

Für mehr in die Einzelheiten gehende Darstellungen wird auf den Teil 2 (vgl. Kap. 10) verwiesen.

4.1.4 Vernachlässigung von Ausweisvorschriften oder -wahlrechten

Lernziele
*   Zahlungsflüsse aufzählen, die nach gewissen Regelwerken auch bei indirekter Methode gesondert ausgewiesen werden müssen.
*   Zahlungsflüsse aufzählen, die nach den Regelwerken auch außerhalb der Geldflüsse aus Geschäftstätigkeit ausgewiesen werden müssen oder dürfen.
*   Zahlungsflüsse aufzählen, die als Korrekturen zum Geldfluss aus der Geschäftstätigkeit notwendig werden können, weil sie Investitions- oder Finanzierungscharakter aufweisen.
*   Posten der Gewinn-und-Verlust-Rechnung benennen, die als Überleitung zwischen der Summe der ermittelten Cashflows und der Veränderung des Finanzmittelfonds als nicht liquiditätswirksame Vorgänge auszuweisen sind.

Die derivative Herleitung, wie sie im Kap. 3 vorgestellt wurde, berücksichtigt gewisse Vorschriften in Regelwerken zur Cashflow-Rechnung nicht. In diesem Unterabschnitt werden diese Aspekte kurz angesprochen. Eine mehr in die Tiefe gehende Behandlung erfolgt in späteren Kapiteln. Es geht mit den hier eher anekdotisch beschriebenen Anforderungen primär darum, die Einsicht in die Notwendigkeit einer modifizierten Vorgehensweise zu fördern. Diese angepasste Vorgehensweise soll es erlauben, auch die in diesem Unterabschnitt angesprochenen Vorgaben zu berücksichtigen.

Bei den Vorgaben können vier Teilaspekte unterschieden werden, auch wenn diese im Einzelnen nicht in allen Standards und Regelwerken einheitlich geregelt sind. Zunächst werden gesondert auszuweisende Posten mit zwingend direkter Darstellung kurz erläutert. Dann folgt eine Einführung in die Problematik von Ausweisvorschriften und -wahlrechten für bestimmte Posten der Cashflow-Rechnung. Als dritter Teilaspekt wird angesprochen, dass bestimmte Vorgänge ihren Charakter wechseln können, was zur Notwendigkeit von Umgliederungen innerhalb der Cashflow-Rechnung führt. Schließlich liegen gewissen Veränderungen des Finanzmittelfonds keine zahlungswirksamen Geschäftsfälle zugrunde. Diese Thematik führt zu einer Ausweispflicht dieser Effekte als Überleitungsposten zwischen der Cashflow-Rechnung und dem Nachweis der Veränderung des Finanzmittelfonds.

4.1.4.1 Gesondert auszuweisende Posten
Gewisse Standards verlangen, dass genau bezeichnete zahlungswirksame Vorgänge in Form eines direkt berechneten Geldflusses in der Cashflow-Rechnung gesondert ausgewiesen werden. An dieser Stelle soll nicht auf die diesbezüglichen Einzelheiten der Standards eingegangen werden. Beispielhaft werden die Vorschriften des IASB herangezogen, um zu illustrieren, worum es bei dieser Anforderung konkret geht.

IAS 7 verlangt unabhängig von der gewählten Methode der Darstellung des Geldflusses aus der Geschäftstätigkeit, dass bezahlte und erhaltene Zinsen und Dividenden je gesondert offengelegt werden müssen (IAS 7.31, vgl. IASB 2022, S. A980). Geldflüsse aus Ertragsteuern müssen ebenfalls gesondert offengelegt werden (IAS 7.35, vgl. IASB 2022, S. A981).

Beispiel

Beispiel für den gesonderten Ausweis erhaltener Zinsen nach IAS 7.31

Das berichtende Unternehmen weist Zinserträge i. H. v. 48 GE in der Gewinn-und-Verlust-Rechnung des Berichtspakets für Konsolidierungszwecke aus. Die aktiven Rechnungsabgrenzungsposten enthalten zum Bilanzstichtag abgegrenzte Zinserträge i. H. v. 16 GE (Vorjahr: 6 GE).

Nach IAS 7 muss das berichtende Unternehmen den Geldzufluss aus erhaltenen Zinsen gesondert ausweisen. Er wird rechnerisch als Residualgröße hergeleitet (vgl. Abschn. 3.4.2): Zinsertrag 48 GE + (Veränderung Aktive Rechnungsabgrenzung für Zinsen + 10 GE)[3] = erhaltene Zinsen i. H. v. + 38 GE. Dies kann auch wie folgt erläutert werden. Die gebuchten Zinserträge i. H. v. 48 GE beinhalten einerseits i. H. v. 38 GE erhaltene Zinsen und andererseits i. H. v. 10 GE abgegrenzte (nicht zahlungswirksame) Zinserträge.

Der Ausweis in der Cashflow-Rechnung erfolgt als Geldfluss *ohne* Offenlegung der dahinter liegenden Berechnung oder Überleitung:

Erhaltene Zinsen   + 38 ◄

Für eine vergleichende Darstellung der diesbezüglichen Vorgaben der länderspezifischen Standards und Stellungnahmen vgl. Abschn. 6.3 und 9.3. Teilweise werden dort weniger strenge Anforderungen an den gesonderten Ausweis solcher Posten gestellt.

►   Bestimmte in den Regelwerken bezeichnete Vorgänge müssen, im Rahmen der Herleitung des Geldflusses aus Geschäftstätigkeit, als *Geldflussbeträge in Form gesondert ausgewiesener Posten der Cashflow-Rechnung* dargestellt werden. Vielfach handelt es sich dabei um *Geldflüsse aus Zinsen, Dividenden und Steuern*. Teilweise verlangen die Regelwerke auch den gesonderten Ausweis von „Zahlungsströmen aus *Vorgängen von wesentlicher Bedeutung*" (DRSC 2017, Tz. 27). Die Regelwerke und Standards unterscheiden sich diesbezüglich jedoch.

4.1.4.2   Zuordnungsvorgaben und Ausweiswahlrechte für bestimmte Posten

Auch wenn der internationale Standard IAS 7 bezüglich der konkreten Gliederung innerhalb der einzelnen Tätigkeitsbereiche relativ große Freiräume belässt, werden hin-

---

[3] Die Klammer bedeutet hier Vorzeichenumkehrung des darin enthaltenen Ausdrucks.

sichtlich der Zuordnung von Geldflüssen zu den einzelnen Tätigkeitsbereichen klare Definition berücksichtigt. Diese Definitionen (vgl. IAS 7.6, IASB 2022, S. A975) erlauben es dem erstellenden Unternehmen die Zuordnungen korrekt vorzunehmen. Dabei wird in den Definitionen auf Gruppen von Gegenbestandsposten in der Bilanz Bezug genommen.

Die oben (vgl. Abschn. 4.1.4.1) besprochenen gesondert auszuweisenden Posten beziehen sich vor allem auf die Gewinn-und-Verlust-Rechnung bzw. auf Gegenbestandsposten mit dem Charakter der Geschäftstätigkeit. Die Geschäftstätigkeit stellt bekanntlich den Auffangtatbestand dar (vgl. Abschn. 3.3.3). Diese eindeutige Zuordnung wird jedoch nicht in allen Standards festgeschrieben. So bietet IAS 7 beispielsweise Ausweiswahlrechte für diese Posten an, deren Ausübung im freien Ermessen des erstellenden Unternehmens stehen.

Beispiel

Beispiel eines Ausweiswahlrechts nach IAS 7 (erhaltene Zinsen)

Das berichtspflichtige Unternehmen aus dem Beispiel in Abschn. 4.1.4.1 hat einen Geldzufluss aus erhaltenen Zinsen i. H. v. + 38 GE ermittelt.

Wie ist dieser Geldfluss nach IAS 7 auszuweisen?

Die primäre Zuordnungslogik entsprechend den Definitionen der Tätigkeitsbereiche in IAS 7.6 führt zu einer Zuordnung im Bereich der Geldflüsse aus Geschäftstätigkeit, weil es sich weder um den Erwerb oder die Veräußerung von Gegenständen des Anlagevermögens oder anderer Vermögenswerte, die nicht Teil des Finanzmittelfonds sind, handelt, noch um eine Finanzierungstätigkeit. Entsprechend handelt es sich im Sinne einer „anderen Tätigkeit, die nicht Investitions- oder Finanzierungstätigkeit ist" um einen Geldfluss aus Geschäftstätigkeit.

Neben dieser allgemeinen Zuordnungslogik weist IAS 7.33 eine besondere Regel für die Zuordnung von erhaltenen Zinsen auf. Sie lässt neben der primären Zuordnung auch eine Zuordnung zur Investitionstätigkeit zu und überlässt es dem berichtspflichtigen Unternehmen, die Zuordnung frei zu wählen und verpflichtet es, diese Zuordnungslogik stetig beizubehalten (vgl. IAS 7.31). Dabei wird aus wirtschaftlicher Betrachtungsweise auch die Sicht zugelassen, dass es sich bei erhaltenen Zinsen um Rückflüsse aus Investitionen handelt, die daher alternativ auch der Investitionstätigkeit zugerechnet werden dürfen. ◄

An dieser Stelle soll nicht auf die Einzelheiten zu solchen Ausweiswahlrechten eingegangen werden. Bestimmte Standards weisen auch eindeutige Vorgaben auf, in welchem Tätigkeitsbereich der Cashflow-Rechnung einzelne Posten zwingend aufzuführen sind (Zuordnungsvorgaben). So verlangt beispielsweise der DRS 21, dass erhaltene Zinsen zwingend im Geldfluss aus Investitionstätigkeit auszuweisen sind (vgl. DRSC 2017, Tz. 44). Mehr Angaben zu Zuordnungsvorgaben und Ausweiswahlrechten in den verschiedenen Standards und Stellungnahmen finden sich im zweiten Teil dieses Buchs (vgl. Abschn. 9.3). Wichtig für die Anforderungen an die Herleitungsmethodik ist vor allem die Tatsache, dass die primäre Zuordnungslogik (vgl. Abschn. 3.3.3) von einer weiteren Stufe der Zuordnung überlagert wird. Dabei ist es unerheblich, ob es sich um Zuordnungsvorgaben oder Ausweiswahlrechte handelt. Bedeutsam ist vielmehr, dass die aufgrund der primären Zuordnungslogik erstellte Cashflow-Rechnung noch nachträglicher Umgliederungen bedarf, bevor sie mit den Vorgaben der maßgebenden Standards übereinstimmt, bzw. den ausgeübten Wahlrechten des berichtenden Unternehmens entspricht.

▶ Zuordnungsvorgaben und Ausweiswahlrechte in Standards und Stellungnahmen führen in einer modifizierten Herleitungsmethodik zu einem zusätzlichen Vorgang. Dieser kann die Umgliederung von bestimmten Posten von dem Tätigkeitsbereich gemäß der primären Zuordnungslogik zu einem anderen Tätigkeitsbereich beinhalten.

4.1.4.3 Notwendigkeit von Umgliederungen bestimmter Posten

Neben der Notwendigkeit zur Umgliederung als Folge einer sekundären Zuordnungslogik auf Grundlage von Vorgaben aus einem Standard oder einer Stellungnahme (vgl. oben Abschn. 4.1.4.2) existieren auch Vorgänge tatsächlicher Art, die zu Umgliederungen führen können.

Der Hauptanwendungsfall solcher Umgliederungen besteht in der Umteilung von Geldflüssen, die nach der primären Zuordnungslogik zunächst als Geschäftätigkeit eingeordnet werden, jedoch aufgrund eines zeitlich nachgelagerten Vorgangs als Investitionstätigkeit zu beurteilen sind. Zunächst fallen Geldflüsse für Einkäufe und Bezüge von Dienstleistungen an. Geldzahlungen für Löhne finden statt. Diese werden nach der primären Zuordnungslogik als Vorgänge im Bereich der Geschäftätigkeit eingeordnet. Im Rahmen von aktivierten Eigenleistungen werden Teile solcher Geldabflüsse zu Investitionsvorgängen umqualifiziert, indem durch einen erfolgswirksamen Buchungsvorgang ein Zugang zu einem Bilanzposten im Bereich des Anlagevermögens erfasst wird. Im Vordergrund stehen selbst hergestellte Maschinen und Anlagen, aber auch aktivierte Produktentwicklungsaufwendungen. Gewisse Anteile der ausbezahlten Löhne und geleisteten Beiträge an Sozialversicherungsträger betreffen Arbeitsleistungen für selbst hergestellte Anlagen. Dasselbe gilt für Teile von bezogenen Dienstleistungen und von Material. Diese Anteile sind aus dem Geldfluss aus der Geschäftätigkeit zu entfernen und als Geldfluss aus Investitionstätigkeit zu präsentieren, soweit sie in der gleichen Periode angefallen sind.

Beispiel

Beispiel einer Umgliederung infolge tatsächlicher Umwidmung von Geldflüssen
Das berichtspflichtige Unternehmen hat eine Maschine selbst hergestellt und in Betrieb genommen. In der Buchhaltung wird ein Zugang i. H. v. 163 GE bei der Bilanz-

position Maschinen erfasst, dem eine Buchung im gleichen Betrag in der Gewinn-und-Verlust-Rechnung unter „Andere aktivierte Eigenleistungen"[4] gegenübersteht.

Die genauere Analyse unter dem Gesichtspunkt von Geldflüssen zeigt, dass in der Berichtsperiode zahlungswirksame Aufwendungen i. H. v. 129 GE im Zusammenhang mit dem vorstehend erwähnten Vorgang angefallen sind. Die übrigen Posten der Herstellkostenkalkulation der selbst hergestellten Maschine betreffen nicht oder nicht in der aktuellen Berichtsperiode zahlungswirksame Vorgänge, wie Abschreibungen und Aufwendungen, die im Vorjahr zahlungswirksam waren oder erst im Folgejahr zu Geldflüssen Anlass geben.

Das Unternehmen erhöht daher den in der Cashflow-Rechnung ausgewiesene Geldfluss aus Geschäftätigkeit um 129 GE und erfasst einen zusätzlichen Geldabfluss aus Investitionstätigkeit im Zusammenhang mit Maschinen i. H. v. 129 GE. ◀

An dieser Stelle soll nicht auf die Einzelheiten der Behandlung solcher Vorgänge eingegangen werden. Dies wird im zweiten Buchteil (vgl. Abschn. 11.1) behandelt.

▶   Auch tatsächliche Umwidmungen von zunächst als Geschäftätigkeit erfassten Geldflüssen in Geldflüsse aus Investitionstätigkeit können einen Bedarf nach Umgliederungen innerhalb der Herleitungsmethodik zur Erstellung der Cashflow-Rechnung auslösen. Im Vordergrund stehen Geldflüsse im Zusammenhang mit aktivierten Eigenleistungen (Sachanlagen, immaterielle Vermögenswerte).

Wichtig ist, dass auch aufgrund solcher Vorgänge die Herleitungsmethode entsprechend angepasst werden muss und eine gesonderter Schritt mit Umgliederungen berücksichtigt werden muss. Dieser Schritt kann mit den Umgliederungen aufgrund von Zuteilungsvorgaben oder Ausweiswahlrechten (vgl. Abschn. 4.1.4.2) kombiniert erfolgen.

4.1.4.4   Nicht zahlungswirksame Veränderungen des Finanzmittelfonds

Enthält der Finanzmittelfonds Bestände in einer fremden Währung oder mit sonstigen Bewertungen (z. B. Börsenkursschwankungen), kann sich daraus eine weitere Problematik ergeben, die von den meisten Standardsetzern zum Anlass genommen wurde, bestimmte Veränderungen des Finanzmittelfonds gesondert vom Cashflow aus der Geschäftstätigkeit, der Investitions- und der Finanzierungstätigkeit als Überleitungsposten zu der Veränderung des Finanzmittelfonds auszuweisen (vgl. z. B. DRS 21.35, AFRAC 36.8 oder IAS 7.28).

Hintergrund ist die Tatsache, dass unrealisierte Wertänderungen auf Posten des Finanzmittelfonds zwar eine Veränderung des Finanzmittelfonds bewirken, diese aber nicht auf zahlungswirksame Geschäftsfälle, sondern auf erfolgswirksame Vorgänge zurückzuführen ist. Solche Vorgänge wären eigentlich nach der Definition in Abschn. 2.1.5 als Geldfluss zu qualifizieren, weil sie den Finanzmittelfonds verändern. Wie aber dort schon angedeutet wurde, sind diese Vorgänge zurecht nicht als Geldfluss einzustufen. Gewisse Standardsetzer verlangen einen gesonderten Ausweis nur für (nicht realisierte) wechselkursbedingte Wert-

---

[4]Z. B. i. S. v. § 275 Abs. 2 Nr. 3 HGB.

änderungen von Posten des Finanzmittelfonds, während AFRAC 36 auch sonstige unrealisierte Wertänderungen auf Beständen des Finanzmittelfonds in die Pflicht zum gesonderten Ausweis miteinbezieht. Damit sind insbesondere Wertänderungen von Wertpapieren infolge Börsenkursschwankungen gemeint (vgl. AFRAC 2020, S. 4). Aus Swiss GAAP FER 4.1 lässt sich durch Umkehrschluss folgern, dass Wertänderungen der flüssigen Mittel nicht als Teil der Geldflussrechnung darzustellen sind. Sie soll nur Veränderungen infolge Ein- und Auszahlungen ausweisen (vgl. Swiss GAAP FER 2020, S. 41).

In jedem Fall handelt es sich bei solchen Wertänderungen des Finanzmittelfonds um Geschäftsfälle, deren Gegenbuchung in der Gewinn-und-Verlust-Rechnung erfasst wird. Im Rahmen der derivativen Herleitung könnten solche erfolgswirksamen Vorgänge in sachgerechter Weise keinem Gegenbestandsposten in der Bilanz zugeordnet werden. Damit könnten sie auch nicht einem der drei Tätigkeitsbereiche zugeordnet werden. Genau dies wird in den oben erwähnten Vorgaben von Regelwerken auch verlangt. Würden sie einem der drei Bereiche zugeordnet, würde der Anschein erweckt, es handele sich um zahlungswirksame Geschäftsfälle, also um Einzahlungen oder Auszahlungen aus dem Finanzmittelfonds. Dies trifft aber nicht zu. Der Ausweis dieser Wertänderungen in keinem der drei Tätigkeitsbereiche ist sachgerecht. Um eine Abstimmung mit der Veränderung des Finanzmittelfonds vorzunehmen, ist der Ausweis dieses Postens als Abstimmbrücke oder Überleitungsposten zwischen der Summe der Cashflow-Beträge der drei Tätigkeitsbereiche und dem Veränderungsnachweis des Finanzmittelfonds zweckmäßig.

Fazit

Damit die Cashflow-Rechnung hinsichtlich Inhalt und Darstellung regelkonform aufgestellt werden kann, sind einige Anpassungen der derivativen Herleitung nötig. *Geldflüsse müssen*, zumindest was den Investitions- und Finanzierungsbereich betrifft, *brutto dargestellt* werden. Die Nettodarstellung der derivativen Methode genügt dieser Anforderung nicht. *Neutrale Vorgänge* dürfen, hauptsächlich was den Investitions- und Finanzierungsbereich betrifft, nicht zu einem Ausweis von Geldflüssen führen. Die Methodik muss schließlich die Möglichkeit bieten, die in den Regelwerken vorgesehenen Ausweisvorgaben und -wahlrechte und die Vorgaben zum gesonderten Ausweis bestimmter Posten zu berücksichtigen.

Diese praktischen und regulatorischen Umstände erfordern eine *Differenzierung der Vorgehensweise*, die im folgenden Abschnitt als *„modifizierte derivative Herleitung"* beschrieben wird.

4.2 Das Konzept der modifizierten Vorgehensweise

In diesem Abschnitt wird aufgezeigt, an welchen Stellen die derivative Vorgehensweise angepasst wird, um die im obigen Abschnitt (Abschn. 4.1) dargelegten Unzulänglichkeiten zu beseitigen oder zu mildern. Der Abschnitt ist nach den einzelnen Unzulänglichkeiten gegliedert und stellt den Lösungsansatz in allgemeiner und eher konzeptioneller Art vor. Dabei liegt das Schwergewicht auf der Verknüpfung zwischen dem Lösungskonzept und der entsprechenden Unzulänglichkeit.

4.2.1 Summarische Ermittlung des Cashflow aus Geschäftstätigkeit

Lernziele
- Die summarische Ermittlung der Cashflows aus Geschäftstätigkeit schrittweise aus der einzelpostenweisen derivativen Herleitung konzeptionell herleiten.
- Die mit der summarischen Ermittlung beseitigten Unzulänglichkeiten aufzählen und erläutern.
- Die summarische Ermittlung der Cashflows aus Geschäftstätigkeit und den Begriff „indirekte Methode" miteinander in Verbindung bringen.

Die hier vorgestellte summarische Ermittlung der Cashflows aus der Geschäftstätigkeit knüpft konzeptionell an die rechnerische Herleitung der Cashflows aus der Geschäftstätigkeit (vgl. Abschn. 3.4) an. Dabei wird auf die Zahlen des Illustrationsbeispiels in dem Abschn. 3.4.4 Bezug genommen. In der Abb. 4.1 wird die einzelpostenweise Herleitung aus dem Illustrationsbeispiel auf die Geldflüsse aus Geschäftstätigkeit reduziert (Nur Zeilen

Position der Gewinn-und-Verlust-Rechnung Beträge in 1000 GE	Ertrag / Aufwand	Δ Gegen- bestand 1	Δ Gegen- bestand 2	Δ Gegen- bestand 3	Cashflow Element	Typ	Ref.
Umsatzerlöse	+ 10 500	- 200			+ 10 300	G	a.
Δ Bestand fertige und unfertige Erzeugnisse	- 300	+ 300			-	G	b
Sonstige betriebliche Erträge	+ 650	- 100	+ 100		+ 650	G	c
Materialaufwand	- 5 800	+ 200	- 500		- 6 100	G	d
Personalaufwand	- 1 050	+ 200	-		- 850	G	e
Sonstige betriebliche Aufwendungen	- 1 850	- 50	-	-	- 1 900	G	g
Zinserträge aus Wertpapieren / Ausleihungen AV	+ 320				+ 320	G	h
Erträge aus Wertpapieren AV (Dividenden)	+ 130				+ 130	G	h
Sonstige Zinsen und ähnliche Erträge	+ 10				+ 10	G	i
Zinsen und ähnliche Aufwendungen	- 410	-			- 410	G	k
Steuern vom Einkommen und Ertrag	- 340	-			- 340	G	l
Summe	**+ 1 860**	ΣΔ Gegenbestände:		**- 50**	**+ 1 810**		

Abb. 4.1 Einzelpostenweise Herleitung des Cashflow aus Geschäftstätigkeit

mit Buchstabe G in der Spalte Typ). Wie dort gezeigt wurde, wird jeder Posten der Gewinn-und-Verlust-Rechnung nötigenfalls aufgeteilt und dann einzelpostenweise mit dazugehörigen Veränderungen von Gegenbestandsposten der Bilanz additiv kombiniert, um zu den einzelnen Posten des Geldflusses aus Geschäftätigkeit zu gelangen. Die Ergebnisse dieser Rechnung werden als Geldzuflüsse und Geldabflüsse präsentiert. Dies wird auch als „direkte Methode" bezeichnet.

Die daraus abgeleitete Cashflow-Rechnung ist in Abb. 3.10 (vgl. Abschn. 3.3.4.3) dargestellt und weist einen Cashflow aus der Geschäftstätigkeit i. H. v. + 1810 aus.

4.2.1.1   Verzicht auf einzelpostenweise Ermittlung der Geldflüsse

Um die Unzulänglichkeiten dieser Herleitungsmethode zu beseitigen, wird bei der summarischen Ermittlung auf die einzelpostenweise Ermittlung und Darstellung der Geldflüsse verzichtet. Die relevanten Gegenbuchungen zu Posten der Gewinn-und-Verlust-Rechnung werden nicht mehr einzelpostenweise den sachlich damit zusammenhängenden Veränderungen von Gegenbestandsposten zugeordnet. Vielmehr werden sie zu einer Summe (Ergebnis aus Geschäftstätigkeit) zusammengefasst. Die Veränderungen von Gegenbestandsposten der Bilanz mit Geschäftstätigkeitscharakter werden einzelpostenweise hinzugerechnet. Weil auf die Zuordnung von Veränderungen der Gegenbestandsposten auf einzelnen Zeilen der Gewinn-und-Verlust-Rechnung verzichtet werden kann, sind gewisse Aufspaltungen von Gegenbestandsposten hinfällig geworden. Die Summe aller Posten ergibt das Total der Geldflüsse aus Geschäftstätigkeit. Die Abb. 4.2 zeigt diese rechnerische Herleitung im Sinne einer summarischen Bereinigung der Veränderungen der Gegenbestandsposten mit Geschäftstätigkeitscharakter.

Cashflow-Rechnung (Geldflussrechnung) Werte in 1000 GE	Erläuterung	2025
Cashflows aus der Geschäftstätigkeit		
Relevante Teile der Gewinn-und-Verlust-Rechnung	1	1 860
Δ Forderungen aus Lieferungen und Leistungen	2	- 200
Δ Sonstige Vermögensgegenstände	3	- 100
Δ Vorräte	4	500
Δ Aktive Rechnungsabgrenzungsposten	5	- 50
Δ Verbindlichkeiten aus Lieferungen und Leistungen	6	- 500
Δ sonstige Verbindlichkeiten	7	-
Δ Passive Rechnungsabgrenzungsposten	8	100
Δ Rückstellungen	9	200
Total Cashflows aus der Geschäftstätigkeit	**10**	**1 810**

Abb. 4.2 Zwischenstufe einer summarischen Herleitung der Cashflows aus Geschäftstätigkeit

Die Summe im Sinne von Geldfluss aus Geschäftstätigkeit ist in beiden Methoden identisch zu dem Resultat in der einzelpostenweisen Herleitung gemäß Abb. 4.1. Allerdings lassen sich aus der summarischen Herleitung die einzelnen Geldflüsse nicht mehr erkennen.

Die einzelnen Zeilen der summarischen Herleitung werden nachstehend erläutert und in den Zusammenhang mit den Gegenbestandsposten in Abb. 4.1 gebracht. Die Ziffern entsprechen denjenigen in der Spalte Erläuterung in der Abb. 4.2.

1. Es handelt sich um eine Teilmenge der Posten der Gewinn-und-Verlust-Rechnung. Alle Posten, die in der Abb. 4.1 in der Spalte „Ertrag/Aufwand" einzeln aufgeführt wurden, sind in der summarischen Herleitung nur noch als eine Summe berücksichtigt. Es handelt sich um alle Posten der Gewinn-und-Verlust-Rechnung, deren Gegenbuchung in einem Bilanzposten enthalten ist, der den Charakter der Geschäftstätigkeit aufweist. Man könnte diese Summe auch als das Teilergebnis aus Geschäftstätigkeit bezeichnen.

2. Die Veränderung der Gegenbestandsposition Forderungen aus Lieferungen und Leistungen ergibt sich aus den Bilanzanfangs- und -endbeständen des Geschäftsjahres. Die Vorzeichenlogik entspricht derjenigen in Abb. 4.1. Dort ist der Posten in der Zeile Umsatzerlöse und in der Spalte Δ Gegenbestand 1 enthalten.

3. Die Veränderung der sonstigen Vermögensgegenstände ist in der Abb. 4.1 in der Zeile sonstige betriebliche Erträge und in der Spalte Δ Gegenbestand 1 aufgeführt.

4. Die Veränderung der Vorräte setzt sich aus der Abnahme der Materialbestände i. H v. 200 (Zeile Materialaufwand in Abb. 4.1) und aus der Abnahme des Bestands an fertigen und unfertigen Erzeugnissen i. H v. 300 zusammen. Die gesamte Veränderung umfasst eine Abnahme des Vorrätebestands um 500.

5. Die Veränderung der aktiven Rechnungsabgrenzung ist in der Abb. 4.1 den sonstigen betrieblichen Aufwendungen zugeordnet.

6. Die Abnahme der Verbindlichkeiten aus Lieferungen und Leistungen i. H. v. 500 ist in der Abb. 4.1 als Δ Gegenbestand 2 in der Zeile Materialaufwand aufgeführt.

7. Die sonstigen Verbindlichkeiten weisen netto keine Veränderungen auf.

8. Die passiven Rechnungsabgrenzungsposten haben um 100 abgenommen. Der entsprechende Δ Gegenbestandsposten 2 ist in der Zeile sonstige betriebliche Erträge in der Abb. 4.1 aufgeführt.

9. Die Rückstellungen im Zusammenhang mit Pensionsverpflichtungen haben um 200 abgenommen. Dieser Posten ist in Abb. 4.1 in der Zeile Personalaufwand aufgeführt.

10. Die Summe aus den relevanten Posten der Gewinn-und-Verlust-Rechnung und den Veränderungen der Gegenbestandsposten mit Geschäftstätigkeitscharakter beträgt 1810 und stimmt mit dem einzelpostenweise ermittelten Geldfluss aus Geschäftstätigkeit überein, weil die gleichen Posten verwendet wurden. Lediglich deren Anordnung, Detaillierungsgrad und deren Reihenfolge unterscheidet sich in der Darstellung nach Abb. 4.2.

Die Darstellung der summarischen Herleitung kann in Staffelform erfolgen, während die einzelpostenweise Herleitung ein tabellarisches Format erforderte, um die die zeilenweise Ermittlung der einzelnen Geldflüsse darzustellen.

Diese Herleitung ist allerdings erst eine Zwischenstufe, die aus didaktischen Gründen eingeführt wird. In der vollständigen Umsetzung der summarischen Ermittlung wird die Summe der relevanten Posten der Gewinn-und-Verlust-Rechnung durch eine Rückrechnung aus den nicht für den Geldfluss aus Geschäftstätigkeit relevanten Posten indirekt ermittelt.

4.2.1.2   Indirekte Ermittlung der relevanten erfolgswirksamen Vorgänge

Bei dieser Variante der summarischen Herleitung wird die Problematik der direkten Identifikation von relevanten Posten der Gewinn-und-Verlust-Rechnung vermieden. Vielmehr werden sämtliche *nicht* in die summarische Ermittlung einzubeziehenden Posten der Gewinn-und-Verlust-Rechnung ermittelt und für die indirekte Ermittlung *mit umgekehrtem Vorzeichen* berücksichtigt. Die Abb. 4.3 stellt die direkte und die indirekte Vorgehensweise zur Ermittlung des Gesamtbetrags der relevanten erfolgswirksamen Vorgänge gegenüber. Dabei werden erneut die Beträge aus der Gewinn-und-Verlust-Rechnung des Geschäftsjahre 2025 aus der Abb. 3.7 verwendet.

Gewinn-und-Verlust-Rechnung 2025	Direkt	Indirekt
Werte in 1000 GE		Wert · - 1
Für die summarische Ermittlung relevante Posten		
Umsatzerlöse	10 500	
Erhöhung oder Verminderung des Bestands an fertigen und unfertigen Erzeugnissen	- 300	
Sonstige betriebliche Erträge	650	
Materialaufwand	- 5 800	
Personalaufwand	- 1 050	
Abschreibungen		1 000
Sonstige betriebliche Aufwendungen	- 1 850	
Erträge aus anderen Wertpapieren und Ausleihungen des Finanzanlagevermögens	450	
Sonstige Zinsen und ähnliche Erträge	10	
Abschreibungen auf Finanzanlagen und auf Wertpapieren des Umlaufvermögens		60
Zinsen und ähnliche Aufwendungen	- 410	
Steuern vom Einkommen und Ertrag	- 340	
Sonstige Steuern	-	-
Jahresüberschuss/Jahresfehlbetrag	-	800
Summe der relevanten Posten der G + V-Rechnung	**1 860**	**1 860**

Abb. 4.3 Direkte und indirekte Ermittlung der relevanten Teile der Gewinn-und-Verlust-Rechnung

Cashflow-Rechnung (Geldflussrechnung)	Erläuterung	2025
Werte in 1000 GE		
Cashflows aus der Geschäftstätigkeit		
Jahresüberschuss/Jahresfehlbetrag		800
Abschreibungen		1 000
Abschreibungen auf Finanzanlagen und auf Wertpapieren des Umlaufvermögens		60
Summe der relevanten Posten der G+V-Rechnung		1 860
Δ Forderungen aus Lieferungen und Leistungen		- 200
Δ Sonstige Vermögensgegenstände		- 100
Δ Vorräte		500
Δ Aktive Rechnungsabgrenzungsposten		- 50
Δ Verbindlichkeiten aus Lieferungen und Leistungen		- 500
Δ sonstige Verbindlichkeiten		-
Δ Passive Rechnungsabgrenzungsposten		100
Δ Rückstellungen		200
Total Cashflows aus der Geschäftstätigkeit		**1 810**

Abb. 4.4 Summarische Herleitung der Geldflüsse aus Geschäftstätigkeit mit indirekter Ermittlung der Erfolgsposten

Die summarische Herleitung der Geldflüsse aus der Geschäftstätigkeit mittels der indirekt ermittelten Summe der relevanten Posten der Gewinn-und-Verlust-Rechnung führt zu einer Darstellung wie in der Abb. 4.4 dargestellt.

Der einzige Unterschied zu der Darstellung in der Abb. 4.2 besteht darin, dass die erste Zeile durch die indirekte Ermittlung der relevanten Posten der Gewinn-und-Verlust-Rechnung ersetzt wird. Es handelt sich um die drei Posten, die in der Abb. 4.3 in der Spalte „Indirekt" aufgeführt sind. Üblicherweise wird als Ausgangspunkt der indirekten Ermittlung der relevanten erfolgswirksamen Vorgänge in den Gegenbestandsposten der Jahresüberschuss bzw. der Jahresfehlbetrag verwendet. Dieser wird daher an den Anfang dieser indirekten Ermittlung der relevanten erfolgswirksamen Posten gestellt.

Die Vorgehensweise verwendet dir Staffelform als Darstellung. Dadurch werden die an sich logisch zusammengehörigen Veränderungen der Gegenbestandsposten in der Bilanz von Bereinigungsposten aus der Gewinn-und-Verlust-Rechnung getrennt. Die indirekte Ermittlung der Bereinigungsposten verstellt den Blick auf den Zusammenhang zwischen

den Gegenbestandsposten und den Bereinigungsposten noch zusätzlich. Im Ergebnis ist
der Zusammenhang nicht mehr erkennbar.

▸   Die rechnerische Bereinigung der Bilanzveränderungen mit operativem Charakter unter
     Verwendung der indirekt ermittelten Summe von erfolgswirksamen Posten im Zusam-
     menhang mit der Geschäftstätigkeit wird in der Literatur und in Regelwerken als **indi-
     rekte Methode der Ermittlung des Geldflusses aus Geschäftstätigkeit** bezeichnet.

Eigentlich handelt es sich bei dieser Vorgehensweise nach wie vor um die klassische
derivative Herleitung aus Veränderungen von Gegenbestandsposten. Die Ermittlung der
relevanten Posten der Gewinn-und-Verlust-Rechnung wird zwar an den Anfang der Herleitung gestellt. Im Kern handelt es sich aber um die Bereinigung der Veränderung von
Gegenbestandsposten mit Geschäftstätigkeitscharakter um die darin enthaltenen erfolgswirksamen Vorgänge. Nach wie vor ist der logische Ausgangspunkt die Veränderung von
Bilanzposten mit Geschäftstätigkeitscharakter. Durch Bereinigung um die erfolgswirksamen Vorgänge wird auf die in der Veränderung enthaltenen Gegenbuchungen auf die liquiditätswirksamen Vorgänge geschlossen. Daraus werden schließlich die Veränderungen des
Finanzmittelfonds im Sinne von Geldflüssen abgeleitet. Durch die gewählte Darstellung
wird der Blick auf diese Logik erheblich eingeschränkt. Dennoch bleiben die Bilanzveränderungen im Zentrum der Analyse und bilden deren logischer Ausgangspunkt. Die Posten der Gewinn-und-Verlust-Rechnung stellen lediglich Bereinigungsposten dazu dar.
Dies wird häufig verkannt und die Vorgehensweise als Bereinigung der Gewinn-und-
Verlust-Rechnung dargestellt. Häufig wird die indirekte Methode als Überleitung vom
Jahresüberschuss oder -fehlbetrag auf den Cashflow aus Geschäftstätigkeit dargestellt.

Vielmehr ist es so, dass die Veränderungen der für den Cashflow aus Geschäftstätigkeit
relevanten Gegenbestandsposten in der Bilanz den Ausgangspunkt bilden. Die Summe
aller Veränderungen wird danach um die Summe der relevanten Posten der Gewinn-und-
Verlust-Rechnung bereinigt. Diese Summe wird indirekt aus den nicht relevanten Posten
der Gewinn-und-Verlust-Rechnung ermittelt. Einer davon ist der Jahresüberschuss
oder -fehlbetrag. In der Darstellung wird diese innere Logik jedoch völlig umgedreht. Der
Jahresüberschuss oder -fehlbetrag wird als Ausgangspunkt präsentiert. Dann folgen die
übrigen für die summarische Ermittlung der Cashflows aus Geschäftstätigkeit nicht relevanten Posten der Gewinn-und-Verlust-Rechnung. Schließlich werden die Veränderungen
der Gegenbestandsposten mit Geschäftstätigkeitscharakter zumeist einzeln aufgeführt.
Damit entsteht der unzutreffende Eindruck, dass diese Gegenbestandsposten der Bereinigung oder Überleitung des Jahresüberschusses oder -fehlbetrags dienen würden. Die hinter der Methode stehende Logik ist jedoch bei genauer Betrachtung genau umgekehrt. Die
verwendete Darstellung verstellt den Blick auf die Logik der Ermittlung. Deswegen ist die
Verständlichkeit der Berechnung gering und lässt sich kaum vernünftig vermitteln. Dennoch hat diese Vorgehensweise einige praktische Vorteile bei der Erstellung, welche diesen Nachteil zumindest aus der Perspektive der Erstellung aufwiegen. Diesen Aspekten
widmet sich der folgende Unterabschnitt.

4.2.1.3 Gemilderte Unzulänglichkeiten durch die summarische Herleitung

Die modifizierte Herleitung im Sinne einer summarischen Bereinigung der Gegenbestandsposten im Zusammenhang mit der Geschäftstätigkeit unter indirekter Ermittlung der relevanten erfolgswirksamen Vorgänge mildert oder beseitigt einige Unzulänglichkeiten der
einzelpostenweisen, direkten Herleitung der Geldflüsse aus der Geschäftstätigkeit.

Die *Identifikation von Erfolgsposten mit Gegenbuchung in Bilanzposten mit Geschäftstätigkeitscharakter* ist dadurch vereinfacht worden, dass lediglich noch die Erfolgsposten
mit Gegenbuchung in Bilanzposten mit Investitions- oder Finanzierungscharakter zu identifizieren sind. Dies stellt eine deutliche Vereinfachung dar. Regelmäßig handelt es sich bei
diesen Posten um eine deutlich geringere Anzahl als bei den Erfolgsposten mit Geschäftstätigkeitscharakter. Zudem ergeben sich diese erfolgswirksamen Vorgänge als Nebenprodukt der Analyse von Veränderungen der bilanziellen Gegenbestandsposten mit Investi-
tions- oder Finanzierungscharakter (vgl. Abschn. 4.3.2).

Auf die *Elimination neutraler Vorgänge* kann verzichtet werden, soweit es sich um solche handelt, die beidseitig einen Gegenbestandsposten mit Geschäftstätigkeitscharakter
betreffen. In diesen Fällen heben sich über die Gesamtsumme der Cashflows aus Geschäftstätigkeit die Fehler aus dem Verzicht auf die Elimination neutraler Vorgänge gegenseitig auf.

Anforderungen hinsichtlich einer unsaldierten Darstellung (Bruttoausweis) sind gegen-
standslos geworden, weil die einzelnen Posten der Berechnung in der summarischen Bereinigung keine Geldflüsse darstellen. Die Anforderung einer unsaldierten Darstellung bezieht
sich nur auf Geldflüsse und nicht auf Überleitungs- oder Bereinigungsposten. Von dieser
Anforderung ist zudem die sog. „indirekte Darstellung der Cashflows aus der laufenden
Geschäftstätigkeit" (DRSC 2017, Tz. 26) zumeist ausgenommen (vgl. Abschn. 4.1.2).

Die *Notwendigkeit der Zuordnung von Erfolgsposten zu der Veränderung einer bestimmten Bilanzposition* ist weggefallen. Die erfolgswirksamen Vorgänge werden indirekt
ermittelt und ohne Verknüpfung zu den Veränderungen der Gegenbestandsposten in Staffelform dargestellt. Dadurch entfallen Nachforschungen zu buchungstechnischen Einzelheiten über Buchungen in Erfolgspositionen. Die Komplexität ist deutlich reduziert.

Insbesondere *die Notwendigkeit der Aufspaltung von Veränderungen einzelner Gegenbestandsposten* entsprechend der zugehörigen Position der Gewinn-und-Verlust-Rechnung
ist als Folge der modifizierten Vorgehensweise ebenfalls nicht mehr notwendig. Damit
können die Veränderungen der Gegenbestandsposten zumeist ohne nähere Analyse aus
Anfangs- und Schlussbeständen der Bilanz ermittelt und in die Herleitung übernommen
werden. Voraussetzung ist allerdings, dass die Gegenbestandsposten zum Beginn und zum
Ende der Geschäftsperiode ausschließlich Buchungsvorgänge mit Geschäftstätigkeitscharakter enthalten. Ansonsten ist bei der Klassifizierung eine Differenzierung der Zuordnung
vorzunehmen (vgl. Abschn. 4.3.1).

Zudem ist schließlich die Annahme hinfällig, dass es keine Direktbuchungen zwischen
Gewinn-und-Verlust-Rechnung und Finanzmittelfonds gäbe (vgl. Abschn. 3.2.1). Zumindest für denjenigen Teil der Herleitung der Cashflows aus Geschäftstätigkeit, der mit der
summarischen Ermittlung berechnet wurde, macht es keinen Unterschied mehr, ob Direkt-

buchungen bestehen oder nicht. Der Wegfall des Zwangs zur Zuordnung von Posten der Gewinn-und-Verlust-Rechnung zu bestimmten Veränderungen von Gegenbestandsposten in der Bilanz bewirkt, dass Direktbuchungen vom Finanzmittelbestand in einen Posten der Gewinn-und-Verlust-Rechnung bei der Berechnung automatisch in vollem Umfang als Gegenbuchungen zu einem Zahlungsvorgang behandelt werden. Sie bilden Bereinigungsposten zu einem fiktiven Gegenbestandsposten, der keine Nettoveränderung aufweist. Damit besteht betragsmäßige Übereinstimmung zwischen dem entsprechenden Posten der Gewinn-und-Verlust-Rechnung und dem Zahlungsvorgang.

▶   Die summarische Ermittlung der relevanten erfolgswirksamen Vorgänge durch indirekte Herleitung aus den nicht relevanten Vorgängen führt in mehrfacher Hinsicht zu einer Milderung oder Beseitigung von Unzulänglichkeiten der sog. direkten Methode zur derivativen Herleitung des Geldflusses aus der Geschäftstätigkeit.

Nicht behoben sind jedoch die Problematiken der gesondert auszuweisenden Geldflussposten (Abschn. 4.1.4.1) und der Notwendigkeit von Umgliederungen zu anderen Tätigkeitsbereichen (Abschn. 4.1.4.2 und 4.1.4.3). Dazu werden in den folgenden Abschnitten Lösungsansätze aufgezeigt.

4.2.2   Gesonderter Ausweis bestimmter Einzelposten

Lernziele
- Den Grund für die Aussonderung aus der summarischen Ermittlung erläutern.
- Das Vorgehen für die Aussonderung der entsprechenden Aufwand- oder Ertrag-Posten schrittweise beschreiben.
- Das Vorgehen für die Aussonderung damit zusammenhängender Veränderungen von Gegenbestandsposten in der Bilanz schrittweise beschreiben.
- Die Ermittlung und die Präsentation der relevanten Cashflows mittels der direkten Methode als verdeckte Berechnung an einem Beispiel aufzeigen.

Wie oben in Abschn. 4.1.4.1 angesprochen, lassen die relevanten Regelwerke nicht für alle Posten des Geldflusses aus Geschäftstätigkeit eine summarische Ermittlung im Sinne der indirekten Methode zu. Gewisse, genau bestimmte Cashflows müssen gesondert außerhalb der summarischen Ermittlung ausgewiesen werden. Teilweise können oder müssen diese anschließend noch in andere Tätigkeitsbereiche umgegliedert werden. Dies wird hier nicht angesprochen, sondern in Abschn. 4.2.3 unten. Es handelt sich bei diesen Geldflüssen um erhaltene und bezahlte Zinsen und Dividenden sowie um erhaltene und bezahlte Steuern. Die Regelwerke unterscheiden sich hinsichtlich der diesbezüglichen Vorgaben (vgl. Abschn. 6.3 und 9.3). An dieser Stelle geht es um die Methodik zur Ermittlung und zum gesonderten Ausweis solcher Geldflussposten. Jedenfalls ist klar, dass ein gesonderter Ausweis letztlich die Forderung nach der einzelpostenweisen Ermittlung beinhaltet, wenn auch in verdeckter Form. Dies bedeutet, dass solche Vorgänge getrennt von der summarischen Ermittlung zu behandeln sind.

▶ Nach einem Regelwerk gesondert auszuweisende Geldflussposten müssen getrennt von der summarischen Ermittlung einzelpostenweise hergeleitet werden.

Die getrennt auszuweisenden Geldflussposten sind daher gestützt auf die Vorgaben des maßgebenden Regelwerks generell zu identifizieren.

Beispiel

Beispiel für unterschiedliche Regelungen betreffend gesondert auszuweisender Posten

An dem Beispiel der *Ertragsteuer-Zahlungen*[5] soll aufgezeigt werden, dass eine Analyse des angewandten Regelwerks notwendig ist, um zu entscheiden, ob ein gesonderter Ausweis in der Cashflow-Rechnung auch bei Anwendung der indirekten Methode notwendig ist.

Deutscher Rechnungslegungsstandard Nr. 21

„Ertragsteuerbedingte Zahlungen sind jeweils gesondert anzugeben und in der Regel der laufenden Geschäftstätigkeit zuzuordnen" (DRSC 2017, Rz 18).

AFRAC-Stellungnahme 36

„Ertragsteuerzahlungen sind gesondert auszuweisen" (AFRAC 2020, Tz 21).

Swiss GAAP FER Standard 4

Keine Pflicht zum gesonderten Ausweis von Ertragsteuerzahlungen bei der indirekten Methode. ◀

Nachdem die gesondert auszuweisenden Zahlungen identifiziert sind, müssen im zweiten Schritt die *damit zusammenhängenden Aufwendungen oder Erträge in der Gewinn-und-Verlust-Rechnung* ermittelt werden. Diese Erträge oder Aufwendungen sind wie Posten der Gewinn-und-Verlust-Rechnung zu behandeln, die für die summarische Ermittlung nicht relevant sind. Das bedeutet konkret, dass sie im Rahmen der indirekten Ermittlung der relevanten Posten der Gewinn-und-Verlust-Rechnung berücksichtigt werden müssen. Somit werden neben den erfolgswirksamen Vorgängen in Gegenbestandsposten mit Investitions- und Finanzierungscharakter auch erfolgswirksame Vorgänge im Zusammenhang

---

[5] In der Schweiz als Zahlungen im Zusammenhang mit der Gewinnsteuer bezeichnet.

mit gesondert auszuweisenden Zahlungen berücksichtigt. Müssen beispielsweise Ertrag-steuerzahlungen gesondert ausgewiesen werden, führt dies dazu, dass alle mit Ertragsteu-eraufwand oder -ertrag zusammenhängenden Beträge der Gewinn-und-Verlust-Rechnung zum Jahresüberschuss oder-fehlbetrag hinzugerechnet (Ertragsteueraufwand) oder davon in Abzug gebracht werden müssen (Ertragsteuerertrag). Es gibt deswegen Unternehmen, die vom Jahresüberschuss oder-fehlbetrag vor Ertragsteuern ausgehen.

▶ Im Zusammenhang mit gesondert auszuweisenden Zahlungen stehende Aufwen-dungen oder Erträge werden bei der indirekten Ermittlung der Summe der relevan-ten Posten der Gewinn-und-Verlust-Rechnung berücksichtigt. Solche Aufwendun-gen oder Erträge werden somit analog zu erfolgswirksamen Vorgängen in Gegenbestandsposten mit Investitions- und Finanzierungscharakter behandelt.

Durch die vorstehend beschriebene Vorgehensweise wird die Summe der relevanten Posten der Gewinn-und-Verlust-Rechnung um diejenigen Elemente bereinigt, die im Zu-sammenhang mit einzelpostenweise auszuweisenden Zahlungsvorgängen stehen.

Dies ist aber auch für die *Veränderungen der Gegenbestandsposten* notwendig, die im Zusammenhang mit solchen Zahlungsvorgängen stehen. Ausgehend von den vorstehend ermittelten Posten der Gewinn-und-Verlust-Rechnung ist zu ermitteln, in welchen Bilanz-positionen deren Gegenbuchungen enthalten sind. Soweit es sich dabei um Gegenbestands-posten zu dem Finanzmittelfonds handelt, sind die im Zusammenhang mit gesondert aus-zuweisenden Zahlungen stehenden Anteile von Veränderungen auszusondern.

Beispiel

Beispiele für Veränderungen von Gegenbestandsposten mit Zusammenhang zu gesondert auszuweisenden Ertragsteuerzahlungen

Folgende Veränderungen von Gegenbestandsposten stehen im Zusammenhang mit Ertragsteuerzahlungen. Die nachstehenden Referenzen in Klammern beziehen sich auf die Bilanzposten nach der Gliederung gemäß § 224 UGB (Österreich).

- Sonstige Forderungen aus Ertragsteuerverrechnung (aus B II 4)
- Aktive latente Steuern (aus D)
- Ertragsteuerrückstellungen (aus B 3)
- Sonstige Verbindlichkeiten aus Ertragsteuerverrechnung (aus C 8)

(vgl. AFRAC 2020, S. 30). ◀

Diese Veränderungen sind bei der summarischen Ermittlung der Cashflows aus Ge-schäftstätigkeit nach der indirekten Methode aus den entsprechenden Veränderungen der Gegenbestandsposten herauszurechnen. Die im Zusammenhang mit gesondert auszuwei-senden Zahlungen stehenden Gegenbestandsposten sind daher auch in der Analyse der Bilanzposten auszusondern.

▶ Im Rahmen der indirekten Methode ist die Gesamtveränderung von Gegenbestandsposten um die darin enthaltenen Veränderungen zu bereinigen, die im Zusammenhang mit gesondert auszuweisenden Zahlungen stehen.

Für die Anwendung der modifizierten derivativen Methode ist es notwendig, die mit
gesondert auszuweisenden Zahlungen zusammenhängenden Gegenbestandsposten mit einer eigenen Kennung zu versehen. Dadurch ändert sich der Umfang der früher eingeführ-
ten Kennung G (Abschn. 3.3.1), weil sie nur noch für Gegenbestandsposten anwendbar ist,
die den Charakter der Geschäftstätigkeit aufweisen und die *nicht* im Zusammenhang mit
gesondert auszuweisenden Zahlungen stehen. Die außerhalb der summarischen Herleitung des Cashflow aus Geschäftstätigkeit zu berücksichtigenden Gegenbestandsposten im
Zusammenhang mit gesondert auszuweisenden Zahlungen werden neu mit der Kennung
A (Aussonderung) versehen. Dasselbe gilt für gesondert auszuweisende Zahlungen, die
im Zusammenhang mit Finanzierungs- oder Investitionstätigkeiten stehen.

▶ **Verfeinerte Kategorisierung von Gegenbestandsposten (modifizierte derivative Herleitung)**

G   *Geschäftstätigkeit:* Gegenbestandsposten mit Geschäftstätigkeitscharakter zur
summarischen Ermittlung (d. h. ohne bilanzielle Elemente im Zusammenhang
mit gesondert auszuweisenden Zahlungen).

A   *Aussonderung:* Gegenbestandsposten im Zusammenhang mit gesondert als Einzelposten auszuweisenden Zahlungen.

I   *Investitionstätigkeit:* Gegenbestandsposten mit Investitionstätigkeitscharakter
(ohne bilanzielle Elemente im Zusammenhang mit gesondert auszuweisenden
Zahlungen).

F   *Finanzierungstätigkeit:* Gegenbestandsposten mit Finanzierungstätigkeitscharakter (ohne bilanzielle Elemente im Zusammenhang mit gesondert auszuweisenden Zahlungen).

Die gesondert auszuweisenden Zahlungen sind schließlich zu berechnen und in der Cashflow Rechnung auszuweisen. Für die Berechnung ist die Systematik der derivativen Her-
leitung (vgl. Kap. 3) im Sinne der direkten Methode heranzuziehen. Die Berechnung erfolgt verdeckt und wird in der Cashflow-Rechnung nicht offengelegt. Es kann somit im
Hintergrund mit der buchhalterischen (Abschn. 3.3) oder mit der rechnerischen Herleitung
(Abschn. 3.4) gearbeitet werden. Die identifizierten Anteile der Veränderungen in den
Gegenbestandsposten werden um die identifizierten Posten der Gewinn-und-Verlust-
Rechnung und allenfalls um neutrale Vorgänge bereinigt, um daraus auf die Gegenbu-
chung zum Zahlungsvorgang zu schließen (vgl. Beispiel in Abschn. 4.1.4.1).

▶ Die gesondert auszuweisenden Zahlungen werden mit der derivativen Herleitung unter
Verwendung der direkten Methode in verdeckter Weise ermittelt und nur das Ergebnis
in der Cashflow-Rechnung zum Ausweis gebracht. Die Herleitung verwendet die Veränderung der Gegenbestandsposten und die Posten der Gewinn-und-Verlust-Rechnung,
welche im Zusammenhang mit den gesondert auszuweisenden Zahlungen stehen.

Es besteht bei der modifizierten derivativen Herleitung im Bereich der Geldflüsse aus Geschäftstätigkeit eine Methodenkombination. Die gesondert auszuweisenden Zahlungen werden mit der direkten Methode ermittelt. Die Ermittlung erfolgt einzelpostenweise und verdeckt. Nur die aus der derivativen Herleitung ermittelte Zahlung wird als einzelner Posten in der Cashflow-Rechnung ausgewiesen. Die nicht gesondert auszuweisenden Zahlungen im Bereich der Geschäftstätigkeit werden mit der indirekten Methode ermittelt. Dabei erfolgt eine summarische derivative Herleitung, welche jedoch in der Cashflow-Rechnung in ihren Einzelheiten dargestellt wird.

▶   Die Geldflüsse aus Geschäftstätigkeit werden bei der modifizierten derivativen Herleitung mit einer *Kombination aus direkter und indirekter Methode* ermittelt. Gesondert auszuweisende Zahlungen werden einzelpostenweise mit der direkten Methode ermittelt und die übrigen Cashflows als Gesamtsumme mit der indirekten Methode.

Mit der Aussonderung von Erfolgsposten und Gegenbestandsposten im Zusammenhang mit, gemäß anwendbarem Regelwerk, gesondert als Zahlungsfluss auszuweisenden Posten wird die derivative Methode zusätzlich modifiziert. Dies ist notwendig, um die zwingenden Vorgaben von Regelwerken einzuhalten und diese in der Methodik systematisch abzubilden. Die gesondert auszuweisenden Zahlungsflüsse sind überwiegend Vorgänge, die im direkten Zusammenhang mit einem Posten der Gewinn-und-Verlust-Rechnung stehen und die Definition von Zahlungsflüssen aus Investitions- und Finanzierungstätigkeit nicht erfüllen. Daher würden diese den Geldflüssen aus Geschäftstätigkeit zugeordnet. Vorbehalten bleibt eine anschließende Umgliederung in einen anderen Tätigkeitsbereich. Diesem Thema ist der nächste Unterabschnitt gewidmet.

4.2.3   Umgliederung von Posten zwischen den Tätigkeitsbereichen

Lernziele
- Die grundsätzliche Vorgehensweise zur Umgliederung schrittweise erläutern.
- Die zur Abbildung der Umgliederung notwendigen Hilfsmittel beschreiben.

Wie in Abschn. 4.1.4.2 dargelegt wurde, sind Vorgaben in Regelwerken (Ausweisvorschriften und -wahlrechte) so ausgestaltet, dass gesondert auszuweisende Zahlungsflüsse entweder zwingend oder wahlweise nicht unter der Geschäftstätigkeit, sondern unter der Investitions- oder der Finanzierungstätigkeit ausgewiesen werden. Andererseits besteht die Notwendigkeit von Umgliederungen auch infolge einer tatsächlichen Umwidmung von Geldflüssen, die ursprünglich der Geschäftstätigkeit zugeordnet wurden (Abschn. 4.1.4.3). Der vorliegende Abschnitt zeigt auf, wie diese Umgliederungen im Grundsatz umgesetzt werden und welche Hilfsmittel zielführend sein können.

Ausgangspunkt bildet die Zuordnung von Posten nach den Zuteilungsregeln wie sie in Abschn. 3.3.3 beschrieben sind. Liegt ein Anlass für eine abweichende Zuordnung zu einem Tätigkeitsbereich vor, erfolgt eine Umgliederung. Dabei wird der Zahlungsfluss gemäß den Vorgaben des Regelwerks ausgewiesen. Im gleichen Betrag, jedoch mit umgekehrtem Vorzeichen wird der Umgliederungsposten in demjenigen Bereich eingefügt, in dem er sich vor der Umgliederung befand. Dadurch wird die Gesamtsumme der Veränderung des Finanzmittelbestands nicht verändert, weil sich die beiden Posten gegenseitig in ihrer Wirkung aufheben.

Ob diese Umgliederung an der Quelle offen oder verdeckt dargestellt wird, hängt davon ab, ob der umzugliedernde Posten bereits als gesondert ausgewiesener Zahlungsfluss einzeln ausgewiesen ist oder ob er im Rahmen einer summarischen Ermittlung des Cashflow aus Geschäftstätigkeit nicht einzeln ausgewiesen ist. Im ersten Fall kann eine verdeckte Verrechnung des gesondert ausgewiesenen Zahlungsflusses mit dem Umgliederungsposten erfolgen. Im Ergebnis ist die Umgliederung in der Cashflow-Rechnung nicht mehr erkennbar, sondern nur in den internen Arbeitspapieren und Hilfstabellen.

Beispiel

Beispiel einer Umgliederung mit verdeckter Verrechnung an der Quelle

Bei diesem Beispiel erfolgt die Darstellung auf Grundlage des DRS 21 (vgl. DRSC 2017, Tz. 47 und Tz. 48). Dabei wird der gesondert auszuweisende Zahlungsstrom aus *gezahlten Zinsen* herangezogen. Nach den allgemeinen Zuteilungsregeln wird der Zahlungsstrom aus gezahlten Zinsen dem Cashflow aus Geschäftstätigkeit zugerechnet. Auf die Einzelheiten der Ermittlung wird an dieser Stelle nicht eingegangen (vgl. Abschn. 4.2.2). Nach den Vorgaben von DRS 21 sind gezahlte Zinsen jedoch zwingend unter dem Cashflow aus der Finanzierungstätigkeit auszuweisen (vgl. DRSC 2017, Tz. 48 und Tz. 50 Ziff. 10). Die gezahlten Zinsen belaufen sich auf – 128 GE. Die interne Darstellung ist wie folgt:

Cashflow aus Geschäftstätigkeit

…

Gezahlte Zinsen – 128 (direkt ermittelter Zahlungsfluss)

Umgliederung gezahlte Zinsen + 128 (Umgliederungsposten an der Quelle)

…

Cashflow aus Finanzierungstätigkeit

…

Gezahlte Zinsen – 128 (Umgliederungposten am Ziel)

…

In der externen Darstellung der Cashflow-Rechnung werden die beiden Posten unter dem Cashflow aus Geschäftstätigkeit verdeckt zur Verrechnung gebracht. Im Ergebnis sind weder die gezahlten Zinsen noch der Umgliederungsposten erkennbar. Lediglich der Umgliederungsposten am Ziel wird ausgewiesen. ◀

Im zweiten Beispiel ist eine Verrechnung nicht möglich. Es ist also notwendig, den Umgliederungsposten an der Quelle offen auszuweisen. Die Umgliederung ist somit auch in der Cashflow-Rechnung und in internen Arbeitspapieren und Hilfstabellen ersichtlich.

Dass es sich um eine Umgliederung handelt, sollte aus der Bezeichnung des Postens möglichst klar erkennbar sein.

Beispiel

Beispiel einer Umgliederung mit offen ausgewiesener Korrektur an der Quelle
Bei diesem Beispiel wird unabhängig von einem bestimmten Regelwerk dargestellt, wie eine *Umgliederung von Geldflüssen aus selbst hergestellten Gegenständen des Sachanlagevermögens* umgesetzt und dargestellt wird. Es wird angenommen, dass der zahlungswirksame Teil der aktivierten Eigenleistungen gemäß einer Nachkalkulation den Betrag von 432 GE umfasst. In der nachstehenden Aufstellung wird die Ermittlung der Cashflows aus Geschäftstätigkeit durch eine Zeile als Platzhalter dargestellt.
Cashflow aus Geschäftstätigkeit
Cashflow aus Geschäftstätigkeit + 8556 (mit der indirekten Methode ermittelt)
Korrektur Auszahlungen für selbst hergestellte Gegenstände des Sachanlagevermögens + 432 (Umgliederungsposten an der Quelle, offen ausgewiesen)
Cashflow aus Investitionstätigkeit
...
Auszahlungen für Investitionen in das Sachanlagevermögen 1342 (enthält den Umgliederungsposten am Zielort i. H. v. – 432)
... ◄

Um eine nachvollziehbare Dokumentation zu gewährleisten ist zu empfehlen, in internen *Tabellen* gesonderte Zeilen für solche Umgliederungsvorgänge vorzusehen und die verdeckt vorgenommenen Verrechnungen durch eine geeignete Markierung der verrechneten Beträge kenntlich zu machen. Bei Verwendung von *spezialisierter Software* (z. B. Konsolidierungs- und Planungssoftware) ist in der Regel eine Buchungsfunktionalität vorhanden, die genutzt werden kann.

  Wichtig Die Umgliederung besteht aus folgenden Schritten:

- Umgliederungsbetrag und Quellort ermitteln.
- Zielort auf Grundlage der Vorgaben des anwendbaren Regelwerks bestimmen.
- Umgliederungsposten am Zielort erfassen (in Hilfsspalte für Umgliederungen)
- Umgliederungsposten mit umgekehrtem Vorzeichen am Quellort erfassen (in Hilfsspalte)
- Sofern möglich, am Quellort eine verdeckte Verrechnung vornehmen

In dem vorstehenden Unterabschnitt wurde aufgezeigt, wie Umgliederungen in der Cashflow-Rechnung durchgeführt und dargestellt werden. Diese dritte Modifikation der derivativen Methode ist zur Erfüllung der Vorgaben der Regelwerke und zur sachgerechten Darstellung und Zuordnung eine wichtige Verbesserung, die allerdings auch die Komplexität der Ermittlung erhöht.

4.2.4　Bruttoausweis im Investitions- und Finanzierungstätigkeitsbereich

Lernziel

Die grundsätzliche Herangehensweise zur Ermittlung der Auszahlungs- und Einzahlungssummen für die einzelnen Gruppen von Investitions- und Finanzierungstätigkeiten beschreiben und erläutern.

In dem Abschn. 4.1.2 ist festgehalten, dass gemäß den untersuchten Regelwerken für die Investitions- und Finanzierungstätigkeit der Bruttoausweis der Geldflüsse zwingend einzuhalten ist. Eine Saldierung von Ein- und Auszahlungen mit einem Nettoausweis ist nicht zulässig. Die Ausnahmen von dieser Regel sind sehr eng begrenzt. Es wurde festgehalten, dass die derivative Methode, welche in der reinen Form nur Nettozahlungen als Ergebnis hervorbringt, entsprechend modifiziert werden muss. Das Ziel der Modifikation ist die Ermittlung der Einzahlungs- und Auszahlungssummen für jede gesondert auszuweisende Gruppe von Investitions- und Finanzierungstätigkeiten. Im vorliegenden Unterabschnitt wird der Lösungsansatz für diese Problemstellung in seinen Grundzügen beschrieben. Eine Vertiefung der praktischen Umsetzung im Rahmen der systematischen Erstellung der Cashflow-Rechnung erfolgt im Kap. 5.

Der Lösungsansatz verwendet eine *summarische Analyse der Gesamtveränderung von Gegenbestandsposten in der Bilanz*, die Investitions- oder Finanzierungscharakter aufweisen. Im Gegensatz zur derivativen Methode wird versucht, jede Komponente der Gesamtveränderung mittels geeigneter interner Informationen aus der Buchführung zu ermitteln und danach die Entwicklung des Bestands vom Beginn der Periode bis zum Ende der Periode nach Veränderungsarten nachzuweisen.

Hierzu gibt es grundsätzlich zwei gleichwertige Herangehensweisen. Der Gegenbestandsposten kann auf Basis der Soll-/Haben-Logik in Form eines Kontos analysiert werden. Es ist aber auch eine tabellarische Analyse mittels der Plus-/Minus-Vorzeichenlogik möglich.

Die kleinste Analyseeinheit ist idealerweise das buchhalterische Konto. Dieses ist aufzuspalten, sofern darin noch Vorgänge im Zusammenhang mit gesondert auszuweisenden Zahlungen (A) oder aus anderen Tätigkeitsbereichen enthalten sind. Die Aufspaltung erfolgt in dem Sinne, dass der Bestand des Kontos zu Beginn und zum Ende der Periode auf zwei Analyseeinheiten aufgeteilt wird. Dies ist jedoch im Bereich der Konten mit Investitions- oder Finanzierungscharakter eher selten notwendig.

Bei der Analyse werden die Summen der folgenden Veränderungskategorien ermittelt:

- E (erfolgswirksame Veränderungen; vgl. Abschn. 3.1.2.2)
- L (liquiditätswirksame Veränderungen; vgl. Abschn. 3.1.2.1)

Im Hinblick auf den Bruttoausweis muss jedoch die Kategorie L weiter verfeinert werden, indem die Summe der Einzahlungen und die Summe der Auszahlungen zu ermitteln ist. Im folgenden Abschn. 4.2.5 wird noch eine weitere Veränderungskategorie hinzugefügt werden (neutrale Vorgänge). Bei der Veränderungskategorie E handelt es sich um die Gegenbuchungen zu Konten der Gewinn-und-Verlust-Rechnung. Bei der Veränderungskategorie L handelt es sich um die Gegenbuchungen zu den Konten des Finanzmittelfonds.

Die Analyse der einzelnen Konten und die darauf aufbauende Rekonstruktion der Ursachen der Kontoveränderungen nach Veränderungskategorien ist eine anspruchsvolle Aufgabe. Sie verlangt Zugang zu den relevanten Informationen und vertieftes Verständnis der buchhalterischen Zusammenhänge. In der Regel erfolgt die Analyse nicht auf Buchungsebene, sondern auf der Ebene von Summen gleichartiger Buchungen.

Letztlich ist bei tabellarischer Analyse die Entwicklung eines Kontos nach der Logik in der Tab. 4.1 (am Beispiel eines Kontos aus dem Bereich des Sachanlagevermögens) zu rekonstruieren.

Tab. 4.1 Tabellarische Analyse der Entwicklung eines Kontos für Sachanlagevermögen

Bezeichnung	Vorzeichen und Veränderungskategorie	Bemerkung
Bestand zu Beginn der Periode	+ (keine Kategorie)	i. d. R. Bestand Ende Vorjahr
Zugänge aus Barkäufen	+ (L)	
Aktivierte Eigenleistungen	+ (E)	Gegenbuchung zu der entsprechenden Position in der Gewinn-und-Verlust-Rechnung
Zuschreibungen	+ (E)	Gegenbuchung zu der entsprechenden Position in der Gewinn-und-Verlust-Rechnung
Gewinne aus der Veräußerung von Gegenständen des Sachanlagevermögens gegen Barzahlung	+ (E)	Gegenbuchung zu der entsprechenden Position in der Gewinn-und-Verlust-Rechnung
Erlöse aus dem Barverkauf von Gegenständen des Anlagevermögens	– (L)	Gegenbuchung zu dem Zufluss in den Finanzmittelfonds
Abschreibungen	– (E)	Gegenbuchung zu der entsprechenden Position in der Gewinn-und-Verlust-Rechnung
Verluste aus der Veräußerung von Gegenständen des Sachanlagevermögens gegen Barzahlung	– (E)	Gegenbuchung zu der entsprechenden Position in der Gewinn-und-Verlust-Rechnung
…		Sonstige Veränderungen
Bestand zum Ende der Periode	– (keine Kategorie)	Keine Veränderungskategorie, sondern Saldo zum Periodenende

Die Vorzeichen werden aus den buchhalterischen Kennungen Soll = + und Haben = – abgeleitet

In dem Beispiel gemäß Tab. 4.1 wurde bewusst darauf verzichtet, neutrale Buchungsvorgänge ebenfalls aufzuführen, weil dies erst im folgenden Abschn. 4.2.5 eingeführt
wird. Richtigerweise müssten diese Vorgänge jedoch auch in der Analyse enthalten sein,
damit sämtliche Veränderungskategorien berücksichtigt werden. Daher wurde zur
Vereinfachung angenommen, dass nur Barkäufe und -verkäufe von Gegenständen des
Sachanlagevermögens erfolgt sind und dass die Abschreibungen mit der direkten Methode
vorgenommen wurden.

Die Fortschreibung des Bestands zum Anfang der Periode bis zum Bestand zum Ende
der Periode muss lückenlos erfolgen, d. h. der Anfangsbestand zuzüglich der Zugänge (+)
und abzüglich der Abgänge (−) muss rechnerisch dem Saldo zum Ende der Periode entsprechen.

Alternativ lässt sich die Analyse auch durch ein Kontokreuz unter Verwendung der
Soll-/Haben-Logik vornehmen. Der Endbestand ist im Sinne der Saldogröße zum Ausgleich des Kontos einzusetzen. Weitere Einzelheiten und Bespiele zur konkreten Umsetzung sind in Kap. 5 enthalten.

Wenn die Analyse abgeschlossen ist, lassen sich die Aus- und Einzahlungen durch Umkehrung des Vorzeichens gesondert ermitteln. Die Umkehrung des Vorzeichens erklärt
sich aus dem Umstand, dass die identifizierten Veränderungen der Kategorie L die Gegenbuchungen zu den Veränderungen im Finanzmittelfonds sind. Naturgemäß weist die Gegenbuchung das umgekehrte Vorzeichen der Buchung auf. Um auf die Zahlungsflüsse zu
schließen, ist das Vorzeichen der Veränderung im Gegenbestandskonto umzukehren. So ist
beispielsweise die Veränderungskategorie Zugänge aus Barkäufen (+ L) in der Cashflow-
Rechnung als Auszahlung darzustellen (negatives Vorzeichen). Hauptergebnis der Analyse
bilden also die Veränderungskategorien + L und − L. Damit können die Anforderung hinsichtlich des Bruttoausweises erfüllt werden.

> ▶ Primäres Ziel der Analyse ist die Ermittlung der beiden *Veränderungskategorien +
> L und − L*. Daraus lassen sich durch Vorzeichenumkehr die Einzahlungen und Aus-
> zahlungen gesondert ausweisen. Dadurch wird die Anforderung des Bruttoauswei-
> ses erfüllbar.

Ein wichtiges Nebenprodukt der Analyse von Gegenbestandsposten mit Investitions-
oder Finanzierungscharakter sind die Posten der Veränderungskategorie E. Im Rahmen
der indirekten Ermittlung der relevanten Posten der Gewinn-und-Verlust-Rechnung (vgl.
oben Abschn. 4.2.1.2) spielen diese eine bedeutende Rolle bei der summarischen Ermittlung der Cashflows aus Geschäftstätigkeit. Sie werden dort mit umgekehrtem Vorzeichen
berücksichtigt.

> ▶ Die Ermittlung der *Posten mit Veränderungskategorie E* ist ein wichtiges Nebenpro-
> dukt der Analyse. Diese Posten sind bei der indirekten Methode zur Herleitung der
> Cashflows aus Geschäftstätigkeit vollständig zu berücksichtigen. Das Vorzeichen ist
> dort umzukehren.

Beispielsweise wird der Posten Abschreibungen (− E) mit positivem Vorzeichen zur indirekten Ermittlung der relevanten Posten der Gewinn-und-Verlust-Rechnung beigezogen.

Durch Übernahme aus der Analyse der Gegenbestandsposten mit Investitions- (I) oder Finanzierungscharakter (F) sowie solchen im Zusammenhang mit gesondert auszuweisenden Zahlungen (A) kann sichergestellt werden, dass die Posten der Veränderungskategorie E bei der indirekten Methode zur Ermittlung der Cashflows aus Geschäftstätigkeit vollständig berücksichtigt werden.

Die Modifikation der derivativen Methode um die differenzierte Analyse der Veränderungen von Gegenbestandsposten nach den Kategorien E und L ermöglicht es die Anforderungen der Regelwerke hinsichtlich Bruttoausweis zu erfüllen. Es muss allerdings darauf geachtet werden, dass eine Unterscheidung der Veränderungskategorie L in + (Soll) und − (Haben) erfolgt. Wie bereits erwähnt, besteht noch eine weitere, bisher nicht berücksichtigte Veränderungskategorie. Der folgende Unterabschnitt wendet sich dieser Kategorie zu.

4.2.5 Differenzierte Berücksichtigung von neutralen Buchungsvorgängen

Lernziel

Die Erweiterung der Herangehensweise um neutrale Veränderungen zur Analyse von Gegenbestandsposten mit Investitions- und Finanzierungscharakter beschreiben und erläutern.

Im Abschn. 4.1.3 wurde aufgezeigt, dass die untersuchten Regelwerke übereinstimmend vorgeben, dass neutrale Buchungsvorgänge, die zumindest einen von zwei Bilanzposten außerhalb des Finanzmittelfonds verändern, der Investitions- oder Finanzierungscharakter aufweist, nicht in der Cashflow-Rechnung erscheinen dürfen. Es ist also wichtig, eine Modifikation der derivativen Herleitung einzuführen, welche dies sicherstellt. In dem vorliegenden Abschnitt wird die Methodik dazu in den Grundzügen dargestellt und erläutert. Weitere Einzelheiten zur praktischen Umsetzung und konkrete Beispiele folgen im Kap. 5.

Wie bereits oben in dem Abschn. 3.1.2.3 dargestellt, gibt es neben den beiden Veränderungskategorien L und E auch noch die Veränderungskategorie N. Es handelt sich dabei um die neutralen Vorgänge. Diese haben eine grosse Bedeutung im Rahmen der Analyse. Werden sie nicht gesondert berücksichtigt, kann dies zu erheblichen Fehldarstellungen führen.

Die Vorgehensweise zur Erweiterung der Analyse von Gegenbestandskonten in der Bilanz um die Veränderungskategorie N ist technisch einfach. Die Ermittlung der entsprechenden Veränderungssummen kann jedoch eine anspruchsvolle Aufgabe darstellen. Es empfiehlt sich, bei der Ermittlung der Veränderungskategorie N in einem Gegenbestandskonto deren Gegenbuchung in dem entsprechenden anderen Gegenbestandskonto zeitgleich zu erfassen. Damit wird gewährleistet, dass die Veränderungssummen in beiden betroffenen Gegenbestandskonten im gleichen Betrag bei der Analyse berücksichtigt werden.

Beispiel

Beispiel zur Erweiterung der Analyse um neutrale Vorgänge

Mit Bezug auf das Beispiel gemäß Tab. 4.1 wird die Analyse noch erweitert um neutrale Vorgänge. Nachstehend folgt eine unvollständige Auflistung von solchen Vorgängen:

- Erhaltene Rechnung für gelieferte Sachanlagen (Gegenbuchung: Verbindlichkeiten aus Lieferungen und Leistungen; Unterkategorie Investitionstätigkeiten)
- Ausgestellte Rechnung für veräusserte Gegenstände des Anlagevermögens (Gegenkonto: sonstige Forderungen; Unterkategorie Investitionstätigkeiten).
- Erwerb eines Gegenstands des Sachanlagevermögens gegen langfristigen Lieferantenkredit.
- … ◄

Durch die zusätzliche Einführung der Veränderungskategorie N bei der Analyse der Gegenbestandskonten mit Finanzierungs- oder Investitionscharakter wird die derivative Herleitung weiter modifiziert. Dadurch wird eine Vorgehensweise eingeführt, die bei korrekter Anwendung die Einhaltung der Vorgaben der untersuchten Regelwerke ermöglicht.

Fazit

Im vorstehenden Abschnitt wurden fünf Modifikationen an der derivativen Herleitung beschrieben.

1. Die *Herleitung der Cashflows aus Geschäftstätigkeit* erfolgt nicht mehr einzelpostenweise, sondern *summarisch*. Zudem werden die *erfolgswirksamen Bereinigungsposten* nicht mehr direkt ermittelt, sondern *indirekt aus den* für die Bereinigung der Veränderung von Gegenbestandsposten *nicht relevanten übrigen Posten der Gewinn-und-Verlust-Rechnung*. Im Ergebnis lassen sich durch diese als *indirekte Methode* bezeichnete Ermittlung die Einzelheiten über Auszahlungs- und Einzahlungsposten nicht mehr erkennen. Nur die Gesamtsumme aller Cashflows aus Geschäftstätigkeit ist ersichtlich.
2. Entsprechend den Vorgaben von Regelwerken sind auch bei Anwendung der indirekten Methode zur Ermittlung der Cashflows aus Geschäftstätigkeit bestimmte Ein- und Auszahlungsgruppen gesondert auszuweisen. Die zweite Modifikation betrifft die *Aussonderung der damit zusammenhängenden Posten der Gewinn-und-Verlust-Rechnung und der Bilanzveränderungen*. Dazu wird eine *neue Kennung A (Aussonderung)*

eingeführt. Aussonderung bedeutet auch, dass sie aus der Berechnung nach der indirekten Methode eliminiert werden. Solche Zahlungsvorgänge werden auf der Grundlage der ausgesonderten Posten vielmehr *mit der direkten Methode ermittelt* und ohne Offenlegung der Berechnungen *nur als Ergebnis ausgewiesen*.

3. Mit Rücksicht auf vom Standard abweichende Zuordnungsvorgaben und Wahlrechte in den Regelwerken für bestimmte gesondert auszuweisende Zahlungsflüsse wird als dritte Modifikation die *Umgliederung von einem Tätigkeitsbereich in einen anderen Tätigkeitsbereich* eingeführt. Dabei kann eine Verrechnung des umzugliedernden Postens mit dem Korrekturposten an der Quelle so erfolgen, dass die Umgliederung nicht mehr ersichtlich ist.

4. Um den Erfordernissen nach dem *Bruttoausweis von Zahlungsflüssen* gerecht zu werden, d. h. um einen gesonderten Ausweis von Einzahlungs- und Auszahlungssummen zu ermöglichen, ist eine *detaillierte Analyse der Veränderung von Gegenbestandsposten mit Investitions- oder Finanzierungscharakter* notwendig. Dabei ist die Veränderung in ihre Komponenten aufzureißen. Ausgehend vom Bestand zum Beginn der Periode sind die *erfolgswirksamen (E) und liquiditätswirksamen (L) Veränderungen* fortzuschreiben und mit dem ausgewiesenen Bestand zum Ende der Periode abzustimmen. Dabei sind die liquiditätswirksamen Vorgänge im Rahmen der Analyse nach Erhöhungen und Reduktionen des Gegenbestandspostens aufzuteilen. Daraus lassen sich die Ein- und Auszahlungssummen gesondert ermitteln und ausweisen. Als *Nebenprodukt* werden die *erfolgswirksamen Veränderungen* ermittelt. Sie dienen der indirekten Ermittlung der relevanten erfolgswirksamen Posten im Rahmen der indirekten Methode (siehe 1.).

5. Schließlich besteht die fünfte Modifikation darin, dass auch *neutrale Vorgänge (N)* in den Gegenbestandsposten mit Investitions- oder Finanzierungscharakter identifiziert und *bei der Analyse der Gesamtveränderung* im Verlaufe der Periode *berücksichtigt* werden. Dadurch kann vermieden werden, dass neutrale Vorgänge fälschlicherweise Eingang in die Cashflow-Rechnung finden.

Diese fünf Modifikationen beheben die im Abschn. 4.1 aufgeführten Unzulänglichkeiten. Andererseits steigern sie die Komplexität des Vorgehens und erfordern ein hohes Maß an buchhalterischem Verständnis und umfangreiche interne Informationen aus der Buchführung, die sich nicht aus den externen Jahresabschlussunterlagen entnehmen lassen.

4.3 Phasen der modifizierten derivativen Herleitung

Nachdem im vorangehenden Abschnitt die einzelnen Modifikationen beschrieben wurden, legt der vorliegende Abschnitt den Fokus auf die Reihenfolge und Inhalte der einzelnen Arbeitsschritte bei der Erstellung der Cashflow-Rechnung nach der modifizierten derivativen Herleitung. Die konkreten Einzelheiten und die praktische Umsetzung werden im Kap. 5 näher ausgeführt.

▶ **Die Arbeitsschritte der modifizierten derivativen Herleitung im Überblick**

1. Klassifizierung der Gegenbestandsposten in der Bilanz nach ihrem Charakter.
2. Analyse der Veränderungen von Gegenbestandsposten mit Investitions- oder Finanzierungscharakter.
3. Ermittlung der gesondert auszuweisenden Zahlungsflüsse (direkte Methode).
4. Ermittlung der Summe der übrigen Cashflows aus Geschäftstätigkeit (indirekte Methode).
5. Durchführung von Umgliederungen und allenfalls Verrechnungen mit Umgliederungsposten.
6. Zusammenführung der Informationen zur Darstellung der Cashflow-Rechnung.

Die vorstehende Reihenfolge hat eine innere Logik, die auf Zusammenhängen zwischen den gewonnenen Informationen aus den einzelnen Arbeitsschritten aufbaut. Es ist daher zweckmäßig diese Sequenz einzuhalten. Die folgenden Unterabschnitte sind entsprechend ihrer Reihenfolge im Arbeitsablauf angeordnet. Dabei wird der wesentliche Inhalt der einzelnen Arbeitsschritte umschrieben und mit den bereits beschriebenen Vorgehensweisen verknüpft.

4.3.1 Klassifizierung der Gegenbestandsposten in der Bilanz

Lernziele
- Die Notwendigkeit der Aufspaltung von Gegenbestandsposten begründen und deren Durchführung erläutern.
- Gegenbestandsposten und Posten der Gewinn-und-Verlust-Rechnung im Zusammenhang mit gesondert auszuweisenden Zahlungsflüssen identifizieren und aussondern.
- Die übrigen Gegenbestandsposten zu dem Finanzmittelfonds in der Bilanz einem der drei Tätigkeitsbereiche der Cashflow-Rechnung zuordnen.

Ausgangspunkt der derivativen Herleitung bilden die stichtagsbezogenen Bestände der Gegenbestandsposten der Bilanz zum Beginn und zum Ende der Periode, für die eine Cashflow-Rechnung aufgestellt werden soll. In der Folge wird von einer Person ausgegangen, welche Zugang zu den Einzelheiten der Buchführung und damit auch zu der Zusammensetzung der Gegenbestandsposten auf Ebene Konto hat. Teilweise ist die Kenntnis über die Zusammensetzung des Bestands zum Stichtag und Informationen zum Buchungsverkehr im Verlaufe der Periode notwendig.

▶ Es wird in der Folge von der internen Erstellung der Cashflow-Rechnung ausgegangen. Dies ermöglicht die Analyse bis zur einzelnen Buchung, falls notwendig.

Für die Klassifizierung der Gegenbestandsposten ist vorläufig von den Bilanzposten gemäß der Darstellung der Bilanz im Jahresabschluss auszugehen. Bei Bedarf ist eine *Aufspaltung* nötig. Dies ist der Fall, wenn innerhalb eines Bilanzpostens gemäß Jahresabschluss Bestände enthalten sind, die unterschiedlichen Tätigkeitsbereichen zuzuordnen sind oder im Zusammenhang mit gesondert auszuweisenden Zahlungsflüssen stehen (vgl. Abschn. 4.2.2).

Beispiel

Beispiel eines Gegenbestandspostens, der aufzuspalten ist.

Die Dormotex GmbH weist in ihrer Bilanz unter den *sonstigen Vermögensgegenständen*[6] zum Jahresende einen Betrag von € 134.566,30 aus. Eine genauere Analyse ergibt, dass in diesem Bestand zwei offene Forderungen aus der Veräußerung von Gegenständen des Anlagevermögens i. H. v. € 35.820,00 enthalten sind, die den Charakter von Investitionstätigkeiten (I) aufweisen. Zudem ist im Zusammenhang mit dem Steueraufwand ein Bestand an Steuererstattungsansprüchen in dem Jahresendbestand der sonstigen Vermögensgegenstände i. H. v. € 23.980,50 enthalten, deren korrespondierende Zahlungsflüsse gesondert auszuweisen sind (A). Die übrigen Posten stehen weder im Zusammenhang mit gesondert auszuweisenden Zahlungsflüssen noch handelt es sich um solche mit Investitions- oder Finanzierungscharakter.

Das Vorgehen im Falle eines solchen gemischten Bilanzpostens besteht darin, sowohl den Bestand zum Anfang als auch den Bestand zum Ende der Periode zu analysieren. In dem vorliegenden Fall ist die Gegenbestandposition „sonstige Vermögensgegenstände" in drei Teilposten aufzuspalten. Es handelt sich dabei um den vorerwähnten Posten mit Investitionstätigkeitscharakter und den im Zusammenhang mit einem gesondert auszuweisenden Zahlungsfluss stehenden Posten. Der verbleibende Teil kann der Klassifizierung „Geschäftstätigkeit" (G) zugeordnet werden. ◄

Die Identifikation von *Gegenbestandsposten, die im Zusammenhang mit einem gesondert auszuweisenden Zahlungsfluss stehen*, erfolgt im Sinne des Abschn. 4.2.2 durch Analyse des angewandten Regelwerks und der darin definierten Posten, die gesondert auszuweisen sind. Dabei sind sowohl die damit zusammenhängenden Posten der Gewinn-und-Verlust-Rechnung als auch der Bilanz zu identifizieren und auszusondern. Es ist zu beachten, dass in der Bilanz mehrere Gegenbestandsposten im Zusammenhang mit einem gesondert auszuweisenden Zahlungsfluss stehen können (vgl. das Beispiel in Abschn. 4.2.2). Solche Gegenbestandsposten sind mit der *Kennung A* (Aussonderung) kenntlich zu machen.

Die nach Aussonderung *verbleibenden Posten der Bilanz*, die Gegenbestände zu dem Finanzmittelfonds darstellen, sind anschließend *nach dem Entscheidungsbaum* (vgl. Abb. 3.5 in Abschn. 3.3.3.1) *zu klassifizieren*. Enthalten die Anfangs- und Schlussbestände der verbleibenden Posten Elemente mit unterschiedlichen Klassifizierungen, sind diese aufzuspalten. Nach der Analyse sind alle Posten der Bilanz, mit Ausnahme der Posten, die

---

[6] Im Sinne von § 266 Abs. 2 B. II. 4. HGB.

zum Finanzmittelfonds zuzurechnen sind, aufgelistet und klassifiziert. Es empfiehlt sich die Gegenbestandsposten nach der Klassifizierung zu gruppieren. Dabei ist im Hinblick auf die weiteren Schritte die Reihenfolge I, F, A, G zweckmäßig. Zu jedem Gegenbestandsposten, bzw. abgespalteten Teilen davon, sind Bestand zum Anfang und zum Ende der Periode ebenfalls anzugeben. Durch die Gruppierung und Sortierung werden Vermögenswerte und Verbindlichkeiten sowie Eigenkapitalposten vermischt. Die Verwendung einer buchhalterischen Soll-/Haben-Kennung oder alternativ eines davon abgeleiteten Vorzeichens ist wegen der Vermischung der Posten notwendig.

▶   **Wichtig** Ausgangspunkt für die Analyse bilden die *Gegenbestandsposten zu dem Finanzmittelfonds* in der Bilanz. Sie sind *nötigenfalls aufzuspalten*, damit eine *eindeutige Klassifizierung* in die vier Kategorien erfolgen kann:

- I   Investitionstätigkeit
- F   Finanzierungstätigkeit
- A   Aussonderung
- G   Geschäftstätigkeit (nicht gesondert auszuweisende Posten)

Neben dieser Kennung ist zu jedem Posten der *Bestand zu Beginn und zum Ende der Periode* anzugeben. Der Bestand ist zweckmäßigerweise in der Notierung nach buchhalterischer Konvention (Soll/Haben) oder davon abgeleiteter Vorzeichenlogik anzugeben.

4.3.2   Bearbeitung der Investitions- und Finanzierungsvorgänge

Lernziele
- Die primären Ergebnisse des Bearbeitungsschrittes „Investitions- und Finanzierungsvorgänge" nennen und erläutern.
- Die sekundären Ergebnisse des Bearbeitungsschrittes nennen und deren spätere Verwendung umschreiben.

Der vorliegende Unterabschnitt befasst sich mit der Bearbeitung derjenigen Bilanzposten, die im Rahmen der Analyse gemäß dem vorstehenden Abschn. 4.3.1 als Gegenbestandsposten mit Investitionscharakter (I) oder mit Finanzierungscharakter (F) identifiziert wurden.

Hauptzielsetzung dieses Schrittes ist die Ermittlung der Summe der Einzahlungen und der Auszahlungen, die in der Gesamtveränderung als Gegenbuchung zum Finanzmittelfonds enthalten sind. Es wird eine summarische Rekonstruktion der Veränderungsgruppen vorgenommen, welche in ihrer Gesamtheit die Veränderung des Bestands des untersuchten Bilanzpostens in der Periode nachweisen. Entsprechend der in Abschn. 4.2.4 dargestellten

Methodik werden die Veränderungsgruppen nach Einzahlungen (L−), Auszahlungen (L+) und erfolgswirksamen Veränderungen (E) eingeteilt. Einzahlungen äußern sich in ihrer Gegenbuchung als Haben-Eintrag und werden daher in ein negatives Vorzeichen übersetzt. Auszahlungen aus dem Finanzmittelfonds stellen dort einen Haben-Eintrag dar, während ihre Gegenbuchung im Bilanzkonto mit Investitions- oder Finanzierungscharakter ein Soll-Eintrag ist. Soll-Einträge werden nach der hier verwendeten Konvention in Beträge mit positivem Vorzeichen übersetzt.

▶   *Hauptziel* der Analyse von Bilanzposten mit Investitions- oder Finanzierungscharakter ist die *Ermittlung von Einzahlungs- und Auszahlungssummen für die Cashflow-Rechnung*. Einzahlungen treten als Haben-Einträge und Auszahlungen als Soll-Einträge in den zu analysierenden Bilanzposten auf. Sie werden als L− und als L+ bezeichnet, wobei das Vorzeichen aus der Soll-Haben-Kennung abgeleitet wird.

Neben den Gegenbuchungen zu Ein- und Auszahlungen sind in den Bilanzposten auch Gegenbuchungen zu Einträgen in der Gewinn-und-Verlust-Rechnung zu finden. Diese hier als erfolgswirksame Veränderungen (E) bezeichneten Summen werden ebenfalls einzeln für jede zu untersuchende Bilanzposition ermittelt. Dabei ist es im Hinblick auf die Darstellung der Cashflow-Rechnung, welche das Format der indirekten Methode für die Cashflows aus Geschäftstätigkeit aufweist, zweckmäßig, die erfolgswirksamen Veränderungssummen nach Maßgabe der Gegenbuchung in der Gewinn-und-Verlust-Rechnung untergliedert zu analysieren. Es ergeben sich dadurch mehrere erfolgswirksame Veränderungssummen.

▶   Erfolgswirksame Veränderungen von Gegenbestandsposten werden nach Maßgabe ihrer Gegenbuchung in der Gewinn-und-Verlust-Rechnung gruppiert und mit dem Buchstaben E bezeichnet.

Die gesonderte Ermittlung der erfolgswirksamen Veränderungssummen dient einerseits dazu die Bereinigung der Gesamtveränderung im Sinne der derivativen Vorgehensweise vorzunehmen. Andererseits werden die erfolgswirksamen Veränderungen in den Gegenbestandsposten ermittelt, welche im Rahmen der indirekten Ermittlung des Cashflows aus Geschäftstätigkeit verwendet werden (vgl. Abschn. 4.2.1 und 4.3.4). Typische Beispiele dafür sind die im Bilanzkonto erfassten Abschreibungen oder Gewinne aus der Veräußerung von Gegenständen des Anlagevermögens. Für die Verwendung in der Cashflow-Rechnung im Rahmen der indirekten Methode ist deren, aus der Soll-Haben-Kennung abgeleitetes, Vorzeichen gemäß Veränderung in dem Bilanzkonto jedoch umzukehren.

▶   Die Identifikation von erfolgswirksamen Veränderungen in Bilanzposten mit Investitions- oder Finanzierungscharakter dient als Grundlage für die Ermittlung der Cashflows aus Geschäftstätigkeit. Die erfolgswirksamen Veränderungen im Bilanzkonto werden nach der Vorzeichenumkehrung zu Herleitungsposten nach der indirekten Methode.

Wie oben in Abschn. 4.2.5 erläutert wurde, darf sich die Analyse der Veränderung nicht auf liquiditätswirksame und erfolgswirksame Veränderungen beschränken. Es gibt auch Veränderungen aufgrund von neutralen Vorgängen. Daher ist es entscheidend für eine korrekt dargestellte Cashflow-Rechnung, dass bereits in Rahmen der Analyse sämtliche neutralen Veränderungen in Gegenbestandsposten identifiziert werden. Beispielsweise sind bei korrekter Analyse sämtliche Anschaffungen von Gegenständen des Anlagevermögens, die auf Kredit (gegen Rechnung) geliefert wurden, in diesem Augenblick neutrale Vorgänge. Es handelt sich um Buchungsvorgänge ohne Veränderung des Finanzmittelbestands. Dem Zugang bei dem Sachanlagevermögen steht ein Zugang bei einem Verbindlichkeitskonto entgegen. Nur Anschaffungen gegen sofortige Zahlung (Bargeschäfte) sind in der Analyse als Auszahlungen zu klassifizieren.[7]

▶   Die der derivativen Herleitung innewohnende Unzulänglichkeit hinsichtlich neutraler Vorgänge (Abschn. 4.1.3) wird durch den zusätzlichen *Einbezug der neutralen Vorgänge in die Analyse der Gesamtveränderung* beseitigt. Neutrale Vorgänge werden in der Analyse mit der *Kennung N* markiert.

Es empfiehlt sich, neutrale Vorgänge nicht allein in dem untersuchten Bilanzposten zu identifizieren, sondern gleichzeitig auch in demjenigen Bilanzposten, der die Gegenbuchung enthält. Damit ist eine konsistente Bearbeitung und Analyse gewährleistet. Für weitere Einzelheiten zur konkreten Durchführung der Analyse wird auf Kap. 5 verwiesen.

4.3.3 Bearbeitung der gesondert auszuweisenden Posten

Lernziele
- Die Notwendigkeit der Bearbeitung gesondert auszuweisender Posten vor den übrigen Posten erörtern.
- Die Hauptzielsetzung dieses Arbeitsschritts beschreiben.
- Das Nebenprodukt dieses Arbeitsschritts umschreiben und dessen Verwendung verdeutlichen.

Nachdem die Gegenbestandsposten mit Investitions- und Finanzierungscharakter bearbeitet worden sind, gilt es in dem vorliegenden Bearbeitungsschritt diejenigen Gegenbestands-

---

[7] Wird die Annahme gemäß Abschn. 3.2.4 und 3.2.5 weitergeführt, sind sogar alle Anschaffungsvorgänge zunächst liquiditätsunwirksam und stellen einen neutralen Vorgang dar. Es vereinfacht die Analyse, diese Annahme weiterzuführen. Die Untersuchung der einzelnen Vorgänge nach Bargeschäft oder Kreditgeschäft entfällt damit. Wie sich noch zeigen wird, beeinträchtigt dies die Richtigkeit der ermittelten Geldflüsse grundsätzlich nicht.

posten zu identifizieren, auszusondern und zu analysieren, die im Zusammenhang mit gesondert auszuweisenden Zahlungen (vgl. oben Abschn. 4.2.2) stehen. Mit der vorgängigen Aussonderung wird sichergestellt, dass diese Gegenbestandsposten bei der Ermittlung der Cashflows aus Geschäftstätigkeit nach der indirekten Methode nicht fälschlicherweise mitberücksichtigt werden. Zugleich werden die relevanten Gewinn-und-Verlustposten für die indirekte Ermittlung der Cashflows aus Geschäftstätigkeit als Nebenprodukt dieser Bearbeitung identifiziert. Daher ist es wichtig und notwendig diesen Schritt vor der Bearbeitung der verbleibenden Vorgänge (vgl. unten Abschn. 4.3.4) abzuwickeln.

Bei den hier relevanten Gegenbestandsposten handelt es sich um die oben (vgl. Abschn. 4.3.1) als A (Aussonderung) klassifizierten Bilanzposten bzw. Teilen davon.

Bezüglich der Vorgehensweise zur Analyse ausgesonderter Gegenbestandsposten wird die gleiche Herangehensweise verwendet wie bei den Bilanzposten mit Finanzierungs- oder Investitionscharakter. Es wird daher auf die Beschreibung im obigen Abschn. 4.3.2 verwiesen. Die Gesamtveränderung des ausgesonderten Gegenbestandspostens ist in ihre Teilveränderungen aufzuspalten. Dabei können die Teilveränderungen zu folgenden Gruppen zusammengefasst werden. Hauptzielsetzung ist die Ermittlung von Einzahlungen und Auszahlungen über die entsprechenden Gegenbuchungen im Bilanzposten (L−, L+).

► *Hauptziel* der Analyse von ausgesonderten Bilanzposten ist die *Ermittlung von Einzahlungs- und Auszahlungssummen für die Cashflow-Rechnung.* Einzahlungen treten als Haben-Einträge und Auszahlungen als Soll-Einträge in den zu analysierenden Bilanzposten auf. Sie werden als L− und als L+ bezeichnet, wobei das Vorzeichen aus der Soll-Haben-Kennung abgeleitet wird.

Daneben sind die erfolgswirksamen und die neutralen Teilveränderungen zu ermitteln (E, N). Insbesondere die erfolgswirksamen Veränderungen, welche die Gegenbuchung zu den in der Gewinn-und-Verlust-Rechnung enthaltenen Posten darstellen, sind als wichtige *Nebenprodukte* von Bedeutung. Die Methode der indirekten Ermittlung der relevanten Elemente der Gewinn-und-Verlust-Rechnung verwendet u. a. die erfolgswirksamen Veränderungen der ausgesonderten Bilanzposten im Rahmen der Ermittlung der Cashflows aus Geschäftstätigkeit als Überleitungsposten (vgl. unten Abschn. 4.3.4).

Beispiel

Die Analyse der antizipativen Zinsabgrenzung in den sonstigen Vermögensgegenständen

Sachverhalt

Die Chemotherm GmbH hat am 31. März Herrn Christoph Beglinger (Lieferant) ein Darlehen i. H. v. 400 GE gewährt. Die Zinsen von 5 % jährlich sind halbjährlich zahlbar. Die erste Zinszahlung i. H. v. 10 GE ist am 30. September erfolgt. Zum Jahresende hat die Chemotherm GmbH für die zeitanteilig geschuldeten Zinsen betreffend den

Zeitraum vom 1. Oktober bis zum 31. Dezember den Betrag von 5 GE im Soll eines Kontos erfasst, das unter den sonstigen Vermögensgegenständen in der Bilanz ausgewiesen wird. In der Gewinn-und-Verlust-Rechnung wird ein Ertrag aus Zinsen im Zusammenhang mit diesem Darlehen i. H. v. 15 GE ausgewiesen.

Problemstellung

Die Chemotherm GmbH gehört zu der Atrium Gruppe, welche eine Konzernkapitalflussrechnung nach DRS 21 erstellt. In diesem Zusammenhang liefert sie eine Kapitalflussrechnung zum Einbezug in den Konzernabschluss. Erhaltene Zinsen sind nach DRS 21 Tz. 44 gesondert auszuweisende Zahlungen. Es wird angenommen, dass keine anderen Zinserträge bei der Chemotherm GmbH angefallen sind. Wie ist nach der modifizierten derivativen Herleitung vorzugehen?

Lösungsansatz

Ausgangspunkt bildet die Analyse von DRS 21 und die entsprechende Durchsicht der Gewinn-und-Verlust-Rechnung auf Vorgänge, die zu einem gesonderten Ausweis der damit verbundenen Zahlungen führen. Hier sind es Erträge aus Zinsen i. H. v. 15 GE. Dann stellt sich die Frage, welche Gegenbestandsposten in der Bilanz mit diesen Erträgen in einem buchhalterischen Zusammenhang stehen könnten. Hier wird das Konto in der Bilanz identifiziert, welches für die Erfassung des antizipativen Aktivums (Zinsanspruch für viertes Quartal) verwendet wurde. Dieses wird aus den sonstigen Vermögensgegenständen herausgerechnet, indem sowohl der Bestand zu Beginn als auch zum Ende des Geschäftsjahres eliminiert wird. Die eliminierten Kontobestände werden als eigenständige Analyseeinheit mit der Klassifikation A verwendet. Im vorliegenden Fall geht es um einen Anfangsbestand i. H. v. 0 GE und einen Schlussbestand i. H. v. 5 GE. Nun wird die Gesamtveränderung (Netto-Zunahme um 5 GE) analysiert. Im Sinne einer Vereinfachung werden die erhaltenen Zinsen durch Bereinigung der Gesamtveränderung um die erfolgswirksame Veränderung abgeleitet. Dabei wird von der Fiktion ausgegangen, dass Direktbuchungen von Zahlungen in die Gewinn-und-Verlust-Rechnung nicht erfolgt sind, sondern über das zu analysierende Gegenbestandskonto ermittelt wurden. Weiter wird angenommen, dass keine neutralen Vorgänge in diesem Konto erfolgt sind. Mit dieser Vereinfachung und unter diesen Annahmen lässt sich der Nettobetrag der erhaltenen Zinsen nach der Methodik der derivativen Methode ableiten. Die Gesamtveränderung lässt sich dann wie folgt in Teilveränderungen aufreißen:

- Anfangsbestand   + 0 (AB)
- Erfolgswirksame Veränderungen + 15 (E, abgerechneter Zinsertrag 10, abgegrenzte Zinsen 5)
- *Erhaltene Zinsen – 10* (L–, Gesamtveränderung +5 – erfolgswirksame Veränderungen + 15)
- = Schlussbestand + 5

Der Betrag der erhaltenen Zinsen wird unter Umkehrung des Vorzeichens in der Cash-flow-Rechnung gesondert ausgewiesen. Er entspricht der erhaltenen Zinszahlung Ende September. Der Betrag der erfolgswirksamen Veränderungen wird unter Umkehrung des Vorzeichens zur Ermittlung der Cashflows aus Geschäftstätigkeit mit der indirekten Methode verwendet, indem zu dem Jahresüberschuss der Posten „Erträge aus Zinsen" im Betrag von 15 GE hinzugerechnet wird. Zudem werden für die Ermittlung der Veränderung der Position sonstige Vermögensgegenstände der Anfangsbestand um 0 GE und der Endbestand um 5 GE reduziert. ◄

Bei der konkreten Vorgehensweise zur Analyse der Gesamtveränderung von Gegenbestandsposten sind unterschiedliche *Hilfsmittel* einsetzbar (vgl. Kap. 5). Bei dem buchhalterischen Ansatz können Kontokreuze aufgezeichnet werden und die rechnerische Richtigkeit der Analyse durch die Gleichheit der Soll-Summe mit der Haben-Summe überprüft werden. Bei dem tabellarisch-rechnerischen Ansatz werden, ausgehend von dem Anfangsbestand auf eine Zeile die verschiedenen Veränderungsarten nebeneinander aufgelistet. Dabei werden die Vorzeichen aus der buchhalterischen Logik abgeleitet. Zur Überprüfung der rechnerischen Richtigkeit wird die Summe aller Posten (einschließlich Anfangsbestand) mit dem tatsächlichen Endbestand verglichen. Wichtig ist bei beiden Ansätzen, dass die durch Zahlungsvorgänge hervorgerufenen Veränderungen (L) brutto ersichtlich werden und dass auch die einzelnen erfolgswirksamen Vorgänge festgehalten werden und ihr Zusammenhang mit bestimmten Posten der Gewinn-und-Verlust-Rechnung dokumentiert wird. Wichtig ist auch eine konkrete Analyse der Buchungen in dem untersuchten Gegenbestandsposten im Hinblick auf die Identifikation allfälliger neutraler Vorgänge.

Die gesondert auszuweisenden Zahlungen sind mit dem vorliegenden Schritt betragsmäßig ermittelt. Es ist aber noch unbestimmt, in welchem Tätigkeitsbereich der Cashflow-Rechnung sie zum *Ausweis* gelangen. Ohne weitere Umgliederung werden sie dem Cashflow aus Geschäftstätigkeit zugeordnet. Sind sie nach den Vorgaben des maßgebenden Regelwerks unter einem anderen Tätigkeitsbereich auszuweisen, ist eine Umgliederung nötig (vgl. Abschn. 6.3.1.4).

4.3.4   Bearbeitung der verbleibenden Posten

Lernziele
- Die zwei wesentlichen Elemente aufzählen und beschreiben, die zu der Bearbeitung der verbleibenden Posten der Bilanz beigezogen werden.
- Die verwendeten Vorzeichen für die Cashflow-Rechnung korrekt aus den Grunddaten ableiten.
- Die Behandlung von neutralen Vorgängen beschreiben.

In diesem Unterabschnitt geht es um die noch nicht bearbeiteten Gegenposten zu dem Finanzmittelfonds. Die Bilanzposten außerhalb des Finanzmittelfonds mit Investitions- und Finanzierungstätigkeitscharakter wurden bereits analysiert (Abschn. 4.3.2). Nach der Bearbeitung der gesondert auszuweisenden Posten (Abschn. 4.3.3) verbleiben somit noch die Gegenbestandsposten mit dem Charakter der Geschäftstätigkeit. Wie oben (Abschn. 4.2.1) bereits dargelegt, werden diese Gegenbestandsposten nicht einzeln bereinigt, sondern summarisch. Die relevanten Bereinigungsposten aus der Gewinn-und-Verlust-Rechnung werden indirekt aus dem Jahresüberschuss (oder -fehlbetrag) hergeleitet. Dabei kommt den als Nebenprodukte ermittelten erfolgswirksamen Vorgängen die Rolle von Überleitungsposten zu.

Der Zweck der Bearbeitung der verbleibenden Posten ist die Ermittlung der Cashflows aus Geschäftstätigkeit vor gesondert auszuweisenden Zahlungen mit Geschäftstätigkeitscharakter. Die Cashflows aus Geschäftstätigkeit setzen sich bei der modifizierten derivativen Methode aus einem Teil zusammen, der mit der indirekten Methode ermittelt wurde und aus einem Teil mit den gesondert auszuweisenden Zahlungen mit Geschäftstätigkeitscharakter. Diese bestehen aus den nach Umgliederungen (Abschn. 4.3.5) verbleibenden Zahlungen, wie sie oben (Abschn. 4.3.3) ermittelt wurden.

4.3.4.1   Die zwei Elemente der Ermittlung des Cashflows aus Geschäftstätigkeit

Die Ermittlung der Cashflows aus Geschäftstätigkeit mit der indirekten Methode wurde konzeptionell als summarische Ermittlung bereits beschrieben (vgl. Abschn. 4.2.1). Dabei werden die zwei klassischen Elemente der derivativen Methode verwendet: Die *Veränderungen von Gegenbestandsposten mit Geschäftstätigkeitscharakter* und die darin enthaltenen *erfolgswirksamen Vorgänge als Bereinigungsposten*. Wie beschrieben leitet die indirekte Methode die Summe der erfolgswirksamen Vorgänge in Gegenbestandsposten nicht durch Addition dieser Posten her. Sie verwendet vielmehr die erfolgswirksamen Posten *außerhalb* von Gegenbestandsposten mit Geschäftstätigkeitscharakter und leitet durch Vorzeichenumkehrung die gesuchte Summe indirekt her. Die erfolgswirksamen Posten außerhalb von Gegenbestandsposten mit Geschäftstätigkeitscharakter liegen bereits als Nebenprodukte der vorangegangenen Schritte vor. Sowohl die Bearbeitung der Gegenbestandsposten mit Investitions- und Finanzierungscharakter als auch derjenigen im Zusammenhang mit gesondert auszuweisenden Zahlungsvorgängen ergab erfolgswirksame Vorgänge, die an dieser Stelle verwendet werden können.

Typischerweise wird in der Darstellung der Cashflow-Rechnung in einem ersten Schritt die Summe der erfolgswirksamen Vorgänge mit Geschäftstätigkeitscharakter auf indirekte Weise ermittelt und erst danach werden die Veränderungen der einzelnen Gegenbestandsposten aufgelistet.

▶   Die Bearbeitung der verbleibenden Posten *mündet in die Ermittlung der Cashflows aus Geschäftstätigkeit (vor gesondert auszuweisenden Posten)*. Sie verwendet die *erfolgswirksamen Vorgänge außerhalb von Gegenbestandsposten mit Geschäftstätigkeitscharakter* sowie die die *Veränderungen der noch verbleibenden Gegenbestandsposten*.

4.3.4.2 Die Ableitung der Vorzeichen für die Cashflow-Rechnung

Bezüglich der Vorzeichenlogik wird in diesem Bearbeitungsschritt ausschließlich mit einem rechnerischen Ansatz gearbeitet. Dabei werden die Vorzeichen aus der buchhalterischen Logik abgeleitet. Es wird der Ansatz verwendet, bei dem Soll-Einträge einem positiven Vorzeichen zugeordnet werden und Haben-Einträge einem negativen Vorzeichen.

Mit diesem Ansatz werden die im Rahmen der Analyse der Gegenbestandsposten außerhalb der Geschäftstätigkeit (Typ I, F, A) ermittelten erfolgswirksamen Vorgänge (E) mit einem Vorzeichen versehen, das aus der Soll-/Haben-Kennung der erfolgswirksamen Vorgänge im Gegenbestandsposten abgeleitet wird.

> **Beispiel**
>
> **Beispiel zur Ableitung des Vorzeichens erfolgswirksamer Vorgänge**
>
> In dem Gegenbestandsposten „Sachanlagen" wurden bei der Analyse folgende erfolgswirksamen Vorgänge als Bestandteile der Gesamtveränderung identifiziert:
>
> - Abschreibungen 129 GE
> - Restwertabschreibungen wegen Veräußerungen von Gegenständen des Sachanlagevermögens 35 GE
>
> Zur Ableitung des Vorzeichens wird die zugrunde liegende Buchung aus Sicht des Gegenbestandspostens herangezogen. In beiden obigen Fällen handelt es sich um Haben-Einträge. Ein Haben-Eintrag wird zu einem Betrag mit negativem Vorzeichen übersetzt. ◄

Entsprechend der konzeptionellen Grundlage für die indirekte summarische Ermittlung der Cashflows aus Geschäftstätigkeit (Abschn. 4.2.1.2) sind die Vorzeichen der erfolgswirksamen Vorgänge in Gegenbestandsposten umzudrehen. Dies ist notwendig, weil es sich um die indirekte Ermittlung der relevanten Teile der Gewinn-und-Verlust-Rechnung handelt.

▶   Die Vorzeichen der erfolgswirksamen Vorgänge in Gegenbestandsposten ohne Geschäftstätigkeitscharakter müssen umgedreht werden, um die Summe der erfolgswirksamen Posten mit Geschäftstätigkeitscharakter zu ermitteln (indirekte Ermittlung).

Die Begründung für diesen Vorzeichenwechsel ist kaum mehr nachvollziehbar und wird daher auch in der Ausbildung nicht thematisiert. Es liegt bei genauer Betrachtung nicht nur eine einfache Vorzeichenumkehrung vor, sondern gleich deren drei:

1. Die *Ermittlung* der für die Geschäftstätigkeit relevanten erfolgswirksamen Vorgänge erfolgt *indirekt* über die nicht relevanten Vorgänge, d. h. über die erfolgswirksamen Vorgänge in den Bilanzposten mit Klassifikation I, F oder A. Die indirekte Ermittlung erfordert eine Vorzeichenumkehr (vgl. Abschn. 4.2.1.2).

2. Die erfolgswirksamen Vorgänge bilden *Bereinigungsposten* zu der Veränderung der Gegenbestandsposten mit Geschäftstätigkeitscharakter. Um einen Posten zu bereinigen, ist er in Abzug zu bringen. Dies ist die zweite Vorzeichenumkehrung.

3. Schließlich ist die nach Bereinigung der Gegenbestandsposten mit Geschäftstätigkeitscharakter (und allenfalls um neutrale Vorgänge bereinigte) verbleibende Veränderung die Gegenbuchung zu der eigentlichen Veränderung des Finanzmittelfonds. Um von der *Gegenbuchung* zur Veränderung des Finanzmittelfonds (und damit zum Geldfluss) überzuleiten, ist die dritte Vorzeichenumkehr nötig.

Drei Vorzeichenumkehrungen bewirken selbstredend das gleiche Ergebnis wie eine Vorzeichenumkehrung. Deshalb ist es nicht offensichtlich, dass die Systematik der indirekten Methode aus einer komplexen, dreistufigen Transformation besteht. Jedenfalls greift die häufig gehörte Erläuterung zu kurz, dass es sich dabei um die Bereinigung des Jahresüberschusses um nicht zahlungswirksame Vorgänge handelt.

Für die praktische Anwendung ist es nicht notwendig, die Hintergründe dieser dreifachen Vorzeichenumkehr nachzuverfolgen und erläutern zu können. Es ist in diesem Zusammenhang ausreichend, die Logik, wie sie in Abb. 3.13 dargestellt ist, auf erfolgswirksame Vorgänge innerhalb des Gegenbestandspostens anzuwenden. Statt auf die Nettoveränderung des Gegenbestandspostens kann sie sinngemäß auf die Einträge erfolgswirksamer Vorgänge in Kontoform angewandt werden. Diese Logik überführt einerseits von der buchhalterischen Sicht auf die rechnerische Sicht mit Vorzeichenlogik und andererseits wird dabei die Vorzeichenumkehrung umgesetzt, weil Einträge auf der Soll-Seite eines Gegenbestandskontos zu negativen Beträgen in der Cashflow-Rechnung und Haben-Einträge in dem untersuchten Bilanzposten zu positiven Beträgen in der Cashflow-Rechnung transformiert werden.

Beispiel

Beispiel für die Vorzeichenlogik in der Cashflow-Rechnung

In dem obigen Beispiel wurden die beiden folgenden Gegenbestandveränderungen als erfolgswirksame (E) Veränderungen identifiziert und mit einem negativen Vorzeichen belegt:

- Abschreibungen 129 GE (= − 129)
- Restwertabschreibungen wegen Veräußerungen von Gegenständen des Sachanlagevermögens 35 GE (= − 35)

In der Cashflow-Rechnung muss eine (dreifache) Vorzeichenumkehr erfolgen. In der Darstellung der Cashflow-Rechnung würden die obigen erfolgswirksamen Vorgänge in dem Bilanzkonto nach erfolgter Umkehrung des Vorzeichens auszugsweise wie folgt abgebildet:

- Jahresüberschuss + 895
- Abschreibungen + 129
- Restwertabschreibungen + 35
- …

Anmerkung: Auch der Jahresüberschuss als (erfolgswirksamer) Eintrag in dem entsprechenden Konto auf der Passivseite der Bilanz stellt dort einen Haben-Posten dar. Haben-Einträge werden nach der üblichen Logik zu einem Minusposten überführt. Nach der (dreifachen) Vorzeichenumkehrung für die Transformation von der Bilanz zu der Cashflow-Rechnung resultiert ein positives Vorzeichen für die Eintragung „Jahresüberschuss" in der Cashflow-Rechnung. ◄

Nach der Herleitung der Summe der relevanten Posten der Gewinn-und-Verlust-Rechnung folgt als zweites Element der Herleitung die *Auflistung der Veränderungen der noch verbleibenden, bisher nicht analysierten Gegenbestandsposten*. Wie bereits oben (Abschn. 3.4.1) in der konzeptionellen Grundlage der rechnerischen Herleitung des Cashflows dargestellt wurde, sind die Beträge der Veränderungen der Gegenbestandsposten ebenfalls unter Berücksichtigung einer (einfachen) Vorzeichenumkehrung in der Cashflow-Rechnung aufzuführen.

▶   Die Nettoveränderung der noch verbleibenden Gegenbestandsposten ist unter Berücksichtigung einer Vorzeichenumkehrung in der Cashflow-Rechnung aufzuführen.

Die einfache Vorzeichenumkehr ist ausschließlich darauf zurückzuführen, dass die *Gegenbuchung* zu der liquiditätswirksamen Veränderung aus der Bereinigung der Veränderung des Gegenbestandspostens um erfolgswirksame Vorgänge (und eventuell um neutrale Vorgänge) resultiert. Um ausgehend davon auf den Geldfluss für die Darstellung in der Cashflow-Rechnung zu schließen, ist eine einfache Vorzeichenumkehr nötig. Damit wird das Vorzeichen der Gegenbuchung im Bilanzkonto auf dasjenige der dagegenstehenden Buchung im Finanzmittelfonds übergeleitet. Auch für diesen Vorgang leistet die Abb. 3.13 wertvolle Dienste. Gerade bei Passivposten oder Minusaktivposten ist der Rückgriff auf eine buchhalterische Abbildung hilfreich, um Vorzeichenfehler zu vermeiden.

4.3.4.3   Bereinigung der Veränderungen von Gegenbestandsposten

Bevor die Gesamtveränderungen von Gegenbestandsposten mit Bezug zur Geschäftstätigkeit der Vorzeichenumkehrung unterworfen werden, sind vorab noch Bereinigungen um die Anfangs- und Schlussbestände von Bilanzposten *im Zusammenhang mit gesondert auszuweisenden Zahlungsvorgängen* zu berücksichtigen. Dies wird sichergestellt, indem die Aussonderung in einem im Ablauf vorangehenden Schritt durchgeführt wird (vgl. Abschn. 4.3.3).

Zudem sind auch noch *bestimmte neutrale Vorgänge* innerhalb der Gesamtveränderungen von Gegenbestandsposten mit Bezug zur Geschäftätigkeit *zu bereinigen*. Dabei sind zwei Gruppen von neutralen Vorgängen zu unterscheiden. Es gibt neutrale Vorgänge, deren Gegenbuchung ebenfalls in einem Bilanzposten mit Bezug zur Geschäftätigkeit erfasst wird. Es gibt aber auch neutrale Vorgänge, deren Gegenbuchung auf einem Bilanzposten der Klassifikation I, F oder A erfasst wird. Diese beiden Gruppen werden hinsichtlich Bereinigung unterschiedlich behandelt.

Neutrale Vorgänge, die sich auf zwei der verbleibenden Gegenbestandsposten beziehen, können ignoriert werden, weil die beiden dadurch entstehenden Fehler sich gegenseitig ausgleichen und somit keine Auswirkung auf das Gesamtresultat haben. Es handelt sich um „interne" Vorgänge, weil beide Seiten der Buchung des neutralen Vorgangs innerhalb des Bereichs der verbleibenden Gegenbestandsposten erfolgen.

Beispiel

Nicht zu eliminierender neutraler Vorgang in den verbleibenden Gegenbestandsposten

In den Forderungen aus Lieferungen und Leistungen einer Periode sind u. a. Buchungen im Zusammenhang mit Rechnungen an Kunden erfasst, deren Buchungsbetrag nicht nur die eigentliche Lieferung oder Leistung, sondern auch die Umsatzsteuer enthält.

Die Gegenbuchung zu der Erfassung der Rechnung wird üblicherweise in diese beiden Komponenten aufgespalten und auf verschiedenen Konten erfasst. Während der Betrag für die Lieferung und Leistung als erfolgswirksamer Vorgang in der Gewinn-und-Verlust-Rechnung als Umsatzerlös erfasst wird, erfolgt die Erfassung der Umsatzsteuer üblicherweise bilanziell. Die Umsatzsteuer wird als Umsatzsteuerverbindlichkeit einem Konto auf der Passivseite der Bilanz gutgeschrieben.

Diese Teilbuchungen stellen einen neutralen Vorgang dar, weil sie keinen Geldfluss bewirkt haben und auch nicht erfolgswirksam sind. Vielmehr werden zwei Bilanzposten innerhalb der Sphäre der Gegenbestandsposten mit Geschäftätigkeitscharakter angesprochen: Forderungen aus Lieferungen und Leistung und Umsatzsteuerverbindlichkeit.

Richtigerweise müssten die entsprechenden Vorgänge aus der Veränderung der beiden Gegenbestandsposten herausgerechnet werden. Im Falle der direkten Methode wäre dies wohl notwendig, um eine Bruttodarstellung der Kundenzahlungen (d. h. einschließlich Umsatzsteuer) zu bewirken. Bei der indirekten Methode werden nicht die einzelnen Einzahlungen und Auszahlungen zur Darstellung gebracht, sondern es wird lediglich deren Gesamtsumme über eine Überleitungsrechnung ermittelt. Diese Eigenheit der indirekten Methode erlaubt es, auf die Elimination von „internen" neutralen Vorgängen zu verzichten. Der Fehler aus der unterlassenen Bereinigung der Veränderung der Forderungen aus Lieferungen und Leistungen gleicht sich exakt mit dem Fehler aus der unterlassenen Bereinigung der Veränderung der Umsatzsteuerverbindlichkeit aus. Das Ergebnis der indirekten Methode bleibt unberührt von der Unterlassung der Bereinigung. ◄

Hingegen sind neutrale Vorgänge, die sich einerseits auf einen der verbleibenden Gegenbestandsposten (Typ G) und andererseits einen anderen Gegenbestandsposten (Typ I, F oder A) beziehen, unbedingt zu identifizieren. Dies sollte durch die sorgfältige Analyse der anderen Gegenbestandsposten des Typs I, F oder A bereits erfolgt sein (vgl. Abschn. 4.3.2 und 4.3.3). Die Gegenbuchung des neutralen Vorgangs in einen der verbleibenden Gegenbestandsposten ist aus der Gesamtveränderung der betroffenen Bilanzposition herauszurechnen, indem die Veränderung um den Betrag des neutralen Vorgangs bereinigt wird.

> **Beispiel**
>
> **Zu eliminierender neutraler Vorgang in den verbleibenden Gegenbestandsposten**
> Einer der verbleibenden Gegenbestandsposten der Altux AG sind die Forderungen aus Lieferungen und Leistungen. Diese weisen folgende Bestände zum Beginn und zum Ende des Geschäftsjahres auf:
>
> - Bestand zum Beginn des Geschäftsjahres: 840 GE
> - Bestand zum Ende des Geschäftsjahres: 630 GE
>
> Im Zuge der Analyse des Gegenbestandspostens Finanzanlagevermögen wurde festgestellt, dass im Verlaufe des Geschäftsjahres ein Anteil der Zunahme in der Bilanzposition sonstige Ausleihungen auf die Umwandlung einer Kundenforderung in ein langfristiges Darlehen zurückzuführen ist. Diese Umwandlung im Betrag von 300 GE erfolgte im Rahmen der Mitwirkung bei der Sanierung dieses Kunden. Da bei der Umwandlung kein Geld geflossen war, handelt es sich um einen neutralen Vorgang, bei dem lediglich eine Umbuchung aus den Forderungen aus Lieferungen und Leistungen (Haben) auf ein Konto innerhalb der Bilanzposition sonstige Ausleihungen (Soll) erfolgt ist. Diese Gegenbestandposition weist den Charakter der Investitionstätigkeit (I) auf.
> Wie ist der neutrale Vorgang bezogen auf die Ermittlung der Cashflows aus Geschäftstätigkeit nach der indirekten Methode zu behandeln?
> Die Bestandveränderung von insgesamt 210 GE (Abnahme) bei den Forderungen aus Lieferungen und Leistungen ist im Umfang von 300 GE auf diesen neutralen Vorgang zurückzuführen. Dieser Teil der Veränderung ist zu bereinigen. Nach der erfolgten Bereinigung liegt eine Bestandsveränderung i. H. v. 90 GE (Zunahme) vor, die im Rahmen der Ermittlung der Cashflows aus Geschäftstätigkeit als „Veränderung der Forderungen aus Lieferungen und Leistungen" zu berücksichtigen ist. Die bereinigte Zunahme ist auf der Soll-Seite des Gegenbestandspostens zu verorten, was in der Cashflow-Rechnung nach erfolgter Vorzeichenumkehr zu einem Betrag von − 90 GE führt. Alternativ wäre auch ein offener Ausweis der Bereinigung in der Cashflow-Rechnung möglich. Dann würde dies wie folgt dargestellt:

- Abnahme der Forderungen aus Lieferungen und Leistungen + 210
- Umwandlung kurzfristige Forderung in langfristiges Darlehen − 300

Diese offen ausgewiesene Bereinigung der Veränderung der Forderungen aus Lieferungen und Leistungen hat zwei Vorteile. Die ausgewiesene Veränderung der Forderungen aus Lieferungen und Leistungen lässt sich mit den Bilanzbeständen abstimmen. Der neutrale Vorgang und dessen Bereinigung wird offengelegt. Nachteilig ist die damit einhergehend Aufblähung der Anzahl Posten in der Herleitung der Cashflows aus der Geschäftstätigkeit.

Wäre die Bereinigung nur einseitig bei den sonstigen Ausleihungen erfolgt, hätte sich in der Cashflow-Rechnung eine ungeklärte Differenz zwischen der Summe aller Cashflows und der Veränderung des Finanzmittelfonds ergeben. ◄

Das Beispiel mit dem zu eliminierenden Vorgang unterstreicht die Bedeutung der sorgfältigen Analyse der Gegenbestandsposten der Klassifikationen I, F und A. Die Ermittlung der neutralen Vorgänge auf diesem (indirekten) Weg hat den Vorteil, dass auf eine Analyse der einzelnen Bewegungsarten der Veränderung der Gegenbestandsposten des Typs G verzichtet werden kann. Dies ist eine erhebliche Vereinfachung des Erstellungsvorgangs der Cashflow-Rechnung.

► *Neutrale Vorgänge* mit Gegenbuchung in Bilanzposten des Typs I, F oder A in den verbleibenden Gegenbestandsposten müssen bereinigt werden. Sie werden durch die Analyse im Rahmen der vorangegangenen Schritte identifiziert. Neutrale Vorgänge zwischen zwei Gegenbestandsposten des Typs G (verbleibende Posten) können jedoch vernachlässigt werden.

Die Bearbeitung der Veränderung der verbleibenden Posten der Bilanz ist insgesamt als komplex und schwierig zu durchschauende Vorgehensweise zu beurteilen. Auch deren Abbildung in der Cashflow-Rechnung ist nicht intuitiv verständlich. Dies dürfte darauf zurückzuführen sein, dass die ursprüngliche Konzeption der derivativen Methode durch die erheblichen Modifikationen kaum mehr zu erkennen ist. Vorteilhaft ist dagegen die relativ einfache Durchführung der Herleitung. Aus vorangegangenen Schritten sind schon sämtliche erfolgswirksamen und relevanten neutralen Posten ermittelt worden. Eine Analyse der Gegenbestandsposten ist nicht mehr nötig. Die Veränderungen der Gegenbestandsposten sind ebenfalls einfach aus den Bilanzdaten abzuleiten. Bezüglich der Vorzeichenlogik ist eine auf vertieftem Verständnis abgestützte Ableitung zwar möglich, aber nicht empfehlenswert, weil sie fehleranfällig ist und hohe Ansprüche stellt.

► Eine eher mechanische Ableitung mittels Überleitung von den buchhalterischen Einträgen der Bewegungen des Gegenbestandspostens auf die in der Cashflow-Rechnung verwendete Vorzeichenlogik führt schnell zu korrekten Ergebnissen und vermeidet so Vorzeichenfehler.

Diese sog. indirekte Methode, welche in dem vorliegenden Abschnitt beschrieben wurde, unterscheidet sich sowohl hinsichtlich der Vorgehensweise von der Bearbeitung der übrigen Gegenbestandsposten (Typen I, F, A) als auch hinsichtlich der Darstellung und Aussagekraft der Ergebnisse in der Cashflow-Rechnung.

▶ Die Bearbeitung der verbliebenen Gegenbestandsposten entspricht der *indirekten Methode* zur Herleitung des Cashflows aus der Geschäftstätigkeit.

Es soll nicht vergessen werden, dass die in dem vorliegenden Abschnitt beschriebene Herleitung mittels der indirekten Methode nur ein Teilergebnis zu der Ermittlung der Cashflows aus Geschäftstätigkeit beiträgt. Ein weiteres Teilergebnis wird über die gesondert auszuweisenden Zahlungsvorgänge gebildet, soweit diese nicht in einen anderen Tätigkeitsbereich innerhalb der Cashflow-Rechnung umgegliedert werden müssen oder sollen. Die nächste Phase der modifizierten derivativen Herleitung befasst sich mit der Durchführung von Umgliederungen innerhalb der Cashflow-Rechnung. Im nächsten Unterabschnitt wird darauf eingegangen.

4.3.5 Durchführung von Umgliederungen

Lernziel
- Die Durchführung der Umgliederung in technischer Hinsicht erläutern.
- Die Besonderheiten der Umgliederung von unrealisierten Wertänderungen auf Posten des Finanzmittelfonds beschreiben.

In dem Gesamtbetrag der Cashflows aus Geschäftstätigkeit vor Umgliederung sind Elemente enthalten, die in andere Tätigkeitsbereiche oder in einen Überleitungsposten umzugliedern sind. Inwieweit dies der Fall ist, hängt von den Vorgaben des angewandten Regelwerks ab. Diesbezüglich wird auf den Abschn. 4.1.4 verwiesen. In diesem Unterabschnitt geht es um die Erläuterung der technischen Durchführung dieser Umgliederung bezogen auf die drei Anlassgruppen für Umgliederungen.

▶ **Wichtig** Es gibt *drei Anlassgruppen für Umgliederungen*:

- Umgliederungen infolge Ausweiswahlrecht oder Ausweisvorschrift.
- Umgliederung infolge tatsächlicher Änderung des Charakters von Geldflüssen.
- Umgliederung infolge Wertänderungen von Positionen des Finanzmittelfonds.

Die konzeptionellen Grundlagen der Umgliederung wurden bereits oben (Abschn. 4.2.3) dargestellt. Die technische Durchführung besteht bei allen drei Anlassgruppen aus drei Schritten:

1. Ermittlung des umzugliedernden Betrags,
2. Durchführung der Umgliederung,
3. Vornahme einer Verrechnung, wo möglich.

4.3.5.1 Die Ermittlung des umzugliedernden Betrags

Die Ermittlung des umzugliedernden Betrags ist bei bereits ermittelten gesondert auszuweisenden Zahlungsvorgängen bereits im Rahmen der Phase „Bearbeitung der gesondert auszuweisenden Posten" (Abschn. 4.3.3) erfolgt. Bei den Umgliederungen infolge tatsächlicher Änderung des Charakters von Geldflüssen und den Umgliederungen infolge Wertänderungen von Positionen des Finanzmittelfonds ist die Ermittlung noch vorzunehmen.

Bei tatsächlicher Änderung des Charakters von Geldflüssen sind die betroffenen Geldflüsse im Rahmen einer gesonderten Aufstellung zu ermitteln. Dabei ist besonders darauf zu achten, dass die Zusammenstellung nur Geldflüsse umfasst und dass diese Geldflüsse tatsächlich auch während der laufenden Geschäftsperiode erfolgt sind. Regelmäßig entspricht der umzugliedernde Betrag nicht dem in der Gewinn-und-Verlust-Rechnung ausgewiesenen Betrag der aktivierten Aufwendungen. Es können sich darin nicht zahlungswirksame Elemente befinden (z. B. Abschreibungen, Zuführung zu Rückstellungen) oder die Aufwendungen waren nicht in der aktuellen Geschäftsperiode zahlungswirksam. Wurden beispielsweise Vorräte im Vorjahr beschafft und bezahlt, die in der aktuellen Periode in die Erstellung einer Sachanlage eingeflossen sind, handelt es sich zwar um einen aktivierungsfähigen Aufwand, aber nicht um einen Geldfluss in der laufenden Geschäftsperiode.

▶   Der umzugliedernde Betrag von Zahlungen für Eigenleistungen im Zusammenhang mit Investitionstätigkeiten entspricht regelmäßig nicht demjenigen in der Gewinn-und-Verlust-Rechnung (Ertrag aus aktivierten Eigenleistungen), weil er nur die in der Geschäftsperiode getätigten Auszahlungen und nicht die vollen Herstellungskosten umfassen soll.

Bei der Ermittlung des umzugliedernden Betrags von nicht realisierten Wertänderungen von Posten des Finanzmittelfonds sind vorab die Vorgaben des angewandten Rechnungslegungsstandards zu beachten, um den Umfang der umgliederungspflichtigen Wertänderungen zu bestimmen (vgl. Abschn. 8.4). Anschließend ist der Betrag der Wertänderungen in der Gewinn-und-Verlust-Rechnung zu identifizieren. Zumeist handelt es sich um Verluste oder Gewinne infolge von Wechselkurs- oder Börsenkursveränderungen, die sich aus der Neubewertung zum Periodenende von bestimmten Posten des Finanzmittelfonds ergeben.

4.3.5.2 Die Durchführung der Umgliederung

Die konkrete Durchführung der Umgliederung ist von der Art der verwendeten Hilfsmittel zur Dokumentation der Einzelheiten der Herleitungs- und Analysearbeiten abhängig. Bezüglich der Vorgehensweise wird auf die Ausführungen in Abschn. 4.2.3 verwiesen.

Bei der Umgliederung von Posten der Gewinn-und-Verlust-Rechnung aus Wertänderungen von Positionen des Finanzmittelfonds ist ergänzend darauf hinzuweisen, dass es
sich bei der Umgliederung im Grunde um eine Elimination der Wertänderung sowohl aus
der Gewinn-und-Verlust-Rechnung als auch aus der Veränderung des Finanzmittelfonds
handelt. Weil aber die meisten Regelwerke verlangen, dass die Veränderung des Finanzmittelfonds zunächst einschließlich dieser Wertänderungen ausgewiesen wird, darf keine
Elimination aus dieser Veränderung erfolgen. Der Grund für diese Vorschrift liegt in der
Nachvollziehbarkeit der Veränderung mittels Beizug der relevanten Bilanzbestände des
Finanzmittelfonds. Entsprechend besteht kein Zielort, auf den die Umgliederung gerichtet
werden könnte. Aus Sicht der Cashflow-Rechnung ist es eine einseitige Korrektur ohne
Gegenposten. Es wird lediglich der Cashflow aus Geschäftstätigkeit um die Wertänderung
des Finanzmittelfonds bereinigt. Das Gegenstück dazu wäre eine Bereinigung der Veränderung des Finanzmittelfonds. Dieser liegt außerhalb der Cashflow-Rechnung.

▶   Der Gegenposten zu der Umgliederung von Gewinnen oder Verlusten aus unreali-
       sierten Wertänderungen des Finanzmittelfonds ist außerhalb der Cashflow-Rechnung
       auszuweisen. Diese Umgliederung ist aus Sicht der Cashflow-Rechnung eine *einsei-
       tige Korrektur*, welche das Ergebnis der Cashflow-Rechnung (Summe der Cash-
       flows aus den drei Tätigkeitsbereichen) verändert.

Die meisten Regelwerke lösen die Problematik so, dass sie einen Überleitungsposten
zwischen Cashflow-Rechnung und Veränderungsnachweis des Finanzmittelfonds einfü-
gen, um diesen Gegenposten der Umgliederung auszuweisen. Der gesonderte Ausweis
dieses Überleitungspostens ist bei den meisten Regelwerken ausdrücklich vorgeschrieben.
Die Bereinigung der Cashflows aus Geschäftstätigkeit wegen Gewinnen oder Verlusten
aus unrealisierten Wertänderungen des Finanzmittelfonds ist zweckmäßigerweise im Rahmen der indirekten Ermittlung der relevanten erfolgswirksamen Posten vorzunehmen. Die
Gewinne aus Wertänderungen sind dort als negative Posten aufzuführen und die Verluste
als positive Posten. Damit werden erfolgswirksame Vorgänge, die sich nicht auf Gegenbestandsposten mit Geschäftstätigkeitscharakter beziehen, sondern auf den Finanzmittelfonds, im Rahmen der indirekten Berechnung aus dem Jahresüberschuss oder -fehlbetrag
herausgerechnet.

4.3.5.3   Offene oder verdeckte Verrechnung mit dem umzugliedernden Posten

Bezüglich der offen oder verdeckt ausgewiesenen Verrechnung mit dem umzugliedernden
Posten wird auf die Ausführungen in Abschn. 4.2.3 verwiesen.
Wie oben (Abschn. 4.3.5.2) bereits ausgeführt, verlangen die meisten Regelwerke für
unrealisierte Wertänderungen auf Posten des Finanzmittelfonds eine offene Verrechnung
bezogen auf die Veränderung des Finanzmittelfonds im Sinne einer Überleitung zwischen
Cashflow-Rechnung und Veränderungsnachweis des Finanzmittelfonds.

4.3.6   Zusammenführung zur Cashflow-Rechnung

Lernziel
Die Teilschritte aufzählen und erläutern, die zur Bereitstellung der Grunddaten für die Darstellung der Cashflow-Rechnung vorzunehmen sind.

Die bisher beschriebenen Phasen beziehen sich auf die Analyse der Gegenbestandsposten. Die Reihenfolge der Bearbeitung wurde bewusst in Abweichung von der üblichen Darstellungsreihenfolge der Cashflow-Rechnung vorgenommen, um den gegenseitigen Abhängigkeiten Rechnung zu tragen. Nachdem alle notwendigen Analysen und Informationen vorhanden sind, erfolgt als abschließender Schritt deren Zusammenführung zu der Cashflow-Rechnung. In diesem Unterabschnitt liegt der Fokus auf der Schaffung der Zusammenhänge zwischen diesen Informationen und Analysen und der Darstellung der Cashflow-Rechnung. Im folgenden Kapitel (Kap. 5) werden Hilfsmittel vorgestellt und Möglichkeiten der Kontrolle vorgeschlagen. Das letzte Kapitel des ersten Teils (Kap. 6) widmet sich den Einzelheiten bezüglich Darstellung und Gliederung der Cashflow-Rechnung.

▶   **Wichtig** Die Zusammenführung der erarbeiteten Informationen und Analysen zur Cashflow-Rechnung besteht aus folgenden wesentlichen Arbeitsschritten:

A.   **Cashflows aus Geschäftstätigkeit**
   1.   Indirekte Ermittlung der erfolgswirksamen Veränderungen von Gegenbestandsposten mit Geschäftstätigkeitscharakter (G).
   2.   Zusätzliche Berücksichtigung der „Umgliederung" von unrealisierten Wertänderungen von Posten des Finanzmittelfonds.
   3.   Auflistung der Veränderung von Gegenbestandsposten mit Geschäftstätigkeitscharakter (G).
   4.   Bereinigung von Gegenbestandsposten mit Geschäftstätigkeitscharakter (G) um „externe" neutrale Vorgänge.
   5.   Auflistung der aus Gegenbestandsposten des Typs A ermittelten Ein- oder Auszahlungen.
   6.   Umgliederung in andere Tätigkeitsbereiche (offen oder verdeckt)
B.   **Cashflows aus Investitionstätigkeit**
   7.   Auflistung der aus Gegenbestandsposten des Typs I ermittelten Ein- oder Auszahlungen.
   8.   Auflistung der Umgliederungen in die Cashflows aus Investitionstätigkeit.
   9.   Zusammenführung der Umgliederungen mit den Ein- und Auszahlungen, sofern zulässig.

C. **Cashflows aus Finanzierungstätigkeit**

10. Auflistung der aus Gegenbestandsposten des Typs F ermittelten Ein- oder Auszahlungen.
11. Auflistung der Umgliederungen in die Cashflows aus Finanzierungstätigkeit.
12. Zusammenführung der Umgliederungen mit den Ein- und Auszahlungen, sofern zulässig.

D. **Überleitung zum Nachweis der Veränderung des Finanzmittelfonds**

13. Gegenposten zu der „Umgliederung" von unrealisierten Wertänderungen von Posten des Finanzmittelfonds als Überleitung zur Veränderung des Finanzmittelfonds aufführen.

E. **Nachweis der Veränderung des Finanzmittelfonds**

14. Finanzmittelfonds zum Anfang der Periode aufführen.
15. Finanzmittelfonds zum Ende der Periode aufführen.

In den folgenden Ausführungen werden Angaben zur Herkunft der oben aufgeführten Daten zur Verfügung gestellt, soweit dies nötig erscheint. Dazu wird auf die Buchstaben und Zahlen der obigen Aufstellung durch einen Klammervermerk Bezug genommen (z. B. A6 für Umgliederungen in andere Tätigkeitsbereiche).

4.3.6.1 Cashflows aus Geschäftstätigkeit (A)

Die Posten zu (A1) ergeben sich aus den erfolgswirksamen Veränderungsanteilen der Gegenbestandsposten der Typen I, F (vgl. Abschn. 4.3.2) und A (vgl. Abschn. 4.3.3). Das Vorzeichen des Betrags wird nach den Regeln ermittelt, wie dies in Abschn. 4.3.4 beschrieben wurde. Bezüglich der Reihenfolge der Posten und Zusammenfassungen sind die Vorgaben des angewandten Regelwerks zu beachten. Allen Regelwerken gemeinsam ist die Vorgabe, dass der Jahresüberschuss (oder -fehlbetrag) als oberster Posten aufzuführen ist.

Die Integration der Umgliederung von unrealisierten Wertänderungen von Posten des Finanzmittelfonds (A2) in die indirekte Ermittlung der erfolgswirksamen Veränderungen von Gegenbestandsposten mit Geschäftstätigkeitscharakter (G) ist sachgerecht. Sie bildet Teil der indirekten Ermittlung, weil dort alle Elemente der Gewinn-und-Verlust-Rechnung aufzuführen sind, die nicht zu einer Gegenbuchung in einem Bilanzposten mit Geschäftstätigkeitscharakter führen. Dies trifft für Gewinne und Verluste aus Wertänderungen von Posten des Finanzmittelfonds zu.

Bezüglich der Veränderung von Gegenbestandsposten mit Geschäftstätigkeitscharakter (A3) und deren Bereinigung um gewisse neutrale Vorgänge (A4) wird auf Abschn. 4.3.4 verwiesen.

Die Auflistung der aus Gegenbestandsposten des Typs A ermittelten Ein- oder Auszahlungen (A5) ergibt sich aus den Ergebnissen der Bearbeitung der Gegenbestandsposten des Typs A wie sie in Abschn. 4.3.3. dargestellt ist. Im Gegensatz zu den Schritten A1–A4 liegt dieser Darstellung die sog. direkte Methode zugrunde. Dies bedeutet, dass die dahinter stehende derivative Herleitung der Zahlungen nicht offen ausgewiesen wird, sondern verdeckt erfolgt und nur die daraus resultierenden Zahlungsbeträge ausgewiesen werden. Auszahlungen werden als negative Beträge aufgeführt und Einzahlungen als positive Beträge. Die Bezeichnung der Posten bringt den Charakter von Zahlungen deutlich zum Ausdruck, um Verwechslungen mit einer Position der Gewinn-und-Verlust-Rechnung zu vermeiden. Beispiele für solche Bezeichnungen sind „erhaltene Zinsen", „bezahlte Steuern", „erhaltene Dividenden" usw.

Bezüglich der Umgliederungen in andere Tätigkeitsbereiche (A6) wird auf die Ausführungen in Abschn. 4.2.3 und 4.3.5 verwiesen. Nachdem die Umgliederungen zu (A2) bereits erfolgt sind, handelt es sich hier um die Umgliederungen in Wahrnehmung von Ausweiswahlrechten und zur Einhaltung von Ausweisvorschriften. Diese erfolgen in der Regel mit verdeckter Verrechnung an der Quelle. Im Gegensatz dazu ist es regelmäßig weder möglich noch sinnvoll Umgliederungen infolge Änderung des Tätigkeitsbereichs in verdeckter Weise zu verrechnen. Daher wird dort ein offener Ausweis der Verrechnung erfolgen, was zu einem Ausweis des Umgliederungspostens an der Quelle führt.

4.3.6.2 Cashflows aus Investitionstätigkeit (B)

Die Auflistung der aus Gegenbestandsposten des Typs I ermittelten Ein- oder Auszahlungen (B7) ergibt sich aus den Ergebnissen der Bearbeitung der Gegenbestandsposten des Typs I wie sie in Abschn. 4.3.2 dargestellt ist. Im Gegensatz zu den Schritten A1–A4 liegt auch in dieser Darstellung die sog. direkte Methode zugrunde. Dies bedeutet, dass die aus der Analyse resultierenden Zahlungsbeträge ausgewiesen werden. Auszahlungen werden als negative Beträge gesondert von den Einzahlungen als positive Beträge aufgeführt. Der Bruttoausweis ist in diesem Bereich verpflichtend. Es ist von den angewandten Regelwerken abhängig, welche Klassen von Investitionstätigkeiten gesondert auszuweisen sind.

Umgliederungen in die Cashflows aus Investitionstätigkeit (B8) sind das Gegenstück zu den Umgliederungen aus den Cashflows aus Geschäftstätigkeit (A6). Ein Beispiel für eine solche Umgliederung wären die nach vielen Regelwerken als Cashflow aus Investitionstätigkeit auszuweisende Einzahlungen aus erhaltenen Zinsen und erhaltenen Dividenden.

Es könnte sich bei diesen Umgliederungen aber auch um Umgliederungen aus nachträglicher Änderung des Charakters von Zahlungen, z. B. weil in den Cashflows aus Geschäftstätigkeit enthaltene Zahlungen infolge einer Eigenleistung zu einer Veränderung des Anlagevermögens führen, handeln. Diese Zahlungen für Material, Löhne, Sozialversicherungsbeiträge und die Inanspruchnahme von Dienstleistungen Dritter werden systembedingt zunächst im Rahmen der indirekten Methode in die Ermittlung der Cashflows aus Geschäftstätigkeit miteinbezogen (Schritte A1–A4). Mit dem Schritt A6 werden diese Zahlungen aus diesem Tätigkeitsbereich durch Umgliederung eliminiert (mit offen ausgewiesener Verrechnung) und in die Cashflows aus Investitionstätigkeit übertragen. Dabei handelt es sich um Zahlungen aus Investitionen in das Sachanlagevermögen. Die meisten Standards verlangen keine Differenzierung der Investitionen in selbst hergestellte und zugekaufte Wirtschaftsgüter. Daher ist eine Zusammenführung der Umgliederungen mit den

Auszahlungen aus zugekauften Gegenständen des Sachanlagevermögens (B9) in diesem Fall notwendig. Diese Zusammenführung ist nur dann zulässig, wenn es sich nach dem angewandten Regelwerk bei den umgegliederten Posten nicht um gesondert auszuweisende Zahlungen handelt.

4.3.6.3 Cashflows aus Finanzierungstätigkeit (C)

Bezüglich der Arbeitsschritte C 10–C 12 gelten die Ausführungen zu den Cashflows aus Investitionstätigkeit (Abschn. 4.3.6) sinngemäß.

4.3.6.4 Überleitung zum und Nachweis der Veränderung des Finanzmittelfonds (D und E)

Der Gegenposten (D13) zu der „Umgliederung" von unrealisierten Wertänderungen von Posten des Finanzmittelfonds (A2) wird nach IAS 7 als Überleitungsposten zu dem Nachweis der Veränderung des Finanzmittelfonds offen ausgewiesen. Die unrealisierten Wertänderungen von Posten des Finanzmittelfonds bilden als nicht zahlungswirksame Vorgänge nicht Teil der Cashflow-Rechnung. Es wird auf die Ausführungen in Abschn. 4.1.4 sowie die konkreten Vorgaben der angewandten Regelwerke verwiesen.

Schließlich wird, abhängig von den Vorgaben des angewandten Regelwerks, eine Abstimmung der ermittelten Summe aller Cashflows mit der Veränderung des Finanzmittelfonds gezeigt. Damit wird belegt, dass der Anfangsbestand des Finanzmittelfonds unter Berücksichtigung der Geldflüsse in der Cashflow-Rechnung und dem vorstehend erwähnten Überleitungsposten mit dem in der Bilanz ausgewiesenen Endbestand des Finanzmittelfonds übereinstimmt (E14, E15).

Fazit

Die modifizierte derivative Vorgehensweise zeichnet sich dadurch aus, dass sie *konsequent von den in der Bilanz ausgewiesenen Posten ausgeht*, die sich außerhalb des Finanzmittelfonds befinden (Gegenbestandsposten). Deren *Veränderung wird entweder analysiert nach den drei Bewegungsarten erfolgswirksame (E), liquiditätswirksame (L) und neutrale (N) Vorgänge*. Ziel dieser Analyse ist die Ermittlung der Ein- und Auszahlungen, die sich als Gegenbuchung zu den liquiditätswirksamen Bewegungen in den Gegenbestandsposten isolieren lassen. Dabei werden Auszahlungen und Einzahlungen gesondert ermittelt.

Die *Cashflows aus Geschäftstätigkeit* werden jedoch nicht nach dieser Methode ermittelt, sondern *nach der sog. indirekten Methode*. Dabei werden die Veränderungen der Gegenbestandsposten um die darin enthaltenen erfolgswirksamen Vorgänge, teilweise auch um neutrale Vorgänge bereinigt. Weil die Bereinigung nicht einzelpostenweise, sondern summarisch erfolgt, kann nur die Gesamtsumme der Ein- und Auszahlungen als Nettogröße ermittelt werden. Eine Besonderheit stellt die Ermittlung der erfolgswirksamen Vorgänge in den Gegenbestandsposten mit Geschäftstätigkeitscharakter dar. Sie werden indirekt aus allen anderen erfolgswirksamen Vorgängen außerhalb dieser Gegenbestandsposten hergeleitet.

Um diese Vorgänge im Einzelnen zu ermitteln, besteht die Notwendigkeit der vorgängigen Analyse der Gegenbestandsposten mit dem Charakter der Investitions- (I) und der Finanzierungstätigkeit (F) sowie derjenigen, die im Zusammenhang mit gesondert auszuweisenden Zahlungsvorgängen stehen (A).

Nachdem alle Gegenbestandsposten analysiert worden sind, kann aus den Analyseergebnissen die *Cashflow-Rechnung abgeleitet* und zur Darstellung gebracht werden. Bezüglich der Darstellung und Gliederung sind *unterschiedliche Vorgaben der im Einzelfall angewandten Regelwerke* zu beachten.

Üblicherweise schließt sich der Erstellung der Cashflow-Rechnung noch ein *Nachweis der Veränderung des Finanzmittelfonds* an. Dabei wird die Bereinigung dieser Veränderung um *nicht realisierte Wertänderungen* (z. B. aus Wechselkursschwankungen auf Fremdwährungsbeständen) zumeist offen *als Überleitungsposten* zur Cashflow-Rechnung gesondert ausgewiesen.

4.4   Kritische Würdigung

Zum Abschluss der Darstellungen des Konzepts der modifizierten derivativen Herleitung enthält der vorliegende Abschnitt eine Reflexion. Das Konzept hat Vor- und Nachteile, die jedoch aus Sicht der Erstellung der Cashflow-Rechnung und aus Sicht deren Verwendung unterschiedlich ausfallen.

4.4.1   Aus Sicht der Erstellung der Cashflow-Rechnung

Lernziele
- Die Vereinfachungen aus Sicht der Erstellung gegenüber der derivativen Methode aufzählen und beschreiben.
- Die zusätzlichen Analysearbeiten gegenüber der derivativen Methode aufzählen und beschreiben.

Im Bereich der Cashflows aus Geschäftstätigkeit ergeben sich durch die Anwendung der modifizierten derivativen Herleitung maßgebliche Vereinfachungen. Die Verwendung der sog. indirekten Methode eliminiert die Notwendigkeit der einzelpostenweisen Ermittlung der Einzahlungs- und Auszahlungsgruppen. Eine *detaillierte Analyse der Veränderung von Gegenbestandsposten ist nicht nötig.* Für die Ermittlung der Cashflows aus Geschäftstätigkeit kann im Wesentlichen auf die bereits erfolgten Analysearbeiten der Gegenbestandsposten außerhalb des Bereichs der Geschäftstätigkeit abgestützt werden. Dies ist eine maßgebliche Vereinfachung gegenüber der derivativen Herleitung.

Anderseits sind zur Erfüllung der Anforderungen von Standards und Regelwerken zusätzliche Aspekte zu berücksichtigen. Namentlich das *Erfordernis der Bruttodarstellung* von Zahlungsvorgängen (keine Verrechnung von Ein- und Auszahlungen), die *Elimination von neutralen Vorgängen* und die *Anforderungen zum gesonderten Ausweis bestimmter Cashflow-Posten* führen zu erheblichem Mehraufwand im Bereich der Investitions- und Finanzierungstätigkeit. Die mit diesen Bereichen der Cashflow-Rechnung zusammenhängenden Veränderungen der Bilanzposten sind unter Beizug interner Informationen *in ihre Komponenten zu zerlegen*. Dabei müssen die erfolgswirksamen Veränderungsbestandteile (E), die neutralen Vorgänge (N) und die Gegenposten zu Ein- und Auszahlungen (L−, L+) identifiziert werden. Dies bedeutet einen zusätzlichen Aufwand gegenüber der (einfachen) derivativen Methode, welche lediglich die Veränderungen der Bilanzposten um deren erfolgswirksamen Anteil bereinigt hat. Zudem sind noch Umgliederungen zu berücksichtigen, um Ausweiswahlrechten Rechnung zu tragen oder um nachträgliche Veränderungen im Charakter von Zahlungsvorgängen korrekt abzubilden.

4.4.2 Aus Sicht der Verwendung der Cashflow-Rechnung

Lernziele
- Die Vorteile der modifizierten derivativen Methode aus Sicht der Verwendung der Cashflow-Rechnung aufzählen und beschreiben.
- Die Nachteile der modifizierten derivativen Methode aus Sicht der Verwendung der Cashflow-Rechnung aufzählen und beschreiben.

Zweifellos liegen die Vorteile der modifizierten derivativen Herleitung aus Sicht der Verwendung der Cashflow-Rechnung darin, dass die Anforderungen der maßgebenden Regelwerke oder Standards damit umgesetzt werden können. Dies ist bei der derivativen Herleitung nicht der Fall (vgl. Abschn. 4.1). Durch die Modifikationen werden namentlich die Bruttodarstellung der Cashflow-Posten gewährleistet und neutrale Vorgänge werden nicht fälschlicherweise als Bestandteile der Cashflow-Rechnung miteinbezogen. Zudem werden die Ausweispflichten und Ausweiswahlrechte gemäß den Standards in der Systematik der Herleitung berücksichtigt und integriert.

Der Nachteil liegt in der Anwendung der indirekten Methode für die Herleitung der Cashflows aus Geschäftstätigkeit. Diese Methode zeichnet sich dadurch aus, dass nur das Ergebnis der Berechnung, nämlich die Summe der Cashflows aus Geschäftstätigkeit einen Geldfluss darstellt. Alle anderen Posten der Herleitung sind keine Geldflüsse, sondern sind Einzelheiten der Berechnung, die im Vergleich zu der direkten Methode kaum Aussagewert besitzen. Bei der direkten Methode werden Einzahlungen und Auszahlungen zur Darstellung gebracht. Die Gesamtsumme wird auf diese Weise erklärt durch ihre Komponenten in Form von Geldflüssen. Die Methode ist auch schwierig zu beschreiben und zu vermitteln, weil Logik und Darstellung sich nicht entsprechen.

Fazit

Die modifizierte derivative Methode ist *aus Sicht der Erstellung insgesamt einfacher und weniger aufwändig*, weil sie im Bereich der Cashflows aus Geschäftstätigkeit (mit indirekter Methode) kaum Analyseaufwand erfordert. *Nachteilig* aus Sicht der Verwendung der Cashflow-Rechnung *ist der Verlust an Aussagekraft im Bereich Geschäftstätigkeit*, weil nur die Gesamtsumme, nicht jedoch deren Bestandteile im Sinne von Geldflüssen zur Darstellung kommt.

Die Vereinfachung im Bereich der Geschäftstätigkeit wiegt den *zusätzlichen Analyseaufwand in den anderen Bereichen* auf. Dieser zusätzliche Aufwand ist *erforderlich, um den Ansprüchen an Bruttoausweis, korrekter Behandlung neutraler Vorgänge und gesondert auszuweisender Posten gerecht zu werden.* Aus Sicht der Verwendung steigt damit die Aussagekraft und Qualität der Cashflow-Rechnung. Zudem werden die maßgebenden Vorschriften von Standards oder Regelwerken eingehalten.

Die in dem vorliegenden Kapitel erfolgte Beschreibung der modifizierten derivativen Herleitung auf konzeptioneller Ebene wirkt theoretisch und ist ohne konkrete Beispiele schwierig nachvollziehbar. Die zur Umsetzung des Konzepts zur Anwendung gelangenden Hilfsmittel wurden bewusst noch unerwähnt gelassen.

Das folgende Kapitel hat die Zielsetzung ein Gegengewicht und eine Ergänzung zu den eher theoretischen Darstellungen zu schaffen. Es möchte die konkreten Hilfsmittel und Vorgehensweisen im Rahmen eines systematischen Erstellungsprozesses anhand eines konkreten Beispiels aufzeigen und damit auch die in dem vorliegenden Kapitel angesprochenen Konzepte illustrieren. Das folgende Kapitel ist der systematischen Erstellung der Cashflow-Rechnung auf der Grundlage der Konzeption der modifizierten derivativen Herleitung gewidmet.

Kapitelzusammenfassung

Die **modifizierte derivative Herleitung** stellt eine Weiterentwicklung der derivativen Herleitung dar. Sie zielt darauf ab, die **Unzulänglichkeiten der derivativen Methode** zu **beseitigen** und so eine Vorgehensweise anzubieten, welche die **Erfüllung der Anforderungen von** im deutschsprachigen Raum anzutreffenden **Regelwerken und Standards** ermöglicht. Insbesondere die **aufwändigen Analysen im Bereich der einzelpostenweisen Ermittlung der Elemente des Bereichs der Cashflows aus Geschäftstätigkeit**, die für die Zuordnung von erfolgswirksamen Bereinigungen zu den Veränderungen der Bilanzposten nötig sind, werden vermieden. Die **Anforderungen an eine Bruttodarstel-**

lung (keine Verrechnung von Ein- und Auszahlungen) werden größtenteils erfüllt, während im Bereich der Cashflow-Ermittlung aus Geschäftstätigkeit mit der indirekten Methode dieser Anforderung aus dem Weg gegangen wird. Weiter wird dem Aspekt der **Elimination von neutralen (nicht zahlungswirksamen) Bilanzveränderungen** verstärkt Rechnung getragen. Schließlich wird auch auf **besondere Ausweisvorschriften und Ausweiswahlrechte** mehr Rücksicht genommen als bei der derivativen Herleitung.

Andererseits **reduziert** die Vorgehensweise **die Komplexität und den Analysebedarf im Bereich der Cashflows aus Geschäftstätigkeit**, weil dort eine sog. **indirekte Methode** zur Anwendung gelangt. Dieser Darstellung haftet der Mangel an, dass sie schwierig verständlich ist und die einzelnen Ein- und Auszahlungsgruppen, aus denen sich die Gesamtsumme zusammensetzt, nicht zum Ausdruck bringt. Sie ist darum wenig aussagekräftig.

Die **Cashflow-Elemente der Bereiche Investitionstätigkeit und Finanzierungstätigkeit** sowie bestimmte **gesondert auszuweisende einzelne Cashflow-Posten** werden **mit der direkten Methode** ermittelt. Diese erfordert einen nicht unerheblichen Analyseaufwand. Im Gegenzug kann der direkte Ausweis der Ein- und Auszahlungen für jede wichtige Klasse von Vorgängen zur Darstellung gebracht werden. Dies erhöht die Aussagekraft und die Verständlichkeit erheblich.

Insgesamt ist die modifizierte derivative Methode eine **Mischung aus direkter und indirekter Methode**. Dadurch wird ein Mittelweg aus Reduktion der Komplexität, aber auch der Aussagekraft der Cashflow-Rechnung beschritten, der in der Praxis sehr häufig anzutreffen ist. Die praktische Umsetzung der modifizierten derivativen Herleitung wird im folgenden Kapitel erläutert und an einem Beispiel illustriert.

Literatur

Austrian Financial Reporting and Auditing Committee – AFRAC (2020) AFRAC-Stellungnahme 36: Geldflussrechnung (UGB). AFRAC, Wien

Deutsches Rechnungslegungs Standards Committee e.V. (DRSC) (2017) Deutscher Rechnungslegungs Standard Nr. 21 (DRS 21) Kapitalflussrechnung. DRSC, Berlin

International Accounting Standards Board (IASB) (2022) IFRS® standards required for accounting periods beginning on or after 1 January 2022, excluding changes not yet required. IFRS Foundation, London

SWISS GAAP FER, Stiftung für Fachempfehlungen zur Rechnungslegung (2020) Fachempfehlungen zur Rechnungslegung. Stand: 1. Januar 2020. Stiftung für Fachempfehlungen zur Rechnungslegung, St. Gallen

Systematisches Vorgehen bei der Erstellung

5

Die praktische Umsetzung der modifizierten derivativen Herleitung

Das obige Kapitel (Kap. 4) hat sich ausführlich mit der Konzeption der modifizierten derivativen Herleitung der Cashflow-Rechnung befasst. Die Ausführungen erfolgten eher theoretisch-abstrakt. Als Gegengewicht dazu fokussiert das vorliegende Kapitel auf die praktische Umsetzung der Konzeption im Sinne eines systematischen Vorgehens. Mittels eines konkreten und möglichst praxisnahen Illustrationsbeispiels wird jeder einzelne Schritt dargestellt und erläutert. Vorschläge für die Verwendung von Hilfsmitteln zur Durchführung und Dokumentation der einzelnen Arbeitsschritte werden unterbreitet, und die Verwendung der Hilfsmittel wird am praktischen Beispiel aufgezeigt.

Die Gliederung des Kapitels orientiert sich an den Phasen der modifizierten derivativen Herleitung, wie sie im Abschn. 4.3 enthalten sind. Der letzten Phase (Zusammenführung zur Cashflow-Rechnung) wird allerdings ein gesondertes Kapitel gewidmet (Kap. 6). Somit beschränkt sich die Darstellung im vorliegenden Kapitel auf den internen Erstellungsprozess. Die verantwortliche interne Stelle, welche damit befasst ist, hat diesbezüglich keine direkten Vorgaben aus Standards oder Regelwerken zu beachten und kann diesen Prozess somit nach betrieblichen Bedürfnissen und nach Maßgabe der eingesetzten IT-Hilfsmittel konkret ausgestalten. Deswegen sind die Darstellungen in dem vorliegenden Kapitel möglichst unabhängig von der konkreten Umsetzung in Bezug auf IT-Hilfsmittel erfolgt. Im Zentrum der Betrachtung steht die grundsätzliche Logik, welche aus diesen Gründen stark an die allgemein übliche buchhalterische Darstellung angelehnt wurde.

Eine Einführung (Abschn. 5.1) wird vorangestellt. Danach folgt die konkrete Umsetzung der Kategorisierung der Bilanzposten (Abschn. 5.2). Die Bearbeitung der Bilanzposten der vier verschiedenen Typen (I, F, A und G) bilden Unterabschnitte des Abschn. 5.3. Eine wichtige Phase stellt die Zuordnung der ermittelten Veränderungskomponenten pro

M. Fontana, *Cashflow Rechnung mit System*, https://doi.org/10.1007/978-3-658-40719-3_5

Bilanzposition auf die drei Hauptgliederungselement der Cashflow-Rechnung (Tätigkeits-bereiche) dar. Dazu wird als Hilfsmittel eine Matrixdarstellung vorgeschlagen, welche auch zu Kontrollzwecken eingesetzt werden kann sowie einer eventuellen Fehlersuche dient. Diesen Aspekten ist der Abschn. 5.4 gewidmet. Abschließend zeigt der Abschn. 5.5 die Vorgehensweise zur Umgliederung von Zahlungsvorgängen von einem Tätigkeitsbe-reich in einen anderen Tätigkeitsbereich der Cashflow-Rechnung auf.

5.1   Einführung

Der Abschnitt dient der Einführung in das Kapitel und enthält zunächst eine Umschrei-bung der Zielsetzung des Kapitels (Abschn. 5.1.1). Danach folgen Hintergrundinfor-mationen zum Illustrationsbeispiel Schokoladen Produktions AG (Abschn. 5.1.2). Ab-schließend wird auf zwei Sonderthemen eingegangen, die sich durch alle folgenden Abschnitte ziehen. Einerseits wird die Frage behandelt, ob in der Analyse Bargeschäfte und Kreditgeschäfte gesondert behandelt werden sollen. Der Abschn. 5.1.3 spricht sich für eine vereinfachte Vorgehensweise im Sinne einer Fiktion der bilanziellen Bu-chungstechnik für Analysezwecke aus. Andererseits ist die Frage der Behandlung der in Kunden- und Lieferantenzahlungen enthaltenen Anteile an Mehrwertsteuern zu be-handeln. Im Abschn. 5.1.4 werden die zwei grundsätzlichen Varianten aufgezeigt und beurteilt. Die verwendete Variante im Illustrationsbeispiel wird genannt und deren Wahl begründet.

5.1.1   Zielsetzung des Kapitels

Lernziel
Die Zwecke des vorliegenden Kapitels aufzählen und den Nutzen der Lektüre des Kapitels beschreiben.

In dem vorliegenden Kapitel werden gleichzeitig *zwei Ziele* verfolgt. Einerseits werden die theoretisch dargelegten Phasen der modifizierten derivativen Herleitung mittels eines praxisnahen, aber dennoch nicht allzu komplexen Beispiels illustriert und erläutert. Ande-rerseits werden mögliche Hilfsmittel für die Unterstützung der Durchführung und Doku-mentation der einzelnen Phasen vorgeschlagen und deren Einsatz am Illustrationsbeispiel aufgezeigt. Der Nutzen dieses Kapitels besteht in der praktischen Anwendung der im vo-rangegangen Kapitel beschriebenen Theorie und der Bereitstellung hilfreicher Instrumente zur systematischen Bearbeitung.

5.1.2 Einführung zum Illustrationsbeispiel

Lernziel
Das Umfeld und die Grunddaten des verwendeten Illustrationsbeispiels beschreiben.

Die einzelnen Schritte zur Umsetzung der modifizierten derivativen Herleitung einer Cash-flow-Rechnung werden in den folgenden Abschnitten mittels eines zusammenhängenden Illustrationsbeispiels Schokoladen Produktions AG dargestellt. Diese ist ein kleiner Schokoladenproduzent mit Sitz in der Schweiz. Die Gesellschaft wird von einer Gesellschaft in Deutschland kontrolliert, welche zahlreiche weitere Beteiligungen im Bereich von Nahrungsmitteln, insbesondere Süßwaren, hält. Die Aktien der Obergesellschaft dieses Konzerns sind an der Frankfurter Wertpapierbörse zum Handel zugelassen. Als Zulassungsfolgepflicht ist die Obergesellschaft verpflichtet, eine Konzernrechnung nach IFRS in der gemäß Verordnung (EG) Nr. 1606/2002 von der EU Kommission freigegebenen Fassung der IFRS zu erstellen. Dies beinhaltet auch die Erstellung einer Konzern-Kapitalflussrechnung nach IAS 7. In dem Beispiel ist der Erstellungsprozess dieses Teils des Konzernabschlusses so ausgestaltet, dass die einzelnen Berichtseinheiten des Konzerns der Konzernobergesellschaft ein Berichtspaket liefern müssen, welches als Grundlage für die weiteren Arbeiten auf Konzernebene dient. Unter anderem muss die Schokoladen Produktions AG eine in ihrer Funktionalwährung (Schweizer Franken, CHF) ausgedrückte Cashflow-Rechnung im Rahmen dieses Berichtspakets liefern.

Die *Rechnungslegungsrichtlinien des Konzerns* beinhalten bezüglich der Ausgestaltung der Cash-Flow-Berichterstattung verschiedene Vorgaben. Die Ein- und Auszahlungen im Bereich der Investitionsrechnung sind nach Klassen zu gliedern, welche u. a. die folgenden Klassen umfassen:

- Maschinen
- Fahrzeuge
- Andere mobile Sachanlagen
- Nutzungsrechte (nach obigen Klassen)
- Grundstücke und Gebäude
- Immaterielle Vermögenswerte.

Weiter ist bezüglich der Ausübung von Ausweiswahlrechten eine verbindliche Regelung für den Konzernabschluss vorgesehen, welche vorschreibt, dass erhaltene Zinsen und Dividenden den Cashflows aus Investitionstätigkeit zugeordnet werden soll und bezahlte Zinsen und Dividenden den Cashflows aus Finanzierungstätigkeit. Ertragsteuer-Zahlungen sollen den Cashflows aus laufender Geschäftstätigkeit zugeordnet werden. Zahlungen und Rückerstattungen von Sicherungssteuern, die an der Quelle erhoben wurden, wie z. B. Kapitalertragsteuern (in der Schweiz Verrechnungssteuer), sollen hingegen in demjenigen

Tätigkeitsbereich ausgewiesen werden, in dem das zugrunde liegende Steuerobjekt ausgewiesen wird. Die Ablieferung einer solchen Steuer z. B. auf einer bezahlten Dividende soll als Cashflow aus Finanzierungstätigkeit ausgewiesen werden. Zahlungsflüsse werden im Übrigen netto, d. h. ohne darin enthaltene Mehrwertsteuerbeträge ausgewiesen. Mehrwertsteuerzahlungen sind somit insgesamt in den Cashflows aus Geschäftstätigkeit enthalten, auch wenn sie Investitionsvorgänge betreffen (vgl. Abschn. 5.1.4).

Die Arbeiten an dem Berichtspaket zum 31. Dezember 2022 sind hinsichtlich der Bilanz und der Gewinn-und-Verlust-Rechnung fast abgeschlossen. Die Bewertungen in der Bilanz basieren auf Konzernrichtlinien, welche in Übereinstimmung mit den anwendbaren IFRS stehen. Es liegt also eine Handelsbilanz II vor. Die Bilanzwerte zum Anfang und zum Ende der Geschäftsperiode, welche vom 1. Januar bis zum 31. Dezember dauert, sind in Abb. 5.1 aufgeführt. Einzig die Überleitung von der in der Schweiz üblichen Gliederung auf den Konzernkontoplan bzw. die in der Konzernbilanz auszuweisenden Posten ist noch nicht ganz abgeschlossen. Einige Umgliederungen innerhalb der Bilanz sind noch vorzu-

Bilanz Werte in CHF	01.01.2022 Eröffnung	31.12.2022 Schluss
AKTIVA		
Flüssige Mittel	673 000.00	211 605.05
Forderungen aus Lieferungen und Leistungen	697 623.00	671 765.00
Übrige kurzfristige Forderungen	300 104.00	254 376.82
Vorräte	2 456 000.00	2 459 562.00
Rechnungsabgrenzungsposten	14 700.00	1 500.00
Ausleihungen	120 000.00	140 000.00
Wertpapiere des Anlagevermögens	1 600 000.00	1 780 000.00
Sachanlagen	6 806 100.00	7 033 600.00
Aktive latente Steuern	48 000.00	43 000.00
Total Aktiva	**12 715 527.00**	**12 595 408.87**
PASSIVA		
Verbindlichkeiten aus Lieferungen und Leistungen	1 118 403.40	883 500.00
Kurzfristige verzinsliche Verbindlichkeiten	-	746 200.00
Übrige kurzfristige Verbindlichkeiten	270 369.60	226 462.60
Rechnungsabgrenzungsposten	31 050.00	26 725.00
Langfristige verzinsliche Verbindlichkeiten	4 600 000.00	3 682 573.40
Passive latente Steuern	88 400.00	120 900.00
Rückstellungen	802 800.00	324 800.00
Aktienkapital	5 000 000.00	5 400 000.00
Kapitalrücklage	500 000.00	600 000.00
Gewinnrücklagen	125 504.00	133 004.00
Gewinnvortrag/Verlustvortrag	179 000.00	21 500.00
Jahresüberschuss/Jahresfehlbetrag	-	429 743.87
Total Passiva	**12 715 527.00**	**12 595 408.87**

Abb. 5.1 Bilanzdaten der Schokoladen Produktions AG

nehmen. Insbesondere sind in den Forderungen aus Lieferungen und Leistungen noch Posten enthalten, welche den Erlös aus Veräußerung von Gegenständen des Anlagevermögens betreffen. Ebenso sind in den Verbindlichkeiten aus Lieferungen und Leistungen einige Posten enthalten, die im Zusammenhang mit der Anschaffung von Gegenständen des Anlagevermögens stehen.

Es besteht eine Gewinn-und-Verlust-Rechnung für die Geschäftsperiode 2022 bewertet nach den Konzernrichtlinien (vgl. Abb. 5.2). Die Gliederung ist noch nicht vollständig auf die für den Konzern maßgeblichen Positionen angepasst worden, sondern entspricht teilweise noch der in der Schweiz üblichen Gliederungssystematik. Gewisse Umgliederungen, z. B. von nach schweizerischem Recht gesondert ausgewiesenen periodenfremden Posten, wurden bereits vorgenommen.

Weil die noch nicht erfolgten Umgliederungen keinen Einfluss auf die Cashflow-Rechnung haben, wurde bereits mit der Erarbeitung der Grundlagen dafür begonnen. In den weiteren Abschnitten werden die von der Finanzabteilung der Schokoladen Produktions AG vorgenommenen Vorbereitungsarbeiten für die Cashflow-Rechnung dargestellt.

Die Bewegungen der Sachanlagen, welche in der Bilanz als ein Posten zusammengefasst dargestellt sind, werden in dem Sachanlagenspiegel dargestellt (vgl. Abb. 5.3).

Ein Nachweis der Veränderungen des Eigenkapitals ist in Abb. 5.4 dargestellt.

Gewinn-und-Verlust-Rechnung Werte in CHF	2022
Nettoerlöse aus Lieferungen und Leistungen	5 422 000.00
Erhöhung oder Verminderung des Bestands an fertigen und unfertigen Erzeugnissen	- 45 000.00
Aktivierte Eigenleistungen	329 000.00
Sonstige betriebliche Erträge	435 000.00
Materialaufwand	-1 675 207.73
Personalaufwand	-2 177 500.00
Abschreibungen und Wertverminderungsaufwand	- 732 000.00
Sonstige betriebliche Aufwendungen	- 956 000.00
Finanzertrag	97 750.00
Finanzaufwand	- 110 298.40
Steueraufwand (Gewinnsteuer)	- 158 000.00
Jahresüberschuss/Jahresfehlbetrag	**429 743.87**

Abb. 5.2 Gewinn-und-Verlust-Rechnung der Schokoladen Produktions AG

Sachanlagenspiegel 2022 Werte in CHF	Maschinen	Anzahlungen Maschinen	Mobiliar Einrichtungen	Fahrzeuge	Nutzungsrecht Fahrzeuge	Grundstücke Gebäude	Total Sachanlagen
Stand am 1.1.2022	1 540 600.00	20 500.00	820 000.00	580 000.00	-	3 845 000.00	6 806 100.00
Zugänge Kauf von Dritten	151 000.00	150 000.00	133 500.00				434 500.00
Zugänge Eigenleistung						329 000.00	329 000.00
Abgänge aus Veräußerung	- 15 000.00		- 52 000.00	- 32 000.00			- 99 000.00
Abschreibungen	- 265 000.00		- 80 000.00	- 140 000.00	- 12 000.00		- 497 000.00
Wertverminderungen							-
Verrechnungen	70 500.00	- 70 500.00					
Zugang aus Leasingvertrag					60 000.00		60 000.00
Stand am 31.12.2022	1 482 100.00	100 000.00	821 500.00	408 000.00	48 000.00	4 174 000.00	7 033 600.00

Abb. 5.3 Sachanlagenspiegel der Schokoladen Produktions AG

Eigenkapitalspiegel 2022 Werte in CHF	Aktienkapital	Kapital- rücklage	Gewinn- rücklagen	Gewinn-/ Verlustvortrag	Jahres- ergebnis	Total Eigenkapital
Stand am 1.1.2022	5 000 000.00	500 000.00	125 504.00	179 000.00	-	5 804 504.00
Jahresüberschuss					429 743.87	429 743.87
Dividendengutschrift				- 150 000.00		- 150 000.00
Zuweisung an Gewinnrücklage			7 500.00	- 7 500.00		-
Aktienkapitalerhöhung	400 000.00	100 000.00				500 000.00
Rückkauf eigene Aktien						-
Veräußerung eigene Aktien						-
Aktienkapitalherabsetzung						-
Stand am 31.12.2022	5 400 000.00	600 000.00	133 004.00	21 500.00	429 743.87	6 584 247.87

Abb. 5.4 Eigenkapitalspiegel der Schokoladen Produktions AG

5.1.3 Weiterführung der Fiktion der bilanziellen Buchungstechnik

Lernziel

Die Verwendung der Fiktion der bilanziellen Buchungstechnik für zahlungswirksame Vorgänge mit Auswirkung auf die Gewinn-und-Verlust-Rechnung begründen.

Im Rahmen der derivativen Herleitung wurde in praxisferner Vereinfachung angenommen, dass jeder Investitionsvorgang in der gleichen Periode auch zahlungswirksam wird (Abschn. 3.2.4). Weiter wurde angenommen, dass keine Direktbuchungen zwischen dem Finanzmittelfonds und der Gewinn-und-Verlust-Rechnung erfolgt sind, bzw. wenn dies erfolgt ist, wurde ein Bilanzkonto aus den Gegenbestandsposten zur Abwicklung dazwischen gestellt (Abschn. 3.2.1). Die letztgenannte Vorgehensweise wird auch in der modifizierten derivativen Methode weitergeführt. Dies bedeutet, dass für erfolgswirksame Zahlungsvorgänge die Fiktion der Buchung über ein dazwischen gestelltes Bilanzkonto erfolgt. Insbesondere bei Barkäufen von Investitionen und bei Veräußerungen von Gegenständen des Anlagevermögens gegen Barzahlung ist dies von Bedeutung. Solche Vorgänge werden so behandelt, wie wenn sie gegen Rechnung erfolgt wären, die zeitgleich mit der Rechnungstellung bezahlt worden wäre. Als Abwicklungskonto eignen sich die ohnehin auszusondernden Bilanzposten „Forderungen aus Anlagenveräußerung" bzw. „Verbindlichkeiten aus Investitionen".

Allerdings wird die erstgenannte Vereinfachung in dem vorliegenden Illustrationsbeispiel nicht mehr unterstellt. Vielmehr sind in dem Beispiel Fälle enthalten, bei denen eine Rechnung für eine Anschaffung eines Gegenstands des Anlagevermögens in einer anderen Geschäftsperiode erfasst wird als sie bezahlt wird. Analog gilt dies für Rechnungen aus der Veräußerung von Gegenständen des Anlagevermögens.

5.1.4 Die Behandlung der Mehrwertsteuer

Lernziele
- Die zwei Varianten der Behandlung von Mehrwertsteueranteilen in Zahlungsvorgängen aufzählen und beschreiben.
- Die Wahl der Variante „ausschließlich Mehrwertsteuer" bezüglich des Ausweises von Zahlungsvorgängen mit Mehrwertsteueranteilen für das Illustrationsbeispiel begründen.

In einer Cashflow-Rechnung bestehen grundsätzlich zwei Möglichkeiten zur Berücksichtigung der Mehrwertsteueranteile in Zahlungsvorgängen. Einerseits können die Zahlungsvorgänge einschließlich der Mehrwertsteuer bemessen werden. Andererseits gibt es auch die Möglichkeit, Zahlungsbeträge ohne den darin enthaltenen Anteil auszuweisen, der auf die Mehrwertsteuer entfällt. Diesbezüglich existieren in den Regelwerken DRS21, AFRAC36, Swiss GAAP FER Nr. 4 und IAS 7 keine ausdrücklichen Vorgaben. Es besteht somit diesbezüglich ein faktisches Wahlrecht. Aus Gründen der Transparenz soll offengelegt werden, welche Form der Berücksichtigung von Mehrwertsteuern angewandt wurde.

Beispiel

Beispiel zum Ausweis der Mehrwertsteuer bei Investitionsvorgängen

Ein mehrwertsteuerpflichtiges Unternehmen mit Sitz in der Bundesrepublik Deutschland erwirbt eine Maschine und überweist dem Lieferanten € 654.450 mit Banküberweisung. Mit welchem Betrag soll dieser Vorgang in die Cashflows aus Investitionstätigkeit eingehen?

Variante einschließlich Mehrwertsteuer

Es wird ein Betrag i. H. v. € 654.500 als Investition in Sachanlagen in die Cashflow-Rechnung einbezogen. Eine in der Folgeperiode anfallende Erstattung der bezahlten Vorsteuer auf dieser Investition wird mit Rücksicht auf die Pflicht zum Bruttoausweis der Zahlungsflüsse als gesonderter Posten „Rückerstattung von Vorsteuer auf Investitionen" innerhalb der Cashflows aus Investitionstätigkeit ausgewiesen, sofern und soweit der Erstattungsanspruch die geschuldeten Umsatzsteuern übersteigt. Fällt die Rückerstattungszahlung in der gleichen Berichtsperiode an, wie die Zahlung der Investition, dürfte eine Verrechnung sachgerecht sein. In den meisten Fällen erfolgt jedoch keine Rückerstattung in Form einer Zahlung, sondern in Form der Verrechnung mit geschuldeten Umsatzsteuern. In Ermangelung eines Zahlungsvorgangs handelt es sich dabei um einen neutralen Vorgang, der zu keinem Ausweis in der Cashflow-Rechnung führt. Als Folge davon wird der Geldabfluss aus Investitionsvorgängen höher ausgewiesen als die Beträge der in der Bilanz aktivierten Zugänge zum Anlagevermögen.

Variante ausschließlich Mehrwertsteuer

Es wird ein Betrag i. H. v. € 550.000 als Investition in Sachanlagen in die Cashflow-Rechnung einbezogen. Der in der Überweisung enthaltene Mehrwertsteuerbetrag i. H. v. € 104.500 (19 %) wurde im Sinne der Nettoverbuchungsmethode im Konto Vorsteuererstattungsanspruch erfasst und wird im Rahmen der Cashflow-Rechnung als Posten mit dem Charakter der Geschäftstätigkeit klassifiziert. Es ist notwendig bei dieser Variante die tatsächlich erfolgten Zahlungen um die darin enthaltenen Vorsteuerbeträge zu bereinigen bzw. diese umzuklassifizieren in Zahlungen im Rahmen der Geschäftstätigkeit. Diese Variante wird üblicherweise bei Anwendung der indirekten Methode angewandt. Nach der Definition ist ein Investitionsvorgang eine Zahlung, die letztlich das Anlagevermögen oder die kurzfristigen Vermögensanlagen verändern. Bei genauer Betrachtung trifft dies auf den Vorsteuerbetrag nicht zu, soweit ein Rückerstattungsanspruch besteht. Insofern entspricht die Darstellung ausschließlich Mehrwertsteuer eher der Definition einer Zahlung im Rahmen der Investitionstätigkeit. ◄

Die Schokoladen Produktions AG weist die Zahlungsvorgänge ausschließlich der darin enthaltenen Mehrwertsteueranteile aus, weil dies im Konzern als Richtline für die Konzernrechnung vorgeschrieben wurde.

Bei der Anwendung der modifizierten derivativen Herleitung mit indirekter Methode zur Ermittlung der Cashflows aus Geschäftstätigkeit ist dies sinnvoll. Die Schokoladen Produktions AG ist zum Vorsteuerabzug berechtigt. Die Mehrwertsteuer ist somit ein durchlaufender Posten und bildet nicht Teil der aktivierbaren Investition.

▶ Bei der modifizierten derivativen Herleitung mit indirekter Methode zur Ermittlung der Cashflows aus Geschäftstätigkeit ist der Ausweis von Zahlungen im Zusammenhang mit der Investitionstätigkeit ausschließlich der darin enthaltenen Mehrwertsteuerbeträge angezeigt, sofern ein Vorsteuererstattungsanspruch besteht. Auch Einzahlungen aus der Veräußerung von Gegenständen des Anlagevermögens werden ausschließlich der Erlösanteile gezeigt, die sich auf geschuldete Umsatzsteuern beziehen.

Bei dem Ausweis der Zahlungen ohne Mehrwertsteueranteile wird das Vorsteuerguthaben als ein Bilanzposten mit dem Charakter der laufenden Geschäftstätigkeit klassifiziert. Analog wird auch die geschuldete Umsatzsteuer aus Veräußerungen von Gegenständen des Anlagevermögens nicht als Bilanzposten mit Investitionscharakter klassifiziert. Durch die Verrechnung von Vorsteuererstattungsansprüchen mit Umsatzsteuerverbindlichkeiten im Rahmen der Umsatzsteuervoranmeldung vermischen sich die beiden Posten und die daraus resultierende Nettozahlung ließe sich anderenfalls kaum mehr sinnvoll zuordnen. Der Ausweis von Zahlungen einschließlich darin enthaltener Mehrwertsteueranteile ist hingegen bei der Anwendung der originären Herleitung mit direktem Ausweis der Cashflows aus Geschäftstätigkeit zweckmäßig. Bei dieser Herleitungsmethode werden auch Kundenzahlungen und Zahlungen an Lieferanten einschließlich Mehrwertsteuer ermittelt und entsprechend ausgewiesen. Die Ablieferung der geschuldeten Beträge aus der Umsatzsteuervoranmeldung wird als gesonderter Posten „Auszahlungen für Mehrwertsteuern" ausgewiesen, wenn er nicht mit anderen Auszahlungen zusammengefasst werden darf oder soll.

Fazit

In diesem Kapitel geht es um die *Anwendung des Konzepts der modifizierten derivativen Herleitung auf ein konkretes Unternehmen*. Es werden Hilfsmittel zur Durchführung und Dokumentation der einzelnen Schritte angeboten und konkret angewandt. Bei der *Schokoladen Produktions AG* handelt es sich um eine Berichtseinheit eines in Deutschland ansässigen, kapitalmarktorientierten Konzerns im Süßwarenbereich, der nach den von der EU adoptierten IFRS eine Konzernkapitalflussrechnung aufstellt. Es wird aufgezeigt, *wie die Berichtseinheit die Cashflow-Rechnung erstellt*, die in die Konzernkapitalflussrechnung einbezogen werden soll. Dabei wird bei jeder Transaktion eine *bilanzielle Erfassung über einen (weiteren) Gegenbestandsposten fingiert*, auch wenn in der wirklichen Buchführung eine Zahlung direkt in der Gewinn-und-Verlust-Rechnung oder in einem Konto des Anlagevermögens erfasst wurde. *Die in den Zahlungen enthaltenen Mehrwertsteuerbeträge* werden als Teil der Cashflows aus der Geschäftstätigkeit ausgewiesen. Dies wird auch bei Zahlungen im Zusammenhang mit Investitionen in das Anlagevermögen oder Veräußerungen von Gegenständen so gehandhabt.

5.2   Kategorisierung der Bilanzposten

Die modifizierte derivative Methode geht konsequent von den Bilanzpositionen aus. Diese werden gemäß ihrem Charakter in vier Kategorien (Abschn. 5.2.1) eingeteilt, soweit es sich nicht um solche handelt, die zum Finanzmittelfonds gehören. Wo nötig werden Bilanzpositionen so aufgespalten, dass jeder Teil genau einer Kategorie zugehört (Abschn. 5.2.2). Daraus wird ein Bearbeitungsplan erstellt, welcher die nachfolgenden Arbeiten zur Analyse in eine zweckmäßige Reihenfolge bringt (Abschn. 5.2.3). Es handelt sich dabei um die im vorangegangen Kapitel beschriebene Phase der Klassifizierung der Gegenbestandsposten (vgl. Abschn. 4.3.1). Die Umsetzung dieser Vorgehensschritte wird in den folgenden Unterabschnitten am Beispiel der Schokoladen Produktions AG dargestellt.

▶   Die Bilanzpositionen außerhalb des Finanzmittelfonds bilden den Betrachtungsgegenstand. In der Veränderung dieser Gegenbestandsposten in der Bilanz sind Komponenten enthalten, aus denen die Cashflow-Rechnung abgeleitet wird.

Die Orientierung an der Gewinn-und-Verlust-Rechnung ist nicht notwendig und kann dazu führen, dass die Cashflow-Rechnung Elemente doppelt oder gar nicht berücksichtigt. Dies kann zu langwieriger Fehlersuche führen. Deswegen wird empfohlen, sich konsequent auf die Veränderungen der Bilanzpositionen als ausschließlichen Betrachtungsgegenstand zu konzentrieren. Damit ist ein geschlossenes System gewährleistet, in dem auch die eventuelle Fehlersuche einfach möglich ist. Der Gewinn-und-Verlust-Rechnung kommt hingegen eine gewisse Bedeutung für die Durchführung der Analyse und für die Darstellung der Cashflow-Rechnung zu. Sie bildet aber nicht Ausgangspunkt der Bearbeitung.

5.2.1   Die vier Kategorien

Lernziel
Die vorläufige Einteilung von Gegenbestandsposten in die vier Kategorien I, F, A und G aus einer Außensicht korrekt vornehmen und begründen.

Bezüglich der vier Kategorien von Bilanzposten wird auf die Ausführungen in Abschn. 4.3.1 verwiesen. Die vier Kategorien beziehen sich ausschließlich auf Bilanzposten außerhalb des Finanzmittelfonds, also auf die Gegenbestandsposten. Die Abb. 5.5 zeigt eine entsprechende Teilmenge der Bilanzposten aus den Bilanzen zum 1.1. und zum 31.12.2022 der Schokoladen Produktions AG. Die Summe dieser Posten entspricht in absoluten Werten dem Total des Finanzmittelfonds. Letzteres weist jedoch eine abweichende Soll-/Haben-Kennung auf (vgl. die zwei letzten Zeilen der Abbildung).

Klassifikation Gegenbestandsposten Werte in CHF; S = Soll, H = Haben	Typ	01.01.2022 Eröffnung	31.12.2022 Schluss	Ref. Nr.
Forderungen aus Lieferungen	G	697 623.00 S	671 765.00 S	1
Übrige kurzfristige Forderungen	G	300 104.00 S	254 376.82 S	2
Vorräte	G	2 456 000.00 S	2 459 562.00 S	3
Aktive Rechnungsabgrenzungsposten	G	14 700.00 S	1 500.00 S	4
Ausleihungen	I	120 000.00 S	140 000.00 S	5
Wertpapiere des Anlagevermögens	I	1 600 000.00 S	1 780 000.00 S	6
Sachanlagen	I	6 806 100.00 S	7 033 600.00 S	7
Aktive latente Steuern	G	48 000.00 S	43 000.00 S	8
Verbindlichkeiten aus L. und L.	G	1 118 403.40 H	883 500.00 H	9
Kurzfristige verzinsliche Verbindlichkeiten	F		746 200.00 H	10
Übrige kurzfristige Verbindlichkeiten	G	270 369.60 H	226 462.60 H	11
Passive Rechnungsabgrenzungsposten	G	31 050.00 H	26 725.00 H	12
Langfristige verzinsliche Verbindlichkeiten	F	4 600 000.00 H	3 682 573.40 H	13
Passive latente Steuern	G	88 400.00 H	120 900.00 H	14
Rückstellungen	G	802 800.00 H	324 800.00 H	15
Aktienkapital	F	5 000 000.00 H	5 400 000.00 H	16
Kapitalrücklage	F	500 000.00 H	600 000.00 H	17
Gewinnrücklagen	F	125 504.00 H	133 004.00 H	18
Gewinnvortrag/Verlustvortrag	F	179 000.00 H	21 500.00 H	19
Jahresüberschuss/Jahresfehlbetrag	F		429 743.87 H	20
Kontrollsumme Gegenbestandsposten		**673 000.00 H**	**211 605.05 H**	
Flüssige Mittel		*673 000.00 S*	*211 605.05 S*	

Abb. 5.5 Vorläufige Kategorisierung der Gegenbestandsposten der Schokoladen Produktions AG

Bezüglich der Begründung für die vorgenommene Klassifikation wird auf die theoretischen Grundlagen (vgl. Abschn. 4.3.1) verwiesen. Beispielhaft werden nachstehend einige vorgenommene Kategorisierungen konkret begründet, um die Anwendung der Theorie auf das konkrete Anwendungsbeispiel zu erläutern. Die nachfolgend genannten Ziffern beziehen sich auf die Referenznummer in der letzten Spalte (Ref. Nr.) der Abb. 5.5.

Die Gegenbestandsposten 1–4 umfassen das verbleibende *Umlaufvermögen* und werden in die Kategorie G eingeteilt, weil es auf den ersten Blick so scheint, dass darin ausschließlich Posten enthalten sind, die im Zusammenhang mit der laufenden Geschäftstätigkeit stehen.

Die Gegenbestandsposten 5–7 betreffen das *Anlagevermögen*. Dessen Veränderung wird der Investitionstätigkeit zugerechnet, soweit es sich um Gegenbuchungen zu Zahlungen handelt. Daher werden diese Posten in die Kategorie I eingeteilt.

Die *aktiven und passiven latenten Steuern* (8 und 14) werden vorläufig in die Kategorie G eingeteilt, weil sie nach dem Entscheidungsbaum gemäß Abb. 3.5 in Abschn. 3.3.3.1 weder den Charakter von Investitions- noch von Finanzierungstätigkeiten aufweisen. Sie fallen damit vorläufig in die Kategorie Geschäftstätigkeit.

Bezüglich der Gegenbestandsposten des *Fremdkapitals* ist eine differenzierte Betrachtung vorzunehmen. Soweit ein Posten Finanzierungscharakter aufweist (10 und 13), fallen sie in die Kategorie F. Dies ist der Fall, wenn der Posten überwiegend den Zweck der *Beschaffung von Finanzmitteln* verfolgt. Weist er hingegen eher den Charakter einer Verbindlichkeit auf, die als *Nebenprodukt der laufenden Geschäftstätigkeit* entstand (9, 11, 12, 15), wird er vorläufig der Kategorie G zugewiesen.

Die Posten des *Eigenkapitals* (16–20) fallen alle unter die Kategorie F, weil sie grundsätzlich den Charakter der Finanzierung aufweisen. Die Kategorie F bewirkt, dass zahlungswirksame Veränderungen in der Bilanzposition als Cashflows aus Finanzierungstätigkeit in der Cashflow-Rechnung ausgewiesen werden. Die Zuteilung zur Kategorie F ist bei der Position „Jahresüberschuss/-fehlbetrag" zwar nicht intuitiv verständlich, aber dennoch sachgerecht.

Abschließend wird wiederholt, dass es sich um eine *vorläufige Einteilung aus einer Außensicht* handelt. In dem nachfolgenden Unterabschnitt wird die Einteilung unter Einbeziehung von internen Informationen aus der Buchführung verfeinert. Dies ist selbstredend nur möglich, wenn der Zugang zu diesen Informationen gewährleistet ist.

5.2.2 Aufspaltung von Bilanzpositionen

Lernziel
Die Einteilung der Gegenbestandsposten auf der Grundlage einer Innensicht verfeinern.

Die Finanzabteilung der Schokoladen Produktions AG hat Zugang zu den Einzelheiten der Bilanzposten und kann sie aus einer Innensicht des Unternehmens heraus analysieren. Dabei geht es vor allem um drei Ziele.

Zunächst sind auf der Grundlage der Vorschriften des angewandten Standards diejenigen Posten in der Gewinn-und-Verlust-Rechnung zu identifizieren, die *im Zusammenhang mit gesondert auszuweisenden Zahlungsvorgängen* stehen (vgl. Abschn. 4.2.2). Auf der Grundlage der üblicherweise als Gegenbuchung zu verwendenden Bilanzposten innerhalb des Gegenbestands zu dem Finanzmittelfonds ist ein mit dieser Position der Gewinn-und-Verlust-Rechnung logisch verbundener Bilanzposten auszusondern und mit der *Kategorie A* zu versehen. Dabei sind sowohl der Bestand zu Beginn als auch der Bestand zum Ende der Geschäftsperiode auszusondern. Dies ist auch vorzunehmen, wenn die Buchung tatsächlich direkt in den Finanzmittelfonds erfolgt ist. In diesem Sinne ist z. B. für den Zinsertrag, der als Gegenbuchung zu einer Zunahme des Bankkontos gebucht wurde, ein geeigneter Bilanzposten auszusondern, über den diese Buchung für Zwecke der Cashflow-Rechnung fiktiv „umgeleitet" wird (*Fiktion der bilanziellen Buchungstechnik*, vgl. Abschn. 5.1.3). Enthält der mit dem Gewinn-und-Verlust-Posten in Verbindung stehende Zahlungsvorgang *Mehrwertsteuer*, ist bei der Bemessung des auszusondernden Bestands zu Beginn und zum Ende der Periode nur der Betrag ausschließlich Mehrwertsteuer auszusondern.

Ein zweites Ziel der Verfeinerung besteht darin die Anteile von Bilanzposten zu identifizieren und auszusondern, die *im direkten Zusammenhang mit Investitionstätigkeiten* stehen. Diese werden in analoger Weise zu der obigen Darstellung aus dem Bilanzposten gemäß vorläufiger Kategorisierung herausgelöst und als neuer Posten mit der Kategorie I eingestellt.

Schließlich sind die Anteile von Gegenbestandsposten zu identifizieren und auszusondern, die *im direkten Zusammenhang mit einer Finanzierungstätigkeit* stehen und somit der Kategorie F zugeteilt werden. Die Vorgehensweise ist analog wie oben beschrieben.

Um diese Analyse vorzunehmen, müssen die einzelnen Konten analysiert werden, die in einer Gegenbestandposition zusammengefasst sind. Bei der Analyse der Konten liegt der Fokus auf der Zusammensetzung des Anfangs- und des Endbestands. Diese Arbeit ist zumeist im Rahmen der Jahresabschlussarbeiten vorzunehmen. Beispielsweise sind noch unbezahlte Rechnungen aus der Veräußerung von Gegenständen des Anlagevermögens innerhalb von Personenkonten im Bereich der Forderungen zu identifizieren, damit sie in der Hauptabschlussübersicht in die Bilanzposition sonstige Vermögensgegenstände umgegliedert werden können.

Beispiel

Analyse der kurzfristigen Verbindlichkeiten

Ein Unternehmen analysiert seine Lieferantenkonten bis auf Rechnungsebene zum Abschluss-Stichtag, um unbezahlte Rechnungen im Zusammenhang mit Investitionen in Gegenstände des Anlagevermögens zu identifizieren. Im Zuge dieser Analyse wurden fünf noch offene Rechnungen gefunden, die sich auf Lieferungen beziehen, die in die Anlagenbuchhaltung eingegangen sind und somit Zunahmen des Anlagevermögens bewirkt haben.

Für die verfeinerte Analyse der Gegenbestandsposten bildet das Unternehmen außerbuchhalterisch eine Position „Verbindlichkeiten aus dem Erwerb von Gegenständen des Anlagevermögens". Sofern in der Cashflow-Rechnung eine nach Klassen des Anlagevermögens differenzierte Darstellung von Ein- und Auszahlungen erfolgen soll, muss für jede auszuweisende Klasse eine solche Position geschaffen werden. Sie werden der Kategorie I zugewiesen.

Die in den Anfangs- und Schlussbestände enthaltenen Beträge für offene Rechnungen im Zusammenhang mit Investitionsvorgängen, werden um die Mehrwertsteuerbeträge bereinigt und dann für die Kategorisierung außerbuchhalterisch in die neu geschaffenen Positionen in der Arbeitstabelle umgegliedert. ◄

Die Finanzabteilung der Schokoladen Produktions AG hat die notwendigen Aufspaltungen vorgenommen und eine verfeinerte Zuteilungstabelle mit den Gegenbestandsposten erstellt.

Die Abb. 5.6 zeigt die verfeinerte Zuteilung mit den neu ausgesonderten Posten. Nachstehende Kommentare erläutern diese Vorgänge und beziehen sich auf die jeweilige Referenz Nummer (letzte Spalte).

Klassifikation Gegenbestandsposten Werte in CHF; S = Soll, H = Haben	Typ	01.01.2022 Eröffnung	31.12.2022 Schluss	Ref. Nr.
Forderungen Veräußerung Maschinen	I		56 000.00 S	
Forderungen Veräußerung Fahrzeuge	I		15 000.00 S	
Forderungen aus Lieferungen (übrige)	G	697 623.00 S	600 765.00 S	21
Verrechnungssteueranspruch	A	56 000.00 S	31 500.00 S	
Forderung aus Dividenden	A			
Forderungen Aktionäre aus Kap.erh.	F		10 000.00 S	
Gewinnsteuervorauszahlungen	A	85 600.00 S	65 800.00 S	
Übrige kurzfristige Forderungen (übrige)	G	158 504.00 S	147 076.82 S	22
Vorräte	G	2 456 000.00 S	2 459 562.00 S	23
Abgegrenzte Zinserträge	A	1 500.00 S	1 500.00 S	
Rechnungsabgrenzungsposten (übrige)	G	13 200.00 S		24
Ausleihungen	I	120 000.00 S	140 000.00 S	25
Wertpapiere des Anlagevermögens	I	1 600 000.00 S	1 780 000.00 S	26
Sachanlagen	I	6 806 100.00 S	7 033 600.00 S	27
Aktive latente Steuern	A	48 000.00 S	43 000.00 S	28
Verbindlichkeiten Erwerb Maschinen	I	400 000.00 H	40 000.00 H	
Verbindlichkeiten Erwerb Mobilien	I	16 200.00 H		
Verbindlichkeiten aus L. und L. (übrige)	G	702 203.40 H	843 500.00 H	29
Kurzfristige verzinsliche Verbindlichkeiten	F		746 200.00 H	30
Verbindlichkeiten Gewinnausschüttung	A			
Verbindlichkeit ESTV (Verrechnungsteuer)	A			
Steuerverbindlichkeiten (Gewinnsteuer)	A	98 300.00 H	120 500.00 H	
Übrige kurzfristige Verbindlichkeiten (übr.)	G	172 069.60 H	105 962.60 H	31
Abgrenzung Zinsaufwand	A	8 750.00 H	6 125.00 H	
Rechnungsabgrenzungsposten (übrige)	G	22 300.00 H	20 600.00 H	32
Zinsabgrenzungsposten Leasingverb.	A		3 876.60 S	
Langfristige verzinsliche Verbindlichkeiten	F	4 600 000.00 H	3 686 450.00 H	33
Passive latente Steuern	A	88 400.00 H	120 900.00 H	34
Rückstellungen	G	802 800.00 H	324 800.00 H	35
Aktienkapital	F	5 000 000.00 H	5 400 000.00 H	36
Kapitalrücklage	F	500 000.00 H	600 000.00 H	37
Gewinnrücklagen	F	125 504.00 H	133 004.00 H	38
Gewinnvortrag/Verlustvortrag	F	179 000.00 H	21 500.00 H	39
Jahresüberschuss/Jahresfehlbetrag	F		429 743.87 H	40
Summe der Gegenbestandsposten		**673 000.00 H**	**211 605.05 H**	**41**
Flüssige Mittel (Finanzmittelfonds)		*673 000.00 S*	*211 605.05 S*	*42*

Abb. 5.6 Verfeinerte Klassifikation der Gegenbestandsposten der Schokoladen Produktions AG

Die Analyse der Personenkonten im Bereich der *Forderungen* (21) ergab, dass zwei Rechnungen für veräußerte Gegenstände des Anlagevermögens zum Jahresende noch unbezahlt waren. Diese wurden im Hinblick auf die vom Konzern verlangte Einteilung der Ein- und Auszahlungen im Bereich der Cashflows aus Investitionstätigkeit (vgl. Abschn. 5.1.2) auf zwei gesonderte Zeilen in der Arbeitstabelle ausgesondert. Dabei wurden nur die Nettobeträge der Rechnungen, d. h. der Wert der Lieferung ohne die Schweizer Umsatzsteuer i. H. v. 7,7 % berücksichtigt (vgl. Abschn. 5.1.4). Es handelte sich um eine

Rechnung i. H. v. CHF 16.155 für ein gebrauchtes Geschäftsfahrzeug („Fahrzeug 1") und eine Rechnung i. H. v. CHF 60.312 für eine gebrauchte Conchiermaschine („Maschine 2").

In der Bilanzposition *übrige kurzfristige Forderungen (22)* ergab die Analyse der Einzelheiten, dass nicht alle Posten den Charakter der Geschäftätigkeit aufweisen. Im Zusammenhang mit erhaltenen Dividenden wurde eine Art Kapitalertragsteuer an der Quelle in Abzug gebracht, welche in der Schweiz als *Verrechnungssteuer* bezeichnet wird und einen Steuersatz von 35 % aufweist. Die Schokoladen Produktions AG ist zur vollständigen Rückerstattung dieser Steuer berechtigt, sofern sie termingerecht den Antrag dafür einreicht. Aus Dividendenzahlungen in Vorjahren sind CHF 56.000 an rückerstattungsfähiger Verrechnungssteuer als Guthaben erfasst worden. Dieser Anfangsbestand wurde als Verrechnungssteuer-Erstattungsanspruch ausgesondert. Dasselbe erfolgte für den Stand des Erstattungsanspruchs zum Ende des Jahres i. H. v. CHF 31.500. Im Hinblick auf die fiktive bilanzielle Abwicklung der *erhaltenen Dividenden* in der Geschäftsperiode ist ebenfalls eine zusätzliche Zeile eingerichtet worden. Beide Zeilen werden der *Kategorie A* zugeordnet, weil nach IAS 7.31 erhaltene Dividenden als gesonderte Zahlungen auszuweisen sind. Im Zusammenhang mit der Durchführung einer Kapitalerhöhung ist noch eine *Forderung* aus Liberierung i. H. v. CHF 10.000 offen geblieben.[1] Diese wird wegen des engen Zusammenhangs mit der Kapitalerhöhung dem Tätigkeitsbereich Finanzierung (F) zugeordnet. Schließlich sind in den übrigen kurzfristigen Forderungen auch Ertragsteuer-Vorauszahlungen enthalten, die noch nicht mit den Ertragsteuer-Verbindlichkeiten verrechnet worden sind. Gemäß IAS 7.35 sind *Ertragsteuerzahlungen* gesondert in der Cashflow-Rechnung auszuweisen. Daher wurde der Aktivposten „Gewinnsteuervorauszahlung" der Kategorie A zugeordnet.

Die *Vorräte (23)* gaben keinen Anlass zu einer Aufspaltung.

Aktive Rechnungsabgrenzungsposten (24) enthalten *abgegrenzte Zinserträge*, welche ebenfalls ausgesondert und der Kategorie A zugeordnet wurden, weil IAS 7.31 verlangt, dass erhaltene Zinszahlungen gesondert in der Cashflow-Rechnung ausgewiesen werden.

Die übrigen Posten des Anlagevermögens (25–27) geben zu keinen besonderen Aufspaltungen Anlass. Allerdings wäre es richtig und notwendig, das Sachanlagevermögen entsprechend den gewünschten Klassen (vgl. Abschn. 5.1.2) aufzuspalten. Dazu kann der Anlagenspiegel nützlich sein. In der Abb. 5.6 wurde zur Erhöhung der Übersichtlichkeit auf diese Aufteilung verzichtet.

Bei den *Verbindlichkeiten aus Lieferungen und Leistungen (29)* wurde festgestellt, dass in den offenen Rechnungen sowohl zu Anfang als auch zum Ende des Geschäftsjahres solche enthalten waren, die sich auf den *Erwerb von Gegenständen des Anlagevermögens* beziehen. Diese wurden ausgesondert und der *Kategorie I* zugeordnet, wobei nur der aktivierte Betrag im Anlagevermögen berücksichtigt wurde (Rechnungsbetrag ausschließlich der Vorsteuer). Im Einzelnen handelt es sich bei den Beträgen zum Anfang des Geschäftsjahres 2022 um eine offene Rechnung aus dem Vorjahr i. H. v. CHF 430.800 (netto

---

[1] Die Schokoladen Produktions AG hat den auf das Sperrkonto für die Kapitalerhöhung einzuzahlenden Betrag für einen Aktionär aus eigenen Finanzmitteln vorgenommen und so dem Aktionär einen Vorschuss gewährt, der bis zum Jahresende noch nicht zurückbezahlt war.

400.000) für die Anschaffung einer Maschine und um eine offene Rechnung für den Kauf von neuem Büromobiliar i. H. v. CHF 17.447,40 (netto 16.200). Zum Ende des Jahres konnten keine offenen Rechnungen im Zusammenhang mit dem Erwerb von übrigem mobilem Sachanlagevermögen („Mobilien") ermittelt werden. Im Zusammenhang mit der Anschaffung einer Verpackungsmaschine („Maschine 3") blieb noch die Schlusszahlung i. H. v. CHF 43.080 offen, weil die Schlussabnahme bis zum Jahresende noch nicht erfolgt war. Deshalb wird der Nettobetrag i. H. v. CHF 40.000 in der Zeile „Verbindlichkeiten aus Erwerb von Maschinen" zum 31. Dezember 2022 ausgesondert.

Die *kurzfristigen verzinslichen Verbindlichkeiten (30)* umfassen die kurzfristigen Anteile von langfristigen Finanzverbindlichkeiten und werden der Kategorie F zugeordnet, weil sie im Zusammenhang mit der Finanzierung des Unternehmens stehen.

Die Analyse der einzelnen Konten im Bereich der Bilanzposition *übrige kurzfristige Verbindlichkeiten (31)* ergab, dass nicht alle darin enthaltenen Elemente den Charakter der Geschäftstätigkeit aufweisen. Im Zusammenhang mit der *Abwicklung der Ausschüttung einer Dividende* wurde einerseits eine Position „Verbindlichkeiten Gewinnausschüttung" geschaffen und für die darauf abzuführende Verrechnungssteuer die Position „Verbindlichkeit ESTV (Verrechnungssteuer)". Beide weisen die Kategorie A auf, weil IAS 7.31 verlangt, dass Zahlungen im Zusammenhang mit bezahlten Dividenden gesondert in der Cashflow-Rechnung auszuweisen sind. Beide Posten weisen zwar zu den Stichtagen keinen Bestand auf. Die Anlage der Positionen ist jedoch für die weiteren Schritte notwendig. Bezüglich der Ertragsteuerverbindlichkeiten gilt das oben zu (22) Gesagte. Bezahlte und erhaltene Ertragsteuern sind nach IAS 7.35 gesondert auszuweisende Posten und deshalb wird die damit zusammenhängende Bilanzposition der Kategorie A zugeordnet.

Bei den *passiven Rechnungsabgrenzungsposten (32)* ergab die Analyse der Zusammensetzung des Bestands, dass mit Ausnahme der Abgrenzung für Zinsaufwand alle übrigen Elemente im Zusammenhang mit der Geschäftstätigkeit stehen, weil sie weder Finanzierungs- noch Investitionscharakter aufweisen. Die Beträge für die *Abgrenzung der Zinsaufwendungen* werden ausgesondert und der Kategorie A zugeordnet, weil IAS 7.31 einen gesonderten Ausweis der bezahlten Zinsen in der Cashflow-Rechnung verlangt.

Die *langfristigen verzinslichen Verbindlichkeiten (33)* umfassen verschiedene Darlehen und Kredite sowie eine Leasingverbindlichkeit im Zusammenhang mit dem Abschluss eines Leasingvertrags für ein Geschäftsfahrzeug. Sie fallen somit grundsätzlich in die Kategorie F. Weil jedoch die Leasingverbindlichkeit zum Barwert erfasst ist, ist eine Aufteilung in den Zukunftswert (Nennwert) der geschuldeten Leasingraten und die abgegrenzten Zinsaufwendungen im Zusammenhang mit deren Abzinsung vorzunehmen. Letztere stellen einen Soll-Posten dar, der von der Summe der noch ausstehenden Leasingraten in Abzug gebracht wurde, um die Leasingverbindlichkeit (zum Barwert) zu ermitteln. Da auch Zinsaufwendungen im Zusammenhang mit Leasing unter die Bestimmung von IAS 7.31 fallen, wonach Zahlungen für Zinsen gesondert auszuweisen sind, ist eine Aussonderung dieser Zinsabgrenzung mit der Kategorie A notwendig. Die Zinskomponenten der bezahlten Leasingrate sind gemäß IFRS 16.50 gesondert von den Rückzahlungen des Kapitalbetrags in der Cashflow-Rechnung auszuweisen.

Die *übrigen Gegenbestandsposten (34–40)* geben keinen Anlass zu einer differenzierten Kategorisierung. Insbesondere die Analyse der Rückstellungen hat ergeben, dass weder Vorgänge im Zusammenhang mit gesondert auszuweisenden Zahlungen (A) noch mit Investitionstätigkeiten (I) oder Finanzierungstätigkeit (F) enthalten sind.

▶ Die verfeinerte Kategorisierung der Gegenbestandsposten erfordert eine vertiefte Analyse der Bilanzbestände zum Anfang und zum Ende der Geschäftsperiode. Sie sondert insbesondere Teilbestände mit der Kategorie A, I und F aus den Positionen aus, die in der vorläufigen Kategorisierung als G eingestuft wurden. Dies ist für eine korrekte Ermittlung der Posten einer Cashflow-Rechnung ein unverzichtbarer Arbeitsschritt.

5.2.3 Erstellung eines Bearbeitungsplans nach Kategorien

Lernziel
Die Posten nach der erfolgten verfeinerten Kategorisierung in einer zweckmäßigen Bearbeitungsreihenfolge anordnen.

Nachdem die Aufspaltungen zur differenzierten Kategorisierung der Gegenbestandsposten erledigt worden ist, hat die Finanzabteilung einen Bearbeitungsplan aufgestellt. Dieser ist in der Abb. 5.7 dargestellt.

Die aufgeführten Posten sind identisch mit denjenigen in der Abb. 5.6. Sie wurden lediglich nach den Einträgen in der Spalte „Typ" (Kategorie) gruppiert. Soweit möglich ist anzustreben, dass inhaltlich zusammengehörige Posten innerhalb der Kategorie nacheinander aufgeführt werden. In diesem Sinne wurden beispielsweise alle Gegenbestandsposten im Zusammenhang mit Ertragsteuern (Seq. Nr. 24–27) untereinander aufgeführt.

Die *Reihenfolge der Gruppen* richtet sich nach der Reihenfolge der Bearbeitung, wie sie in Abschn. 4.3.2 bis Abschn. 4.3.4 empfohlen wurde. Zuerst empfiehlt sich die Bearbeitung der Posten mit Kategorie I, dann diejenigen der Kategorie F. Danach folgt die Bearbeitung der Posten mit Kategorie A. Am Schluss werden die verbliebenen Bilanzposten (G) bearbeitet.

Es ist empfehlenswert Kontrollsummen zu bilden (Summe der Gegenbestandsposten) und diese mit den Beständen des Finanzmittelfonds abzustimmen. Im Hinblick auf weitere Kontrollen wäre es auch denkbar, eine weitere Spalte einzufügen, welche die Veränderung zwischen Anfangs- und Schlussbestand ausweist. Diese Gesamtveränderung sollte ebenfalls mit einer Soll-/Haben-Kennung ausgedrückt werden. Die Zunahme der Ausleihungen würde beispielsweise als 20.000 S ausgedrückt (Schlussbestand minus Anfangsbestand).

Bearbeitungsreihenfolge Werte in CHF; S = Soll, H = Haben	Typ	01.01.2022 Eröffnung	31.12.2022 Schluss	Seq. Nr.
Ausleihungen	I	120 000.00 S	140 000.00 S	1
Wertpapiere des Anlagevermögens	I	1 600 000.00 S	1 780 000.00 S	2
Sachanlagen	I	6 806 100.00 S	7 033 600.00 S	3
Verbindlichkeiten Erwerb Maschinen	I	400 000.00 H	40 000.00 H	4
Forderungen Veräußerung Maschinen	I		56 000.00 S	5
Verbindlichkeiten Erwerb Mobilien	I	16 200.00 H		6
Forderungen Veräußerung Fahrzeuge	I		15 000.00 S	7
Kurzfristige verzinsliche Verbindlichkeiten	F		746 200.00 H	10
Langfristige verzinsliche Verbindlichkeiten	F	4 600 000.00 H	3 686 450.00 H	11
Aktienkapital	F	5 000 000.00 H	5 400 000.00 H	12
Kapitalrücklage	F	500 000.00 H	600 000.00 H	13
Forderungen Aktionäre aus Kap.erh.	F		10 000.00 S	14
Gewinnrücklagen	F	125 504.00 H	133 004.00 H	15
Gewinnvortrag/Verlustvortrag	F	179 000.00 H	21 500.00 H	16
Jahresüberschuss/Jahresfehlbetrag	F		429 743.87 H	17
Verbindlichkeiten Gewinnausschüttung	A			20
Verbindlichkeit ESTV (Verrechnungsteuer)	A			21
Forderung aus Dividenden	A			22
Verrechnungssteueranspruch	A	56 000.00 S	31 500.00 S	23
Steuerverbindlichkeiten (Gewinnsteuer)	A	98 300.00 H	120 500.00 H	24
Gewinnsteuervorauszahlungen	A	85 600.00 S	65 800.00 S	25
Aktive latente Steuern	A	48 000.00 S	43 000.00 S	26
Passive latente Steuern	A	88 400.00 H	120 900.00 H	27
Abgegrenzte Zinserträge	A	1 500.00 S	1 500.00 S	28
Abgrenzung Zinsaufwand	A	8 750.00 H	6 125.00 H	29
Zinsabgrenzungsposten Leasingverb.	A		3 876.60 S	30
Forderungen aus Lieferungen (übrige)	G	697 623.00 S	600 765.00 S	40
Übrige kurzfristige Forderungen (übrige)	G	158 504.00 S	147 076.82 S	41
Vorräte	G	2 456 000.00 S	2 459 562.00 S	42
Aktive Rechnungsabgrenzungsposten	G	13 200.00 S		43
Verbindlichkeiten aus L. und L. (übrige)	G	702 203.40 H	843 500.00 H	44
Übrige kurzfristige Verbindlichkeiten (übr.)	G	172 069.60 H	105 962.60 H	45
Passive Rechnungsabgrenzungsposten	G	22 300.00 H	20 600.00 H	46
Rückstellungen	G	802 800.00 H	324 800.00 H	47
Summe der Gegenbestandsposten		**673 000.00 H**	**211 605.05 H**	
Flüssige Mittel (Finanzmittelfonds)		*673 000.00 S*	*211 605.05 S*	

Abb. 5.7 Plan zur Bearbeitung der Gegenbestandsposten in der Bilanz der Schokoladen Produktions AG

Fazit

Die modifizierte derivative Methode *geht ausschließlich von den Bilanzpositionen aus.* Mittels interner Informationen werden diese aufgespalten, um eine *eindeutige Zuordnung zu genau einer der vier Kategorien I, F, A oder G* vornehmen zu können. Dies erlaubt es einen *Bearbeitungsplan* zu erstellen, der die zu analysierenden Bilanzbestände zu Beginn

und zum Ende der Geschäftsperiode in die Reihenfolge entsprechend ihrer Kategorie ein-
ordnet. Bei der Aufspaltung ist auf die gewählte Variante der *Behandlung von Mehrwertsteuern* Rücksicht zu nehmen.

5.3 Die Bearbeitung der Bilanzveränderungen

Nachdem der Bearbeitungsplan erstellt worden ist, erfolgt die eigentliche Bearbeitung der
einzelnen Zeilen des Plans. Diese Arbeiten entsprechen den Darstellungen in den Abschn.
4.3.2 bis Abschn. 4.3.4. In diesem Abschnitt werden die eingesetzten Hilfsmittel im konkreten Einsatz bei der Schokoladen Produktions AG dargestellt und erläutert. Die Gliederung des Abschnitts folgt der im Bearbeitungsplan vorgesehenen Reihenfolge. Vorab wird
ein Überblick über das Vorgehen und mögliche Hilfsmittel zur Unterstützung und Dokumentation der Analyse gegeben.

5.3.1 Hilfsmittel zur Analyse und Überblick über das Vorgehen

Lernziele
- Mögliche Hilfsmittel zur Bearbeitung der Bilanzveränderungen als Arbeitsin-
  strument und als Dokumentation beschreiben.
- Die grundsätzliche Vorgehensweise zur Analyse der Bilanzveränderungen
  erläutern.

Ziel der Veränderungsanalyse ist die Ermittlung der einzelnen Komponenten der Gesamt-
veränderung. Dabei lassen sich vier grundsätzliche Veränderungsarten (Bewegungsarten,
Flüsse) unterscheiden: E, L+, L− und N. Mit L+ und L− wird hervorgehoben, dass die
Gegenbuchungen zu den Einträgen im Finanzmittelfonds bei der Bilanzanalyse nach den
Zunahmen und Abnahmen zu analysieren sind. Dies erfolgt im Hinblick auf den Brutto-
ausweis von Zahlungsvorgängen (vgl. Abschn. 4.2.4).

Als Hilfsmittel wird eine buchhalterische Analyse empfohlen, die sich an der Kontologik orientiert. Diese wird nachstehend allgemein umschrieben.

Es gibt aber auch andere Wege zum Ziel. Denkbar, und in der Praxis häufig eingesetzt,
sind softwaregestützte Analysen z. B. mit Hilfe einer Konsolidierungssoftware. Zu diesem
Zweck wird eine zusätzliche Dimension definiert, welche es erlaubt, die Bewegungen des
Kontobestands vom 1. Januar bis zum 31. Dezember 2022 in summarischer Weise be-
stimmten vordefinierten Bewegungsarten zuzuordnen. Diese manuell einzugebenden
Werte folgen häufig einer Plus-/Minus-Vorzeichenlogik. Das System kennt bereits die An-
fangs- und Endbestände und ist damit in der Lage, automatisiert festzustellen, ob die
Summe der eingetragenen Bewegungsarten-Beträge der Differenz zwischen Schlussbe-

stand und Anfangsbestand entspricht. Aus diesen Eingaben lassen sich für sämtliche Gegenbestandsposten Spiegeldarstellungen generieren.

Für die Analyse hat die Schokoladen Produktions AG eine buchhalterische Analyse vorgenommen. Dabei wird für jede Zeile des Bearbeitungsplans ein Konto mit einer Soll-Spalte und einer Haben-Spalte verwendet. Die im Bearbeitungsplan enthaltenen Bestände zum Anfang und zum Ende des Jahres werden dann nach den buchhalterischen Regeln als Anfangsbestand (Eröffnung) bzw. Schlussbestand (Saldo zum Ausgleich) eingetragen.

Danach werden auf der Grundlage aller verfügbaren Informationen und mittels buchhalterischer Fachkenntnisse die Veränderungen des Kontos in summarischer Art eingetragen. Jeder Eintrag wird einer der drei Bewegungsarten E, L und N zugeordnet. Eine Referenznummer für jeden Eintrag erleichtert den Nachvollzug der Einzelheiten der Cashflow-Rechnung und wird daher zu Dokumentationszwecken empfohlen.

5.3.2 Analyse der Bilanzposten des Typs I (Investition)

Lernziele
- Die Bargeschäfte im Sinne der bilanziellen Buchungstechnik analysieren und entsprechend klassifizieren.
- Neutrale Vorgänge in den Posten des Investitionsbereichs erkennen und mit der Gegenbuchung abstimmen.
- Erfolgswirksame Vorgänge identifizieren und mit der entsprechenden Position der Gewinn-und-Verlust-Rechnung abstimmen.
- Gegenbuchungen zu Ein- und Auszahlungen als Residualgröße ermitteln und brutto in der Analyse eintragen.

Die Richtlinien des Konzerns schreiben vor, dass die Ein- und Auszahlungen im Zusammenhang mit den *Sachanlagen* in der Cash-Flow-Berichterstattung der Schokoladen Produktions AG entsprechend den vorgegebenen Klassen (vgl. Abschn. 5.1.2) differenziert auszuweisen sind. Die in der Bilanz ausgewiesene Sammelposition ist in dem *Sachanlagespiegel* (vgl. Abb. 5.3) entsprechend aufgegliedert dargestellt. Die im Bearbeitungsplan enthaltene Sammelposition Sachanlagen (vgl. Seq. Nr. 3 in Abb 5.7) wird in der nachfolgenden Analyse Klasse für Klasse bearbeitet. Die Maschinen werden als Position 3a, die geleisteten Anzahlungen auf Maschinen als Position 3b, die übrigen mobilen Sachanlagen („Mobilien") als Position 3c, die Fahrzeuge als Position 3d, die Nutzungsrechte an Fahrzeugen als Position 3e und die Grundstücke und Gebäude als Position 3f bezeichnet. Die Anfangs- und Schlussbestände sind aus dem Anlagenspiegel entnommen. Nachfolgend werden die einzelnen Teilbereiche des Anlagevermögens mittels der buchhalterischen Analyse in ihre Veränderungskomponenten aufgeteilt. Zur Kontrolle der rechnerischen Richtigkeit der Analyse werden auch die Soll- und Haben-Summen ausgewiesen.

5.3.2.1 Ausleihungen und Wertpapiere des Anlagevermögens

Die beiden Gegenbestandsposten Ausleihungen und Wertpapiere des Anlagevermögens haben sich beide im Verlaufe des Jahres verändert. Es geht nun darum, die Komponenten und den Charakter der Veränderungen zu ermitteln und zu dokumentieren. Dazu ist idealerweise Einblick in die Informationen auf Buchungsebene zu nehmen. Dies erfordert den Zugang zu den Buchhaltungsdaten. In der Abb. 5.8 wird das Ergebnis der Analyse dargestellt. Nachfolgend werden die Einzelheiten erläutert.

Die Analyse der *Ausleihungen (1)* ergab, dass die Veränderung im Verlaufe des Jahres nicht durch Aus- oder Einzahlungen, sondern durch andere Vorgänge bewirkt wurde. Einerseits wurde die Zunahme um CHF 35.000 durch eine Umwandlung einer Kundenforderung aus laufender Geschäftstätigkeit bewirkt. Im Rahmen einer Sanierung eines Kunden hat die Schokoladen Produktions AG eingewilligt, eine Kundenforderung für zwei Jahre zu stunden, was in der Bilanz zu einer *Umbuchung auf Ausleihungen (N1)* führte. Dies ist als neutraler Vorgang (N) zu qualifizieren, weil die Gegenbuchung die Forderungen aus Lieferungen und Leistungen betrifft. Weiter erfolgte eine *Wertberichtigung auf Ausleihungen (E1)*, weil die Zahlungsfähigkeit des Schuldners weiterhin zweifelhaft ist. Die Gegenbuchung dazu erfolgte in der Gewinn-und-Verlust-Rechnung, wodurch dieser Vorgang als erfolgswirksam (E) qualifiziert wurde.

Die Veränderung der *Wertpapiere des Anlagevermögens (2)* ließ sich ebenfalls zu einem Teil auf eine *Wertberichtigung (E2)* zurückführen, die als erfolgswirksamer Vorgang (E) beurteilt wurde. Der *Erwerb von Aktien* (N2) bewirkte eine Zunahme des Bestands um CHF 380.000. Der Erwerbspreis wurde jedoch nicht durch eine Zahlung, sondern *durch Eingehen einer Darlehensverbindlichkeit* dem Verkäufer gegenüber beglichen. Es handelt sich bei dieser Transaktion nicht um einen Zahlungsstrom, sondern um einen neutralen Vorgang (N).

Analyse der Veränderungen Werte in CHF	Typ I	Soll	Haben	Seq. Nr.
Ausleihungen				1
Eröffnung		120 000.00		
Umwandlung Kundenforderung	N	35 000.00		N1
Wertberichtigung	E		15 000.00	E1
Saldo			140 000.00	
Summe		155 000.00	155 000.00	
Wertpapiere des Anlagevermögens				2
Eröffnung		1 600 000.00		
Wertberichtigung	E		200 000.00	E2
Erwerb Aktien gegen Darlehensverbindl.	N	380 000.00		N2
Saldo			1 780 000.00	
Summe		1 980 000.00	1 980 000.00	

Abb. 5.8 Analyse der Ausleihungen und der Wertpapiere des Anlagevermögens

5.3.2.2 Maschinen

Die Analyse der Veränderung in den vier Posten, die im Zusammenhang mit Maschinen vorzunehmen war, gestaltete sich komplex. Einerseits wurde bereits im Vorjahr eine Anzahlung für die bestellte Maschine 1 i. H. v. netto CHF 20.500 geleistet. Andererseits blieb die geleistete Anzahlung für den Erwerb der Maschine 4 noch stehen, weil die Lieferung dieser Maschine nicht mehr vor dem Jahresende 2022 erfolgte.

Weiter bestand eine offene Rechnung i. H. v. netto CHF 400.000 aus dem Vorjahr für eine bereits früher gelieferte Maschine, die erst im laufenden Jahr bezahlt wurde. Am Ende des Jahres enthielten die Verbindlichkeiten aus Lieferungen und Leistungen noch eine Restverbindlichkeit für die im Berichtsjahr gelieferte Verpackungsmaschine (Maschine 3), welche netto CHF 40.000 ausmachte (vgl. Abschn. 5.2.2).

Schließlich blieb auch die Rechnung für die im Verlaufe des Geschäftsjahres veräußerte Conchiermaschine (Maschine 2) noch offen (vgl. Abschn. 5.2.2). Der Nettobetrag dieser Rechnung beträgt CHF 56.000.

Im Verlaufe des Geschäftsjahres waren die in der Tab. 5.1 aufgelisteten Bewegungen im Bestand der Maschinen und der geleisteten Anzahlungen sowie der Forderungen und Verbindlichkeiten in diesem Zusammenhang zu verzeichnen.

Die Analyse der Bewegungen in den vier Posten sind der Abb. 5.9 in buchhalterischer Weise dargestellt und mit den entsprechenden Qualifikationen (E, L oder N) und einer Referenz-Nummer versehen.

Bei neutralen Vorgängen wurde die gleiche Referenz-Nummer für beide Buchungsteile verwendet, um den inhaltlichen Zusammenhang der Einträge damit zu verdeutlichen. Die Vorgänge im Zusammenhang mit dem Erwerb und der Veräußerung von Maschinen haben vor allem zu neutralen (N) oder liquiditätswirksamen Vorgängen (L) geführt.

Die Ermittlung der Zahlungen im Posten *Verbindlichkeiten Erwerb Maschinen (4)* erfolgte nicht auf der Grundlage der Zahlungsbeträge in der Buchhaltung, weil diese einschließlich Mehrwertsteuer sind. Vielmehr wurden neben dem Eintrag des Anfangs- und Schlussbestands sowie der beiden Transaktionen N3 und N5 die *Zahlungen als*

Tab. 5.1 Überblick über die Transaktionen mit Maschinen im Geschäftsjahr 2022

Transaktion	Objekt	Nettobetrag* CHF
Lieferung/Schlussrechnung	Maschine 1	41.000 nach Abzug Anzahlung
Veräußerung	Maschine 2	56.000 Erlös
		15.000 Restbuchwert
Anzahlung	Maschine 3	50.000
Lieferung/Schlussrechnung	Maschine 3	110.000 nach Abzug der Anzahlung
Anzahlung	Maschine 4	100.000
Geleistete Zahlungen	Maschine aus Vorjahr	400.000 (Schlusszahlung)
	Maschine 1	41.000 (Schlusszahlung)
	Maschine 3	70.000 (Teilzahlung)

*Die Beträge verstehen sich *ausschließlich* der in Rechnungen oder Zahlungen enthaltenen Mehrwertsteueranteile

Analyse der Veränderungen Werte in CHF	Typ I	Soll	Haben	Seq. Nr.
Maschinen				3a
Eröffnung		1 540 600.00		
Schlussrechnung Kauf Maschine 1	N	41 000.00		N3
Verrechnung Anzahlung Maschine 1	N	20 500.00		N4
Veräußerung Maschine 2 (Restwert)	E		15 000.00	E3
Schlussrechnung Kauf Maschine 3	N	110 000.00		N5
Verrechnung Anzahlung Maschine 3	N	50 000.00		N6
Abschreibungen	E		265 000.00	E4
Saldo			1 482 100.00	
Summe		1 762 100.00	1 762 100.00	
Geleistete Anzahlungen Maschinen				3b
Eröffnung		20 500.00		
Verrechnung Anzahlung Maschine 1	N		20 500.00	N4
Anzahlung Maschine 3	L	50 000.00		L1
Verrechnung Anzahlung Maschine 3	N		50 000.00	N6
Anzahlung Maschine 4	L	100 000.00		L2
Saldo			100 000.00	
Summe		170 500.00	170 500.00	
Verbindlichkeit Erwerb Maschinen				4
Eröffnung			400 000.00	
Schlussrechnung Kauf Maschine 1	N		41 000.00	N3
Schlussrechnung Kauf Maschine 3	N		110 000.00	N5
Zahlungen (Residualgröße)	L	511 000.00		L3
Saldo		40 000.00		
Summe		551 000.00	551 000.00	
Forderungen Veräußerung Maschinen				5
Eröffnung		-		
Rechnung Veräußerung Maschine 2	E	56 000.00		E5
Saldo			56 000.00	
Summe		56 000.00	56 000.00	

Abb. 5.9 Analyse Maschinen

Residualgröße (L3) abgeleitet. Die Residualgröße ist derjenige Betrag, der zum Ausgleich des Kontos notwendig ist.

Die beiden Transaktionen N3 und N5 wurden im Rahmen der Analyse des Kontos *Maschinen (3a)* als Zugänge aus Erwerb ermittelt. In diesem Konto wurden zudem auch zwei erfolgswirksame Vorgänge identifiziert. Die *Veräußerung der Maschine 2 (E3)* bewirkte einen Abgang des Restbuchwerts i. H.v. CHF 15.000. Zudem sind *Abschreibungen* i. H. v. CHF 265.000 vorgenommen worden (E4). Diese Angaben ließen sich der Anlagenbuchhaltung, bzw. dem daraus abgeleiteten Anlagenspiegel entnehmen.

In den *Forderungen aus Veräußerung von Maschinen (5)* ist die Zunahme des Bestands ausschließlich auf die Rechnungsstellung i. H. v. CHF 60.312 zurückführen, welche nach Abzug der darin enthaltenen Umsatzsteuer mit CHF 56.000 berücksichtigt wurde. Diese Forderung war zum 31. Dezember 2022 noch nicht bezahlt und deswegen hat die Veräußerung im Berichtsjahr zu keinem Zahlungsfluss geführt. Die Gegenbuchung zu der Rechnungstellung erfolgte bei der Schokoladen Produktions AG in ein Konto der Gewinn-und-Verlust-Rechnung (Erlös aus Veräußerung von Gegenständen des Anlagevermögens), weshalb die Transaktion als erfolgswirksam (E) beurteilt wurde. Aus dem Verkauf der gebrauchten Conchiermaschine resultierte unter Berücksichtigung des abgegangenen Restbuchwerts ein Veräußerungsgewinn i. H. v. CHF 41.000.

▶   Aus den vielen Veränderungen im Bereich der Maschinen resultierten insgesamt *Auszahlungen i. H. v. 661.000*, welche in der Cashflow-Rechnung unter dem Titel Cashflows aus Investitionstätigkeit zum Ausweis kommen werden. Es waren *keine Einzahlungen* zu verzeichnen. Zudem wurden *drei erfolgswirksame Veränderungen* ermittelt, welche im Rahmen der indirekten Methode in die Ermittlung der Cashflows aus Geschäftstätigkeit einfließen werden.

5.3.2.3 Übrige mobile Sachanlagen („Mobilien")

Abgesehen von den Maschinen und den Fahrzeugen besteht noch eine Klasse „Mobilien", welche die übrigen mobilen Sachanlagen umfasst. Weil Anschaffung und Veräußerung von Mobilien über Bilanzkonten abgewickelt werden, bzw. weil dies so fingiert wird (vgl. Abschn. 5.1.3), sind neben dem im Anlagevermögen ausgewiesenen Bilanzposten auch die im Zusammenhang damit stehenden Forderungs- und Verbindlichkeitsbestände in die Analyse miteinzubeziehen. Die Ergebnisse der Analyse dieser drei Posten sind in der Abb. 5.10 dargestellt.

Um zu vermeiden, dass bei der Analyse die Anlagenzugänge aus Erwerb nach Erwerb auf Kredit und Erwerb mit Barzahlung unterschieden werden müssen, wird die Fiktion verwendet, dass auch erworbene Gegenstände des Anlagevermögens buchhalterisch so abgewickelt wurden, wie wenn sie auf Rechnung erfolgt wären. Somit werden beide Formen des Erwerbs in der Analyse gleich behandelt und als neutrale Vorgänge (N) qualifiziert. Der erfolgte Zahlungsfluss beim Barkauf wird im Rahmen der Analyse des Postens Verbindlichkeiten aus Erwerb berücksichtigt. Dies lässt sich am Beispiel des *Barkaufs von Mobilien (N7)* illustrieren. Der Anlagezugang entspricht dem Nettobetrag nach Abzug der bezahlten Vorsteuer. Die Gegenbuchung dazu wird in den Posten *Verbindlichkeit Erwerb Mobilien (6)* eingestellt und die Transaktion deshalb als neutraler Vorgang ohne Zahlungsfluss (N) qualifiziert. Die geleistete Zahlung aus dem Barkauf ist in dem Vorgang *(L4) Zahlungen (Residualgröße)* enthalten.

In analoger Weise werden *gegen Barzahlung veräußerte Mobilien* in der Analyse so behandelt, wie wenn der Verkauf in Rechnung gestellt und in dem Forderungskonto erfasst worden wäre (vgl. *E8 Fiktive Rechnung Veräußerung Mobilien*). Die Gegenbuchung er-

Analyse der Veränderungen Werte in CHF	Typ I	Soll	Haben	Seq. Nr.
Mobilien				3c
Eröffnung		820 000.00		
Barkauf Mobilien	N	5 500.00		N7
Anschaffung Mobilien auf Rechnung	N	128 000.00		N8
Veräußerung Mobilien (Restwert)	E		52 000.00	E6
Abschreibungen	E		80 000.00	E7
Saldo			821 500.00	
Summe		953 500.00	953 500.00	
Verbindlichkeit Erwerb Mobilien				6
Eröffnung			16 200.00	
Fiktive Rechnung Barkauf Mobilien	N		5 500.00	N7
Anschaffung Mobilien auf Rechnung	N		128 000.00	N8
Zahlungen (Residualgröße)	L	149 700.00		L4
Saldo		-		
Summe		149 700.00	149 700.00	
Forderungen Veräußerung Mobilien				6a
Eröffnung		-		
Fiktive Rechnung Veräußerung Mobilien	E	35 000.00		E8
Zahlungen (Residualgröße)	L		35 000.00	L5
Saldo		-		
Summe		35 000.00	35 000.00	

Abb. 5.10 Analyse übrige mobile Sachanlagen („Mobilien")

folgte auf ein Konto der Gewinn-und-Verlust-Rechnung und ist somit ein erfolgswirksamer Vorgang (E). Ebenfalls erfolgswirksam ist der *Abgang des Restwerts* im Zusammenhang mit der Veräußerung von Mobilien *(E6)*. Die Veräußerung hat insgesamt einen Verlust i. H. v. CHF 17.000 bewirkt, der unter dem Titel Abschreibungen in der Gewinn-und-Verlust-Rechnung enthalten ist. Die Ermittlung der *Zahlungen (Residualgröße)* erfolgte auch bei den Forderungen mit der Residualwertmethode und resultierte im Ausweis eines liquiditätswirksamen Vorgangs (L5), der die Gegenbuchung zu der erhaltenen Zahlung aus dem Barverkauf abbildet.

Schließlich ist als erfolgswirksamer Vorgang noch die erfolgte Vornahme der *Abschreibungen (E7)* i. H. v. CHF 80.000 zu berücksichtigen.

▶ Die Analyse der Posten im Zusammenhang mit den Mobilien ergab Gegenbuchungen zu *Auszahlungen i. H. v. CHF 149.700* und zu *Einzahlungen i. H. v. CHF 35.000*, die in der Cashflow-Rechnung auszuweisen sein werden. Zudem wurden *drei erfolgswirksame Vorgänge* identifiziert, die im Rahmen der indirekten Methode in die Herleitung der Cashflows aus Geschäftstätigkeit Eingang finden werden.

5.3.2.4　Fahrzeuge und Nutzungsrechte an Fahrzeugen (Leasing)

Die Schokoladen Produktions AG hatte bisher ihren Fuhrpark gekauft. Im Berichtsjahr wurde erstmals ein Geschäftswagen im Wege des Finanzierungsleasings angeschafft (Fahrzeug 3). Entsprechend wurde für die Erfassung des Nutzungsrechts an dem geleasten Fahrzeug eine eigene Position verwendet (3e). Im Rahmen der Bilanzierung des abgeschlossenen Leasingvertrags wurde der Barwert der noch zu zahlenden Leasingraten als Nutzungsrecht angesetzt und gleichzeitig in die Finanzverbindlichkeiten eingestellt. Der *Abschluss des Leasingvertrags* bewirkt keinen Zahlungsfluss und ist als neutraler Vorgang einzustufen (*N9*).

Im Übrigen wurden zwei gebrauchte Fahrzeuge veräußert, wobei das Fahrzeug 1 auf Rechnung und das Fahrzeug 2 gegen Barzahlung verkauft wurde. Die Rechnung aus dem Verkauf des Fahrzeugs 1 war zum 31. Dezember 2022 noch unbezahlt. Die Einzelheiten der buchhalterischen Analyse sind in der Abb. 5.11 enthalten.

Analyse der Veränderungen Werte in CHF	Typ l	Soll	Haben	Seq. Nr.
Fahrzeuge				3d
Eröffnung		580 000.00		
Verkauf Fahrzeug 1 (Restwert)	E		18 000.00	E9
Verkauf Fahrzeug 2 (Restwert)	E		14 000.00	E10
Abschreibungen	E		140 000.00	E11
Saldo			408 000.00	
Summe		580 000.00	580 000.00	
Nutzungsrecht Fahrzeuge (geleaste Fahrzeuge)				3e
Eröffnung			-	
Leasingvertrag Fahrzeug 3 (Abschluss)	N	60 000.00		N9
Abschreibungen	E		12 000.00	E12
Saldo			48 000.00	
Summe		60 000.00	60 000.00	
Forderungen Veräußerung Fahrzeuge				7
Eröffnung			-	
Rechnung Veräußerung Fahrzeug 1	E	15 000.00		E13
Fikt. Rechnung Veräußerung Fahrzeug 2	E	20 000.00		E14
Zahlungseingang (Residualgröße)	L		20 000.00	L6
Saldo			15 000.00	
Summe		35 000.00	35 000.00	
Grundstücke und Gebäude				3f
Eröffnung		3 845 000.00		
Aktivierte Eigenleistungen	E	329 000.00		E15
Abschreibungen	E		-	E16
Saldo			4 174 000.00	
Summe		4 174 000.00	4 174 000.00	

Abb. 5.11 Analyse Fahrzeuge/Grundstücke und Gebäude

Neben den Fahrzeugverkäufen und dem Abschluss des Leasingvertrags waren in dem Berichtsjahr lediglich noch die vorgenommenen *Abschreibungen auf Fahrzeuge (E11) und auf Nutzungsrechten an Fahrzeugen (E12)* als erfolgswirksame Transaktionen zu berücksichtigen.

▶ Die Analyse der Veränderungen im Bereich der Fahrzeuge und der Nutzungsrechte an Fahrzeugen förderte nur die *Gegenbuchung zu einem Zahlungseingang i. H. v. CHF 20.000* (netto) zutage. Weiterhin wurden *sechs erfolgswirksame Vorgänge* ermittelt, welche im Rahmen der indirekten Methode bei der Herleitung der Cashflows aus Geschäftstätigkeit zu berücksichtigen sein werden.

5.3.2.5 Grundstücke und Gebäude

Die Analyse der Veränderungen im Bereich der Grundstücke und Gebäude ist in der Abb. 5.11 (unten) enthalten. Die Gesamtveränderung lässt sich durch eine einzige erfolgswirksame Transaktion erklären. Es wurden Zugänge im Rahmen von selbst durchgeführten Arbeiten am Gebäude (aktivierte Eigenleistungen) identifiziert (E15). Auf die Vornahme von Abschreibungen wurde verzichtet.[2]

▶ Die Veränderungsanalyse der Grundstücke und Gebäude hat *keine Ein- oder Auszahlungen* ergeben, die als Cashflows aus Investitionstätigkeit darzustellen wären. Es wurde jedoch *ein erfolgswirksamer Vorgang* identifiziert, der in die Herleitung der Summe der Cashflows aus Geschäftstätigkeit im Rahmen der indirekten Methode einfließen wird.

5.3.3 Analyse der Bilanzposten des Typs F (Finanzierung)

Lernziele
- Neutrale Vorgänge in den Posten des Finanzierungsbereichs erkennen oder aus der Gegenbuchung ableiten.
- Gegenbuchungen zu Ein- und Auszahlungen als Residualgröße ermitteln.
- Die Klassifizierung des Jahresüberschusses oder -fehlbetrags als erfolgswirksamen Vorgang begründen.

---

[2] Diese Vorgehensweise ist im Lichte der Vorschriften von IAS 16 fragwürdig, da der sog. Komponentenansatz eine gesonderte Betrachtung des Grundstücks und des Gebäudes im Hinblick auf die Ermittlung der Abschreibungen erfordern würde. Die gedankliche Verrechnung von Wertsteigerungen des Grundstücks mit notwendigen Abschreibungen auf das Gebäude entspricht nicht der Vorgabe von IAS 16.43. Dies muss zwar auf Ebene der Konsolidierung noch angepasst werden, hat aber keinen Einfluss auf die Darstellung der Zahlungsflüsse.

Die zu analysierenden Bilanzposten des Typs F sind in der Abb. 5.7 im zweiten Abschnitt mit den Seq. Nummern 10–17 aufgeführt. Es handelt sich dabei um die Finanzverbindlichkeiten und die Posten des Eigenkapitals, einschließlich der Position Jahresüberschuss/-fehlbetrag. Analog zu der Vorgehensweise bei der Analyse der Posten des Typs I sind die Veränderungen zwischen dem Anfangs- und dem Schlussbestand nach den drei Hauptkategorien erfolgswirksam (E), liquiditätswirksam (L) und neutral (N) zu analysieren.

5.3.3.1 Finanzverbindlichkeiten

Die Analyse der Finanzverbindlichkeiten ist in Abb. 5.12 enthalten. Typischerweise bestehen die Veränderungen aus neutralen (N) und liquiditätswirksamen (L) Vorgängen.

Die Zunahme der *kurzfristigen verzinslichen Verbindlichkeiten (10)* ist primär auf die Übertragung kurzfristig fälliger Anteile von langfristigen verzinslichen Verbindlichkeiten zurückzuführen. Dies sind neutrale Vorgänge. Zudem findet sich hier die Gegenbuchung zu dem Kauf von Aktien (N2) gegen verzinsliche Stundung des Kaufpreises durch den Verkäufer.

Die langfristigen verzinslichen Verbindlichkeiten haben sich einerseits wegen Umgliederung von kurzfristigen Anteilen verändert (N10, N11 und N12). Andererseits sind zahlungswirksame Abnahmen zu verzeichnen (L7, L8, L9). Die Gegenbuchung aus dem Ab-

Analyse der Veränderungen Werte in CHF	Typ F	Soll	Haben	Seq. Nr.
Kurzfristige verzinsliche Verbindlichkeiten				**10**
Eröffnung			-	
Umgliederung kf. Anteil Leasingverbindl.	N		16 200.00	N10
Umgliederung kf. Anteil Darlehen Aktionär	N		250 000.00	N11
Kauf Aktien gegen Darlehen	N		380 000.00	N2
Umgliederung kf. Anteil Hypothekarschuld	N		100 000.00	N12
Saldo		746 200.00		
Summe		746 200.00	746 200.00	
Langfristige verzinsliche Verbindlichkeiten				**11**
Eröffnung			4 600 000.00	
Leasingvertrag Fahrzeug 3 (Abschluss)	N		64 800.00	N9
Leasingraten-Zahlungen (Kapital)	L	11 226.60		L7
Umgl. Zinsanteil in Leasingratenzahlung	N	923.40		N19
Umgliederung kf. Anteil Leasingverbindl.	N	16 200.00		N10
Teilrückzahlung Darlehen Aktionäre	L	300 000.00		L8
Verrechnungsliberierung Kapitalerhöhung	N	200 000.00		N13
Umgliederung kf. Anteil Darlehen Aktionär	N	250 000.00		N11
Teilrückzahlung Hypothekarschuld	L	100 000.00		L9
Umgliederung kf. Anteil Hypothekarschuld	N	100 000.00		N12
Saldo		3 686 450.00		
Summe		4 664 800.00	4 664 800.00	

Abb. 5.12 Analyse der Finanzverbindlichkeiten

schluss des Leasingvertrags für ein Geschäftsfahrzeug (N9) ist der einzige Grund für die Zunahme des Bestands. Es ist hervorzuheben, dass die bezahlten Leasingraten von insgesamt netto CHF 12.150 in einen Teilbetrag für die Rückzahlung des Kapitals (L7) und einen Teilbetrag für den in den Leasingraten enthaltenen Zinsanteil (N19) aufgespalten wurden. Der Zinsanteil wurde auf den Posten Zinsanteil in Leasingraten umgebucht, weshalb er hier als neutraler Vorgang eingestuft wurde. Ein Teil des Aktionärsdarlehen i. H. v. CHF 200.000 wurde durch *Verrechnung mit der Forderung aus Kapitalerhöhung* reduziert (N13). Diese Umwandlung von Fremdkapital in Eigenkapital erfolgte ohne Zahlungsfluss, was als neutraler Vorgang qualifiziert wird.

►   Die Finanzverbindlichkeiten haben aufgrund von *Rückzahlungen i. H. v. CHF 411.226,60* abgenommen. Die übrigen Veränderungen sind nicht in der Cashflow-Rechnung zu berücksichtigen, weil sie neutrale Vorgänge darstellen.

5.3.3.2   Eigenkapital

Die Bewegungen des Eigenkapitals sind in dem Eigenkapitalveränderungsnachweis (vgl. Abb. 5.4) dargestellt. Die einzelnen Komponenten des Eigenkapitals wurden im Rahmen einer buchhalterischen Analyse in Kontoform untersucht. Die Ergebnisse in Form der Einzelheiten zu den Veränderungen sind in Abb. 5.13 enthalten.

Die Bewegungen in den einzelnen Komponenten des Eigenkapitals sind überwiegend auf Umbuchungen innerhalb der Bilanz, d. h. auf neutrale Vorgänge, zurückzuführen, die in der Cashflow-Rechnung keinen Niederschlag finden werden. Bei den neutralen Vorgängen handelt es sich im Einzelnen um die *Aktienkapitalerhöhung mit Aufgeld (N14)*, die *Aufbringung des gezeichneten zusätzlichen Kapitals durch Verrechnung mit dem Aktionärsdarlehen (N13)*, um die *Zuweisung in die Gewinnrücklage aus dem Gewinnvortrag (N15)* im Rahmen der Gewinnverwendung sowie die *Dividendengutschrift (N16)* auf ein Verbindlichkeitskonto.

Die einzigen *zahlungswirksamen Transaktionen (L10)* haben zu Gegenbuchungen im Posten Forderungen aus Kapitalerhöhung (14) geführt. Es handelt sich um die *von Dritten erhaltenen Zahlungen zur Barliberierung der Kapitalerhöhung*.

Die Position *Jahresüberschuss/Jahresfehlbetrag (17)* ist ausschließlich als Folge des *Übertrags des Saldos der Gewinn-und-Verlust-Rechnung (E16)* in die Bilanz angestiegen. Dies wird als erfolgswirksamer Vorgang eingestuft, weil die Gegenbuchung in die Gewinn-und-Verlust-Rechnung erfolgt ist.

►   Die einzige *Einzahlungsgruppe* im Bereich des Eigenkapitals ist *im Zusammenhang mit der Kapitalerhöhung* i. H. v. CHF 290.000 zu verzeichnen. Neben verschiedenen neutralen Vorgängen ist *eine einzige erfolgswirksame Transaktion* erfolgt, welche das Eigenkapital verändert hat. Es handelt sich um den *Abschluss der Gewinn-und-Verlust-Rechnung* auf das Konto Jahresüberschuss in der Bilanz. Dieser Posten wird die Ausgangsgröße für die Herleitung der Summe der Cashflows aus Geschäftstätigkeit mit der indirekten Methode darstellen.

Analyse der Veränderungen Werte in CHF	Typ F	Soll	Haben	Seq. Nr.
Aktienkapital				12
Eröffnung			5 000 000.00	
Aktienkapitalerhöhung - Zeichnung	N		400 000.00	N14
Saldo		5 400 000.00		
Summe		5 400 000.00	5 400 000.00	
Kapitalrücklage				13
Eröffnung			500 000.00	
Aktienkapitalerhöhung - Zeichnung	N		100 000.00	N14
Saldo		600 000.00		
Summe		600 000.00	600 000.00	
Forderungen aus Kapitalerhöhung				14
Eröffnung				-
Aktienkapitalerhöhung - Zeichnung	N	500 000.00		N14
Barliberierungen (Bank)	L		290 000.00	L10
Verrechnungsliberierung	N		200 000.00	N13
Saldo			10 000.00	
Summe		500 000.00	500 000.00	
Gewinnrücklagen				15
Eröffnung			125 504.00	
Zuweisung aus Gewinnverwendung	N		7 500.00	N15
Saldo		133 004.00		
Summe		133 004.00	133 004.00	
Gewinnvortrag /Verlustvortrag				16
Eröffnung			179 000.00	
Dividendengutschrift (Gewinnverwendung)	N	150 000.00		N16
Zuweisung an Gewinnrücklagen	N	7 500.00		N15
Saldo		21 500.00		
Summe		179 000.00	179 000.00	
Jahresüberschuss/Jahresfehlbetrag				17
Eröffnung				-
Jahresüberschuss aus G+V-Rechnung	E		429 743.87	E 16
Saldo		429 743.87		
Summe		429 743.87	429 743.87	

Abb. 5.13   Analyse des Eigenkapitals

5.3.4   Analyse der Bilanzposten des Typs A (Aussonderung)

Lernziele
- Zusammenhängende Gegenbestandsposten bilden.
- Die Veränderungen der Gegenbestandsposten korrekt in neutrale, erfolgswirksame und zahlungswirksame Vorgänge aufspalten.

Die Gegenbestandsposten des Typs A sind in der Abb. 5.7 im dritten Abschnitt aufgeführt (Seq. Nr. 20–30) und umfassen vor allem Bilanzposten, die im Zusammenhang mit Zinsen, Dividenden und Ertragsteuern stehen, weil diese nach IAS 7 gesondert auszuweisende Zahlungen in der Cashflow-Rechnung erforderlich machen. Bei den Zinsen und Dividenden sind die Einzahlungs- und Auszahlungsvorgänge zu unterscheiden, während die Steuern als Nettogröße (Saldo aus bezahlten und zurückerstatteten Ertragsteuern) ausgewiesen werden dürfen. In der Schweiz wird u. a. auf Dividendenzahlungen an der Quelle eine Verrechnungssteuer i. H. v. 35 % erhoben. Sie weist dem Wesen nach Ähnlichkeiten zu der Kapitalertragssteuer in Deutschland auf. Die Erstattung der zurückbehaltenen Teile der Dividendenzahlung erfolgt auf Antrag in der Regel erst in einem späteren Jahr. Die Rückerstattung kann für die letzten drei Jahre geltend gemacht werden, sofern eine ordnungsgemäße Besteuerung der Dividendenerträge erfolgt ist. Als Folge davon werden Teile des Dividendenertrags erst mit Zeitverzug zahlungswirksam.

5.3.4.1 Forderungen und Verbindlichkeiten im Zusammenhang mit Dividenden

Im Zusammenhang mit den an den Aktionär ausgeschütteten Dividenden sind die zwei Posten *Verbindlichkeiten Gewinnausschüttung (20)* und *Verbindlichkeit ESTV (Verrechnungssteuer) (21)* von Bedeutung.

Der Ertrag aus Dividende führt zu Veränderungen in den Positionen *Forderung aus Dividenden (22)* und *Verrechnungssteuer(-Erstattungs)anspruch (23)*.

Die Veränderungen der vier erwähnten Posten sind in Abb. 5.14 dokumentiert.

Die bezahlte Bruttodividende i. H. v. CHF 150.000 wird zu *65 % an die Muttergesellschaft überwiesen (L12)* und zu *35 % an die Eidgenössische Steuerverwaltung (ESTV) abgeführt (L12)*. Beide Vorgänge stellen Auszahlungen (L) dar.

Die *erhaltene Dividende i. H. v. CHF 58.500* stellt den nach Abzug der Verrechnungssteuer verbleibenden Nettobetrag dar. Weil es sich um einen gleichzeitig zahlungs- und erfolgswirksamen Vorgang handelt, wurde im Sinne einer bilanziellen Buchungstechnik eine fiktive Abwicklung über das Konto Forderungen aus Dividenden berücksichtigt. Damit ergibt sich *ein erfolgswirksamer Vorgang (E17) und ein zahlungswirksamer Vorgang (L13)*.

Die auf der Dividende an der Quelle erhobene *Verrechnungssteuer* wurde buchhalterisch als Erstattungsanspruch *erfolgswirksam erfasst (E18)*. In der *Position Verrechnungssteueranspruch (23)* ist eine zahlungswirksame Veränderung in Form der erfolgten *Erstattung von Verrechnungssteuern aus Vorjahren i. H. v. CHF 56.000 erfolgt (L14)*.

▶ Bei den Forderungen und Verbindlichkeiten im Zusammenhang mit Dividenden ergab die Analyse eine *Auszahlung i. H. v. CHF 150.000 (bezahlte Dividende)* und eine *Einzahlung i. H. v. CHF 31.500 (erhaltene Dividende)*. Zudem wurde eine *Einzahlung im Zusammenhang mit erhaltenen Dividenden aus Vorjahren i. H. v. CHF 56.000* vereinnahmt (Erstattung Verrechnungssteuer). Weiter ist die *erfolgswirksame Transaktion des Dividendenertrags (CHF 90.000)* später in der Cashflow-Rechnung im Rahmen der Herleitung des Totals der Cashflows aus Geschäftstätigkeit zu berücksichtigen.

Analyse der Veränderungen Werte in CHF	Typ A	Soll	Haben	Seq. Nr.
Verbindlichkeiten Gewinnausschüttung				20
Eröffnung				-
Dividendengutschrift (Gewinnverwendung)	N		150 000.00	N16
Dividendenzahlung	L	97 500.00		L11
Gutschrift Verbindlichkeit ESTV (Verr.st.)	N	52 500.00		N17
Saldo		-		
Summe		150 000.00	150 000.00	
Verbindlichkeit ESTV (Verrechnungsteuer)				21
Eröffnung				-
Gutschrift Verbindlichkeit ESTV (Verr.st.)	N		52 500.00	N17
Zahlung an ESTV	L	52 500.00		L12
Saldo		-		
Summe		52 500.00	52 500.00	
Forderung aus Dividenden				22
Eröffnung				-
Dividenendenertrag (Gutschrift)	E	58 500.00		E17
Erhaltene Dividende	L		58 500.00	L13
Saldo		-		
Summe		58 500.00	58 500.00	
Verrechnungssteueranspruch				23
Eröffnung		56 000.00		
Verr.st. auf Dividenendenertrag (Gutschrift)	E	31 500.00		E18
Rückerstattung Verrechnungssteuer Vj.	L		56 000.00	L14
Saldo			31 500.00	
Summe		87 500.00	87 500.00	

Abb. 5.14 Analyse der Forderungen und Verbindlichkeiten im Zusammenhang mit Dividenden

5.3.4.2 Forderungen und Verbindlichkeiten im Zusammenhang mit Ertragsteuern

Die Ertragssteuern umfassen die laufenden Ertragsteuern und die latenten Ertragsteuern. Für beide Steuerarten bestehen Forderungs- und Verbindlichkeitskonten. Die Analyse der Veränderungen dieser vier Gegenbestandsposten ist in der Abb. 5.15 dargestellt.

Bei den laufenden Ertragsteuern werden üblicherweise Vorauszahlungen geleistet, die bei der Schokoladen Produktions AG als *Gewinnsteuervorauszahlungen (25)* bezeichnet wurden. Der aufgrund von eigenen Berechnungen geschuldete Steuerbetrag wird in der Position *Steuerverbindlichkeiten (24)* erfasst. Im Zusammenhang mit laufenden Steuern zeigte die Analyse zwei Gegenbuchungen zu Zahlungsvorgängen. Einerseits wurde ein Differenzbetrag zu den geschuldeten *Steuern betreffend das Vorjahr bezahlt (L15)* und den Steuerverbindlichkeiten belastet. Andererseits wurden für die Bemessungsperiode 2022 *Vorauszahlungen geleistet (L16)*. Die *Zuführung zu den Steuerverbindlichkeiten 2022 (E19)* ist ein erfolgswirksamer Vorgang, der als Steueraufwand erfasst wurde.

Analyse der Veränderungen Werte in CHF	Typ A	Soll	Haben	Seq. Nr.
Steuerverbindlichkeiten (Gewinnsteuer)				**24**
Eröffnung			98 300.00	
Verrechnung mit Steuervorauszahlungen	N	85 600.00		N18
Steuerzahlungen Vorjahr	L	12 700.00		L15
Zuführung zu Steuerverbindlichkeiten 2022	E		120 500.00	E19
Saldo		120 500.00		
Summe		218 800.00	218 800.00	
Gewinnsteuervorauszahlungen				**25**
Eröffnung		85 600.00		
Verrechnung mit Steuervorauszahlungen	N		85 600.00	N18
Vorauszahlungen Steuern 2022	L	65 800.00		L16
Saldo			65 800.00	
Summe		151 400.00	151 400.00	
Aktive latente Steuern				**26**
Eröffnung		48 000.00		
Veränderung latente Steuern	E		5 000.00	E20
Saldo			43 000.00	
Summe		48 000.00	48 000.00	
Passive latente Steuern				**27**
Eröffnung			88 400.00	
Veränderung latente Steuern	E		32 500.00	E21
Saldo		120 900.00		
Summe		120 900.00	120 900.00	

Abb. 5.15 Analyse der Forderungen und Verbindlichkeiten im Zusammenhang mit Ertragsteuern

Naturgemäß fallen bei den *latenten Steuern* keine Zahlungsvorgänge an. Es handelt sich bei den Veränderungen um *erfolgswirksame Vorgänge (E20, E21)*, welche den Steueraufwand betreffen.

▶ Die Analyse der Forderungen und Verbindlichkeiten im Zusammenhang mit Steuern hat *Auszahlungen für Steuern i. H. v. CHF 78.500* ergeben. Zudem sind *erfolgswirksame Vorgänge* im Zusammenhang mit Steueraufwand *im Gesamtbetrag von CHF 158.000* angefallen.

5.3.4.3 Forderungen und Verbindlichkeiten im Zusammenhang mit Zinsen

Zinszahlungen werden üblicherweise direkt in der Gewinn-und-Verlust-Rechnung erfasst. Im Sinne der Fiktion einer Abwicklung über einen bilanziellen Gegenbestandsposten in zwei Schritten wurden *Abgrenzungsposten für Zinsen (28, 29)* verwendet. Die Zinszahlungen wurden am Schluss der Analyse nach der Residualwertmethode als Betrag ermittelt, der zum Ausgleich des Kontos notwendig ist. Für die in den Leasingraten enthaltenen

Analyse der Veränderungen Werte in CHF	Typ A	Soll	Haben	Seq. Nr.
Abgegrenzte Zinserträge				28
Eröffnung		1 500.00		
Zinsertrag Darlehen	E	7 750.00		E22
Erhaltene Zinszahlung	L		7 750.00	L17
Saldo			1 500.00	
Summe		9 250.00	9 250.00	
Abgrenzung Zinsaufwand				29
Eröffnung			8 750.00	
Rückbuchung Zinsaufwand Darlehen Akt.	E	8 750.00		E23
Zinsaufwand Bankkredit lf.	E		67 500.00	E24
Zinsaufwand Darlehen Aktionäre	E		24 500.00	E25
Zinsaufwand Hypothekardarlehen	E		20 000.00	E26
Zinszahlungen (Residualgröße)	L	112 000.00		L18
Abgrenzung Zinsaufwand Darlehen Akt.	E		6 125.00	E27
Saldo		6 125.00		
Summe		126 875.00	126 875.00	
Zinsabgrenzungsposten Leasingverb.				30
Eröffnung		-		
Leasingvertrag Fahrzeug 3 (Abschluss)	N	4 800.00		N9
Anpassung Zinsabgrenzung Leasing	E		923.40	E28
Umgl. Zinsanteil in Leasingratenzahlungen	N		923.40	N19
Zahlung Leasingraten (Zinsanteil)	L	923.40		L19
Saldo			3 876.60	
Summe		5 723.40	5 723.40	

Abb. 5.16 Analyse der Forderungen und Verbindlichkeiten im Zusammenhang mit Zinsen

Zinsanteile wurde ebenfalls ein *Abgrenzungsposten für Zinsanteil im Zusammenhang mit Leasingverträgen (30)* gebildet. Die Einzelheiten der Veränderungsanalyse dieser Gegenbestandsposten sind in der Abb. 5.16 wiedergegeben.

Der erhaltene Zins auf gewährten Ausleihungen ist als durchlaufender Posten in den *abgegrenzten Zinserträgen (28)* berücksichtigt. Der *erfolgswirksame Zinsertrag (E22)* entspricht betragsmäßig der Gegenbuchung zu den *erhaltenen Einzahlung für Zinsen (L17)*.

In dem Gegenbestandsposten *Abgrenzung Zinsaufwand (29)* sind die *Gegenbuchungen zu den* erfassten *Zinsaufwendungen in der Gewinn-und-Verlust-Rechnung (E24–E26)* aufgeführt. Diese schließen auch die *Rechnungsabgrenzungen am Jahresende (E27)* und deren *Rückbuchung zum Jahresbeginn (E23)* ein. Die Ermittlung der *Zinszahlungen* erfolgt *als Residualgröße (L18)*.

Die Position *Zinsabgrenzung Leasing (30)* enthält den *Zinsabgrenzungsposten aus der Ersterfassung des Leasingvertrags (N9)* als neutraler Vorgang. Die *erfolgswirksame Veränderung dieser Abgrenzung (E28)* aufgrund des Zeitablaufs entspricht auch betragsmäßig dem *Zinsanteil in den bezahlten Leasingraten (L19)*.

▶ Bei der Analyse der Veränderung von Forderungen und Verbindlichkeiten im Zusammenhang mit Zinsen wurden Gegenbuchungen zu Einzahlungen i. H. v. CHF 7750 (erhaltene Zinsen) und zu Auszahlungen i. H. v. CHF 112.923,40 (bezahlte Zinsen) ermittelt. Im Rahmen der Herleitung des Totals der Cashflows aus Geschäftstätigkeit werden Zinsaufwand i. H. v. CHF 110.298,40 und Zinsertrag i. H. v CHF 7750 zu berücksichtigen sein.

5.3.5 Bearbeitung der Bilanzposten des Typs G (Geschäftstätigkeit)

Lernziele
- Die Veränderungen von Gegenbestandsposten des Typs G korrekt um neutrale Vorgänge bereinigen.
- Den Verzicht auf eine weitere Analyse der verbleibenden Veränderung begründen.

Die Gegenbestandsposten des Typs G sind in der Abb. 5.7 im vierten Abschnitt aufgeführt (Seq. Nr. 40–47) und bestehen einerseits aus den *Posten des Umlaufvermögens mit operativem Charakter* (vgl. Abschn. 5.3.5.1). Dies schließt den Finanzmittelfonds sowie Positionen aus der kurzfristigen Anlage in Wertpapiere und andere Investitionsformen aus. Andererseits bestehen die Gegenbestandsposten des Typs G auf der Passivseite aus den *operativen Verbindlichkeiten* (vgl. Abschn. 5.3.5.2). Dies schließt die Verbindlichkeiten mit dem Charakter der Finanzierung (verzinsliche Verbindlichkeiten) sowie in dem Finanzmittelfonds bereits berücksichtigte Bankverbindlichkeiten aus.

Generell gilt für die Gegenbestandsposten des Typs G, dass deren Veränderung ohne weitere Analyse in die Herleitung der Summe der Cashflows aus Geschäftstätigkeit einbezogen wird. Die Bereinigung um erfolgswirksame Posten erfolgt dabei im Rahmen der Herleitung in summarischer Weise (vgl. Abschn. 4.2.1). Eine vorgängige Bereinigung der Veränderungen um bestimmte neutrale Vorgänge muss jedoch im Rahmen der Bearbeitung der Gegenbestandsposten des Typs G erfolgen. Dabei handelt es sich lediglich um diejenigen neutralen Vorgänge, deren Gegenbuchung einen Posten des Typs I, F oder A betreffen. Auf die Bereinigung von neutralen Vorgängen innerhalb der Posten des Typs G kann verzichtet werden (vgl. Abschn. 4.2.5).

▶ Die Bearbeitung der Gegenbestandsposten des Typs G beschränkt sich auf die Bereinigung der Gesamtveränderung um neutrale Vorgänge, deren Gegenbuchung eine Bilanzposition des Typs I, F oder A betreffen.

5.3.5.1 Umlaufvermögen (operative Vermögenswerte)
Die operativen Vermögenswerte mit kurzfristigem Charakter werden in der Abb. 5.17 aufgeführt.

Analyse der Veränderungen Werte in CHF	Typ G	Soll	Haben	Seq. Nr.
Forderungen aus Lieferungen (übrige)				40
Eröffnung		697 623.00		
Umwandlung Kundenforderung in Darlehen	N		35 000.00	N1
Übrige Veränderungen	Δ		61 858.00	Δ1
Saldo			600 765.00	
Summe		697 623.00	697 623.00	
Übrige kurzfristige Forderungen (übrige)				41
Eröffnung		158 504.00		
Veränderung	Δ		11 427.18	Δ2
Saldo			147 076.82	
Summe		158 504.00	158 504.00	
Vorräte				42
Eröffnung		2 456 000.00		
Veränderung	Δ	3 562.00		Δ3
Saldo			2 459 562.00	
Summe		2 459 562.00	2 459 562.00	
Aktive Rechnungsabgrenzungsposten (übrige)				43
Eröffnung		13 200.00		
Veränderung	Δ		13 200.00	Δ4
Saldo			-	
Summe		13 200.00	13 200.00	

Abb. 5.17 Analyse der Posten des Umlaufvermögens (operative Vermögenswerte)

▶ Mit dem *Symbol* Δ wird eine neue Kategorie festgelegt, die als bereinigte Gesamtveränderung bezeichnet werden kann.

Bei der Schokoladen Produktions AG ist lediglich ein neutraler Vorgang zu berücksichtigen. Es handelt sich um die bereits im Rahmen der Analyse der Ausleihungen (vgl. Abschn. 5.3.2.1) identifizierte *Umwandlung eines Kundenguthabens* in ein langfristiges Darlehen *(N1)*. Nach dieser Bereinigung ergibt sich die bereinigte Gesamtveränderung der Forderungen aus Lieferungen und Leistungen (Δ1). In den übrigen Posten sind keine Bereinigungen erforderlich. Deren bereinigte Gesamtveränderung entspricht der Differenz zwischen Schlussbestand und Anfangsbestand (Δ2–Δ4).

5.3.5.2 Fremdkapital (operative Verbindlichkeiten)

Die Gegenbestandsposten mit Typ G auf der Passivseite sind in der Abb. 5.18 aufgeführt. Aus den Analysen der Gegenbestandsposten der Typen I, F und A ergaben sich keine Hinweise auf neutrale Vorgänge mit Gegenbuchung in diese Gegenbestandsposten. Die Bearbeitung beschränkt sich somit auf die Ermittlung des Betrags der Gesamtveränderung (Δ5–Δ8).

Analyse der Veränderungen Werte in CHF	Typ G	Soll	Haben	Seq. Nr.
Verbindlichkeiten aus L. und L. (übrige)				44
Eröffnung			702 203.40	
Veränderung	Δ		141 296.60	Δ5
Saldo		843 500.00		
Summe		843 500.00	843 500.00	
Übrige kurzfristige Verbindlichkeiten (übr.)				45
Eröffnung			172 069.60	
Veränderung	Δ	66 107.00		Δ6
Saldo		105 962.60		
Summe		172 069.60	172 069.60	
Passive Rechnungsabgrenzungsposten (übrige)				46
Eröffnung			22 300.00	
Veränderung	Δ	1 700.00		Δ7
Saldo		20 600.00		
Summe		22 300.00	22 300.00	
Rückstellungen				47
Eröffnung			802 800.00	
Veränderung	Δ	478 000.00		Δ8
Saldo		324 800.00		
Summe		802 800.00	802 800.00	

Abb. 5.18 Analyse der Posten des operativen Fremdkapitals

Die Posten des Typs G umfassen in der Regel sehr große Buchungsvolumina. Es stellt deshalb eine erhebliche Arbeitserleichterung dar, dass in diesen Bereichen keine detaillierte Analyse der Buchungsvorgänge nötig ist. Ebenfalls entlastend wirkt der Wegfall der Bereinigung von neutralen Vorgängen innerhalb der Gegenbestandsposten des Typs G. Dies ist eine Konsequenz aus der indirekten Methode zur Herleitung der Summe der Cashflows aus Geschäftstätigkeit.

Fazit

Die Bearbeitung der *Bilanzveränderungen der Typen I, F und A* erfolgen mit dem Ziel, die unterschiedlichen Gruppen der Veränderung vollständig nachvollziehbar zu machen. Primär geht es um die Identifikation der Gegenbuchungen zu Veränderungen des Finanzmittelfonds (Typ L). Sekundär sind auch die erfolgswirksamen Buchungsvorgänge (Typ E) und die neutralen Buchungsvorgänge (Typ N) zu identifizieren.

Die Bearbeitung der *Bilanzveränderungen des Typs G* folgt einer anderen Logik. Diese ist lediglich um neutrale Vorgänge (Typ N) mit Gegenbuchung in Bilanzposten mit den Typen I, F und A zu bereinigen. Diese Gegenbuchungen sind bereits aus der vorangegangenen Analyse bekannt. Die bereinigte Veränderung wird nicht mehr weiter analysiert.

Die Analyse der Veränderungen ist *sorgfältig zu dokumentieren*, um den Nachvollzug durch Dritte zu gewährleisten und um den Nachweis der Sammelposten in der Cashflow-Rechnung zu führen. Daher ist der *Einsatz zweckmäßiger Hilfsmittel* zur Unterstützung der Analyse wichtig. Diese können in Form einer *buchhalterischen Kontodarstellung mit Soll-/Haben-Logik oder* als *tabellarische Spiegeldarstellung* erfolgen, welche *mit Plus-/Minus-Vorzeichenlogik* arbeitet. Die *eindeutige Nummerierung der Veränderungen* (Flüsse, Bewegungen) in der Analyse ermöglicht den Nachvollzug von Nachweisen zu Sammelposten von Veränderungen in der Cashflow-Rechnung.

5.4   Zuordnungsmatrix und Kontrolle der Bearbeitung

Lernziele
- Den Grundaufbau der Zuordnungsmatrix beschreiben.
- Die Regeln für die Zuordnung der Bewegungen von Gegenbestandsposten zu den Spalten nennen und richtig anwenden.
- Die Regel für die Ableitung des Vorzeichens in der Zuordnungsmatrix aus der Soll-/Haben-Kennung der Bewegung von Gegenbestandsposten erläutern und korrekt umsetzen.
- Kontrollmöglichkeiten und Hilfen für die Fehlersuche nennen und beschreiben.

In dem vorangehenden Abschnitt wurden die einzelnen Gegenbestandsposten gemäß dem Bearbeitungsplan analysiert. Dabei wurde die Gesamtveränderung zwischen dem Bestand zum Anfang des Jahres bis zum Ende des Jahres in ihre wesentlichen Teil-Bewegungen aufgeteilt. Diese wurden den drei Hauptbewegungstypen E, L und N zugeordnet. Zudem wurde die Bewegungsart Δ eingeführt. Es handelt sich dabei im Grunde um eine Kombination von E- und L-Bewegungen, die nicht weiter analysiert worden sind. Der vorliegende Abschnitt beschreibt einen Arbeitsschritt, der eine Vorstufe zu der Cashflow-Rechnung darstellt. Es geht um die *Transformation der Veränderungen von Gegenbestandsposten zu Zahlungsflüssen bzw. Überleitungsposten im Rahmen der Cashflow-Rechnung*. Dazu ist eine Zuordnungsmatrix hilfreich, wenn die Überleitung nicht automatisiert in einer Software vorgenommen wird, sondern manuell, z. B. unter Verwendung einer Tabellenkalkulations-Software erfolgt. Das Illustrationsbeispiel Schokoladen Produktions AG wird mit diesem Hilfsmittel bearbeitet, um die Logik dieses Transformationsvorgangs aufzuzeigen.

Der *Grundaufbau der Zuordnungstabelle* wird in der Folge beschrieben. Die Zeilen der Zuordnungstabelle entsprechen den Posten des Bearbeitungsplans. Die Spalten folgen dem Aufbau der Cashflow-Rechnung. Nach zwei Hilfsspalten für den Typ des Gegenbestandspostens und seiner Referenznummer folgen im Wesentlichen vier Hauptspalten. Die erste Spalte entspricht dem Bereich der Cashflow-Rechnung, welcher die Cashflows aus Geschäftstätigkeit ausweist. Die zweite Hauptspalte entspricht dem Bereich der Cashflows aus Investitionstätigkeit und die dritte Spalte enthält die Cashflows aus Finanzierungstätigkeit. Schließlich wird zur Gewährleistung eines geschlossenen Systems noch eine Spalte angefügt, die in der Cashflow-Rechnung nicht zur Darstellung kommt, sondern vor allem Kontrollzwecken dient. Es geht um die Spalte mit den neutralen Vorgängen. Die Kontrolle besteht darin, ob deren Summe null ergibt. Es ist empfehlenswert eine weitere Kontrollspalte anzufügen. Diese weist die Summe aller Einträge einer Zeile aus. Als Kontrolle kann diese Summe mit der Gesamtveränderung des Gegenbestandspostens abgestimmt werden. Sie muss vom Betrag her übereinstimmen, jedoch ein umgekehrtes Vorzeichen aufweisen. Es ist übersichtlicher und einfacher in der Handhabung, wenn die erste Hauptspalte in drei Unterspalten aufgeteilt wird. Die erste Unterspalte nimmt sämtliche erfolgswirksamen Vorgänge aller Gegenbestandstypen auf (E). Die zweite Unterspalte nimmt die bereinigten Gesamtveränderungen (Δ) auf. Die dritte Unterspalte steht im direkten Zusammenhang mit den Gegenbestandsposten des Typs A und nimmt die zahlungswirksamen Veränderungen (L) dieses Gegenbestandspostentyps auf.

Bezüglich der Zuordnungslogik der Veränderungen zu den Spalten ist ergänzend zu den vorerwähnten Regeln noch zu erwähnen, dass in der Spalte CF I (Cashflows aus Investitionstätigkeit) ausschließlich die zahlungswirksamen Veränderungen von Gegenbestandsposten des Typs I erfasst werden. Analog dazu erfasst die Spalte CF F (Cashflows aus Finanzierungstätigkeit) die zahlungswirksamen Veränderungen von Gegenbestandsposten des Typs F. In der Spalte „kein CF" werden die neutralen Vorgänge aus allen Gegenbestandstypen eingetragen.

Die Zuordnungslogik wird in der Tab. 5.2 zusammengefasst dargestellt.

▶   Noch prägnanter könnte man die Regeln wie folgt formulieren. Alle E-Veränderungen werden den Cashflows aus Geschäftstätigkeit zugeordnet. Alle N-Veränderungen sind in die Spalte „kein Cashflow" einzutragen. Die L-Veränderungen sind in derjenigen Spalte einzutragen, die dem Typ des Gegenbestandspostens entspricht.

Tab. 5.2 Zuordnung der Veränderungen von Gegenbestandsposten zur Cashflow-Rechnung

Typ des Gegenbestandspostens	Art der Veränderung innerhalb des Gegenbestandspostens	Zuordnung zur Spalte in der Zuordnungsmatrix
I	E	Cashflows aus Geschäftstätigkeit (Spalte E)
I	L	Cashflows aus Investitionstätigkeit
I	N	Kein Cashflow (neutral)
F	E	Cashflows aus Geschäftstätigkeit (Spalte E)
F	L	Cashflows aus Finanzierungstätigkeit
F	N	Kein Cashflow (neutral)
A	E	Cashflows aus Geschäftstätigkeit (Spalte E)
A	L	Cashflows aus Geschäftstätigkeit (Spalte L)
A	N	Kein Cashflow (neutral)
G	Δ	Cashflows aus Geschäftstätigkeit (Spalte Δ)
G	N	Kein Cashflow (neutral)

Bei Gegenbestandsposten des Typs A wurde festgehalten, dass diese immer dem Bereich der Cashflows aus Geschäftstätigkeit zugeordnet werden. Dasselbe gilt für die bereinigten Gesamtveränderungen (Δ).

▶   Für die Transformation von der Kontologik in die Darstellung der Cashflow-Rechnung gilt die *Regel der Vorzeichenumkehrung*: Soll-Einträge werden als negative Posten, Haben-Einträge als positive Posten in der Cashflow-Rechnung berücksichtigt.

Das bedeutet, dass Veränderungen von Gegenbestandsposten auf der Soll-Seite als negative Werte in die Zuordnungstabelle eingetragen werden und Haben-Einträge als positive Werte. Dies wurde bereits früher in Abb. 3.13 in einprägsamer Weise festgehalten. Die Begründung dazu findet sich in der konzeptionellen Grundlage der derivativen Herleitung (vgl. Abschn. 3.4.1). Im Wesentlichen ist der Hintergrund dieser Logik, dass die Gegenbestandsposten nicht die Zahlungsvorgänge selbst (Buchung im Finanzmittelfonds), sondern deren Gegenbuchung abbilden. Diese Gegenbuchungen weisen das gegenteilige Vorzeichen des Zahlungsvorgangs aus. Daher ist zur Überleitung von dem Gegenbestandsposten zu der Cashflow-Rechnung eine Vorzeichenumkehrung notwendig.

Entsprechend diesen Regeln wurden die im vorangegangen Abschnitt identifizierten Veränderungen von Gegenbestandsposten in die Zuordnungstabelle (vgl. Abb. 5.19) eingetragen.

Mehrere gleichartige Veränderungen wurden zu einem Gesamtbetrag zusammengefasst.

Die konkrete Anwendung der Regeln wird beispielhaft für die Zeile mit der Referenznummer 24 (Steuerverbindlichkeiten) erläutert. Dazu wird auf die Analyse gemäß Abb. 5.15 in Abschn. 5.3.4.2 abgestellt und Bezug genommen. Die Gesamtveränderung wurde aufgrund der Analyse in drei Komponenten aufgeteilt. Die Zuführungen zu Steuerverbindlichkeiten 2022 (E19) wurden als Typ E eingestuft. Dies führt zu einer Eintragung in der Hauptspalte Cashflows aus Geschäftstätigkeit (Unterspalte E). Die Steuerzahlungen Vorjahr (L15) sind Gegenbuchungen zu Abgängen aus dem Finanzmittelfonds und werden als Typ L eingeordnet. Dies führt zu der Eintragung in die Spalte Cashflows aus Geschäftstätigkeit/Aussonderung (Unterspalte L), weil es sich um einen Gegenbestandsposten des Typs A handelt. Schließlich gab es noch einen neutralen Vorgang in Form der Umgliederung der Gewinnsteuervorauszahlungen des Vorjahres auf Steuerverbindlichkeiten (N18). Diese Veränderung wird in der Spalte „kein Cashflow" eingetragen.

Die Tabelle erlaubt die Durchführung einiger Kontrollen und ermöglicht damit eine effiziente Suche der Ursache von eventuellen Abstimmdifferenzen zwischen dem Total der Spalte „Summe" und der Differenz zwischen den Anfangs- und Endbeständen der Gegenbestandsposten.

Zuordnungstabelle	Typ	Seq.	Cf G / A			Cf I	Cf F	kein Cf	Summe
Werte in CHF		Nr.	E	Δ	L	L	L	N	Σ
Ausleihungen	I	1	+ 15 000					- 35 000	- 20 000
Wertpapiere des Anlagevermögens	I	2	+ 200 000					- 380 000	- 180 000
Maschinen	I	3a	+ 280 000					- 221 500	+ 58 500
Geleistete Anzahlungen für Maschinen	I	3b				- 150 000		+ 70 500	- 79 500
Mobilien	I	3c	+ 132 000					- 133 500	- 1 500
Fahrzeuge	I	3d	+ 172 000						+ 172 000
Nutzungsrechte Fahrzeuge	I	3e	+ 12 000					- 60 000	- 48 000
Grundstücke und Gebäude	I	3f	- 329 000						- 329 000
Verbindlichkeiten Erwerb Maschinen	I	4				- 511 000		+ 151 000	- 360 000
Forderungen Veräußerung Maschinen	I	5	- 56 000						- 56 000
Verbindlichkeiten Erwerb Mobilien	I	6				- 149 700		+ 133 500	- 16 200
Forderungen Veräußerung Mobilien	I	6a	- 35 000			+ 35 000			-
Forderungen Veräußerung Fahrzeuge	I	7	- 35 000			+ 20 000			- 15 000
Kurzfristige verzinsliche Verbindlichkeiten	F	10						+ 746 200	+ 746 200
Langfristige verzinsliche Verbindlichkeiten	F	11					- 411 227	- 502 323	- 913 550
Aktienkapital	F	12						+ 400 000	+ 400 000
Kapitalrücklage	F	13						+ 100 000	+ 100 000
Forderungen Aktionäre aus Kap.erh.	F	14					+ 290 000	- 300 000	- 10 000
Gewinnrücklagen	F	15						+ 7 500	+ 7 500
Gewinnvortrag/Verlustvortrag	F	16						- 157 500	- 157 500
Jahresüberschuss/Jahresfehlbetrag	F	17	+ 429 744						+ 429 744
Verbindlichkeiten Gewinnausschüttung	A	20			- 97 500			+ 97 500	-
Verbindlichkeit ESTV (Verrechnungsteuer)	A	21			- 52 500			+ 52 500	-
Forderung aus Dividenden	A	22	- 58 500		+ 58 500				-
Verrechnungssteueranspruch	A	23	- 31 500		+ 56 000				+ 24 500
Steuerverbindlichkeiten (Gewinnsteuer)	A	24	+ 120 500		- 12 700			- 85 600	+ 22 200
Gewinnsteuervorauszahlungen	A	25			- 65 800			+ 85 600	+ 19 800
Aktive latente Steuern	A	26	+ 5 000						+ 5 000
Passive latente Steuern	A	27	+ 32 500						+ 32 500
Abgegrenzte Zinserträge	A	28	- 7 750		+ 7 750				-
Abgrenzung Zinsaufwand	A	29	+ 109 375		- 112 000				- 2 625
Zinsabgrenzungsposten Leasingverb.	A	30	+ 923		- 923			- 3 877	- 3 877
Forderungen aus Lieferungen (übrige)	G	40		+ 61 858				+ 35 000	+ 96 858
Übrige kurzfristige Forderungen (übrige)	G	41		+ 11 427					+ 11 427
Vorräte	G	42		- 3 562					- 3 562
Aktive Rechnungsabgrenzungsposten (übr.)	G	43		+ 13 200					+ 13 200
Verbindlichkeiten aus L. und L. (übrige)	G	44		+ 141 297					+ 141 297
Übrige kurzfristige Verbindlichkeiten (übr.)	G	45		- 66 107					- 66 107
Passive Rechnungsabgrenzungsposten	G	46		- 1 700					- 1 700
Rückstellungen	G	47		- 478 000					- 478 000
Umgliederung bezahlte Dividenden	U				+ 150 000		- 150 000		-
Umgliederung erhaltene Dividenden	U				- 114 500	+ 114 500			-
Umgliederung erhaltene Zinsen	U				- 7 750	+ 7 750			-
Umgliederung bezahlte Zinsen	U				+ 112 923		- 112 923		-
Umgliederung Zahlungen Eigenleistungen	U				+ 295 000	- 295 000			-
Total			**+ 956 292**	**- 321 587**	**+ 216 500**	**- 928 450**	**- 384 150**	**-**	**- 461 395**

Abb. 5.19 Zuordnungsmatrix der Bewegungen zu der Cashflow-Rechnung

Fazit

Die *Zuordnungsmatrix* dokumentiert die vollständige Transformation von Bewegungen innerhalb der Gegenbestandsposten in Zahlungsflüsse und Überleitungsposten für die Cashflow-Rechnung. Die *Summe der Bewegungen aller Zeilen muss mit der Veränderung des Finanzmittelfonds übereinstimmen*. Eventuelle Differenzen können auf Zeilenebene gefunden werden, indem die Zeilensumme mit der Veränderung des entsprechenden Gegenbestandsposten abgestimmt wird. *Die Summe aller neutraler Vorgänge muss null ergeben.*

Es gilt die *Vorzeichenumkehrung* bei der Transformation. Diese kann auf die einfache Formel „Soll = – und Haben = +" gebracht werden. Zahlungsvorgänge (L) in Gegenbestandsposten des Typs I werden in der Spalte Cashflows aus Investitionstätigkeit eingefügt. Zahlungsvorgänge (L) in Gegenbestandsposten des Typs F werden in der Spalte Cashflows aus Finanzierungstätigkeit eingefügt. Alle übrigen Posten gehen in die Hauptspalte Cashflows aus Geschäftstätigkeit, sofern es nicht neutrale Vorgänge sind. Diese sind in einer Kontrollspalte aufzuführen, die nicht Teil der Cashflow-Rechnung sein wird.

5.5   Umgliederungen

Lernziele
- Die Notwendigkeit von Umgliederungen begründen.
- Die Durchführung von Umgliederungen am Illustrationsbeispiel aufzeigen.
- Die Ermittlung des Betrags von Umgliederungen im Zusammenhang mit Eigenleistungen erläutern.

Die in den ausgesonderten Gegenbestandsposten identifizierten Gegenbuchungen zu zahlungswirksamen Vorgängen (L) wurden im Rahmen der Zuordnungstabelle generell dem Bereich der Cashflows aus Geschäftstätigkeit zugeordnet. Diese Zuordnung ist aber nicht immer in Übereinstimmung mit den Vorgaben des anwendbaren Standards oder mit den ausgeübten Wahlrechten. Es ist daher in diesen Fällen noch eine Umgliederung in den Bereich der Cashflows aus Investitionstätigkeit oder den Bereich der Cashflows aus Finanzierungstätigkeit notwendig. Für mehr Hintergrundinformationen vgl. Abschn. 4.2.3 und 4.3.5.

Die Abb. 5.19 beinhaltet ganz unten in den letzten Zeilen diese Umgliederungen für die Cashflow-Rechnung der Schokoladen Produktions AG. Die vorgenommenen Umgliederungen werden im Anschluss erläutert. Dabei wird Bezug auf die Referenz Nummern der umzugliedernden Posten genommen.

Die *Umgliederung der bezahlten Dividende* i. H. v. CHF 150.000 bezieht sich auf die Posten in den Zeilen mit den Referenz-Nummern 20 und 21. Weil die Schokoladen Produktions AG die bezahlten Dividenden als Teil der Cashflows aus Finanzierungstätigkeit ausweisen möchte, ist die Umgliederung erfolgt.

Bei der *Umgliederung der erhaltenen Dividenden* i. H. v. CHF 114.500 wird Bezug auf die Zeilen mit den Referenz-Nummern 22 und 23 genommen. Die Schokoladen Produktions AG möchte die erhaltenen Dividenden unter den Cashflows aus Investitionstätigkeit ausweisen.

Die *erhaltenen Zinsen* i. H. v. CHF 7750 sollen ebenfalls als Cashflows aus Investitionstätigkeit ausgewiesen werden. Deshalb wird der Posten mit der Referenz-Nummer 28 dorthin umgegliedert.

Die *bezahlten Zinsen* i. H. v. CHF 112.923 stammen aus den Zeilen mit den Referenz-Nummern 29 und 30 und werden analog zu den bezahlten Dividenden als Cashflows aus Finanzierungstätigkeit ausgewiesen und somit dorthin umgegliedert.

Die *Umgliederung der Zahlungen aus Eigenleistungen*, die Investitionscharakter aufweisen, werden aus den Cashflows aus Geschäftstätigkeit in den Bereich der Cashflows aus Investitionstätigkeit umgegliedert.

▶ Dabei ist besonders darauf zu achten, dass *nur die zahlungsmittelwirksamen Anteile der in der Gewinn-und-Verlust-Rechnung ausgewiesenen Erträge aus Eigenleistungen berücksichtigt werden.*

Sind beispielsweise noch Abschreibungen in den Aufwendungen enthalten, die in die Erträge aus Eigenleistungen eingeflossen sind und so in das Anlagevermögen übertragen werden, sollen diese in der Cashflow-Rechnung nicht berücksichtigt werden. Dasselbe gilt für Aufwendungen, die in einem Vorjahr zahlungswirksam waren (z. B. Zahlungen für den Einkauf von Material im Vorjahr). Die Schokoladen Produktions AG hat diese Analyse der Zahlungswirksamkeit durchgeführt und dabei festgestellt, dass von den in der Gewinn-und-Verlust-Rechnung ausgewiesenen Erträgen aus aktivierten Eigenleistungen i. H. v. CHF 329.000 nur ein Anteil i. H. v. CHF 295.000 im aktuellen Geschäftsjahr zahlungswirksam waren. Nur der letztgenannte Betrag wird umgegliedert.

Fazit

Umgliederungen dienen dazu zahlungswirksame Vorgänge aus dem Bereich der Cashflows aus Geschäftstätigkeit zu entfernen und in einem der beiden anderen Bereiche der Cashflow-Rechnung auszuweisen. Dabei sind die Vorgaben von Standards und die konkrete Ausübung von Wahlrechten maßgebend. Die Umgliederung von Zahlungen aus Eigenleistungen soll nur den zahlungswirksamen Anteil des in der Gewinn-und-Verlust-Rechnung ausgewiesenen Ertrags aus aktivierten Eigenleistungen umfassen. Bei der Umgliederung wird dem umzugliedernden Betrag an der Quelle ein Betrag mit umgekehrtem Vorzeichen entgegengesetzt, sodass sich die beiden Posten aufheben. Jede Umgliederung ist insgesamt Cash-Flow-unwirksam, weil sich der Betrag am Zielort und derjenige an der Quelle in ihrer Wirkung über die Cashflow-Rechnung hinweg gegenseitig aufheben.

Mit der Durchführung der Umgliederungen ist die Vorbereitung der Grundlageninformationen für die Erstellung der Cashflow-Rechnung abgeschlossen. Das folgende Kapitel (vgl. Kap. 6) wird diese Informationen dazu verwenden, die Cashflow-Rechnung so darzustellen und zu gliedern, wie es die maßgebenden Standards oder Regelwerke verlangen und wie es das erstellende Unternehmen wünscht.

Kapitel-Zusammenfassung

Das Kapitel über das systematische Vorgehen bei der Erstellung der Cashflow-Rechnung hat als wesentliche **Hilfsmittel** eine **klar definierte Reihenfolge der Vorgehensschritte** und die **Kategorisierung der Gegenbestandsposten in die Typen I, F, A und G** sowie die **Zergliederung der Veränderung von Gegenbestandsposten in die drei Hauptbewegungsarten E, L und N** am praktischen Beispiel der Schokoladen Produktions AG vorgestellt. Auf die Zergliederung wurde bei Gegenbestandsposten des Typs G verzichtet und lediglich eine **bereinigte Gesamtveränderung** (Δ) berechnet. Die **Bereinigung umfasst ausgewählte neutrale Vorgänge**.

Zur Kontrolle der vollständigen Analyse und zur Abstimmung und eventuellen Fehlersuche dient die **Zuordnungsmatrix**. Sie weist die **Totale der drei Tätigkeitsarten der Cashflow-Rechnung** aus. Zudem enthält sie eine Kontrollspalte, welche nachweist, dass die neutralen Vorgänge sich insgesamt zu einer Summe von null aufaddieren. In der Zuordnungsmatrix werden abschließend noch **Umgliederungen zwischen den Cashflows aus Geschäftstätigkeit und den beiden anderen Bereichen der Cashflow-Rechnung** vorgenommen.

Darstellung und Gliederung der Cashflow-Rechnung

Wie sich die Bilanzveränderungen zu einer Cashflow-Rechnung zusammenfügen

Das vorliegende Kapitel *konzentriert sich auf die Cashflow-Rechnung*, welche im Gegensatz zu den internen Tätigkeiten und Bearbeitungen mittels dem angewandten Regelwerk genau reguliert ist. Es verbleiben zwar noch gewisse Spielräume, aber sie sind relativ eng. Es gibt Regelwerke, die als starre Vorgaben ausgestaltet sind (festes Mindestgliederungsschema) und solche, die Definitionen vorgeben und Grundsätze festlegen und diese mit Beispielen illustrieren. Die eher prinzipienbasierten Regelwerke lassen etwas mehr Spielräume und räumen gewisse Wahlrechte ein.

Im *ersten Abschnitt* (Abschn. 6.1) wird eine Empfehlung zum Vorgehen bei der Aufstellung der Cashflow-Rechnung aus den erhobenen Grundlagen formuliert. Weiter werden die wesentlichen Vorgaben aus der für die Schokoladen Produktions AG maßgebenden Regulierung (IAS 7) zusammenfassend dargestellt. In diesem Abschnitt wird auch die *Cashflow-Rechnung der Schokoladen Produktions AG gesamthaft* präsentiert.

Der *zweite Abschnitt* (Abschn. 6.2) geht auf die *Abstimmung der Gesamtsumme aus Cashflows aus Geschäftstätigkeit, Cashflows aus Investitionstätigkeit und Cashflows aus Finanzierungstätigkeit mit der Veränderung des Finanzmittelfonds* während der Geschäftsperiode ein. Der Nachweis der Übereinstimmung wird für die Schokoladen Produktions AG erbracht und eine mögliche Darstellungsform präsentiert.

Im *dritten Abschnitt* (Abschn. 6.3) wird die *Cashflow-Rechnung der Schokoladen Produktions AG* Tätigkeitsbereich für Tätigkeitsbereich *im Einzelnen erläutert* und der Zusammenhang mit den in Kapitel fünf erarbeiteten Veränderungen von Gegenbestandsposten aufgezeigt. Zudem werden die *wichtigsten Unterschiede hinsichtlich Präsentation und Gliederung zwischen den hier herangezogenen Standards und Regelwerken* aufgezeigt.

© Der/die Autor(en), exklusiv lizenziert an Springer Fachmedien Wiesbaden GmbH, ein Teil von Springer Nature 2023
M. Fontana, *Cashflow Rechnung mit System*, https://doi.org/10.1007/978-3-658-40719-3_6

6.1   Überblick zum Vorgehen und zur Darstellung

Lernziele
- Die Schritte zur Erstellung der Cashflow-Rechnung im Überblick aufzählen und grob umschreiben.
- Die wesentlichen Vorgaben betreffend die Darstellung und Gliederung bei der Schokoladen Produktions AG anhand des Originaltexts von IAS 7 und konzerninterner Vorgaben nachvollziehen.

Die im Kap. 5 erarbeiteten Veränderungen von Gegenbestandsposten in der Bilanz wurden in die Zuordnungsmatrix eingefügt (Abschn. 5.4). Diese stimmt hinsichtlich der Reihenfolge der Zeilen nicht mit dem Gliederungsschema gemäß den maßgebenden Standards überein. Hingegen entsprechen die Spalten der Reihenfolge für die Hauptgliederung der Cashflow-Rechnung. Auf die Cashflows aus Geschäftstätigkeit folgen die Cashflows aus Investitionstätigkeit. Am Schluss werden die Cashflows aus Finanzierungstätigkeit dargestellt. Dies ist auch die Bearbeitungsabfolge für die Aufstellung der Cashflow-Rechnung. Jede Spalte weist das Total des entsprechenden Tätigkeitsbereichs bereits aus. Die einzelnen Einträge sind bereits vorzeichenrichtig in der Zuordnungstabelle eingetragen. Die Herausforderung besteht darin, diese Einzeleinträge gemäß den Vorgaben des anwendbaren Regelwerks zusammenzufassen und mit einer zutreffenden und aussagekräftigen Bezeichnung zu versehen, sofern dies vom Standard nicht fest vorgegeben wird. Einzelheiten zu diesen Arbeitsschritten sind in den Erläuterungen zu den drei Tätigkeitsbereichen enthalten (vgl. Abschn. 6.3). Deswegen wird an dieser Stelle nicht mehr weiter darauf eingegangen.

Bezüglich der zu beachtenden Vorgaben sind für die Schokoladen Produktions AG einerseits die Vorschriften von IAS 7 (IASB 2022, S. A971–A987) und die ergänzenden Vorgaben des Konzerns (Abschn. 5.1.2) maßgebend. Diese Vorgaben werden nachstehend zusammengefasst dargestellt. Die angegebenen Referenzen beziehen sich auf einzelne Abschnitte (Randziffern) von IAS 7.

Die Cashflow-Rechnung zeigt die Einzahlungen in und die Auszahlungen aus dem Finanzmittelfonds während der Geschäftsperiode gegliedert nach Geschäftstätigkeit, Investitionstätigkeit und Finanzierungstätigkeit (vgl. IAS 7.10). Diese Aktivitäten werden umschrieben und mit Beispielen illustriert (vgl. IAS 7.14–17).

Die Vorschriften bezüglich der Darstellung und des Ausweises der Cashflows aus Geschäftstätigkeit (IAS 7.18–20) beinhalten ein Wahlrecht bezüglich der direkten oder indirekten Methode zur Darstellung. Die Konzernobergesellschaft der Schokoladen Produktions AG hat sich für die Ausübung des Wahlrechts im Sinne der indirekten Methode ausgesprochen. Nach IAS 7.20 ist vom Jahresüberschuss oder -fehlbetrag auszugehen. Dieser ist um die Veränderungen der Vorräte, der operativen Forderungen und der operativen Verbindlichkeiten anzupassen sowie um alle Posten der Gewinn-und-Verlust-

Rechnung, deren Zahlungswirkungen als Cashflows aus Investitionstätigkeit oder Cash-flows aus Finanzierungstätigkeit zu beurteilen sind. Zudem sind nicht zahlungswirksame Bestandteile des Jahresüberschusses oder -fehlbetrags (z. B. Abschreibungen, latenter Steueraufwand oder unrealisierte Gewinne oder Verluste aus Umrechnung von Beständen in fremder Währung) ebenfalls als Anpassungen zu berücksichtigen.

Gemäß den Vorgaben zum Ausweis der Cashflows aus Investitionstätigkeit und der Cashflows aus Finanzierungstätigkeit (vgl. IAS 7.21) sollen hauptsächliche Klassen von Einzahlungen und Auszahlungen gesondert ausgewiesen werden. Diesbezüglich hat die Konzernleitung interne Richtlinien erlassen, welche diese Klassen näher spezifizieren (Abschn. 5.1.2). So sind folgende Klassen bezüglich der Cashflows aus Investitionstätig-keit zu bilden:

- Maschinen
- Fahrzeuge
- Andere mobile Sachanlagen
- Nutzungsrechte (nach obigen Klassen)
- Grundstücke und Gebäude
- Immaterielle Vermögenswerte.

Zinsen und Dividenden sind gesondert auszuweisen (vgl. IAS 7.31). Dies ist auch bezüg-lich der Ertragsteuern zu berücksichtigen (IAS 7.35). Bezüglich der Klassifikation hat der Konzern folgende Richtlinie erlassen (Abschn. 5.1.2). Erhaltene Zinsen und Dividenden werden als Cashflows aus Investitionstätigkeit und bezahlte Zinsen und Dividenden als Cashflows aus Finanzierungstätigkeit ausgewiesen. Ertragsteuer-Zahlungen sollen dem Be-reich der Cashflows aus laufender Geschäftätigkeit zugeordnet werden. Zahlungen und Rückerstattungen von Sicherungssteuern, die an der Quelle erhoben wurden, wie z. B. Ka-pitalertragsteuern (in der Schweiz Verrechnungssteuer), sollen hingegen in demjenigen Tä-tigkeitsbereich ausgewiesen werden, in dem das zugrunde liegende Steuerobjekt ausgewie-sen wird. Die Ablieferung einer solchen Steuer z. B. auf einer bezahlten Dividende soll als ein Cashflow aus Finanzierungstätigkeit ausgewiesen werden. Zahlungsflüsse werden im Übrigen netto, d. h. ohne darin enthaltene Mehrwertsteuerbeträge ausgewiesen. Mehrwert-steuerzahlungen sind somit insgesamt im Bereich der Cashflows aus Geschäftätigkeit ent-halten, auch wenn sie Investitionsvorgänge betreffen (vgl. Abschn. 5.1.4).

Transaktionen mit dem Charakter von Investitionen oder Finanzierungen, die zu keiner Veränderung des Finanzmittelbestands führen, dürfen nicht in der Cashflow-Rechnung ausgewiesen werden (IAS 7.43).

Die Schokoladen Produktions AG hat die Cashflow-Rechnung in diesem Sinne aufge-stellt. Sie ist in der Abb. 6.1 wiedergegeben. Die Erläuterungen dazu folgen in dem Abschn. 6.3.

Die *Logik der Vorzeichen* wird aus der Zuordnungsmatrix übernommen. Positive Werte bedeuten Einzahlungen und negative Werte sind Auszahlungen. Davon ausgenommen sind die Posten für die Herleitung nach der indirekten Methode. Deren Vorzeichenlogik ist

Cashflow-Rechnung Werte in CHF	Typ	2022	Pos. Nr.
Jahresüberschuss	E	+ 429 744	1
Abschreibungen auf Gegenstände des Anlagevermögens	E	+ 712 000	2
Verluste aus Veräußerungen von Gegenständen des AV	E	+ 20 000	3
Gewinne aus Veräußerungen von Gegenständen des AV	E	- 47 000	4
Ertrag aus aktivierten Eigenleistungen	E	- 329 000	5
Dividendenertrag	E	- 90 000	6
Ertragsteueraufwand	E	+ 158 000	7
Zinsertrag	E	- 7 750	8
Zinsaufwand	E	+ 110 298	9
Veränderung Forderungen aus Lieferungen (übrige)	Δ	+ 61 858	Δ1
Veränderung Übrige kurzfristige Forderungen (übrige)	Δ	+ 11 427	Δ2
Veränderung Vorräte	Δ	- 3 562	Δ3
Veränderung Aktive Rechnungsabgrenzungsposten (übrige)	Δ	+ 13 200	Δ4
Veränderung Verbindlichkeiten aus L. und L. (übrige)	Δ	+ 141 297	Δ5
Veränderung Übrige kurzfristige Verbindlichkeiten (übr.)	Δ	- 66 107	Δ6
Veränderung Passive Rechnungsabgrenzungsposten (übr.)	Δ	- 1 700	Δ7
Veränderung Rückstellungen	Δ	- 478 000	Δ8
Ertragsteuerzahlungen	L	- 78 500	10
Umgliederung Auszahlungen für Eigenleistungen	L	+ 295 000	11
Cashflows aus der laufenden Geschäftstätigkeit	L	**+ 851 205**	12
Auszahlungen für Investitionen in Maschinen	L	- 661 000	13
Auszahlungen für Investitionen in Mobilien	L	- 149 700	14
Einzahlungen aus Abgängen von Mobilien	L	+ 35 000	15
Einzahlungen aus Abgängen von Fahrzeugen	L	+ 20 000	16
Auszahlungen Eigenleistungen Grundstücke und Gebäude	L	- 295 000	17
Erhaltene Zinsen	L	+ 7 750	18
Erhaltene Dividenden	L	+ 114 500	19
Cashflows aus der Investitionstätigkeit	L	**- 928 450**	20
Einzahlungen aus Eigenkapitalzuführungen	L	+ 290 000	21
Auszahlung zur Teilrückzahlung von Leasingverbindlichkeiten	L	- 11 227	22
Auszahlungen zur Teilrückzahlung Darlehen von Aktionären	L	- 300 000	23
Auszahlungen zur Teilrückzahlung der Hypothekarschuld	L	- 100 000	24
Gezahlte Zinsen	L	- 112 923	25
Gezahlte Dividenden	L	- 150 000	26
Cashflows aus der Finanzierungstätigkeit	L	**- 384 150**	27

Abb. 6.1 Cashflow-Rechnung der Schokoladen Produktions AG für das Geschäftsjahr 2022

nicht sinnvoll interpretierbar. Dafür wird auf die entsprechenden Ausführungen zur Vorzeichenfestlegung im Zusammenhang mit der Transformation von Veränderungen der Gegenbestandsposten in der Bilanz in die Zuordnungsmatrix verwiesen (vgl. Abschn. 5.4).

▷ Positive Werte in der Cashflow-Rechnung bedeuten Einzahlungen und negative Werte sind Auszahlungen. Die Vorzeichen in den Posten der Herleitung nach der indirekten Methode lassen sich nicht sinnvoll interpretieren.

Die Cashflow-Rechnung gemäß Abb. 6.1 weist für die drei Tätigkeitsbereiche Summen aus. Diese lassen sich mit den Spaltentotalen in der Zuordnungsmatrix (vgl. Abb. 5.19) wie folgt abstimmen. Die *Cashflows aus Geschäftstätigkeit* i. H. v. CHF 851.205 in der Cashflow-Rechnung entsprechen dem Spaltentotal unter dem Titel CF G/A, d. h. der Summe i. H. v. CHF 956.292 in der Unterspalte E zuzüglich der Summe in der Unterspalte Δ i. H. v. CHF − 321.587 sowie der Summe der Unterspalte L (auszusondernde zahlungswirksame Posten) i. H. v. CHF 216.500. Die *Cashflows aus Investitionstätigkeit* i. H. v. CHF − 928.450 entsprechen dem Total der Spalte CF I in der Zuordnungsmatrix. In gleicher Weise stimmen die *Cashflows aus Finanzierungstätigkeit* i. H. v. CHF − 384.150 mit dem Total der Spalte CF F überein.

Fazit

Die identifizierten Veränderungen der Gegenbestandsposten in der Bilanz werden im Rahmen der Aufstellung der Cashflow-Rechnung *auf der Grundlage der Zuordnungsmatrix* und in der Reihenfolge Cashflows aus Geschäftstätigkeit, Cashflows aus Investitionstätigkeit und Cashflows aus Finanzierungstätigkeit *mit Bezeichnung und Betrag ausgewiesen.* Das *Vorzeichen* ist *aus der Zuordnungsmatrix* zu *übernehmen.* In Abhängigkeit von den Vorgaben des maßgebenden Regelwerks sind die Veränderungen zusammenzufassen und zu bezeichnen. Die Schokoladen Produktions AG berücksichtigt die generellen Vorgaben von IAS 7 und die ergänzenden Richtlinien der Konzernleitung bezüglich der Ausübung von Wahlrechten und der Gliederungstiefe (Klassenbildung für Ein- und Auszahlungen).

6.2   Abstimmung mit der Veränderung des Finanzmittelfonds

Lernziel
Die Cashflow-Summen aus den drei Tätigkeitsbereichen mit der Veränderung des Finanzmittelfonds abstimmen können.

In dem vorherigen Abschnitt wurden die Zahlungsflüsse nach den drei Tätigkeitsbereichen gegliedert ausgewiesen (Abschn. 6.1). In diesem Abschnitt wird gezeigt, wie sich diese drei Summen mit der Veränderung des Finanzmittelfonds abstimmen lassen.

Die Abb. 6.2 zeigt eine mögliche Darstellungsvariante für die Abstimmung. Die ersten drei Hauptzeilen unterhalb der Titelzeile (Referenz-Nummern 12, 20 und 27) stehen stellvertretend für die gesamte Cashflow-Rechnung, wie sie in der Abb. 6.1 wiedergegeben wurde. Zu den drei Totalbeträgen wird der Bestand des Finanzmittelfonds zum Anfang des Geschäftsjahres hinzugezählt, wie er gleichlautend in der Bilanz zum 1. Januar 2022 (vgl. Abb. 5.1) ausgewiesen wird. Dies ergibt den Bestand des Finanzmittelfonds zum Ende des

Cashflow-Rechnung / Veränderung Finanzmittelfonds	Typ	2022	Pos.
Werte in CHF			Nr.
Cashflows aus der laufenden Geschäftstätigkeit	L	+ 851 205	12
Cashflows aus der Investitionstätigkeit	L	- 928 450	20
Cashflows aus der Finanzierungstätigkeit	L	- 384 150	27
Finanzmittelfonds zum 1.1.2022		+ 673 000	
Finanzmittelfonds zum 31.12.2022		+ 211 605	

Abb. 6.2 Abstimmung mit der Veränderung des Finanzmittelfonds der Schokoladen Produktions AG

Geschäftsjahres, wie er auch in der Schlussbilanz zum 31. Dezember 2022 ausgewiesen wird (vgl. Abb. 5.1). Damit ist nachgewiesen, dass die Veränderung des Finanzmittelfonds (CHF − 461.395) mit der Summe der drei Tätigkeitsbereiche der Cashflow-Rechnung (CHF − 461.395) übereinstimmt.

Bezüglich der eventuell zusätzlich auszuweisenden Abstimmungsposten wird auf den Abschn. 2.3.5 verwiesen. Bei der Schokoladen Produktions AG ergibt die Analyse der Bestände des Finanzmittelfonds keine auf fremde Währungen lautende Posten, die zu unrealisierten Neubewertungsgewinnen oder -verlusten während des Geschäftsjahres geführt haben. Deswegen sind in diesem Illustrationsbeispiel keine Überleitungsposten zwischen der Summe der Cashflow-Beträge aus den drei Tätigkeitsbereichen und der Veränderung des Finanzmittelfonds notwendig (vgl. IAS 7.28 in IASB 2022, S. A980).

Wäre eine solche *unrealisierte, wechselkursbedingte Veränderung des Finanzmittelfonds* eingetreten, müsste der entsprechenden Betrag in der Gewinn-und-Verlust-Rechnung zu ermittelt und in der Zuordnungsmatrix im Zuge der Durchführung des Bearbeitungsschritts „Umgliederungen" (vgl. Abschn. 5.5) in der Hauptspalte „CF G/A" aufgerechnet werden. Da es sich um eine Veränderung des Finanzmittelfonds handelt, lässt es sich vertreten, die Unterspalte „L" zu verwenden. Ein Fremdwährungsgewinn würde dann als Minusposten und ein Fremdwährungsverlust würde als positiver Betrag in eine neue Umgliederungszeile (U) eingefügt. Das Gegenstück zu der Umgliederung könnte in der Spalte „Kein CF" mit dem umgekehrten Vorzeichen erfasst werden. Dies führte zu einer von null abweichenden Summe in dieser Spalte. Dieser Betrag würde dann als Überleitungsposten im Rahmen der Abstimmung mit der Veränderung des Finanzmittelfonds ausgewiesen.

Die Darstellung solcher bewertungsbedingter Veränderungen des Finanzmittelfonds wäre *nach DRS 21* ebenfalls als Überleitungsposten zwischen der Summe der

Cashflow-Beträge aus den drei Tätigkeitsbereichen und der Veränderung des Finanzmittelfonds auszuweisen (vgl. Pos. 45 in Tab. 6 Mindestgliederungsschema II [„indirekte Methode"] in der Anlage 1 von DRSC 2017).

AFRAC 36 verlangt im Rahmen des Finanzmittelnachweises eine gesonderte Darstellung von wesentlichen unrealisierten Wertänderungen des Finanzmittelbestands (vgl. AFRAC 2020, Rz 8 Satz 3, S. 4). Dies wird auch in Rz 43 unter Pos. 27 als „wechselkursbedingte und sonstige Wertänderungen der Zahlungsmittel und Zahlungsmitteläquivalente" (S. 16) im Sinne eines Überleitungspostens zwischen der Summe der Cashflow-Beträge aus den drei Tätigkeitsbereichen und der Veränderung des Finanzmittelfonds im „Schema zur Aufstellung der Geldflussrechnung" verlangt.

Swiss GAAP FER Standard Nr. 4 (vgl. Swiss GAAP FER 2020, S. 41–43) äußert sich zu dieser Thematik nicht. Auch fehlt eine ausdrückliche Verpflichtung, eine Abstimmung im Rahmen der Cashflow-Rechnung vorzunehmen. Einzig aus der Formulierung „Die Geldflussrechnung stellt die Veränderung der flüssigen Mittel der Organisation infolge Ein- und Auszahlungen (…) während der Berichtsperiode dar." (Rz 1, S. 41) könnte sich ableiten lassen, dass diese Veränderung der flüssigen Mittel innerhalb der Cashflow-Rechnung nachgewiesen werden muss.

Fazit

Direkt oder indirekt ergibt sich aus allen betrachteten Regelwerken eine *Pflicht zum Nachweis der Veränderung des Finanzmittelfonds im Rahmen der Darstellung der Cashflow-Rechnung*. Er schließt sich üblicherweise direkt an die Cashflow-Rechnung an und zeigt auf, dass die Summe der Cashflow-Beträge zuzüglich des Finanzmittelfonds zum Beginn der Geschäftsperiode dessen Bestand zum Ende der Geschäftsperiode ergibt. Die meisten Regelwerke verlangen zudem, dass *bewertungsbedingte Veränderungen des Finanzmittelfonds nicht als Teil der Cashflow-Rechnung, sondern als gesondert ausgewiesener Posten im Rahmen der Abstimmung mit der Veränderung des Finanzmittelfonds darzustellen* sind.

6.3 Die Herleitung der Posten in den Tätigkeitsbereichen

Nach dem Gesamtüberblick über die Cashflow-Rechnung der Schokoladen Produktions AG in den beiden vorangehenden Abschnitten wird an dieser Stelle jeder Tätigkeitsbereich einzeln und vertieft besprochen. Zunächst wird die Vorgehensweise zur Darstellung der Summe der Cashflows aus Geschäftstätigkeit (Abschn. 6.3.1) beschrieben und erläutert. Dies ist der komplexeste Teil der Cashflow-Rechnung, weil er aus verschiedenen Elementen zusammengesetzt ist und eine Mischung von Geldflüssen, Bilanzveränderungen und Elementen aus der Gewinn-und-Verlust-Rechnung beinhaltet. Auf die Darstellungsvariante mit der Verwendung der direkten Methode wird in diesem Unterabschnitt nicht eingegangen, weil die Schokoladen Produktions AG sich für die indirekte Methode entschieden hat. Danach folgen Erläuterungen zur Darstellung und Nachweise zu den Elementen des Bereichs der Cashflows aus Investitionstätigkeit (Abschn. 6.3.2). Schließlich umfasst der Abschn. 6.3.3 Nachweise und Erläuterungen zum den Cashflows aus Finanzierungstätigkeit. Am Ende jedes Unterabschnitts wird ein Überblick über wesentliche Inhalte, Unterschiede und Gemeinsamkeiten der Vorgaben zur Darstellung gemäß den vier Standards IAS 7, DRS 21, AFRAC 36 und Swiss GAAP FER Standard Nr. 4 gegeben. Generell wird häufig auf die Gesamtdarstellung der Cashflow-Rechnung gemäß Abb. 6.1 Bezug genommen, insbesondere auf die in der letzten Spalte enthaltene Referenz Nummer für die einzelnen Zeilen.

6.3.1   Die Darstellung der Cashflows aus Geschäftstätigkeit

Lernziele
- Die vier unterschiedlichen Arten von Posten aufzählen, die in dem Bereich der Cashflows aus Geschäftstätigkeit vorkommen können.
- Die indirekte Herleitung der erfolgswirksamen Posten in Gegenbestandsposten des Typs G am Beispiel der Schokoladen Produktions AG korrekt durchführen.
- Die Veränderungen der Gegenbestandsposten des Typs G ermitteln und mit dem richtigen Vorzeichen in die Cashflow-Rechnung eintragen.
- Zahlungen aus Bilanzveränderungen des Typs A auflisten oder mit Umgliederungen verdeckt verrechnen.
- Umgliederungen am konkreten Beispiel ermitteln und die Beträge offen oder verdeckt aus dem Bereich der Cashflows aus Geschäftstätigkeit eliminieren.
- Die wesentlichen Inhalte, Unterschiede und Gemeinsamkeiten von vier im deutschsprachigen Raum verwendeten Standards bezüglich der Darstellung des Bereichs der Cashflows aus Geschäftstätigkeit (indirekte Methode) aufzählen und erläutern.

Die *Darstellung der Summe der Cashflows aus Geschäftstätigkeit nach der indirekten Methode* ist nicht nur für Laien schwierig verständlich, sondern auch für Fachleute nicht einfach zu interpretieren, weil sie aus *vier Gruppen von Einträgen* besteht, die unterschiedliche Charakteristika aufweisen. In einem ersten Block erfolgt die Ermittlung der Zwischensumme der Cashflows aus Geschäftstätigkeit vor gesondert auszuweisenden Posten. Dieser Block besteht grundsätzlich aus den Elementen der klassischen derivativen Methode. Sie bereinigt die Veränderungen der Gegenbestandsposten in der Bilanz um darin enthaltene erfolgswirksame Bestandteile. Nach der indirekten Methode werden letztere aber nicht aus der Analyse der Gegenbestandsposten des Typs G gewonnen, sondern indirekt als Summe der *erfolgswirksamen Vorgänge außerhalb der Gegenbestandsposten des Typs G*. Die Bereinigung erfolgt auch nicht einzeln für jede Gegenbestandsposten, sondern summarisch (vgl.

Abschn. 4.2.1). Daher werden zunächst alle erfolgswirksamen Vorgänge innerhalb von Gegenbestandsposten der Typen I, F und A aufgelistet (Abschn. 6.3.1.1). Davon abgesetzt folgt dann die Auflistung *Gesamtveränderungen von Gegenbestandsposten des Typs G* (Abschn. 6.3.1.2). Sofern nötig, sind diese um neutrale Vorgänge bereinigt worden. Danach folgen die *gesondert auszuweisenden Posten* (Abschn. 6.3.1.3). Schließlich werden noch *offen ausgewiesene Umgliederungen in andere Tätigkeitsbereiche* aufgeführt (Abschn. 6.3.1.4). Eine vergleichende Darstellung der *Vorgaben für die Darstellung des Bereichs der Cashflows aus Geschäftstätigkeit in den vier erwähnten Standards bzw. Regelwerken* bildet den Abschluss des Unterabschnitts (Abschn. 6.3.1.5).

▶ **Wichtig** Die Darstellung des Bereichs der Cashflows aus Geschäftstätigkeit nach der indirekten Methode besteht aus vier verschiedenen Hauptbestandteilen:

1. Erfolgswirksame Vorgänge in Gegenbestandsposten *außerhalb* des Typs G.
2. (Bereinigte) Veränderungen der Gegenbestandsposten des Typs G.
3. Gesondert auszuweisende Ein- oder Auszahlungen (aus Typ A).
4. Umgliederungen von Zahlungen von dem Bereich der Cashflows aus Geschäftstätigkeit in andere Bereiche der Cashflow-Rechnung.

Es ist hinsichtlich Aussagewert darauf hinzuweisen, dass nur die Gesamtsumme der Cashflows aus Geschäftstätigkeit Aussagekraft hinsichtlich Geldflüssen enthält. Eventuell freiwillig ausgewiesene Zwischensummen erlauben es nur in beschränktem Ausmaß, sinnvolle Aussagen zu Geldflüssen abzuleiten. Auf solche Zwischensummen sollte deswegen verzichtet werden. Die meisten der hier betrachteten Standards oder Regelwerke sehen daher keine zwingend auszuweisenden Zwischensummen vor.[1]

6.3.1.1 Die indirekte Herleitung der erfolgswirksamen Posten

Die erste Gruppe von Posten wird durch die erfolgswirksamen Vorgänge in Gegenbestandsposten außerhalb des Typs G, d. h. innerhalb von Gegenbestandsposten der Typen I, F und A gebildet. Wie bereits in den Erläuterungen zu der Zuordnungsmatrix (Abschn. 5.4) erwähnt, erfolgt eine Transformation dieser buchhalterischen Vorgänge innerhalb der Bilanzposten durch Umwandlung von Einträgen auf der Soll-Seite in negative Beträge und von Einträgen auf der Haben-Seite des Bilanzpostens in positive Beträge. Die meisten Standards regulieren die Reihenfolge der Posten nicht. Jedoch wird zumeist verlangt, dass der Jahresüberschuss oder -fehlbetrag als erster Posten aufgeführt wird. In der Abb. 6.1

---

[1]Einzige Ausnahme bildet die Vorgabe von AFRAC 36 Rz 43 Position 10 (AFRAC 2020, S. 15), welche den Ausweis des „Netto-Geldfluss aus der betrieblichen Tätigkeit vor Steuern" verbindlich vorschreibt. Diese Zwischensumme ist sinnvoll, weil sie eine bereinigte Cashflow-Größe darstellt. Steuerzahlungen beziehen sich teilweise auch auf Geldflüsse aus anderen Bereichen der Cashflow-Rechnung. Dennoch werden sie in voller Höhe in den Cashfows aus Geschäftstätigkeit ausgewiesen. Der ebenfalls in AFRAC 36 vorgesehene „Netto-Geldfluss aus dem betrieblichen Ergebnis" (Position 6) darf gemäß Fußnote 3 auch entfallen und ist somit nicht verpflichtend.

handelt es sich konkret um die Posten mit den Pos. Nrn. 1–9. Häufig wird diese Liste von Posten als „nicht zahlungswirksame Bestandteile der Gewinn-und-Verlust-Rechnung" bezeichnet. Dies ist zwar teilweise zutreffend, aber irreführend und zum anderen Teil unzutreffend. Eigentlich sind nur die Pos. Nr. 2 (Abschreibungen auf Gegenstände des Anlagevermögens) und Nr. 5 (Ertrag aus aktivierten Eigenleistungen) nicht zahlungswirksam. Bei allen anderen Posten lässt sich die Zahlungswirksamkeit nicht abschließend beurteilen. Zumindest teilweise, wenn nicht sogar vollumfänglich, sind diese zahlungswirksam. Es geht hier also nicht um die „Bereinigung einer Gewinngröße um nicht zahlungswirksame Bestandteile", wie es häufig behauptet wird. Vielmehr erfolgt hier die Ermittlung der erfolgswirksamen Vorgänge in Gegenbestandsposten des Typs G auf indirekte Weise. Diese bilden dann einen summarischen Bereinigungsposten zu den Veränderungen der Gegenbestandsposten, die im Anschluss aufgeführt sind (Abschn. 6.3.1.2).

▶   In dem ersten Teil geht es nicht um die Bereinigung einer Erfolgsgröße aus der Gewinn-und-Verlust-Rechnung um nicht zahlungswirksame Vorgänge, sondern um die *indirekte Ermittlung der Summe der erfolgswirksamen Vorgänge in den Bilanzposten des Typs G*. Diese Summe dient als pauschaler Bereinigungsposten zu den anschließend aufgeführten Veränderungen der Bilanzposten des Typs G.

Die Herausforderung bei der Darstellung des ersten Teils besteht darin, die Vielzahl von erfolgswirksamen Veränderungen, welche im Zuge der Analyse der Gegenbestandsposten der Typen I, F und A identifiziert wurden, in einer Weise zu gruppieren, dass sie den Vorgaben der angewandten Standards entsprechen. Im Falle der Schokoladen Produktions AG bestehen keine starren Vorgaben im Sinne eines Mindestgliederungsschemas. Die IFRS überlassen es als prinzipienorientierte Standards den Unternehmen, wie sie diese Bereiche gruppieren. In diesem Sinne hat sich die Schokoladen Produktions AG für eine Zusammenführung entschieden, wie sie in der Abb. 6.1 ersichtlich ist.

Nachfolgend werden die einzelnen Zeilen des ersten Teils des Bereichs der Cashflows aus Geschäftstätigkeit erläutert, indem deren Herkunft transparent gemacht wird. Generell geht es um sämtliche *Einträge in der Unterspalte E in der Zuordnungstabelle* (vgl. Abb. 5.19).

Die Zeile mit der *Pos. Nr. 1 (Jahresüberschuss)* in der Cashflow-Rechnung gemäß Abb. 6.1 hat ihre Herkunft in dem Bilanzposten Jahresüberschuss/Jahresfehlbetrag (vgl. Abb. 5.13, letzte Position) des Typs F und weist den Veränderungscode E16 in dieser Analyse auf. Da es sich um einen Haben-Posten handelt, wird in der Cashflow-Rechnung dem Betrag ein positives Vorzeichen vorangestellt. In der Zuordnungstabelle (Abb. 5.19) wird der Betrag in der Zeile mit der Referenz Nummer 17 als Eintrag in der Unterspalte E ausgewiesen.

Die Zeile mit der *Pos. Nr. 2 (Abschreibungen auf Gegenstände des Anlagevermögens)* gemäß Abb. 6.1 ist eine Zusammenfassung von erfolgswirksamen Vorgängen in mehreren Gegenbestandsposten der Bilanz. Die Abb. 6.3 zeigt auf, aus welchen Einzelposten sich der in der Zeile ausgewiesene Betrag zusammensetzt. Die dort aufgeführten Verände-

Nachweise Cashflow-Rechnung Werte in CHF (nach Vorzeichenumkehr)	Betrag	Pos. Nr.
Abschreibungen auf Gegenstände des Anlagevermögens		**2**
Wertberichtigung Ausleihungen	+ 15 000	E1
Wertberichtigung Wertpapiere des Anlagevermögens	+ 200 000	E2
Abschreibungen auf Maschinen	+ 265 000	E4
Abschreibungen auf Mobilien	+ 80 000	E7
Abschreibungen auf Fahrzeuge	+ 140 000	E11
Abschreibungen auf Nutzungsrechte an Fahrzeugen	+ 12 000	E12
Abschreibungen auf Grundstücke und Gebäude	-	E16
Summe (in Pos. Abschreibungen)	**+ 712 000**	
Verluste aus Veräußerungen von Gegenständen des AV		**3**
Restwertabschreibung auf Mobilien	+ 52 000	E6
Restwertabschreibung Fahrzeug 1	+ 18 000	E9
Nettoerlös aus Veräußerung Mobilien	- 35 000	E8
Nettoerlös aus Veräußerung Fahrzeug 1	- 15 000	E13
Summe (in Pos. Abschreibungen)	**+ 20 000**	
Gewinne aus Veräußerungen von Gegenständen des AV		**4**
Restwertabschreibung auf Maschine 2	+ 15 000	E3
Restwertabschreibung Fahrzeug 2	+ 14 000	E10
Nettoertrag aus Veräußerung Maschine 1	- 56 000	E6
Nettoertrag aus Veräußerung Fahrzeug 2	- 20 000	E14
Summe (in Pos. Übriger betrieblicher Ertrag)	**- 47 000**	
Ertrag aus aktivierten Eigenleistungen		**5**
Aktivierte Eigenleistungen (Immobilien)	- 329 000	E15
Summe (in Pos. Aktivierte Eigenleistungen)	**- 329 000**	

Abb. 6.3 Schokoladen Produktions AG: Zusammensetzung der Pos. Nrn. 1–5 der Cashflow-Rechnung

rungscodes in der letzten Spalte verweisen auf die erfolgswirksamen Veränderungen (Typ E) in der Analyse gemäß Abb. 5.8 bis Abb. 5.16. Es handelt sich durchweg um Einträge auf der Haben-Seite der analysierten Gegenbestandsposten. Daher wird die Summe als positiver Wert in der Cashflow-Rechnung ausgewiesen. Die Summe lässt sich zu Kontrollzwecken mit der entsprechenden Position der Gewinn-und-Verlust-Rechnung abstimmen. Von den Abschreibungen i. H. v. CHF 732.000 entfallen CHF 712.000 auf planmäßige Abschreibungen und auf Wertberichtigungen (Schweizer Begriff für außerplanmäßige Abschreibungen). Die Differenz i. H. v. CHF 20.000 lässt sich durch Verluste aus Veräußerungen von Gegenständen des Anlagevermögens erklären (vgl. folgenden Absatz).

Die Zeile mit der *Pos. Nr. 3 (Verluste aus Veräußerungen von Gegenständen des AV)* in Abb. 6.1 fasst alle identifizierten Vorgänge in Gegenbestandsposten zusammen, die zu Verlusten aus Veräußerungen von Gegenständen des Anlagevermögens geführt haben. Es handelt sich zum einen um Restwertabschreibungen auf Mobilien und auf dem Fahrzeug 1 und zum anderen um den Erlös (ohne Mehrwertsteuer) aus der Veräußerung der erwähnten

Gegenstände. Die Einzelheiten sind in Abb. 6.3 ersichtlich. In der Summe überwiegen die Haben-Einträge in den entsprechenden Gegenbestandsposten um CHF 20.000, wodurch dieser Posten mit einem positiven Vorzeichen in der Cashflow-Rechnung versehen wird.

Die Zeile mit der *Pos. Nr. 4 (Gewinne aus Veräußerungen von Gegenständen des AV)* gemäß Abb. 6.1 setzt sich aus vier erfolgswirksamen Vorgängen in Gegenbestandsposten zusammen, die auf zwei Veräußerungstransaktionen zurückzuführen sind. Sowohl bei Maschine 2 als auch bei Fahrzeug 2 werden die Erlöse aus der Veräußerung (nach Abzug der Mehrwertsteuer) den Restwertabschreibungen gegenübergestellt. In der Gewinn-und-Verlust-Rechnung sind die Gewinne aus diesen Veräußerungsvorgängen in der Position sonstige betriebliche Erträge enthalten.

Die Zeile mit der *Pos. Nr. 5 (Ertrag aus aktivierten Eigenleistungen)* gemäß Abb. 6.1 ergibt sich als erfolgswirksame Veränderung in der Bilanzposition Grundstücke und Gebäude (E15, vgl. Abb. 6.3 und 5.11). Bei einem Zugang zu einem Aktivposten liegt ein Soll-Eintrag vor, der in der Cashflow-Rechnung zu einem negativen Vorzeichen transformiert wird. Abgesehen von dem Vorzeichen entspricht der Betrag der gleichlautenden Position in der Gewinn-und-Verlust-Rechnung.

Bei den nachfolgenden vier Positionen handelt es sich um die erfolgswirksamen Veränderungen in Gegenbestandsposten des Typs A nach erfolgter Transformation von der buchhalterischen Notierung in ein positives oder negatives Vorzeichen (Vorzeichenumkehrungsregel).

Die Zeile mit der *Pos. Nr. 6 (Dividendenertrag)* in der Cashflow-Rechnung gemäß Abb. 6.1 fasst die beiden erfolgswirksamen Vorgänge (E17, E18) zusammen (vgl. Abb. 6.4), die aus der Analyse der Gegenbestandsposten Forderungen aus Dividenden (Seq. Nr. 22) und Verrechnungssteueranspruch (Seq. Nr. 23) gemäß Abb. 5.14 hervorgehen. Beide Vorgänge werden in der Bilanz im Soll erfasst, womit sie nach der Transformation mit negativen Vorzeichen ausgewiesen werden. In der Gewinn-und-Verlust-Rechnung sind die beiden Vorgänge i. H. v. CHF 90.000 als Teil der Position Finanzertrag ausgewiesen. Bei den verbleibenden CHF 7750 handelt es sich um Zinserträge (vgl. unten Pos. Nr. 8).

Die *Pos. Nr. 7 (Ertragsteueraufwand)* gemäß Abb. 6.1 setzt sich ebenfalls aus den erfolgswirksamen Veränderungen in mehreren Gegenbestandsposten der Bilanz zusammen (Für Einzelheiten vgl. Abb. 6.4). Es werden mit dem Veränderungscode E19 Zuführungen zu Steuerverbindlichkeiten (Seq. Nr. 24 in Abb. 5.15) vorgenommen. Die erfolgswirksame Veränderung der aktiven (E20) und der passiven (E21) latenten Steuerposten (vgl. Seq. Nrn. 26 und 27 in Abb. 5.15) bilden die beiden weiteren Bestandteile. Sämtliche Eintragungen in den Bilanzposten erfolgten auf der Haben-Seite. Nach der Transformation wird die Gesamtsumme daher mit einem positiven Vorzeichen in die Cashflow-Rechnung aufgenommen. Die Summe dieser erfolgswirksamen Veränderungen wird in der Gewinn-und-Verlust-Rechnung im gleichen Betrag unter der Position Steueraufwand ausgewiesen und kann, abgesehen von dem Vorzeichen, zu Kontrollzwecken gut mit den erfolgswirksamen Veränderungen gemäß der Analyse der Gegenbestandposten abgestimmt werden.

Die *Pos. Nr. 8 (Zinsertrag)* in der Abb. 6.1 betrifft nur einen erfolgswirksamen Vorgang (Veränderungscode E22 in der Abb. 6.4), welcher in dem Gegenbestandsposten „Abge-

Nachweise Cashflow-Rechnung Werte in CHF (nach Vorzeichenumkehr)	Betrag	Pos. Nr.
Dividendenertrag		**6**
Forderung aus Dividenden (nach Abzug Verrechnungssteuer)	- 58 500	E17
Verrechnungssteuer-Rückerstattungsanspruch aus Dividende	- 31 500	E18
Summe (in Pos. Finanzertrag)	**- 90 000**	
Ertragsteueraufwand		**7**
Zuführung zu Steuerverbindlichkeiten 2022	+ 120 500	E19
Veränderung aktive latente Steuern	+ 5 000	E20
Veränderung passive latente Steuern	+ 32 500	E21
Summe (in Pos. Steueraufwand)	**+ 158 000**	
Zinsertrag		**8**
Zinsertrag Darlehen	- 7 750	E22
Summe (in Pos. Finanzertrag)	**- 7 750**	
Zinsaufwand		**9**
Rückbuchung Zinsaufwand Darlehen Akt.	- 8 750	E23
Zinsaufwand Bankkredit lf.	+ 67 500	E24
Zinsaufwand Darlehen Aktionäre	+ 24 500	E25
Zinsaufwand Hypothekardarlehen	+ 20 000	E26
Abgrenzung Zinsaufwand Darlehen Aktionäre	+ 6 125	E27
Anpassung Zinsabgrenzung Leasing Fahrzeug	+ 923	E28
Summe (in Pos. Finanzaufwand)	**+ 110 298**	

Abb. 6.4 Schokoladen Produktions AG: Zusammensetzung der Pos. Nrn. 6–9 der Cashflow-Rechnung

grenzte Zinserträge" (Seq. Nr. 28 in Abb. 5.16) enthalten ist. Dort wurde im Soll gebucht, was zu einem negativen Vorzeichen in der Cashflow-Rechnung führt. Wie erwähnt, bildet dieser Posten, zusammen mit dem Dividendenertrag (vgl. oben Pos. Nr. 6), die in der Gewinn-und-Verlust-Rechnung ausgewiesene Position Finanzertrag.

Die *Pos. Nr. 9 (Zinsaufwand)* in der Abb. 6.1 lässt sich zu Kontrollzwecken mit der Position Finanzaufwand in der Gewinn-und-Verlust-Rechnung (vgl. Abb. 5.2) abstimmen. Die Bestandteile aus bilanzieller Sicht sind in der Abb. 6.4 mit den Veränderungscodes E23–E28 einzeln aufgeführt. Es handelt sich um die erfolgswirksamen Veränderungen gemäß Abb. 5.16 in den Gegenbestandsposten „Abgrenzung Zinsaufwand" (Seq. Nr. 29) und Zinsabgrenzung Leasingverbindlichkeiten (Seq. Nr. 30).

▶   Im ersten Teil der Ermittlung des Totals der Cashflows aus Geschäftstätigkeit werden (beginnend mit dem Jahresüberschuss/Jahresfehlbetrag) die erfolgswirksamen Vorgänge in den Gegenbestandsposten der Typen I, F und A aufgeführt, um auf indirekte Weise die erfolgswirksamen Vorgänge in den Gegenbestandsposten des Typs G zu ermitteln. Diese Vorgänge sind entsprechend den Vorgaben zusammenzufassen, damit sie auch betragsmäßig mit den entsprechenden Posten der Gewinn-und-Verlust-Rechnung abgestimmt werden können.

Die Summe der oben beschriebenen Posten mit den Pos. Nrn. 1–9 beträgt CHF + 956.292. Dies entspricht der Summe aller erfolgswirksamen Posten innerhalb der Gewinn-und-Verlust-Rechnung, welche ihre Gegenbuchung in einem Bilanzposten des Typs G haben. Diese indirekt ermittelte Summe bildet den pauschalen Bereinigungsposten zu den bereinigten Bilanzveränderungen des Typs G gemäß dem folgenden Unterabschnitt.

6.3.1.2 Die bereinigten Bilanzveränderungen des Typs G

Der zweite Teilabschnitt der Herleitung der Summe aus Cashflows aus Geschäftstätigkeit besteht aus einer Auflistung der bereinigten Veränderungen der Gegenbestandsposten des Typs G, wie sie in den Abb. 5.17 und 5.18 ermittelt worden sind. Es wird auf eine gesonderte Darstellung des Nachweises dieser Veränderung verzichtet und auf die vorerwähnten Abbildungen verwiesen. Dort lassen sich die Veränderungen $\Delta 1$–$\Delta 8$ nachweisen. Es handelt sich bei diesen Posten um die in der Unterspalte Δ aufgeführten Posten der Zuordnungsmatrix (vgl. Abb. 5.19). Es ist zu beachten, dass die Gegenbestandsposten des Typs A nicht in diesem Teil der Herleitung des Cashflows aus Geschäftstätigkeit aufgeführt werden. Sie werden in ihre Bestandteile zerlegt und als erfolgswirksame Vorgänge (vgl. oben Abschn. 6.3.1.1) oder als zahlungswirksame Vorgänge (vgl. unten Abschn. 6.3.1.3) ausgewiesen. Allfällige neutrale Vorgänge werden vorab eliminiert.

Bezüglich der Ermittlung der Vorzeichen wird auf die Erläuterungen zu der Zuordnungsmatrix bzw. der Transformation von der buchhalterischen Darstellung in die Cashflow-Rechnung verwiesen, wie sie in Abschn. 5.4 beschrieben sind.

Bereinigungen um neutrale Vorgänge werden nur insoweit berücksichtigt, als die Gegenbuchung des neutralen Vorgangs einen Gegenbestandsposten außerhalb des Bereichs der Gegenbestandsposten des Typs G betrifft (vgl. Abschn. 5.3.5). Viele der in der Cashflow-Rechnung aufgeführten Veränderungen lassen sich mit den Beständen in den Bilanzen abstimmen. Sobald jedoch eine Bereinigung vorgenommen wurde, lässt sich die Abstimmung nicht mehr durchführen. Dies ist kein Zeichen für einen Fehler in der Cashflow-Rechnung, sondern auf die Notwendigkeit der Bereinigung um gewisse neutrale Vorgänge (vgl. Abschn. 4.2.5) zurückführen.

Vielfach wird dieser Abschnitt der Cashflow-Rechnung als „Veränderung des Netto-Umlaufvermögens" bezeichnet. Dies ist trifft nicht ganz zu, weil es sich um die Veränderung des operativen Umlaufvermögens und der operativen Verbindlichkeiten handelt. Darunter fallen auch Posten, die üblicherweise nicht zum Netto-Umlaufvermögen zählen, wie z. B. langfristige Rückstellungen. Zudem fehlen auch bestimmte Posten in diesem Abschnitt. Namentlich fehlen die Posten des Umlaufvermögens und der Verbindlichkeiten, die im Zusammenhang mit gesondert auszuweisenden Zahlungen stehen (Typ A). Es wird deshalb empfohlen, den Begriff des Netto-Umlaufvermögens nicht im Zusammenhang mit der Cashflow-Rechnung zu verwenden.

▶   In dem zweiten Teil der Herleitung des Cashflows aus Geschäftstätigkeit werden die um gewisse neutrale Vorgänge *bereinigten Veränderungen von Gegenbestandsposten des Typs G* aufgeführt. Es gilt zu beachten, dass dies regelmäßig nicht der Veränderung des Netto-Umlaufvermögens entspricht. Deshalb sollte auch auf eine entsprechende Zwischensumme oder Bezeichnung verzichtet werden. Die Veränderungen lassen sich nur dann mit den Anfangs- und Schlussbilanzbeständen abstimmen, wenn keine Aussonderungen erfolgt sind und keine Bereinigungen um neutrale Vorgänge nötig waren.

Mit den beiden ersten Teilen ist die derivative Ermittlung des Cashflows aus Geschäftstätigkeit abgeschlossen. Die Veränderungen der Gegenbestandsposten des Typs G wurden um die darin enthaltenen erfolgswirksamen Posten und allfällige relevante neutrale Vorgänge bereinigt. Damit wurden im Sinne der derivativen Herleitung die Nettozahlungen als Residualwert ermittelt.

6.3.1.3 Zahlungen aus Bilanzveränderungen des Typs A

Nicht berücksichtigt wurden die Zahlungen, die gesondert auszuweisen sind, namentlich aus Zinsen, Steuern und Dividenden. In diesem Unterabschnitt wird auf diese Thematik eingegangen. Sämtliche gesondert auszuweisenden Zahlungen werden zunächst in diesem dritten Teilabschnitt erfasst. Soweit sie nicht in den Cashflows aus Geschäftstätigkeit auszuweisen sind, werden sie gemäß den Erläuterungen in dem nachfolgenden Unterabschnitt (vgl. Abschn. 6.3.1.4) umgegliedert.

Bei der Auflistung in der Cashflow-Rechnung gemäß Abb. 6.1 handelt es sich um einen einzigen nach außen ersichtlichen Posten (*Pos. Nr. 10 Ertragsteuerzahlungen*). Der ausgewiesene Betrag setzt sich gemäß Abb. 6.5 aus zwei zahlungswirksamen Veränderungen zusammen (L15, L16), deren Herkunft über die Abb. 5.15 nachvollzogen werden kann. Alle übrigen Zahlungen aus Bilanzveränderungen des Typs A wurden verdeckt mit Umgliederungen in andere Bereiche verrechnet, sodass sie nach außen nicht mehr in der Herleitung des Totals der Cashflows aus Geschäftstätigkeit ersichtlich sind. Die Ermittlung der einzelnen Posten ist in der Abb. 5.14 und in der Abb. 5.16 dokumentiert (L11, L12, L13, L14, L 17, L18, L19). Die verdeckt vorgenommenen Verrechnungen sind mit

Nachweise Cashflow-Rechnung Werte in CHF (nach Vorzeichenumkehr)	Betrag	Pos. Nr.
Ertragsteuerzahlungen		10
Steuerzahlungen Vorjahr	- 12 700	L15
Vorauszahlungen Steuern 2022	- 65 800	L16
Summe	**- 78 500**	
Umgliederung Zahlungen Eigenleistungen		11
Gemäß gesonderter Analyse (zahlungswirksamer Teil)	+ 295 000	U
Summe	**+ 295 000**	

Abb. 6.5 Nachweise zur Cashflow-Rechnung betreffend Pos. Nrn. 10 und 11

Hilfe der Zuordnungsmatrix nachvollziehbar (vgl. Unterspalte L in Hauptspalte Cf G/A der Abb. 5.19). Alle Einträge in der erwähnten Spalte mit Ausnahme der Seq. Nrn. 24 und 25 wurden in andere Bereiche der Cashflow-Rechnung umgegliedert (vgl. weiter unten in Hauptspalte Cf G/A Unterspalte L, Zeilen mit Typ U). Die Umgliederung und die Zahlungen mit den Seq. Nrn. 20–23 sowie 28–30 in Abb. 5.19 wurden verdeckt miteinander verrechnet. Dadurch treten diese Posten nicht mehr in Erscheinung.

▶   In dem dritten Teil der Herleitung der Cashflow-Rechnung werden die gesondert auszuweisenden Zahlungsvorgänge dargestellt, soweit sie nicht in andere Bereiche der Cashflow-Rechnung umgegliedert werden. Die in dem dritten Teil ausgewiesenen Beträge sind Geldflüsse (direkte Methode). Sie sind aus der Zerlegung von Bilanzveränderungen ermittelt worden (zahlungswirksame Veränderungen L).

6.3.1.4 Umgliederungen in andere Tätigkeitsbereiche

Der vierte Teil der Herleitung der Cashflows aus Geschäftstätigkeit weist die Umgliederungen in andere Tätigkeitsbereiche aus. Sie sind in der Abb. 5.19 (Zuordnungsmatrix) mit dem Typ U gekennzeichnet und werden in der Unterspalte L der Hauptspalte Cf G/A eingetragen. Es handelt sich dabei um Einträge, deren Summe pro Zeile null ergeben. Auf die entsprechenden theoretischen Grundlagen in Abschn. 4.2.3 und die Hinweise zu der Durchführung der Umgliederungen in Abschn. 4.3.5 wird verwiesen. Die in Unterspalte L aufgeführten Posten beziehen sich mit Ausnahme der letzten Zeile auf gesondert auszuweisende Zahlungen, welche oben (Abschn. 6.3.1.3) bereits erläutert wurden.

▶   Umgliederungen in andere Tätigkeitsbereiche umfassen pro Zeile immer zwei Einträge, die in der Summe null ergeben.

Die Schokoladen Produktions AG hat sich entsprechend den Vorgaben des Konzerns daran gehalten, Dividenden und Zinsen nicht in dem Bereich der Cashflows aus Geschäftstätigkeit auszuweisen, sondern in anderen Bereichen der Cashflow-Rechnung (vgl. Abschn. 5.1.2).

Die beiden ersten Zeilen des Typs U in der Abb. 5.19 (Zuordnungsmatrix) beziehen sich auf Dividenden. Die *bezahlten Dividenden* werden in den Bereich der Cashflows aus Finanzierungstätigkeit umgegliedert und setzen sich aus den Einträgen in der Spalte L der Zeilen mit Seq. Nrn. 20 und 21 zusammen. Sowohl diese beiden Posten als auch der mit positivem Vorzeichen versehene Teil der Umgliederung i. H. v. CHF 150.000 werden in der Cashflow-Rechnung nicht ausgewiesen, sondern verdeckt verrechnet. Die *erhaltenen Dividenden* setzen sich aus den Einträgen in den Zeilen mit Seq. Nrn. 22 und 23 der Unterspalte L zusammen. Weil die Schokoladen Produktions AG diese Einzahlungen unter den Cashflows aus Investitionstätigkeit ausweisen möchte, wird ein Betrag i. H. v. CHF – 114.500 in der zweiten Zeile mit dem Typ U als Umgliederung in der Unterspalte L der Hauptspalte Cf G/A eingesetzt. Ein Ausweis dieser Verrechnung erfolgt nicht in der Cashflow-Rechnung. Ersichtlich wird nur das Gegenstück der Umgliederung im Bereich der Cashflows aus Investitionstätigkeit.

Die dritte und vierte Zeile des Typs U in der Abb. 5.19 (Zuordnungsmatrix) beziehen sich auf Zinsen. Die *erhaltenen Zinsen* sind in der Spalte L der Zeile mit Seq. Nr. 28 im Bereich des Typs A bereits ermittelt worden. Die Schokoladen Produktions AG möchte diese analog zu den erhaltenen Dividenden als Cashflow aus Investitionstätigkeit ausweisen und erfasst deshalb eine Umgliederung in gleicher Höhe, aber mit umgekehrtem Vorzeichen in der gleichen Spalte L im Bereich U (Umgliederung erhaltene Zinsen). Die erhaltenen Zinsen und dieser Umgliederungsposten ergeben zusammen null und werden nicht ausgewiesen. Ledlich der zweite Teil der Umgliederung ist in dem Bereich der Cashflows aus Investitionstätigkeit als positiver Betrag (Einzahlung) ersichtlich. Die *bezahlten Zinsen* setzen sich aus den beiden Auszahlungen mit Seq. Nrn. 29 und 30 in der Unterspalte L zusammen. Die Schokoladen Produktions AG möchte den Gesamtbetrag der bezahlten Zinsen i. H. v. CHF 112.923 als Cashflow aus Finanzierungstätigkeit ausweisen und gliedert deswegen dorthin um. Die Umgliederung wird verdeckt vorgenommen.

Bezüglich der letzten Zeile wird auf die theoretischen Grundlagen in Abschn. 4.3.5.1 verwiesen. Die Schokoladen Produktions AG hat die in dem Geschäftsjahr 2022 geleisteten Auszahlungen für Eigenleistungen ermittelt. Sie belaufen sich auf CHF 295.000 (vgl. auch Abb. 6.5). Diese *Zahlungen im Zusammenhang mit Eigenleistungen für Investitionen* werden umqualifiziert, indem sie innerhalb des Bereichs der Cashflows aus Geschäftstätigkeit hinzugerechnet und bei den Cashflows aus Investitionstätigkeit als Auszahlungen ausgewiesen werden. Dies ist die einzige offen ausgewiesene Verrechnung.

Bei der Schokoladen Produktions AG ergaben sich *keine fremdwährungsbedingten Bewertungsänderungen im Finanzmittelbestand* (vgl. dazu Abschn. 6.2). Daher entfiel eine entsprechende Umgliederung eines solchen Postens aus den Cashflows aus Geschäftstätigkeit in den neutralen Bereich (kein Cashflow).

▶ Die in dem vierten Teil der Herleitung des Cashflows aus Geschäftstätigkeit ausgewiesenen Posten umfassen die offen ausgewiesenen Umgliederungen in andere Tätigkeitsbereiche der Cashflow-Rechnung. Darunter fallen auch bewertungsbedingte Veränderungen des Finanzmittelfonds und Zahlungen im Zusammenhang mit Investitionen in das Anlagevermögen (aktivierte Eigenleistungen), die systembedingt zunächst innerhalb des Bereichs der Cashflows aus Geschäftstätigkeit erfasst wurden.

6.3.1.5 Vorgaben zur Darstellung in Regelwerken

Die Schokoladen Produktions AG hat die Darstellung der Cashflow-Rechnung in Übereinstimmung mit den Vorgaben von IAS 7 vorgenommen. In diesem Abschnitt werden zusätzlich die Anforderungen von DRS 21, AFRAC 36 und Swiss GAAP FER 4 vergleichend betrachtet. Die wichtigsten Anforderungen und die wesentlichen Unterschiede zwischen den vier Standards werden herausgearbeitet und in den Grundzügen umschrieben. Dabei wird auf den einführenden Umschreibungen gemäß Abschn. 2.5.2 aufgebaut.

Grundsätzlich kennen alle vier Regelwerke für die Darstellung des Bereichs der Cashflows aus Geschäftstätigkeit die freie Wahl[2] zwischen der Anwendung der direkten oder der indirekten Methode. An dieser Stelle wird nur auf die Unterschiede der Darstellung nach der indirekten Methode eingegangen, weil dies der modifizierten derivativen Herleitung entspricht und von der Schokoladen Produktions AG gewählt wurde. Zunächst werden die Vorgaben zur Darstellung der einzelnen Posten des Bereichs der Cashflows aus Geschäftstätigkeit nach den vier Regelwerken zusammengefasst. Danach werden Unterschiede und Gemeinsamkeiten festgehalten.

IAS 7

IAS 7 (vgl. IASB 2022) regelt die Darstellung der Cashflows aus Geschäftstätigkeit nach der indirekten Methode in IAS 7.20 (S. A979). Darin wird festgehalten, dass der Gewinn oder Verlust um Veränderungen in den Vorräten, den operativen Forderungen und den operativen Verbindlichkeiten anzupassen ist. Zudem sind Anpassungen für „non-cash items" (nicht zahlungswirksame Posten) vorzunehmen. Schließlich sind noch Anpassungen für alle übrigen Posten (der Gewinn-und-Verlust-Rechnung) vorzunehmen, deren Zahlungswirkung ein Cashflow aus Investitionstätigkeit oder Finanzierungstätigkeit ist. Daraus lässt sich ableiten, dass IAS 7 bezüglich Gliederung und Reihenfolge der auszuweisenden Posten *keine allgemeinen Vorgaben im Sinne eines Gliederungsschemas oder von Mindestausweisvorschriften* macht. Einzige Ausnahme davon bilden Zahlungen aus Ertragsteuern, Zinsen und Dividenden, die gesondert und brutto nach der direkten Methode ausgewiesen werden müssen (vgl. IAS 7.31, S. A980 und IAS 7.35, S. A981). Es bestehen *Ausweiswahlrechte* bezüglich der Zuordnung dieser drei Kategorien von Zahlungen zu den Tätigkeitsbereichen der Cashflow-Rechnung. *Ertragsteuerzahlungen* sind grundsätzlich als Cashflow aus Geschäftstätigkeit auszuweisen, sofern sie nicht im Zusammenhang mit Investitions- oder Finanzierungstätigkeiten anfielen und der darauf entfallende Anteil der Steuerzahlung eindeutig ermittelt werden kann. Nach IAS 7.36 (S. A981) ist die Aussonderung solcher Zahlungen jedoch häufig nicht praktikabel und daher werden Ertragsteuerzahlungen üblicherweise gesamthaft in dem Bereich der Cashflows aus Geschäftstätigkeit ausgewiesen. *Erhaltene Zinsen und Dividenden* können wahlweise, aber stetig entweder als Teil der Cashflows aus Investitionstätigkeit oder unter dem Titel der Cashflows aus Geschäftstätigkeit dargestellt werden. *Bezahlte Zinsen und Dividenden* können wahlweise, aber stetig, entweder als Cashflows aus Finanzierungstätigkeit oder als Cashflows aus Geschäftstätigkeit dargestellt werden (vgl. IAS 7.33 und IAS 7.34, S. A981).

▶ IAS 7 reguliert bezüglich der Darstellung des Bereichs der Cashflows aus Geschäftstätigkeit mit der indirekten Methode kaum und lässt große Darstellungsfreiheit. Sofern jedoch Zahlungen aus Zinsen, Steuern oder Dividenden als Teil der Cashflows aus Geschäftstätigkeit ausgewiesen werden sollen, müssen sie gesondert mit der direkten Methode und brutto dargestellt werden.

---

[2] Allerdings spricht das IASB in IAS 7.19 eine Empfehlung zur Verwendung der direkten Methode aus (2022, S. A978).

DRS 21

DRS 21 (vgl. DRSC 2017) beschreibt die indirekte Methode in Tz. 25 sowie Tz. 38. Danach „wird das Periodenergebnis um nicht zahlungswirksame Aufwendungen und Erträge und um Bestandsänderungen bei Posten des Nettoumlaufvermögens (ohne Finanzmittelfonds) sowie um alle Posten, die Cashflows aus der Investitions- oder der Finanzierungstätigkeit sind, korrigiert". Im Gegensatz zu IAS 7 gibt DRS 21 ein *Gliederungsschema* in Tz. 40 vor, welches die mindestens auszuweisenden Posten und deren Reihenfolge reguliert. Als Besonderheit wird eine *Ausweispflicht von Ein- und Auszahlungen* vorgeschrieben, die im Zusammenhang mit Aufwendungen oder Erträgen *von außergewöhnlicher Größenordnung oder außergewöhnlicher Bedeutung* (im Sinne von § 314 Abs. 1 Nr. 23 HGB) stehen (vgl. Tz. 28). Soweit solche Ein- oder Auszahlungen den Bereich der Cashflows aus Geschäftstätigkeit betreffen, sind sie gesondert dort auszuweisen (vgl. Pos. 12 und Pos. 13 der Tz. 40). Bezüglich der *Ertragsteuerzahlungen* kann ausdrücklich eine saldierte Größe zum Ausweis gelangen (vgl. Tz. 26 c). Ertragsteuerzahlungen sind zwingend als Cashflow aus Geschäftstätigkeit darzustellen (vgl. Tz. 40 Pos. 14). Andererseits dürfen *Zahlungen aus Zinsen und Dividenden* nicht als Cashflow aus Geschäftstätigkeit ausgewiesen werden. Es bestehen im DRS 21 *klare Zuordnungsregeln ohne Wahlmöglichkeiten* (vgl. Tz. 44 und Tz. 48). Wird nicht vom Periodenergebnis als Ausgangsgröße ausgegangen, ist dies zulässig (vgl. Tz. 41), muss aber durch eine Überleitung zum Periodenergebnis offengelegt werden, sofern sich der Zusammenhang nicht durch Verweis auf die gesondert ausgewiesene Ausgangsgröße in der Gewinn-und-Verlust-Rechnung nachvollziehen lässt.

▶ DRS 21 schreibt ein verbindliches *Mindestgliederungsschema* für die Darstellung des Cashflows aus Geschäftstätigkeit mit der indirekten Methode vor. *Ertragsteuerzahlungen* sind gesondert im Bereich der Cashflows aus Geschäftstätigkeit auszuweisen. *Zahlungen aus Zinsen und Dividenden* dürfen nicht als Cashflows aus Geschäftstätigkeit ausgewiesen werden. *Ein- und Auszahlungen* im Zusammenhang mit Aufwendungen oder Erträgen *von außergewöhnlicher Größenordnung oder außergewöhnlicher Bedeutung* sind gesondert in demjenigen Tätigkeitsbereich auszuweisen, dem die Zahlungen zuzuordnen sind. Das Gesamtergebnis ist als *„Cashflow aus der laufenden Geschäftstätigkeit"* (Pos. 15 Tz. 40) zu bezeichnen.

AFRAC 36

AFRAC 36 (vgl. AFRAC 2020) umschreibt die Anwendung der indirekten Methode zur derivativen Ermittlung des Netto-Geldflusses aus betrieblicher Tätigkeit in Rz. (19). Danach „wird das Ergebnis vor Steuern auf den Netto-Geldfluss aus der betrieblichen Tätigkeit übergeleitet". Ähnlich wie im DRS 21 verwendet auch die AFRAC-Stellungnahme 36 ein *verbindliches und relativ starres Gliederungsschema* (vgl. Rz. (43), S. 15). Das Schema besteht aus 11 Positionen, deren Ableitung aus einem nach § 224 und § 231 Abs. 2 UGB gegliederten Jahresabschluss in den Erläuterungen zu der Rz. (43) (vgl. S. 28–32) dargestellt wird. Das Schema weist drei Bereiche auf, zu denen *Zwischensummen* ausgewiesen werden. Der erste Bereich beginnt mit dem Ergebnis vor Steuern und weist den „Net-to-Geldfluss aus dem betrieblichen Ergebnis" aus[3] (vgl. Rz. (43) Pos. 1–6, S. 15). Es handelt sich bei den Überleitungsposten in dem Teilbereich um erfolgswirksame (E) Vorgänge im Sinne der hier beschriebenen modifizierten derivativen Herleitung. Im zweiten Bereich werden die Veränderungen der Gegenbestandsposten des Typs G (vgl. Pos. 7–9 der Rz. (43), S. 15), einschließlich der Veränderungen der Rückstellungen, beschrieben. Aus den Fußnoten ergibt sich, dass die Veränderungen um solche aus laufenden und latenten Steuern bereinigt sind. Als Zwischensumme wird in Pos. 10 der „Netto-Geldfluss aus der betrieblichen Tätigkeit vor Steuern" zwingend ausgewiesen. Danach folgt der einzige Posten mit gesondertem Ausweis als Zahlung mit direkter Darstellung. Es handelt sich dabei um die *Zahlungen für Ertragsteuern* (vgl. Pos. 11 zu Rz. (43), S. 16). Im Gegensatz zum DRS 21 ist die Zuordnung zu den Cashflows aus Geschäftstätigkeit nicht zwingend. Vielmehr „kommt, sofern wesentlich, auch eine teilweise Zuordnung zu den Geldflüssen aus der Investitions- bzw. Finanzierungstätigkeit in Betracht" (Rz. (21), S. 7). Insofern ist eine ähnliche Regelung wie in IAS 7 festzustellen. Hingegen lässt auch die AFRAC Stellungnahme 36 *Zahlungen im Zusammenhang mit Zinsen und Dividenden* nicht zum Ausweis innerhalb der Cashflows aus Geschäftstätigkeit zu (vgl. Rz. (25), S. 8 und Rz. (27), S. 9).

▶   Die AFRAC Stellungnahme 36 schreibt eine dreistufige Darstellung des Bereichs der Cashflows aus Geschäftstätigkeit mit indirekter Methode vor, die über ein *starres Gliederungsschema mit 11 Positionen* umgesetzt wird. *Ertragsteuerzahlungen* sind grundsätzlich als Cashflow aus Geschäftstätigkeit auszuweisen, wobei gewisse Ausnahmen zulässig sind. *Zahlungen aus Zinsen und Dividenden* dürfen nicht im Bereich der Cashflows aus Geschäftstätigkeit dargestellt werden, dessen Summe nach der Stellungnahme als „*Netto-Geldfluss aus der betrieblichen Tätigkeit*" zu bezeichnen ist.

Swiss GAAP FER Standard Nr. 4

Der Standard Nr. 4 von Swiss GAAP FER (vgl. Swiss GAAP FER 2020, S. 41–43) beschreibt die Ermittlung der Cashflows aus Geschäftstätigkeit nach der indirekten Methode in Rz. 10. „Diese Methode geht vom Periodenergebnis aus und korrigiert dieses um die nicht fonds- bzw. geldwirksamen Aufwendungen und Erträge" (S. 42). Die gleiche Randziffer schreibt ein *verbindliches Gliederungsschema* vor, welches jedoch keine Zwischensummen aufweist. Die Gesamtsumme soll als „Geldzu-/Geldabfluss aus Betriebstätigkeit (operativer Cash Flow)" (S. 42) bezeichnet werden. Aus den Gliederungsschemata für den „Geldzu-/Geldabfluss aus Investitionstätigkeit" (S. 43) und den „Geldzu-/Geldabfluss aus Finanzierungstätigkeit" (S. 43) ergibt sich im Umkehrschluss, dass Zahlungen aus Dividenden, Ertragsteuern[4] und Zinsen im Bereich „Geldzu-/Geldabfluss aus Betrieb-

---

[3] Diese Zwischensumme kann auch entfallen (Fußnote 3 zu Pos. 6 der Rz. (43), S. 15).

[4] In der Schweiz als Gewinnsteuern bezeichnet.

stätigkeit" enthalten sind, jedoch nicht gesondert mit der direkten Methode ausgewiesen werden müssen.

▶   Swiss GAAP FER 4 verwendet ein *verbindliches Gliederungsschema ohne Zwischensummen* und *ordnet Zahlungen aus Ertragsteuern, Dividenden und Zinsen* im Rahmen der indirekten Methode *dem „Geldzu-/Geldabfluss aus Betriebstätigkeit (operativer Cash Flow)" zu*. Gesondert auszuweisende Zahlungen sind nicht vorgeschrieben.

Die Beschreibung der wesentlichen Inhalte der vier besprochenen Regelwerke zeigt Gemeinsamkeiten und Unterschiede. Diese werden in der Tab. 6.1 dargestellt.

Insgesamt zeigt sich ein sehr heterogenes Bild in allen Aspekten. Die Spannweite der Vorgaben für die Reihenfolge und Gliederung der Posten reicht von starren Gliederungsschemata bis zu relativ großen Darstellungsfreiheiten. Bezüglich des gesonderten Ausweises und der Zuordnung von Zahlungen wegen Ertragsteuern, Dividenden und Zinsen ergeben sich ebenfalls große Unterschiede. Swiss GAAP FER verlangt keinen gesonderten Ausweis und belässt alle Posten im Cash Flow aus Geschäftstätigkeit. DRS 21 und AFRAC 36 haben zwingende Regeln der Zuteilung und verlangen einen gesonderten Ausweis. IAS 7 verlangt einen gesonderten Ausweis, belässt aber Ausweiswahlrechte.

▶   Die Darstellungsvorschriften für den Bereich der Cashflows aus Geschäftstätigkeit unterscheiden sich je nach Regelwerk. Die vorgestellte Systematik der modifizierten derivativen Herleitung ist diesbezüglich flexibel und ermöglicht die Einhaltung der maßgebenden Regeln. Mit Ausnahme von Swiss GAAP FER 4 verlangen alle betrachteten Regelwerke unter dem Titel der indirekten Methode eine Mischung von indirekt und direkt hergeleiteten Teilen der Summe der Cashflows aus Geschäftstätigkeit.

Tab. 6.1 Vorgaben von vier Regelwerken zur Darstellung des Cashflows aus Geschäftstätigkeit

Aspekt	IAS 7	DRS 21	AFRAC 36	SGF 4*
Gliederungsschema	Nein	Ja	Ja	Ja
Erweiterungsmöglichkeit	Ja	Ja	Nein	Nein
Zwischensummen	Nein	Nein	Ja	Nein
Ertragsteuerzahlungen	Ja (mit Ausnahmen)	Ja	Ja (mit Ausnahmen)	Ja
Erhaltene Zinsen	Möglich	Nein	Nein	Ja
Erhaltene Dividenden	Möglich	Nein	Nein	Ja
Bezahlte Zinsen	Möglich	Nein	Nein	Ja
Bezahlte Dividenden	Möglich	Nein	Nein	Ja
Gesonderter Ausweis Zahlungen wegen Ertragsteuern, Dividenden und Zinsen	Ja	Ja	Ja	Nein
Gesonderter Ausweis weiterer Posten	Nein	Ja	Nein	Nein

*SGF = Swiss GAAP FER

6.3.2 Die Darstellung der Cashflows aus Investitionstätigkeit

Lernziele
- Die Ergebnisse aus der modifizierten derivativen Herleitung zur Darstellung des Bereichs der Cashflows aus Investitionstätigkeit an einem konkreten Beispiel anwenden.
- Die wesentlichen Inhalte, Unterschiede und Gemeinsamkeiten von vier im deutschsprachigen Raum verwendeten Standards bezüglich der Darstellung der Cashflows aus Investitionstätigkeit aufzählen und erläutern.

In einem ersten Unterabschnitt wird die von der Schokoladen Produktions AG gewählte Darstellung des Abschnitts der Cashflows aus Investitionstätigkeit innerhalb der Cashflow-Rechnung erläutert (Abschn. 6.3.2.1). Die Schokoladen Produktions AG erstellt ihre Cashflow-Rechnung in Übereinstimmung mit IAS 7. Der zweite Unterabschnitt geht auf drei weitere im deutschsprachigen Raum existierende Regelwerke zur Cashflow-Rechnung ein und erläutert deren wesentlichen Inhalt und arbeitet Unterschiede und Gemeinsamkeiten heraus (Abschn. 6.3.2.2).

6.3.2.1 Erläuterung der Darstellung der Schokoladen Produktions AG

Die Cashflow-Rechnung der Schokoladen Produktions AG in Abb. 6.1 weist eine Summe der Cashflows aus Investitionstätigkeit i. H. v. CHF − 928.450 aus. Dieser Wert entspricht auch dem Total der Spalte „Cf I" in der Zuordnungstabelle (vgl. Abb. 5.19). Die Summe setzt sich zusammen aus einigen zahlungswirksamen Vorgängen in Gegenbestandsposten des Typs I (Seq. Nrn. 3b, 4, 6, 6a und 7) und aus drei Posten aus Umgliederung (U) von dem Bereich der Cashflows aus Geschäftstätigkeit in die Cashflows aus Investitionstätigkeit.

Die Schokoladen Produktions AG berücksichtigt bei der Darstellung die Vorgabe von IAS 7.21, wonach Ein- und Auszahlungen gesondert darzustellen sind, jeweils für „major classes" (IASB 2022, S. A979). Dieser auslegungsbedürftige Begriff wurde durch die Rechnungslegungsrichtlinien des Konzerns (Abschn. 5.1.2) so konkretisiert, dass *Ein- und Auszahlungen im Bereich der Investitionsrechnung* in die folgenden Klassen zu gliedern sind:

- Maschinen
- Fahrzeuge
- Andere mobile Sachanlagen
- Nutzungsrechte (nach obigen Klassen)
- Grundstücke und Gebäude
- Immaterielle Vermögenswerte.

Weiter sind auch Rechnungslegungsgrundsätze festgelegt worden, welche die Ausübung von Wahlrechten bezüglich der Darstellung von Zahlungsflüssen aus erhaltenen Zinsen und Dividenden betreffen. Diese sollen in der Cashflow-Rechnung der Schokoladen Produktions AG als Cashflows aus Investitionstätigkeit ausgewiesen werden.

Daraus hat die Schokoladen Produktions AG die Struktur des Bereiches der Cashflows aus Investitionstätigkeit abgeleitet. In einem ersten Teil werden die Ein- und Auszahlungen pro Anlageklasse aufgeführt und in einem zweiten Teil kommen die Zahlungen aus erhaltenen Zinsen und Dividenden zur Darstellung. Innerhalb des ersten Teils werden die Zahlungsflüsse nach den Klassen gegliedert und innerhalb der Klassen nach Ein- und Auszahlungen.

Innerhalb der definierten Klassen haben im Geschäftsjahr 2022 nur in vier Klassen Zahlungsflüsse stattgefunden, die in der Cashflow-Rechnung auszuweisen sind (Maschinen, Mobilien, Fahrzeuge und Grundstücke und Gebäude). Die Abb. 6.6 zeigt die Zusammensetzung der ausgewiesenen Ein- und Auszahlungen pro Klasse sowie die Herkunft und Zusammensetzung der erhaltenen Zinsen und Dividenden.

Die *Auszahlungen für Investitionen in Maschinen (13)* umfassen drei Posten. Sie sind in Abb. 6.6 aufgeführt und deren Summe entspricht dem in der Cashflow-Rechnung ausgewiesenen Betrag. Für die Maschine 3 wurde eine Anzahlung i. H. v. CHF 50.000 (ohne Mehrwertsteuer) geleistet (L1). Eine weitere Anzahlung i. H. v. CHF 100.000 (ohne Mehrwertsteuer) wurde für die Maschine 4 geleistet. Bei dem Posten (L3) handelt es sich um die Summe aller Zahlungen, die im Verlauf des Geschäftsjahres 2022 im Zusammenhang mit Verbindlichkeiten aus Maschinenlieferungen (ohne Mehrwertsteuer) geleistet wurden. Wie aus Abb. 5.9 hervorgeht, handelt es sich bei dem Betrag von CHF 511.000 um eine Residualgröße, welche sowohl Zahlungen für Rechnungen aus dem Vorjahr als auch aus dem laufenden Jahr umfasst.

Einzahlungen aus der Veräußerung von Maschinen haben sich keine ergeben, weil die Rechnung für die im Geschäftsjahr 2022 verkaufte Maschine 2 zum Bilanzstichtag 31. Dezember 2022 noch nicht bezahlt war.

Bei den *Mobilien* sind *Auszahlungen (14) und Einzahlungen (15)* erfolgt. Deren Zusammensetzung ist in Abb. 6.6 dokumentiert. Es handelt sich um jeweils einen Posten. Die Auszahlungen für Verbindlichkeiten aus Mobilien (netto) beziehen sich auf den Posten (L4) und die Einzahlungen aus Abgängen von Mobilien nehmen Bezug auf (L5) in Abb. 5.10.

Die *Einzahlungen aus Abgängen von Fahrzeugen (16)* stammen aus der identifizierten Zahlung (L6) in Abb. 5.11. Auszahlungen für Investitionen in neue Fahrzeuge sind nicht erfolgt. Die Anschaffung des einzigen neuen Fahrzeugs erfolgte auf Grundlage eines Leasingvertrags. Der entsprechende Zugang bei den Nutzungsrechten ist ein neutraler Vorgang ohne Zahlungsfluss.

Bei den *Grundstücken und Gebäuden (17)* werden Auszahlungen ausgewiesen, die ursprünglich als Lohnzahlungen und als Zahlungen für die Beschaffung von Materialien sowie für weitere Herstellungskosten angefallen sind und im Wege einer Umgliederung (U) vom dem Bereich der Cashflows aus Geschäftstätigkeit in denjenigen der Cashflows aus Investitionstätigkeit umqualifiziert wurden (vgl. Abschn. 5.5), weil sie im Rahmen von Eigenleistungen zur Werterhöhung des Gebäudes geführt haben.

Nachweise Cashflow-Rechnung Werte in CHF (nach Vorzeichenumkehr)	Betrag	Pos. Nr.
Auszahlungen für Investitionen in Maschinen		13
Anzahlung Maschine 3	- 50 000	L1
Anzahlung Maschine 4	- 100 000	L2
Auszahlungen für Verbindlichkeiten aus Maschinen (netto)	- 511 000	L3
Summe	**- 661 000**	
Auszahlungen für Investitionen in Mobilien		14
Summe	**- 149 700**	
Einzahlungen aus Abgängen von Mobilien		15
Einzahlungen aus Abgängen von Mobilien	+ 35 000	L5
Summe	**+ 35 000**	
Einzahlungen aus Abgängen von Fahrzeugen		16
Einzahlungen aus Abgängen von Fahrzeugen	+ 20 000	L6
Summe	**+ 20 000**	
Zahlungen Eigenleistungen Grundstücke und Gebäude		17
Summe	**- 295 000**	
Erhaltene Zinsen		18
Einzahlung aus erhaltenen Zinsen (verdeckte Verrechnung)	+ 7 750	L17
Umgliederung aus Quelle (verdeckte Verrechnung)	- 7 750	U
Umgliederung an Ziel	+ 7 750	U
Summe	**+ 7 750**	
Erhaltene Dividenden		19
Erhaltene Dividende (nach Abzug Verrechnungssteuer)	+ 58 500	L13
Einzahlung aus Rückerstattung Verrechnungssteuer Vorjahre	+ 56 000	L14
Umgliederung aus Quelle (verdeckte Verrechnung)	- 114 500	U
Umgliederung an Ziel	+ 114 500	U
Summe	**+ 114 500**	

Abb. 6.6 Einzelnachweise für die Posten des Cashflows aus Investitionstätigkeit

Nach dem ersten Teil, der sich primär nach Klassen gliedert, folgt bei der Schokoladen Produktions AG ein zweiter Teil, der Zahlungsflüsse ausweist, die gesondert auszuweisen sind. Sie stammen aus Umgliederungen, weil sich die Schokoladen Produktions AG dafür entschieden hat, das nach IAS 7 bestehende Wahlrecht dahingehend auszuüben, dass diese Zahlungsflüsse als Cashflows aus Investitionstätigkeit präsentiert werden.

Die *erhaltenen Zinsen (18)* stammen ursprünglich aus der Analyse des Gegenbestandspostens „abgegrenzte Zinserträge" (vgl. Abb. 5.16). Dort wurde eine Zinszahlung (L17) erfasst, welche zunächst in der Zuordnungstabelle der Hauptspalte „Cf G/A" zugeordnet wurde. Im Rahmen von Umgliederungen (U) wurde der Betrag dann von diesem Bereich in denjenigen der Cashflows aus Investitionstätigkeit umgegliedert und in der Cashflow-Rechnung als Einzahlung ausgewiesen.

Die *erhaltenen Dividenden (19)* haben ihre Herkunft in den beiden Gegenbestandsposten (vgl. Abb. 5.14) „Verbindlichkeiten Gewinnausschüttung" und „Verbindlichkeit ESTV (Verrechnungssteuer)". Deren Analyse ergab zwei Zahlungsflüsse (L11) und (L12). Diese beiden Posten wurden zunächst in der Zuordnungstabelle der Hauptspalte „Cf G/A" zugeordnet. Im Rahmen des Arbeitsschritts „Umgliederungen" (vgl. Abschn. 5.5) wurde der Gesamtbetrag in den Bereich der Cashflows aus Investitionstätigkeit übertragen. Der Ausweis der Einzahlung erfolgt nur in diesem Bereich der Cashflow-Rechnung, während im Bereich des Cashflows aus Geschäftstätigkeit eine verdeckte Verrechnung erfolgte, die in der Cashflow-Rechnung nicht ersichtlich ist.

▶ Die Posten des Cashflows aus Investitionstätigkeit bestehen aus zwei Gruppen. Einerseits werden Ein- und Auszahlungen aus Anschaffungen und Veräußerungen aufgezeigt. Andererseits werden zusätzlich gesondert auszuweisende Zahlungen ausgewiesen, sofern dies vom Regelwerk so verlangt wird oder das Wahlrecht entsprechend ausgeübt wurde.

6.3.2.2 Vergleich der Vorgaben zur Darstellung in vier Regelwerken

Die Schokoladen Produktions AG hat die Darstellung der Cashflow-Rechnung in Übereinstimmung mit den Vorgaben von IAS 7 vorgenommen. In diesem Abschnitt werden zusätzlich die Anforderungen von DRS 21, AFRAC 36 und Swiss GAAP FER 4 vergleichend betrachtet. Die wichtigsten Anforderungen und die wesentlichen Unterschiede zwischen den vier Standards werden herausgearbeitet und in den Grundzügen umschrieben. Dabei wird auf den einführenden Umschreibungen gemäß Abschn. 2.5.2 aufgebaut. In diesem Unterabschnitt liegt der Fokus auf den relevanten Vorschriften zur *Darstellung und Gliederung des Bereichs der Cashflows aus Investitionstätigkeit* innerhalb der Cashflow-Rechnung.

IAS 7

Wie bereits einleitend in Abschn. 6.3.2.1 dargestellt regelt *IAS 7* sehr prinzipienorientiert und überlässt damit viele Einzelheiten der Darstellung dem berichtspflichtigen Unternehmen. Im Grunde werden zwei wesentliche Regeln in IAS 7.21 (vgl. IASB 2022, S. 979) stipuliert. Der *Grundsatz der Bruttodarstellung oder des Saldierungsverbots*, d. h. die Trennung von Ein- und Auszahlungen in der Darstellung, ist die erste wesentliche Regelung. Dies führt zur Notwendigkeit einer genauen Analyse von Bewegungen in den Gegenbestandsposten und eine entsprechende Trennung von Einzahlungen aus Veräußerungen und Auszahlungen für Anschaffungen von Gegenständen des Anlagevermögens und kurzfristigen Investitionen in der Darstellung der Cashflow-Rechnung. Zu dem Grundsatz der Bruttodarstellung bestehen klar definierte Ausnahmen, insbesondere für Finanzinstitute.[5] Die zweite Regelung ist auslegungsbedürftig und räumt dem berichtenden Unternehmen Darstellungsspielräume ein, die es unter Beachtung der Stetigkeitsregeln und der allgemeinen Grundsätze von IAS 1 hinsichtlich der Darstellung ausnutzen kann. Es geht um die Frage der Gliederung der Ein- und Auszahlungen nach Kategorien des Anlagevermögens. IAS 7.21 gibt keine schematische Vorgabe zu diesem Thema, sondern der Standard verlangt lediglich, dass die *hauptsächlichen Kategorien von Ein- und Auszahlungen aus Investitionstätigkeiten gesondert auszuweisen* sind („major classes of gross cash receipts and gross cash payments arising from investing [...] activities" vgl. IASB 2022, S. A979).

▶	IAS 7 verlangt die gesonderte *Darstellung der hauptsächlichen Klassen von Ein- und Auszahlungen* aus Investitionstätigkeiten. Zu dem grundsätzlichen Saldierungsverbot von Ein- und Auszahlungen bestehen gewisse Ausnahmen. Auf ein starres Gliederungsschema wird verzichtet.

Neben den oben dargestellten grundsätzlichen Vorgaben bestehen noch die bereits mehrfach erwähnten besonderen Vorgaben zum gesonderten Ausweis von Zahlungen aus Ertragsteuern, Zinsen und Dividenden. Sofern bestimmte *Ertragsteuerzahlungen spezifisch einer Investitionstätigkeit zugeordnet* werden können, dann sind diese Steuerzahlungen als Cashflows aus Investitionstätigkeit auszuweisen. Werden Steuerzahlungen auf mehrere Kategorien von Investitionstätigkeiten verteilt, ist die Gesamtsumme der Steuerzahlungen im Zusammenhang mit Investitionstätigkeiten offenzulegen (vgl. IAS 7.35 und 36, IASB 2022, S. A981). Weil *erhaltene Zinsen und Dividenden* als Rückflüsse aus Investitionen gesehen werden können, lässt IAS 7.33 als Wahlrecht zu, dass diese als Cashflows aus Investitionstätigkeit ausgewiesen werden (Vgl. IASB 2022, S. A981). Schließlich verlangt IAS 7 auch den *gesonderten Ausweis von Zahlungsflüssen im Zusammenhang mit der Übernahme oder dem Verlust der Kontrolle über eine Tochtergesellschaft oder einen anderen Geschäftsbetrieb* als Cashflows aus Investitionstätigkeit (vgl. IAS 7.39, IASB 2022, S. A982).

▶	Zusätzlich sind nach IAS 7 *erhaltene Dividenden und Zinsen* (sofern das Wahlrecht ausgeübt wird), *Ertragsteuerzahlungen* (sofern direkt einer Investitionstätigkeit zuzuordnen) und *Zahlungen im Zusammenhang mit dem Erwerb oder Verlust der Kontrolle über eine Tochtergesellschaft oder einen Geschäftsbetrieb* gesondert als Cashflows aus Investitionstätigkeit auszuweisen.

---

[5] Vgl. IAS 7.22–24 (IASB 2022, S. A979–A980).

DRS 21

Der Deutsche Rechnungslegungs Standard Nr. 21 Kapitalflussrechnung (DRS 21) verfolgt einen Ansatz, der weniger Spielräume für das berichtspflichtige Unternehmen belässt als IAS 7. In Tz. 26 wird der *Grundsatz der unsaldierten Darstellung von Zahlungsströmen* festgehalten. Es werden dazu analog zu IAS 7 Ausnahmen definiert. Insbesondere können Ertragsteuerzahlungen saldiert ausgewiesen werden (vgl. DRSC 2017). Ein *Ausweis nach der direkten Methode* wird ausdrücklich für den gesamten Bereich der Cashflows aus Investitionstätigkeit festgehalten (vgl. DRSC 2017, Tz. 42). Bezüglich der Klassen von Zahlungen, die mindestens gesondert ausgewiesen werden müssen, wird mit einem *Mindestgliederungsschema* gearbeitet (vgl. DRSC 2017, Tz. 46). Danach müssen die Zahlungsflüsse im Zusammenhang mit *Gegenständen des immateriellen Anlagevermögens, des Sachanlagevermögens und des Finanzanlagevermögens getrennt nach Einzahlungen und Auszahlungen* gesondert aufgeführt werden (vgl. Positionen 1–6 in Tz. 46). In den Positionen 7 und 8 sind *Einzahlungen aus Abgängen aus dem Konsolidierungskreis, bzw. Auszahlungen für Zugänge zum Konsolidierungskreis* auszuweisen (vgl. DRSC 2017, Tz. 43). Dabei handelt es sich um eine analoge Regelung, wie in IAS 7.39 (Erwerb und Verlust der Kontrolle). In Positionen 9 und 10 sind *Ein- und Auszahlungen aufgrund von Finanzmittelanlagen im Rahmen der kurzfristigen Finanzdisposition* auszuweisen. Anzumerken ist, dass es für Finanzinstitute gesonderte Mindestgliederungsschemata und teilweise abweichende Regelungen innerhalb von DRS 21 gibt.

In den Positionen 11–14 folgen dann *besondere gesondert auszuweisende Posten*. Nach Tz. 27 sind „Zahlungsströme aus Vorgängen von wesentlicher Bedeutung" gesondert auszuweisen. Zudem sind nach Tz. 28 „Zahlungsströme im Zusammenhang mit Erträgen und Aufwendungen von außergewöhnlicher Größenordnung oder außergewöhnlicher Bedeutung i.S.v. § 314 Abs. 1 Nr. 23 HGB" ebenfalls gesondert auszuweisen. Soweit diese Posten den Bereich der Cashflows aus Investitionstätigkeit betreffen, sind sie in den Positionen 11 (Einzahlungen) und 12 (Auszahlungen) auszuweisen (vgl. DRSC 2017, Tz. 46). Schließlich bietet DRS 21 kein Ausweiswahlrecht wie in IAS 7 für *erhaltene Zinsen und Dividenden* an, sondern legt zwingend einen Ausweis als Cashflows aus Investitionstätigkeit fest (vgl. DRSC 2017, Tz. 44). Diese beiden Posten bilden die Positionen 13 und 14 des Mindestgliederungsschemas (vgl. DRSC 2017, Tz. 46) für den Bereich der Cashflows aus der Investitionstätigkeit. „Nur wenn Ertragsteuerzahlungen der Investitions- oder der Finanzierungstätigkeit eindeutig zugeordnet werden können, sind sie ausnahmsweise dort auszuweisen" (DRSC 2017, Tz. B22). Dies ist jedoch im Mindestgliederungsschema nicht berücksichtigt, weil es einen Ausnahmefall darstellt.

▶ DRS 21 regelt den Ausweis der Cashflows aus Investitionstätigkeit ähnlich wie IAS 7, arbeitet aber mit einem *Mindestgliederungsschema*. Auf ein Ausweiswahlrecht für *erhaltene Dividenden und Zinsen* wird verzichtet und ein *zwingender Ausweis als Cashflows aus Investitionstätigkeit* wird vorgeschrieben. Zudem sind *Vorgänge von wesentlicher oder außergewöhnlicher Bedeutung oder außergewöhnlicher Größenordnung* gesondert auszuweisen.

AFRAC 36

Die AFRAC-Stellungnahme 36 Geldflussrechnung (UGB) ist ebenfalls eng an IAS 7 angelehnt, setzt aber eigene Akzente. Analog zu DRS 21 arbeitet AFRAC 36 mit einem *verbindlichen Gliederungsschema* (vgl. AFRAC 2020, Rz. (42) und (43), S. 13–16) je für die Anwendung der indirekten und der direkten Methode. Der Ausweis von *Ertragsteuerzahlungen*
erfolgt grundsätzlich unter den Cashflows aus Geschäftstätigkeit. „Sofern wesentlich,
kommt jedoch eine teilweise Zuordnung zu den Geldflüssen aus Investitions- bzw. Finanzierungstätigkeit in Betracht" (AFRAC 2020, Rz. (21), S. 7). *„Finanzinvestitionen in verbundene Unternehmen und Unternehmen, mit denen ein Beteiligungsverhältnis besteht",*
sollen nach AFRAC 36 gesondert ausgewiesen werden (AFRAC 2020, Rz. (26), S. 8). Das
Gliederungsschema umfasst fünf Positionen. Die ersten vier Positionen betreffen Ein- und
Auszahlungen aus *Finanzanlagen und Finanzinvestitionen* sowie die *übrigen Anlagen* (vgl.
AFRAC 2020, Rz. (42), Pos. 9–12, bzw. Rz. (43), Pos. 13–16). Es werden also zwei Klas-
sen gebildet, die getrennt nach Ein- und Auszahlungen gesondert auszuweisen sind. Zudem
sind die *„Einzahlungen aus Beteiligungs-, Zinsen- und Wertpapiererträgen"* zwingend als
Cashflows aus Investitionstätigkeit auszuweisen (vgl. AFRAC 2020, Rz. (42), Pos. 13, bzw.
Rz. (43), Pos. 17). Ein Ausweiswahlrecht besteht nicht. Eine Aufteilung in Dividenden und
Zinsen ist nicht erforderlich.

▶   AFRAC 36 schreibt über ein Gliederungsschema vor, dass die *beiden Klassen „Fi-
     nanzanlagen und Finanzinvestitionen" sowie „übrige Posten des Anlagevermö-
     gens"* gesondert nach Ein- und Auszahlungen ausgewiesen werden müssen. Zwin-
     gend sind *erhaltene Dividenden und Zinsen* ebenfalls als Cashflows aus
     Investitionstätigkeit zusammengefasst in einer Position auszuweisen.

Swiss GAAP FER Standard Nr. 4

Die Swiss GAAP FER regeln in dem Standard Nr. 4 (Geldflussrechnung) die Darstellung
des Investitionsbereichs in Rz. 11 über ein Gliederungsschema (vgl. Swiss GAAP FER
2020, S. 42–43). Obwohl einleitend zu Rz. 11 festgehalten wird, dass der Bereich der
Cashflows aus Investitionstätigkeit u. a. „Erwerb und Veräußerungen von Organisationen"
umfasst, sind diese Vorgänge gemäß dem Gliederungsschema nicht gesondert auszuweisen. Ebenfalls fehlen weitere Vorschriften zum gesonderten Ausweis bestimmter Zahlungsflüsse. Das Gliederungsschema beschränkt sich daher auf die Ein- und Auszahlungen
im Zusammenhang mit Zu- und Abgängen. Gesondert auszuweisende Klassen bilden die
*Sachanlagen, die Finanzanlagen (einschließlich Beteiligungen) und die immateriellen An-
lagen.* Damit umfasst das Gliederungsschema sechs Posten.

Bei einer konsolidierten Geldflussrechnung sind zusätzlich „Auszahlungen für den Erwerb konsolidierter Organisationen (abzüglich flüssige Mittel)" sowie „Einnahmen aus
dem Verkauf konsolidierter Organisationen (abzüglich flüssige Mittel)" (Swiss GAAP
FER 2020, S. 178, Rz. 29) auszuweisen.

Tab. 6.2 Vorgaben von vier Regelwerken zur Darstellung des Cashflows aus Investitionstätigkeit

Aspekt	IAS 7	DRS 21	AFRAC 36	SGF 4
Gliederungsschema	Nein	Ja	Ja	Ja
Bruttoausweis/unsaldierter Ausweis	Ja	Ja	Ja	Ja
Direkte Methode	Ja	Ja	Ja	Ja
Ertragsteuern	Sofern zurechenbar (Ausnahme)	Sofern zurechenbar (Ausnahme)	Sofern wesentlich und zurechenbar	Nicht zulässig
Erhaltene Zinsen	Wahlrecht	zwingend	zwingend	Nicht zulässig
Erhaltene Dividenden	Wahlrecht	zwingend	zwingend	Nicht zulässig
Bedeutende und außergewöhnliche Vorgänge	Nicht vorgesehen	zwingend	Nicht vorgesehen	Nicht vorgesehen
Erwerb und Verlust der Kontrolle über Tochtergesellschaften	Gesonderter Ausweis	Gesonderter Ausweis	anders abgegrenzt (vgl. unten)	Gesonderter Ausweis in der konsolidierten Rechnung
Finanzinvestitionen in verbundene Unternehmen	Sofern als „major class" definiert.	Kein gesonderter Ausweis	Gesonderter Ausweis	Kein gesonderter Ausweis
Finanzinvestition in Unternehmen mit Beteiligungsverhältnis	Kein gesonderter Ausweis	Kein gesonderter Ausweis	Gesonderter Ausweis	Kein gesonderter Ausweis

▶ Swiss GAAP FER Standard Nr. 4 verlangt über ein *Gliederungsschema* den gesonderten Ausweis von *Ein- und Auszahlungen von drei Klassen von Anlagevermögen*: Sachanlagen, Finanzanlagen und immaterielle Anlagen. Ein- und Auszahlungen im Zusammenhang mit kurzfristigen Vermögensanlagen bleiben im Schema unerwähnt. Weitere gesondert auszuweisende Posten sind nicht vorgesehen. Für die konsolidierte Geldflussrechnung sind zwei weitere Positionen vorgesehen.

Werden die Vorschriften der vier besprochenen Regelwerke miteinander verglichen, ergeben sich Gemeinsamkeiten und Unterschiede, welche in der Tab. 6.2 tabellarisch dargestellt sind.

Die Regelungen von IAS 7 geben relativ großen Spielraum zur Gestaltung der Darstellung, während die drei übrigen Standards relativ eng definierte Vorgaben einschließlich Gliederungsschemata vorsehen.

6.3.3 Die Darstellung der Cashflows aus Finanzierungstätigkeit

Lernziele
- Die Ergebnisse der modifizierten derivativen Herleitung zur Darstellung der Cashflows aus Finanzierungstätigkeit an einem konkreten Beispiel verwenden.

> • Die wesentlichen Inhalte, Unterschiede und Gemeinsamkeiten von vier im
> deutschsprachigen Raum verwendeten Standards bezüglich der Darstellung der
> Cashflows aus Finanzierungstätigkeit aufzählen und erläutern.

In einem ersten Unterabschnitt wird die von der Schokoladen Produktions AG gewählte Darstellung des Bereichs der Cashflows aus Finanzierungstätigkeit der Cashflow-Rechnung erläutert (Abschn. 6.3.3.1). Die Schokoladen Produktions AG erstellt ihre Cashflow-Rechnung in Übereinstimmung mit IAS 7. Der zweite Unterabschnitt geht auf drei weitere im deutschsprachigen Raum existierende Regelwerke zur Cashflow-Rechnung ein und erläutert deren wesentlichen Inhalt und arbeitet Unterschiede und Gemeinsamkeiten heraus (Abschn. 6.3.3.2).

6.3.3.1 Erläuterung der Darstellung der Schokoladen Produktions AG

Die Cashflow-Rechnung der Schokoladen Produktions AG (Abb. 6.1) weist eine Summe der Cashflows aus Finanzierungstätigkeit i. H. v. CHF − 384.150 aus (Netto-Auszahlung). Die Summe setzt sich aus den Zahlungen der Gegenbestandsposten des Typs F (Pos. Nrn. 21–24) und aus Zahlungen aus Umgliederungen (U) zusammen (Pos. Nrn. 25–26). Der Gesamtbetrag entspricht dem Total der Spalte „Cf F" in der Zuordnungstabelle (Abb. 5.19).

▶ Die Posten des Cashflows aus Finanzierungstätigkeit umfassen einerseits zahlungswirksame Veränderungen des Eigenkapitals und der Finanzverbindlichkeiten und
andererseits Zahlungen aus Umgliederungen betreffend gesondert auszuweisende Posten.

Die Schokoladen Produktions AG berücksichtigt bei der Darstellung der Cashflow-Rechnung die Anforderungen von IAS 7 und die ergänzenden Richtlinien des Konzerns zur Rechnungslegung (Abschn. 5.1.2). Bezüglich der Untergliederung der Ein- und Auszahlungen mit Finanzierungscharakter ergab sich diesbezüglich über das vorgegebene Schema des Berichtspakets im Rahmen der Ablieferung von Daten zur Erstellung der Konzernrechnung eine indirekte Vorgabe, wonach bestimmte Eigenkapitalveränderungen und Veränderungen von Finanzverbindlichkeiten gesondert aufzuführen sind. Diese Vorgabe wurde eingehalten. Zudem wurde seitens des Konzerns festgelegt, das Ausweiswahlrecht bezüglich bezahlter Zinsen und Dividenden im Sinne der Darstellung unter den Cashflows aus Finanzierungstätigkeit auszuüben. Die Einzelheiten der vier zahlungswirksamen Veränderungen des Eigenkapitals und der Finanzverbindlichkeiten (Pos. Nrn. 21–24) sowie die Einzelheiten zu den bezahlten Zinsen und Dividenden (Pos. Nrn. 25–26) sind in Abb. 6.7 dargestellt.

Die *Einzahlungen aus Eigenkapitalzuführungen (21)* umfassen die Zugänge zu dem Finanzmittelfonds im Zusammenhang mit der Durchführung einer Aktienkapitalerhöhung (L10). Obwohl das Aktienkapital um CHF 400.000 und die Kapitalrücklage um CHF 100.000 zunahmen, beträgt der zahlungswirksame Teil nur CHF 290.000. Ein Teil der Kapitalerhöhung wurde in Form eines neutralen Vorgangs (N13 in Seq. Nr. 14 in

Nachweise Cashflow-Rechnung Werte in CHF (nach Vorzeichenumkehr)	Betrag	Pos. Nr.
Einzahlungen aus Eigenkapitalzuführungen		21
Barliberierungen Kapitalerhöhung	+ 290 000	L10
Summe	**+ 290 000**	
Auszahlung zur Teilrückzahlung von Leasingverbindlichkeiten		22
Bezahlte Leasingraten (nach Abzug des Zinsanteils)	- 11 227	L7
Summe	**- 11 227**	
Auszahlungen zur Teilrückzahlung Darlehen von Aktionären		23
Teilrückzahlung Darlehen Aktionäre	- 300 000	L8
Summe	**- 300 000**	
Auszahlungen zur Teilrückzahlung der Hypothekarschuld		24
Teilrückzahlung Hypothekarschuld	- 100 000	L9
Summe	**- 100 000**	
Gezahlte Zinsen		25
Zinszahlungen (Residualgröße)	- 112 000	L18
Bezahlte Leasingraten (Zinsanteil)	- 923	L19
Umgliederung aus Quelle (verdeckte Verrechnung)	+ 112 923	U
Umgliederung an Ziel	- 112 923	U
Summe	**- 112 923**	
Gezahlte Dividenden		26
Dividendenzahlung an Aktionäre (netto)	- 97 500	L11
Auszahlung an ESTV (Verrechnungssteuerabführung)	- 52 500	L12
Umgliederung aus Quelle (verdeckte Verrechnung)	+ 150 000	U
Umgliederung an Ziel	- 150 000	U
Summe	**- 150 000**	

Abb. 6.7 Einzelnachweise zu den Posten des Cashflows aus Finanzierungstätigkeit

Abb. 5.13) durch Verrechnung mit Darlehensverbindlichkeiten durchgeführt (CHF 200.000) und ein Betrag i. H. v. CHF 10.000 wurde nicht einbezahlt, sondern war am 31. Dezember 2022 noch als Forderung gegenüber einem Aktionär offen. Der Betrag wurde aus Mitteln der Gesellschaft auf das Einzahlungskonto übertragen, damit die Kapitalerhöhung durchgeführt werden konnte. Anfang 2022 hat der säumige Aktionär diese Forderung beglichen.

Die *Auszahlungen zur Teilrückzahlung von Leasingverbindlichkeiten (22)* betreffen die bezahlten Leasingraten abzüglich des darin enthaltenen Zinsanteils (L7), welcher unter dem Titel „bezahlte Zinsen" gesondert ausgewiesen wird.

Die übrigen zwei Posten betreffend *Darlehen von Aktionären und Hypothekarschuld (23, 24)* bedürfen keiner besonderen Kommentierung.

Bezüglich der *gezahlten Zinsen (25)* sind zwei Komponenten zu berücksichtigen. Einerseits ergab sich aus der Analyse des Gegenbestandspostens „Abgrenzung Zinsaufwand" ein zahlungswirksamer Vorgang (L18) und andererseits ist der Zinsanteil in den bezahlten Leasingraten (L19) zu berücksichtigen, der sich aus der Analyse des Gegenbestandspostens „Zinsabgrenzungsposten Leasingverbindlichkeiten" ergibt (vgl. Abb. 5.16). Beide Posten wurden zunächst dem Bereich der Cashflows aus Geschäftstätigkeit zugeordnet und im Wege einer verdeckten Verrechnung mit einer Umgliederung (U) in den Bereich der Cashflows aus Finanzierungstätigkeit übertragen.

Die *gezahlten Dividenden (26)* setzen sich aus der Auszahlung einer Netto-Dividende an die Aktionäre (L11) und der Abführung der Verrechnungssteuer an die Eidgenössische Steuerverwaltung (L12) zusammen. Diese zahlungswirksamen Posten ergeben sich aus der Analyse der Gegenbestandsposten „Verbindlichkeiten Gewinnausschüttung" (20) und „Verbindlichkeit ESTV (Verrechnungssteuer)" (21) gemäß Abb. 5.14. Die Summe der beiden Posten wurde ebenfalls im Wege der verdeckten Verrechnung von dem Bereich der Cashflows aus Geschäftstätigkeit in denjenigen der Cashflows aus Finanzierungstätigkeit übertragen und dort ausgewiesen.

6.3.3.2 Vergleich der Vorgaben zur Darstellung in vier Regelwerken

Die Schokoladen Produktions AG hat die Darstellung der Cashflow-Rechnung in Übereinstimmung mit den Vorgaben von IAS 7 vorgenommen. In diesem Abschnitt werden zusätzlich die Anforderungen von DRS 21, AFRAC 36 und Swiss GAAP FER 4 vergleichend betrachtet. Die wichtigsten Anforderungen und die wesentlichen Unterschiede zwischen den vier Standards werden herausgearbeitet und in den Grundzügen umschrieben. Dabei wird auf den einführenden Umschreibungen gemäß Abschn. 2.5.2 aufgebaut. In diesem Unterabschnitt liegt der Fokus auf den relevanten Vorschriften zur *Darstellung und Gliederung des Bereichs der Cashflows aus Finanzierungstätigkeit* der Cashflow-Rechnung.

IAS 7 (und IFRS 16)

Grundsätzlich sind die *Ein- und Auszahlungen aufgrund von Finanzierungstätigkeiten brutto*, d. h. unsaldiert auszuweisen (vgl. IAS 7.21, IASB 2022, S. A979), soweit nicht ausnahmsweise eine Saldierung ausdrücklich zugelassen ist (vgl. IAS 7.22–24, IASB 2022, S. A979–A980). Ein *gesonderter Ausweis von hauptsächlichen Kategorien* solcher Ein- und Auszahlungen wird verlangt (vgl. IAS 7.21, IASB 2022, S. A979). Eine Konkretisierung des Begriffs der hauptsächlichen Kategorien („major classes") wird jedoch nicht vorgenommen, sondern dem berichtspflichtigen Unternehmen überlassen.

Einige sonstige Zahlungsströme sind zudem gesondert als Cashflows aus Finanzierungstätigkeit auszuweisen. Es handelt sich um die *bezahlten Zinsen und die bezahlten Dividenden*, sofern das berichtspflichtige Unternehmen das bestehende Ausweiswahlrecht im Rahmen seiner Rechnungslegungsgrundsätze entsprechend ausgeübt hat (vgl. auch Abschn. 4.1.4.2). Zudem sind diejenigen Teile von *bezahlten Ertragsteuern*, die direkt mit einer Finanzierungstätigkeit in Verbindung stehen und dieser eindeutig zugeordnet werden können, ebenfalls als Cashflows aus Finanzierungstätigkeit gesondert auszuweisen (vgl. IAS 7.35, IASB 2022, S. A981). Dies sind jedoch Ausnahmefälle, die eher selten auftreten.

▶   IAS 7 verlangt den *Bruttoausweis von Zahlungsströmen aus Finanzierungstätigkeiten*, wobei ein *gesonderter Ausweis von hauptsächlichen Kategorien* gefordert wird. Die Auslegung des Begriffs liegt im pflichtgemäßen Ermessen des berichtspflichtigen Unternehmens. Soweit das Ausweiswahlrecht entsprechend ausgeübt wurde, sind auch *bezahlte Zinsen und bezahlte Dividenden* als Cashflows aus Finanzierungstätigkeit auszuweisen.

Ergänzend zu IAS 7 enthält auch IFRS 16 (Leases) eine Ausweisvorschrift zur Cashflow-Rechnung. IFRS 16.50 (vgl. IASB 2022, S. A830) verlangt unter anderem, dass die *Tilgungszahlungen des Kapitalbetrags von Leasingraten in jedem Fall als Cashflow aus Finanzierungstätigkeit* auszuweisen sind, während der *Zinsanteil in Leasingraten in Abhängigkeit von der Ausübung des Ausweiswahlrechts durch das Unternehmen auszuweisen* ist. Das Ausweiswahlrecht in IAS 7.33 (vgl. IASB 2022, A981) lässt einen Ausweis entweder als Cashflow aus Geschäftstätigkeit oder als Cashflow aus Finanzierungstätigkeit zu. Diese Festlegung bezieht sich auf die Bilanzierung als Leasingnehmer und auf diejenigen Leasingverträge, welche nicht unter die Ausnahmebestimmung für geringwerte Vermögenswerte oder kurzlaufende Verträge fallen (vgl. IFRS 16.5, IASB 2022, S. A822). *Zahlungen von Leasingraten aus Verträgen, die unter die Ausnahmebestimmung fallen, sind als Cashflows aus Geschäftstätigkeit auszuweisen* (vgl. IFRS 16.50, IASB 2022, S. A830).

DRS 21
Der Deutsche Rechnungslegungs Standard Nr. 21 Kapitalflussrechnung (DRS 21) hält in Tz. 26 den *Grundsatz der unsaldierten Darstellung von Zahlungsströmen* fest. Es werden dazu analog zu IAS 7 Ausnahmen definiert. Ein *Ausweis nach der direkten Methode* wird ausdrücklich für den Bereich der Cashflows aus Finanzierungstätigkeit festgehalten (vgl. DRSC 2017, Tz. 47). Bezüglich der Klassen von Zahlungen, die mindestens gesondert ausgewiesen werden müssen, wird mit einem *Mindestgliederungsschema* gearbeitet (vgl. DRSC 2017, Tz. 50). Danach sind mindestens folgende Ein- und Auszahlungen als gesonderte Positionen auszuweisen (Positionen 1–7):

- Eigenkapitalzuführungen/-herabsetzungen von/an Gesellschafter des Mutterunternehmens
- Eigenkapitalzuführungen/-herabsetzungen von/an anderen Gesellschaftern
- Begebung/ Tilgung von Anleihen oder Aufnahme/Tilgung von (Finanz-) Krediten
- Einzahlungen aus erhaltenen Zuschüssen/Zuwendungen

Die Aufspaltung der ersten beiden Positionen ist auf die Vorschrift in Tz. 51 (vgl. DRSC 2017) zurückzuführen, die sich auch auf Dividendenzahlungen bezieht (vgl. unten).

In den Positionen 8–12 folgen dann *besondere gesondert auszuweisende Posten*. Nach Tz. 27 sind „Zahlungsströme aus Vorgängen von wesentlicher Bedeutung" gesondert auszuweisen. Zudem sind nach Tz. 28 „Zahlungsströme im Zusammenhang mit Erträgen und Aufwendungen von außergewöhnlicher Größenordnung oder außergewöhnlicher Bedeutung i.S.v. § 314 Abs. 1 Nr. 23 HGB" ebenfalls gesondert auszuweisen. Soweit diese Posten den Bereich der Cashflows aus Finanzierungstätigkeit betreffen, sind sie in den Positionen 8 (Einzahlungen) und 9 (Auszahlungen) auszuweisen (vgl. DRSC 2017, Tz. 50). Schließlich bietet DRS 21 kein Ausweiswahlrecht wie in IAS 7 für *gezahlte Zinsen und Dividenden* an, sondern legt zwingend einen Ausweis unter den Cashflows aus Finanzierungstätigkeit fest (vgl. DRSC 2017, Tz. 48). Gezahlte Dividenden sind aufgeteilt nach Dividenden an Gesellschafter des Mutterunternehmens und an andere Gesellschafter gesondert auszuweisen. Diese drei Posten bilden die Positionen 10–12 des Mindestgliederungsschemas (vgl. DRSC 2017, Tz. 50) für den Bereich der Cashflows aus der Finanzierungstätigkeit. „Nur wenn Ertragsteuerzahlungen der Investitions- oder der Finanzierungstätigkeit eindeutig zugeordnet werden können, sind sie ausnahmsweise dort auszuweisen" (DRSC 2017, Tz. B22). Dies ist jedoch im Mindestgliederungsschema nicht berücksichtigt, weil es einen seltenen Ausnahmefall darstellt. Generell anzumerken ist, dass es für Finanzinstitute gesonderte Mindestgliederungsschemata und teilweise abweichende Regelungen innerhalb von DRS 21 gibt.

▶ DRS 21 regelt den Ausweis der Cashflows aus Finanzierungstätigkeit ähnlich wie IAS 7, arbeitet aber mit einem *Mindestgliederungsschema*. Auf ein Ausweiswahlrecht für *gezahlte Dividenden und gezahlte Zinsen* wird verzichtet und ein *Ausweis unter den Cashflows aus Finanzierungstätigkeit wird vorgeschrieben*. Zudem sind *Zahlungsflüsse aus Vorgängen von wesentlicher oder außergewöhnlicher Bedeutung oder außergewöhnlicher Größenordnung* gesondert auszuweisen. Bei Transaktionen im Eigenkapital ist überdies ein *gesonderter Ausweis für Zahlungen an oder von Gesellschaftern von anderen als dem Mutterunternehmen* vorzunehmen.

AFRAC 36

Die AFRAC-Stellungnahme 36 Geldflussrechnung (UGB) ist ebenfalls eng an IAS 7 angelehnt, setzt aber erneut eigene Akzente. Analog zu DRS 21 arbeitet AFRAC 36 mit einem *verbindlichen Gliederungsschema* (vgl. AFRAC 2020, Rz. (42) und (43), S. 13–16) je für die Anwendung der indirekten und der direkten Methode. Der Ausweis von *Ertragsteuerzahlungen* erfolgt grundsätzlich als Cashflow aus Geschäftstätigkeit. „Sofern wesentlich, kommt jedoch eine teilweise Zuordnung zu den Geldflüssen aus Investitions- bzw. Finanzierungstätigkeit in Betracht" (AFRAC 2020, Rz. (21), S. 7). Das Gliederungsschema umfasst sechs Positionen. Die ersten drei Positionen betreffen *Ein- und Auszahlungen aus dem Eigenkapital* (vgl. AFRAC 2020, Rz. (42), Pos. 15–17, bzw. Rz. (43), Pos. 19–21). Die dritte Position wird von den *ausbezahlten Ausschüttungen* gebildet. Die zweiten drei Positionen betreffen Ein- und Auszahlungen im Zusammenhang mit Anleihen und Finanzkrediten, einschließlich Zinsen und ähnlichen Aufwendungen (vgl. AFRAC 2020, Rz. (42), Pos. 18–20, bzw. Rz. (43), Pos. 22–24). Ein Ausweiswahlrecht besteht nicht. Eine Aufteilung in Dividenden und Zinsen ist im Bereich der Cashflows aus Finanzierungstätigkeit jedoch erforderlich.

▶ AFRAC 36 schreibt über ein Gliederungsschema vor, dass die *beiden Klassen „Eigenkapital"* sowie *„Anleihen und Finanzkredite"* gesondert nach Ein- und Auszahlungen ausgewiesen werden müssen. Zwingend sind *ausbezahlte Dividenden und ausbezahlte Zinsen* innerhalb des Bereichs der Cashflows aus Finanzierungstätigkeit als zwei gesonderte Positionen auszuweisen.

Swiss GAAP FER Standard Nr. 4 („SGF 4")
Die Swiss GAAP FER regeln in dem Standard Nr. 4 (Geldflussrechnung) die Darstellung des Finanzierungsbereichs in Rz. 12 über ein Gliederungsschema (vgl. Swiss GAAP FER 2020, S. 43). Das Gliederungsschema beschränkt sich auf die Ein- und Auszahlungen im Zusammenhang mit Zu- und Abgängen. Gesondert auszuweisende Klassen bilden das *Kapital, eigene Anteile am Kapital, Anleihen, kurzfristige Finanzverbindlichkeiten und langfristige Finanzverbindlichkeiten.* Damit umfasst das Gliederungsschema elf Posten. Darin enthalten ist die Position *„Gewinnausschüttung an Anteilsinhaber".* Abgesehen davon fehlen weitere Vorschriften zum gesonderten Ausweis bestimmter Zahlungsflüsse. Zahlungen im Zusammenhang mit Zinsen und Ertragsteuern sind somit nicht den Cashflows aus Finanzierungstätigkeit zuzuordnen.

Im Rahmen der konsolidierten Geldflussrechnung sind zusätzlich Dividendenzahlungen an Minderheitsaktionäre sowie Kapitalein- oder -rückzahlungen von Minderheitsaktionären auszuweisen(vgl. Swiss GAAP FER 2020, S. 178, Rz. 30).

▶ Swiss GAAP FER Standard Nr. 4 verlangt über ein *Gliederungsschema* den gesonderten Ausweis von *Ein- und Auszahlungen von zwei Klassen des Eigenkapitals und von drei Klassen von Finanzverbindlichkeiten.* Zudem sind *gezahlte Dividenden* gesondert unter den Cashflows aus Finanzierungstätigkeit auszuweisen. Weitere gesondert auszuweisende Posten sind nicht vorgesehen. Vorbehalten bleiben zusätzliche Positionen bei der konsolidierten Geldflussrechnung.

Werden die Vorschriften der vier besprochenen Regelwerke miteinander verglichen, ergeben sich Gemeinsamkeiten und Unterschiede, welche in der Tab. 6.3 tabellarisch dargestellt sind.
Die Gegenüberstellung der vier betrachteten Regelwerke zeigt, dass ein Konsens nur bezüglich des Bruttoausweises und der Anwendung der direkten Methode besteht. Hinsichtlich der Definition von Arten von Ein- und Auszahlungen bestehen Unterschiede. Weiter sind auch die Regelungen bezüglich bezahlter Zinsen, Dividenden und Ertragsteuern unterschiedlich.

Tab. 6.3 Vorgaben von vier Regelwerken zur Darstellung des Cashflows aus Finanzierungstätigkeit

Aspekt	IAS 7	DRS 21	AFRAC 36	SGF 4
Bruttoausweis	Ja	Ja	Ja	Ja
Gliederung	„major classes"	Mindestgliederungsschema	Gliederungsschema	Gliederungsschema
Anzahl Posten Eigenkapital (ohne Dividende)	Nicht festgelegt	5	2	4
Anzahl Posten Finanzverbindlichkeiten (ohne Zinsen)	Nicht festgelegt	2	2	6
Gezahlte Ertragsteuern	Sofern zuzuordnen	Sofern zuzuordnen	Sofern wesentlich und zuzuordnen	Nicht vorgesehen
Gezahlte Dividenden	Ausweiswahlrecht	Zwingend zwei Positionen	Zwingend eine Position	Zwingend eine Position
Gezahlte Zinsen	Ausweiswahlrecht	Zwingend eine Position	Zwingend eine Position	Nicht vorgesehen
Besonderheiten	Leasingraten	Zuschüsse und Zuwendungen Außergewöhnliche Posten Aufteilung Transaktionen mit Gesellschaftern		Eigene Anteile gesondert auszuweisen Aufteilung kurz- und langfristige Finanzverbindlichkeiten

Fazit

Es besteht bezüglich der *Grobgliederung* in drei Tätigkeitsbereiche Übereinstimmung zwischen den vier betrachteten Regelwerken. Die Regelwerke und die unternehmensspezifischen Rechnungslegungsgrundsätze können jedoch zu *unterschiedlichen Darstellungen und Zuordnungen der Cashflow-Rechnung* innerhalb der Tätigkeitsbereiche führen. Die mit der systematischen Anwendung der modifizierten derivativen Herleitung gewonnenen Grunddaten aus der Analyse erlauben es jedoch, jede Anforderung hinsichtlich Darstellung einzuhalten. Voraussetzung dazu ist eine den konkreten Darstellungsanforderungen entsprechende Tiefe der Analyse bzw. der analysierten Gegenbestandsposten in der Bilanz.

Kapitel-Zusammenfassung

Grundlage für die Erstellung der Cashflow-Rechnung bilden die *Ergebnisse aus der Analyse der Gegenbestandsposten in der Bilanz* sowie die *Vorgaben des angewandten Regelwerks* und allenfalls *unternehmensspezifischer Rechnungslegungsgrundsätze*. Die Analyse muss so verfeinert erfolgen, wie es die Darstellungs- und Gliederungsvorschriften erfordern. Die Cashflow-Rechnung besteht aus *drei Tätigkeitsbereichen*, für die je eine Summe ausgewiesen wird. Regelmäßig erfolgt auch eine *Abstimmung dieser drei Summen mit der Veränderung des Finanzmittelfonds*. In diesem Kapitel wurde das *konkrete Beispiel der Schokoladen Produktions AG* von den Analyseergebnissen, die mit einer Zuordnungstabelle abgeschlossen wurde, *in die Darstellung der Cashflow-Rechnung nach IAS 7 überführt*. Die unterschiedlichen *Vorgaben der Regelwerke hinsichtlich Darstellung und Gliederungen* wurden erläutert und einander vergleichend gegenübergestellt.

Literatur

Austrian Financial Reporting and Auditing Committee – AFRAC (2020) AFRAC-Stellungnahme 36: Geldflussrechnung (UGB). AFRAC, Wien

Deutsches Rechnungslegungs Standards Committee e.V. (DRSC) (2017) Deutscher Rechnungslegungs Standard Nr. 21 (DRS 21) Kapitalflussrechnung. DRSC, Berlin

International Accounting Standards Board (IASB) (2022) IFRS® Standards required for accounting periods beginning on or after 1 January 2022, excluding changes not yet required. IFRS Foundation, London

SWISS GAAP FER, Stiftung für Fachempfehlungen zur Rechnungslegung (2020) Fachempfehlungen zur Rechnungslegung. Stand: 1. Januar 2020. Stiftung für Fachempfehlungen zur Rechnungslegung, St. Gallen

Teil II

Herausforderungen und Besonderheiten

Das vorliegende Kapitel dient als Einleitung zu dem zweiten Buchteil. Es gibt im ersten Abschnitt (Abschn. 7.1) einen Überblick über die in diesem zweiten Buchteil behandelten Themen. Der zweite Abschnitt (Abschn. 7.2) beschreibt das Anspruchsniveau und die angesprochene Zielgruppe in der Leserschaft.

7.1   Inhaltsübersicht

Lernziel
Die im zweiten Buchteil besprochenen Themen aufzählen und deren Relevanz für sich selbst beurteilen.

Der zweite Teil dieses Buchs adressiert Besonderheiten und Herausforderungen, die bei unsachgemäßer Vorgehensweise zu Fehldarstellungen in der Cashflow-Rechnung führen können, und gibt konkrete Anleitungen zu deren Vermeidung. Vor allem aber geht es um die Sensibilisierung für Besonderheiten. Eine Cashflow-Rechnung kann sich ohne weiteres mit der Veränderung des Finanzmittelbestands ohne Differenz abstimmen lassen, auch wenn sie Fehldarstellungen ohne Differenz enthält. In den meisten Fällen gleicht sich eine Fehldarstellung durch eine gegenläufige Fehldarstellung über die ganze Rechnung wieder aus. Es gibt keine wirksamen Kontrollen zur nachträglichen Identifikation von Fehldarstellungen. Es sind präventive Maßnahmen gefragt. Diese hängen weitgehend mit der Person zusammen, welche den Herleitungsprozess abwickelt. Je besser diese Person über die Geschäftsfälle informiert ist und je sensibilisierter sie für mögliche Fehldarstellungen ist, desto wirksamer ist diese Form der Prävention von Fehldarstellungen. Daher werden einige Besonderheiten und Herausforderungen in den Kapiteln des zweiten Buchteils angesprochen, welche zur Sensibilisierung beitragen sollen.

Im Kap. 8 werden Sonderfragen zum Thema des Finanzmittelfonds besprochen. Dabei werden die einleitend dargestellten Aussagen (Abschn. 2.1) noch ergänzt. Im Kap. 9 stehen Herausforderungen im Zusammenhang mit der Zuordnung von Bewegungen in Gegenbestandsposten zu den richtigen Bereichen der Cashflow-Rechnung im Fokus. Das Kap. 10 widmet sich der in der Praxis häufig vernachlässigten Problematik der Elimination von sog. neutralen Vorgängen, die zu keinem Zahlungsmittelfluss führen. In dem Kap. 11 wird die Behandlung von ausgewählten Vorgängen mit GuV-wirksamem Charakter in der Cashflow-Rechnung erläutert. Das Kap. 12 zeigt die verschiedenen Herleitungsverfahren im Überblick und fasst anschließend die modifizierte derivative Herleitung zusammen. Das Kapitel schließt mit einem kritische Schlussbetrachtung der modifizierten derivativen Herleitung. Im Kap. 13 wird abschließend dargestellt, warum in der Praxis eine automatisierte Erstellung einer Cashflow-Rechnung mit Hilfe der originären Herleitung schwierig umsetzbar ist, obwohl eine Cashflow-Rechnung mit einem Ausweis der Cashflows aus Geschäftstätigkeit nach der direkten Methode sehr viel aussagekräftiger und für die finanzielle Steuerung nützlicher wäre.

Fazit

Im zweiten Buchteil geht es um die Vertiefung der modifizierten derivativen Herleitung und die Sensibilisierung für mögliche Fehldarstellungen in der Cashflow-Rechnung. Zudem werden Aspekte der Automatisierung der originären Herleitung angesprochen.

7.2   Zielpublikum und Anspruchsniveau

Lernziel
Die Zweckmäßigkeit und Nützlichkeit der Lektüre des zweiten Buchteils aufgrund der eigenen Vorkenntnisse richtig beurteilen.

Der zweite Buchteil dient der Vertiefung und Festigung, insbesondere der modifizierten derivativen Herleitung, aber auch der Klärung von Sonderfragen, die im ersten Teil nur oberflächlich angesprochen wurden. Damit richtet sich dieser Buchteil an Interessierte, welche das Ziel haben, sich vertiefter mit dem Thema der Cashflow-Rechnung auseinanderzusetzen. Vor allem sind Personen angesprochen, die sich im Rahmen ihrer beruflichen Tätigkeit mit der Erstellung von Cashflow-Rechnungen befassen. Es sind auch Wirtschaftsprüfer adressiert, die eine erstellte Cashflow-Rechnung auf mögliche Fehldarstellungen zu prüfen haben und sich daher für solche Fehlerquellen sensibilisieren

möchten. Schließlich richtet sich der Buchteil auch an Personen in der Aus- oder Weiterbildung, welche sich im Bereich der Cashflow-Rechnung spezialisieren und dafür ein fun-
diertes Fachwissen aneignen möchten.

Fazit

Der zweite Buchteil richtet sich an speziell interessierte Personen, die sich mit dem Erstellen oder dem Prüfen der Cashflow-Rechnung befassen. Zudem sind auch Personen in
Aus- oder Weiterbildung angesprochen, die sich vertiefter mit Spezialthemen der Cashflow-Rechnung und mit möglichen Ursachen von Fehldarstellungen befassen möchten.

Es ist nicht notwendig, alle Kapitel des zweiten Buchteils sequenziell zu bearbeiten.
Sie können auch gezielt zur Vertiefung bestimmter Themen konsultiert werden und stehen
nicht in einem inneren Zusammenhang zueinander, der eine Bearbeitungsreihenfolge erfordern würde.

Kapitel-Zusammenfassung

Im zweiten Buchteil werden Personen des Finanzbereichs und der Wirtschaftsprüfung angesprochen, die sich durch **vertiefte Auseinandersetzung mit Sonderthemen der
Cashflow-Rechnung** insbesondere für potenzielle Fehlerquellen sensibilisieren möchten.
Der zweite Buchteil spricht aber auch Personen in der Aus- und Weiterbildung an, die sich
auf das Thema Cashflow-Rechnung spezialisieren möchten.

Besonderheiten des Finanzmittelbestands

8

Ergänzungen und Vertiefungen zum Thema Finanzmittelfonds

Im vorliegenden Kapitel werden Spezialthemen im Zusammenhang mit dem Finanzmittelfonds angesprochen. Das Kapitel bildet eine Ergänzung und Vertiefung zur Einführung im Kap. 2. Es wird auf die dort festgehaltenen Grundlagen verwiesen (vgl. Abschn. 2.1). Im Abschn. 8.1 des vorliegenden Kapitels werden Zahlungsmitteläquivalente thematisiert und die Unterschiede und Gemeinsamkeiten in den vier betrachteten Regelwerken untersucht. Der Abschn. 8.2 befasst sich mit der Frage, unter welchen Voraussetzungen Verbindlichkeiten gegenüber Finanzinstituten als Abzugsposten im Finanzmittelfonds berücksichtigt werden müssen oder dürfen. Unterliegen Teile des Finanzmittelbestands Verfügungsbeschränkungen, stellt sich im Abschn. 8.3 die Frage, ob diese berücksichtigt werden dürfen und welche Offenlegungspflichten bestehen. Enthält der Finanzmittelfonds Bestände in fremder Währung, müssen diese zum Stichtag umgerechnet werden. Der anwendbare Umrechnungskurs und die Frage der Behandlung von umrechnungsbedingten Wertveränderungen bilden das Thema des Abschn. 8.4. Schließlich befasst sich der letzte Abschnitt (Abschn. 8.5) mit der Frage der Offenlegung von Beständen des Finanzmittelfonds für Zwecke der Cashflow-Rechnung und Abstimmung der Finanzmittelfondsbestände mit den Bilanzen.

Im Abschn. 2.1.1 wurden bereits grundlegende Hinweise zum Thema Finanzmittelfonds bereitgestellt. Danach besteht der Finanzmittelfonds in den betrachteten Regelwerken aus den Bargeldbeständen und den Sichteinlagen bei Finanzinstituten einerseits und den Zahlungsmitteläquivalenten andererseits. Im folgenden Abschnitt geht es um den letzteren Teil des Finanzmittelfonds.

8.1   Geldähnliche Finanzmittel

Im Abschn. 2.1 wurden die Zahlungsmitteläquivalente (geldähnliche Finanzmittel) in Anlehnung an DRS 21 wie folgt definiert: „Als Liquiditätsreserve gehaltene, kurzfristige, äußerst liquide Finanzmittel, die jederzeit in Zahlungsmittel umgewandelt werden können und nur unwesentlichen Wertschwankungen unterliegen" (DRSC 2017, Tz. 9). In den nachfolgenden Unterabschnitten wird auf die Regelungen in IAS 7, DRS 21, AFRAC 36 und Swiss GAAP FER 4 eingegangen. Daraus lassen sich Gemeinsamkeiten und Unterschiede ableiten.

8.1.1   IAS 7

> **Lernziel**
> Die Definition von „Cash equivalents" nach IAS 7 nennen und erläutern.

IAS 7.6 definiert wie folgt: „Cash equivalents are short-term, highly liquid investments that are readily convertible to known amounts of cash and which are subject to an insignificant risk of changes in value" (IASB 2022, S. A975). Ergänzend wird in IAS 7.7 festgehalten, dass eine Vermögensanlage nur dann als ein Zahlungsmitteläquivalent qualifiziert, wenn es eine Restlaufzeit bis zur Rückzahlung von drei Monaten oder weniger gerechnet ab dem Erwerbsdatum aufweist (vgl. IASB 2022, S. A975). In der Regel schließt das Kriterium „insignificant risk of changes in value" Vermögensanlagen in Eigenkapitalinstrumenten (z. B. Aktien) oder in sonstigen Anlagen mit hohem Wertschwankungsrisiko aus. Solche Anlagen, sofern sie kurzfristig erfolgen, sind nicht als Teil des Finanzmittelfonds, sondern als Investitionstätigkeit im Rahmen der Cashflow-Rechnung auszuweisen (vgl. auch IAS 7.6 Definition von „Investing activities" IASB 2022, S. A975).

▶   Instrumente mit hohem Wertschwankungsrisiko qualifizieren nicht als Zahlungsmitteläquivalente.

8.1.2   DRS 21

> **Lernziel**
> Die Definition von „Zahlungsmitteläquivalenten" nach DRS 21 nennen und erläutern.

DRS 21 definiert „Zahlungsmitteläquivalente: Als Liquiditätsreserve gehaltene, kurzfristige, äußerst liquide Finanzmittel, die jederzeit in Zahlungsmittel umgewandelt werden können und nur unwesentlichen Wertschwankungen unterliegen. Zahlungsmitteläquivalente dürfen daher nur eine Restlaufzeit im Erwerbszeitpunkt von maximal drei Monaten haben" (DRSC 2017, Tz. 9). Die Definition von IAS 7 wurde von DRS 21 somit ohne Modifikation übernommen.

8.1.3 AFRAC 36

Lernziel

Die Definition von „Zahlungsmitteläquivalenten" nach AFRAC 36 nennen und erläutern.

AFRAC 36 umschreibt die Begrifflichkeit wie folgt: „Zahlungsmitteläquivalente sind kurzfristige, äußerst liquide Finanzinvestitionen, die jederzeit in festgelegte Zahlungsmittelbeträge umgewandelt werden können und die nur unwesentlichen Wertschwankungsrisiken unterliegen. Den Zahlungsmitteläquivalenten zugeordnete Finanzinvestitionen dürfen daher im Erwerbszeitpunkt nur eine Restlaufzeit von maximal drei Monaten aufweisen" (AFRAC 2020, Rz. (5), S. 3). Die Definition von IAS 7 wurde somit auch in der AFRAC-Stellungnahme 36 ohne Modifikation übernommen.

Ergänzend wird in AFRAC 36 das Thema Cash-Pooling angesprochen und fünf kumulativ zu erfüllende Voraussetzungen für den Einbezug von Forderungen und Verbindlichkeiten aus Vereinbarungen zum physischen Cash-Pooling in den Finanzmittelfonds postuliert (vgl. Rz. (7), AFRAC 36 2020, S. 3–4).

▶ AFRAC 36 beinhaltet präzisierende Vorschriften betreffend den Einbezug von Forderungen und Verbindlichkeiten im Zusammenhang mit *Cash-Pooling Vereinbarungen* in den Finanzmittelfonds.

8.1.4 Swiss GAAP FER Standard Nr. 4

Lernziel

Die Definition von „geldnahen Mitteln" nach dem Swiss GAAP FER Standard Nr. 4 nennen und erläutern.

Der Standard Nr. 4 von Swiss GAAP FER umschreibt „geldnahe Mittel" als solche, die als Liquiditätsreserve gehalten werden. Es sind „kurzfristige, äusserst liquide Finanzmittel, die jederzeit in flüssige Mittel umgewandelt werden können und nur unwesentlichen Wertschwankungen unterliegen" (Swiss GAAP FER 2020, S. 41, Rz. 4). Ergänzend dazu wird

in den Erläuterungen zum Standard festgehalten, dass sog. geldnahe Mittel eine Restlaufzeit ab Bilanzstichtag von höchstens 90 Tagen aufweisen (vgl. Swiss GAAP FER 2020,
S. 43, Rz. 13). Dies ist eine geringfügige Abweichung zu der Definition von IAS 7, welche
nicht auf den Bilanzstichtag, sondern auf das Erwerbsdatum abstellt.

▶   Bei der *Restlaufzeit von maximal drei Monaten* wird in Swiss GAAP FER nicht auf
     das Erwerbsdatum, sondern *auf den Bilanzstichtag abgestellt*.

8.1.5   Unterschiede und Gemeinsamkeiten

Lernziel
Die Unterschiede und Gemeinsamkeiten bei der Abgrenzung von Zahlungsmitteläquivalenten nach vier verschiedenen Rechnungslegungsstandards aufzählen und
erläutern.

Die vier untersuchten Regelwerke weisen sehr ähnliche, teilweise identische Definitionen
auf. IAS 7, DRS 21 und AFRAC 36 weisen im Kern gleichbedeutende Definitionen von
Zahlungsmitteläquivalenten auf. Der Standard Nr. 4 von Swiss GAAP FER zur Geldflussrechnung weist eine Umschreibung des Begriffs „geldnahe Mittel" auf, die sehr ähnlich
zu IAS 7 ist, jedoch bezüglich der Restlaufzeit von maximal drei Monaten nicht auf das
Erwerbsdatum, sondern auf den Bilanzstichtag abstellt.

Fazit

Die vier untersuchten Regelwerke haben die *Definition von IAS 7 zu den Zahlungsmitteläquivalenten weitestgehend übernommen*. Einzig Swiss GAAP FER 4 weist eine abweichende Definition von Kurzfristigkeit auf. *Kurzfristige Vermögensanlagen*, die jederzeit *in*
einen bestimmten *Geldbetrag umgewandelt* werden können, gelten als Zahlungsmitteläquivalente, sofern sie nur einem *unbedeutenden Wertänderungsrisiko* unterliegen.

8.2   Forderungen mit wechselndem
Saldo gegenüber Kreditinstituten

Die Regelungen bezüglich des Einbezugs von Verbindlichkeiten gegenüber Kreditinstituten als Abzugsposten in den Finanzmittelfonds unterscheiden sich je nach angewandtem
Regelwerk. Ergänzend zu den Grundlagen in Abschn. 2.1.2 wird an dieser Stelle vertiefter
auf die Gemeinsamkeiten und Unterschiede in den vier Regelwerken IAS 7, DRS 21, AF-
RAC 36 und Swiss GAAP FER 4 eingegangen.

8.2.1 IAS 7

Lernziel
Die Vorgaben von IAS 7 zum Einbezug von Verbindlichkeiten gegenüber Kreditinstituten in den Finanzmittelfonds aufzählen und erläutern.

Grundsätzlich gelten nach IAS 7 das Eingehen und die Rückzahlung von Verbindlichkeiten gegenüber Kreditinstituten als Finanzierungsaktivitäten. In gewissen Ländern ist es jedoch üblich, dass als integraler Bestandteil der Liquiditätssteuerung des Unternehmens mit auf Verlangen des Kreditinstituts rückzahlbaren Kontoüberziehungen gearbeitet wird. Solche Kontoüberziehungen werden bei der Ermittlung des Finanzmittelfonds berücksichtigt. Ein typisches Kennzeichen solcher Vereinbarungen mit Kreditinstituten ist ein fluktuierender Kontostand, der häufig von Guthaben zu Überziehung ändert (vgl. IAS 7.8, IASB 2022, S. A975).

▶ Dauerhaft, bzw. längerfristig überzogene Konten bei Kreditinstituten qualifizieren nach IAS 7 nicht als Teil des Finanzmittelfonds, sondern gelten als Finanzverbindlichkeiten im Rahmen von Finanzierungstätigkeiten.

8.2.2 DRS 21

Lernziel
Die Vorgaben von DRS 21 zum Einbezug von Verbindlichkeiten gegenüber Kreditinstituten in den Finanzmittelfonds aufzählen und erläutern.

DRS 21 legt in Tz. 34 folgendes fest: „Jederzeit fällige Verbindlichkeiten gegenüber Kreditinstituten sowie andere kurzfristige Kreditaufnahmen, die zur Disposition der liquiden Mittel gehören, sind in den Finanzmittelfonds einzubeziehen und offen abzusetzen" (DRSC 2017).

Die Anforderung, dass ein häufig wechselnder Saldo vorliegen soll, wird nicht ausdrücklich gestellt. Die Beurteilung der materiellen Gleichwertigkeit der Anforderungen von DRS 21 und IAS 7 ist aufgrund der unterschiedlichen Formulierungen schwierig.

„Die Regelungen zur Abgrenzung des Finanzmittelfonds wurden im Vergleich zu DRS 2 geändert, indem das Wahlrecht zur Einbeziehung jederzeit fälliger Bankverbindlichkeiten in den Finanzmittelfonds, soweit sie zur Disposition der liquiden Mittel gehören, abgeschafft und stattdessen eine Einbeziehungspflicht jederzeit fälliger Verbindlichkeiten gegenüber Kreditinstituten sowie sonstiger Kreditaufnahmen, die zur Disposition der liquiden Mittel gehören, festgesetzt wurde" (DRSC 2017, Tz. B14).

▶ Sind die Voraussetzungen zum Einbezug von Verbindlichkeiten gegenüber einem Kreditinstitut in den Finanzmittelfonds erfüllt, besteht eine Pflicht zum Einbezug. Das in DRS 2 noch vorgesehene Wahlrecht ist mit dem neuen Standard DRS 21 weggefallen.

8.2.3 AFRAC 36

Lernziel

Die Vorgaben der AFRAC-Stellungnahme Nr. 36 zum Einbezug von Verbindlichkeiten gegenüber Kreditinstituten in den Finanzmittelfonds aufzählen und erläutern.

Die AFRAC-Stellungnahme 36 legt in Rz. (6) fest: „In den Fonds der flüssigen Mittel sind außerdem Kontokorrentkredite einzubeziehen und offen abzusetzen, wenn sie zur Disposition der flüssigen Mittel dienen. Ein Merkmal solcher Vereinbarungen mit den Banken sind häufige Schwankungen des Kontosaldos zwischen Soll- und Habenbeständen" (AFRAC 2020, S. 3).

8.2.4 Swiss GAAP FER Standard Nr. 4

Lernziel

Die Vorgaben des Standards Nr. 4 von Swiss GAAP FER bezüglich des Einbezugs von Verbindlichkeiten gegenüber Kreditinstituten in den Finanzmittelfonds aufzählen und erläutern.

Nach Swiss GAAP FER Standard Nr. 4 dürfen „kurzfristige, jederzeit fällige Bankverbindlichkeiten (Kontokorrente) von den flüssigen und geldnahen Mitteln abgezogen werden, sofern sie zu den Zahlungsmitteln und Zahlungsmitteläquivalenten gehören (Fonds-Netto-flüssige Mittel)" (Swiss GAAP FER 2020, Rz. 5. S. 41). Nicht ausdrücklich in dem Standard geregelt ist hingegen die Frage, unter welchen Voraussetzungen solche Bankverbindlichkeiten zu den Zahlungsmitteln und Zahlungsmitteläquivalenten gehören.

▶ Swiss GAAP FER kennt ein *Wahlrecht bezüglich des Einbezugs* von kurzfristigen, jederzeit fälligen Bankverbindlichkeiten (Kontokorrente) in den Finanzmittelfonds. Bei Ausübung wird der Finanzmittelfonds als *„Netto-flüssige Mittel"* bezeichnet. Werden die Verbindlichkeiten nicht berücksichtigt, heißt der Finanzmittelfonds *„Flüssige Mittel"*.

Die drei Standards IAS 7, DRS 21 und AFRAC 36 weisen ähnliche, wenn auch nicht völlig identische Vorschriften auf. Sind die Voraussetzungen erfüllt, ist ein Einbezug von bestimmten Verbindlichkeiten gegenüber Finanzinstituten in den Finanzmittelfonds zwingend. Swiss GAAP FER Nr. 4 geht mit dem Wahlrecht bezüglich des Einbezugs einen etwas anderen Weg.

Fazit

Auf Verlangen rückzahlbare, im Rahmen der Finanzmitteldisposition vorübergehend eingegangene Verbindlichkeiten aus Kontoüberziehungen bei Finanzinstituten sind nach IAS 7 zwingend im Finanzmittelfonds zu berücksichtigen. DRS 21 und AFRAC 36 kennen ähnlich formulierte Vorgaben. Der Swiss GAAP FER Standard Nr. 4 bietet jedoch ein Wahlrecht an, welches den Einbezug kurzfristiger, jederzeit fälliger Bankverbindlichkeiten in den Finanzmittelfonds dem Ermessen des bilanzierenden Unternehmens überlässt. Je nach Ausübung heißt der Finanzmittelfonds „Flüssige Mittel" oder „Netto-flüssige Mittel".

8.3 Eingeschränkte Verfügungsmöglichkeiten

Es gibt Situationen, bei denen über Teile des Finanzmittelfonds nur eingeschränkt oder gar nicht verfügt werden kann. Es stellt sich dabei die Frage, ob solche Bestände in den Finanzmittelfonds einbezogen werden dürfen und wenn ja, ob dazu Informationen im Rahmen der Rechnungslegung offenzulegen sind.

Lernziele
- Über den Einbezug von Guthaben mit eingeschränkten Verfügungsmöglichkeiten in den Finanzmittelfonds richtig entscheiden.
- Offenlegungsvorschriften betreffend solche Teile des Finanzmittelfonds nennen und erläutern, über die nur eingeschränkt verfügt werden kann.

Grundsätzlich ist bei Finanzmitteln, die einer Verfügungsbeschränkung unterliegen, zu prüfen, ob sie trotz der Verfügungsbeschränkung noch die Definition von Zahlungsmitteln bzw. von Zahlungsmitteläquivalenten nach dem einschlägigen Standard erfüllen oder nicht. Sind die Merkmale der Definition nicht erfüllt, qualifizieren solche Finanzmittel nicht als Teil des Finanzmittelfonds.

Beispiel

Finanzmittel, die nicht Teil des Finanzmittelfonds für die Cashflow-Rechnung sind
Die Crusadeiro SA hat Anteile an einem Unternehmen erworben. Ein Teil des vereinbarten Kaufpreises ist aufschiebend bedingt auf die Erfüllung gewisser später zu überprüfenden Voraussetzungen zahlbar. Die Crusadeiro SA hat den entsprechenden

Teilbetrag des Kaufpreises auf ein Bankkonto übertragen, über das nur mit Zustimmung der Verkäuferin der Geschäftsanteile verfügt werden kann. Der Eintritt der Bedingungen kann frühestens in einem Jahr überprüft werden.

Beurteilung

Die auf dem Bankkonto liegenden Beträge qualifizieren nicht als Zahlungsmittel, weil über sie nicht auf Sicht verfügt werden kann. Sie sind auch nicht Zahlungsmitteläquivalente, weil die Restlaufzeit über drei Monaten liegt und sie nicht jederzeit in Zahlungsmittel umgewandelt werden können.

Fazit

Das Bankkonto mit den Verfügungsbeschränkungen ist nicht in den Finanzmittelfonds für Zwecke der Cashflow-Rechnung einzubeziehen. ◄

Es gibt aber auch Fälle, bei denen die Verfügungsbeschränkung sich nur aus Sicht des Konzerns ergibt. Die Tochtergesellschaft kann über Finanzmittel frei verfügen, darf sie jedoch aufgrund von Kapitalverkehrsvorschriften nicht uneingeschränkt in das Ausland überweisen. In diesem Fall kann aus Sicht der Konzernobergesellschaft über Teile des in der Konzernrechnung ausgewiesenen Finanzmittelfonds nicht uneingeschränkt verfügt werden. In einem solchen Fall ist die Definition der Zahlungsmittel bzw. der Zahlungsmitteläquivalente aus Sicht der Tochtergesellschaft uneingeschränkt erfüllt. Aber es bestehen aus Konzernsicht Einschränkungen bezüglich der Verfügbarkeit des (konsolidierten) Finanzmittelfonds. In den folgenden Abschnitten werden die maßgebenden Vorschriften zum Umgang mit solchen Einschränkungen dargelegt.

IAS 7

Nach IAS 7.48 muss offengelegt werden, wenn der Finanzmittelfonds einer Einheit des Konzerns wesentlich ist und dem Konzern nicht zur Verfügung steht (vgl. IASB 2022, S. A984). Als Gründe werden Kapitalverkehrskontrollen oder andere rechtliche Beschränkungen erwähnt, die dazu führen, dass der Finanzmittelfonds dieser Konzerneinheit den anderen Tochtergesellschaften oder der Konzernobergesellschaft nicht verfügbar gemacht werden kann. Die Offenlegung erfolgt in der Regel im Anhang.

DRS 21

Nach DRS 21 Tz. 52 sind als ergänzende Angaben zur Kapitalflussrechnung u. a. „Bestände, die Verfügungsbeschränkungen unterliegen" (DRSC 2017) aufzunehmen. „Die ergänzenden Angaben sind geschlossen unter der Kapitalflussrechnung oder im Anhang zu machen" (DRSC 2017, Tz. 53).

AFRAC 36

„Ein Unternehmen hat den Betrag an wesentlichen Zahlungsmitteln und Zahlungsmitteläquivalenten, die trotz einer Verfügungsbeschränkung unter die Definition des Fonds der flüssigen
Mittel fallen, gemeinsam mit den Gründen für die Verfügungsbeschränkung anzugeben. Aspekte der Kapitalverkehrskontrollen sind bei der Zuordnung zu den Zahlungsmitteln zu berücksichtigen" (AFRAC 2020, Rz. (10), S. 4).
  „Verfügungsbeschränkungen können rechtlicher (z. B. Verpfändungen), faktischer
(z. B. Konzernrichtlinien) oder rechtlicher und faktischer Natur (z. B. Gesellschafterweisun-
gen) sein. Unter die rechtlichen Beschränkungen fallen auch Beschränkungen aufgrund von
Kapitalverkehrskontrollen" (AFRAC 2020, Erläuterung zu Rz. (10), S. 19).

Swiss GAAP FER 4

Dieser Standard weist keine Offenlegungsvorschriften hinsichtlich Verfügungsbeschränkungen von Teilen des Fonds auf. Der Standard Nr. 6 (Anhang) schreibt die Offenlegung
von Belastungen von Vermögenswerten vor. Dabei müssen „belastete Aktiven sowie Art
der Belastung" (Swiss GAAP FER 2020, Rz. (7), S. 48) im Anhang offengelegt werden.

Fazit

Finanzmittel, die Verfügungsbeschränkungen unterliegen, sind genau daraufhin zu überprüfen, ob sie noch für den Einbezug in den Finanzmittelfonds qualifizieren. Ist dies der
Fall, sind in den meisten Regelwerken Offenlegungsvorschriften vorgesehen, welche über
die Verfügungsbeschränkungen nähere Aufschlüsse erteilen.

8.4 Bestände in fremder Währung

Lernziele
- Die Regeln für die Umrechnung von Fremdwährungsbeständen in die Funktionalwährung beschreiben.
- Die Buchung von umrechnungsbedingten Wertänderungen auf Fremdwährungsbestände nennen.
- Die Umrechnung von eigenen Fremdwährungsbeständen von der Übertragung Bilanzbeständen von Konzerngesellschaften aus der Funktionalwährung in die Präsentationswährung des Konzerns unterscheiden.
- Die Behandlung und die Darstellung von fremdwährungsbedingten und anderen
  unrealisierten Wertänderungen des Finanzmittelbestands in der Cashflow-
  Rechnung nach vier Rechnungslegungsstandards nennen und erläutern.

In diesem Abschnitt wird die Problematik der Veränderung des Finanzmittelbestands im Einzelabschluss beschrieben, die sich aufgrund von Einflüssen auf Finanzmittelbestände in fremder Währung durch Änderungen des Fremdwährungskurses ergibt. Auf die Problematik der Übertragung von Abschlüssen von Tochtergesellschaften in die Währung des Konzerns im Rahmen der Erstellung einer Konzernrechnung wird hier nicht eingegangen. Ebenfalls wird an dieser Stelle nicht auf andere Wertänderungen des Finanzmittelbestands eingegangen, z. B. aufgrund von Wertverminderungen oder sonstigen Anpassungen an den Fair Value.

Grundsätzlich sehen die meisten Rechnungslegungskonzepte vor, dass im Einzelabschluss die Finanzmittelbestände in fremder Währung zum Stichtagskurs in die Funktionalwährung des Unternehmens umgerechnet werden. Allfällige Differenzen zum bisherigen Buchwert sind in der Gewinn-und-Verlust-Rechnung zu erfassen. Transaktionen während der Periode werden üblicherweise zum Umrechnungskurs am Transaktionstag erfasst.

An dieser Stelle wird nur auf den Einzelabschluss eingegangen. Nacholgend werden die Regelungen bezüglich der Umrechnung von Finanzmittelbeständen in fremder Währung gemäß den vier Rechnungslegungsstandards IAS 7, DRS 21, AFRAC 36 und Swiss GAAP FER 4 beschrieben und verglichen.

IAS 7

IAS 7 verlangt, dass Zahlungsflüsse in einer fremden Währung zum Umrechnungskurs am Transaktionstag in die Buchführungswährung umgerechnet werden (vgl. IAS 7.25, IASB 2022, S. A980). Gewisse Annäherungslösungen an diese Werte im Sinne der Verwendung von gewichteten Durchschnittskursen sind nach Maßgabe des Standards IAS 21 zulässig (vgl. IAS 7.27, IASB 2022, S. A980). Unrealisierte Fremdwährungsgewinne oder -verluste, die sich aus Wechselkursänderungen ergeben, gelten nicht als Zahlungsflüsse und sind daher nicht in der Cashflow-Rechnung auszuweisen. Dies gilt auch für Veränderungen des Finanzmittelfonds aufgrund von Änderungen des Fremdwährungsumrechnungskurses im Verlaufe der Geschäftsperiode (vgl. IAS 7.28, IASB 2022, S. A980).

Der Betrag dieser umrechnungsbedingten Veränderung des Finanzmittelfonds wird als Überleitungsposten zwischen der Summe aus den Cashflows aus Geschäftstätigkeit, Investitionstätigkeit und Finanzierungstätigkeit einerseits und der Veränderung des Finanzmittelfonds andererseits gesondert ausgewiesen. Der ausgewiesene Betrag umfasst nicht nur die am Jahresende erfasste Neubewertung, sondern auch Differenzen zwischen den umgerechneten Transaktionsbeträgen zum Transaktionskurs und zum Jahresend-Stichtagskurs (vgl. IAS 7.28, IASB 2022, S. A980). Die Abb. 8.1 zeigt in der oberen Hälfte die tatsächlich in der Buchführung eines Unternehmens erfassten Werte aus dem Geschäftsjahr 2021. Es handelt sich um einen Bestand in CHF (Schweizer Franken) i. H. v. 100.000. Aufgrund von Zu- und Abgängen im Verlauf des Geschäftsjahres steigt der Betrag in Fremdwährung auf CHF 130.000. Die Zu- und Abgänge wurden zum Um-

Finanzmittel in FW Währung	Fremdwährung CHF	Umrechnung CHF / EUR	Funktionalwährung EUR
Anfangsbestand	100 000.00	0.9258	92 580.00
Zugang	40 000.00	0.9033	36 132.00
Abgang	- 60 000.00	0.9284	- 55 704.00
Zugang	50 000.00	0.9234	46 170.00
Zwischensumme	130 000.00		119 178.00
Neubewertung			6 675.00
Schlussbestand	130 000.00	0.9681	125 853.00
Fremdwährungseffekt	**100 000.00**	0.0423	4 230.00

Variante: Hypothetische Umrechnung der Veränderungen zum Schlusskurs

Finanzmittel in FW Währung	Fremdwährung CHF	Umrechnung CHF / EUR	Funktionalwährung EUR
Anfangsbestand	100 000.00	0.9258	92 580.00
Zugang	40 000.00	0.9681	38 724.00
Abgang	- 60 000.00	0.9681	- 58 086.00
Zugang	50 000.00	0.9681	48 405.00
Zwischensumme	130 000.00		121 623.00
Neubewertung (angepasst)			4 230.00
Schlussbestand	130 000.00	0.9681	125 853.00

Abb. 8.1 Die Berechnung der Veränderung des Finanzmittelfonds aufgrund von Fremdwährungs-kursänderungen

rechnungskurs am Transaktionstag in die Buchführungswährung (EUR) umgerechnet und verbucht. Zum Jahresende erfolgte eine Neubewertung des Fremdwährungsbestands unter Verwendung des Jahresend-Stichtagskurses. Die Differenz zwischen dem Buchwert vor Neubewertung und dem berechneten Wert zum Jahresend-Umrechnungskurs wird als Neubewertungsdifferenz in der Gewinn-und-Verlust-Rechnung erfasst.

Der in IAS 7.28 angesprochene Fremdwährungseffekt auf den Finanzmittelfonds entspricht jedoch nicht diesem Fremdwährungserfolg aus Neubewertung. Vielmehr werden auch Differenzen miteinbezogen, die sich ergeben würden, wenn alle Transaktionen während des Jahres bereits zum Jahresend-Stichtagskurs umgerechnet worden wären. Diese hypothetische Umrechnung ist in der unteren Hälfte der Abb. 8.1 dargestellt. Danach ergibt sich als Folge ein anderer Betrag der Neubewertung. Es ist dieser hypothetische Neubewertungserfolg, der in IAS 7.28 angesprochen wird. Er kann auch einfacher ermittelt werden, indem der Anfangsbestand in Fremdwährung mit der Differenz zwischen dem Jahresend-Stichtagskurs und dem Kurs zum Anfang des Jahres multipliziert wird. Dies ist in der Mitte der Abb. 8.1 dargestellt und als „Fremdwährungseffekt" bezeichnet.

▶ Der nach IAS 7 als Überleitungsposten auszuweisende Fremdwährungseffekt aus Veränderungen von Umrechnungskursen auf den Finanzmittelfonds berechnet sich aus der absoluten Veränderung des Umrechnungskurses, die mit dem Anfangsbestand in Fremdwährung multipliziert wird.

Nach Ansicht des Autors handelt es sich bei der Vorgehensweise von IAS 7 zur Ermitt-lung der umrechnungskursinduzierten Veränderungen des Finanzmittelfonds um eine prag-matische Vereinfachungslösung, die nur eine Annäherung an die korrekte Veränderung dar-stellt, weil sie nicht die effektiv verbuchten Neubewertungen, sondern lediglich die Neubewertung des Anfangsbestands berücksichtigt. Es ist zu vermuten, dass mit Rücksicht auf ein gutes Aufwand-/Nutzenverhältnis der Rechnungslegung auf die Forderung nach der korrekten Ermittlung der verbuchten Neubewertungserfolge verzichtet wurde und die Nähe-rungslösung eingeführt wurde, die weniger aufwändig zu berechnen ist. Dennoch scheint es sachgerecht, die ermittelte kursbedingte Veränderung des Finanzmittelfonds aus dem Be-reich der Cashflows aus Geschäftstätigkeit zu durch Umgliederung zu eliminieren (vgl. Ab-schn. 4.3.5). Die Gegenbuchungen zu den tatsächlich gebuchten fremdwährungskurs be-dingten Differenzen von Fremdwährungsbeständen erfolgen in der Gewinn-und-Verlust-Rechnung und werden im Rahmen der indirekten Methode als zahlungswirksame Vorgänge berück-sichtigt, die sich in dem Bereich der Cashflows aus Geschäftstätigkeit niederschlagen.

Wie im Übrigen aus dem illustrativen Beispiel zu IAS 7 (vgl. IASB 2022, S. B580) hervorgeht, ist es auch zulässig, in dem Veränderungsnachweis des Finanzmittelfonds in der Cashflow-Rechnung mit angepassten Beständen zu rechnen, welche diesen Fremd-währungseffekt nicht mehr einschließen. Damit ist in der Cashflow-Rechnung kein Überleitungsposten mehr zu berücksichtigen. Andererseits ist im Anhang die Zusam-mensetzung des Finanzmittelfonds offenzulegen (vgl. Abschn. 8.5). Dort ist der Fremd-währungseffekt im Rahmen der Überleitung zu den in den Bilanzen ausgewiesenen Wer-ten offenzulegen.

DRS 21

Der Deutsche Rechnungslegungs Standard Nr. 21 weist eine sinngemäße, jedoch nicht identische Regelung auf. Die Tz. 35 lautet:

> „Sind im Finanzmittelfonds Fremdwährungsbestände enthalten, sind sie zum Devisenkassa-mittelkurs am Abschlussstichtag (Konzernabschlussstichtag) in Euro umzurechnen. So kön-nen sich Veränderungen des Finanzmittelfonds ergeben, wenn sich die Wechselkurse in der Berichtsperiode ändern. Ihnen liegen insoweit keine zahlungswirksamen Geschäftsvorfälle zugrunde. Um auf den Finanzmittelfonds zum Ende der Berichtsperiode überzuleiten, ist der Ausweis dieser Wechselkursdifferenzen gesondert von den Cashflows aus der laufenden Ge-schäftstätigkeit, der Investitions- und der Finanzierungstätigkeit vorzunehmen" (DRSC 2017).

Zudem wird diese Regelung durch die Tz. 37 ergänzt:

> „Ändern sich in der Berichtsperiode die Werte der in den Finanzmittelfonds aufgenommen Zahlungsmitteläquivalente aufgrund von Bewertungsvorgängen, ist der entstehende Unter-schiedsbetrag gesondert von den Cashflows aus der laufenden Geschäftstätigkeit, der Investi-tions- und der Finanzierungstätigkeit auszuweisen" (DRSC 2017).

Die Regelung in Tz. 35 lässt die genaue Berechnung der umrechnungskursbedingten Wertänderung offen. Die Regelung in Tz. 37 weitet die gesonderte Ausweispflicht von fremdwährungsbedingten Wertänderungen auf alle Arten von Wertänderungen aus. Insofern geht die Regelung des DRS 21 über diejenige von IAS 7 hinaus. In Verbindung mit dem zwingend zu berücksichtigenden Mindestgliederungsschema (vgl. Pos. 38 in Tab. 5 bzw. Pos. 45 in Tab. 6 der Anlage 1, DRSC 2017) ist ein Ausweis in der Cashflow-Rechnung die einzige Option. Eine ausschließliche Angabe im Anhang ist nicht ausreichend.

▶ DRS 21 verlangt einen gesonderten Ausweis sämtlicher Wertänderungen des Finanzmittelfonds im Rahmen der Überleitung von der Cashflow-Rechnung zum Nachweis der Veränderung des Finanzmittelfonds.

AFRAC 36
Die AFRAC-Stellungnahme 36 äußert sich zum Thema eher knapp. „Wesentliche unrealisierte Wertänderungen des Finanzmittelbestands am Ende der Rechnungsperiode sind im Finanzmittelnachweis gesondert darzustellen" (AFRAC 2020, Rz. (8), Satz 2, S. 4). In den Erläuterungen zu der Rz. (8) wird dies wie folgt ergänzt:

„Bei wesentlichen unrealisierten Wertänderungen der Zahlungsmittel und -äquivalente am Ende der Rechnungsperiode handelt es sich z. B. um Bewertungsdifferenzen von Fremdwährungen, deren Wechsel in die vom Unternehmen genutzte Währung erst zu einem späteren Zeitpunkt erfolgt. Diese Wertänderungen sind im Finanzmittelnachweis gesondert darzustellen, da ihnen kein Geldfluss zugrunde liegt" (AFRAC 2020, S. 19).

In dem Gliederungsschema finden sich diese gesondert auszuweisenden Posten als Position 23 im Schema für die direkte Methode (AFRAC 2020, Rz. (42), S. 14) bzw. als Position 27 im Schema für die indirekte Methode (AFRAC 2020, Rz. (43), S. 16).

▶ AFRAC 36 verlangt – wie DRS 21 – einen gesonderten Ausweis für alle Wertänderungen der Zahlungsmittel und Zahlungsmitteläquivalente. Allerdings wird die Ausweispflicht auf wesentliche Posten eingeschränkt.

Swiss GAAP FER 4
Swiss GAAP FER verlangt zwar, dass die Geldflussrechnung nur diejenigen Veränderungen der flüssigen Mittel ausweist, die infolge von Ein- und Auszahlungen erfolgt sind (vgl. Swiss GAAP FER 2020, Rz. 1, S. 41). Andererseits verlangt Rz. 3 (S. 41), dass die Anfangs- und Endbestände des Fonds bei der Darstellung der Zusammensetzung des Fonds mit den Bilanzpositionen übereinstimmen müssen. Letztlich bleibt aber offen, bzw. nicht explizit geregelt, wie mit Wertänderungen im Fonds umzugehen ist, die nicht auf Ein- oder Auszahlungen zurückzuführen sind. Aufgrund der Zweckdefinition in Rz. 1 dürfte eine Lösung im Sinne von IAS 7 jedenfalls nicht ausgeschlossen sein, sondern eigentlich eine Notwendigkeit darstellen. Sie wird jedenfalls von publizitätspflichtigen Unternehmen regelmäßig gewählt.

▶   Swiss GAAP FER kennt bezüglich der Behandlung von fremdwährungsbedingten
     Wertänderungen des Fonds keine expliziten Vorschriften über den gesonderten Aus-
     weis solcher Posten. Im Wege der Auslegung kann jedoch ein Überleitungsposten
     im Sinne von IAS 7 als zweckmäßige Lösung vertreten werden.

Die betrachteten Standards verlangen bezüglich der Behandlung von fremdwährungsbedingten und sonstigen Wertänderungen des Finanzmittelfonds leicht voneinander abweichende Ausweise. Gemeinsam ist die Ansicht, dass zumindest fremdwährungsbedingte
Wertänderungen keine Zahlungsflüsse darstellen und daher nicht in der Cashflow-
Rechnung ausgewiesen werden sollen. Vielmehr sollen solche Posten als Überleitung zu
der Veränderung des Finanzmittelfonds dargestellt werden.

Fazit

*Wertänderungen des Finanzmittelfonds, die auf Wechselkursveränderungen von Bestän-
den in fremder Währung zurückzuführen sind, stellen keine Zahlungsflüsse dar.* Sie sind
nicht in der Cashflow-Rechnung auszuweisen. Abgesehen von diesem Konsens unterscheiden sich die betrachteten Standards bezüglich der Art des Ausweises und bezüglich
des Einbezugs weiterer Wertänderungen des Finanzmittelfonds.

8.5   Überleitung Finanzmittelfonds zu Bilanzbeständen

Lernziel
Die Regelungen von vier Rechnungslegungsstandards bezüglich der Offenlegung
der Zusammensetzung des Finanzmittelfonds und dessen Abstimmung mit den Bilanzbeständen beschreiben.

Die Cashflow-Rechnung zeigt die Veränderung des Finanzmittelfonds aufgegliedert nach
den drei Tätigkeitsbereichen. Wie oben (Abschn. 8.4) dargestellt, kann die Veränderung
auch auf Vorgänge zurückzuführen sein, die nicht als Zahlungsflüsse qualifizieren. Namentlich die wechselkursbedingten Veränderungen der Bewertung stellen einen solchen
Vorgang dar. Je nach Standard sind in der Regel solche Vorgänge weder als Cashflows aus
Geschäftstätigkeit, noch als Cashflows aus Investitionstätigkeit oder als Cashflows aus
Finanzierungstätigkeit darzustellen. Es ergibt sich also eine Differenz zur Veränderung des
Finanzmittelfonds, die sich nicht durch die Cashflow-Rechnung erklären lässt. Wie oben
dargestellt, wird diese Problematik in der Regel durch einen Überleitungsposten gelöst.
     Viele Standards betrachten den Überleitungsposten jedoch als gesonderten Teil des Fi-
nanzmittelfonds am Ende der Periode. Die Zusammensetzung des Finanzmittelfonds und

dessen Abstimmung mit den in der Bilanz ausgewiesenen Werten wird in den meisten Standards ausdrücklich vorgeschrieben. Regelmäßig bilden diese Informationen jedoch Angaben, die im Anhang offenzulegen sind und nicht als Teil der Cashflow-Rechnung.

IAS 7

IAS 7.45 verlangt die Offenlegung der Bestandteile des Finanzmittelfonds. Zudem sollen die Bestände des Finanzmittelfonds, wie sie für die Cashflow-Rechnung verwendet wurden, zu den entsprechenden Positionen in der Bilanz übergeleitet werden (vgl. IASB 2022, S. A984). Diese Überleitungsrechnung bildet Teil des Anhangs. Die Abgrenzung des Finanzmittelfonds bildet einen Rechnungslegungsgrundsatz, der stetig anzuwenden ist. Änderungen dieses Rechnungslegungsgrundsatzes sind nach den Regeln von IAS 8 zu behandeln (vgl. IASB 2022, Rz. 46–47, S. A984).

DRS 21

DRS 21 postuliert eine Angabepflicht, die entweder in der Kapitalflussrechnung oder im Anhang erfolgen kann. Danach ist die „Zusammensetzung des Finanzmittelfonds, ggf. einschließlich einer rechnerischen Überleitung zu den entsprechenden Bilanzposten, soweit der Finanzmittelfonds nicht dem Bilanzposten ‚Schecks, Kassenbestand, Bundesbankguthaben, Guthaben bei Kreditinstituten‘ entspricht" (DRSC 2017, Tz. 52) anzugeben.

AFRAC 36

Für die hier behandelte Frage ist Rz. (9) wegleitend: „Ein Unternehmen hat die Bestandteile und die einzelnen Komponenten des Fonds der flüssigen Mittel inkl. einer Überleitung zu den einzelnen Bilanzposten anzugeben, falls der Fonds der flüssigen Mittel nicht dem Bilanzposten ‚Kassenbestand, Schecks, Guthaben bei Kreditinstituten‘ entspricht" (AFRAC 2020, S. 4).

Swiss GAAP FER 4

Swiss GAAP FER legt im Standard Nr. 4 fest: „Die Zusammensetzung des Fonds ist aufzuzeigen. Die Anfangs- und Endbestände des Fonds stimmen mit den Bilanzpositionen überein" (Swiss GAAP FER 2020, Rz. 3, S. 41).

Fazit

Alle untersuchten Regelwerke verlangen eine *Offenlegung der Zusammensetzung des Finanzmittelfonds* (zum Anfang und zum Ende der Berichtsperiode). Zudem ist eine *Überleitungsrechnung zu den Posten der Bilanz* vorzunehmen, sofern Überleitungsposten bestehen.

Der Finanzmittelfonds ist die zentrale Größe der Cashflow-Rechnung. Sie zeigt dessen Veränderung, soweit es sich nicht um bewertungsbedingte Änderungen, sondern um Ein-

und Auszahlungen handelt. Trotz der zentralen Bedeutung unterscheiden sich die Regelungen der untersuchten Standards bezüglich Abgrenzung einerseits und Aussonderung von bewertungsbedingten Veränderungen andererseits nur geringfügig.

Kapitel-Zusammenfassung

Der Finanzmittelfonds wird üblicherweise als Summe von Zahlungsmitteln und Zahlungsmitteläquivalenten verstanden, wobei gewisse vorübergehende Bankverbindlichkeiten im Rahmen der Liquiditätsdisposition mitzuberücksichtigen sind. Die Regelungen in den Standards unterscheiden sich dazu geringfügig. Werte von Beständen innerhalb des Finanzmittelfonds in fremder Währung können sich, ausgedrückt in der Buchhaltungswährung aufgrund von Wechselkursänderungen, verändern. Solche Veränderungen gelten üblicherweise nicht als Zahlungsflüsse und werden nicht in der Cashflow-Rechnung ausgewiesen. Sie werden als Überleitung zur Veränderung des Finanzmittelfonds ausgewiesen. Die Standards sehen überdies Offenlegungspflichten bezüglich eingeschränkter Verfügungsmöglichkeiten, Zusammensetzung des Finanzmittelfonds und Abstimmung mit der Bilanz vor.

Literatur

Austrian Financial Reporting and Auditing Committee – AFRAC (2020) AFRAC-Stellungnahme 36: Geldflussrechnung (UGB). AFRAC, Wien
Deutsches Rechnungslegungs Standards Committee e.V. (DRSC) (2017) Deutscher Rechnungslegungs Standard Nr. 21 (DRS 21) Kapitalflussrechnung. DRSC, Berlin
International Accounting Standards Board (IASB) (2022) IFRS® standards required for accounting periods beginning on or after 1 January 2022, excluding changes not yet required. IFRS Foundation, London
SWISS GAAP FER, Stiftung für Fachempfehlungen zur Rechnungslegung (2020) Fachempfehlungen zur Rechnungslegung. Stand: 1. Januar 2020. Stiftung für Fachempfehlungen zur Rechnungslegung, St. Gallen

Zuordnung zu Tätigkeitsbereichen

Besonderheiten bei der Analyse von Gegenbestandsposten

9

Das vorliegende Kapitel befasst sich vertiefter mit dem Arbeitsschritt der Kategorisierung von Bilanzpositionen (Abschn. 4.3.1 und 5.2) im Rahmen der modifizierten derivativen Herleitung. Unzutreffende Zuordnungen zu den Tätigkeitsbereichen führen zu Fehldarstellungen in der Cashflow-Rechnung, die nicht durch Abstimmungen oder Kontrollsummen erkannt werden können. Aus diesem Grund kommt präventiven Maßnahmen zur Vermeidung von solchen Fehldarstellungen eine hohe Bedeutung zu. Voraussetzung dazu bilden genaue Kenntnisse der im Berichtsjahr erfassten Geschäftsvorgänge und eine sorgfältige Analyse der Zusammensetzung der Bestände zu den Stichtagen. Hinsichtlich der grundlegenden Vorgaben zur Zuordnung wird auf Abschn. 3.3.3 sowie Abschn. 4.3.1 und das am Beispiel in Abschn. 5.2 dargestellte konkrete Vorgehen verwiesen. Daher wird an dieser Stelle nur noch auf besondere Posten in der Bilanz eingegangen, bei denen die Notwendigkeit einer Aussonderung oder Klassifizierung als Investitions- oder Finanzierungstätigkeit vorliegt, obwohl es sich um Posten handelt, die im Umlaufvermögen (Abschn. 9.1) oder im Fremdkapital (Abschn. 9.2) angesiedelt sind. In einem dritten Abschnitt wird noch einmal auf die gesondert auszuweisenden Zahlungsvorgänge eingegangen und in einem Überblick deren Zuordnung zu den Tätigkeitsbereichen zusammengefasst (Abschn. 9.3).

9.1   Zuordnung von Posten des Umlaufvermögens

Fälschlicherweise werden die Gegenbestandsposten des Umlaufvermögens häufig fast reflexartig der Geschäftstätigkeit zugeordnet. Es ist jedoch eine differenziertere Betrachtungsweise notwendig, um Fehldarstellungen in der Cashflow-Rechnung zu vermeiden. Dieser Abschnitt greift einige Posten heraus, die im Umlaufvermögen enthalten sind, jedoch nicht der Geschäftstätigkeit zugeordnet werden dürfen. Die in den folgenden Unterabschnitten aufgeführten Posten bilden keine abschließende Liste. Es können auch weitere Posten im Umlaufvermögen enthalten sein, die nicht den Charakter der Geschäftstätigkeit aufweisen. Um diese zu identifizieren, ist eine sorgfältige Analyse der Zusammensetzung der Bestände der Bilanzpositionen notwendig. In vielen Fällen kann nicht die gesamte Bilanzposition einem Tätigkeitsbereich zugeordnet werden, sondern muss aufgespalten und jeder Teil muss gesondert zugeordnet werden (vgl. Abschn. 4.3.1). Die nachfolgend aufgeführten Unterabschnitte adressieren solche Teile von Bilanzpositionen. Zweck dieses Abschnitts ist die Sensibilisierung auf mögliche Fehlerquellen.

9.1.1   Wertpapiere des Umlaufvermögens und sonstige kurzfristige finanzielle Anlagen

Lernziel
Die korrekte Zuordnung von kurzfristigen Vermögensanlagen zu einem Tätigkeitsbereich durchführen und erläutern.

IAS 7.6 definiert: „Investing activities are the acquisition and disposal of long-term assets and other investments not included in cash equivalents" (IASB 2022, S. A975). Analog wird Investitionstätigkeit in dem DRS 21 wie folgt definiert. „Aktivitäten in Verbindung mit Zu- und Abgängen von Vermögensgegenständen des Anlagevermögens sowie von Vermögensgegenständen des Umlaufvermögens, die nicht dem Finanzmittelfonds oder der laufenden Geschäftstätigkeit zuzuordnen sind" (DRSC 2017, Tz. 9). Diese „other investments not included in cash equivalents" sind demnach Posten des Umlaufvermögens, deren Erwerb oder Veräußerungie als Investitionstätigkeit (I) zu klassifizieren sind. Typischerweise handelt es sich um kurzfristig getätigte Anlagen in Wertpapiere und in andere Vermögenswerte mit dem Zweck der vorübergehenden Investition von nicht notwendigen flüssigen Mitteln. Soweit sie als Zahlungsmitteläquivalente qualifizieren, bilden sie Teil des Finanzmittelfonds. Sind jedoch die Voraussetzungen für den Einbezug in den Finanzmittelfonds nicht gegeben (Abschn. 8.1), sind solche Vermögensanlagen, die keinen Bezug zur Geschäftstätigkeit aufweisen, als Gegenbestandsposten mit Investitionscharakter zu qualifizieren. Insbesondere Vermögensanlagen, die zwar kurzfristig sind, aber die Kriterien der Restlaufzeit nicht erfüllen oder die nicht unerheblichen Risiken von Wertschwankungen unterliegen, sind davon betroffen.

▶ Kurzfristige Vermögensanlagen, die nicht im Zusammenhang mit der Geschäftstätigkeit stehen und auch nicht Teil des Finanzmittelfonds darstellen, sind der Investitionstätigkeit zuzurechnen.

Auch die AFRAC-Stellungnahme 36 hebt in Rz. (24) ausdrücklich hervor, dass die Investitionstätigkeit unter anderem das sonstige, nicht dem betrieblichen Bereich zurechenbare Finanzvermögen umfasst. „Zu letzterem zählen auch Vermögensgegenstände des Umlaufvermögens, die weder der betrieblichen Tätigkeit zuzuordnen noch Bestandteil des Fonds der flüssigen Mittel sind" (AFRAC 2020, S. 8). Swiss GAAP FER 4 ist diesbezüglich nicht ganz eindeutig. Der Standard ordnet nur Sach- und Finanzanlagen sowie „Organisationen" und immaterielle Vermögenswerte dem Investitionsbereich zu (vgl. Swiss GAAP FER 2020, Rz. 11, S 42). Diese Auflistung schließt „Wertschriften" (des Umlaufvermögens) gemäß dem Gliederungsschema in Swiss GAAP FER 3, Rz. 2 (vgl. Swiss GAAP FER 2020, S. 35) aus. Im Gegensatz dazu wird in dem Gliederungsschema für die Darstellung der Cashflows aus Investitionstätigkeit in einer Klammerbemerkung der Hinweis „inkl. Darlehen, Beteilungen, Wertschriften usw." (Swiss GAAP FER 2020, Rz. 11, S 42) gegeben, welcher den Begriff Finanzanlagen auch auf „Wertschriften" ausweitet. Der Begriff Wertschriften wird in Swiss GAAP FER nicht definiert, ist aber in der schweizerischen Bilanzierungspraxis geläufig. „Dieser Begriff ist in Buchführung und Rechnungslegung einerseits enger zu verstehen als der Begriff ‚Wertpapiere‘, denn nicht alle Wertpapiere werden als Wertschriften erfasst, andererseits ist er aber weiter zu verstehen, weil gewisse Forderungs- und Beteiligungsrechte ohne Wertpapiercharakter ebenfalls im Bilanzbegriff ‚Wertschriften‘ eingeschlossen sind" (HWP 2014, S. 128).

9.1.2 Zur Veräußerung bestimmte Gegenstände des Anlagevermögens

> **Lernziel**
> Die korrekte Zuordnung von zur Veräußerung bestimmten Gegenständen des Anlagevermögens zu einem Tätigkeitsbereich durchführen und erläutern.

Bei dem in diesem Unterabschnitt behandelten Thema geht es um eine Besonderheit von IFRS. Das Regelwerk verlangt in IFRS 5.38, dass Gegenstände des Anlagevermögens und Vermögenswerte einer Veräußerungsgruppe, welche als zum Verkauf gehalten klassifiziert worden sind, gesondert von den anderen Vermögenswerten in der Bilanz ausgewiesen werden (vgl. IASB 2022, S. A 257). Dieser Ausweis erfolgt regelmäßig im Umlaufvermögen. Eine Bilanzierung von solchen Posten ist auch nach HGB unter den sonstigen Vermögensgegenständen[1] angezeigt, sofern die Vermögenswerte nicht gemäß ihrer ursprünglichen Zwecksetzung genutzt werden.

---

[1] § 266 Abs. 2 B. II. 4. HGB.

Solche Posten sind als Investitionstätigkeit zu qualifizieren, weil es sich um „other investments" im Sinne der oben zitierten Definition handelt (vgl. Abschn. 9.1.2), die nicht in die Zahlungsmitteläquivalente eingeschlossen werden.

Sind hingegen in einer Abgangsgruppe im Sinne von IFRS 5 auch Vermögenswerte enthalten, die nicht Gegenstände des Anlagevermögens sind, sondern z. B. Vorräte oder kurzfristige Forderungen, ist die Qualifikation der Abgangsgruppe differenziert vorzunehmen. Letztgenannte Posten würden dann als Posten mit dem Charakter der Geschäftstätigkeit betrachtet und sollten für die Herleitung der Cashflow-Rechnung als gesonderte Analyseposition mit der Klassifikation G geführt werden.

9.1.3   Forderungen aus der Veräußerung von Gegenständen des Anlagevermögens

Lernziel
Die korrekte Zuordnung von Forderungen aus der Veräußerung von Gegenständen des Anlagevermögens zu einem Tätigkeitsbereich durchführen und erläutern.

Werden Gegenstände des Anlagevermögens auf Ziel veräußert, entsteht eine Forderung gegenüber dem Käufer. Diese umfasst auch die auf dem Veräußerungsvorgang abzuführende Umsatzsteuer. In diesem Unterabschnitt wird auf die Klassifikation solcher Forderungen eingegangen, die z. B. entsprechend der Bilanzierung nach HGB, Teil der Bilanzposition sonstige Vermögensgegenstände[2] bilden, sofern sie nicht im engen Zusammenhang mit dem Gegenstand des Unternehmens stehen. Unabhängig von dem gesetzlich festgelegten Ausweis sind alle in Frage kommenden Bilanzposten des Umlaufvermögens auf darin enthaltene Forderungen aus der Veräußerung von Gegenständen des Anlagevermögens zu untersuchen, weil diesen Forderungen der Charakter von Investitionstätigkeit zukommt. Es ist deswegen häufig eine Aufspaltung der betroffenen Bilanzposition nötig (vgl. das Beispiel in Abschn. 4.3.1).

▶   Forderungen aus der Veräußerung von Gegenständen des Anlagevermögens kommt Investitionstätigkeitscharakter zu.

Dies trifft allerdings nicht auf denjenigen Teil des Veräußerungserlöses zu, welcher als Umsatzsteuer abzuführen ist. Dieser Anteil der erhaltenen Zahlung stellt keine Einnahme aus der Veräußerung von Anlagevermögen dar, sondern die Erhebung einer sonstigen Steuer. Die Zuordnung solcher Steuern ist in den Standards nicht ausdrücklich geregelt. Aus praktischen Gründen erscheint eine einheitliche Zuordnung von Umsatzsteuerzahlun-

---

[2] Im Sinne von § 266 Abs. 2 B. II. 4. HGB.

gen – und damit auch des entsprechenden Anteils der Forderungen – zur Geschäftstätigkeit effizient. Wird dieser Rechnungslegungsgrundsatz gewählt, ist nur der Nettobetrag von Forderungen aus der Veräußerung von Gegenständen des Anlagevermögens auszusondern.

▶ Dem in dem Forderungsgesamtbetrag enthaltenen Umsatzsteueranteil ist besondere Beachtung zu schenken. Ein Rechnungslegungsgrundsatz zu dessen Behandlung ist stetig anzuwenden.

Die praktische Vorgehensweise besteht darin, die in den Bilanzbeständen zu Beginn und zum Ende der Geschäftsperiode enthaltenen Komponenten bis auf die Stufe der einzelnen Rechnungsposition zu analysieren, um eventuell Forderungen mit Investitionscharakter zu identifizieren. Von den derart identifizierten Forderungen wird der darin enthaltene Umsatzsteueranteil in Abzug gebracht und der verbleibende Teil wird als eigene Analyseposition abgespalten und als Investitionstätigkeit klassifiziert. Als Illustration dazu wird auf das Beispiel in Abschn. 5.2.2 verwiesen.

9.1.4 Dividendenansprüche und zusammenhängende Quellensteuern

Lernziel
Die Notwendigkeit der Aussonderung von Gegenbestandsposten im Zusammenhang mit Dividenden und damit zusammenhängenden sonstigen Steuern erläutern.

Viele Regelwerke verlangen den gesonderten Ausweis von erhaltenen Dividenden in der Cashflow-Rechnung (vgl. Abschn. 9.3.2). In diesen Fällen ist, unabhängig davon, ob die damit zusammenhängenden Zahlungen als Cashflows aus Geschäftstätigkeit oder Cashflows aus Investitionstätigkeit ausgewiesen werden sollen, in jedem Fall eine *Aussonderung* notwendig. Im Rahmen der modifizierten derivativen Herleitung wird dazu die Kategorie A verwendet (Aussonderung). Sie stellt sicher, dass die in diesen Posten enthaltene Gesamtveränderung korrekt zerlegt und in die Herleitung so einbezogen werden, dass ein gesonderter Ausweis möglich wird.

Die Aussonderung *betrifft alle im Zusammenhang mit der Dividende stehenden Gegenbestandsposten*. In vielen Jurisdiktionen werden auf Dividenden an der Quelle Steuern auf Kapitalerträge erhoben (z. B. Kapitalertragsteuer oder Verrechnungssteuer). Die Rückerstattungsansprüche stehen in engem Zusammenhang mit den erhaltenen Dividenden. Es ist daher sachgerecht, auch die Zahlungen aus Rückerstattungen solcher Steuern in der Cashflow-Rechnung so zu behandeln, wie die erhaltene Einzahlung aus der Netto-Dividende. Als Folge davon sind die Bestände im Zusammenhang mit Ansprüchen aus solchen Steuerrückerstattungen zu analysieren und sachgerecht aufzuspalten. Es können auch Ansprüche im Zusammenhang mit erhaltenen Zinsen oder mit erhaltenen Lizenzgebühren in solchen Beständen enthalten sein. Für den Anteil, der Dividenden betrifft, sollte eine eigenständige Analyseposition *„Erstattungsanspruch Quellensteuer auf erhaltene Dividenden"* für die weitere Bearbeitung der Cashflow-Rechnung erstellt werden (vgl. Abschn. 10.8).

Häufig wird der Nettobetrag der erhaltenen Dividende nicht über ein Abwicklungskonto außerhalb des Finanzmittelfonds buchhalterisch erfasst, sondern der Zahlungseingang wird direkt in der Gewinn-und-Verlust-Rechnung erfasst. Im Rahmen der modifizierten derivativen Methode werden solche Vorgänge für die Zwecke der Cashflow-Rechnung umgedeutet. Die Nettozahlungen werden so behandelt, als ob sie zunächst als Forderung in der Bilanz erfasst worden wären und erst in einem zweiten Schritt die Zahlung erfolgt sei (zum Ausgleich der Forderung). Um dies praktisch abzubilden, ist eine *eigene Analyseposition, z. B. als „Netto-Dividendenanspruch" bezeichnet,* zu bilden. Im Illustrationsbespiel Schokoladen Produktions AG wurde dies konkret umgesetzt (vgl. Abschn. 5.2.2.). Bei der Bearbeitung der Position wird die (fiktive) Gegenbuchung zu dem in der Gewinn-und-Verlust-Rechnung erfassten Netto-Dividendenertrag als erfolgswirksamer Vorgang (E) und die (fiktive) Gegenbuchung zu der erhaltenen Zahlung als zahlungswirksamer Vorgang (L) in dieser Analyseposition abgebildet.

▶ Alle im Zusammenhang mit erhaltenen Dividendenerträgen stehenden Bilanzbestände sind als eigenständige Analysepositionen auszusondern (einschließlich rückforderbare, an der Quelle erhobene Steuern). Werden Dividenden direkt in die Gewinn-und-Verlust-Rechnung gebucht, wird außerhalb der Buchhaltung im Rahmen der Vorarbeiten zur Erstellung der Cashflow-Rechnung eine Verbuchung über ein bilanzielles Konto fingiert.

9.1.5 Zinsansprüche und zusammenhängende Quellensteuern

Lernziel
Die Notwendigkeit der Aussonderung von Gegenbestandsposten im Zusammenhang mit Zinsansprüchen und damit zusammenhängenden sonstigen Steuern erläutern.

Analog zu den erhaltenen Dividenden (vgl. oben Abschn. 9.1.4) ist auch mit erhaltenen Zinsen zu verfahren. Viele Regelwerke verlangen einen gesonderten, direkten Ausweis der Einzahlungen aus erhaltenen Zinsen (vgl. Abschn. 9.3.1). Deswegen müssen die im Zusammenhang damit stehenden Gegenbestandsposten ausgesondert werden. Bis zu deren Umgliederung werden sie in die vorübergehende Klassifikation A eingeteilt. Diese Aussonderung hat zum Zweck, den Vorgang aus der Ermittlung der Cashflows aus Geschäftstätigkeit nach der indirekten Methode herauszulösen, weil ein direkter Ausweis gefordert ist. Dieser Ausweis erfolgt nicht immer in dem Bereich der Cashflows aus Geschäftstätigkeit, sondern in Abhängigkeit von den Vorgaben des angewandten Standards möglicherweise innerhalb der Cashflows aus Investitionstätigkeit (vgl. Abschn. 9.3.1).

Wie Dividenden werden auch erhaltene Zinsen regelmäßig nicht bilanziell erfasst, sondern direkt aufgrund des Zahlungsvorgangs in der Gewinn-und-Verlust-Rechnung verbucht. Die einzige bilanzielle Spur hinterlassen Zinserträge lediglich im Rahmen von Periodenabgrenzungen. Zudem werden je nach Jurisdiktion auf Zinserträgen auch Steuern an der Quelle erhoben (z. B. Kapitalertragsteuer, Verrechnungssteuern). Diese hinterlassen ebenfalls bilanzielle Spuren, weil deren Rückerstattungsansprüche in der Bilanz erfasst werden, soweit solche bestehen und in Anspruch genommen werden können (vgl. Abschn. 10.8).

▶   Alle im Zusammenhang mit erhaltenen Zinsen stehenden Bilanzbestände sind als eigenständige Analysepositionen auszusondern (einschließlich rückforderbare, an der Quelle erhobene Steuern). Werden Zahlungen für Zinsen direkt in die Gewinn-und-Verlust-Rechnung gebucht, wird außerhalb der Buchhaltung im Rahmen der Vorarbeiten zur Erstellung der Cashflow-Rechnung eine Verbuchung über ein bilanzielles Konto fingiert. Noch nicht erhaltene Zinsansprüche sind ebenfalls auszusondern.

Ansprüche auf Zinserträge, die zum Bilanzstichtag noch nicht bezahlt waren, werden je nach gesetzlichen Vorschriften in den sonstigen Vermögensgegenständen oder den aktiven Rechnungsabgrenzungsposten erfasst. Die auf Zinsen entfallenden Anteile dieser Bilanzpositionen sind als gesonderte Analyseposition auszusondern (Kategorie A) und z. B. mit „Zinsansprüche" zu bezeichnen.

Diese Analyseposition kann zudem dem Zweck dienen, für die bereits bezahlten erhaltenen Zinsen eine fiktive bilanzielle Verbuchung abzubilden. Dabei werden die direkt in der Gewinn-und-Verlust-Rechnung erfassten Zinszahlungen in zwei fiktive Buchungen aufgespalten. Der in der Gewinn-und-Verlust-Rechnung erfasste Zinsertrag wird zunächst auch in der Analysepositio als fiktiv gebuchter Posten abgebildet (E). Dann wird die fiktive Gegenbuchung zu der Zahlung ebenfalls in der Analyseposition als liquiditätswirksamer Posten (L) erfasst.

9.1.6 Posten im Zusammenhang mit Ertragsteuern

Lernziel
Die Notwendigkeit der Aussonderung von Gegenbestandsposten im Umlaufvermögen im Zusammenhang mit Ertragsteuern erläutern.

Mit Ausnahme von Swiss GAAP FER verlangen alle hier untersuchten Rechnungslegungsstandards einen gesonderten Ausweis von Nettozahlungen im Zusammenhang mit Ertragsteuern (vgl. Abschn. 9.3.5). Viele Unternehmen erfassen Steuervorauszahlungen innerhalb des Umlaufvermögens. In diesem Fall ist eine Aussonderung von solchen Bilanzposten notwendig. Sie sind der Kategorie A (Aussonderung) zuzuordnen. Damit wird vermieden, dass Vorgänge im Zusammenhang mit Ertragsteuern versehentlich die Summe der Cashflows aus Geschäftstätigkeit nach indirekter Methode verfälschen. Zudem werden die Voraussetzungen für den gesonderten Ausweis nach direkter Methode geschaffen.

▶ Bereits geleistete Ertragsteuervorauszahlungen können im Umlaufvermögen enthalten sein und müssen für die Cashflow-Rechnung als eigene Analyseposition ausgesondert werden, weil die meisten Regelwerke eine gesonderten, direkten Ausweis von Ertragsteuerzahlungen verlangen.

Auch wenn *latente Steuerguthaben* (aktive latente Steuern) nach IFRS nicht als kurzfristige Vermögenswerte ausgewiesen werden dürfen, sind die entsprechenden Bilanzposten bei der Analyse der Ertragsteuern mitzuberücksichtigen, weil deren Veränderung auch unter dieser Position der Gewinn-und-Verlust-Rechnung ausgewiesen werden. Sie führen zwar nie zu Zahlungsflüssen. Dennoch ist ein sorgfältiger Nachvollzug der erfolgswirksamen Vorgänge notwendig, um diese von den erfolgswirksamen Vorgängen im Zusammenhang mit laufenden Ertragsteuern trennen zu können.

▶ Es empfiehlt sich daher, die Bilanzposition *aktive latente Steuern* ebenfalls als Analyseposition mit dem *Typ A* zu klassifizieren.

9.1.7   Sonstige Posten mit gesondert auszuweisenden Zahlungen

Lernziel
Die Notwendigkeit der Aussonderung von Gegenbestandsposten im Umlaufvermögen im Zusammenhang mit sonstigen gesondert auszuweisenden Zahlungen erläutern.

Nach DRS 21 sind „Zahlungsströme im Zusammenhang mit Erträgen und Aufwendungen von außergewöhnlicher Größenordnung oder außergewöhnlicher Bedeutung i. S. v. § 314 Abs. 1 Nr. 23 HGB (…) in der Kapitalflussrechnung (…) gesondert auszuweisen" (DRSC 2017, Tz. 28). Zudem sind auch „Zahlungsströme aus Vorgängen von wesentlicher Bedeutung" (Tz. 27) in der gleichen Weise gesondert auszuweisen. Soweit solche Vorgänge zu Beständen in dem Umlaufvermögen führen, sind diese als gesonderte Analysepositionen auszusondern (Kategorie A). Wurden die Zahlungsströme direkt in die Gewinn-und-Verlust-Rechnung verbucht, sollten geeignete Analysepositionen gebildet werden, die eine fiktive bilanzielle Abwicklung ermöglichen. Dies kann je nach Art der Zahlungen auch im Fremdkapital erfolgen (vgl. Abschn. 9.2.7).

Beispiel

Ein Unternehmen stellt für den Einbezug in die Konzernkapitalflussrechnung eine Cashflow-Rechnung *in Übereinstimmung mit dem DRS 21* auf.

Das Unternehmen veräußert seine Betriebsliegenschaft und realisiert einen Erlös von außergewöhnlicher Größenordnung, der auch zu einem Gewinn aus Veräußerung führt, der ebenfalls sowohl von außergewöhnlicher Bedeutung als auch von außergewöhnlicher Größenordnung ist.

Es ist für Zwecke der Cashflow-Rechnung eine Analyseposition „Netto-Forderung aus Erlös Veräußerung Betriebsliegenschaft" im Umlaufvermögen einzustellen. Die Analyseposition ist als Gegenbestandposition des Typs A zu klassifizieren. Die Abwicklung des Verkaufs wird so dargestellt, wie wenn der (Netto-)Erlös im ersten Schritt als Forderung erfasst worden wäre (E) und im zweiten Schritt die Forderung durch Zahlung ausgeglichen worden wäre (L). Dabei wird nur der Nettobetrag (ohne Mehrwertsteuer) in den Anfangs- und Endbeständen sowie bei den Bewegungen berücksichtigt.

Im Ergebnis wird der mit dem Veräußerungsgewinn der Betriebsliegenschaft zusammenhängende Zahlungsvorgang (Einzahlung des Kaufpreises) gesondert in der Cashflow-Rechnung ausgewiesen. Je nach Art des Vorgangs ist eine Umgliederung dieses Zahlungsvorgangs in den Bereich der Cashflows aus Investitionstätigkeit oder der Cashflows aus Finanzierungstätigkeit notwendig. Im vorliegenden Fall ist eine Umgliederung in den Bereich der Cashflows aus Investitionstätigkeit notwendig. Die Einzahlung wird als Teilbetrag innerhalb der Position 31 (Direkte Methode) bzw. 38 (Indirekte Methode) des Mindestgliederungsschemas von DRS 21 ausgewiesen (vgl. DRSC 2017, Anlage 1). Zahlungsströme aus Vorgängen von wesentlicher Bedeutung i. S. der Tz. 27 sind jedoch als zusätzliche Posten in Erweiterung des Mindestgliederungsschemas aufzunehmen und „in dem Tätigkeitsbereich gesondert auszuweisen, dem die Zahlungen zuzuordnen sind" (DRSC 2017, Tz. 27). Dies dürfte aufgrund der wesentlichen Bedeutung des Zahlungsstroms im vorliegenden Fall vorliegen, sodass die Einzahlung gesondert als zusätzliche Position in Erweiterung des Mindestgliederungsschemas auszuweisen wäre. ◀

Die ausdrückliche Pflicht zu einem gesonderten Ausweis solcher wesentlicher Zahlungsflüsse und von Zahlungsflüssen aus außergewöhnlichen Posten der Gewinn-und-Verlust-Rechnung in der Cashflow-Rechnung selbst ist auf den DRS 21 beschränkt. Die übrigen hier betrachteten drei Rechnungslegungsstandards kennen keine solchen ausdrücklichen Ausweispflichten. Sie ergeben sich allenfalls aus der Auslegung von allgemeinen Grundsätzen der Wesentlichkeit oder von auslegungsbedürftigen Begriffen wie „major classes".

Fazit

Mit Blick auf eine korrekte Cashflow-Rechnung ist es wichtig, die Posten des Umlaufvermögens genau darauf hin zu analysieren, ob sie Bestände enthalten, die im Zusammenhang mit Investitions- oder Finanzierungstätigkeiten stehen. Diese sind auszusondern und
entsprechend zu klassifizieren. Ebenso ist mit Bilanzposten oder Teilen davon zu verfahren, die im Zusammenhang mit gesondert auszuweisenden Zahlungsflüssen stehen. Wird
dies unterlassen, sind Fehldarstellungen in der Cashflow-Rechnung unvermeidlich und
später kaum mehr zu entdecken. Besonderer Beachtung bedürfen Mehrwertsteuern und an
der Quelle erhobene Sicherungssteuern. Direkt in der Gewinn-und-Verlust-Rechnung erfasste Zahlungsvorgänge müssen für die Zwecke der Cashflow-Rechnung über eine eigens
geschaffene bilanzielle Analyseposition so abgebildet werden, wie wenn eine zweistufige
Erfassung über ein Bilanzkonto erfolgt wäre.

9.2   Zuordnung von Posten des Fremdkapitals

Bei den Posten des Fremdkapitals steht vor allem eine korrekte Unterscheidung von Posten mit Bezug zur Finanzierungstätigkeit und von Posten mit Bezug zur Geschäftstätigkeit
im Zentrum der korrekten Klassifizierung. Es ist jedoch auch möglich, dass Posten mit
Bezug zur Investitionstätigkeit innerhalb des Fremdkapitals bestehen. Dies wird häufig
vernachlässigt. Um diese zu identifizieren, ist eine sorgfältige Analyse der Zusammensetzung der Bestände der Bilanzpositionen notwendig. Zudem sind als Folge von Vorgaben
in den Regelwerken bezüglich des gesonderten Ausweises von bestimmten Zahlungen
Aussonderungen vorzunehmen. In vielen Fällen kann deshalb nicht die gesamte Bilanzposition einem Tätigkeitsbereich zugeordnet werden. Vielmehr muss sie aufgespalten werden und jeder Teil davon muss dem zutreffenden Tätigkeitsbereich zugeordnet werden
(vgl. Abschn. 4.3.1). Die nachfolgend aufgeführten Unterabschnitte adressieren solche
Teile von Bilanzpositionen. Zweck dieses Abschnitts ist die Sensibilisierung auf mögliche
Fehlerquellen. Die in den folgenden Unterabschnitten aufgeführten Posten bilden keine
abschließende Liste, sondern möchten auf ausgewählte Besonderheiten hinweisen.

9.2.1   Verbindlichkeiten aus Lieferung von Gegenständen
des Anlagevermögens

Lernziel
Die Notwendigkeit der Aussonderung von Gegenbestandsposten im Zusammenhang mit der Lieferung von Gegenständen des Anlagevermögens erläutern.

Die bezogenen Lieferungen und Leistungen eines Unternehmens stehen entweder im Zusammenhang mit der Geschäftstätigkeit (G) oder stellen Vorgänge dar, die zu einer Erhöhung des Anlagevermögens führen. Letztere sind als Investitionstätigkeit (I) zu klassifizieren. Die im Fremdkapital ausgewiesenen Verbindlichkeiten können beide Vorgänge betreffen. Die Anfangs- und Schlussbestände sind daher sorgfältig zu analysieren. Sind Vorgänge mit dem Charakter einer Investitionstätigkeit in den Beständen enthalten, müssen diese Bestände als gesonderte Analysepositionen ausgesondert und mit der Kategorie I bezeichnet werden. Wurde als Rechnungslegungsgrundsatz festgelegt, dass Ein- und Auszahlungen im Zusammenhang mit Investitionen ohne die darin enthaltenen Mehrwertsteueranteile in der Cashflow-Rechnung ausgewiesen werden sollen, erfolgt die Aussonderung am einfachsten in Höhe der Nettobeträge, d. h. im Umfang der in Rechnung gestellten Verbindlichkeiten nach Abzug der darin enthaltenen Vorsteueranteile.

Die Verbindlichkeiten aus Lieferungen und Leistungen sind somit zum Anfang und zum Ende der Berichtsperiode der Cashflow-Rechnung bis auf die Ebene der Artikelposition auf den offenen Rechnungen auf mögliche Verbindlichkeiten mit dem Charakter von Investitionstätigkeiten zu untersuchen. Erst die Ebene der Artikelposition erlaubt eine zuverlässige Kategorisierung.

Beispiel

Analyse von Verbindlichkeiten auf Ebene der Artikelposition
Zum Ende des Jahres ist in einem Unternehmen u. a. eine Rechnung eines Lieferanten noch unbezahlt, die mehrere Positionen umfasst:

- Lieferung eines Fotokopiergeräts[3]
- Wartungs- und Reparaturdienstpauschale für ein Jahr im Voraus
- Fotokopierpapier (für ca. einen Halbjahresbedarf)
- Ersatz-Tonerkassetten

Diese Rechnung ist für die Zwecke der Cashflow-Rechnung in diejenigen Bestandteile aufzuteilen, die den Charakter der Geschäftstätigkeit aufweisen und solche, die den Charakter von Investitionstätigkeit aufweisen. Dabei sind die in der Rechnung enthaltenen Vorsteuerbeträge vollumfänglich der Geschäftstätigkeit zuzuordnen.

Dies wird mit zwei unterschiedlichen Analysepositionen im Rahmen der Herleitung der Cashflow-Rechnung abgebildet, die unterschiedliche Klassifizierungen aufweisen (Klammer):

- Verbindlichkeiten aus Lieferungen und Leistungen (G)
- Verbindlichkeiten aus Lieferungen und Leistungen (I)

---

[3] Der Anschaffungspreis liegt über der Grenze von geringwertigen Gütern.

Anfangs- und Endbestände der Verbindlichkeiten aus Lieferungen und Leistungen mit Investitionscharakter, hier das Fotokopiergerät, sind nach Abzug der anteiligen Vorsteuer, in der Position Verbindlichkeiten aus Lieferungen und Leistungen (I) einzutragen. Die verbleibenden Posten, einschließlich der Vorsteuer der gesamten Rechnung, werden in der Analyseposition Verbindlichkeiten aus Lieferungen und Leistungen (G) eingetragen. ◀

Wie in dem Illustrationsbeispiel in Abschn. 5.3.2 dargestellt, werden die Verbindlichkeiten aus Lieferungen und Leistungen (I) im Gesamtzusammenhang mit der Bearbeitung der Bilanzveränderungen des Typs I analysiert. Anlagenzugänge werden als neutrale Vorgänge abgebildet, indem die Gegenbuchung zu dem Zugang im Bilanzposten des Anlagevermögens in die Verbindlichkeiten aus Lieferungen und Leistungen (I) eingestellt wird. Damit wird der Vorgang der Rechnungstellung durch den Lieferanten abgebildet, der noch nicht mit einem Zahlungsfluss verbunden ist. Der Zahlungsfluss wird mittels Anfangs- und Endbestand unter Berücksichtigung der vorerwähnten Rechnungsstellungen als Residualgröße abgeleitet.

▶   Verbindlichkeiten aus Lieferungen und Leistungen (I) sind zweckmäßigerweise in die Klassen des Anlagevermögens aufzuteilen, nach denen auch der Ausweis der Zahlungsflüsse in der Cashflow-Rechnung aufzuteilen ist.

Die Standards der Rechnungslegung verlangen im Bereich der Cashflows aus Investitionstätigkeit unterschiedlich feinkörnige Gliederungen nach Arten von Ein- und Auszahlungen (vgl. Abschn. 6.3.2.2). Es ist zweckmäßig, bei der Analyse der Verbindlichkeiten aus Lieferungen und Leistungen diejenigen Anteile, die der Investitionstätigkeit zuzurechnen sind, nach den geforderten Klassen oder Arten von Anlagevermögen untergliedert auszusondern.

Die ungenügende Analyse von Verbindlichkeiten aus Lieferungen und Leistungen führt zu Fehldarstellungen in der Cashflow-Rechnung. Werden offene Rechnungen mit Investitionscharakter nicht ausgesondert, werden sie fälschlicherweise als Rechnungen mit Charakter der Geschäftstätigkeit behandelt. Die entsprechende Zunahme der Verbindlichkeiten aus Lieferungen und Leistungen führt im Rahmen der indirekten Methode zu einer ungerechtfertigten Erhöhung der Summe der Cashflows aus Geschäftstätigkeit. Andererseits wird die Anschaffung des Gegenstands mit Investitionscharakter als Auszahlung im Rahmen der Cashflows aus Investitionstätigkeit ausgewiesen, obwohl diese Zahlung noch gar nicht erfolgt ist, sondern lediglich die Rechnung des Lieferanten erfasst worden ist. Die Summe der Cashflows aus Investitionstätigkeit wird um den Betrag der Fehldarstellung im Bereich der Cashflows aus Geschäftstätigkeit falsch, d. h. mit einer zu hohen Auszahlungssumme, ausgewiesen. Obwohl sich insgesamt die Veränderung des Finanzmittelfonds trotz des Fehlers erklären lässt, ist die Ursachenrechnung nicht korrekt. In der Praxis sind solche Fehldarstellungen leider noch immer sehr häufig anzutreffen. Zanetti (2018) stellte in einer Untersuchung von 92 Finanzberichten von kapitalmarktorientierten Konzernen in der Schweiz fest, dass bei rund 56 Konzernen „die Summe der in den Anlagespiegeln ausgewiesenen Zugänge für immaterielle Vermögensgegenstände und Sachanlagen den Geldabflüssen in den Geldflussrechnungen" (S. 528) entsprachen. Er hielt fest, dass es zumindest unwahrscheinlich sein dürfte, „dass sämtliche während der Berichtsperiode getätigten Investitionen auch vollumfänglich in derselben Periode bezahlt wurden" (S. 529).

9.2.2   Verbindlichkeiten im Zusammenhang mit einer Abgangsgruppe

Lernziel

Die Notwendigkeit der Aussonderung von Gegenbestandsposten im Zusammenhang mit Verbindlichkeiten, die zu einer Abgangsgruppe gehören, erläutern.

Nach den Vorgaben von IFRS 5 (vgl. IASB 2022, S. A245–A264) sind Verbindlichkeiten einer Abgangsgruppe gesondert von den anderen Verbindlichkeiten in der Bilanz auszuweisen (vgl. IFRS 5.38). Bei solchen Verbindlichkeiten kann es sich um Verbindlichkeiten operativer Natur (G) oder um Finanzverbindlichkeiten handeln (F). Eher unwahrscheinlich sind Verbindlichkeiten mit Investitionscharakter. Auch diese Bilanzposition ist sorgfältig zu untersuchen und deren Komponenten sind mit Anfangs- und Endbeständen als gesonderte Analyseeinheiten auszusondern. Die Veränderungen von solchen Posten sind besonders gründlich zu untersuchen, weil diese häufig auf neutrale Vorgänge (Umgliederungen innerhalb der Bilanz) zurückzuführen sind. Ein Abgang von solchen Verbindlichkeiten sollte auf Grundlage des Vertrags und im Gesamtzusammenhang der Abgangsgruppe auf ihre Zahlungswirksamkeit hin beurteilt werden. Häufig werden Zahlungen nur für die Abgangsgruppe als Ganzes geleistet. Die Zahlung berücksichtigt die Übernahme von Verbindlichkeiten durch entsprechende Abzüge vom Kaufpreis der Vermögenswerte. Im Ergebnis ist dem Abgang der Verbindlichkeiten häufig keine Zahlungswirkung zuzurechnen. Vielmehr ist die Verrechnung des Werts der Vermögenswerte in der Abgangsgruppe mit den Verbindlichkeiten als neutraler Vorgang (N) zu bewerten. Allerdings stellt die Zuordnung von Finanzverbindlichkeiten auf unterschiedliche Arten von Vermögenswerten eine schwierige Aufgabe dar. Die erhaltene Einzahlung ist den Vermögenswerten der Abgangsgruppe zuzurechnen. Abhängig von dem Charakter der Vermögenswerte ist die erhaltene Einzahlung als Cashflow aus Geschäftstätigkeit oder als Cashflow aus Investitionstätigkeit zu klassifizieren und entsprechend aufzuteilen (vgl. Abschn. 9.1.2). Handelt es sich bei der Abgangsgruppe um einen Geschäftsbetrieb, ist der zahlungswirksame Teil des Erlöses, ggf. nach Abzug der in der Abgangsgruppe enthaltenen Teile des Finanzmittelfonds, im Sinne von IAS 7.39 gesondert darzustellen und unter den Cashflows aus Investitionstätigkeit auszuweisen. Eine Zusammenfassung der Zahlungsflüsse mit solchen aus anderen derartigen Transaktionen, einschließlich des Verlusts der Kontrolle über Tochtergesellschaften ist zulässig (vgl. IASB 2022, S. A982).

9.2.3   Verbindlichkeiten aus geschuldeter Dividende

Lernziel
Die Notwendigkeit der Aussonderung von Gegenbestandsposten im Zusammenhang mit geschuldeten Dividenden erläutern.

Geleistete Dividendenzahlungen sind dadurch charakterisiert, dass zum Bilanzstichtag in der Regel die Zahlung erledigt ist und dass darauf regelmäßig eine Sicherungssteuer an der Quelle erhoben wird, die auf die Empfänger der Dividende abzuwälzen ist. Beide Aspekte sind im Rahmen der Cashflow-Rechnung zu berücksichtigen.

Der erstgenannte Aspekt führt dazu, dass sowohl zum Anfang als auch zum Ende des Jahres keine Verbindlichkeiten aus Dividenden gegenüber Aktionären bestehen. Damit eine Analyseposition für bezahlte Dividenden entsteht, ist eine solche zusätzlich in der Analysephase vorzusehen, auch wenn weder ein Anfangs-, noch ein Endbestand zu berücksichtigen ist. Diese Analyseposition steht im Zusammenhang mit einer gesondert auszuweisenden Zahlung. Die Klassifikation der Analyseposition ist deshalb „Aussonderung" (A). Sämtliche betrachteten Standards verlangen einen gesonderten Ausweis von bezahlten Dividenden. Sie unterscheiden sich aber hinsichtlich der Zuordnung der gesondert auszuweisenden Zahlung zu einem Tätigkeitsbereich der Cashflow-Rechnung (vgl. Abschn. 9.3.4). Dies wirkt sich als Umgliederung, in der Regel in den Bereich der Cashflows aus Finanzierungstätigkeit, aus.

Der zweitgenannte Aspekt bewirkt eine Kürzung der Dividendenzahlung an die Aktionäre und eine weitere Zahlung an das Finanzamt. Diese umfasst die Abführung der Kapitalertragsteuer (in der Schweiz Verrechnungssteuer). Es dürfte jedoch sachgerecht sein, die Abführung dieser Steuer an das Finanzamt nicht als Steuerzahlung, sondern als Dividendenzahlung in der Cashflow-Rechnung abzubilden. Das Unternehmen hat die Steuer nicht zu tragen, sondern überwälzt sie an die begünstigte Person und leitet sie an das Finanzamt weiter. Die Überwälzung der Quellensteuer erfolgt im Wege der Verrechnung mit der Brutto-Dividendenschuld. Bei einer wirtschaftlichen Betrachtungsweise des Vorgangs kann man den Standpunkt vertreten, dass eine Bruttodividendenzahlung erfolgt ist und die begünstigte Person einen Teil davon direkt an das Finanzamt abgeführt hat. Das auszahlende Unternehmen hat dabei nur die Rolle eines Vermittlers der Zahlung eingenommen. Zusammenfassend folgt daraus, dass es im Rahmen der Cashflow-Rechnung sachgerecht sein dürfte, die Abführung von Quellensteuern auf geleisteten Dividenden so darzustellen, als ob es sich um Dividendenzahlungen gehandelt hätte. Der zur Abführung von Kapitalertragsteuer auf Dividenden (Schweiz: Verrechnungssteuer auf Dividenden) verwendete Bilanzposten ist als gesondert zu analysierender Posten mit der Klassifikation A aus den sonstigen Verbindlichkeiten herauszulösen, auch wenn zum Bilanzstichtag keine Verbindlichkeit bestand.

▶ Für die Analyse der Bilanzveränderungen des Typs A ergibt sich somit, dass im Zusammenhang mit geleisteten Dividendenzahlungen *zwei Analysepositionen* zu berücksichtigen sind. Es handelt sich um die *„Verbindlichkeiten aus Dividende"* und *„Verbindlichkeiten Finanzamt aus Kapitalertragsteuer*[4] *auf Dividende".*

In der Regel weisen beide Analysepositionen keinen Bestand zu den Bilanzstichtagen auf. Sie sind aber zwecks korrekter Analyse der Veränderungen zwischen den Bilanzstichtagen notwendig.

9.2.4   Erhaltene Anzahlungen auf zu veräußernde Gegenstände des Anlagevermögens

Lernziel
Die Notwendigkeit der Aussonderung von Gegenbestandsposten im Zusammenhang mit erhaltenen Anzahlungen auf zu veräußernde Gegenstände des Anlagevermögens erläutern.

Üblicherweise beziehen sich die erhaltenen Anzahlungen auf Umsatzgeschäfte im Rahmen der Geschäftstätigkeit. Dann sind sie als Gegenbestandsposten mit dem Charakter Geschäftstätigkeit zu klassifizieren. Sie sind jedoch dahingehend zu untersuchen, ob sie nicht Vorauszahlungen beinhalten, die sich auf vereinbarte Veräußerungen von Gegenständen des Anlagevermögens beziehen. Ist dies der Fall, sind die entsprechenden Analysepositionen abzusetzen, die den Charakter von Investitionstätigkeiten (I)aufweisen.

▶ Erhaltene Anzahlungen im Zusammenhang mit zur Veräußerung bestimmten Gegenständen des Anlagevermögens sind als Cashflows aus Investitionstätigkeit darzustellen. Eine entsprechende Aussonderung von den übrigen erhaltenen Anzahlungen ist daher notwendig.

Dies ist auch dann zu empfehlen, wenn zu den Bilanzstichtagen zwar keine offenen Anzahlungen im Zusammenhang mit der Veräußerung von Gegenständen des Anlagevermögens bestehen, aber im Verlaufe der Geschäftsperiode solche Anzahlungen vereinnahmt worden sind. Die gesonderte Analyseposition wird im Rahmen der Bearbeitung der Gegenbestandsposten des Typs I Berücksichtigung finden. Insbesondere wenn Anzahlungen im Vorjahr vereinnahmt wurden und die Veräußerung im laufenden Jahr vollzogen wurde, lassen sich die

---

[4] Schweiz: „Verbindlichkeit gegenüber der Eidg. Steuerverwaltung aus Verrechnungssteuer auf Dividende (A)".

Vorgänge über die beteiligten Gegenbestandsposten damit einfacher miteinander in Verbindung bringen, und die Analyse kann so korrekt und sachgerecht durchgeführt werden.

9.2.5   Verbindlichkeiten im Zusammenhang mit Zinsaufwand

Lernziel
Die Notwendigkeit der Aussonderung von Gegenbestandsposten im Zusammenhang mit Zinsaufwand und damit verbundenen sonstigen Steuern erläutern.

Auszahlungen im Zusammenhang mit Zinsaufwand sind gemäß den meisten Standards in der Cashflow-Rechnung gesondert auszuweisen (vgl. Abschn. 9.3.3). Allerdings bestehen Unterschiede hinsichtlich der Zuordnung zu Tätigkeitsbereichen. Daher ist eine Aussonderung von Vorgängen im Zusammenhang mit Zinsen in Form einer gesonderten Analyseposition des Typs A zweckmäßig. Eine Umgliederung, in der Regel in den Bereich der Cashflows aus Finanzierungstätigkeit, erfolgt in einem späteren Schritt. Eine gesonderte Analyseposition ergibt sich regelmäßig im Falle des Vorliegens von Zinsabgrenzungsposten. Die in der Gewinn-und-Verlust-Rechnung erfassten Zinsaufwendungen werden für Analysezwecke so berücksichtigt, als ob sie in einem zweistufigen Verfahren buchhalterisch erfasst worden wären. In einer ersten Stufe wird jede Komponente des Zinsaufwands als erfolgswirksamer Vorgang (E) in der Analyseposition (Gegenbestandsposten in der Bilanz) abgebildet und in einer zweiten Stufe wird der Zahlungsvorgang in der Analyseposition berücksichtigt (L), sofern und soweit eine Zahlung tatsächlich erfolgt ist. Besteht kein Zinsabgrenzungsposten, muss ersatzweise eine neue Analyseposition geschaffen werden, um diese Vorgänge abzubilden.

In bestimmten Fällen kann das Unternehmen verpflichtet sein, von Zinszahlungen eine Quellensteuer (Kapitalertragsteuer, Verrechnungssteuer) in Abzug zu bringen und abzuführen. In solchen Fällen ist in Analogie zu den Erläuterungen im Zusammenhang mit Quellensteuern auf Dividenden zu verfahren (vgl. Abschn. 9.2.3). Für den Anteil der Quellensteuer, die auf Zinsen entfällt, ist eine gesonderte Analyseposition mit dem Typ A zu bilden. Die auf Zinsen abgeführte Kapitalertragsteuer wird unter wirtschaftlicher Sichtweise wie eine Zinszahlung in der Cashflow-Rechnung behandelt. Somit ist eine miteinander verbundene Betrachtungsweise dieses Analysepostens mit demjenigen betreffend die Zinsen sachgerecht.

▶   Zur Vornahme der Analyse von Vorgängen im Zusammenhang mit Zinsaufwand sind in der Bilanz *Analysepositionen des Typs A* zu schaffen. Einerseits ist eine Analyseposition für die Zinsen notwendig und andererseits kann auch eine Analyseposition für bezahlte Quellensteuern auf Zinsen angezeigt sein. Letztere sind wie geleistete Zinszahlungen auszuweisen.

9.2.6 Verbindlichkeiten im Zusammenhang mit Ertragsteuern

Lernziel
Die Notwendigkeit der Aussonderung von Fremdkapitalposten im Zusammenhang mit Ertragsteuern erläutern.

Die meisten Regelwerke verlangen einen gesonderten Ausweis von Ertragsteuerzahlungen (vgl. Abschn. 9.3.5). Sofern dies verlangt wird, sind im Rahmen der Herleitung die Posten des Fremdkapitals, die im Zusammenhang mit Ertragsteuern stehen, mit der Kategorie A zu bezeichnen und aus den *sonstigen Verbindlichkeiten* auszusondern. Das Gleiche gilt für *passive latente Steuern*. Soweit *Rückstellungen für Ertragsteuern* vorhanden sind, sind diese ebenfalls auszusondern und als Analyseposten der Kategorie A gesondert zu berücksichtigen.

Bei der Analyse der Veränderungen ist die *Fiktion der rein bilanziellen Verbuchung* zu berücksichtigen, indem die Steueraufwendungen der Gewinn-und-Verlust-Rechnung in einer ersten Stufe so dargestellt werden, wie wenn deren Gegenbuchung in einen der Analyseposten im Zusammenhang mit Ertragsteuern gebucht worden wäre (E). In einer zweiten Stufe werden Steuerzahlungen konsequent so dargestellt, wie wenn deren Gegenbuchung ebenfalls in einer solchen Analyseposition erfasst worden wäre (L). Zahlungswirksame und gleichzeitig erfolgswirksame Ertragssteuervorgänge werden mit anderen Worten in zwei Vorgänge aufgebrochen, die beide in dem Analyseposten abgebildet werden. *So kann jeder dieser zwei Vorgänge eindeutig als nur erfolgswirksam oder als nur zahlungswirksam eingeordnet werden.*

Ebenfalls zu berücksichtigen sind die *neutralen Vorgänge (N)*, z. B. die Umbuchung von Steuervorauszahlungen auf Steuerverbindlichkeiten.

9.2.7 Sonstige Posten mit gesondert auszuweisenden Zahlungen

Lernziel
Die Notwendigkeit der Aussonderung von Fremdkapitalposten im Zusammenhang mit sonstigen gesondert auszuweisenden Zahlungen erläutern.

Wie bereits oben in Abschn. 9.1.7 ausgeführt, kennt der DRS 21 (vgl. DRSC 2017) die Vorgabe, dass Ein- und Auszahlungen im Zusammenhang mit Aufwendungen oder Erträgen von außergewöhnlicher Größenordnung oder außergewöhnlicher Bedeutung gesondert in demjenigen Tätigkeitsbereich der Kapitalflussrechnung auszuweisen sind, dem die damit im Zusammenhang stehenden Zahlungsflüsse nach den Regeln des Standards zuzuordnen sind (vgl. Tz. 28). Zudem sind auch „Zahlungsströme aus Vorgängen von wesentlicher Bedeutung" (Tz. 27) nach den gleichen Zuordnungsregeln je als gesonderte Position in Erweiterung des Mindestgliederungsschemas auszuweisen.

Zu beachten ist hierbei, dass bezüglich der Zahlungsströme im Zusammenhang mit Erträgen und Aufwendungen der Anknüpfungspunkt die Gewinn-und-Verlust-Rechnung ist. Die Frage der außergewöhnlichen Größenordnung oder Bedeutung bemisst sich nach den Regeln, die zu der Angabepflicht im Anhang nach § 314 Abs. 1 Nr. 23 HGB führen. Zahlungsströme aus Vorgängen von wesentlicher Bedeutung hingegen beziehen sich nicht auf die Gewinn-und-Verlust-Rechnung, sondern auf die Bedeutung des einzelnen Vorgangs oder einer Gruppe von gleichartigen Vorgängen für das Unternehmen in der Geschäftsperiode.

Dies führt dazu, dass im Zuge der Vorbereitungen zur Aufstellung der Cashflow-Rechnung einerseits aus Sicht der Gewinn-und-Verlust-Rechnung bzw. des Anhangs das Vorliegen von Posten im Sinne des § 314 Abs. 1 Nr. 23 HGB zu prüfen ist. Andererseits ist für jeden Posten einzeln zu ermitteln, welcher Bilanzposten über die Gegenbuchung damit in Verbindung steht. Handelt es sich um ein Bilanzkonto des Finanzmittelfonds, ist eine fiktive zweistufige Buchung über eine neu geschaffene Analyseposition außerhalb des Finanzmittelfonds zu unterstellen. In beiden Fällen ist der betroffene Bilanzposten außerhalb des Finanzmittelfonds, bzw. der neu geschaffene Analyseposten als Typ A zu klassifizieren. Andererseits ist aber auch eine Beurteilung vorzunehmen, die eigentlich erst nach Abschluss der Erstellung der Cashflow-Rechnung durchzuführen ist. Es ist nämlich jeder Zahlungsstrom daraufhin zu beurteilen, ob er auf einen Vorgang oder eine Gruppe von Vorgängen zurückzuführen ist, die eine wesentliche Bedeutung aufweisen. Dies trifft insbesondere auf Zahlungsströme zu, die in der laufenden Geschäftsperiode keine Auswirkung auf die Gewinn-und-Verlust-Rechnung aufwiesen, jedoch auf einen Vorgang von wesentlicher Bedeutung zurückzuführen sind.

Beispiel

Ein Unternehmen, das für den Einbezug in die Konzernkapitalflussrechnung eine Kapitalflussrechnung nach den Regeln von DRS 21 aufstellt, hatte im Vorjahr eine Zuführung zu einer Rückstellung für Sozialplankosten im Zusammenhang mit der Stilllegung eines Betriebsteils i. H. v. € 12,3 Mio. vorgenommen. Diesbezügliche Zahlungen fielen noch keine an. Im laufenden Geschäftsjahr erfolgten Auszahlungen für Sozialplankosten i. H. v. € 9,1 Mio. an Begünstigte des Sozialplans. Sie wurden der Rückstellung belastet.

Im Vorjahr wurde die Zuführung zu der Rückstellung als Aufwand im Sinne von § 314 Abs. 1 Nr. 23 HGB im Anhang angegeben. Der Vorgang der Stilllegung des Betriebsteils ist aus Sicht des Unternehmens von wesentlicher Bedeutung.

Auswirkungen auf die Kapitalflussrechnung

Die nachstehenden Auswirkungen beziehen sich auf die Sichtweise der unkonsolidierten Kapitalflussrechnung des beschriebenen Konzernunternehmens. Für die Konzernkapitalflussrechnung sind Neubeurteilungen aus Sicht des Konzerns notwendig. Das Unternehmen weist in seiner (Einzel-)Kapitalflussrechnung des Vorjahres keine Auszahlungen im Zusammenhang mit Aufwendungen von außergewöhnlicher Größenordnung oder Bedeutung aus.

Im laufenden Geschäftsjahr liegt eine Auszahlung i. H. v. € 9,1 Mio. vor, die im Zusammenhang mit Aufwendungen von außergewöhnlicher Größenordnung oder Bedeutung steht, auch wenn die Aufwendungen im Vorjahr ausgewiesen wurden.

Die Auszahlung erfolgt überdies aus einem Vorgang von wesentlicher Bedeutung (vgl. DRSC 2017, Tz. 27). Daher wird sie in dem Bereich der Cashflows aus Geschäftstätigkeit als zusätzlich eingefügte Position „Auszahlungen im Zusammenhang mit Stilllegung des Betriebsteils XY" gesondert ausgewiesen und nicht als Teil einer Sammelposition gemäß dem Mindestgliederungsschema. ◄

In jedem Fall sind auch bei Vorliegen solcher Zahlungsströme die damit in Verbindung stehenden Gegenbestandsposten in der Bilanz zu identifizieren und dem Typ A zuzuordnen. Nötigenfalls ist eine Verbuchung über eine neu geschaffene Analyseposition zu fingieren, die auch dem Typ A zugeordnet wird. In dem Beispiel ist dies nicht nötig, weil die Abwicklung über die Rückstellungen erfolgte. Allerdings ist der Anteil der Rückstellungen, die im Zusammenhang mit einem gesondert auszuweisenden Zahlungsstrom stehen, auszusondern und von den anderen Teilen der Rückstellung, die dem Typ G zugeordnet werden, abzutrennen.

Fazit

Mit Blick auf eine korrekte Cashflow-Rechnung ist es wichtig die Posten des Fremdkapitals darauf hin zu untersuchen, ob sie Teilbestände enthalten, die im Zusammenhang mit Investitions- oder Finanzierungstätigkeiten stehen. Diese sind auszusondern und entsprechend zu klassifizieren. Ebenso ist mit Bilanzposten oder Teilen davon zu verfahren, die im Zusammenhang mit gesondert auszuweisenden Zahlungsflüssen stehen. Nur die verbleibenden Posten sind der Geschäftstätigkeit zuzuordnen. Wird dies unterlassen, sind Fehldarstellungen in der Cashflow-Rechnung unvermeidlich und später kaum mehr zu entdecken.

9.3 Posten mit gesondert auszuweisenden Zahlungen

Zinsen, erhaltene Dividenden und Ertragsteuern schlagen sich zunächst einmal in der Gewinn-und-Verlust-Rechnung nieder. Ohne weitere Maßnahmen würden die damit in Zusammenhang stehenden Ein- und Auszahlungen in die Summe der Cashflows aus Geschäftstätigkeit eingehen, ohne dass deren Ausmaß bezüglich Zahlungsströmen ersichtlich würde. Die indirekte Methode zeichnet sich dadurch aus, dass die einzelnen Ein- und

Auszahlungen, welche die Summe der Cashflows aus Geschäftstätigkeit ausmachen, nicht als solche ersichtlich sind (vgl. Abschn. 4.4.2). Bezahlte Dividenden sind nicht einmal in der Gewinn-und-Verlust-Rechnung ersichtlich, weil sie unter Umgehung der Gewinn-und-Verlust-Rechnung direkt einem Bilanzposten innerhalb des Eigenkapitals belastet werden. Aufgrund von Abgrenzungen, zeitlichen Verschiebungen und wegen latenter Steuern können die Aufwendungen und Erträge deutlich von den Beträgen der Ein- und Auszahlungen abweichen. Diese Beträge werden in der Cashflow-Rechnung nur ersichtlich, wenn die direkte Methode zur Herleitung der Summe der Cashflows aus Geschäftstätigkeit verwendet wird. Diese wird in der betrieblichen Praxis sehr selten verwendet.

Die Entscheidungsträger von Standardsetzungsgremien haben dies überwiegend als Mangel empfunden, weil Informationen über Zahlungsströme im Zusammenhang mit Zinsen, Steuern und Dividenden gerade für die Analyse der Finanzsituation und auch für die Vorhersage der zukünftigen Ein- und Auszahlungen und somit auch für Modelle zur Abschätzung des Unternehmenswerts von großer Bedeutung sind. Die meisten Rechnungslegungsstandards haben daher Regeln festgelegt, die dazu führen, dass gewisse Zahlungsströme, vor allem solche im Zusammenhang mit Zinsen, Dividenden und Ertragsteuern, aus der Cashflow-Rechnung als gesonderte Posten mit der direkten Methode ersichtlich sind. Dies erfordert eine Herausrechnung aus der Herleitung nach der indirekten Methode. In den folgenden Unterabschnitten wird dargestellt, welche Standards solche *Vorschriften über den gesonderten (direkten) Ausweis von bestimmten Zahlungsströmen* kennen. Teilweise wurden diese bereits im Abschn. 6.3, gegliedert nach den Zuordnungen zu den Tätigkeitsbereichen, erwähnt. In vorliegenden Abschnitt geht es um eine nach den Arten von Zahlungsströmen gegliederte, zusammenfassende Darstellung. Um Wiederholungen zu vermeiden, wird auf die jeweiligen Unterabschnitte des Abschn. 6.3 verwiesen.

Neben den Vorschriften über den gesonderten Ausweis werden auch die *Vorschriften über die Zuordnung zu Tätigkeitsbereichen* noch einmal kurz wiederholt. Auch diesbezüglich wird jeweils auf die relevanten Unterabschnitte zu dem Abschn. 6.3 verwiesen.

Neben den Zinsen, Dividenden und Ertragsteuern (vgl. Abschn. 9.3.1, 9.3.2, 9.3.3. 9.3.4 und 9.3.5) kennt insbesondere der Deutsche Rechnungslegungs Standard Nr. 21 (DRS 21) noch *weitere Zahlungsströme, die einen gesonderten Ausweis in der Cashflow-Rechnung erfordern* (vgl. Abschn. 9.3.6).

9.3.1   Erhaltene Zinsen

Lernziele
- Diejenigen Rechnungslegungsstandards benennen, die einen gesonderten Ausweis von erhaltenen Zinsen in der Cashflow-Rechnung verlangen.
- Für jeden der vier behandelten Rechnungslegungsstandards die Zuordnungsvorschrift der erhaltenen Zinsen zu Tätigkeitsbereichen nennen und erläutern.

Nachstehend werden die Vorgaben zu einem gesonderten Ausweis bezüglich der Zuordnung zu einem Tätigkeitsbereich einzeln für die Rechnungslegungsstandards IAS 7, DRS 21, AFRAC 36 und Swiss GAAP FER 4 dargestellt. Es wird auch auf die Abschn. 6.3.1.5 und 6.3.2.2 verwiesen.

IAS 7

IAS 7.31 verlangt einen gesonderten Ausweis der Einzahlungen aus erhaltenen Zinsen. Ebenso wird eine von Periode zu Periode konsistente Zuordnung zu einem Tätigkeitsbereich der Cashflow-Rechnung verlangt (vgl. IASB 2022, S. A980).

IAS 7.33 hält fest, dass erhaltene Zinsen bei einem Finanzinstitut üblicherweise dem Bereich der Cashflows aus Geschäftstätigkeit zugeordnet werden. Hingegen bestehe kein Konsens über die Zuordnung bei den Unternehmen in anderen Branchen. Erhaltene Zinsen könnten als Cashflows aus Geschäftstätigkeit betrachtet werden, weil sie in die Ermittlung des Jahresüberschusses oder -fehlbetrags einfließen. Andererseits könnten sie auch als Cashflows aus Investitionstätigkeit eingestuft werden, weil sie Rückflüsse auf getätigte Investitionen darstellen (vgl. IASB 2022, S. A981).

▶   In diesem Sinne räumt IAS 7 dem erstellenden Unternehmen, das kein Finanzinstitut ist, ein *faktisches Wahlrecht* ein, *erhaltene Zinsen entweder als Cashflows aus Geschäftstätigkeit oder als Cashflows aus Investitionstätigkeit auszuweisen*. Dieses Wahlrecht ist in stetiger Weise auszuüben und stellt einen Rechnungslegungsgrundsatz dar.

In der Rechnungslegungspraxis können beide Zuordnungsvarianten beobachtet werden.

DRS 21

DRS 21 verlangt, dass „erhaltene Zinsen (…) dem Cashflow aus der Investitionstätigkeit zuzuordnen" (DRSC 2017, Tz. 44) sind. Es besteht kein Wahlrecht.

„Die Zahlungsströme aus der Investitionstätigkeit sind gesondert auszuweisen. Die Darstellung erfolgt nach der direkten Methode" (DRSC 2017, Tz. 42). Dies bezieht sich somit auch auf erhaltene Zinsen.

▶   Erhaltene Zinsen sind nach DRS 21 gesondert unter den Cashflows aus Investitionstätigkeit auszuweisen.

AFRAC 36

AFRAC 36 hält fest, dass zu den Geldflüssen aus Investitionsaktivitäten u. a. „Einzahlungen aus Beteiligungs-, Zinsen- und Wertpapiererträgen" (AFRAC 2020, Rz. (25), S. 8) gehören. Aus den Schemata zur Aufstellung der Geldflussrechnung geht hervor, dass diese Einzahlungen eine gesondert auszuweisende Sammelposition darstellen (vgl. AFRAC 2020, Rz. (42), Pos. 13, S. 13 und Rz. (43), Pos. 17, S. 16).

▶ Erhaltene Zinsen sind nach AFRAC 36 zusammen mit Einzahlungen aus Beteiligungs- und Wertpapiererträgen als gesonderte Position im Netto-Geldfluss aus der Investitionstätigkeit auszuweisen.

Swiss GAAP FER 4

Swiss GAAP FER 4 äußert sich nicht ausdrücklich zur Frage des gesonderten Ausweises von erhaltenen Zinsen und zu deren Zuordnung. Im Wege der Auslegung lässt sich jedoch ableiten, dass im Geldfluss aus Betriebstätigkeit nach der indirekten Methode erhaltene Zinsen verdeckt enthalten sind. Sie sind jedoch nicht betragsmäßig gesondert auszuweisen. Ein direkter Ausweis z. B. innerhalb des Investitionsbereichs kann aufgrund des Gliederungsschemas ausgeschlossen werden, da das Schema erhaltene Zinsen nicht explizit erwähnt.

▶ Swiss GAAP FER 4 verlangt *keinen gesonderten Ausweis erhaltener Zinsen*. Sie bilden einen nicht offen ausgewiesenen *Teil des Geldflusses aus der Betriebstätigkeit*. Andere Zuordnungen sind ausgeschlossen, weil die Gliederung im Standard abschließend geregelt ist.

Swiss GAAP FER Standard Nr. 4 unterscheidet sich somit von den drei anderen Standards. Er unterlässt es als einziger Standard zu verlangen, erhaltene Zinsen verpflichtend gesondert auszuweisen. Eine Zuordnung zum Bereich der Cashflows aus Investitionstätigkeit ist nicht zulässig.

9.3.2   Erhaltene Dividenden

Lernziele
- Diejenigen Rechnungslegungsstandards benennen, die einen gesonderten Ausweis von erhaltenen Dividenden in der Cashflow-Rechnung verlangen.
- Für jeden der vier behandelten Rechnungslegungsstandards die Zuordnungsvorschrift der erhaltenen Dividenden zu Tätigkeitsbereichen nennen und erläutern.

Nachstehend werden die Vorgaben zu einem gesonderten Ausweis und bezüglich der Zuordnung zu einem Tätigkeitsbereich einzeln für die Rechnungslegungsstandards IAS 7, DRS 21, AFRAC 36 und Swiss GAAP FER 4 dargestellt. Es wird auch auf die Abschn. 6.3.1.5 und 6.3.2.2 verwiesen.

IAS 7

IAS 7.31 verlangt einen gesonderten Ausweis der Einzahlungen aus erhaltenen Dividenden. Ebenso wird eine von Periode zu Periode konsistente Zuordnung zu einem Tätigkeitsbereich der Cashflow-Rechnung verlangt (vgl. IASB 2022, S. A980).

IAS 7.33 hält fest, dass erhaltene Dividenden bei einem Finanzinstitut üblicherweise dem Bereich der Cashflows aus Geschäftstätigkeit zugeordnet werden. Hingegen besteht kein Konsens über die Zuordnung bei den Unternehmen in anderen Branchen. Erhaltene Dividenden könnten als Cashflows aus Geschäftstätigkeit betrachtet werden, weil sie in die Ermittlung des Jahresüberschusses oder -fehlbetrags einfließen. Andererseits könnten sie auch als Cashflows aus Investitionstätigkeit eingestuft werden, weil sie Rückflüsse auf getätigte Investitionen darstellen (vgl. IASB 2022, S. A981).

▶   In diesem Sinne räumt IAS 7 dem erstellenden Unternehmen, das kein Finanzinstitut ist, ein *faktisches Wahlrecht* ein, *erhaltene Dividenden entweder als Cashflows aus Geschäftstätigkeit oder als Cashflows aus Investitionstätigkeit auszuweisen.* Dieses Wahlrecht ist in stetiger Weise auszuüben und stellt einen Rechnungslegungsgrundsatz dar.

In der Rechnungslegungspraxis können beide Zuordnungsvarianten beobachtet werden.

DRS 21

DRS 21 verlangt, dass „erhaltene (…) Dividenden dem Cashflow aus der Investitionstätigkeit zuzuordnen" (DRSC 2017, Tz. 44) sind. Es besteht kein Wahlrecht.

„Die Zahlungsströme aus der Investitionstätigkeit sind gesondert auszuweisen. Die Darstellung erfolgt nach der direkten Methode" (DRSC 2017, Tz. 42). Dies bezieht sich somit auch auf erhaltene Dividenden.

▶   Erhaltene Dividenden sind nach DRS 21 gesondert als Investitionstätigkeit auszuweisen.

AFRAC 36

AFRAC 36 hält fest, dass zu den Geldflüssen aus Investitionsaktivitäten u. a. „Einzahlungen aus Beteiligungs-, Zinsen- und Wertpapiererträgen" (AFRAC 2020, Rz. (25), S. 8) gehören. Aus den Schemata zur Aufstellung der Geldflussrechnung geht hervor, dass diese Einzahlungen eine gesondert auszuweisende Sammelposition darstellen (vgl. AFRAC 2020, Rz. (42), Pos. 13, S. 13 und Rz. (43), Pos. 17, S. 16).

▶   Erhaltene Dividenden sind nach AFRAC 36 zusammen mit Einzahlungen aus Zinsen- und zinsartigen Wertpapiererträgen als gesonderte Position im Netto-Geldfluss aus der Investitionstätigkeit auszuweisen.

Swiss GAAP FER 4

Swiss GAAP FER 4 äußert sich nicht ausdrücklich zur Frage des gesonderten Ausweises von erhaltenen Dividenden und zu deren Zuordnung. Im Wege der Auslegung lässt sich jedoch ableiten, dass erhaltene Dividenden im Geldfluss aus Betriebstätigkeit nach der indirekten Methode enthalten sein müssen. Sie sind jedoch nicht betragsmäßig gesondert auszuweisen. Ein direkter Ausweis z. B. innerhalb des Investitionsbereichs kann aufgrund des Gliederungsschemas ausgeschlossen werden, da erhaltene Dividenden im Schema nicht explizit erwähnt werden.

▶   Swiss GAAP FER 4 verlangt *keinen gesonderten Ausweis erhaltener Dividenden*. Sie bilden einen nicht offen ausgewiesenen *Teil des Geldflusses aus der Betriebstätigkeit*. Andere Zuordnungen sind ausgeschlossen, weil die Gliederung im Standard abschließend geregelt ist.

Swiss GAAP FER Standard Nr. 4 unterscheidet sich somit von den drei anderen Standards. Er unterlässt es als einziger Standard zu verlangen, erhaltene Dividenden verpflichtend gesondert auszuweisen. Eine Zuordnung zum Bereich der Cashflows aus Investitionstätigkeit ist nicht zulässig.

9.3.3   Bezahlte Zinsen

Lernziele
- Diejenigen Rechnungslegungsstandards benennen, die einen gesonderten Ausweis von bezahlten Zinsen in der Cashflow-Rechnung verlangen.
- Für jeden der vier behandelten Rechnungslegungsstandards die Zuordnungsvorschrift der bezahlten Zinsen zu Tätigkeitsbereichen nennen und erläutern.

Nachstehend werden die Vorgaben zu einem gesonderten Ausweis und bezüglich der Zuordnung zu einem Tätigkeitsbereich einzeln für die Rechnungslegungsstandards IAS 7, DRS 21, AFRAC 36 und Swiss GAAP FER 4 dargestellt. Es wird auch auf die Abschn. 6.3.1.5 und 6.3.3.2 verwiesen.

IAS 7

IAS 7.31 verlangt einen gesonderten Ausweis der Auszahlungen wegen Zinsen. Ebenso wird eine von Periode zu Periode konsistente Zuordnung zu einem Tätigkeitsbereich der Cashflow-Rechnung verlangt (vgl. IASB 2022, S. A980).

IAS 7.33 hält fest, dass bezahlte Zinsen bei einem Finanzinstitut üblicherweise dem Bereich der Cashflows aus Geschäftstätigkeit zugeordnet werden. Hingegen besteht kein Konsens über die Zuordnung bei den Unternehmen in anderen Branchen. Bezahlte Zinsen könnten als Cashflows aus Geschäftstätigkeit betrachtet werden, weil sie in die Ermittlung des Jahresüberschusses oder -fehlbetrags einfließen. Andererseits könnten sie auch als Cashflows aus Finanzierungstätigkeit eingestuft werden, weil sie Kosten der Beschaffung von finanziellen Ressourcen darstellen (vgl. IASB 2022, S. A981).

▶ In diesem Sinne räumt IAS 7 dem erstellenden Unternehmen, das kein Finanzinstitut ist, ein *faktisches Wahlrecht* ein, *bezahlte Zinsen entweder als Cashflows aus Geschäftstätigkeit oder als Cashflows aus Finanzierungstätigkeit auszuweisen*. Dieses Wahlrecht ist in stetiger Weise auszuüben und stellt einen Rechnungslegungsgrundsatz dar.

In der Rechnungslegungspraxis können beide Zuordnungsvarianten beobachtet werden.

DRS 21

DRS 21 verlangt, dass „gezahlte Zinsen (…) dem Cashflow aus der Finanzierungstätigkeit zuzuordnen" (DRSC 2017, Tz. 48) sind. Es besteht kein Wahlrecht.

„Die Zahlungsströme aus der Finanzierungstätigkeit sind gesondert auszuweisen. Die Darstellung erfolgt nach der direkten Methode" (DRSC 2017, Tz. 47). Dies bezieht sich somit auch auf bezahlte Zinsen.

▶ Bezahlte Zinsen sind nach DRS 21 gesondert als Finanzierungstätigkeit auszuweisen.

Gewisse Kommentatoren (vgl. Winkeljohann und Rimmelspacher 2018, Rz. 84, S. 1659) halten es über Zinsen hinaus auch für richtig, sonstige Vergütungen im Zusammenhang mit der Aufnahme von Krediten und Darlehen (z. B. Kreditprovisionen oder Kreditbereitstellungsgebühren) unter den Cashflows aus Finanzierungstätigkeit auszuweisen. Ein gesonderter Ausweis sei aber nur bei wesentlicher Bedeutung des Vorgangs nötig.

AFRAC 36

AFRAC 36 hält fest, dass die Finanzierungstätigkeit Geldflüsse aus u. a. „Auszahlungen für Zinsen und ähnliche Aufwendungen" (AFRAC 2020, Rz. (27), S. 9) umfassen. Aus den Schemata zur Aufstellung der Geldflussrechnung geht hervor, dass diese Auszahlungen eine gesondert auszuweisende Sammelposition darstellen (vgl. AFRAC 2020, Rz. (42), Pos. 20, S. 14 und Rz. (43), Pos. 24, S. 16).

▶ Bezahlte Zinsen sind nach AFRAC 36 zusammen mit Auszahlungen für zinsähnliche Aufwendungen als gesonderte Position im Netto-Geldfluss aus der Finanzierungstätigkeit auszuweisen.

Swiss GAAP FER 4

Swiss GAAP FER 4 äußert sich nicht ausdrücklich zur Frage des gesonderten Ausweises von bezahlten Zinsen und deren Zuordnung. Im Wege der Auslegung lässt sich jedoch ableiten, dass im Geldfluss aus Betriebstätigkeit nach der indirekten Methode bezahlte Zinsen enthalten sein müssen. Sie sind jedoch nicht betragsmäßig gesondert auszuweisen. Ein direkter Ausweis z. B. innerhalb des Finanzierungsbereichs kann aufgrund des Gliederungsschemas ausgeschlossen werden, da bezahlte Zinsen im Schema nicht explizit erwähnt werden.

▶ Swiss GAAP FER 4 verlangt *keinen gesonderten Ausweis bezahlter Zinsen*. Sie bilden einen nicht offen ausgewiesenen *Teil des Geldflusses aus der Betriebstätigkeit*.
Andere Zuordnungen sind ausgeschlossen, weil die Gliederung im Standard abschließend geregelt ist.

Swiss GAAP FER Standard Nr. 4 unterscheidet sich somit von den drei anderen Standards. Er unterlässt es als einziger Standard zu verlangen, bezahlte Zinsen verpflichtend
gesondert auszuweisen. Eine Zuordnung zum Bereich der Cashflows aus Finanzierungstätigkeit ist nicht zulässig.

9.3.4 Bezahlte Dividenden

> **Lernziele**
> * Diejenigen Rechnungslegungsstandards benennen, die einen gesonderten Aus-
>   weis von bezahlten Dividenden in der Cashflow-Rechnung verlangen.
> * Für jeden der vier behandelten Rechnungslegungsstandards die Zuordnungsvor-
>   schrift der bezahlten Dividenden zu Tätigkeitsbereichen nennen und erläutern.

Nachstehend werden die Vorgaben zu einem gesonderten Ausweis und bezüglich der Zuordnung zu einem Tätigkeitsbereich einzeln für die Rechnungslegungsstandards IAS 7,
DRS 21, AFRAC 36 und Swiss GAAP FER 4 dargestellt. Es wird auch auf die Abschn. 6.3.1.5
und 6.3.3.2 verwiesen.

IAS 7
IAS 7.31 verlangt einen gesonderten Ausweis der Auszahlungen von Dividenden. Ebenso
wird eine von Periode zu Periode konsistente Zuordnung zu einem Tätigkeitsbereich der
Cashflow-Rechnung verlangt (vgl. IASB 2022, S. A980).

IAS 7.34 hält fest, dass bezahlte Dividenden als Cashflows aus Finanzierungstätigkeit
eingestuft werden, weil sie Kosten der Beschaffung von finanziellen Ressourcen darstellen. Alternativ können bezahlte Dividenden auch als Komponente des Totals der Cashflows aus Geschäftstätigkeit eingestuft werden, um die Fähigkeit des Unternehmens zur
Zahlung von Dividenden aus den operativen Cashflows besser beurteilen zu können (vgl.
IASB 2022, S. A981).

▶ In diesem Sinne räumt IAS 7 dem erstellenden Unternehmen ein *faktisches Wahlrecht* ein, *bezahlte Dividenden entweder als Cashflows aus Geschäftstätigkeit oder
als Cashflows aus Finanzierungstätigkeit auszuweisen*. Dieses Wahlrecht ist in stetiger Weise auszuüben und stellt einen Rechnungslegungsgrundsatz dar.

In der Rechnungslegungspraxis können beide Zuordnungsvarianten beobachtet werden. Allerdings scheint nach Einschätzung des Autors die Zuordnung zum Bereich der Cashflows aus Finanzierungstätigkeit deutlich zu überwiegen.

DRS 21

DRS 21 verlangt, dass „gezahlte (…) Dividenden dem Cashflow aus der Finanzierungstätigkeit zuzuordnen" (DRSC 2017, Tz. 48) sind. Es besteht kein Wahlrecht.

„Die Zahlungsströme aus der Finanzierungstätigkeit sind gesondert auszuweisen. Die Darstellung erfolgt nach der direkten Methode" (DRSC 2017, Tz. 47). Dies bezieht sich somit auch auf die bezahlten Dividenden.

▶ Bezahlte Dividenden sind nach DRS 21 gesondert als Finanzierungstätigkeit auszuweisen.

Bei einer Konzernkapitalflussrechnung ist nach DRS 21 überdies eine Unterscheidung von Dividenden an Gesellschafter des Mutterunternehmens und Dividenden an andere Gesellschafter zu treffen. Ein gesonderter Ausweis wird gefordert (vgl. DRSC 2017, Tz. 51).

AFRAC 36

AFRAC 36 hält fest, dass die Finanzierungstätigkeit Geldflüsse aus u. a. „Gewinnausschüttungen bzw. -entnahmen" (AFRAC 2020, Rz. (27), S. 9) umfassen. Aus den Schemata zur Aufstellung der Geldflussrechnung geht hervor, dass diese Auszahlungen eine gesondert auszuweisende Position darstellen (vgl. AFRAC 2020, Rz. (42), Pos. 17, S. 14 und Rz. (43), Pos. 21, S. 16).

▶ Bezahlte Dividenden im Sinne von Gewinnausschüttungen bzw. -entnahmen sind nach AFRAC 36 als gesonderte Position im Netto-Geldfluss aus der Finanzierungstätigkeit auszuweisen.

Swiss GAAP FER 4

Swiss GAAP FER 4 äußert sich klar zur Frage des gesonderten Ausweises von bezahlten Dividenden und zu deren Zuordnung. Das Gliederungsschema zu den Vorgängen im Finanzierungsbereich führt ausdrücklich „Gewinnausschüttung an Anteilsinhaber" als gesondert auszuweisender Posten auf (vgl. Swiss GAAP FER 2020, Rz. 12, S. 43).

▶ Swiss GAAP FER 4 verlangt *einen gesonderten Ausweis bezahlter Gewinnausschüttungen*. Sie sind zwingend *als Komponente der Cashflows aus Finanzierungstätigkeit* auszuweisen.

Bei einer Konzerngeldflussrechnung sind nach Swiss GAAP FER Standard Nr. 30 (Konzernrechnung) zudem „Dividendenzahlungen an Minderheitsaktionäre (von Tochterorganisationen)" gesondert als Cashflows aus Finanzierungstätigkeit auszuweisen (vgl. Swiss GAAP FER 2020, Rz. 30, S. 178).

9.3.5   Bezahlte Ertragsteuern

Lernziele
- Diejenigen Rechnungslegungsstandards benennen, die einen gesonderten Ausweis von bezahlten Ertragsteuern in der Cashflow-Rechnung verlangen.
- Für jeden der vier behandelten Rechnungslegungsstandards die Zuordnungsvorschrift der bezahlten Ertragssteuern zu Tätigkeitsbereichen nennen und erläutern.

Nachstehend werden die Vorgaben zu einem gesonderten Ausweis und bezüglich der Zuordnung zu einem Tätigkeitsbereich einzeln für die Rechnungslegungsstandards IAS 7, DRS 21, AFRAC 36 und Swiss GAAP FER 4 dargestellt. Es wird auch auf die Abschn. 6.3.1.5 sowie die Abschn. 9.1.6 und 9.2.6 verwiesen.

IAS 7

IAS 7.35 verlangt, dass *Zahlungsströme aus Ertragsteuern gesondert offengelegt* werden. Zudem werden solche Zahlungsströme *als Cashflows aus Geschäftstätigkeit ausgewiesen*, außer bestimmte Ertragsteuerzahlungen fallen als direkte Folge einer Investitions- oder Finanzierungstätigkeit an und die Zahlungen können diesen Tätigkeiten auch eindeutig zugeordnet werden (vgl. IASB 2022, S. A981).

▶   Nach IAS 7 sind Zahlungsströme aus Ertragsteuern *gesondert als Nettozahlungsfluss üblicherweise im Bereich der Cashflows aus Geschäftstätigkeit* auszuweisen. Es bestehen verbindliche *Ausnahmeregeln* für direkt einer Transaktion der Investitions- oder Finanzierungstätigkeit zuzurechnenden Zahlung von durch diese Transaktion direkt ausgelösten Ertragssteuerzahlungen.

Ein ausdrückliches Saldierungsverbot für Ertragsteuerzahlungen besteht nur für diejenigen Teile der Ertragsteuerzahlungen, die als Cashflows aus Investitionstätigkeit oder als Cashflows aus Finanzierungstätigkeit ausgewiesen werden (vgl. IAS 7.21, IASB 2022, S. A979) oder bei Anwendung der direkten Methode, wo hauptsächliche Klassen von Einzahlungen und Auszahlungen gesondert auszuweisen sind (vgl. IAS 7.18, IASB 2022, S. A978). Daraus kann geschlossen werden, dass bei Anwendung der indirekten Methode die als Cashflows aus Geschäftstätigkeit zugeordneten Ein- und Auszahlungen wegen Ertragsteuern als saldierte Größe ausgewiesen werden dürfen.

IAS 7.36 (IASB 2022) präzisiert und begründet die Zuordnungsregeln wie folgt: Obwohl der Steueraufwand bestimmten Investitions- oder Finanzierungstätigkeiten ohne weiteres zugeordnet werden könnte, fällt es oft schwer, die *Zahlungsströme* aus Ertragsteuern zu identifizieren, die diesem Anteil des Steueraufwands zugeordnet werden. Die Zahlungen können auch in anderen Perioden und mit anderen Beträgen anfallen, als der erfasste Steueraufwand. Aus diesem Grund werden Ertragsteuerzahlungen üblicherweise als Cashflows aus Geschäftstätigkeit ausgewiesen. Ein bestimmter Zahlungsfluss an Ertragsteuern, der direkt durch eine bestimmte Transaktion veranlasst wurde, die dem Bereich der Investitions- oder Finanzierungstätigkeit zugerechnet wird, ist demjenigen Tätigkeitsbereich zuzuordnen, dem die auslösende Transaktion zugehörig ist. Eine Offenlegung (z. B. im Anhang) des Gesamtbetrags der bezahlten Ertragsteuern ist vorzunehmen, wenn ein verteilter Ausweis der Ertragsteuern über mehrere Tätigkeitsbereiche erfolgt (vgl. S. A981).

Als Folge dieser Regelungen sind die mit Ertragsteueraufwand buchhalterisch in Beziehung stehenden Gegenbestandsposten als Typ A zu klassifizieren (vgl. Abschn. 9.1.6 und 9.2.6).

DRS 21

Die Regelungen des DRS 21 entsprechen weitestgehend denjenigen von IAS 7.

DRS 21 Tz. 18 und 19 lauten:

„18. Ertragsteuerbedingte Zahlungen sind jeweils gesondert anzugeben und in der Regel der laufenden Geschäftstätigkeit zuzuordnen.
19.Ertragsteuerbedingte Zahlungen sind dann der Investitions- oder der Finanzierungstätigkeit zuzuordnen, wenn sie einem Geschäftsvorfall dieser Tätigkeitsbereiche eindeutig zurechenbar sind" (DRSC 2017, Tz. 18–19).

Hinsichtlich der Frage des unsaldierten Ausweises von Ertragsteuerzahlungen hält DRS 21 in Tz. 26 Bst. c) eine Ausnahme fest, welche den *saldierten Ausweis von Ertragsteuerzahlungen* ausdrücklich zulässt.

▶   Die Regelungen des DRS 21 bezüglich des Ausweises von Ertragsteuerzahlungen entsprechen im Wesentlichen denjenigen des IAS 7.

AFRAC 36

Die Regelungen von AFRAC 36 entsprechen im Kern ebenfalls denjenigen von IAS 7.

AFRAC 36 gibt in Rz. (21) folgende Vorgaben:

„Steuerzahlungen sind in der Regel der betrieblichen Tätigkeit zuzuordnen. Es kommt, sofern wesentlich, auch eine teilweise Zuordnung zu den Geldflüssen aus der Investitions- bzw. Finanzierungstätigkeit in Betracht. Ertragsteuerzahlungen sind gesondert auszuweisen. Ertragsteuerzahlungen umfassen auch Zahlungen aus der Steuerumlage bei Anwendung der Gruppenbesteuerung" (AFRAC 2020, S. 7).

▶ Die Regelungen der AFRAC-Stellungnahme 36 bezüglich des Ausweises von Ertragsteuerzahlungen entsprechen im Wesentlichen denjenigen des IAS 7.

Die Zurechnung von Zahlungen aus Steuerumlagen zu den Zahlungen aus Ertragsteuern wird in der erwähnten Rz. (21) dahingehend präzisiert, dass bei dem Gruppenträger eine Saldierung mit geleisteten Ertragsteuerzahlungen zulässig sei und beim Gruppenmitglied ein Ausweis als „Zahlungen für die Steuerumlage" vorzunehmen sei (vgl. AFRAC 2020, S. 7).

Swiss GAAP FER 4
Swiss GAAP FER 4 äußert sich nicht ausdrücklich zur Frage des gesonderten Ausweises von Ertragsteuern und zu deren Zuordnung. Im Wege der Auslegung lässt sich jedoch ableiten, dass im Geldfluss aus Betriebstätigkeit nach der indirekten Methode bezahlte Ertragsteuern enthalten sein müssen. Sie sind jedoch nicht betragsmäßig gesondert auszuweisen. Ein direkter Ausweis z. B. innerhalb des Investitions- oder des Finanzierungsbereichs kann aufgrund des Gliederungsschemas ausgeschlossen werden, da bezahlte Ertragssteuern dort nicht explizit erwähnt werden.

▶ Swiss GAAP FER 4 verlangt *keinen gesonderten Ausweis bezahlter Ertragsteuern*. Sie bilden einen nicht offen ausgewiesenen *Teil des Geldflusses aus der Betriebstätigkeit*. Andere Zuordnungen sind ausgeschlossen, weil die Gliederung im Standard abschließend geregelt ist.

Swiss GAAP FER Standard Nr. 4 unterscheidet sich somit von den drei anderen Standards. Er unterlässt es als einziger Standard zu verlangen, dass bezahlte Ertragsteuern gesondert auszuweisen sind. Eine Zuordnung zu den Cashflows aus Investitions- oder Finanzierungstätigkeit ist nicht zulässig.

9.3.6 Zahlungen im Zusammenhang mit bestimmten Aufwendungen oder Erträgen oder wesentlichen Vorgängen

Lernziele
- Diejenigen Vorgänge aufzählen und erläutern, die nach DRS 21 neben Zinsen, Dividenden und Ertragsteuern einen gesonderten Ausweis in der Cashflow-Rechnung verlangen.
- Die Zuordnungsvorschriften des DRS 21 zu Tätigkeitsbereichen bezogen auf die gesondert auszuweisenden übrigen Zahlungsströme beschreiben und erläutern.

Nachstehend werden die Vorgaben zu einem gesonderten Ausweis und bezüglich der Zuordnung zu einem Tätigkeitsbereich einzeln für DRS 21 und summarisch für die übrigen drei Rechnungslegungsstandards dargestellt. Es wird auch auf die Abschn. 9.1.7 und 9.2.7 verwiesen.

DRS 21

Der Deutsche Rechnungslegungs Standard Nr. 21 (DRS 21) verlangt, dass bestimmte Zahlungsströme gesondert ausgewiesen werden. Es handelt sich dabei um Zahlungsströme, die folgende Voraussetzungen erfüllen (eine Voraussetzung genügt für die Pflicht zum gesonderten Ausweis):

1. Steht in ursächlichem Zusammenhang mit Vorgängen von wesentlicher Bedeutung (vgl. DRSC 2017, Tz. 27).
2. Steht im Zusammenhang mit Erträgen und Aufwendungen von außergewöhnlicher Größenordnung oder außergewöhnlicher Bedeutung (vgl. DRSC 2017, Tz. 28).

Bezüglich der zweiten Voraussetzung wird Bezug genommen auf die Angabepflicht nach § 314 Abs. 1 Nr. 23 HGB. Die erste Voraussetzung wird nicht näher erläutert (vgl. DRSC 2017, Tz 28).

Aus dem Mindestgliederungsschema geht hervor, dass Ein- und Auszahlungen, welche die zweite Voraussetzung erfüllen, je als Summe von Einzahlungen und Summe von Auszahlungen gesondert auszuweisen sind. Zahlungsströme aus Vorgängen von wesentlicher Bedeutung sind hingegen als zusätzliche Posten in Erweiterung des Mindestgliederungsschemas aufzuführen.

In beiden Fällen sind die Zahlungsströme „in der Kapitalflussrechnung in dem Tätigkeitsbereich gesondert auszuweisen, dem die Zahlungen zuzuordnen sind" (DRSC 2017, Tz. 27 und Tz. 28). Damit wird auf die allgemeinen Zuordnungsregeln des Standards zu den Tätigkeitsbereichen Bezug genommen.

Andere Standards

Die übrigen Standards (IAS 7, AFRAC 36 und Swiss GAAP FER 4) kennen keine solchen expliziten Ausweisvorschriften. Hinsichtlich der *Pflicht zur Offenlegung der Netto-Zahlungsströme aus aufgegebenen Geschäftsbereichen nach IFRS 5.33 (c)* (vgl. IASB 2022, S. A255) gesondert nach solchen aus Geschäftstätigkeit, Investitionstätigkeit und Finanzierungstätigkeit besteht ein ausdrückliches Wahlrecht. Die Offenlegung ist wahlweise in der Cashflow-Rechnung selbst oder im Anhang möglich. Insofern ist nicht von einer Ausweisvorschrift auszugehen, welche zwingend in der Cashflow-Rechnung umzusetzen ist. Wird zum Rechnungslegungsgrundsatz erhoben, dass ein Ausweis in der Cashflow-Rechnung vorzunehmen sei, müssten alle Gegenbestandsposten, die im Zusammenhang mit Aufwand oder Ertrag aus aufgegebenen Geschäftsbereichen stehen, ebenfalls im Zuge der Herleitung als Typ A klassifiziert werden, damit ein gesonderter Ausweis daraus abgeleitet werden kann.

9.3.7 Zusammenfassung zu gesondert auszuweisenden Zahlungen

Die in den vorstehenden Unterabschnitten dargestellten Regelungen werden in diesem Unterabschnitt zusammenfassend dargestellt.

Tab. 9.1 gibt einen Überblick zu den Vorgaben der vier untersuchten Regelwerke betreffend die Frage, ob eine bestimmte Art von Zahlungsflüssen gesondert in der Cashflow-Rechnung dargestellt und ausgewiesen werden muss oder nicht.

In der Tab. 9.2 wird für die gesondert auszuweisenden Zahlungsflüsse dargestellt, welche Zuordnungsregeln zu Tätigkeitsbereichen der Cashflow-Rechnung die vier betrachteten Standards dafür festgelegt haben. Dabei werden die drei Tätigkeitsbereiche mit folgenden *Abkürzungen* in der Tabelle bezeichnet:

Tab. 9.1 Übersicht der gesondert auszuweisenden Zahlungsströme nach Regelwerken

Zahlungsstrom	IAS 7	DRS 21	AFRAC 36	SGF 4
Erhaltene Zinsen	Ja	Ja	Ja	Nein
Erhaltene Dividenden	Ja	Ja	Ja	Nein
Bezahlte Zinsen	Ja	Ja	Ja	Nein
Bezahlte Dividenden	Ja	Ja	Ja	Ja
Bezahlte Ertragsteuern	Ja	Ja	Ja	Nein
I. Z. m. außergewöhnlichem Erfolg*	Nein	Ja	Nein	Nein
Vorgänge von wesentlicher Bedeutung	Nein	Ja	Nein	Nein

*im Zusammenhang mit Aufwand oder Ertrag i. S. v. § 314 Abs. 1 Nr. 23 HGB.

Tab. 9.2 Übersicht zu den Zuordnungsvorschriften in den vier Regelwerken

Zahlungsstrom	IAS 7	DRS 21	AFRAC 36	SGF 4
Erhaltene Zinsen	G oder I	I	I	(G)
Erhaltene Dividenden	G oder I	I	I	(G)
Bezahlte Zinsen	G oder F	F	F	(G)
Bezahlte Dividenden	G oder F	F	F	F
Bezahlte Ertragsteuern	Regel G, Ausnahme: I oder F	Regel G, Ausnahme: I oder F	Regel G, Ausnahme: I oder F	(G)
I. Z. m. außergewöhnlichem Erfolg*	Nicht relevant	Gemäß Art der Ein- oder Auszahlung	Nicht relevant	Nicht relevant
Vorgänge von wesentlicher Bedeutung	Nicht relevant	Gemäß Art der Ein- oder Auszahlung	Nicht relevant	Nicht relevant

*im Zusammenhang mit Aufwand oder Ertrag i. S. v. § 314 Abs. 1 Nr. 23 HGB.
(G) in Klammern bedeutet: Nicht gesondert ausgewiesen, Bestandteil der Summe der Cashflows aus Geschäftstätigkeit

G

steht für den Bereich der Cashflows aus Geschäftstätigkeit.

I

steht für den Bereich der Cashflows aus Investitionstätigkeit.

F

steht für den Bereich der Cashflows aus Finanzierungstätigkeit.

Die Darstellungen zeigen, dass DRS 21 und AFRAC 36 relativ stark an die Regelungen von IAS 7 angelehnt sind. Teilweise sind die Vorgaben eindeutiger und es werden weniger Wahlrechte eingeräumt. Swiss GAAP FER weicht von allen drei anderen Standards sehr deutlich ab und weist eine deutlich geringere Aussagekraft auf, weil für die Analyse und Prognose wichtige Zahlungsströme aus der Cashflow-Rechnung nicht ersichtlich gemacht werden.

Fazit

Die *Regelungen* in den untersuchten Rechnungslegungsstandards *sind nicht homogen*. Die Thematik der gesondert auszuweisenden Zahlungsströme ist unterschiedlich geregelt. Unterschiede bestehen sowohl hinsichtlich des *Umfangs von gesondert auszuweisenden Zahlungsflüssen* als auch hinsichtlich der *Art der Zuteilung zu Tätigkeitsbereichen der Cashflow-Rechnung*. Hauptsächlich sind *Zahlungen im Bereich der Zinsen, Dividenden und Ertragsteuern* betroffen. Vereinzelt sind weitere Zahlungsflüsse gesondert auszuweisen.

Eine korrekte Zuordnung der Zahlungsströme zu den drei Tätigkeitsbereichen der Cashflow-Rechnung ist eine komplexe Aufgabe. Die Richtigkeit einer Cashflow-Rechnung hängt auch von dieser Zuordnung ab. Obwohl die elementaren Grundsätze der Zuordnung im Wesentlichen in allen Rechnungslegungsstandards sehr ähnlich bis identisch sind (vgl. Abschn. 3.3.3), weichen die Standards zum Teil erheblich voneinander ab, was die Vorgaben bezüglich des gesonderten Ausweises bestimmter Zahlungsflüsse und deren Zuordnung zu Tätigkeitsbereichen betrifft. IAS 7 räumt diesbezüglich Wahlrechte ein, während die anderen Regelwerke eindeutige Regeln vorsehen. DRS 21 nimmt eine gewisse Sonderstellung ein, weil zusätzliche Ausweispflichten bezüglich Zahlungsströmen bestehen, die über die drei klassischen Bereiche Zinsen, Ertragsteuern und Dividenden hinausgehen. Entsprechend sind die Summen der Tätigkeitsbereiche über Cashflow-Rechnungen hinweg, die nach unterschiedlichen Standards aufgestellt wurden, nicht vorbehaltlos möglich. Damit eine zutreffende und dem Standard entsprechende Darstellung entsteht, muss schon früh im Herleitungsprozess darauf geachtet werden, dass die zu analysierenden Gegenbestandsposten tatsächlich eindeutig nur Bestände und Veränderungen beinhalten, die genau einen Tätigkeitsbereich betreffen. Zudem sind Bilanzbestände im Zusammenhang mit gesondert auszuweisenden Zahlungsströmen ebenfalls frühzeitig zu identifizieren und als ausgesonderte Analyseeinheiten abzuspalten. Dies erfordert neben der genauen Kenntnis der Vorgaben des Standards auch eine in die Tiefe gehende Analyse der Zusammensetzung der Bilanzbestände und ihrer Veränderungen. Dazu sind interne Informationen aus der Buchführung heranzuziehen.

Kapitel-Zusammenfassung

Die **korrekte Aufspaltung und Klassifikation von Gegenbestandsposten ist der Schlüssel zu einer korrekten Cashflow-Rechnung**. Dies erfordert Sachverstand und Kenntnis der Geschäftsvorfälle. Fehler und Unterlassungen in diesem Arbeitsschritt lassen sich später kaum mehr ermitteln. Der korrekten und sachverständigen Klassifikation und Aufspaltung der Gegenbestandsposten muss **hohe Aufmerksamkeit** gewidmet werden und **durch sachverständige Personen** mit **Zugang zu den Einzelheiten der Buchführung** durchgeführt werden. Die gesonderte Erfassung des Buchungsstoffs mit unterschiedlichem Charakter in eigenen Konten erleichtert die korrekte Aufspaltung.

Literatur

Austrian Financial Reporting and Auditing Committee – AFRAC (2020) AFRAC-Stellungnahme 36: Geldflussrechnung (UGB). AFRAC, Wien
Deutsches Rechnungslegungs Standards Committee e.V. (DRSC) (2017) Deutscher Rechnungslegungs Standard Nr. 21 (DRS 21) Kapitalflussrechnung. DRSC, Berlin
International Accounting Standards Board (IASB) (2022) IFRS® Standards required for accounting periods beginning on or after 1 January 2022, excluding changes not yet required. IFRS Foundation, London
SWISS GAAP FER, Stiftung für Fachempfehlungen zur Rechnungslegung (2020) Fachempfehlungen zur Rechnungslegung. Stand: 1. Januar 2020. Stiftung für Fachempfehlungen zur Rechnungslegung, St. Gallen
Treuhand-Kammer, Schweizerische Kammer der Wirtschaftsprüfer und Steuerexperten (2014) Schweizer Handbuch der Wirtschaftsprüfung. Band „Buchführung und Rechnungslegung". Treuhand-Kammer (zit. HWP), Zürich
Winkeljohann N, Rimmelspacher D (2018) § 297 Inhalt. In: Beck'scher Bilanzkommentar. Beck, München, S 1645–1691
Zanetti A (2018) Geldflussrechnung. Derzeitige Praxis und wie kommt man der Wahrheit näher? Expert Focus 8:528–533

Neutrale Vorgänge

10

Die Elimination von bilanzinternen Umbuchungen außerhalb des Finanzmittelfonds

Das vorliegende Kapitel befasst sich mit *neutralen Vorgängen* (abgekürzt: N; vgl. auch Abschn. 3.1.2.3).

▶ Bei *neutralen Vorgängen* handelt sich um Sachverhalte, die zu einer Buchung auf der rechten Seite eines Bilanzkontos und auf der linken Seite eines anderen Bilanzkontos Anlass geben, wobei es sich bei beiden Bilanzposten um solche handelt, die nicht dem Finanzmittelfonds zugehörig sind (sog. Gegenbestandsposten).

Vorgaben aus den Rechnungslegungsstandards verlangen, dass zumindest neutrale Vorgänge mit dem Charakter von Investitions- oder Finanzierungstätigkeit aus der Cashflow-Rechnung ausgeschlossen werden. Im Einzelnen werden die Vorgaben zur Elimination von gewissen neutralen Vorgängen in vier Regelwerken im Abschn. 10.1 kurz behandelt. Die Abschn. 10.2, 10.3, 10.4, 10.5, 10.6, 10.7 und 10.8 behandeln konkrete Gruppen von neutralen Vorgängen. Der Abschn. 10.9 befasst sich mit der Frage, ob nach den hier betrachteten vier Rechnungslegungsstandards eliminierte neutrale Vorgänge an anderer Stelle im Finanzbericht offengelegt werden müssen.

M. Fontana, *Cashflow Rechnung mit System*, https://doi.org/10.1007/978-3-658-40719-3_10

## 10.1	Vorgaben der Rechnungslegungsstandards

Lernziel
Die Vorgaben der vier betrachteten Rechnungslegungsstandards bezüglich neutraler Vorgängen beschreiben und erläutern.

Die vier Rechnungslegungsstandards IAS 7, DRS 21, AFRAC 36 und Swiss GAAP FER 4 enthalten Vorgaben zu neutralen Vorgängen. Diesbezüglich wird auf die Ausführungen im Abschn. 4.1.3 verwiesen. An dieser Stelle werden diese Ausführungen lediglich noch ergänzt und zusammengefasst.

IAS 7
Diesbezüglich wird auf Abschn. 4.1.3.1 verwiesen. Innerhalb der neutralen Vorgänge bilden die nach IAS 7.43 als „non-cash transactions" bezeichneten Vorgänge eine Teilmenge. Unter diesem Titel wird geregelt, dass Vorgänge mit Investitions- oder Finanzierungscharakter, welche keinen Einsatz von Zahlungsmitteln oder Zahlungsmitteläquivalenten erfordern, aus der Cashflow-Rechnung eliminiert werden sollen (vgl. IASB 2022, S. A983). Als Beispiele werden aufgeführt:

a. Erwerb von Vermögenswerten mit gleichzeitigem Eingehen von direkt damit verbundenen Verbindlichkeiten oder über einen Leasingvertrag;
b. der Erwerb einer Unternehmenseinheit durch Ausgabe von Eigenkapitalinstrumenten; und
c. die Umwandlung von Finanzverbindlichkeiten in Eigenkapital (vgl. IAS 7.44; IASB 2022, S. A983).

DRS 21
Wie bereits in Abschn. 4.1.3.2 dargestellt, verlangt DRS 21, dass alle Geschäftsfälle, die nicht zu einer Veränderung des Finanzmittelfonds führen, nicht in die Kapitalflussrechnung aufzunehmen sind (vgl. DRSC 2017, Tz. 29). Damit sind auch die neutralen Vorgänge von der Aufnahme in der Kapitalflussrechnung ausgenommen. Als Beispiele werden die gleichen Vorgänge wie in IAS 7.44 (vgl. oben unter IAS 7) in deutscher Übersetzung angeführt (vgl. DRSC 2017, Tz. 30).

AFRAC 36
Nicht in die Geldflussrechnung aufzunehmen sind „Investitions- und Finanzierungsvorgänge, die zwar die Vermögens- und Kapitalstruktur des Unternehmens beeinflussen, aber nicht mit Zahlungen verbunden sind" (AFRAC 2020, Rz. (29), S. 9). Dies umfasst auch diejenigen neutralen Vorgänge, die zumindest einseitig entweder als Investitions- oder Finanzierungsvorgang zu beurteilen sind. „Sofern bis zum Abschlussstichtag noch keine Zahlung stattgefunden hat, liegt auch bei branchenüblichen Zahlungszielen kein Geldfluss

vor; die Geldflussrechnung bleibt unberührt" (AFRAC 2020, Rz. (30), S. 10). „Sind in den Sacheinlagen dem Fonds der flüssigen Mittel zuzurechnende Vermögensgegenstände enthalten, sind diese im Finanzierungsbereich als Einzahlungen gesondert auszuweisen" (AFRAC 2020, Rz. (31), S. 10).

Swiss GAAP FER 4

„Nichtliquiditätswirksame Investitions- und Finanzierungstätigkeiten sind nicht in die Geldflussrechnung aufzunehmen" (Swiss GAAP FER 2020, S. 41, Rz. 6). Dies umfasst ebenfalls diejenigen neutralen Vorgänge, die zumindest einseitig entweder als Investitions- oder Finanzierungsvorgang zu beurteilen sind.

Fazit

Neutrale Vorgänge, die zumindest einen Gegenbestandsposten mit dem Charakter von Investitions- oder Finanzierungstätigkeit verändern, sind nicht in die Cashflow-Rechnung aufzunehmen. Sie sind daher im Rahmen der Herleitung der Zahlungsflüsse aus den Bilanzveränderungen in beiden Gegenbestandsposten als Bereinigungsposten zu berücksichtigen.

In den folgenden Abschnitten werden ausgewählte neutrale Vorgänge beschrieben, die bei der Herleitung der Zahlungsflüsse in diesem Sinne zu bereinigen sind. Dabei handelt es sich nicht nur um Posten, die eher selten vorkommen, sondern auch um regelmässig und häufig auftretende Vorgänge.

10.2 Erwerb von Gegenständen des Anlagevermögens gegen Eingehen von Verbindlichkeiten

Eine sehr bedeutende Kategorie von neutralen Vorgängen mit Investitionscharakter bilden die Anschaffungen von Gegenständen des Anlagevermögens, die nicht bar bezahlt werden, sondern deren Kaufpreis gestundet wird, z. B. weil sie als Kreditgeschäfte ausgestaltet sind (Kauf auf Rechnung). In den beiden folgenden Unterabschnitten werden einerseits diese Vorgänge, aber auch der Erwerb gegen Eingehen von langfristigen Verbindlichen thematisiert.

10.2.1 Erwerb gegen kurzfristige Verbindlichkeiten

> **Lernziel**
> Die Klassifizierung der Anschaffung von Gegenständen des Anlagevermögens im Rahmen der modifizierten derivativen Herleitung als neutrale Vorgänge begründen.

Es gibt Anschaffungen von Gegenständen des Anlagevermögens, die auf Kredit und solche, die gegen Barzahlung erfolgen. Letztere werden im Sinne der Fiktion der bilanziellen Verbuchung wie Kreditgeschäfte erfasst, deren Zahlung gleichzeitig mit der fiktiven Rechnungsstellung erfolgt. Es wird also in einem ersten Schritt für Analysezwecke der Vorgang so behandelt, als ob eine Rechnungsstellung erfolgt wäre (Zunahme einer Verbindlichkeit). Im zweiten Schritt wird die Barzahlung so behandelt, wie wenn sie die Begleichung einer Verbindlichkeit wäre.

Insgesamt wird der Barkauf somit dargestellt wie der Kreditkauf. Dabei wird als Abwicklungskonto das gleiche Konto verwendet (Verbindlichkeiten aus Lieferungen und Leistungen). Bei der Zuordnung der Gegenbestandsposten zu den Tätigkeitsbereichen werden die Bestände der Verbindlichkeiten aus Lieferungen und Leistungen, die Anschaffungen von Gegenständen des Anlagevermögens betreffen, im Umfang des Nettobetrags ausgesondert und der Kategorie I zugeordnet, um sie von den Verbindlichkeiten mit Geschäftstätigkeitscharakter zu trennen. Der Nettobetrag ist der Rechnungsbetrag, jedoch ohne die darin enthaltene Vorsteuer, sofern das Unternehmen zu deren Rückerstattung berechtigt ist und diese auch geltend macht. Dabei ist für jede in der Cashflow-Rechnung gesondert auszuweisende Kategorie von Anlagevermögen eine eigene Analyseposition auszusondern.

Die im Verlaufe der Geschäftsperiode getätigten Anschaffungen werden zweckmäßigerweise aus den Zugängen gemäß der Anlagebuchhaltung entnommen. Dabei sind Zugänge aus Eigenleistungen nicht zu berücksichtigen. Die Zugänge in der Anlagekartei sind aus Sicht der Mehrwertsteuer Nettobeträge (ohne Vorsteuer) und entsprechen damit der gleichen Logik wie die verwendeten Beträge für die Bestände zum Anfang und zum Ende der Periode. Diese Zugänge aus Lieferungen werden als neutrale Vorgänge klassifiziert, weil sie zwei Bilanzposten außerhalb des Finanzmittelfonds betreffen: Das Anlagekonto und die Verbindlichkeiten aus Lieferungen. Der Zahlungsstrom wird aus der Analyseposition Verbindlichkeiten aus Lieferungen von Gegenständen des Anlagevermögens abgeleitet und ergibt sich als Residualwert aus Anfangs- und Endbestand sowie den erwähnten Zugängen.

Beispiel

Beispiel der Ermittlung des Zahlungsstroms

Ein Unternehmen hat im Konto Verbindlichkeiten aus Lieferungen und Leistungen zu Beginn der Geschäftsperiode unbezahlte Anteile von Rechnungen aus Lieferung von Maschinen i. H. v. € 80.000 (nach Abzug der darin enthaltenen Vorsteuer). Am Ende des Geschäftsjahres sind Rechnungen für die Anschaffung von Maschinen i. H. v. € 200.000 (nach Abzug der darin enthaltenen Vorsteuer) offen. Während des Geschäftsjahres wurden Anlagenzugänge aus Lieferung von Maschinen i. H. v. € 450.000 (netto) in der Anlagenbuchhaltung erfasst. Dieser Betrag umfasst keine Umgliederungen von geleisteten Anzahlungen und keine Zugänge aus aktivierten Eigenleistungen. Diese Anteile des Anlagenzugangs sind gesondert zu behandeln.

Daraus lässt sich der Zahlungsstrom als Residualgröße ermitteln. Dabei wird die buchhalterische Logik (Anfangsbestand + Zugänge Verbindlichkeiten aus Lieferungen − Zahlungen = Schlussbestand) zugrunde gelegt. Die Zahlungen entsprechend somit dem Anfangsbestand + Zugänge Verbindlichkeiten − Schlussbestand, bzw. in Beträgen ausgedrückt € 80.000 + € 450.000 − € 200.000 = € 330.000. ◄

In der Praxis wird beobachtet, dass zumeist die unzutreffende Annahme getroffen wird, dass sowohl zu Beginn als auch zum Ende der Geschäftsperiode keine offenen Rechnungen für Anlagegüter bestehen. Auf dieser Annahme gründend wird gefolgert, dass die in der Anlagenbuchhaltung erfassten Zugänge zahlungswirksam waren. Dies ist nur in seltenen Fällen tatsächlich zutreffend (vgl. z. B. Zanetti 2018). Wäre die Auszahlung aus Investitionen in Maschinen gemäß dem Beispiel auf Grundlage dieser unzutreffenden Annahme ermittelt worden, würde fälschlicherweise eine Auszahlung i. H. v. € 450.000 ausgewiesen, obwohl die tatsächlich erfolgte Auszahlung € 330.000 betrug. Dies stellt eine Fehldarstellung dar, welche die Vorgaben der Rechnungslegungsstandards verletzt.

▶   Auszahlungen für Investitionen in Gegenstände des Anlagevermögens sollen nicht aus dem Bilanzposten des Anlagevermögens, sondern aus dem damit verbundenen Verbindlichkeitskonto abgeleitet werden, um zu vermeiden, dass neutrale Vorgänge wie Geldflüsse dargestellt werden.

Um die Vorschrift, dass Investitionsvorgänge ohne Zahlungswirksamkeit nicht in der Cashflow-Rechnung zu berücksichtigen sind, richtig umzusetzen, ist zweckmäßigerweise der in der Cashflow-Rechnung auszuweisende Zahlungsbetrag über die gesonderte Analyseposition des Typs I mit der Bezeichnung „Verbindlichkeiten aus Lieferung von Maschinen" im Falle des erwähnten Beispiels abzuleiten. Daraus ergibt sich die zutreffende Auszahlung i. H. v. € 330.000.

10.2.2 Erwerb gegen langfristige finanzielle Verbindlichkeiten

Lernziel
Zugänge zum Anlagevermögen gegen langfristige Finanzverbindlichkeiten in der Cashflow-Rechnung in Übereinstimmung mit den Vorgaben der Rechnungslegungsstandards darstellen.

In diesem Unterabschnitt wird eine Gruppe von neutralen Vorgängen behandelt, die Zugänge von Vermögenswerten umfasst, die als Investitionstätigkeit zu klassifizieren sind. Dabei wird auf die Fallgruppe eingegangen, bei der gleichzeitig mit dem Zugang des Vermögenswerts ein Zugang zu einer langfristigen Finanzverbindlichkeit erfolgt. Es gibt hierzu verschiedene konkrete Sachverhaltsgruppen. In der Folge werden drei ausgewählte Fallgruppen kurz charakterisiert und deren Behandlung in der Cashflow-Rechnung erläutert.

Immobilienerwerb mit teilweiser Finanzierung durch ein Finanzinstitut
Die Erfüllung des Erwerbs eines Grundstücks mit Gebäude erfolgt in der ersten Fallgruppe teilweise durch Überweisung an den Verkäufer aus dem Finanzmittelfonds und teilweise durch Zahlung durch ein Finanzinstitut, welches einen pfandgesicherten Immobilienkredit (hypothekarisch gesichertes Darlehen) direkt an den Verkäufer zur Auszahlung bringt. Der letztgenannte Vorgang ist aus Sicht des erwerbenden Unternehmens neutral, weil zwei Bilanzposten sich verändern (Grundstück und Gebäude) sowie langfristige Finanzverbindlichkeiten, ohne dass Finanzmittel des Unternehmens fließen (nicht finanzmittelfondswirksamer Vorgang). Vielmehr fließen in dieser Fallkonstellation die Finanzmittel des Finanzinstituts, die nicht Teil des Finanzmittelfonds des Unternehmens bilden. In der Cashflow-Rechnung ist nur derjenige Teil der Immobilientransaktion als Cashflow aus Investitionstätigkeit auszuweisen, der durch Überweisung aus eigenen Beständen des Finanzmittelfonds bezahlt wurde. Bei der Bearbeitung der Gegenbestandsposten ist somit der Anteil des Zugangs zum Bilanzposten Grundstücke und Gebäude, dessen Finanzierung durch den direkt an den Käufer ausgerichteten Kreditbetrag erfolgte, als Vorgang der Kategorie N zu betrachten. Damit als Gegenstück verknüpft ist der Zugang zu den Finanzverbindlichkeiten, der nicht auf eine Auszahlung in den Finanzmittelfonds des Kreditnehmers, sondern auf die Auszahlung an den Verkäufer der Immobilie zurückzuführen ist. Dieser Anteil der Zunahme der Finanzverbindlichkeit ist im Rahmen der Bearbeitung ebenfalls als Vorgang der Kategorie N zu klassifizieren. Damit werden diese beiden Veränderungen in Übereinstimmung mit den Vorgaben der Rechnungslegungsstandards nicht in der Cashflow-Rechnung ausgewiesen.

In solchen Fällen ist eine genaue Analyse der tatsächlichen Zahlungsflüsse notwendig. Angenommen, der Kredit wäre zunächst von dem Finanzinstitut an den Kreditnehmer ausgezahlt worden, dann wäre dies ein Cashflow aus Finanzierungstätigkeit. Die Überweisung des Kaufpreises an den Verkäufer wäre dann vollumfänglich aus dem Finanzmittelfonds des erwerbenden Unternehmens an den Verkäufer erfolgt, was als Cashflow aus Investitionstätigkeit auszuweisen wäre. Allerdings wären die *eventuell auferlegten Verfügungsbeschränkungen* über den vom Finanzinstitut ausbezahlten Betrag unter dem Aspekt des Einbezugs in den Finanzmittelfonds zu würdigen (vgl. Abschn. 8.3).

Finanzierungsleasing
Eine vor allem bei Anwendung von IFRS sehr häufig auftretende Form von neutralen Vorgängen ist der Beginn eines Leasingvertrags. Bekanntlich wird nach IFRS 16 im Zeitpunkt der Nutzungsüberlassung des Vermögenswerts durch den Leasinggeber ein Vermögenswert in Form eines Nutzungsrechts am Leasingobjekt angesetzt. Gleichzeitig wird eine Verbindlichkeit in Höhe des Barwerts der künftigen Leasingzahlungen angesetzt. Es handelt sich um eine Investitions- und eine Finanzierungstätigkeit, bei der kein Zahlungsfluss erfolgt.

Bei der Bearbeitung der Bilanzposition des Typs I (Nutzungsrechte an Leasingobjekten) wird der Zugang als Vorgang des Typs N klassifiziert. Genauso wird ebenfalls der Zugang zu den Leasingverbindlichkeit als Vorgang des Typs N eingestuft. Dies führt zu einer Elimination aus der Cashflow-Rechnung. Erst die Zahlungen der Leasingraten werden zu einem Ausweis in der Cashflow-Rechnung führen. Darauf wird hier nicht weiter eingegangen, weil es sich dabei nicht um neutrale Vorgänge, sondern um Cashflows handelt, die unterschiedlich ausgewiesen werden dürfen. Es ist eine Aufspaltung der bezahlten Leasingrate in eine Rückzahlung des Kapitalanteils der Leasingverbindlichkeit (Cashflow aus Finanzierungstätigkeit) und in eine Zinszahlung notwendig. Bezüglich der Zuordnung der Auszahlung für den Zinsanteil auf einen Bereich der Cashflow-Rechnung wird auf Abschn. 9.3.3 verwiesen.

Analog ist zu verfahren, wenn ein Finanzierungsleasingverhältnis nach einem anderen Standard bilanziell behandelt worden ist.

Erwerb gegen langfristige Lieferantenfinanzierung
Denkbar, aber wohl eher selten, sind Transaktionen, bei denen der Lieferant ein Investitionsgut oder einen sonstigen langfristigen Vermögenswert liefert und dieses gleichzeitig langfristig finanziert, indem er z. B. ein unüblich langfristiges Zahlungsziel von z. B. zwei Jahren einräumt. Der Zugang bei dem Vermögenswert und der Zugang bei den langfristigen Finanzverbindlichkeiten werden beide im Rahmen der Herleitung der Cashflow-Rechnung als neutrale Vorgänge (N) qualifiziert und auf diese Weise aus der Darstellung der Cashflow-Rechnung eliminiert. Dadurch wird jedoch nur der Nettobetrag ohne Vorsteuer als neutral qualifiziert. Richtigerweise müsste auch noch der Anteil der langfristigen Verbindlichkeit, der auf die geschuldete Vorsteuer entfällt, ebenfalls als neutraler Vorgang betrachtet werden und innerhalb der Verbindlichkeiten des Typs G als neutraler Vorgang qualifiziert werden.

Der Vorgang ist auch in zwei Stufen denkbar, wobei in der ersten Stufe der Lieferant eine Rechnung mit üblichem (kurzfristigen Zahlungsziel) ausstellt und vor der Zahlung der Rechnung eine Vereinbarung eingeht, wonach die Verbindlichkeit in eine langfristige Darlehensschuld des Käufers umgewandelt werden soll. In diesem Fall liegen zwei neutrale Vorgänge vor. Der erste neutrale Vorgang ist der Zugang zum Anlagevermögen gegen den Zugang zu kurzfristigen Verbindlichkeiten (Verbindlichkeiten aus Lieferungen und Leistungen). Der zweite Vorgang ist die Umwandlung der kurzfristigen Verbindlichkeit in ein Darlehen. Im Zuge der Bearbeitung ist darauf zu achten, dass bei dem ersten Schritt der Anteil an den Verbindlichkeiten aus Lieferungen und Leistungen, der Investitionscharakter hat, als gesonderte Analyseposition des Typs I mit dem Nettobetrag ohne Vorsteuer ausgeschieden wird. Bei dem zweiten Vorgang erfolgt in der Position Darlehensschuld eine Qualifikation als neutraler Vorgang in voller Höhe des Zugangs der Darlehensschuld. Das Gegenstück zu diesem neutralen Vorgang ist richtigerweise aufzuspalten. Der Nettobetrag wird bei der Analyseposition des Typs I berücksichtigt, während der Betrag der Vorsteuer als neutraler Vorgang den Verbindlichkeiten des Typs G berücksichtigt wird.

Fazit

Vorgänge, bei denen ein *Zugang bei einem Vermögenswert (Investitionsvorgang) und gleichzeitig bei einer Finanzverbindlichkeit (Finanzierungsvorgang)* ohne Zahlungsfluss erfolgt, werden *durch Klassifikation dieser Zugänge als neutrale Vorgänge (N)* im Rahmen der Bearbeitung der Gegenbestandsposten *eliminiert.* Die *konkrete tatsächliche Ausgestaltung des Sachverhalts* ist genau zu analysieren. *Mehrwertsteueraspekte* sind vor allem dann zu berücksichtigen, wenn auch der Vorsteuerbetrag in den Finanzierungsvorgang miteinbezogen wird.

Die neben den oben erläuterten Fallgruppen auftretenden sonstigen neutralen Vorgänge von Anlagenzugängen in Verbindung mit dem Eingehen von langfristigen Finanzverbindlichkeiten sind analog zu den vorstehenden Erläuterungen in der Cashflow-Rechnung zu behandeln.

10.3 Erwerb von Gegenständen des Anlagevermögens gegen Abgabe von Eigenkapitalinstrumenten

Lernziel
Zugänge zum Anlagevermögen gegen Abgabe von Eigenkapitalinstrumenten in der Cashflow-Rechnung in Übereinstimmung mit den Vorgaben der Rechnungslegungsstandards darstellen.

Zugänge von Vermögenswerten mit investivem Charakter können auch durch Abgabe von Eigenkapitalinstrumenten (Anteilen am Unternehmen, z. B. Aktien) erfolgen. Dadurch ergeben sich neutrale Vorgänge, weil kein Zahlungsfluss erfolgt, jedoch ein Aktivposten und gleichzeitig ein Posten des Eigenkapitals erhöht werden. In diesem Abschnitt werden zwei besondere Vorgänge herausgegriffen. Die Darstellung ist jedoch nicht erschöpfend, sondern soll beispielhaft einzelne Vorgangsgruppen beleuchten.

10.3.1 Kapitalerhöhung mit Sacheinlage

Ein Unternehmen erhöht sein gezeichnetes Kapital durch Einlage eines Sachwerts. Auch dieser Vorgang ist ein neutraler Vorgang, der einerseits einen Investitionsaspekt (Zugang des Sachwerts) und einen Finanzierungsaspekt (Zugang im Eigenkapital) aufweist, ohne dass der Finanzmittelfonds sich deswegen verändert hätte (weder Zufluss noch Abfluss).

Bei der Bearbeitung sind solche Vorgänge in allen betroffenen Gegenbestandsposten als neutral (N) zu qualifizieren und auf diese Weise aus der Cashflow-Rechnung zu eliminieren.

10.3.2 Verschmelzung mittels Kapitalerhöhung und Aktientausch

Ein weiteres Beispiel eines neutralen Vorgangs ist eine Verschmelzung (Fusion), wobei das berichtende Unternehmen das aufnehmende Unternehmen im Rahmen der Absorption ist. Bei solchen Transaktionen übernimmt das Unternehmen Vermögenswerte und Verbindlichkeiten des übertragenden Unternehmens und überträgt an die Anteilsinhaber des übertragenden Unternehmens eigene Anteile, zumeist aus einer Kapitalerhöhung, eventuell auch aus vorhandenen eigenen Anteilen, die früher zurückgekauft worden sind. Soweit keine Geldzahlungen an die Anteilseigner des übertragenden Unternehmens erfolgt sind, liegt zum überwiegenden Teil eine komplexe neutrale Transaktion vor. Die einzige Komponente, die in der Cashflow-Rechnung Niederschlag finden muss, ist der Zugang der flüssigen Mittel, welche von dem übertragenden Unternehmen an das aufnehmende Unternehmen übertragen werden. In diesem Umfang liegt ein Cashflow aus Finanzierungstätigkeit vor.

Alle übrigen Vorgänge sind als neutraler Vorgang zu betrachten und die damit verbundenen Veränderungen sind im Zuge der Bearbeitung aller betroffener Gegenbestandsposten als neutral (N) zu qualifizieren. Dabei handelt es sich um die Zugänge aller übertragenen Vermögenswerte mit Ausnahme der übertragenen flüssigen Mittel und der Zahlungsmitteläquivalente in Übereinstimmung mit der Finanzmittelfondsdefinition der aufnehmenden Gesellschaft. Weiter sind auch die Zugänge zu den Verbindlichkeiten, einschließlich solcher mit operativer Natur, als neutrale Vorgänge einzuordnen. Die Veränderung im Eigenkapital ist sachgerecht aufzuteilen. Derjenige Anteil, der auf den Zugang der flüssigen Mittel und Zahlungsmitteläquivalente entfällt, ist im Rahmen der Cashflow-Rechnung für den Einzelabschluss mit dem Typ L und nur der verbleibende Teil als Typ N zu qualifizieren.

Fazit

Veränderungen im Eigenkapital können sich als neutrale Vorgänge herausstellen, wenn und soweit die Gegenleistung in Form von Nettovermögen erbracht wird, das nicht in den Finanzmittelfonds eingeht, sondern Posten außerhalb des Finanzmittelfonds verändert.

10.4   Verrechnung von geleisteten Anzahlungen mit Gegenständen des Anlagevermögens

Lernziel Den buchhalterischen Zugang von Gegenständen des Anlagevermögens im Umfang von früher geleisteten Anzahlungen als neutralen Vorgang beurteilen und richtig eliminieren.

Im Zeitpunkt der Leistung einer Anzahlung an den Lieferanten eines Gegenstands des Anlagevermögens erfolgt ein Cashflow aus Investitionstätigkeit, auch wenn dieser Vermögenswert noch nicht geliefert worden ist. Erfolgt die Lieferung, ist die Rechnungstellung ein neutraler Vorgang (vgl. Abschn. 10.2.1). In diesem Zeitpunkt wird die geleistete Anzahlungen zur Verrechnung gebracht. Dieser Vorgang ist als neutraler Vorgang zu identifizieren und deren Wirkung aus der Cashflow-Rechnung zu eliminieren. Dabei sind die damit verbundenen Veränderungen in den betroffenen Gegenbestandsposten als neutrale Vorgänge zu qualifizieren. Je nach Buchungstechnik sind unterschiedliche Posten davon betroffen. Jedenfalls verändert sich der Bestand der geleisteten Anzahlungen. Diese Veränderung ist ein neutraler Vorgang. Abhängig von der Buchungstechnik wird die geleistete Anzahlung entweder mit der Gesamtverbindlichkeit aus der Schlussrechnung (vor Abzug der Anzahlung) zur Verrechnung gebracht oder die Anzahlung wird auf das betreffende Anlagekonto übertragen (im Falle der Verbuchung der Schlussrechnung im Betrag nach Abzug der Anzahlung). Die erwähnten Gegenbestandsposten bilden das Gegenstück des neutralen Vorgangs im Zusammenhang mit der Abnahme des Bestands der geleisteten Anzahlungen. Zur Illustration wird ein vereinfachter Vorgang dargestellt, um die beiden Buchungsvarianten und deren Kategorisierung für die Cashflow-Rechnung deutlich zu machen. Es wird angenommen, dass ein fiktiver Mehrwertsteuersatz von 20 % zur Anwendung kommt. Es geht um eine Maschine mit einem Listenpreis von 144.000 GE (Geldeinheiten) einschließlich Mehrwertsteuer. Aus Platzgründen werden die verwendeten Konten wie folgt abgekürzt:

- Verbindlichkeiten aus Lieferungen und Leistungen[1]: VLL
- Anzahlungen auf technische Anlagen und Maschinen: Anzahlungen
- Maschinen: Maschinen
- Abziehbare Vorsteuer: Vorsteuer

In der Vorperiode hat der Lieferant bei Bestellung eine Anzahlung i. H. v. 40.000 GE zuzüglich Umsatzsteuer eingefordert und diese wurde vom Besteller bezahlt. Die Umsatzsteuer wurde nach der Nettomethode erfasst. Zu Beginn des Jahres sind geleistete Anzahlungen i. H. v. 40.000 GE in dem Konto Anzahlungen enthalten. Im Verlauf des Berichtsjahres erfolgt die Lieferung und die Schlussrechnung. Die Zahlung der Schlussrechnung wird hier nicht betrachtet. In der Tab. 10.1 wird die Verbuchung nach der Variante 1 dargestellt.

Die Variante 1 erfasst den gesamten Nettowert der Maschine im Maschinenkonto. Die auf der Schlussrechnung ausgewiesene Verrechnung mit der geleisteten Anzahlung wird im zweiten Schritt als Reduktion der Verbindlichkeit aus Lieferungen und Leistungen erfasst. Beide Vorgänge sind neutral.

---

[1] Die Eröffnungs- und Schlussbestände dieses Kontos werden, soweit diese im Zusammenhang mit einer Investitionstätigkeit stehen, bei der Herleitung der Cashflow-Rechnung als eigene Analyseposition „VLL Maschinen" mit dem Typ I ausgesondert (ohne die darin enthaltene Vorsteuer).

Tab. 10.1 Verbuchung einer Schlussrechnung mit Verrechnung der Anzahlung (Variante 1)

Vorgang	Soll-Konto	Haben-Konto	Betrag in GE	Vorgangstyp
Maschinenwert	Maschinen	VLL	120.000	N
Verrechnung	VLL	Anzahlungen	40.000	N
Mehrwertsteuer	Vorsteuer	VLL	16.000*	N

* 20 % auf der Schlussrechnung i. H. v. 80.000 GE

Tab. 10.2 Verbuchung einer Schlussrechnung mit Verrechnung der Anzahlung (Variante 2)

Vorgang	Soll-Konto	Haben-Konto	Betrag in GE	Vorgangstyp
Schlussrechnung	Maschinen	VLL	80.000	N
Verrechnung	Maschinen	Anzahlungen	40.000	N
Mehrwertsteuer	Vorsteuer	VLL	16.000*	N

* 20 % auf der Schlussrechnung i. H. v. 80.000 GE

Die Variante 2 ist in der Tab. 10.2 dargestellt. Die Schlussrechnung wird in Höhe des Betrags nach Abzug der geleisteten Anzahlung im Maschinenkonto erfasst. Die geleistete Anzahlung wird mit der Schlussrechnung von dem Anzahlungskonto auf das Maschinenkonto umgebucht. Auch diese Buchungsvariante generiert zwei neutrale Vorgänge, die in der Cashflow-Rechnung zu eliminieren sind.

Die Mehrwertsteuerbuchung ist ebenfalls ein neutraler Vorgang. Es wird aber unterstellt, dass sie in demjenigen Anteil des Kontos VLL erfasst wird, der als Geschäftstätigkeit klassifiziert wird. In Folge davon ergibt sich ein neutraler Vorgang der zwei Konten betrifft, die beide der Geschäftstätigkeit zugeordnet sind. Als Konsequenz der summarischen Vorgehensweise nach der indirekten Methode besteht keine Notwendigkeit, diesen Vorgang aus der Cashflow-Rechnung zu eliminieren, weil er methodenbedingt gar nicht erscheint und dies auch von den Standards zumindest nicht für die indirekte Methode gefordert wird (vgl. Abschn. 4.1.3.5).

In der Cashflow-Rechnung werden nur die Zahlungen zur Begleichung der Nettobeträge aus der Schlussrechnung, d. h. im vorliegenden Beispiel die Zahlung i. H. v. 80.000 GE als Cashflow aus Investitionstätigkeit gezeigt. Erfolgen diese erst in der Folgeperiode, würde der gesamte Vorgang in dem obigen Illustrationsbeispiel nicht in der Cashflow-Rechnung aufscheinen, obwohl das Konto Maschinen eine Zunahme i. H. v. 120.000 GE und das Konto geleistete Anzahlungen eine Abnahme i. H. v. 40.000 GE als Folge dieses Vorgangs enthalten.

Fazit

Die korrekte Klassifikation von neutralen Vorgängen im Zusammenhang mit der Verrechnung von früher geleisteten Anzahlungen für Gegenstände des Anlagevermögens bewirkt, dass der Vorgang aus der Cashflow-Rechnung eliminiert und somit nicht irrtümlich als Cashflow aus Investitionstätigkeit dargestellt wird.

10.5　Wertanpassungen über das Eigenkapital (IFRS)

Lernziel
Die Qualifikation von Wertanpassungen über das sonstige Gesamtergebnis nach IFRS als neutralen Vorgang begründen und umsetzen.

IFRS kennt das Konzept einer Gesamtergebnisrechnung, die aus der Gewinn-und-Verlust-Rechnung einerseits und den Posten des sonstigen Ergebnisses („other comprehensive income", OCI) besteht (vgl. IAS 1.81A, IASB 2022, S. A999). Während die Cashflow-Rechnung nach der indirekten Methode üblicherweise das Ergebnis der Gewinn-und-Verlust-Rechnung als Ausgangspunkt verwendet (vgl. IAS 7.18 (b), IASB 2022, S. A978), werden die Vorgänge im Bereich des sonstigen Ergebnisses in der Cashflow-Rechnung als nicht erfolgswirksame Posten betrachtet. Bei den Posten des sonstigen Ergebnisses handelt es sich um Wertanpassungen von Vermögenswerten oder Verbindlichkeiten, die nicht in der Gewinn-und-Verlust-Rechnung erfasst werden. Die Gegenbuchungen zu diesen Wertanpassungen werden vielmehr direkt in einer Position des Eigenkapitals, zumeist in besonders dafür geschaffenen Rücklagen, erfasst. Der Ausweis in der Gesamtergebnis-rechnung dient primär der Transparenz über diese faktisch direkt im Eigenkapital, unter Umgehung der Gewinn-und-Verlust-Rechnung, erfassten Vorgänge. Im Ergebnis handelt es sich trotz transparentem Ausweis über das sonstige Ergebnis innerhalb der Gesamt-ergebnisrechnung aus Sicht der Herleitung der Cashflow-Rechnung um Wertanpassungen von Vermögenswerten und Verbindlichkeiten direkt über eine Rücklage im Eigenkapital.

▶　　Daher sind diese Transaktionen als *neutrale Vorgänge* und nicht als erfolgswirksame Vorgänge bei der Analyse der Veränderungen von Bilanzposten einzuordnen.

Dieser Abschnitt bezieht sich ausschließlich auf die Cashflow-Rechnung nach IFRS, weil nur nach diesem Standard das Konzept des sonstigen Ergebnisses existiert. In der Folge werden einige Beispiele solcher Transaktionsgruppen skizziert und deren Behand-lung im Rahmen der Herleitung der Cashflow-Rechnung aufgezeigt. Die aufgeführten Gruppen bilden keine abschließende Aufzählung. Die Regelungen werden zudem verein-fachend und zusammenfassend dargestellt. Auf die Beschreibung der Einzelheiten der zu-grunde liegenden Standards wird verzichtet.

Finanzinstrumente zum Fair Value mit Anpassung über das sonstige Ergebnis
IFRS kennt eine Kategorie von Vermögenswerten, die auf einem Finanzinstrument basie-ren, deren Folgebewertung zum Fair Value (beizulegender Zeitwert) erfolgt. Alle in diese Bewertungskategorie fallenden Vermögenswerte werden noch feiner untergliedert in sol-che, deren Wertanpassung über die Gewinn-und-Verlust-Rechnung und solche, deren

Wertanpassung über das sonstige Ergebnis erfasst wird. Diese letztere Gruppe steht im Zentrum dieses Abschnitts (vgl. IFRS 9.4.1.2A, IASB 2022, S. A380). Auf die verschiedenen Erscheinungsformen solcher Vermögenswerte wird hier nicht eingegangen. Es können beispielsweise bestimmte Investitionen (z. B. Obligationen) darunter fallen, die nicht nur bis zur Endfälligkeit gehalten werden, sondern eventuell vorher veräußert werden können. Es handelt sich also um Vermögenswerte, die aus Sicht der Cashflow-Rechnung als Investitionstätigkeiten qualifiziert werden.

Wie oben bereits erwähnt, stellt die Erfassung der Anpassung des Fair Value im Rahmen der Folgebewertung formal zwar ein Element der Gesamtergebnisrechnung dar, ist jedoch für Zwecke der Erstellung der Cashflow-Rechnung materiell wie eine direkte Erfassung in einer Rücklage des Eigenkapitals zu beurteilen. Damit bildet die Anpassungsbuchung im Rahmen der Folgebewertung einen klassischen neutralen Vorgang. Es wird hier vorausgesetzt, dass es sich um einen Vermögenswert handelt, der nicht Teil des Finanzmittelfonds bildet.

Beispiel

Beispiel eines neutralen Vorgangs im Zusammenhang mit einem finanziellen Vermögenswert

Ein nach IFRS bilanzierendes Unternehmen hält nicht an der Börse gehandelte Obligationen. Aufgrund ihrer ungenügenden Liquidität und der Laufzeit qualifizieren sie nicht als Zahlungsmitteläquivalente. Dennoch wird nicht ausgeschlossen, dass sie vor Endfälligkeit verkauft werden. Solche Vermögenswerte gelten nach IFRS als finanzielle Vermögenswerte, deren Folgebewertung zum Fair Value und die Gegenbuchung zu der Anpassung des Fair Value über das sonstige Ergebnis erfolgt.

Im Rahmen der Herleitung der Cashflow-Rechnung wird diese Bilanzposition, welche sich außerhalb des Finanzmittelfonds befindet, analysiert. Die auf die Anpassung des Fair Value entfallende Veränderung stellt einen neutralen Vorgang (N) dar. Die Rücklage für Neubewertungen nach IFRS 9 enthält die Gegenbuchung. Dieser Anteil an der Veränderung der Rücklage wird als neutraler Vorgang qualifiziert. ◄

Anwendung der Neubewertungsmethode für Gegenstände des Anlagevermögens
Der Standard IAS 16 und der Standard IAS 38 (vgl. IASB 2022) kennen das sog. Neubewertungsmodell als Alternative zum Kostenmodell, welches eine Bilanzierung zu fortgeführten Anschaffungs- oder Herstellkosten vorsieht. Das Neubewertungsmodell zeichnet sich dadurch aus, dass eine regelmäßige, aber nicht jährliche Neubewertung erfolgt. Die Neubewertung sieht eine Anpassung auf den Fair Value zum Bilanzstichtag vor. Diese Anpassung erfolgt, abgesehen von bestimmten Ausnahmen, über das sonstige Ergebnis. Diese Anpassungen werden auch als Veränderung einer Neubewertungsrücklage nach IAS 16 bzw. IAS 38 im Eigenkapital abgebildet. Im Kern ergibt sich damit eine Erfassung über das Eigenkapital.

▶   Bei der Anwendung der Neubewertungsmethode nach IAS 16 oder IAS 38 sind über
     das sonstige Ergebnis erfasste Wertanpassungen auf den aktuellen Fair Value als
     neutrale Vorgänge in der Cashflow-Rechnung zu beurteilen.

Ein Posten des Sachanlagevermögens oder der immateriellen Vermögenswerte verändert sich und gleichzeitig verändert sich im gleichen Umfang eine Rücklage innerhalb des
Eigenkapitals. Dies ist ein Investitionsvorgang und gleichzeitig ein Finanzierungsvorgang
ohne Zahlungsstrom. Daher ist dieser Vorgang aus der Cashflow-Rechnung zu eliminieren, indem er bei der Analyse der Veränderungen als neutraler Vorgang (N) qualifiziert wird.

Wertanpassung von Verbindlichkeiten aus Pensionsverpflichtungen nach IAS 19
Neben Wertanpassungen von Vermögenswerten, die ihren Niederschlag in dem sonstigen
Ergebnis finden, sind vereinzelt auch Wertanpassungen von bestimmten Verbindlichkeiten
über das sonstige Ergebnis zu erfassen. IAS 19.120 (c) (vgl. IASB 2022, S. A1196) sieht
vor, dass die Neubewertung bestimmter Netto-Pensionsverpflichtungen über das sonstige
Ergebnis zu erfassen ist. Im Ergebnis verändert der dort erfasste Neubewertungserfolg die
Rücklage für Neubewertung nach IAS 19 im Eigenkapital. Es ergibt sich auch hier ein
neutraler Vorgang, der einerseits einen Posten des Fremdkapitals und andererseits einen
Posten des Eigenkapitals verändert. Die Rücklage ist als Posten mit dem Charakter einer Finanzierungstätigkeit zu qualifizieren, und somit ist dieser neutrale Vorgang wegen
fehlender Zahlungsflüsse nicht in der Cashflow-Rechnung aufzuführen.

Fazit

Die nach IFRS *über das sonstige Ergebnis erfassten Wertänderungen stellen neutrale Vorgänge dar*, soweit sie Posten außerhalb des Finanzmittelfonds betreffen. Sowohl die Veränderung des bewerteten Postens als auch die korrespondierende Veränderung der Rücklage sind als neutrale Vorgänge zu qualifizieren.

10.6   Sonstige Veränderungen des Eigenkapitals

Lernziel
Beispiele für Veränderungen des Eigenkapitals aufzählen und erläutern, welche davon als neutrale Vorgänge aus der Cashflow-Rechnung zu eliminieren sind.

Im Bereich des Eigenkapitals sind mehrere Fallgruppen von neutralen Vorgängen denkbar.
Eine sorgfältige Analyse der Veränderung der Posten des Eigenkapitals ist besonders

wichtig, um diese Vorgänge zu identifizieren. In der Folge werden einige solche Beispiele herausgegriffen ohne Anspruch auf Vollständigkeit zu erheben.

Dividendengutschrift auf das Verbindlichkeitskonto
Bei der Umsetzung von Beschlüssen der Hauptversammlung der Aktionäre oder Gesellschafter im Zusammenhang mit der Ausschüttung einer Dividende ergeben sich regelmäßig neutrale Vorgänge. Wird ein Dividendenbeschluss buchhalterisch umgesetzt, verändert sich ein Posten des Eigenkapitals (z. B. der Gewinnvortrag) und gleichzeitig erhöhen sich Verbindlichkeiten (z. B. die Verbindlichkeiten gegenüber Gesellschaftern für offene Ausschüttungen sowie die Verbindlichkeiten aus Einbehaltungen für offene Ausschüttungen, sofern anwendbar). Bei den Verbindlichkeiten aus Einbehaltungen sind Verbindlichkeiten im Zusammenhang mit Kapitalertragsteuern[2] auf Dividendenausschüttungen angesprochen. Es handelt sich ganz offensichtlich um neutrale Vorgänge, da kein Zahlungsstrom erfolgt ist und zwei, eventuell drei Bilanzposten außerhalb des Finanzmittelfonds angesprochen sind, die insgesamt keine Wirkung auf die Gewinn-und-Verlust-Rechnung haben.

► Dividendengutschriften an Aktionäre und Einbehaltungen (Kapitalertragsteuer, Verrechnungssteuer) sind als neutrale Vorgänge zu qualifizieren und aus der Cashflow-Rechnung zu eliminieren.

Davon zu unterscheiden sind selbstredend die anschließend erfolgenden Zahlungsvorgänge, die als Finanzmittelfonds-wirksame Vorgänge (L) zu beurteilen sind (Auszahlung Dividende, Abführung Kapitalertragsteuer).

Zuweisung zu Rücklagen
Im Rahmen von Gewinnverwendungsbeschlüssen können Teile des Bilanzgewinns in Rücklagen[3] eingestellt werden. Solche Vorgänge betreffen zwei Posten des Eigenkapitals und sind als neutrale Vorgänge (N) bei der Analyse der beiden Posten zu bezeichnen. Dies bewirkt, dass die entsprechenden Veränderungen nicht fälschlicherweise als Zahlungsströme in der Cashflow-Rechnung zum Ausweis gelangen.

Naturaldividende
Erfolgt eine Ausschüttung nicht in Form von Zahlungsmitteln, sondern in Sachwerten, liegt ebenfalls kein Zahlungsstrom vor. Die Dividendenausschüttung ist als neutraler Vorgang zu beurteilen und die Veränderung der davon betroffenen beiden Bilanzposten ist entsprechend zu qualifizieren, damit diese Ausschüttung nicht als Zahlungsstrom in der Cashflow-Rechnung ausgewiesen wird.

---

[2] Schweiz: Verrechnungssteuern auf Dividenden.
[3] Schweiz: Reserven.

Fazit

Veränderungen in den Posten des Eigenkapitals sind häufig auf neutrale Vorgänge zurückzuführen. Die sorgfältige Analyse dieser Posten mit Blick auf zahlungsunwirksame Vorgänge mit Gegenbuchung in einem anderen Bilanzposten außerhalb des Finanzmittelfonds ist wichtig, um Fehldarstellungen der Cashflow-Rechnung zu vermeiden.

10.7 Mehrwertsteuer

Die meisten Länder der Welt haben ein System der Mehrwertsteuer eingeführt. Dabei werden auf gewissen Umsatzerlösen Steuern erhoben, die auf die Abnehmer zu überwälzen ist (Umsatzsteuer). Im Gegenzug können sich mehrwertsteuerpflichtige Unternehmen die bezahlten Mehrwertsteuern auf bezogenen Lieferungen und Leistungen und auf Investitionen in Gegenstände des Anlagevermögens als sog. Vorsteuer von der Steuerbehörde zurückerstatten lassen. Zumeist wird diese Rückerstattung im Wege der Verrechnung mit abzuliefernden Umsatzsteuern ohne tatsächlichen Geldfluss erledigt. Lediglich die Abführung der Differenz zwischen geschuldeten Umsatzsteuern und dem Vorsteuerguthaben stellt einen Zahlungsstrom dar.

Die Behandlung der Mehrwertsteuern in der Cashflow-Rechnung wird jedoch nur selten in der Lehre behandelt. Es stellen sich dazu aber einige Fragen:

- Sind Kundenzahlungen und Lieferantenzahlungen mit oder ohne den darin enthaltenen Mehrwertsteuerbetrag als Ein- bzw. Auszahlung in der Cashflow-Rechnung auszuweisen?
- Werden Abführungen an das Finanzamt als gesonderter Posten in der Cashflow-Rechnung ausgewiesen?
- Sind die Zahlungen an Lieferanten für Gegenstände des Anlagevermögens vollumfänglich als Investitionstätigkeit zu beurteilen oder ist die darin enthaltene Vorsteuer ein Cashflow aus Geschäftstätigkeit?
- Sind erhaltene Zahlungen im Zusammenhang mit Veräußerungen von Gegenständen des Anlagevermögens auch bezüglich des darin enthaltenen Umsatzsteueranteils als Cashflow aus Investitionstätigkeit einzuordnen?
- Besteht die Notwendigkeit neutrale Vorgänge im Zusammenhang mit der Mehrwertsteuer zu identifizieren und damit aus der Cashflow-Rechnung zu eliminieren?

Es gibt zu diesen Fragen nicht immer eindeutige und abschließende Antworten aus den Regelwerken. Deshalb wird in diesem Abschnitt ein Konzept der Behandlung entwickelt, das eine pragmatische Antwort zu den Fragen gibt und aufzeigt, wie sich diese Behandlung im Rahmen der modifizierten derivativen Herleitung mit indirekter Methode umsetzen lässt. Auf die Behandlung der Mehrwertsteueraspekte bei Anwendung der direkten Methode geht dieser Abschnitt nicht ein.

Es werden nachfolgend drei Aspekte der Mehrwertsteuer beleuchtet. Es geht zunächst um die Ausarbeitung eines Konzepts zur Behandlung von Mehrwertsteuern in der Cashflow-Rechnung, die mit den hier beigezogenen Rechnungslegungsstandards konform sein ist. Im Abschn. 10.7.1 werden Mehrwertsteuervorgänge in typische Gruppen zusammengefasst und deren Klassifizierung hinsichtlich Vorgangstyp beschrieben. Im Zusammenhang mit Mehrwertsteuer entstehen auch Bilanzbestände. Deren Einordnung hinsichtlich des Tätigkeitsbereichs der Cashflow-Rechnung steuert den Ausweis damit verbundener Zahlungsströme. Diese Thematik wird in Abschn. 10.7.2 näher untersucht und ein Konzept dazu vorgelegt und begründet. Bei in Rechnung gestellten Mehrwertsteuerbeträgen handelt es sich überwiegend um neutrale Vorgänge. Entsprechend dürfen sie nicht zu einem Ausweis als Zahlungsstrom in der Cashflow-Rechnung führen. Um dies zu erreichen, stellt sich die Frage, wie dies im Rahmen der modifizierten derivativen Herleitung mit indirekter Methode konkret umgesetzt wird. Die Ausführungen in Abschn. 10.7.3 geben dazu Antworten.

10.7.1 Typische Mehrwertsteuervorgänge und deren Einordnung

Lernziel
Typische Vorgänge im Zusammenhang mit der Mehrwertsteuer hinsichtlich Vorgangsart richtig einordnen.

Die Mehrwertsteuer tritt in den meisten Jurisdiktionen sowohl bei ausgehenden Lieferungen und Leistungen und als auch bei eingehenden Lieferungen und Leistungen auf. Die *ausgehenden Umsatzgeschäfte* umfassen hauptsächlich die Umsatzerlöse aus Lieferungen und Leistungen, einschließlich damit zusammenhängender Anzahlungen, und die Nettoerlöse aus der Veräußerung von Gegenständen des Anlagevermögens. Die *eingehenden Umsatzgeschäfte* betreffen hauptsächlich die Aufwendungen für Material, Waren und Dienstleistungen, einschließlich damit zusammenhängender Anzahlungen, sowie die Anschaffungen von Gegenständen des Anlagevermögens.

Dies ist ein Aspekt der Mehrwertsteuer. Im Rahmen der Nettomethode wird in den meisten Jurisdiktionen die Mehrwertsteuer bei Lieferung oder Leistung auf der Rechnung ausgewiesen und in diesem Zeitpunkt buchhalterisch gesondert erfasst. Dies sind regelmäßig neutrale Vorgänge. Wird im Zuge der Anwendung der modifizierten derivativen Herleitung unterstellt, dass Bargeschäfte zweistufig erfasst werden, als ob sie ein Kreditgeschäft mit unmittelbar darauf folgender Zahlung seien, kann festgehalten werden, dass der *Vorgang der Entstehung einer Umsatzsteuerschuld, bzw. eines Vorsteuerguthabens immer ein neutraler Vorgang (Typ N) darstellt*. Es handelt sich um Vorgänge, bei denen sich zwei Bilanzposten außerhalb des Finanzmittelfonds verändern, ohne dass ein Zahlungsstrom damit verbunden wäre.

Indirekt mit der Mehrwertsteuer stehen auch die *erhaltenen und die geleisteten Zahlungen betreffend den im ersten Abschnitt oben beschriebenen Lieferungen und Leistungen sowie Anschaffungen und Veräußerungen von Gegenständen des Anlagevermögens im Zusammenhang.* Es handelt sich hierbei um Vorgänge, die den Finanzmittelfonds verändern und deshalb werden sie als *Typ L* eingeordnet. Soweit es sich um mehrwertsteuerpflichtige Vorgänge handelt, enthalten die geleisteten und erhaltenen Zahlungen die oben beschriebenen Mehrwertsteuervorgänge. Die Beträge der Zahlungen übersteigen im Umfang der darin enthaltenen Mehrwertsteuerbeträge die in der Gewinn-und-Verlust-Rechnung bzw. in den Posten des Anlagevermögens erfassten Buchungsbeträge. Es stellt sich die Frage, in welchen Tätigkeitsbereichen diese anteiligen Beträge der Zahlungen in der Cashflow-Rechnung auszuweisen sind. Dieser Frage geht der Abschn. 10.7.2 nach.

Schließlich werden im Rahmen der *Umsatzsteuervoranmeldung* verbuchte Beträge in dem Konto Vorsteuern und verbuchte Beträge in dem Konto geschuldete Umsatzsteuer umgebucht. Diese Umbuchungen stellen klassische *neutrale Vorgänge (Typ N)* dar.

Umsatzsteuervorauszahlungen und die Abführung der geschuldeten Umsatzsteuer abzüglich des Vorsteuerguthabens stellen demgegenüber zahlungswirksame Vorgänge (Typ L) dar.

▶   Die *Vorgänge im Zusammenhang mit Mehrwertsteuer* umfassen neben neutralen Vorgängen auch Anteile von erhaltenen und geleisteten Zahlungen aus Lieferungen und Leistungen sowie aus Anschaffungen und Veräußerungen von Gegenständen des Anlagevermögens. Im Rahmen der Abrechnung und des Zahlungsverkehrs mit dem Finanzamt ergeben sich weitere *neutrale, aber auch zahlungswirksame Vorgänge.*

10.7.2 Mehrwertsteuervorgänge und Tätigkeitsbereiche

Lernziel
Die Zuordnung von Mehrwertsteuervorgängen zu Tätigkeitsbereichen beschreiben, begründen und anwenden.

Die oben im Abschn. 10.7.1 skizzierten Vorgänge im Zusammenhang mit Mehrwertsteuern führen auch zu einer Vielzahl von damit zusammenhängenden Bilanzbeständen. Deren Zuordnung zu einem Tätigkeitsbereich steuert den Ausweis von zahlungswirksamen Vorgängen in der Cashflow-Rechnung. Daher steht in diesem Abschnitt die Frage im Zentrum, welche Bilanzbestände im Zusammenhang mit Mehrwertsteuern zu beachten sind und wie diese im Rahmen der Kategorisierung der Bilanzpositionen (Abschn. 5.2) den Tätigkeitsbereichen zuzuordnen sind.

Die *direkt mit Mehrwertsteuern im Zusammenhang stehenden Bilanzposten* sind in den sonstigen Vermögensgegenständen bzw. den sonstigen Verbindlichkeiten enthalten. Es handelt sich dabei um Konten im Zusammenhang mit Vorsteuerguthaben, mit Forderungen aus geleisteten Umsatzsteuervorauszahlungen und aus geschuldeter Umsatzsteuer. Wie oben dargestellt, sind in diesen Bilanzposten sowohl neutrale wie auch zahlungswirksame Vorgänge enthalten.

Indirekt im Zusammenhang mit Mehrwertsteuern stehen aber auch andere Bilanzposten, an die zunächst nicht gedacht wird. Es handelt sich um die in Forderungskonten enthalten Teilbeträgen, die auf Umsatzsteuer entfallen, bzw. um in Verbindlichkeitskonten enthaltene Teilbeträge, die auf Vorsteuern entfallen. Diese Teilbeträge in den Anfangs- und Schlussbeständen resultieren aus einer Mischung von neutralen Vorgängen und Zahlungsvorgängen. (vgl. Abschn. 10.7.1).

Allen vorgenannten Posten der Bilanz ist gemeinsam, dass sie eine *Mischung von Beständen und Vorgängen enthalten, die im Zusammenhang mit der Geschäftstätigkeit und der Investitionstätigkeit angefallen sind.* Ein Vorsteuerguthaben oder ein Verbindlichkeitskonto kann Teilbeträge enthalten, die aus der Beschaffung von Material oder Waren und der Inanspruchnahme von Dienstleistungen stammen (Geschäftstätigkeit). Es können aber auch Teilbeträge enthalten sein, die aus dem Erwerb von Gegenständen des Anlagevermögens herrühren (Investitionstätigkeit). Genauso verhält es sich mit Forderungskonten und dem Konto geschuldete Umsatzsteuer. Sie können Mehrwertsteuerbeträge enthalten, die im Zusammenhang mit der Erzielung von Umsatzerlösen aus Lieferungen und Leistungen entstanden sind (Geschäftstätigkeit). Aber auch die Veräußerung von Gegenständen des Anlagevermögens kann zu solchen mehrwertsteuerbedingten Teilbeträgen in den erwähnten Konten führen (Investitionstätigkeit).

Sind die in Bilanzposten enthaltenen Umsatzsteueranteile oder Vorsteueranteile, die im Zusammenhang mit einer Investitionstätigkeit angefallen sind, als Investitionstätigkeit zu klassifizieren und entsprechend abzuspalten (vgl. Abschn. 5.2.2)? Hierzu sind die allgemeinen Regeln der Zuteilung (vgl. Abschn. 4.3.1) heranzuziehen. Die Zuordnung der restlichen Anteile von Bilanzbeständen zur Geschäftstätigkeit steht außer Frage.

Zunächst ist der Vorgang des Erwerbs eines Gegenstands des Anlagevermögens zu betrachten. Dann wird die Klassifikation des Vorgangs der Veräußerung eines Gegenstand des Anlagevermögens davon abgeleitet. Bei einem Mehrwertsteuervorgang, welcher mit einem Erwerbsvorgang mit Investitionscharakter zusammenhängt, kann zunächst die buchhalterische Behandlung analysiert werden. Der Rechnungsbetrag setzt sich aus dem Wert des Gegenstands des Anlagevermögens (Nettowert) und dem Betrag der in Rechnung gestellten Mehrwertsteuer (Vorsteuer) zusammen. Der Nettowert wird im Anlagevermögen erfasst, während die Vorsteuer im Umlaufvermögen erfasst wird. Beide Vorgänge sind neutrale Vorgänge (N), sofern bei Barkäufen eine zweistufige Verbuchung unterstellt wird. Es sei zur Vereinfachung angenommen, dass die Zahlung der Rechnung genau in Höhe des in Rechnung gestellten Betrags erfolgt. Dies ist ein zahlungswirksamer Vorgang (L). Es stellt sich die Frage, ob diese Zahlung in vollem Umfang unter den Cashflows aus Investitionstätigkeit in der Cashflow-Rechnung ausgewiesen werden muss oder soll? Erfüllt auch der darin enthaltene Teilbetrag, der auf die Vorsteuer entfällt, die Voraussetzungen einer Klassifikation als Geldabfluss aus Investitionstätigkeit? Falls dies nicht der Fall wäre, würde der Teilbetrag automatisch als Geldabfluss aus Geschäftstätigkeit klassifiziert.

IAS 7.16 umfasst eine Erläuterung von Investitionstätigkeiten, die unter anderem folgenden Satz umfasst: „Only expenditures that result in a recognised asset in the statement of financial position are eligible for classification as investing activities" (IASB 2022, S. A977). Obwohl sich die Aussage nur auf Aufwendungen bezieht, kann meines Erachtens auch eine Auszahlung, die rein bilanziell erfasst wird, nach dieser Regel beurteilt werden. In diesem Sinne wäre im Umkehrschluss derjenige Anteil der Zahlung für den Gegenstand des Anlagevermögens, der nicht in einem in der Bilanz angesetzten Vermögensgegenstand resultiert, nicht der Investitionstätigkeit zuzuordnen. Zumindest in dem Anlagevermögen wird aber im Ergebnis nur derjenige Teil der Zahlung als Vermögensgegenstand angesetzt, der dem Nettowert entspricht. Der auf die Vorsteuer entfallende Betrag wurde zwar im Ergebnis auch in der Bilanz angesetzt, aber im Umlaufvermögen als Vorsteuerguthaben. Ob dieser Posten der laufenden Geschäftstätigkeit oder der Investitionstätigkeit zuzuordnen ist, kann damit nicht abschließend entschieden werden.

Nach den Erläuterungen zur Definition der Investitionstätigkeit in DRS 21 „zählen Aktivitäten, die zu einer Erhöhung des Buchwerts eines in der Konzernbilanz angesetzten Vermögensgegenstands des Anlagevermögens führen" (DRSC 2017, Tz. 9) zur Investitionstätigkeit. Allerdings erlaubt die Formulierung nicht den Umkehrschluss, dass Aktivitäten, die zu keiner Erhöhung des Buchwerts führen, nicht als Investitionstätigkeit zu werten sind. Insofern lässt sich aus den Standards keine eindeutige Lösung der Klassifikationsfrage ableiten.

Dennoch dürfte es aus Sicht der Aussagekraft der Cashflow-Rechnung nicht ganz unsachgemäß sein, die Auszahlungen für Investitionen in Gegenstände des Anlagevermögens im gleichen Betrag auszuweisen, wie die in der Bilanz ersichtlichen angesetzten Zugänge im Anlagevermögen, sofern die Zahlungen auch in der gleichen Periode geleistet wurden. Dies würde dafür sprechen, die Vorsteueranteile in den Zahlungen nicht als Geldabflüsse aus Investitionstätigkeit, sondern als solche aus Geschäftstätigkeit zu behandeln. Dies sind allerdings kaum taugliche Argumente im Rahmen der Auslegung. Vielmehr hilft bei der Klärung der Frage der *Rückgriff auf die Regelung betreffend die Behandlung von Ertragsteuern in der Cashflow-Rechnung* weiter.

Auch wenn die Regelungen zur Klassifikation von Ertragsteuern nicht auf Mehrwertsteuern anwendbar sind, kann sie nach Einschätzung des Autors als Auslegungshilfe herangezogen werden. Die in IAS 7.35 und IAS 7.36 festgehaltenen Bestimmungen über die Klassifikation von Zahlungsströmen aus Ertragsteuern enthalten verschiedene Elemente. Einerseits wird als Vereinfachungsregel festgehalten, dass der zahlungswirksame Anteil von Ertragsteuern unter den Cashflows aus Geschäftstätigkeit auszuweisen ist. Die Regel wird nur durch die Ausnahme durchbrochen, die vorsieht, dass eine bestimmte Steuerzahlung spezifisch einer Investitions- oder Finanzierungstätigkeit zugeordnet werden kann. In den Erläuterungen wird ergänzend darauf hingewiesen, dass es oft praktisch nur mit unverhältnismäßigem Aufwand möglich, teilweise sogar völlig unmöglich wäre, geleistete

Steuerzahlungen den drei Tätigkeitsbereichen eindeutig zuzuordnen (vgl. IASB 2022, S. A981). Analog stellt sich im Grunde die Situation bei den Mehrwertsteuern dar. Die eigentlichen Steuerzahlungen bestehen aus der Abführung der geschuldeten Umsatzsteuern abzüglich der Vorsteuerguthaben sowie aus der Überweisung von Umsatzsteuervorauszahlungen. Diese Zahlungen lassen sich nicht in praktikabler Art und Weise auf Vorgänge der Geschäftstätigkeit und Vorgänge der Investitionstätigkeit zuordnen, bzw. aufteilen. Es dürfte somit im Analogieschluss auch im Sinne des IASB sein, als praktikable Vereinfachungslösung die *Zahlungsströme im Zusammenhang mit der Abführung des Betreffnisses aus Umsatzsteuervoranmeldungen und aus Umsatzsteuervorauszahlungen einheitlich dem Bereich der Cashflows aus Geschäftstätigkeit zuzuordnen.*

Konsequenterweise sollten dann auch die in Auszahlungen an Lieferanten und Dienstleister enthaltenen Vorsteuerbeträge und die in den Einzahlungen aus Umsatzgeschäften mit Kunden und Einzahlungen für veräußerte Gegenstände des Anlagevermögens enthaltenen Umsatzsteueranteile einheitlich als Cashflow aus Geschäftstätigkeit klassifiziert werden. Aus einer wirtschaftlichen Betrachtung stehen die Abführungen an das Finanzamt und die erhaltenen Nettozahlungen aus Umsatzsteuern und Vorsteuern in einem engen wirtschaftlichen Kontext und bilden im Grunde durchlaufende Posten. Vor diesem Hintergrund wäre es unverständlich, wenn die Zahlungen an das Finanzamt einheitlich als Cashflow aus Geschäftstätigkeit, die von Dritten erhaltenen Umsatzsteuerzahlungen bzw. die an Dritte geleisteten Zahlungen für Vorsteuerbeträge dann jedoch differenziert auf unterschiedliche Tätigkeitsbereiche zuzuteilen wären. Vielmehr ist es unter der obigen Annahme konsequent, die in Zahlungen im Zusammenhang mit von Dritten enthaltenen Umsatzsteuern und die in Zahlungen an Dritte enthaltenen Vorsteuern genauso einheitlich den Cashflows aus der Geschäftstätigkeit zuzuordnen. Würde man dies nicht tun, müssten auch die Umsatzsteuervorauszahlungen und die Abführungen an das Finanzamt im Zusammenhang mit Umsatzsteuervoranmeldungen ebenso differenziert behandelt werden. Dies dürfte für die meisten Unternehmen eine unpraktikable Anforderung darstellen.

▶   Im Ergebnis kann festgehalten werden, dass es vertretbar ist, den in erhaltenen Zahlungen für veräußerte Gegenstände des Anlagevermögens enthaltenen Teilbetrag, der auf die Umsatzsteuer aus dieser Transaktion rechnerisch entfällt, als Cashflow aus Geschäftstätigkeit zu klassifizieren. Als Konsequenz aus vorstehenden Betrachtungen ist der in geleisteten Anzahlungen und Zahlungen für den Erwerb von Gegenständen des Anlagevermögens rechnerisch enthaltene Vorsteueranteil als Cashflow aus Geschäftstätigkeit zu klassifizieren.

Dies hat weitgehende Konsequenzen. Bei der Aufspaltung von Forderungskonten wegen darin enthaltener Investitionstätigkeiten ist zu beachten, dass nur die Nettobeträge[4] der Anfangs- und Endbestände betreffend Forderungen aus Investitionstätigkeit abgespalten werden und somit die darauf entfallenden Umsatzsteuerbeträge in den Forderungen aus

---

[4] Im Sinne des Werts der in Rechnung gestellten Lieferungen oder Leistungen (ohne Umsatzsteuer).

Geschäftstätigkeit verbleiben. Analog ist auch bei der Aufspaltung von Verbindlichkeits-
beständen in solche, die als Geschäftstätigkeit und solche, die als Investitionstätigkeit
klassifiziert werden sollen, zu beachten, dass nur Nettobeträge der Anfangs- und Endbestände betreffend Verbindlichkeiten aus Investitionstätigkeit abgespalten werden und somit die darauf entfallenden Umsatzsteuerbeträge in den Verbindlichkeiten aus Geschäftstätigkeit verbleiben (vgl. zur Illustration Abschn. 5.2.2).

Das International Financial Reporting Interpretations Committee (IFRIC) hat die
Frage des Ausweises von Mehrwertsteuern in der Cashflow-Rechnung im Rahmen von
„agenda decisions" diskutiert. Es ging um die Frage, ob ein Projekt in den Arbeitsplan
aufzunehmen sei, das sich mit der Frage befasst, zu klären, ob Zahlungsströme, über
die nach IAS 7 berichtet wird, einschließlich oder ausschließlich Mehrwertsteuer zu
bemessen sind. Anlass waren Berichte, wonach in der Praxis diesbezüglich unterschiedliche Vorgehensweisen zu beobachten seien, insbesondere bei Unternehmen, die
Cashflows aus Geschäftstätigkeit nach der direkten Methode ausweisen. Das IFRIC hat
dazu lediglich festgehalten, dass IAS 7 die Behandlung von Mehrwertsteuern nicht
ausdrücklich adressiert. Es sei zudem im Sinne von IAS 1 angemessen, darauf hinzuweisen, ob sich die unsaldiert ausgewiesenen Zahlungsflüsse ein- oder ausschließlich
Mehrwertsteuer verstehen. Die Aufnahme eines eigenen Projekts zu diesem Thema
wurde verworfen. Dem IASB wurde empfohlen, die Thematik im Rahmen des Projekts
über „performance reporting" bei der nächsten Überarbeitung von IAS 7 zu berücksichtigen (vgl. IASB 2015, S. 5).

„Allgemein gilt aber das alternative Vorgehen als bevorzugt, die Cash Flows in den
einzelnen Bereichen zunächst exklusive Mehrwertsteuern darzustellen und dann die
Netto-Steuerzahlung dem operativen Bereich zuzuordnen" (Geuppert 2003, S. 53). Dieser
Vorgehensweise folgt auch die hier dargestellte Variante der modifizierten derivativen
Herleitungssystematik.

10.7.3 Elimination von neutralen Mehrwertsteuervorgängen

Lernziel
Die Notwendigkeit der Elimination von neutralen Vorgängen im Bereich der Mehrwertsteuer beurteilen.

Unter der Voraussetzung, dass die Klassifikation von Bilanzbeständen im Sinne des Abschn. 10.7.2 erfolgt, wird im Anschluss davon abgeleitet, was dies für die Elimination der
zahlreichen neutralen Vorgänge im Zusammenhang mit Mehrwertsteuern bedeutet. Wenn
alle neutralen Vorgänge und auch die zahlungswirksamen Vorgänge im Zusammenhang
mit Mehrwertsteuern einheitlich als Geschäftstätigkeit klassifiziert werden, dann trifft dies
auch für die in diesem Zusammenhang entstandenen Bilanzbestände zu.

Neutrale Vorgänge im Zusammenhang mit Mehrwertsteuern betreffen regelmäßig weder einen Bilanzposten der Investitions-, noch der Finanzierungstätigkeit, sondern ausschließlich einen Bilanzposten mit Charakteristik der Geschäftstätigkeit.

▶ Rein innerhalb des Bereichs der Gegenbestandsposten mit Geschäftstätigkeitscharakter erfolgte neutrale Vorgänge bedürfen bei der indirekten Methode keiner gesonderten Elimination. Systembedingt eliminieren sich solche Vorgänge selbst.

Bekanntlich ist die indirekte Methode dadurch charakterisiert, dass lediglich der Gesamtbetrag der indirekt ermittelten Cashflows aus Geschäftstätigkeit in summarischer Weise ermittelt wird. Die zur Herleitung verwendeten Posten sind keine Zahlungsflüsse, sondern lediglich Einzelheiten der derivativen Herleitung mit der indirekten Methode. Wenn keine Ein- oder Auszahlungen ausgewiesen werden, besteht keine Gefahr, dass neutrale Vorgänge fälschlicherweise als Zahlungsflüsse ausgewiesen werden könnten. Vielmehr heben sich die neutralen Vorgänge, die zwei Gegenbestandsposten des Bereichs der Geschäftstätigkeit betreffen, rechnerisch auf und haben somit keinen unerwünschten Effekt auf das Gesamtergebnis der indirekten Berechnung der Summe der Cashflows aus Geschäftstätigkeit.

Fazit

Die im Zusammenhang mit einer Transaktion verbuchte Mehrwertsteuer stellt *überwiegend einen neutralen Vorgang (N)* dar. Einzig die Abführung der geschuldeten Mehrwertsteuer und Umsatzsteuervorauszahlungen stellen Vorgänge dar, die mit einem Zahlungsstrom verbunden sind (Typ L). Die Zuordnung von Mehrwertsteuervorgängen und Bilanzbeständen im Zusammenhang mit Mehrwertsteuer zu Tätigkeitsbereichen ist in den Rechnungslegungsstandards nicht immer eindeutig geregelt. In der hier vertretenen modifizierten derivativen Herleitung werden sie als *Cashflows aus Geschäftstätigkeit* eingestuft, auch wenn sie im Zusammenhang mit einer Investitionstätigkeit anfallen. Die *Elimination von Mehrwertsteuervorgängen neutraler Art ist nicht notwendig*, weil im Rahmen der *indirekten Methode* ohnehin keine zahlungswirksamen Einzeltransaktionen im Bereich der Cashflows aus Geschäftstätigkeit ausgewiesen werden. Die in Zahlungsvorgängen im Zusammenhang mit Investitionstätigkeiten enthaltenen Mehrwertsteuerbeträge werden aus Praktikabilitätsgründen analog zu der Qualifikation von Ertragsteuerzahlungen den Cashflows aus Geschäftstätigkeit zugerechnet.

10.8 Kapitalertragsteuer, Verrechnungssteuer

Die meisten Jurisdiktionen sehen eine weitere Form der Steuer vor. Dabei werden an der Quelle durch das auszahlende Unternehmen Einbehalte auf bestimmte Auszahlungen, in der Regel aus Kapitalerträgen, zumeist auf gewisse Zinsen, Dividenden und manchmal auch auf Lizenzgebühren, vorgenommen und an die zuständige Finanzbehörde abgeführt. Die Steuer kann als Abgeltungssteuer oder als Sicherungssteuer ausgestaltet sein. Ist die

Steuer eine Abgeltungssteuer, dann ist sie für die Cashflow-Rechnung bei dem Empfänger der Zahlung aus Kapitalerträgen wie eine Ertragsteuer zu behandeln. Dies ist auch für den nicht rückerstattungsfähigen Teil im Rahmen von länderübergreifenden Rückerstattungsverfahren auf Grundlage von Doppelbesteuerungsabkommen der Fall. Wird hingegen die Steuer als Sicherungssteuer ausgestaltet, erfolgt eine Erstattung oder eine Anrechnung an die festgesetzte Ertragsteuer. Diese Steuern werden als Kapitalertragsteuer (Deutschland, Österreich) und als Verrechnungssteuer (Schweiz) bezeichnet. Für die Behandlung der Steuer in der Cashflow-Rechnung ist deren Qualifikation als Abgeltungs- oder als Sicherungssteuer von Bedeutung.

10.8.1 Rückbehalte mit Abgeltungswirkung

Lernziel
Die Behandlung der Kapitalertragsteuer in der Cashflow-Rechnung im Falle der Qualifikation als Abgeltungssteuer beschreiben und erläutern.

Stellt die Kapitalertragsteuer eine definitive Besteuerung von Kapitalerträgen dar, ohne dass diese in der Steuererklärung noch zu deklarieren sind, handelt es sich bei der Kapitalertragsteuer um eine Sonderform der Ertragsteuer. Regelmäßig wird die Steuer jedoch von Dritten abgeführt, sodass bei dem Empfänger des Kapitelertrags kein Zahlungsfluss im Zusammenhang mit der Kapitalertragsteuer anfällt. Bei der Einbehaltung der Kapitalertragsteuer durch Dritte handelt sich bei dem Empfänger der Kapitalerträge um einen erfolgswirksamen Vorgang, weil damit ein Teil der Körperschaftsteuer nicht mehr erklärt werden muss und eine definitive Besteuerung der Kapitalerträge erfolgt ist. Dies ist für Kapitalerträge im Rahmen einer unternehmerischen Tätigkeit jedoch eine Ausnahme.

Rückbehalte in Form von Kapitalertragsteuer mit Abgeltungswirkung treten häufiger im Zusammenhang mit erhaltenen Zahlungen wegen Dividendenausschüttungen oder Zinsen auf. Im Zuge der Klassifikation von Gegenbestandsposten ist zunächst eine Analyseposition auszuscheiden und als Kategorie A zu klassifizieren (außer nach Swiss GAAP FER 4), weil es sich um Erträge handelt, deren Zahlungswirkungen gesondert in der Cashflow-Rechnung ausgewiesen werden müssen (vgl. Abschn. 9.1.4 und 9.1.5). In dieser Analyseposition ergeben sich dann im Falle einer einzigen Transaktion z. B. die in Tab. 10.3 dargestellten Vorgänge. Es wird angenommen, dass der Steuersatz für Kapitalertragsteuern 25 % betrage.

In der Tab. 10.3 steht der Erfassung der Brutto-Zinserträge als Forderung in der Analyseposition eine Gegenbuchung in der Gewinn-und-Verlust-Rechnung gegenüber (Erträge aus Zinsen). Die Kapitalertragsteuer ist wie ein Körperschaftsteueraufwand ebenfalls erfolgswirksam erfasst. Der einzige Vorgang, der in der Cashflow-Rechnung ausgewiesen wird, ist der Zahlungseingang i. H. v. 750. Je nach anwendbarem Regelwerk erfolgt der Ausweis unter den Cashflows aus Geschäftstätigkeit oder aus Investitionstätigkeit. Die beiden erfolgswirksamen Vorgänge werden in der Cashflow-Rechnung im Rahmen der

Tab. 10.3 Vorgänge in der Analyseposition Forderungen aus erhaltenen Zinsen (bei Kapitalertragsteuer mit Abgeltungswirkung)

Vorgang	Soll	Haben	Vorgangstyp*
Zinsertrag	1000		E
Kapitalertragsteuer		250	E
Bankgutschrift		750	L

* E = erfolgswirksam, L = liquiditätswirksam

indirekten Methode bei der Herleitung des Cashflows aus Geschäftstätigkeit zur Darstellung gelangen. Weil die Kapitalertragsteuer keinen Zahlungsfluss beim empfangenden Unternehmen zur Folge hat, wird sie nicht unter den Zahlungen aus Ertragsteuern berücksichtigt.

In gleicher Weise wird mit nicht rückforderbaren und nicht an inländische Kapitalertragsteuern anrechenbare Anteile von im Ausland abgezogenen Quellensteuern verfahren. Sie stellen ebenfalls eine definitive Ertragsteuerbelastung dar.

Die *Behandlung von solchen Rückbehalten durch ein Unternehmen, das eine Auszahlung von Zinsen oder Dividenden vornimmt*, ist von erfolgs-, zahlungswirksamen und neutralen Vorgängen geprägt, deren Zuordnung zu Tätigkeitsbereichen nicht klar geregelt ist. Es wird erneut für die Analyse so vorgegangen, als ob die Dividende oder die Zinsen zunächst ungekürzt einem Verbindlichkeitsposten gutgeschrieben worden wären. Der Rückbehalt von Kapitalertragsteuer auf Dividendenausschüttungen und Zinsen führt beim rückbehaltenden Unternehmen zu einem neutralen Vorgang. Es handelt sich um die Umbuchung aus dem Verbindlichkeitskonto aus geschuldeter Dividende bzw. geschuldeten Zinsen auf eine Verbindlichkeit gegenüber dem Finanzamt.

Die Zuordnung der Verbindlichkeit gegenüber dem Finanzamt zu einem der drei Tätigkeitsbereiche ist nicht mehr eindeutig. Sie steuert jedoch den Ausweis der in dieser Analyseposition getätigten Zahlung an das Finanzamt. Grundsätzlich könnte die Position als Posten der Geschäftstätigkeit eingeordnet werden. Dies wäre dann der Fall, wenn es sich dabei um darin enthalten Vorgänge handelt, die nicht im Zusammenhang mit der Investitions- oder Finanzierungstätigkeit stehen. Da die Zuordnung von bezahlten Zinsen und Dividenden nicht in allen Standards eindeutig geregelt ist, sondern teilweise Wahlrechte bestehen, dürfte es angemessen sein, die Zahlung der Kapitalertragsteuer dem gleichen Tätigkeitsbereich zuzuordnen wie die zugrunde liegende Zins- oder Dividendenzahlung. Die Steuerzahlung kann direkt dem Bereich Investitions-, Finanzierungs- oder Geschäftstätigkeit zugeordnet werden. Entsprechend kann eine Aufspaltung der Verbindlichkeit gegenüber dem Finanzamt auf Verbindlichkeiten aus Kapitalertragsteuer auf Zinsen und solche auf Dividenden notwendig werden. Auch wenn es aus formaler Sicht wohl korrekter wäre, die Abführung der Kapitalertragsteuer an das Finanzamt[5] in der Cashflow-Rechnung als bezahlte Kapitalertragsteuer zu bezeichnen und abhängig von ihrer Bedeutung eventuell gesondert auszuweisen, halte ich es aufgrund einer wirtschaftlichen Betrachtungsweise auch als vertretbar und sachgemäß, diese Zahlung als bezahlte Dividende, bzw. als bezahlte Zinsen auszuweisen. Dabei ist die Tatsache wegleitend, dass das

---

[5] Schweiz: Zahlung der Verrechnungssteuer an die Eidgenössische Steuerverwaltung.

Unternehmen nicht von ihm selbst zu tragende Steuern zahlt, sondern lediglich einen Rückbehalt zu Lasten eines Dritten vornimmt. Die Steuer ist dem Empfänger zu überwälzen und von ihm zu tragen.

10.8.2 Rückbehalte mit Sicherungszweck ohne Abgeltungswirkung

Lernziel
Die Behandlung der Kapitalertragsteuer/Verrechnungssteuer in der Cashflow-Rechnung im Falle der Qualifikation als reine Sicherungssteuer beschreiben und erläutern.

Ist der Rückbehalt jedoch als reine Sicherungssteuer ausgestaltet, sollte der Vorgang anders gesehen werden. In diesem Fall wird der an der Quelle einbehaltene Betrag bei korrekter Deklaration der Kapitalerträge in der Steuererklärung wieder von der Finanzbehörde zurückerstattet. Die Rückerstattung kann dabei als Zahlungsstrom erfolgen oder im Wege der Verrechnung mit geschuldeten Ertragssteuern.

Bei der Analyse der Vorgänge ist zunächst wegen des zumeist notwendigen gesonderten Ausweises von Dividenden und Zinsen eine Analyseposition zu bilden, die den Typ A aufweist. Diese Position könnte z. B. als Forderung aus Zinsen bzw. Forderungen aus Dividenden bezeichnet werden. In der Tab. 10.4 wird diese Analyseposition und die darin zu identifizierenden Vorgänge dargestellt. Es wird von einer Verrechnungssteuer i. H. v. 35 % ausgegangen.

Im Gegensatz zu der Analyse mit der Abgeltungswirkung wird bei der reinen Sicherungswirkung der Einbehalt der Verrechnungssteuer als neutraler Vorgang qualifiziert. Es erfolgt ein Ansatz eines Erstattungsanspruchs in einem anderen Bilanzkonto. Dem Einbehalt in der Analyseposition Forderung aus erhaltenen Dividenden steht ein Zugang bei dem Bilanzkonto Erstattungsanspruch Verrechnungssteuer gegenüber. Dabei handelt es sich um einen neutralen Vorgang, der in der Cashflow-Rechnung keine Berücksichtigung findet. In der Cashflow-Rechnung wird die Zahlung i. H. v. 650 als erhaltene Dividende ausgewiesen. Der erfolgswirksame Vorgang (Dividendenertrag i. H. v. 1000) wird im Rahmen der Herleitung des Cashflows aus Geschäftstätigkeit nach der indirekten Methode berücksichtigt.

Tab. 10.4 Forderungen aus erhaltenen Dividenden bei Verrechnungssteuer mit Sicherungswirkung

Vorgang	Soll	Haben	Vorgangstyp*
Dividendenertrag	1000		E
Verrechnungssteuer		350	N
Bankgutschrift		650	L

* E = erfolgswirksam, L = liquiditätswirksam, N = neutral

Wird Erstattung durch die Finanzbehörde (hier die Eidgenössische Steuerverwaltung) in Form einer Zahlung geleistet, wird für die Behandlung dieser Zahlung vorgeschlagen, diese nicht als Steuerrückerstattung zu sehen, sondern als eine zeitverzögerte Auszahlung des zurückbehaltenen Anteils der Dividende oder der Zinsen. Dies ist zweifelsfrei eher eine wirtschaftliche Betrachtungsweise, die nach IFRS durchaus angebracht sein dürfte. Ob dies auch im Rahmen der Anwendung des DRS 21 oder der AFRAC-Stellungnahme 36 zulässig wäre, wird offen gelassen. Jedenfalls sollte die entsprechende Zahlung in dem gleichen Tätigkeitsbereich ausgewiesen werden, wie die frühere Einzahlung aus Dividende, bzw. aus Zinsen.

Erfolgt die Erstattung durch Verrechnung mit Ertragsteuerverbindlichkeiten, stellt sich die Frage des Ausweises in der Cashflow-Rechnung nicht, weil es sich bei dieser Verrechnung um einen neutralen Vorgang handelt. Der Erstattungsanspruch und die Verbindlichkeit aus Ertragsteuern sind dabei berührt. Beides sind Gegenbestandsposten und es erfolgt kein Zahlungsstrom.

Bezüglich der Behandlung von *Vorgängen im Zusammenhang mit Kapitalertragsteuern (Verrechnungssteuern) bei dem ausschüttenden bzw. auszahlenden Unternehmen* gelten die Ausführungen in den Abschn. 10.8.1 sinngemäß auch im Falle des Vorliegens keiner Abgeltungswirkung.

Fazit

Die Behandlung von an der Quelle zurückbehaltenen Steuern auf Kapitalerträge (Kapitalertragsteuer, Verrechnungssteuer) in der Cashflow-Rechnung ist *von ihrer konkreten Ausprägung im Einzelfall abhängig*. Bei einer *Abgeltungswirkung* sind sie *als Ertragsteuer-Aufwand zu behandeln*. Im Falle einer Rückerstattung (reine *Sicherungswirkung*) wird hier unter Anwendung einer wirtschaftlichen Betrachtungsweise vorgeschlagen, die Zahlung aus *Rückerstattung wie eine zeitverzögerte Einzahlung aus Zinsen oder Dividenden zu behandeln und in dem entsprechenden Tätigkeitsbereich auszuweisen*. Bei einer Verrechnung des Erstattungsbetrags mit Ertragsteuerverbindlichkeiten ist ein neutraler Vorgang gegeben, der zu keinem Ausweis in der Cashflow-Rechnung führt.

10.9   Offenlegungspflichten zu neutralen Vorgängen

Lernziele
Die in den Standards IAS 7, DRS 21, AFRAC 36 und Swiss GAAP FER 4 bestehenden Offenlegungsvorschriften zu neutralen Vorgängen beschreiben und erläutern.

Neutrale Vorgänge kommen nicht in der Geldflussrechnung zum Ausdruck, weil unmittelbar daraus keine Zahlungsströme entstehen. „Während zum Transaktionszeitpunkt keine Zahlungswirkungen entstehen, sind die Non-Cash-Transaktionen dennoch regelmässig mit direkten Auswirkungen auf *zukünftige* Cash Flows verbunden" (Geuppert 2003, S. 48–49). Dies und die Tatsache, dass diese Vorgänge die Vermögens- und Finanzierungslage verändern, sind die Gründe, warum die meisten Regelwerke Pflichten zur Offenlegung solcher Vorgänge enthalten. Nachfolgend werden diesbezügliche Regelungen für die vier Standards IAS 7, DRS 21, AFRAC 36 und Swiss GAAP FER 4 dargestellt.

IAS 7

Investitions- und Finanzierungstransaktionen, welche keine Veränderung des Finanzmittelfonds bewirken, sind nach IAS 7.43 nicht in der Cashflow-Rechnung, sondern an anderer Stelle des Finanzberichts offenzulegen. Die Offenlegung soll alle relevanten Informationen über diese Aktivitäten enthalten (vgl. IASB 2022, S. A983). Üblicherweise erfolgt die Offenlegung durch Angabe der relevanten Informationen im Anhang. IAS 7 überlässt die Auslegung des Begriffs der relevanten Informationen dem berichterstattenden Unternehmen.

Ergänzend dazu ist darauf hinzuweisen, dass das IASB mit der Erweiterung des IAS 7 um die Rz. 44A – 44E (vgl. IASB 2022, S. A983–A984) weitere Offenlegungen hinsichtlich der Veränderung von Verbindlichkeiten aus Finanzierungstätigkeiten verlangt, welche auch neutrale Vorgänge umfassen (vgl. IAS 7.44A, IASB 2022, S. A983). In gewissem Umfang können auch Veränderungen von finanziellen Vermögenswerten von dieser Offenlegungspflicht betroffen sein, sofern Zahlungsströme daraus in den Bereich der Cashflows aus Finanzierungstätigkeit einbezogen wurden oder in der Zukunft noch werden (vgl. IAS 7.44C, IASB 2022, S. A983).

DRS 21

Die Offenlegungspflichten des DRS 21 sind überwiegend in den Tz. 52–53 zu finden. Nach Tz. 53 besteht ein Wahlrecht, die ergänzenden Angaben entweder „geschlossen unter der Kapitalflussrechnung oder im Anhang zu machen" (DRSC 2017). Unter anderen sind „wesentliche zahlungsunwirksame Investitions- und Finanzierungsvorgänge und Geschäftsvorfälle" (DRSC 2017, Tz. 52) als ergänzende Angaben zur Kapitalflussrechnung aufzunehmen.

AFRAC 36

„Investitions- und Finanzierungsvorgänge, die zwar die Vermögens- und Kapitalstruktur des Unternehmens beeinflussen, aber nicht mit Zahlungen verbunden sind, sind nicht in die Geldflussrechnung aufzunehmen. Sie sind gesondert darzustellen und im Anhang entsprechend zu erläutern" (AFRAC 2020, Rz. (29), S. 9). Bezüglich der neutralen Vorgänge im Zusammenhang mit Vorgängen im Sinne von AFRAC 36 Rz. (30) wird bezüglich Offenlegungspflichten festgehalten, dass Investitionstätigkeiten mit branchenüblichem Zahlungsziel, jedoch ohne Zahlung bis zum Abschlussstichtag, zur Erreichung einer „gesamthaften Darstellung der Investitionstätigkeit" zu erläutern seien (AFRAC 2020, S. 10).

Swiss GAAP FER 4
Der Standard Nr. 4 von Swiss GAAP FER hält zu den nichtliquiditätswirksamen Investitions- und Finanzierungstätigkeiten fest, dass diese „im Anhang der Jahresrechnung erläutert" werden (vgl. Swiss GAAP FER 2020, Rz. 6, S. 41).

Fazit

Die Offenlegungsvorschriften der vier untersuchten Standards zur Cashflow-Rechnung sind in dem Punkt übereinstimmend, dass *nicht liquiditätswirksame Investitions- und Finanzierungsvorgänge offenzulegen* sind. Zumeist ist die Offenlegung *im Anhang* verlangt. Vereinzelte *weitere Offenlegungen* sind in bestimmten Standards vorgesehen.

Die Qualität einer Cashflow-Rechnung steigt mit der konsequenten Identifikation und Elimination von neutralen Vorgängen. Damit werden Fehlaussagen der Cashflow-Rechnung beseitigt und dafür gesorgt, dass die Rechnung ihrer Bezeichnung gerecht wird und nur „Cashflows" (Zahlungsströme) enthält. Davon ausgenommen bleibt die Herleitung der Summe der Cashflows aus Geschäftstätigkeit, welche bei der Anwendung der indirekten Methode auch Posten verwendet, die keine Cashflows sind. Die vorstehend dargestellten Offenlegungsvorschriften sollen dazu beitragen, dass die bilanziellen Veränderungen und die Angaben in der Cashflow-Rechnung besser zueinander in Beziehung gesetzt werden können und damit auch zukünftige Zahlungsströme aus den noch nicht liquiditätswirksamen neutralen Vorgängen abgeleitet werden können.

Kapitel-Zusammenfassung

Neutrale Vorgänge (N) sind rein **bilanzielle Vorgänge außerhalb des Finanzmittelfonds**. Nicht mitgemeint sind erfolgswirksame Vorgänge (E). Neutrale Vorgänge sind eine Teilmenge der nicht finanzmittelfonds-verändernden Vorgänge. Insofern handelt es sich um **Vorgänge, die keinen Zahlungsstrom bewirken**. Solche Vorgänge sollen daher **nicht in der Cashflow-Rechnung dargestellt** werden, wie wenn ein Zahlungsstrom erfolgt wäre. In diesem Kapitel wurde mit zahlreichen Beispielen aufgezeigt, dass es viele Erscheinungsformen von neutralen Vorgängen gibt und wie sie so analysiert und behandelt werden, dass sie nicht in der Cashflow-Rechnung aufscheinen. Die **unvollständige Elimination solcher Vorgänge führt zu Fehldarstellungen in der Cashflow-Rechnung**. Daher ist der Identifikation solcher Vorgänge große Aufmerksamkeit im Herleitungsprozess zu schenken. Die meisten Standards verlangen eine **Offenlegung** von gewissen neutralen Vorgängen im Finanzbericht, insbesondere von wesentlichen Finanzierungs- und Investitionsvorgängen ohne Zahlungsfluss.

Literatur

Austrian Financial Reporting and Auditing Committee – AFRAC (2020) AFRAC-Stellungnahme 36: Geldflussrechnung (UGB). AFRAC, Wien

Deutsches Rechnungslegungs Standards Committee e.V. (DRSC) (2017) Deutscher Rechnungslegungs Standard Nr. 21 (DRS 21) Kapitalflussrechnung. DRSC, Berlin

Geuppert F (2003) Cash flow accounting (Diss. St. Gallen). Difo-Druck, Bamberg

International Accounting Standards Board (IASB) (2015) IFRIC update. Newsletter of the International Financial Reporting Interpretations Committee. Aug 2015. https://www.ifrs.org/content/dam/ifrs/news/updates/ifrs-ic/2005/august-2005-ifric-update.pdf. Zugegriffen am 05.09.2022

International Accounting Standards Board (IASB) (2022) IFRS® Standards required for accounting periods beginning on or after 1 January 2022, excluding changes not yet required. IFRS Foundation, London

SWISS GAAP FER, Stiftung für Fachempfehlungen zur Rechnungslegung (2020) Fachempfehlungen zur Rechnungslegung. Stand: 1. Januar 2020. Stiftung für Fachempfehlungen zur Rechnungslegung, St. Gallen

Zanetti A (2018) Geldflussrechnung. Derzeitige Praxis und wie kommt man der Wahrheit näher? Expert Focus 8:528–533

Besondere erfolgswirksame Vorgänge

Zahlungswirksamkeit ausgewählter Posten der Gewinn-und-Verlust-Rechnung

Die Gewinn-und-Verlust-Rechnung beinhaltet einige Posten, welche bei der Erstellung der Cashflow-Rechnung besonderer Beachtung bedürfen. In diesem Kapitel werden einige davon hervorgehoben und Lösungsansätze für die Überleitung von der Gewinn-und-Verlust-Rechnung zu den damit verbundenen Zahlungsströmen in der Cashflow-Rechnung beschrieben. Es geht zunächst um die Problematik von aktivierten Eigenleistungen, deren Zahlungswirksamkeit nicht mit dem in der Gewinn-und-Verlust-Rechnung ausgewiesenen Betrag übereinstimmt (Abschn. 11.1). Weiter werden die bereits in anderen Kapiteln thematisierten Zinsen, Ertragsteuern und Dividenden unter dem Gesichtspunkt der Überleitung auf Zahlungsströme angesprochen (Abschn. 11.2). Bei der Veräußerung von Gegenständen des Anlagevermögens sind in der Praxis unterschiedliche Buchungstechniken anzutreffen. Lösungsansätze für die Überleitung in die Cashflow-Rechnung werden dazu angeboten (Abschn. 11.3). Schließlich sind nach DRS 21 auch außergewöhnliche Erträge und Aufwendungen auf ihre Zahlungswirksamkeit hin zu beurteilen, weil die damit verbundenen Zahlungsströme gesondert auszuweisen sind (Abschn. 11.4).

Gemeinsam an den behandelten Themen ist die Problematik, dass der in der Gewinn-und-Verlust-Rechnung ausgewiesene Betrag nicht immer mit dem damit zusammenhängenden Zahlungsfluss in der aktuellen Periode übereinstimmt. In gewissen Fällen liegt dies in der Sache selbst begründet. In anderen Fällen können zeitliche Verschiebungen des Anfalls von Zahlungen und Aufwendungen oder Erträgen die Ursache sein. Vereinzelt treten beide Ursachen gleichzeitig auf.

Zudem können Regelwerke verlangen, dass im Zusammenhang mit gewissen Posten der Gewinn-und-Verlust-Rechnung stehende Zahlungsströme, auch wenn es sich um solche der Cashflows aus Geschäftstätigkeit handelt, gesondert nach der direkten Methode

M. Fontana, *Cashflow Rechnung mit System*, https://doi.org/10.1007/978-3-658-40719-3_11

ausgewiesen werden müssen. Dies erfordert, dass diese Vorgänge bei der Ermittlung des Cashflows aus Geschäftstätigkeit nach der indirekten Methode unberücksichtigt bleiben.

Die in Kap. 5 entwickelte Systematik der Herleitung kann diese Problemstellungen bewältigen. In der Folge wird aufgezeigt, wie dies bei den herausgegriffenen Posten der Gewinn-und-Verlust-Rechnung konkret umgesetzt wird.

11.1   Aktivierte Eigenleistungen

Lernziele
- Den aktivierten Eigenleistungen zugrunde liegende Aufwendungen und Zahlungsströme aufzählen.
- Die Berücksichtigung eines Aufrechnungspostens für aktivierte Eigenleistungen in der indirekten Ermittlung der Cashflows aus Geschäftstätigkeit begründen und erläutern.
- Gründe für die sachliche Abweichung zwischen aktivierten Eigenleistungen in der Gewinn-und-Verlust-Rechnung und den Cashflows aus Investitionstätigkeit infolge Eigenleistungen nennen.
- Beispiele für zeitliche Verschiebungen zwischen dem Anfall der Auszahlungen für aktivierte Eigenleistungen und der Erfassung in der Gewinn-und-Verlust-Rechnung aufzählen.
- Die Erhöhung des Totals der Cashflows aus Geschäftstätigkeit um die in der Periode geleisteten Zahlungen für Eigenleistungen für Gegenstände des Anlagevermögens erläutern.
- Die technische Umsetzung der Umgliederung der geleisteten Zahlungen für Eigenleistungen für Gegenstände des Anlagevermögens in den Bereich der Cashflows aus Investitionstätigkeit beschreiben.

Der Begriff aktivierte Eigenleistungen umfasst die als Aufwand erfassten Lieferungen und Leistungen sowie weitere direkt zurechenbare Herstellungsgemeinkosten, die zunächst in der Gewinn-und-Verlust-Rechnung erfasst wurden und nach Fertigstellung eines Gegenstands des Anlagevermögens (Maschine, Patentrecht, Umbau eines Gebäudes usw.) mit einer pauschalen Umbuchung aus der Gewinn-und-Verlust-Rechnung in das Anlagevermögen übertragen werden. Bei den als Aufwand erfassten Lieferungen und Leistungen kommen vor allem die Beschaffung von Material, Fremdleistungen in Betracht. Zudem sind die anteiligen Kosten des für die Herstellung eingesetzten Personals zu berücksichtigen. Darüber hinaus werden im Rahmen einer Herstellkostenkalkulation weitere Anteile von Aufwendungen nach Maßgabe kostenrechnerischer Umlagetechniken miteinbezogen (Material- und Fertigungsgemeinkosten). Für weitere Einzelheiten hinsichtlich Ermittlung von Herstellungskosten wird auf entsprechende Spezialliteratur und anwendbare Rechnungslegungsstandards verwiesen.

Die Analyse der Vorgänge im Zusammenhang mit aktivierten Eigenleistungen lässt sich grob in zwei Elemente aufteilen. Das erste Element betrifft den Anfall des Aufwands und das zweite Element ist die Entlastung der Gewinn-und-Verlust-Rechnung durch Umbuchung der kalkulierten Herstellungskosten in das Anlagevermögen.

▶   Aktivierte Eigenleistungen bestehen aus buchhalterischer Sicht einerseits aus verschiedenen Arten von *Aufwendungen und* andererseits aus *einer einzigen pauschalen Umbuchung aus der Gewinn-und-Verlust-Rechnung in die Bilanz.*

Das erste Element kann zahlungswirksame Teile und nicht zahlungswirksame Teile enthalten. Das zweite Element ist in jedem Fall kein zahlungswirksamer Vorgang, sondern eine buchhalterische Transaktion ohne Veränderung des Finanzmittelfonds. Es ist, isoliert betrachtet, ein Anlagenzugang ohne Geldabfluss. Aus Sicht des Bilanzpostens im Anlagevermögen handelt es sich um einen Vorgang, der in der Analyse dem Veränderungstypus E (erfolgswirksam) zugeordnet wird. Dies bewirkt im Ergebnis, dass bei der indirekten Methode zur Herleitung der Summe der Cashflows aus Geschäftstätigkeit der Betrag der Erträge aus aktivierten Eigenleistungen von dem Periodenergebnis in Abzug zu bringen ist. Grundsätzlich ist jede erfolgswirksame Veränderung in einem Gegenbestandsposten, welcher der Investitionstätigkeit zugeordnet wird, in dieser Überleitung zu berücksichtigen (vgl. Abschn. 6.3.1). Dies ist analog zu den Abschreibungsaufwendungen zu sehen, die ebenfalls eine erfolgswirksame Veränderung in einem Gegenbestandsposten des Anlagevermögens (Typ I) bewirken.

▶   Die *Umbuchung aus der Gewinn-und-Verlust-Rechnung in die Bilanz* verändert den Finanzmittelfonds nicht. Der „Ertrag" aus Umbuchung wird im Rahmen der indirekten Methode als Überleitungsposten berücksichtigt, weil die Gegenbuchung in der Bilanz einen Posten des Typs Investitionstätigkeit betrifft.

Der unter dem Titel aktivierte Eigenleistungen umgebuchte Betrag stimmt zwar mit der Summe der in der Gewinn-und-Verlust-Rechnung erfassten Aufwendungen überein und wird in der Herstellkostenkalkulation nachgewiesen. Diese Aufwendungen können mit Zahlungsströmen verbunden sein. Bei der Überleitung auf die für die Cashflow-Rechnung einer Periode relevanten Zahlungsströme ist jedoch zu berücksichtigen, dass nicht alle Zahlungsströme in der Periode der Aktivierung der Herstellungskosten angefallen sein müssen. Zudem sind nicht alle Elemente der Herstellkostenkalkulation mit Zahlungsströmen verbunden.

In sachlicher Hinsicht können in der Herstellkostenkalkulation Elemente enthalten sein, die grundsätzlich mit keinem Zahlungsfluss in der aktuellen Periode in Verbindung stehen. Namentlich die in der Kalkulation im Rahmen von Umlagebeträgen einkalkulierten anteiligen Abschreibungen, z. B. der am Herstellprozess beteiligten Maschinen, stehen beispielsweise nicht mit Zahlungsflüssen in Verbindung.

▶ Aus Sicht der Cashflow-Rechnung sind die in der Herstellkostenkalkulation ausgewiesenen Posten daraufhin zu beurteilen, ob sie in der aktuellen Periode eine Veränderung des Finanzmittelfonds bewirkt haben. Für anteilige Abschreibungen trifft dies z. B. nicht zu.

Es gibt aber auch zeitliche Verschiebungen zwischen Anfall des Aufwands und Zeitpunkt der Auszahlung. Werden beispielsweise Materialien in der vorangehenden Periode eingekauft, aber nicht verbraucht, bewirkt dies zwar eine Auszahlung, aber keinen Aufwand in der Vorperiode. In der aktuellen Periode erfolgt ein Bezug aus den Vorräten. Dies hat zwar einen Aufwand, aber keinen Zahlungsfluss mehr zur Folge. Ein weiteres Beispiel könnte eine Rechnung für eine Fremdleistung darstellen, die periodengerecht als Aufwand in der aktuellen Periode erfasst wurde, jedoch erst in der Folgeperiode bezahlt wird.

▶ Zeitliche Verschiebungen zwischen Anfall des Aufwands und der Auszahlung können bewirken, dass in der Herstellkostenkalkulation ausgewiesenen Posten nicht in der aktuellen Periode eine Veränderung des Finanzmittelfonds bewirkt haben.

Die korrekte Ermittlung der tatsächlichen Auszahlungen in der aktuellen Periode für Aufwendungen, die in der Herstellkostenkalkulation für aktivierte Eigenleistungen enthalten sind, ist mitunter eine erhebliche Herausforderung, die nur mit Zugang zu internen betrieblichen Informationen und Buchhaltungsdaten zu bewältigen ist. Außenstehenden ist die korrekte Ermittlung des relevanten Zahlungsbetrags nicht möglich. Die Annahme, dass alle Aufwendungen zahlungswirksam sind, greift jedoch in den meisten Fällen zu kurz und führt zu Fehldarstellungen in der Cashflow-Rechnung.

Die in der aktuellen Periode zahlungswirksamen Anteile der Herstellkostenkalkulation sind trotz der oben erwähnten Berücksichtigung des Ertrags aus aktivierten Eigenleistungen im Rahmen der indirekten Methode immer noch im Gesamtbetrag der Cashflows aus Geschäftstätigkeit enthalten. Andererseits fehlen diese Auszahlungen im Bereich der Cashflows aus Investitionstätigkeit. Es ist daher notwendig, den ermittelten Betrag der in der Periode zahlungswirksam gewordenen Aufwendungen im Zusammenhang mit den aktivierten Eigenleistungen zwischen den beiden erwähnten Tätigkeitsbereichen zu verschieben.

▶ Der ermittelte Betrag der in der Periode *zahlungswirksam* gewordenen Aufwendungen im Zusammenhang mit den aktivierten Eigenleistungen wird umgegliedert, indem der Gesamtbetrag des Cashflows aus Geschäftstätigkeit in diesem Umfang erhöht und bei den Cashflows aus Investitionstätigkeit eine Auszahlung berücksichtigt wird.

Die Erhöhung der Summe der Cashflows aus Geschäftstätigkeit stellt eine Neutralisierung der Auszahlungen dar, die nicht der Geschäftstätigkeit zuzurechnen sind, sondern der Investitionstätigkeit. Nach der Umgliederung ergibt sich eine Situation, wie wenn diese Auszahlungen von vorneherein nicht in dem Gesamtbetrag der Cashflows aus Geschäftstätigkeit enthalten gewesen wären. Aus technischen Gründen ist eine offen ausgewiesene Umgliederung unausweichlich. Eine Zuordnung der Umgliederung auf einzelne Auszahlungsklassen wäre nur im Rahmen der direkten Methode durchführbar. Eine Verrechnung des Betrags der Umgliederung im Zusammenhang mit zahlungswirksamen Aufwendungen mit dem Überleitungsposten im Zusammenhang mit dem Ertrag aus aktivierten Eigenleistungen beurteile ich zwar nicht als sachgerecht; sie kann jedoch infolge eines starren Gliederungsschemas teilweise erzwungen werden. Durch Offenlegung der Verrechnung im Anhang können die Elemente der Verrechnung dennoch transparent gemacht werden. Es könnte auch argumentiert werden, dass im Ergebnis nach Verrechnung der nicht zahlungswirksame Teil des Ertrags aus aktivierten Eigenleistungen bei der Herleitung des Cashflows aus Geschäftstätigkeit berücksichtigt wird. Bei integraler Betrachtung der beiden Elemente des Vorgangs ist diese Sichtweise durchaus vertretbar.

Fazit

Die aktivierten Eigenleistungen bewirken eine Verminderung des Cashflows aus Geschäftstätigkeit im Umfang der in der Gewinn-und-Verlust-Rechnung enthaltenen Erträge und eine Erhöhung im Umfang des zahlungswirksamen Anteils der hinter den Erträgen stehenden Aufwendungen. Der zahlungswirksame Anteil der Aufwendungen im Zusammenhang mit den aktivierten Eigenleistungen wird als Auszahlung im Rahmen des Cashflows aus Investitionstätigkeit berücksichtigt.

11.2   Zinsen, Ertragsteuern und Dividenden

Lernziele
- Die Bildung von Bilanzposten zur Analyse der Veränderungen im Zusammenhang mit Zinsen, Ertragsteuern und Dividenden und die Fiktion der vollständigen Erfassung über diese Posten beschreiben.
- Die Berücksichtigung eines Aufrechnungspostens in der indirekten Ermittlung des Cashflows aus Geschäftstätigkeit bei Pflicht zum gesonderten Ausweis von Zahlungsströmen begründen und erläutern.
- Die Behandlung von Kapitalertragsteuern (Verrechnungssteuern) auf Zinsen und Dividenden beschreiben.
- Die bei der Analyse von Ertragsteuern üblicherweise zu berücksichtigenden Bilanzposten aufzählen.

Wie oben in Abschn. 9.3 im Einzelnen ausgeführt wurde, verlangen viele Standards, dass Zinsen, Ertragsteuern und Dividenden außerhalb der indirekten Methode zur Herleitung des Cashflows aus Geschäftstätigkeit ermittelt und die Zahlungsflüsse gesondert ausgewiesen werden (direkte Methode). Soweit solche Ausweispflichten bestehen, ist es notwendig, innerhalb der Bilanz *für jede entsprechende Vorgangsgruppe von Zinsen, Ertragsteuern und Dividenden einen für die analytische Bearbeitung dienlichen Gegenbestandsposten auszuscheiden* und diesen dem Typ A zuzuordnen.

Um die Erträge und Aufwendungen, welche in der Realität unter Umgehung von Gegenbestandsposten eine Gegenbuchung direkt in einem Posten des Finanzmittelfonds aufweisen (gleichzeitig erfolgswirksame und zahlungswirksame Vorgänge), nicht ermitteln zu müssen, wird bei der analytischen Ermittlung der Zahlungsströme aus Zinsen, Ertragsteuern und Dividenden die *Fiktion der vollständig über Gegenbestandsposten erfolgende Abwicklung* verwendet. Danach wird die Analyse auf der Annahme aufgebaut, dass keine Vorgänge wie eingangs erwähnt erfolgt seien, sondern immer ein Gegenbestandsposten wie ein Scharnier bei der Erfassung des Vorgangs einbezogen worden sei.

Beispiel

Beispiel für die Fiktion der vollständig über Gegenbestandsposten erfolgenden Abwicklung
Obwohl eine Zinsgutschrift für den Darlehenszins tatsächlich als Buchung erfasst wurde, die im Soll das Bankkonto und im Haben die Gewinn-und-Verlust-Rechnung (Erträge aus Zinsen) angesprochen hat, wird für die analytische Bearbeitung im Rahmen der Herleitung der Cashflows aus Geschäftstätigkeit so verfahren, wie wenn die Buchung in zwei Schritten erfolgt wäre:

1. Soll-Buchung im Bilanzkonto „Forderungen aus Zinsansprüchen" und Haben-Buchung in der Gewinn-und-Verlust-Rechnung (Erträge aus Zinsen).
2. Soll-Buchung im Bankkonto und Haben-Buchung im Bilanzkonto „Forderungen aus Zinsansprüchen" (Gegenbestandsposten des Typs A).

Der erste Schritt ist die rein erfolgswirksame (Vorgangstypus E) Abbildung der Entstehung der Forderung im Zeitpunkt ihrer Buchungsreife. Der zweite Schritt ist die Erfüllung der Forderung durch Zahlung (Vorgangstypus L). ◄

In dem Beispiel wird mittels der über Gegenbestandsposten erfolgenden Abwicklung eine künstliche Entflechtung vorgenommen. Gleichzeitig zahlungswirksame und erfolgswirksame Vorgänge werden außerhalb der Buchhaltung in zwei gesonderte Vorgänge aufgetrennt. Beide Vorgänge können anschließend eindeutig und genau einem Vorgangstypus zugeordnet werden.

▶   Das führt dazu, dass in der Gewinn-und-Verlust-Rechnung enthaltene Posten nach
        dieser Aufspaltung nie als zahlungswirksame Vorgänge eingestuft werden, sondern
        ausschließlich als erfolgswirksame Vorgänge mit Gegenbuchung in ein Bilanzkonto
        außerhalb des Finanzmittelfonds.

Ist, wie z. B. in Swiss GAAP FER, keine Pflicht zum gesonderten Ausweis von
Zahlungsströmen im Zusammenhang mit Zinsen, Ertragsteuern und Dividenden vorgesehen, kann auf die Aussonderung eines entsprechenden Gegenbestandspostens verzichtet werden; das heißt, dass die Aussonderung auf diejenigen Vorgänge beschränkt werden kann, bei denen ein gesonderter Ausweis nötig ist (z. B. bezahlte Dividenden). Letztere
weisen keine Entsprechung in der Gewinn-und-Verlust-Rechnung auf, weil sie rein bilanziell gebucht werden. Darum ist dafür keine Aufspaltung in zwei Vorgänge notwendig.
Hingegen ist bei der Analyse besonders auf neutrale Vorgänge zu achten (vgl. Abschn. 10.6).
Erfolgswirksame Vorgänge, die im Rahmen der Analyse von *Gegenbestandsposten des
Typs A* identifiziert wurden, sind bekanntlich *im Rahmen der Herleitung des Cashflows
aus Geschäftstätigkeit bei der indirekten Methode zu berücksichtigen* (vgl. Abschn. 5.4).
In diesem Sinne wird z. B. der Periodenerfolg im Ausmaß der in der Gewinn-und-Verlust-
Rechnung erfassten Erträge aus Zinsen gemindert. Es wurde unterstellt, dass diese nicht
zahlungswirksam sind, sondern im ersten Schritt als ausschließlich erfolgswirksamer, aber
nicht zahlungswirksamer Vorgang zu klassifizieren seien. Analog werden Aufwendungen
für Zinsen, Ertragsteuern und Erträge aus Dividenden und Zinsen behandelt. Sie sind Bestandteil der Überleitungsrechnung im Rahmen der indirekten Methode. Man könnte auch
sagen, dass sie durch die Fiktion der vorstehend beschriebenen zweistufigen Erfassung im
ersten Schritt künstlich zu (vorerst) nicht zahlungswirksamen Vorgängen umgedeutet wurden. Durch die Aussonderung wurden sie überdies aus dem Gesamtbetrag der Cashflows
aus Geschäftstätigkeit im engeren Sinne herausgelöst und werden methodisch damit wie
erfolgswirksame Vorgänge in den Gegenbestandsposten des Typs Investitionstätigkeit
oder Finanzierungstätigkeit behandelt.
Sowohl Zinsen als auch Dividenden stehen häufig in Verbindung mit *Einbehaltungen
von Kapitalertragsteuern (Verrechnungssteuern)*. Die mit der Abwicklung der Einbehaltung verwendeten Konten sind ebenfalls als Typ A zu klassifizieren. Darüber hinaus
ist eine Aufspaltung der Kontobestände in einen Anteil, der im Zusammenhang mit Zinsen
steht und einen Anteil, der im Zusammenhang mit Dividenden steht, vorzunehmen. Hierzu
wird auf die Ausführungen in Abschn. 10.8 verwiesen.
Wenn *Zahlungsströme im Zusammenhang mit Ertragsteuern* gesondert auszuweisen
sind, was in den meisten Standards vorgesehen ist (vgl. Abschn. 9.3.5), stellt dies eine anspruchsvolle Aufgabe dar, die jedoch nicht in allgemeiner Form beschrieben werden kann,
weil die verwendeten Konten und die Buchungssystematik nicht einheitlich sind. Zudem
können mehrere Formen von Ertragsteuern auftreten.[1] Daher werden die Ausführungen

---

[1] Beispielsweise zahlen Unternehmen in der Schweiz eine direkte Bundessteuer und zudem eine gesonderte Kantons- und Gemeindesteuer auf den steuerbaren Gewinnen.

zur Ermittlung der Zahlungsströme im Zusammenhang mit Ertragsteuern allgemein gehalten. Neben den erwähnten Arten von Ertragssteuern ist auch noch zu beachten, dass
latente Ertragsteuern ebenfalls Teil des Ertragsteueraufwands sind. Erschwerend kommt
hinzu, dass die meisten Jurisdiktionen und Finanzverwaltungen steuerliche Vorauszahlungen verlangen. Dies kann zu Verschiebungen zwischen dem Zeitpunkt von Zahlungen und dem Zeitraum der Aufwanderfassung führen. Auch noch nach Jahren können
Rückzahlungen oder Nachzahlungen erfolgen. Eine systematische Vorgehensweise ist
notwendig, um den Betrag der Nettozahlung für Ertragsteuer für die Cashflow-Rechnung
korrekt zu ermitteln.

Wie auch bei den Zinsen und Dividenden wird zur Vereinfachung der Analyse unterstellt, dass alle Ertragsteuerzahlungen und -rückerstattungen zunächst als Gegenbuchung
in einem Bilanzkonto erfasst werden. Ebenso wird unterstellt, dass alle in der Gewinn-
und-Verlust-Rechnung erfassten Buchungen betreffend Ertragsteuern auch eine Gegenbuchung in einem Bilanzkonto außerhalb des Finanzmittelfonds aufweisen (Gegenbestandsposten). Diese Prämisse oder Fiktion vorausgesetzt, erfolgt die Analyse dieser
Gegenbestandsposten. Sie werden entsprechend der hier entwickelten Systematik (vgl.
Abschn. 4.3.3) analysiert und in Vorgangsgruppen zerlegt, die entweder dem Typ E, L oder
N zugeordnet werden. Dies kann eine komplexe Aufgabe sein, weil eine Vielzahl von
Konten (Gegenbestandsposten) zu beurteilen sind, die über neutrale Vorgänge (N) häufig
miteinander verknüpft sind und daher gesamtheitlich zu betrachten sind. Das Vorgehen
weist folgende Logik auf.

1. Anfangs- und Schlussbestände der Gegenbestandsposten festhalten
2. Erfolgswirksame Vorgänge (E) identifizieren und in den Gegenbestandsposten
   eintragen.
3. Eintrag der neutralen Vorgänge (N) in paarweiser Form.
4. Derivative Ermittlung der Zahlungsströme (L) durch Ermittlung der Residualgröße zur
   Vervollständigung der Überleitung von dem Anfangs- auf den Schlussbestand.

Bei dem Schritt 2 ist darauf zu achten, dass die in der Gewinn-und-Verlust-Rechnung ausgewiesenen Aufwendungen für Ertragsteuern mit der Summe der Beträge von Einträgen
des Typs E in dem Gegenbestandsposten übereinstimmen. Bei dem Schritt 3 ist der Eintrag des neutralen Vorgangs im einen Gegenbestandsposten zusammen mit dem anderen
Gegenbestandsposten vorzunehmen, welcher die Gegenbuchung zu der Transaktion enthält, die dem neutralen Vorgang zugrunde liegt. Ein typisches Beispiel ist die Verrechnung
der geleisteten Steuervorauszahlung mit der Steuerverbindlichkeit. In dem Schritt 4 wird
der Zahlungsstrom durch Bereinigung der Bilanzkontoveränderung um erfolgswirksame
und neutrale Vorgänge ermittelt. Dies entspricht der derivativen Herleitung unter Berücksichtigung neutraler Vorgänge.

Wie erwähnt sind eine große Anzahl von Gegenbestandsposten im Zusammenhang mit
Ertragsteuern in der Analyse zu berücksichtigen. Sie sind zunächst einmal als eigenständige Posten mit dem Typ A (Aussonderung) Sammelpositionen zuzuordnen, damit sie

Tab. 11.1 Arten von Bilanzposten im Zusammenhang mit Ertragsteuern

Bilanzkonto (generisch)	Einordnung in der Bilanz
Ertragsteuer-Vorauszahlungen	Vermögenswerte (Aktiva)
Ertragsteuer-Verbindlichkeiten	Fremdkapital
Rückstellungen für Ertragssteuern	Fremdkapital
Aktive latente Steuern	Vermögenswerte (Aktiva)
Passive latente Steuern	Fremdkapital

analysiert werden können. Die Aufstellung in Tab. 11.1 zeigt Gegenbestandsposten, die im Zusammenhang mit Ertragsteuern zu berücksichtigen sind, um die Steuerzahlungen korrekt zu ermitteln.

In Ergänzung dazu können in bestimmten Fällen auch Forderungen aus Kapitalertragsteuern zu berücksichtigen sein, wenn diese wie Ertragsteuer-Vorauszahlungen behandelt werden (Verrechnung mit der Ertragsteuer-Zahllast) oder wenn sie mit Abgeltungswirkung ausgestattet sind (vgl. Abschn. 10.8). Ein Beispiel für die konkrete Vorgehensweise findet sich in dem im Kap. 5 beschriebenen Illustrationsbeispiel (vgl. Abschn. 5.3.4).

Nach der vollständigen Analyse ergeben sich erfolgswirksame Vorgänge, die in der Summe dem in der Gewinn-und-Verlust-Rechnung ausgewiesenen Aufwand entsprechen und in der Regel in dem Gegenbestandsposten auf der Haben-Seite erscheinen. Diese erfolgswirksamen Vorgänge werden der Systematik der Herleitung entsprechend in die Vorzeichenlogik der Cashflow-Rechnung überführt, indem der Haben-Eintrag in ein positives Vorzeichen umgewandelt wird (vgl. Abschn. 3.4.1 und Abb. 3.13). Das Periodenergebnis wird im Rahmen der indirekten Methode zur Herleitung der Cashflows aus Geschäftstätigkeit um die Summe der erfolgswirksamen Vorgänge (E) in denjenigen Gegenbestandsposten, die im Zusammenhang mit Ertragsteuern stehen, erhöht. Nicht selten sieht man auch, dass als Ausgangspunkt der Cashflow-Rechnung nicht das Periodenergebnis, sondern das Periodenergebnis vor Steuern verwendet wird. Diese Vorgehensweise integriert die vorstehend beschriebene Hinzurechnung des Steueraufwands.

Die neutralen Vorgänge (N) sind in der Cashflow-Rechnung nicht ersichtlich. Die ermittelten Zahlungsströme (L) im Zusammenhang mit Ertragsteuern werden in der Regel innerhalb des Cashflows aus Geschäftstätigkeit ausgewiesen,[2] soweit sie nicht ausnahmsweise zu einem Teil in einem anderen Tätigkeitsbereich ausgewiesen werden müssen (vgl. Abschn. 9.3.5). Die in den Standards vorgesehenen Darstellungsvorschriften und Gliederungsschemata sind einzuhalten (vgl. Abschn. 6.3.1.5).

Fazit

Zahlungsströme aus Zinsen, Dividenden und Ertragsteuern sind nach den meisten Standards nach der direkten Methode gesondert in der Cashflow-Rechnung auszuweisen. Die

---

[2] Der Ausweis erfolgt unterhalb des Teils mit der indirekten Methode.

derivative *Herleitung* der Zahlungsströme *erfolgt über die analytische Aufspaltung der mit den Vorgängen im Zusammenhang stehenden Gegenbestandsposten in der Bilanz,* die aus anderen Posten herausgelöst, dem Typ A zugeordnet und gesondert analysiert werden. Der Zahlungsstrom (L) ergibt sich aus der *Bereinigung der Veränderung des Gegenbestandspostens um erfolgswirksame (E) und neutrale (N) Vorgänge.* Die Analyse muss gesamtheitlich erfolgen, weil viele Gegenbestandsposten über neutrale Vorgänge zueinander in Beziehung stehen. Die *Fiktion der vollständig über Gegenbestandsposten erfolgender Zahlungen* vereinfacht das Vorgehen. Die Vorgaben von Standards bezüglich *Zuordnung zu Tätigkeitsbereichen* sind über Umgliederungen umzusetzen.

11.3   Veräußerung von Gegenständen des Anlagevermögens

Lernziele
- Die zwei möglichen Buchungsvarianten für die Erfassung von Kreditverkäufen betreffend Gegenstände des Anlagevermögens aufzählen und mittels einem Beispiel beschreiben.
- Die Bildung von Bilanzposten zur Analyse der Veränderungen im Zusammenhang mit der Veräußerung von Gegenständen des Anlagevermögens und die Fiktion der vollständigen Erfassung über diese Posten beschreiben (einschließlich Mehrwertsteueraspekte).
- Die Technik für die Ermittlung der Zahlungsströme aus Veräußerung von Gegenständen des Anlagevermögens über die Analyse von Bilanzveränderungen für beide Buchungsvarianten mittels einfacher Beispiele erläutern.
- Die Berücksichtigung eines Aufrechnungspostens für Gewinne oder Verluste aus der Veräußerung von Gegenständen des Anlagevermögens in der indirekten Ermittlung der Cashflows aus Geschäftstätigkeit begründen und erläutern.

Veräußerungen von Gegenständen des Anlagevermögens sind hinsichtlicher damit verbundenen Zahlungsströme eindeutig der Investitionstätigkeit zuzuordnen (vgl. Abschn. 9.1.3). Bei der Ermittlung der Zahlungsströme liegt der Schlüssel erneut bei den damit im Zusammenhang stehenden Gegenbestandsposten. Damit sich die Zahlungsströme für die Analyse zumindest in einem Gegenbestandsposten niederschlagen, ist zur Herleitung der Cashflow-Rechnung die tatsächliche Buchung so umzudeuten, wie wenn in zwei fiktiven Buchungsschritten über einen Bilanzposten gebucht worden wäre. Hierzu bietet sich ein *Forderungskonto* an, welches für jede Anlagenkategorie, deren Einzahlungen gesondert ausgewiesen werden müssen, *als Analyseposition außerbuchhalterisch auszusondern* ist. Diese Positionen weisen den Typ I auf, auch wenn sie im Umlaufvermögen zu lokalisieren sind, weil sie im Zusammenhang mit Investitionstätigkeiten und nicht mit Geschäftstätigkeiten stehen.

▶ Die hier erläuterten Vorgehensweisen sind nicht nur für Gegenstände des Anlagever-mögens, sondern auch für Veräußerungen von Gegenständen des Umlaufvermögens, die nicht der Geschäftstätigkeit oder der Finanzierungstätigkeit zugeordnet werden, anwendbar. Es handelt sich dabei vorwiegend um Veräußerungen von kurzfristigen Anlagen in Wertpapiere und von sonstigen kurzfristigen Finanzanlagen, die nicht dem Finanzmittelfonds zugerechnet werden.

Bei der Veräußerung von Gegenständen des Anlagevermögens sind *zwei Buchungs-varianten für die Erfassung des Nettoerlöses* (Veräußerungspreis abzüglich Zahlungs-differenzen und Umsatzsteuer) gängig. Vor allem bei denjenigen Posten des Anlagevermögens, deren Veräußerung nicht der Umsatzsteuer unterliegt, ist eine *direkte Buchung des Nettoerlöses in das Anlagekonto* üblich. Dies trifft z. B. für Anlagen in Wert-papiere zu. Die zweite Buchungsvariante ist die *Erfassung der Nettoerlöse über die Gewinn-und-Verlust-Rechnung*. Diese Variante wird vor allem bei Veräußerungen, die der Umsatzsteuer unterliegen, angewandt. Damit die erfolgten Veräußerungen nicht daraufhin analysiert werden müssen, ob sie aus einem Bargeschäft oder einem Kreditgeschäft stam-men, wird zur Vereinfachung der Analyse die oben erwähnte Annahme getroffen, dass alle Veräußerungen als Kreditgeschäfte erfolgen und somit über ein Forderungskonto ab-gewickelt werden. Allerdings wird dies auf den Nettoerlös beschränkt. *Die Mehrwert-steueranteile in den Vorgängen werden nicht in die Analyseposten des Typs I übernommen, sondern in solchen des Typs G belassen.*
Die grundsätzliche Vorgehensweise für die Analyse der beiden beteiligten Gegen-bestandsposten wird im Anschluss für beide Buchungsvarianten an einfachen Beispielen illustriert.

Buchungsvariante Nettoerlöse über die Gewinn-und-Verlust-Rechnung
Bei dieser Buchungsvariante sind sowohl Bar-, als auch Kreditgeschäfte denkbar. Wie er-wähnt werden Bargeschäfte für die Analyse so behandelt, als ob sie über ein Forderungs-konto abgewickelt worden wären.

Beispiel

Beispiel zu der Buchungsvariante Nettoerlös über die Gewinn-und-Verlust-Rechnung
Die Tetrox GmbH verkauft das Dienstfahrzeug des Geschäftsführers als Gebraucht-wagen an den Autohandel Westheim GmbH zum Preis von € 33.320 einschließlich 19 % Umsatzsteuer. Das Fahrzeug wies im Veräußerungszeitpunkt einen Buchwert i. H. v. € 25.000 (nach zeitanteiliger Abschreibung) auf. Der Autohändler hat den Rechnungsbetrag ohne Abzüge auf das Bankkonto der Tetrox GmbH noch vor dem Bilanzstichtag überwiesen. ◀

Tab. 11.2 Analyse des Forderungskontos bei Buchung über die Gewinn-und-Verlust-Rechnung

Vorgang	Soll (€)	Haben (€)	Vorgangstyp*
Anfangsbestand	0		-
Lieferung/Rechnung	28.000		E
Zahlung		28.000	L
Endbestand		0	-

* E = erfolgswirksam, L = liquiditätswirksam, N = neutral

Die Tetrox GmbH hat in dem Beispiel einen Nettoerlös i. H. v. € 28.000 erzielt, den sie in der Gewinn-und-Verlust-Rechnung mit dem anwendbaren Code für die Umsatzsteuerpflicht erfasst hat. Die Umsatzsteuer wurde in den Verbindlichkeiten aus Umsatzsteuer in der Bilanz erfasst. Für die Analyse des Forderungskontos wird dieser Teilbetrag nicht berücksichtigt. Es wird angenommen, dass der im Beispiel geschilderte Vorgang der einzige Vorgang im Bereich der Veräußerung von Fahrzeugen darstellt und das Forderungskonto somit weder einen von null abweichenden Anfangs- noch einen Endbestand aufweist. In der Tab. 11.2 werden die Vorgänge dargestellt, wie sie für die Analyse zur Herleitung des Zahlungsstroms im Rahmen der Cashflow-Rechnung vorgenommen wird.

Zu beachten ist in der Analyse gemäß Tab. 11.2, dass nicht die tatsächlich erfolgten Buchungen beigezogen werden, sondern nur der Nettoerlös (ohne Umsatzsteuer). Dieser Betrag entspricht auch demjenigen, der in der Gewinn-und-Verlust-Rechnung erfasst wurde. Die Ermittlung des Zahlungsbetrags wird nicht aus den tatsächlichen Buchungen abgeleitet, sondern durch derivative Ermittlung als Residualgröße (Anfangsbestand + Zunahme aus Rechnung – Schlussbestand). Dieser Betrag entspricht lediglich noch demjenigen Teilbetrag der effektiven Zahlung, welcher auf den vereinbarten Fahrzeugpreis *ohne Umsatzsteuer* entfällt. Durch diese Vorgehensweise werden die Umsatzsteueranteile in der Zahlung nicht unter den Cashflows aus Investitionstätigkeit, sondern den Cashflows aus Geschäftstätigkeit ausgewiesen (Abschn. 10.7). Sollten aus anderen Veräußerungstransaktionen noch offene Forderungen aus dem Vorjahr oder dem laufenden Jahr bestehen, wären diese im Anfangs- und Endbestand zu berücksichtigen. Dabei müsste vorab jedoch die in dem tatsächlichen Forderungsbetrag enthaltene Mehrwertsteuer herausgerechnet werden.

An der Transaktion ist allerdings noch ein zweites Konto beteiligt. Zur Vereinfachung der Analyse und zwecks besserer Übersichtlichkeit wird unterstellt, die Tetrox GmbH hätte lediglich dieses eine Dienstfahrzeug in der Bilanz geführt und es nach der Veräußerung nicht ersetzt. Weiter wird zur Vereinfachung eine direkte Abschreibung unterstellt, sodass der Buchwert des Dienstfahrzeugs direkt aus dem Konto „Dienstfahrzeug Geschäftsführung" als Anfangsbestand ersichtlich war. Die Tab. 11.3 zeigt in diesem Sinne die Vorgänge in dem erwähnten Konto analysiert nach den drei Vorgangstypen E, L und N.

Zu Beginn des Jahres wies die Anlagenbuchführung den Buchwert des Dienstwagens mit € 31.000 aus. Im Zeitpunkt der Veräußerung erfolgte eine zeitanteilige Abschreibung für den Zeitraum seit dem Periodenbeginn. Dieser Vorgang ist erfolgswirksam (E). Unter Berücksichtigung dieser Abschreibung weist das Fahrzeug einen Buchwert i. H. v.

Tab. 11.3 Analyse des Anlagekontos bei Buchung über die Gewinn-und-Verlust-Rechnung

Vorgang	Soll (€)	Haben (€)	Vorgangstyp*
Anfangsbestand	31.000		-
Zeitanteilige Abschreibung		6000	E
Abschreibung des Restwerts		25.000	E
Endbestand		0	-

* E = erfolgswirksam, L = liquiditätswirksam, N = neutral

€ 25.000 im Veräußerungszeitpunkt auf. In dem Veräußerungszeitpunkt wird dieser Buchwert als Restwertabschreibung ebenfalls zu Lasten der Gewinn-und-Verlust-Rechnung und somit erfolgswirksam (E) aus der Bilanz ausgebucht. Der Buchwert am Ende der Periode ist null.

In der *Gewinn-und-Verlust-Rechnung* wird die Differenz zwischen dem Nettoerlös i. H. v. € 28.000 und dem ausgebuchten Restbuchwert i. H. v. € 25.000 als Gewinn aus Veräußerung von Gegenständen des Anlagevermögens i. H. v. € 3000 in den sonstigen betrieblichen Erträgen enthalten sein. Die zeitanteiligen Abschreibungen sind innerhalb der Gewinn-und-Verlust-Rechnung in den Abschreibungen enthalten.

Aus der Analyse der Vorgänge folgt der *Einbezug in die Darstellung der Cashflow-Rechnung*. Die erfolgswirksamen Vorgänge innerhalb von Gegenbestandsposten des Typs I werden grundsätzlich im Rahmen der indirekten Methode zur Herleitung des Cashflows aus Geschäftstätigkeit berücksichtigt. Die im Haben erfasste zeitanteilige Abschreibung wird als Betrag mit positivem Vorzeichen berücksichtigt und somit zum Periodenergebnis hinzugerechnet. Die Restwertabschreibung und der Nettoerlös werden üblicherweise miteinander saldiert zusammen mit den übrigen Gewinnen aus Veräußerung von Gegenständen des Anlagevermögens in der Cashflow-Rechnung ausgewiesen. Der Posten i. H. v. € 28.000 im Soll des Forderungskontos wird saldiert mit dem Posten i. H. v. € 25.000 im Haben des Anlagekontos. Dies ergibt per Saldo eine Buchung i. H. v. € 3000 im Soll der Gegenbestandsposten. Für die korrekte Ermittlung des Vorzeichens ist es wichtig, von der Bilanz auszugehen. Eine Soll-Buchung wird nach den Transformationsregeln (vgl. Abschn. 3.4.1 und Abb. 3.13) in einen negativen Posten in der Cashflow-Rechnung übersetzt. Damit ergibt sich, dass Gewinne aus Veräußerung von Gegenständen des Anlagevermögens von dem Periodenergebnis in Abzug gebracht werden, um auf indirekte Weise den Gesamtbetrag der Cashflows aus Geschäftstätigkeit zu ermitteln. Der zahlungswirksame Vorgang (L) wird i. H. v. € − 28.000 innerhalb des Bereichs der Cashflows aus Investitionstätigkeit als Auszahlung ausgewiesen, weil ein Soll-Eintrag im Gegenbestandsposten zu einem negativen Betrag in der Cashflow-Rechnung führt.

Buchungsvariante Nettoerlöse über das Anlagevermögenskonto

Auch bei dieser Buchungsvariante sind sowohl Bar-, als auch Kreditgeschäfte denkbar. Wie erwähnt werden Bargeschäfte für die Analyse so behandelt, als ob sie über ein Forderungskonto abgewickelt worden wären.

Beispiel

Beispiel zu der Buchungsvariante Nettoerlös über das Anlagevermögenskonto
Die Gamma Maschinenbau AG hat Obligationen im Buchwert von € 68.500, die sie
mehrere Jahre im Finanzanlagevermögen bilanziert hatte, über die Börse veräußert und
einen Nettoerlös i. H. v. € 82.000 erzielt. Den Gewinn aus dem Verkauf i. H. v. € 13.500
hat die Gamma Maschinenbau AG unter den sonstigen betrieblichen Erträgen ausgewiesen. ◄

Die Gamma Maschinenbau AG hat den Nettoerlös, der auf dem Bankkonto gutgeschrieben
wurde, direkt im Haben des Bilanzkontos gebucht, in dem die Obligationen enthalten waren.
Obwohl hier offensichtlich kein Kreditgeschäft vorliegt, soll zur Vermeidung der Aufteilung
bei der Analyse so vorgegangen werden, wie wenn dies trotzdem der Fall gewesen wäre.
Dies wirkt im Bereich der Finanzanlagen unnötig kompliziert, kann aber im Fall der Anwendung der Buchungsvariante Nettoerlös über das Anlagevermögenskonto bei Sachanlagen oder immateriellen Vermögenswerten durchaus Sinn machen.

Die Umdeutung in ein Kreditgeschäft wird in der Tab. 11.4 veranschaulicht. Dabei wird
bei der Analyse so vorgegangen, als ob eine erste Buchung für den Veräußerungsvorgang
mit Entstehung einer Forderung gegenüber dem beauftragten Finanzinstitut und eine
zweite Buchung mit der Zahlung erfolgt wäre. Die erste Buchung weist als Gegenkonto
das Konto festverzinsliche Wertpapiere auf und ist somit als rein bilanzinterne Buchung
ein neutraler Vorgang (N). Der zweite Vorgang ist der zahlungswirksame Vorgang (L), der
bei einer größeren Anzahl von Vorgängen derivativ ermittelt würde (Anfangsbestand +
Zugang aus Veräußerung – Schlussbestand).

Die Tab. 11.5 zeigt die Vorgänge auf dem vorerwähnten Anlagekonto unter der Prä-
misse, dass keine sonstigen Veräußerungen oder Bewertungsanpassungen und auch keine
Käufe erfolgt sind. Bezogen auf den vorliegenden Veräußerungsvorgang ist einerseits der
Abgang als Gegenstück zu der Entstehung der Forderung als neutraler Vorgang (N) i. H. v.
€ 82.000 (Nettoerlös) in dem Anlagekonto enthalten. Damit wird um € 13.500 mehr im
Haben als Abgang erfasst, als im Anfangsbestand als Buchwert (€ 68.500) enthalten ist.
Diese Differenz wird als erfolgswirksamer Vorgang (E) im Soll erfasst, weil ihm eine
Gegenbuchung in der Gewinn-und-Verlust-Rechnung gegenübersteht.

Aus dieser Analyse kann die *Darstellung der relevanten Vorgänge in der Cashflow-
Rechnung* abgeleitet werden. Der erfolgswirksame Vorgang wird als Soll-Eintrag in eine

Tab. 11.4 Analyse des Forderungskontos bei Buchung über das Anlagekonto

Vorgang	Soll (€)	Haben (€)	Vorgangstyp*
Anfangsbestand	0		-
Veräußerung	82.000		N
Bankgutschrift		82.000	L
Endbestand		0	-

* E = erfolgswirksam, L = liquiditätswirksam, N = neutral

Tab. 11.5 Analyse des Anlagekontos bei Buchung über das Anlagekonto

Vorgang	Soll (€)	Haben (€)	Vorgangstyp*
Anfangsbestand	680.500		-
Abgang aus Veräußerung		82.000	N
Gewinn aus Veräußerung	13.500		E
Endbestand		612.000	-

* E = erfolgswirksam, L = liquiditätswirksam, N = neutral

negative Zahl für die Darstellung in der Cashflow-Rechnung transformiert und bei der indirekten Methode zur Herleitung des Cashflows aus Geschäftstätigkeit somit als Abzugsposten von dem Periodengewinn berücksichtigt. Der neutrale Vorgang mit dem Nettoerlös erscheint nicht in der Cashflow-Rechnung. Der Zahlungsstrom (L) wird bei Anwendung von DRS 21 als Einzahlung aus Abgängen von Gegenständen des Finanzanlagevermögens innerhalb der Cashflows aus Investitionstätigkeit mit einem positiven Vorzeichen aufgeführt, weil sich der Eintrag in dem Gegenbestandsposten auf der rechten Seite (Haben) befindet.

Fazit

Die Ableitung von Zahlungsströmen aus den Gewinnen oder Verlusten aus Veräußerung von Gegenständen des Anlagevermögens ist eine anspruchsvolle Teilaufgabe innerhalb der Analyse zur Herleitung einer Cashflow-Rechnung. Die Einrichtung von Gegenbestandsposten mit Forderungscharakter dient der Vereinfachung der Analyse. Dadurch ist keine Unterscheidung der in der Gewinn-und-Verlust-Rechnung enthaltenen Posten nach zahlungswirksamen und nicht zahlungswirksamen Vorgängen notwendig. Bei Veräußerungen können zwei unterschiedliche Buchungsvarianten gewählt worden sein. Die tatsächliche verwendete Buchungsvariante ist bei der Analyse zu berücksichtigen, um eine korrekte Klassifikation der Vorgänge in dem Forderungskonto und dem Anlagekonto vornehmen zu können.

11.4 Außergewöhnliche Erträge und Aufwendungen

Lernziele
- Den Anwendungsbereich der Vorschrift beschreiben.
- Die Technik zur Ableitung von Zahlungsströmen aus den identifizierten Erträgen oder Aufwendungen beschreiben.

Mit Ausnahme des DRS 21 kennen die übrigen drei hier betrachteten Rechnungslegungsstandards keine Aufspaltung der Zahlungsströme in solche im Zusammenhang mit außergewöhnlichen Erträgen oder Aufwendungen und sonstigen Zahlungsströmen (vgl. Abschn. 9.3.6).

Sind in der Gewinn-und-Verlust-Rechnung Erträge oder Aufwendungen enthalten, die unter den Anwendungsbereich von DRS 21 Tz. 28 (vgl. DRSC, 2017) fallen, ist zu beurteilen, ob diesen Erträgen oder Aufwendungen in der aktuellen Geschäftsperiode Zahlungsströme entsprechen. Weil es sich in vielen Fällen um Posten handelt, die den Zahlungsflüssen vorauslaufen oder aber ordentlicher Teil der Investitionsrechnung sind (vgl. Geuppert, 2003, S. 55), ist eine umsichtige Analyse nötig. Auch im Anhang von Abschlüssen früherer Jahre könnten außergewöhnliche Erträge oder Vorgänge enthalten sein, deren Zahlungswirksamkeit sich erst im laufenden Geschäftsjahr entfaltet.

Aufgrund der Vielfalt von möglichen Vorgängen, die unter die Angabepflicht nach § 314 Abs. 1 Nr. 23 HGB fallen könnten, kommt an dieser Stelle nur eine allgemeine Vorgehensweise zur Darstellung. Generell ist nach Feststellung der relevanten Erträge und Aufwendungen nach den damit zusammenhängenden Bilanzposten zu suchen. Diese sind auszusondern und als Typ A zu bezeichnen (vgl. Abschn. 9.3.6). Im zweiten Schritt sind diese ausgesonderten Gegenbestandsposten in der Bilanz entsprechend den bekannten Vorgehensweisen zu analysieren. Ziel der Analyse ist die Ermittlung der erfolgswirksamen (E) und der zahlungswirksamen (L) Vorgänge. Erstere werden bei der Herleitung des Cashflows aus Geschäftstätigkeit nach indirekter Methode berücksichtigt und letztere werden über Umgliederungen in demjenigen „Tätigkeitsbereich gesondert ausgewiesen, dem die Zahlungen zuzuordnen sind" (DRSC, 2017, Tz. 27).

Fazit

Aufwendungen und Erträge von außergewöhnlicher Größenordnung oder außergewöhnlicher Bedeutung können auch in späteren Jahren zu Zahlungsströmen führen. Auch angabepflichtige Aufwendungen und Erträge von früheren Geschäftsperioden sind daraufhin zu analysieren, ob sie im laufenden Geschäftsjahr zu Zahlungsströmen geführt haben. Damit ein gesonderter Ausweis von solchen Zahlungsströmen erfolgt, ist eine Aussonderung der mit den Erträgen oder Aufwendungen in Zusammenhang stehenden Bilanzposten (z. B. Rückstellung für Sozialplan, veräußerte Gegenstände des Anlagevermögens usw.) notwendig (Typ A). Anschließend erfolgt die Analyse der Bewegungen nach den drei Vorgangstypen. Die aus der Analyse ermittelten erfolgswirksamen Vorgänge werden bei der Herleitung der Cashflows aus Geschäftstätigkeit nach der indirekten Methode berücksichtigt. Die zahlungswirksamen Vorgänge werden durch Umgliederung in den zutreffenden Tätigkeitsbereich übertragen und dort gesondert ausgewiesen. *Der gesonderte Ausweis solcher Zahlungsströme ist eine Besonderheit des Deutschen Rechnungslegungs Standard Nr. 21.* Andere hier untersuchte Regelwerke sehen davon ab, einen gesonderten Ausweis zu verlangen.

In den vorstehenden vier Abschnitten sind einige besondere erfolgswirksame Vorgänge behandelt worden und es wurde aufgezeigt, wie daraus die für die Cashflow-Rechnung relevanten Zahlungsströme abgeleitet werden. Zentral dabei ist der Rückgriff auf die Bilanzposten außerhalb des Finanzmittelfonds, die mit den erfolgswirksamen Vorgängen in Zusammenhang stehen. Bei direkter Erfassung einer Zahlung in der Gewinn-und-Verlust-Rechnung wird keine Bilanzposition berührt. Deshalb wird für die Analyse eine Vereinfachungsregel verwendet, wonach solche erfolgswirksamen Vorgänge so abgebildet werden, wie wenn sie als zahlungsunwirksame Buchungen zunächst in einem Gegenbestandsposten erfasst worden wären. Die Zahlung wird als gesonderter zahlungswirksamer Vorgang ebenfalls über den Gegenbestandsposten abgewickelt. Damit werden die in der Gewinn-und-Verlust-Rechnung enthaltenen erfolgswirksamen Vorgänge in Gegenbestandsposten des Typs I, F und A generell in zahlungsunwirksame Vorgänge umgedeutet. In der Regel lässt sich über die Analyse der Gegenbestandsposten der Zahlungsstrom ableiten, der in der Cashflow-Rechnung zum Ausweis kommen soll. Eine Ausnahme dazu stellen die aktivierten Eigenleistungen dar. Eine gesonderte Ermittlung der in der aktuellen Periode zahlungswirksamen Aufwendungen ist notwendig, weil sich diese Beträge nicht aus der Analyse von Gegenbestandsposten ableiten lassen.

Kapitel-Zusammenfassung

In vielen Fällen sind die in der Gewinn-und-Verlust-Rechnung enthaltenen Posten nicht eindeutig als zahlungswirksam oder als zahlungsunwirksam einzuordnen. Viele Gründe führen dazu, dass sie tatsächlich nur teilweise zahlungswirksam sind. In diesem Kapitel wurde aufgezeigt, wie mit dieser Problematik umzugehen ist. Dabei wurde auf die in Kap. 4 beschriebene Systematik der modifizierten derivativen Herleitung Rückgriff genommen, die den Fokus auf die analytische Durchdringung der Veränderungsvorgänge in den Gegenbestandsposten der Bilanz legt. Dabei wurde zur Vereinfachung bei der Analyse mit der Annahme gearbeitet, dass Erfolgsposten nicht zahlungswirksam seien, sondern generell ein Vorgang mit einer Gegenbuchung in einer Bilanzposition außerhalb des Finanzmittelfonds vorliege. Wo dies nicht der Fall ist, muss nur für Zwecke der analytischen Herleitung eine solche Gegenbestandsposition geschaffen werden. Gegenbuchungen zu Zahlungsvorgängen werden nach dieser Annahme immer in einer solchen Gegenbestandsposition fingiert und erfolgen nie direkt in Posten der Gewinn-und-Verlust-Rechnung. Im Ergebnis werden Vorgänge in Posten der Gewinn-und-Verlust-Rechnung generell als zahlungsunwirksam umgedeutet, soweit sie im Zusammenhang mit Gegenbestandsposten der Typen I, F oder A stehen. Die Zahlungsströme können in der Regel durch Bereinigung der Veränderungen des Gegenbestandsposten um neutrale und erfolgswirksame Vorgänge derivativ ermittelt werden. Die Ermittlung der Zahlungsströme von aktivierten Eigenleistungen stellt ein Sonderproblem dar, das nicht über diese Logik gelöst werden kann, sondern über andere Analysen bearbeitet werden muss.

Literatur

Deutsches Rechnungslegungs Standards Committee e.V. (DRSC) (2017) Deutscher Rechnungsle-
    gungs Standard Nr. 21 (DRS 21) Kapitalflussrechnung. DRSC, Berlin
Geuppert F (2003) Cash Flow Accounting (Diss. St. Gallen). Difo-Druck, Bamberg

Zusammenfassung modifizierte derivative Herleitung 12

Was ist von dieser Systematik zur Erstellung der Cashflow-Rechnung zu halten?

Nachdem die hier als modifizierte derivative Herleitung bezeichnete Systematik zur Erstellung einer den Vorgaben entsprechenden Cashflow-Rechnung in den vorangegangenen Kapiteln ausführlich beschrieben und erläutert worden ist, folgt zum Abschluss eine Beurteilung dieser Systematik aus verschiedenen Perspektiven. Zunächst wird die Vorgehensweise vergleichend neben andere mögliche Herleitungsmethoden gestellt (Abschn. 12.1). Dann folgt eine zusammenfassende Charakterisierung der wichtigsten Besonderheiten der Vorgehensweise (Abschn. 12.2). Es stellt sich gerade im Bereich der Umsetzung der Systematik in der betrieblichen Praxis auch die Frage nach den Möglichkeiten und Grenzen der softwaremäßigen Unterstützung der einzelnen Herleitungsschritte sowie zur Gewährleistung eines internen Kontrollsystems zur Prävention und Korrektur von Fehlern. Dazu werden im Abschn. 12.3 einige skizzenhafte Hinweise gegeben. Eine umfassende Bearbeitung dieser Thematik würde aber den Rahmen des vorliegenden Buchs sprengen. Abschließend wird in Abschn. 12.4 die Vorgehensweise kritisch reflektiert und Aspekte der Didaktik, der Effizienz des Erstellungsprozesses, der Aussagekraft für Empfänger und des Einbezugs in eine Konzern-Cashflow-Rechnung angesprochen.

12.1 Übersicht über die Herleitungsmethoden

Lernziel
Die modifizierte derivative Herleitung in den Gesamtrahmen aller Herleitungsmethoden einordnen und vergleichend beurteilen.

© Der/die Autor(en), exklusiv lizenziert an Springer Fachmedien Wiesbaden GmbH, ein Teil von Springer Nature 2023
M. Fontana, *Cashflow Rechnung mit System*, https://doi.org/10.1007/978-3-658-40719-3_12

Generell können zwei unterschiedliche Herangehensweisen für die Herleitung einer Cash-flow-Rechnung unterschieden werden. In Kap. 2 wurde die originäre Herleitung durch Ableitung der Cashflow-Rechnung aus den einzelnen Geschäftsvorfällen dargestellt. Dagegen steht die Ableitung der Cashflow-Rechnung aus den Bilanzbestandsveränderungen, was als derivative Herleitung bezeichnet wird. Diese Herleitungsmethode kann noch differenziert werden. Einerseits kann der Gesamtbetrag der Cashflows aus Geschäftstätigkeit mit der direkten und andererseits mit der indirekten Methode ermittelt werden. Damit ergeben sich zwei Varianten der derivativen Herleitung. In Kap. 3 wurde zunächst die Variante mit direkter Methode dargestellt. Wie sich dort gezeigt hat, genügt deren Anwendung ohne weitere Modifikationen nicht den Anforderungen, die in den Regelwerken und Standards verlangt werden. Daher wurde in Kap. 4 eine modifizierte Herleitung entwickelt, die bei der Ermittlung des Cashflows aus Geschäftstätigkeit auf die indirekte Methode zurückgreift. Dieses Vorgehen wurde in Kap. 5 konkretisiert und an einem durchgerechneten Beispiel illustriert. Danach folgte in Kap. 6 die Behandlung der Darstellung und Gliederung der Cashflow-Rechnung. Es wäre auch möglich gewesen, eine modifizierte derivative Herleitung unter Verwendung der direkten Methode zu entwickeln. Darauf wurde bewusst verzichtet. Diese Vorgehensweise hätte auch neutrale Vorgänge und den gesonderten Ausweis bestimmter Zahlungsströme berücksichtigt. Auch in der Praxis wagen sich nur wenige Unternehmen an das Unterfangen, diese Variante der derivativen Herleitung umzusetzen, weil sie sehr komplex ist und sehr hohe Ansprüche an die Analyse der Gegenbestandsposten mit Typ Geschäftstätigkeit und deren Zuordnung zu Posten der Gewinn-und-Verlust-Rechnung stellt. Die Tab. 12.1 charakterisiert die drei Herleitungsvarianten nach den Kriterien Schwierigkeitsgrad und Analyseaufwand.

Die *originäre Herleitung* führt immer zu einer Darstellung des Cashflows aus Geschäftstätigkeit nach der direkten Methode. Die Analyse der einzelnen Transaktionen ist grundsätzlich einfach, jedoch ergeben sich durch verschiedene Faktoren Erschwernisse, die insgesamt zu einem mindestens mittleren Schwierigkeitsgrad führen. Die Hauptproblematik dieser Herleitung ist die Notwendigkeit, jeden Geschäftsfall mit Bezug zu einem Konto des Finanzmittelfonds zu beurteilen. Dies ist bei hohem Belegvolumen mit sehr hohem Analyseaufwand verbunden, der nur zeitnah zu der laufenden Belegerfassung und softwaregestützt zu bewältigen ist. In dem Kap. 13 wird ausführlich dargestellt, wo die Herausforderungen zu einer erfolgreichen softwaregestützten Herleitung zu finden sind.

Bei der *derivativen Herleitung* ist es grundsätzlich möglich den gesamten Cashflow aus Geschäftstätigkeit *mit der direkten Methode* zu ermitteln. Dies ist jedoch sowohl aus Sicht

Tab. 12.1 Vergleich der Herleitungsmethoden für die Cashflow-Rechnung

Herleitung	Ermittlung Cashflow aus Geschäftstätigkeit	Schwierigkeitsgrad	Analyseaufwand
Originär	Direkte Methode	Mittel	Sehr hoch
Derivativ	Direkte Methode	Hoch	Hoch
Derivativ	Indirekte Methode	Mittel	Mittel

der fachlichen Ansprüche als auch hinsichtlich des hohen Analyseaufwands sehr anspruchsvoll. Ohne in die Einzelheiten gehen zu wollen, kann festgehalten werden, dass die Hauptschwierigkeit darin liegt, die Gegenbestandsposten des Typs G soweit aufzuspalten, dass sie den korrespondierenden Elementen der Gewinn-und-Verlust-Rechnung direkt zugeordnet werden können. Weiter ist die Bereinigung um neutrale Vorgänge innerhalb des Cashflows aus Geschäftstätigkeit notwendig, um insbesondere zahlungsunwirksame Mehrwertsteuerbuchungen zu eliminieren. Um diese Aufgaben zu bewältigen, sind teilweise Analysen von Kontobewegungen bis auf Belegebene notwendig. Weil der Bereich der Geschäftstätigkeit regelmäßig von hohen Belegvolumina gekennzeichnet ist, führt dies zu hohem Aufwand für die Analyse. Dies dürfte der Grund dafür sein, dass in der Praxis die Ermittlung und der Ausweis des Cashflows aus Geschäftstätigkeit nur sehr selten mit der direkten Methode erfolgt.

Die *derivative Herleitung mit summarischer Ermittlung des Cashflows aus Geschäftstätigkeit mittels indirekter Methode* ist demgegenüber in der Praxis sehr verbreitet. Sie entspricht im Kern der in dem Kap. 4 dargestellten *modifizierten derivativen Herleitung*. Bei genauer Betrachtung stellt diese den Gesamtbetrag der Cashflows aus Geschäftstätigkeit mittels einer Mischung von indirekter und direkter Methode dar. Dies ist eine Folge der Erfüllung von Vorgaben zum gesonderten (direkten) Ausweis gewisser Zahlungsströme, z. B. der Ertragsteuerzahlungen. Der zumindest größtenteils indirekt und summarisch ermittelte Teilbetrag der Cashflows aus Geschäftstätigkeit vereinfacht den Schwierigkeitsgrad gegenüber der einzelpostenweisen Ermittlung nach der direkten Methode. Eine Analyse der Zusammensetzung von Gegenbestandsposten des Typs G entfällt völlig. Auch deren Zuordnung zu bestimmten Posten der Gewinn-und-Verlust-Rechnung entfällt als Folge der summarischen Bereinigung um eine indirekt ermittelte Summe von Erfolgsposten mit Bezug zur Geschäftstätigkeit. Der Periodenerfolg wird nämlich um alle Erfolgsposten bereinigt, die nicht zu dem Bereich der Cashflows aus Geschäftstätigkeit in Verbindung stehen. Diese Vereinfachung reduziert auch den Analyseaufwand erheblich.

Insgesamt kann festgehalten werden, dass es der Systematik der modifizierten derivativen Herleitung weitgehend gelingt, den Analyseaufwand in Grenzen des praktisch leistbaren Bereichs und den Schwierigkeitsgrad der Analysearbeiten auf einer mittleren Stufe zu halten. Es darf nicht vergessen werden, dass die Arbeiten an der Cashflow-Rechnung erst nach Abschluss der Erstellung der Bilanz und Gewinn-und-Verlust-Rechnung begonnen werden können. Aufgrund von häufig knapp angesetzten Fertigstellungsfristen verbleibt für die Erstellung der Cashflow-Rechnung häufig nur ein kurzer Zeitraum. Auch wenn die direkte Methode hinsichtlich Aussagekraft und Verständlichkeit zu bevorzugen wäre, fehlt für die dazu nötige Analysearbeit häufig die Zeit. Daher stellt die modifizierte derivative Herleitung einen pragmatischen Mittelweg zwischen der originären Herleitung und der derivativen Herleitung mit direkter Methode dar.

Fazit

Die modifizierte derivative Herleitung ist eine Vorgehensweise, welche bei großem Belegvolumen viel weniger aufwändig ist als die originäre Herleitung. Durch die Anwendung
der indirekten Methode zur Ermittlung des Gesamtbetrags der Cashflows aus Geschäftstätigkeit umgeht die modifizierte derivative Methode viele Schwierigkeiten, die sich bei der
derivativen Methode mit direkter Methode ergeben. Insgesamt stellt sie einen *pragmatischen Mittelweg* zwischen den beiden vorerwähnten anderen Herleitungsmethoden dar.
Diese Herangehensweise geht auf die Anforderungen der betrieblichen Praxis ein und
kommt häufig zur Anwendung. Sie ist als *praxisnah* zu beurteilen.

12.2   Zusammenfassung modifizierte derivative Herleitung

Lernziele
- Die wesentlichen Phasen der modifizierten derivativen Herleitung aufzählen.
- Die charakteristischen Besonderheiten nennen und beschreiben.

Die modifizierte derivative Herleitung mit Ermittlung von Teilen der Cashflows aus Geschäftstätigkeit mit der indirekten Methode weist die folgenden wesentlichen Phasen des
Herleitungsprozesses auf (vgl. Kap. 5 und Kap. 6):

    I. Erstellung einer aus Bilanzbeständen abgeleiteten *Liste von Gegenbestandsposten*
       mit eindeutiger *Kategorisierung* nach Geschäftstätigkeit (I, F, G) oder als Aussonde-
       rungsposten (A) (vgl. Abschn. 5.2).

    II. *Analyse der Veränderung der Gegenbestandsposten* der Kategorien I, F und A *nach
       Vorgangstypen* (vgl. Abschn. 5.3.2–Abschn. 5.3.4).

    III. *Bereinigung* der Veränderung der Gegenbestandsposten der Kategorie G *um neut-
       rale Vorgänge* aus Investitions- oder Finanzierungstätigkeit sowie solche mit Bezug
       zu Posten der Kategorie A (vgl. Abschn. 5.3.5).

    IV. *Regelbasierte Zuordnung der Veränderungsbeträge* pro Kombination aus
       Gegenbestandsposten-Kategorie und Vorgangstyp *zu einem Bereich der Cashflow-
       Rechnung* (Abschn. 5.4).

    V. *Vornahme von Umgliederungen* zwischen den Cashflows der drei Tätigkeitsbereiche
       (vgl. Abschn. 5.5).

    VI. *Zusammenfassung* von Veränderungsbeträgen *und Gliederung nach Maßgabe des*
       anwendbaren *Standards der Rechnungslegung* (vgl. Abschn. 6.3).

    VII. *Abstimmung mit der Veränderung des Finanzmittelfonds* (vgl. Abschn. 6.2).

Diese Vorgehensweise ist von folgenden Besonderheiten geprägt.

Frühzeitige Berücksichtigung von gesondert auszuweisenden Zahlungsströmen
Bereits in der Phase I sind die Bilanzpositionen außerhalb des Finanzmittelfonds daraufhin zu überprüfen, ob sie im Zusammenhang zu Posten aus der Gewinn-und-Verlust-
Rechnung stehen, die nach dem anwendbaren Standard zwingend zu gesondert nach der
direkten Methode auszuweisenden Zahlungsströmen führen. Diese Gegenbestandsposten
werden ausgesondert und als Typ A kategorisiert.

Konsequente und frühzeitige Aussonderung von Bilanzbeständen des Typs I und F
Bereits in der Phase I werden bilanzielle Bestände in dem Umlaufvermögen oder in dem
kurzfristigen Fremdkapital daraufhin untersucht, ob sie Elemente enthalten, die im Zusammenhang mit Investitions- oder Finanzierungstätigkeiten stehen. Diese Teilbestände
werden (ohne Mehrwertsteueranteile) in gesonderte Posten mit dem Typ I oder F ausgesondert. Im Ergebnis enthalten die Zeilen in der Liste der Gegenbestandsposten nur Bestände, die eindeutig, das heißt genau einem Tätigkeitsbereich (I, F oder G) zuzuordnen sind.

Fokussierung auf Bilanzposten und nicht auf die Gewinn-und-Verlust-Rechnung
Die Herleitungsmethodik fokussiert ausschließlich auf die Analyse von Bilanzpostenveränderungen und zieht die Werte der Gewinn-und-Verlust-Rechnung nur hilfsweise bei.
Analysegegenstand der modifizierten derivativen Methode ist ausschließlich die Veränderung von Gegenbestandsposten in der Bilanz.

Klare Typologie von Veränderungsarten
Die tatsächlich existierenden Veränderungen von Bilanzpositionen während eines Ge-
schäftsjahres werden für Analysezwecke auf genau drei Typen reduziert: erfolgswirksame
(E), liquiditätswirksame (L) und neutrale (N) Veränderungen.

Buchhalterische Kontologik für die Analyse von Veränderungen
Die konsequente Verwendung der buchhalterischen Kontologik (Soll-Haben-Kennungen)
vermeidet Vorzeichenfehler und gewährleistet Abstimmungsmöglichkeiten für jede Zeile
der Analyse.

Vereinfachungsregeln zur Reduktion der Komplexität
Für Gegenbestandsposten der Typen I, F und A wird konsequent unterstellt, dass diese bei
allen Vorgängen zwischen den Veränderungen des Finanzmittelfonds und Erträgen oder
Aufwendungen wie Scharniere berücksichtigt werden. Damit hat jede Buchung in der
Gewinn-und-Verlust-Rechnung, deren Zahlungsflüsse mit der direkten Methode ausge-
wiesen werden müssen, immer ihre Gegenbuchung in einem Bilanzposten außerhalb des
Finanzmittelfonds. Der Zahlungsvorgang wird als zweite gesonderte Buchung verstanden.
Diese Vereinfachungsregel erlaubt es, eine derivative Ermittlung von Zahlungsflüssen aus-
schließlich über die Analyse von Gegenbestandsposten in der Bilanz vorzunehmen.

Effiziente Ermittlung des Cashflows aus Geschäftstätigkeit nach indirekter Methode

Die Ermittlung des Cashflows aus Geschäftstätigkeit erfolgt summarisch und nicht einzelpostenweise. Eine Zuordnung von Posten der Gewinn-und-Verlust-Rechnung zu Veränderungen von Gegenbestandsposten entfällt. Die Veränderungen der Gegenbestandsposten der Kategorie Geschäftstätigkeit müssen lediglich um vereinzelte neutrale Transaktionen bereinigt werden, die sich auf Finanzierungs- oder Investitionsvorgänge beziehen. Die Posten der Gewinn-und-Verlust-Rechnung mit Bezug zum Bereich der Cashflows aus Geschäftstätigkeit werden indirekt ermittelt, indem das Periodenergebnis um diejenigen Posten der Gewinn-und-Verlust-Rechnung bereinigt wird, die keinen Bezug zum Bereich der Cashflows aus Geschäftstätigkeit aufweisen sowie um solche Erfolgsposten, die einem gesondert auszuweisenden Zahlungsstrom Anlass geben können. Diese wurden bereits bei der Analyse der Gegenbestandsposten der Kategorien I, F und A ermittelt und stehen daher ohne weiteres zur Verfügung.

Kontrollsummen und einfache Fehlersuche

Als Folge der konsequenten und ausschließlichen Orientierung an Bilanzveränderungen ist ein in sich geschlossenes System gegeben. Das Total der Veränderungen der Gegenbestandsposten muss der Veränderung des Finanzmittelfonds entsprechen (in absoluten Zahlen). Jede Zeile muss der Logik Anfangsbestand +/− Veränderungen (E, N, L) = Schlussbestand entsprechen. Abweichungen sind sofort erkennbar. Dies ermöglicht eine gezielte Fehlersuche im Falle von Differenzen.

Regelbasierte Umsetzung von der Veränderungsanalyse zu der Cashflow-Rechnung

Es wurden Regeln festgelegt, welche jede Kombination aus Gegenbestandsposten-Kategorie (G, I, F, A) und Vorgangstyp (E, L, N) eindeutig einem Tätigkeitsbereich der Cashflow-Rechnung zuordnet.

Regelbasierte Ermittlung von Vorzeichen in der Cashflow-Rechnung

Die korrekte Vorzeichensetzung stellt für viele Personen, die Cashflow-Rechnungen erstellen, eine erhebliche Herausforderung und Fehlerquelle dar. Die modifizierte derivative Herleitung bietet eine einfach einzuprägende und einfach anzuwendende Regel an: Links im Gegenbestandsposten bedeutet negatives Vorzeichen; rechts im Gegenbestandsposten bedeutet positives Vorzeichen in der Cashflow-Rechnung.

Flexibilität zur Gewährleistung der Einhaltung von unterschiedlichen Rechnungslegungsvorschriften

Rechnungslegungsvorschriften weisen in vielen Punkte unterschiedliche Vorgaben zur Gliederung, Darstellung und zum gesonderten Ausweis bestimmter Posten auf. Durch die differenzierte Analyse, die frühzeitig auf diese Vorgaben ausgerichtet wird, kann deren Einhaltung bei der Darstellung der Cashflow-Rechnung gewährleistet werden. Unterschiedliche Zuordnungsregeln zu Tätigkeitsbereichen werden mittels Umgliederungen umgesetzt.

Keine irrtümlichen Doppelerfassungen und Weglassungen

Die Elemente der Cashflow-Rechnung werden ausschließlich aus den Veränderungen eines geschlossenen Systems der Gegenbestandsposten in der Bilanz entnommen. Dies gewährleistet, dass nicht irrtümlich Vorgänge doppelt erfasst werden (z. B. durch zusätzliche Entnahme aus der Gewinn-und-Verlust-Rechnung) oder gar nicht berücksichtigt werden.

Abstimmung mit der Veränderung des Finanzmittelfonds

Das Total der Veränderungen der Gegenbestandsposten muss der Veränderung des Finanzmittelfonds entsprechen (in absoluten Zahlen). Dies gewährleistet eine sehr einfache und auf Anhieb ohne Differenz zu belegende Abstimmung mit der Veränderung des Finanzmittelfonds. Eine wertbedingte Veränderung des Finanzmittelfonds (z. B. auf Beständen und Transaktionen in fremden Währungen infolge Veränderung von Umrechnungskursen) kann durch Umgliederungen in einfacher Weise innerhalb der Systematik abgebildet werden.

Systematisches Vorgehen ermöglicht eine Unterstützung durch Software

Obwohl viele Teilschritte menschliche Analysearbeit erfordern, lassen sich die Ergebnisse aufgrund der klaren Systematik in vorgefertigte Arbeitsschritte und Datenstrukturen einbinden, die in geeigneter Software (z. B. Konsolidierungs- und Berichtserstattungsanwendungen) abgebildet werden können. Dies ermöglicht den Aufbau von internen Kontrollen zur Überprüfung von Plausibilitäten und von Kontrolltotalen (vgl. Abschn. 12.3).

Fazit

Das hier vorgestellte Vorgehen zur modifizierten derivativen Herleitung einer Cashflow-Rechnung zeichnet sich durch *klare Phasen* und *genau beschriebene Vorgehensschritte* aus. Viele *Vorgänge sind regelbasiert* und somit *weniger fehleranfällig* und auch *einer Unterstützung durch Software zugänglich*. Durch die klare Systematik und die darin integrierbaren Kontrollmöglichkeiten lassen sich auch komplexe, praxisnahe Aufgabenstellungen auf Anhieb fehlerfrei bearbeiten. Voraussetzung dafür ist die Vornahme von zutreffenden Analysen durch fachlich kompetente Menschen. Dies dürfte sich nicht so rasch automatisieren und systematisieren lassen.

12.3 Herausforderungen bei der Automatisierung

Lernziel
Ansätze zur softwaregestützten Begleitung der modifizierten derivativen Herleitung aufzeigen.

Grundsätzlich lassen sich viele Prozesse der Herleitung der Cashflow-Rechnung nicht oder nur teilweise automatisieren (vgl. auch Kap. 13). Der Herleitungsprozess lässt sich jedoch durch geeignet ausgeprägte Softwarelösungen unterstützen. Insbesondere *Finanzkonsolidierungs- und Berichterstattungssysteme* außerhalb der eigentlichen Buchführung eignen sich gut dazu. Die Bearbeitung kann zudem durch differenzierte Erfassung von Vorgängen in der Buchführung erleichtert werden. Diese Anforderung kollidiert jedoch häufig mit der Forderung nach effizienter und einfacher Kontierung durch Personen ohne höhere Fachausbildung im Finanz- und Rechnungswesen.

Die Differenzierungen werden daher eher im Rahmen der Nachbearbeitung und Analyse des Buchungsstoffes während des Herleitungsprozesses der Cashflow-Rechnung vorgenommen. Entscheidend dafür ist die Bereitstellung von ausreichend ausdifferenzierten Strukturen in dem Finanzkonsolidierungs- und Berichtssystem. Obwohl die Systeme unterschiedliche Funktionalitäten, Datenstrukturen und Erweiterungsmöglichkeiten aufweisen, können dennoch einige generische Hinweise und Empfehlungen gegeben werden. Die Konkretisierung und Umsetzung bei bestimmten Softwaresystemen würde den Rahmen dieses Buches jedoch sprengen. Vielmehr sollen an dieser Stelle einige ausgewählte Denkanstöße gegeben und Ansätze skizziert werden.

Differenzierte Dimension Konto (Gegenbestandsposten)

Eine Software sollte es ermöglichen, auf einfache Weise die Berichtspositionen der Bilanz zu differenzieren und so weit herunterzubrechen, dass es ermöglicht wird, in der Dimension Konto (Gegenbestandsposten) Ausprägungen zu schaffen, die sich durch eine eindeutige Zuordnung zu genau einer Kategorie aus den vier Kategorien Geschäftstätigkeit (G), Investitionstätigkeit (I), Finanzierungstätigkeit (F) und Aussonderungsposten (A) auszeichnen. Soweit solche Ausprägungen nicht schon vorgegeben werden, soll es dem Benützer möglich sein, neue Ausprägungen zu eröffnen. Die Stammdaten der Dimension Konto sollen es erlauben, die Kategorisierung (A, I, F oder G) zuzuordnen.

Integration mit Bilanzwerten und der Gewinn-und-Verlust-Rechnung

Anfangs- und Schlussbestände in der Dimension Konto sollen automatisiert aus den Bilanzwerten des Vorjahres (Anfangsbestand) und des laufenden Jahres (Schlussbestand) übernommen werden. Posten der Gewinn-und-Verlust-Rechnung sollen für Abstimmzwecke verfügbar sein.

Funktionalität zur Umgliederung von Teilbeständen

Der Benutzer soll auf einfache Weise Abspaltungen von Beträgen aus einem Konto vornehmen können und diese in andere Konten überführen können. Es soll möglich sein, Teilbestände von Anfangs- und Schlussbeständen von einem Konto auf ein oder mehrere andere Konten aufzuspalten (umzubuchen).

Dimension Veränderung (Flussgrößen)

Die Software sollte es ermöglichen, Veränderungsarten im Sinne von Flussgrößen zu erfassen. Diese sollten vorgegeben sein und jede Veränderungsart sollte im Hintergrund genau einem Veränderungstyp zugeordnet sein (Typen E, N, L). Die Veränderungsarten sollen möglichst so spezifisch definiert werden, dass sie von dem Benützer im Zusammenhang mit dem entsprechenden Konto richtig verstanden werden. Dies kann zu einer umfangreichen Liste von Veränderungsarten führen. Beispiele für solche Veränderungsarten könnten z. B. im Zusammenhang mit einem Konto der Sachanlagen sein: Zugang gegen Rechnung (N), Zugang gegen aktivierte Eigenleistungen (E), Abgang gegen Rechnung (N), Abschreibung (E), Zuschreibung (E), Restwertabschreibung (E) usw.

Zulässige Veränderungsarten pro Konto

Idealerweise besteht auch eine Matrix, die definiert, welche Veränderungsarten in welchen Konten zulässig sind und verwendet werden dürfen.

Funktionalität: Ermittlung der nicht zugeordneten Veränderung pro Konto

Die Analyse der Veränderung jedes Kontos soll benutzerfreundlich erfolgen können. Die noch nicht den Veränderungsarten zugeteilte Veränderung wird jederzeit berechnet und ausgewiesen. Dies ermöglicht es auch, auf einfache Weise den Zahlungsfluss derivativ zu ermitteln.

Plausibilitätskontrollen und Abstimmungen

Ein System von IT-gestützten Kontrollen wird eingerichtet, um z. B. die Übereinstimmung der Abschreibungen in der Gewinn-und-Verlust-Rechnung mit der Summe der Veränderungsvorgangsgruppe Abschreibungen in der Flussdimension abzustimmen und auf Differenzen hinzuweisen. Abstimmungen mit Werten der Bilanzen gemäß Jahresabschluss werden vorgenommen und mögliche Differenzen werden als Warnungen ausgewiesen.

Vorgefertigte und dennoch flexible Berichtsformate

Berichte werden so strukturiert, dass sie die Vorgaben des anwendbaren Standards sowie unternehmensspezifische Ausübungen von Wahlrechten und Erweiterungen des Gliederungsschemas abbilden. Die Berichtsformate sollen jedoch benutzerseitig erweitert und angepasst werden können.

Zuordnungsbereich zu Berichtszeilen

Im Hintergrund sind die einzelnen Berichtszeilen mit den Feldern der Matrix aus Konto und Veränderungsart nach den vorgegebenen Regeln verknüpft. Die Zusammensetzung jeder Berichtszeile lässt sich nachweisen. Daraus lässt sich nach Abschluss der Analysearbeiten „auf Knopfdruck" die Cashflow-Rechnung im Berichtsformat darstellen.

Nachprüfbarkeit und Nachvollziehbarkeit (Prüfspur)

Weiter sind im Hinblick auf die Nachprüfbarkeit und Nachvollziehbarkeit sowie mit Rücksicht auf das Belegprinzip auch Maßnahmen notwendig, um die Einzelheiten der Ermittlung von Flussgrößen und Umgliederungen zu dokumentieren und im System zu hinterlegen. Damit diese Einzelheiten für die spätere Nachschau oder die Abschlussprüfung einfach zugänglich sind, sollte sie mit den entsprechenden Einträgen auf Ebene der Veränderungsart pro Konto verknüpft sein.

Fazit

Die Systematik der modifizierten derivativen Herleitung lässt sich z. B. in einer Konsolidierungs- und Berichterstattungssoftware abbilden, sodass die gesamten Daten in der Software systematisch abgelegt werden können. Damit sind sie einer Nachschau und Abschlussprüfung einfach zugänglich. Zudem kann aus den Daten eine Cashflow-Rechnung als Bericht generiert werden. Die Software kann auch dazu genutzt werden, Abstimmungen und Kontrollen durchzuführen und auf Differenzen und formale Fehler hinzuweisen.

12.4   Kritische Schlussbetrachtung

Lernziele
- Empfehlungen zur Darstellung und zum Verständnis des Cashflows aus Geschäftstätigkeit erarbeiten und ausformulieren.
- Hinweise zur Didaktik der Cashflow-Rechnung im Rahmen der Ausbildung vorschlagen.
- Die Notwendigkeit weiterer Arbeitsschritte, insbesondere der Konsolidierung, aufzeigen.
- Die Systematik der modifizierten derivativen Herleitung aus Innen- und Außensicht abschließend beurteilen.

Darstellung des Cashflows aus Geschäftstätigkeit

Die modifizierte derivative Herleitung bedient sich der indirekten Methode zur Ermittlung eines Teils des Cashflows aus Geschäftstätigkeit. Wie in Abschn. 4.3.4 dargestellt wurde, besteht die *Darstellung* dieser Ermittlung aus zwei hauptsächlichen Teilen: Die Veränderungen von Gegenbestandsposten mit Geschäftstätigkeitscharakter und die darin enthaltenen erfolgswirksamen Vorgänge als Bereinigungsposten. Wie beschrieben leitet die indirekte Methode die Summe der erfolgswirksamen Vorgänge in Gegenbestandsposten nicht durch Addition dieser Posten her. Sie verwendet vielmehr die erfolgswirksamen Posten außerhalb von Gegenbestandsposten mit Geschäftstätigkeitscharakter und leitet durch Vorzeichenumkehrung die gesuchte Summe indirekt her. Diese komplexe Überleitungsrechnung mit vielen Posten hat hinsichtlich der Kernaufgabe der Cashflow-Rechnung, Zahlungsflüsse aufzuzeigen, wenig bis keine Aussagekraft (vgl. Abschn. 4.4.2). Soweit es die Gliederungsschemata und die Vorgaben der angewandten Regelwerke es zulassen, sollten deshalb nach meiner Ansicht die Einzelheiten der Überleitungsrechnung im Anhang aufgeführt werden, nicht in der Cashflow-Rechnung selbst. Leider lassen einige Regelwerke mit starren Gliederungsschemata dies nicht zu. Die Verlagerung von Überleitungsrechnungen in den Anhang führt zu einer übersichtlicheren und verständlicheren Darstellung, die sich auf das Wesentliche konzentriert. Außer dem Gesamtergebnis (Total der Cashflows aus Geschäftstätigkeit) und den gesondert mit direkter Darstellung auszuweisender Posten sind sämtliche Posten der Überleitungsrechnung keine Zahlungsflüsse und verwirren daher den Leser mehr als sie informieren.

Didaktik der Cashflow-Rechnung
Für die *Didaktik* ist eine konsequente Ausrichtung auf die Analyse der Bilanzposten zu empfehlen. Dies bedeutet gleichzeitig, die Gewinn-und-Verlust-Rechnung nicht mehr als Ausgangspunkt der Herleitung des Cashflows aus Geschäftstätigkeit zu verwenden. Vielfach wird nämlich versucht, die Ermittlung des Cashflows aus Geschäftstätigkeit als Vorgang darzustellen, dessen Ausgangspunkt das Periodenergebnis gemäß der Gewinn-und-Verlust-Rechnung sei. Dieses sei um nicht zahlungswirksame Vorgänge zu bereinigen. Wie die Darstellung zu der modifizierten derivativen Herleitung gezeigt hat, bildet dies den wirklichen Sachverhalt nicht zutreffend ab.

Vielmehr müssen die *Bereinigungs- oder Überleitungsposten innerhalb der indirekten Methode* als diejenigen Bestandteile der Gewinn-und-Verlust-Rechnung beschrieben werden, welche *nicht* im Zusammenhang mit den Bilanzposten der Geschäftstätigkeit stehen. Bei einer konsequenten Orientierung an Bilanzveränderungen statt an der Gewinn-und-Verlust-Rechnung sollten diese Posten sogar als „erfolgswirksame Veränderungen innerhalb von Gegenbestandsposten des Typs I, F oder A" erklärt werden. Auch die *Problematik der Aufwendungen und Erträge, die einen gesonderten Ausweis der zusammenhängenden Zahlungsflüsse* außerhalb der indirekt ermittelten Teile des Cashflows aus Geschäftstätigkeit *erfordern*, sollte stärker betont werden. Schließlich sind die *neutralen Vorgänge* häufig gar kein Thema in der Ausbildung, was sich in der Praxis in der Vernachlässigung der Identifikation und Elimination solcher Vorgänge auswirkt.

Weitere Arbeitsschritte
Die hier vorgestellte Methodik bezieht sich auf die Erstellung der Einzel-Cashflow-Rechnung. In vielen Fällen wird die Cashflow-Rechnung als konsolidierte Cashflow-Rechnung erstellt, weil in vielen Jurisdiktionen nur eine Konzern-Cashflow-Rechnung vorgeschrieben ist. Die damit verbundenen weiteren Herausforderungen sind bewusst in der vorliegenden Darstellung ausgeklammert worden, weil sie primär ein Teilgebiet der Konsolidierungslehre darstellen. Dennoch kann festgehalten werden, dass die Qualität der konsolidierten Cashflow-Rechnung davon abhängt, ob die Cashflow-Rechnungen auf

Ebene der Berichtseinheiten des Konzerns eine hohe Qualität aufweisen. Eventuelle Mängel in den Cashflow-Rechnungen können auf Konzernebene kaum mehr entdeckt werden und fließen in die Konzern-Cashflow-Rechnung ein. Aus diesem Grunde wurde der Fokus auf die einwandfreie Herleitung der Einzel-Cashflow-Rechnung gelegt.

Beurteilung aus Innen- und Außensicht

Aus *Außensicht* ist die Anwendung der indirekten Methode als problematisch zu bewerten, weil sie schwierig nachvollziehbar ist, für Laien schwer verständlich und zudem wenig aussagekräftig ist. Letztlich sind häufig lange Auflistungen von Posten zu sehen, die kaum einen Aussagewert besitzen, nur um eine einzige Zahl, den Gesamtbetrag aller Cashflows aus Geschäftstätigkeit vor gesondert auszuweisenden Posten nachzuweisen. Vor diesem Hintergrund wäre aus der Empfängersicht von Cashflow-Rechnungen die Anwendung der direkten Methode wünschenswert.

Aus einer *Innensicht* ist es aus mehreren Gründen nachvollziehbar, warum die indirekte Methode verwendet wird. Sie ermöglicht es, mit vertretbarem Aufwand und innerhalb vergleichsweise kurzer Zeit die Cashflow-Rechnung aufzustellen. Wie oben dargestellt wurde (vgl. Abschn. 12.2), ist die Anwendung der Systematik der modifizierten derivativen Methode trotz der damit verbundenen Unzulänglichkeiten hinsichtlich Aussagekraft eine komplexe Aufgabe, die häufig in kurzer Zeit bewältigt werden muss und zudem nur teilweise durch Software unterstützt, aber nicht von Software vollständig ausgeführt werden kann (vgl. Abschn. 12.3).

Fazit

Es wird empfohlen in der Darstellung der Cashflow-Rechnung wenn möglich die Überleitungsrechnung der indirekten Methode möglichst zusammenfassend auszuweisen und Einzelheiten im Anhang offenzulegen. Bei der Didaktik wird eine konsequente Ausrichtung auf Bilanzveränderungen, die verstärkte Beachtung von neutralen Vorgängen und gesondert auszuweisender Posten vorgeschlagen. Die Qualität von Konzern-Cashflow-Rechnungen hängt direkt von der Qualität der Cashflow-Rechnungen der einzelnen Berichtseinheiten ab. Daher wurde der Fokus auf diesen Teil der Erstellung von Konzern-Cashflow-Rechnungen gelegt und bezüglich des Aspekts der Konsolidierung von Einzel-Cashflow-Rechnungen auf die Konsolidierungslehre verwiesen. Obwohl die modifizierte derivative Herleitung hinsichtlich Aussagekraft wegen der Anwendung der indirekten Methode erhebliche Unzulänglichkeiten aufweist, scheint sie dennoch aus Erstellersicht häufig der einzige, pragmatische Ausweg aus den verschiedenen Anforderungen zu sein, der sich auch durch geeignete Software unterstützen lässt.

Es wäre naheliegend, den derivativen Ansatz zu verwerfen und zu versuchen, eine Cashflow-Rechnung „auf Knopfdruck" durch Automatisierung der originären Herleitung zu erstellen. Wie in Kap. 13 ausführlich dargestellt wird, scheint dies zwar auf den ersten

Blick einfach möglich zu sein. Bei näherer Analyse zeigen sich jedoch viele Herausforderungen, die eine vollständige oder auch nur teilweise Automatisierung als problematisch erscheinen lassen. In der Praxis ist daher häufig die Inkaufnahme von Mängeln in der Aussagekraft der pragmatische Ausweg und die Anwendung der modifizierten derivativen Herleitung die einzige mit vertretbarem Aufwand durchführbare Alternative.

Kapitel-Zusammenfassung

Dieses Kapitel hat die modifizierte derivative Herleitung mit indirekter Methode in die verschiedenen Herleitungsverfahren eingeordnet und deren Hauptphasen zusammenfassend dargestellt. Zudem wurden die wesentlichen Eigenschaften und Besonderheiten aufgezählt und beschrieben. Es wurde aufgezeigt, dass dank einer klaren Systematik mit vielen regelbasierten Vorgängen eine Abbildung in geeigneter Software möglich und sinnvoll ist. Dennoch sind viele wichtige Schritte nicht auf Software übertragbar, weil sie menschliche Beurteilungsprozesse erfordern, die wohl auf absehbare Zeit nicht automatisierbar sind. Abschließend wurden Empfehlungen zur Darstellung und zur Didaktik der Cashflow-Rechnung abgegeben. Insgesamt wurde die Herleitungssystematik nicht als ideal, sondern als pragmatischer Ausweg aus widersprüchlichen Anforderungen beurteilt.

Herausforderungen der originären Herleitung

13

Die praktische Umsetzung ist schwieriger als es zunächst scheint

In dem Kap. 2 ist das Verfahren der originären Ableitung von Geldflüssen aus einzelnen Geschäftsfällen vor allem theoretisch dargelegt worden. Die Vorgehensweise wurde wegen der resultierenden direkten Darstellung der Geldflüsse in allen Tätigkeitsbereichen als theoretisch ideal eingeordnet. Sie erzeugt aussagekräftige, fehlerfreie und gut verständliche Cashflow-Rechnungen.[1] Deren Darstellungsschemata eignen sich auch gut für Planungsrechnungen. In diesem Kapitel wird die Umsetzbarkeit der originären Herleitungsmethode in der betrieblichen Praxis diskutiert. Die Umsetzung in die Praxis ist auch mit Blick auf die verwendeten Datenstrukturen in der Buchführungssoftware anspruchsvoller, als es zunächst aufgrund von einfachen Illustrationsbeispielen erscheinen mag. Nach Geuppert werden „hohe Anforderungen an die Datenverfügbarkeit bei der Erstellung der Cash Flow Rechnung gestellt. Mit der Umsetzung der originären Ermittlung wird oftmals auch eine Umstellung des Rechnungswesens erforderlich, da Geschäftsvorfälle alle von den Accounting-Systemen nur selten hinsichtlich ihrer Zahlungswirksamkeit erfasst werden. Eine nachträgliche Auswertung der liquiden Mittel (…) kann zudem mit Problemen verbunden sein, falls die einzelnen Zahlungen im nachhinein nicht mehr den Cash Flow-Kategorien zugeordnet werden können" (2003, S. 216). Aufgrund der hohen Anzahl an Transaktionen im Bereich des Zahlungsverkehrs bei Unternehmen, die über die kleingewerbliche Größenordnung hinausgehen, ist eine technische Unterstützung der originären Methode allerdings unerlässlich. Die möglichst umfassende Automatisierung bei der Erstellung einer Cashflow-Rechnung mit Hilfe der IT-basierten Buchführungsanwendung ist notwendig. Ziel dieses Kapitels ist es aufzuzeigen, wo die Schwierigkeiten, teilweise sogar die Grenzen solcher Automatisierungen liegen. Zudem werden mit dieser Analyse auch gewisse inhärente Schwierigkeiten der Ableitung einer Cashflow-Rechnung aus ei-

---

[1] Für weitere Vorteile und eine zusammenfassende Darstellung der Herausforderungen hinsichtlich der Datenverfügbarkeit siehe z. B. auch Geuppert (2003, S. 215–216).

M. Fontana, *Cashflow Rechnung mit System*, https://doi.org/10.1007/978-3-658-40719-3_13

ner Buchhaltung besser erkennbar, die auch bei anderen Herleitungsmethoden bedeutsam sein können. Es besteht jedoch nicht der Anspruch sämtliche Herausforderungen bei der softwaremäßigen Abbildung des Herleitungsprozesses einer Cashflow-Rechnung abzubilden. Dies kann nur im Einzelfall mit Bezug auf die konkrete Ausprägung einer Softwarelösung erfolgen. Vielmehr dient das Kapitel der Sensibilisierung für die nicht unerheblichen Herausforderungen, die sich bei der Anwendung des originären Herleitungsverfahrens grundsätzlich stellen und insbesondere die Automatisierung behindern oder sogar verunmöglichen.

Im ersten Abschnitt wird eine mögliche Vorgehensweise zur nachträglichen Ermittlung und Darstellung von Geldflüssen aus einzelnen Geschäftsfällen im Datenbestand der Buchführungsanwendung skizziert. Danach folgen im zweiten bis vierten Abschnitt Erläuterungen zu den Grenzen und Schwierigkeiten einer Automatisierung des originären Herleitungsverfahrens auf der Grundlage von Daten in der Buchhaltungssoftware. Im fünften Abschnitt wird eine vorläufige Beurteilung der softwaregestützten Umsetzung der originären Methode vorgenommen. Abschließend wird die Schlussfolgerung aus den erarbeiteten Erkenntnissen gezogen.

13.1 Grundzüge der Umsetzung der originären Methode im Überblick

Lernziel
Die wesentlichen Teilschritte der originären Methode aufzählen und beschreiben.

Die im Kap. 2 im Einzelnen dargestellte Vorgehensweise zur Ableitung einer Cashflow-Rechnung aus den einzelnen Geschäftsfällen lässt sich im Hinblick auf eine Automatisierung in nachstehende wesentliche Teilschritte untergliedern. Die dargestellte Vorgehensweise ist bewusst vereinfacht.

Wesentliche Teilschritte der originären Methode (vereinfacht)
1. Identifikation derjenigen Buchhaltungskonten, die Bestandteil des Finanzmittelfonds sind.
2. Klassifizierung der Buchhaltungskonten außerhalb des Finanzmittelfonds nach den drei Tätigkeitsbereichen, welche die primäre Gliederung der Geldflussrechnung bilden.
3. Filterung des gesamten Buchungsjournals der betrachteten Periode nach Journaleinträgen mit nur einseitigem Vorkommen eines der Buchhaltungskontonummern nach Punkt 1.
4. Analyse der Journaleinträge aus Punkt 3. zur Ermittlung der Gegenbuchung zu dem Konto des Finanzmittelfonds.

5. Klassifizierung der Transaktionen nach Geldzufluss und Geldabfluss aufgrund der Veränderung des Buchhaltungskontos innerhalb des Finanzmittelbestands.
6. Klassifizierung der Transaktion nach Tätigkeitsart des Geldflusses aufgrund des Gegenkontos und dessen Klassifizierung nach Punkt 2.
7. Sortierung und Gliederung der analysierten Transaktionen nach Tätigkeitsarten, Geldzuflüssen und Geldabflüssen und Gruppen gleichartiger Transaktionen.
8. Bildung von Zwischensummen pro Tätigkeitsbereich.
9. Erstellung eines Liquiditätsveränderungsnachweises.
10. Ermittlung einer eventuellen Differenz zwischen der Summe der Cashflows aller Tätigkeitsbereiche und der Veränderung des Finanzmittelbestands sowie Ermittlung und Bereinigung der Ursachen einer eventuellen Differenz.

Dazu sind folgende Erläuterungen anzumerken.

Bezüglich der Definition und der Bestandteile des Finanzmittelfonds wird auf Abschn. 2.1 verwiesen. Die Schritte 2.–6. wurden in dem Abschn. 2.2 bereits ausführlich erläutert. Bei Punkt 3. wird darauf hingewiesen, dass nur eine Seite der Journaleintragung (Soll- oder Haben-Konto), nicht jedoch beide Seiten, ein Konto innerhalb des Finanzmittelbestands betreffen dürfen. Es ist daher wichtig, dass auch sogenannte Transfer- und Abstimmkonten für Überträge zwischen Konten des Finanzmittelbestands ebenfalls als Teil des Finanzmittelfonds betrachtet werden. Die Grundsätze der Gliederung und Darstellung sowie die Abstimmung mit dem Liquiditätsveränderungsnachweis (Schritte 7.–10.) sind im Abschn. 2.3 dargestellt und erläutert.

Dieser Ablauf erscheint sehr strukturiert und regelbasiert zu sein. Eine automatisierte Umsetzung der Schritte wirkt problemlos. Dabei wird davon ausgegangen, dass die Schritte 1. und 2. als einmalig festgelegte zusätzliche Parameter innerhalb der Kontostammdaten vom Benützer festgelegt werden. Ebenso würden die Schritte 7.–10. als parametrierbare Berichtsformate vom Benutzer einmalig eingerichtet.

Die eigentliche Transaktionsverarbeitung bezieht sich auf die Schritte 3.–6. und muss für sämtliche Buchungen der zu betrachtenden Buchungsperiode durchlaufen werden. Unterstellt man sehr einfach aufgebaute und einfach geführte Buchhaltungen, wie sie häufig für Schulungsbeispiele herangezogen werden, erscheinen diese Schritte relativ problemlos. In den nachstehenden Abschnitten wird aufgezeigt, wo sich in der betrieblichen Praxis und bei komplexeren Buchführungssystemen Schwierigkeiten und Grenzen für die Automatisierung der originären Herleitung ergeben.

Fazit

Die originäre Herleitungsmethode geht von denjenigen buchhalterischen Transaktionen der zu betrachtenden Zeitperiode aus, bei denen genau ein Buchungsteil ein Konto des Finanzmittelbestands verändert. Damit sind die Geldflüsse isoliert und nach Zu- und Abfluss analysierbar. Im zweiten Schritt werden diese Journaleinträge genauer analysiert. Grundlage dafür ist die Gegenbuchung (Gegenkonto) zu der Bewegung im Finanzmittelfonds. Mittels Regeln lässt sich das Gegenkonto einem Tätigkeitsbereich zuordnen und damit auch der darin erfasste Geldfluss. Schließlich werden die so analysierten Geldflüsse sortiert und gegliedert. Daraus lässt sich die Cashflow-Rechnung darstellen. Die Summe der Geldflüsse wird mit der bilanziellen Veränderung des Finanzmittelfonds abgestimmt. Das Vorgehen erscheint für einfach strukturierten Buchungsstoff klar und automatisierbar. Die folgenden Abschnitte zeigen auf, dass dieser Eindruck auf komplexere und integrierte Buchführungssysteme, wie sie in der betrieblichen Praxis häufig zum Einsatz kommen, nicht mehr zutrifft.

13.2　Sammelzahlungen und Sammelbuchungen

Lernziele
- Die sich aus Sammelbuchungen ergebenden Schwierigkeiten für die Ermittlung der Gegenbuchung beschreiben.
- Lösungsansätze für die Problematik von Sammelbuchungen darstellen und erläutern.

Theoretische Darstellungen zu buchhalterischen Gegenständen sind häufig von der Konzeption der paarweisen Buchungstechnik bzw. der Paarbeziehung zwischen zwei Konten im Journaleintrag geprägt. Nach diesem Verständnis führt ein Geschäftsvorgang immer genau zu zwei Kontoeinträgen. Ist mehr als ein Konto betroffen, wird häufig ein Kontoeintrag in zwei Teilbeträge aufgespalten, damit ein Geschäftsvorgang, der drei Konten betrifft, trotzdem mit Hilfe von Kontopaaren erfasst werden kann.

Die betriebliche Praxis und gängige Buchhaltungsanwendungen erlauben aber elegantere Vorgehensweisen, welche keine Aufspaltung von Transaktionsbeträgen notwendig machen. Es handelt sich dabei um sog. Sammelbuchungen. Die beiden Vorgehensweisen und damit die unterschiedlichen Buchungstechniken und Journaldarstellungen werden mit Hilfe des nachstehenden Beispiels illustriert.

Beispiel

Ein Handelsunternehmen in Deutschland stellt Rechnung für gelieferte Ware im Wert von 10.000 €. Die Lieferung unterliegt zum Satz von 19 % der gesetzlichen Umsatzsteuer.

Es werden folgende Kontonummern verwendet:

- 1201 Forderungen aus Lieferungen und Leistungen
- 3800 Umsatzsteuer 19 %
- 4010 Umsatzerlöse netto

Darstellung einer Journaleintragung mit Kontopaaren

Die folgende Tabelle zeigt die Aufspaltung des Rechnungsbetrags in zwei Geschäftsfälle: Nettobetrag und Umsatzsteuer. Jedem Teilbetrag wird im Sinne der doppelten Buchführung ein Kontopaar zugewiesen.

Journaleintragung mit Kontopaaren

Konto Nr. Soll	Konto Nr. Haben	Betrag (€)
1201	4010	10.000,00
1201	3800	1900,00

Darstellung von Journaleintragungen als Sammelbuchung

Viele IT-gestützte Buchführungssysteme weichen von dieser starren Logik der Kontopaare ab und betrachten jeden Eintrag in einem Konto als Datensatz (Zeile). Dies wird in der folgenden Tabelle illustriert.

Journaleintrag als Sammelbuchung mit einer Betragspalte

Konto Nr. Soll	Konto Nr. Haben	Betrag (€)
1201		11.900,00
	4010	10.000,00
	3800	1900,00

Um die Gleichheit von Einträgen auf der Soll-Seite und der Haben-Seite aller angesprochenen Konten eines Belegs zu gewährleisten, tritt an die Stelle der Kontopaare die Kontrolle, ob die Summe der Teilbeträge mit Buchung auf der Soll-Seite mit der Summe der Teilbeträge mit Buchung auf der Haben-Seite übereinstimmt. Nur Eingaben, welche diese Bedingung erfüllen, werden vom System zur Verbuchung entgegengenommen. Alternativ ist auch die in der folgenden Tabelle ersichtliche Journaldarstellung anzutreffen, welche die Kontonummer in einer Spalte darstellt und die Buchungsbeträge auf zwei Spalten aufteilt.

Journaleintrag als Sammelbuchung mit zwei Betragspalten

Konto Nr.	Betrag Soll (€)	Betrag Haben (€)
1201	11.900,00	
4010		10.000,00
3800		1900,00

Manchmal findet auch eine dreispaltige Darstellung mit Konto Nr., Betrag und Soll-/Haben-Kennung Anwendung. ◀

Die paarweise Darstellung ist üblicherweise in Lehrbüchern zur Einführung in die Grundlagen der Finanzbuchhaltung anzutreffen. Damit ist für jeden Teilbetrag aus dem Journal ablesbar, welches Gegenkonto zugeordnet wurde. Andererseits wird der Rechnungsbetrag im Konto Forderungen aus Lieferungen und Leistungen nicht ersichtlich sein, weil er in Form von zwei Teilbeträgen erfasst wurde.

Die Auflösung der Paarbeziehung zwischen zwei Konten ist die Gemeinsamkeit aller Darstellungsvarianten der Sammelbuchung. Ein Kontoeintrag kann mehrere Einträge auf verschiedenen Gegenkonten aufweisen. Die verbindende Klammer für die Einträge bildet der sog. Buchungskopf, welcher u. a. das Buchungsdatum, die Belegnummer und die Nummer der Journaleintragung enthält, dem die Teilbuchungen angehören. Für jeden Geschäftsfall, bzw. für jeden Beleg wird ein Buchungskopf angelegt, welcher die Soll-Haben-Gleichheit für alle Eintragungszeilen gesamthaft unterhalb des Kopfs erfüllen muss.

Diese in der betrieblichen Praxis häufiger anzutreffende Darstellung von Journaleintragungen hat den Vorteil, dass das entsprechende Personenkonto des Kunden, welches hinter dem Sammelkonto 1201 gemäß obigem Beispiel steht, nur einen Eintrag unter dieser Belegnummer aufweist. Der dazu gehörende Betrag ist identisch mit dem Rechnungsbetrag. Dies erleichtert die Zuordnung zu der später eintreffenden Kundenzahlung.

Technisch gesehen bedeutet dies ebenfalls eine Auflösung der Paarbeziehung von Kontoeinträgen in der Datenbank. Jeder Kontoeintrag ist ein Datensatz. Die Verbindung zu genau einem Gegenkonto kann nicht mehr direkt hergestellt werden. Vielmehr muss der Umweg über den Belegkopf erfolgen, um das Gegenkonto, bzw. die verschiedenen Gegenkonten zu ermitteln.

Dadurch fehlt eine technisch eindeutige Zuordnung genau eines Gegenkontos, wenn mehrere Kontonummern mit Teilbeträgen auf der Soll-Seite und mehrere Kontonummern mit Teilbeträgen auf der Haben-Seite innerhalb eines Belegkopfs zusammengefasst sind. Dies macht eine sachlogisch korrekte und dennoch automatische Ermittlung des Gegenkontos ohne manuellen Eingriff unmöglich.

In den folgenden Unterabschnitten wird erörtert, wo sich in der betrieblichen Praxis solche Hindernisse der automatisierten Analyse entgegenstellen.

13.2.1 Sammelzahlungen mit mehreren Gegenparteien

Im Bereich des Zahlungsverkehrs erfolgen sehr häufig sog. Sammelzahlungen sowohl beim Zahlungseingang als auch beim Zahlungsausgang. Bei Sammelzahlungseingängen ist beispielsweise an Gutschriftanzeigen bzw. Kontoauszüge von Kreditinstituten zu denken, bei denen mehrere Zahlungseingänge von verschiedenen Gegenparteien, die am gleichen Wertstellungsdatum gutzuschreiben waren, in zusammengefasster Form summarisch dem Bankkonto gutgeschrieben und auf (elektronisch übermittelte) Einzelpostenaufstellungen verwiesen wird, welche die Einzelheiten zu den Beträgen pro Gegenpartei sowie weitere Angaben (Zahlungsgrund, Name, Referenznummern usw.) enthalten. Solche zumeist auch automatisiert in der Buchhaltung erfasste Zahlungseingänge werden regelmäßig als Sammelbuchungen behandelt.

Im Bereich von Zahlungsausgängen sind Sammelzahlungsaufträge typische Beispiele. Dabei wird in dem laufenden Konto des Auftraggebers bei dem mit der Überweisung beauftragten Kreditinstitut ein einziger Betrag als Sammel-Belastung für Zahlungen an mehrere Begünstige ausgewiesen. Beispiele aus dem betrieblichen Alltag sind die Zahlungsaufträge für Lohn- und Gehaltszahlungen sowie für Zahlungen an Lieferanten und Dienstleister. Bei Letzteren sind auch Lieferanten für Investitionsgüter eingeschlossen. Regelmäßig werden für solche Vorgänge auch in der Buchhaltung Sammelbuchungen eingesetzt. Der in der Buchhaltung erfasste Sammelbetrag entspricht dem auf dem Bankkontoauszug ausgewiesenen Belastungsbetrag. Damit soll die periodische Abstimmung des Buchhaltungskontos mit dem Kontoauszug des Kreditinstituts unterstützt und vereinfacht werden.

Sammelzahlungen führen zwar zu Sammelbuchungen. Die Auflösung von Sammelbuchungen aus Sammelzahlungen in ihre Teilbeträge und deren Gegenkontonummern dürfte jedoch technisch lösbar sein. Zusätzliche Datenstrukturen und Funktionalitäten sind jedoch zumeist unumgänglich. Allenfalls ist dafür die Anlage einer gesonderten zusätzlichen Tabelle mit den Teilbeträgen und Informationen zum Gegenkonto in der Datenbank oder komplexe Abfragen notwendig.

13.2.2 Zahlungen für mehrere auszugleichende Belege

Im vorherigen Unterabschnitt wurde die Problematik von mehreren Gegenparteien für einen einzigen Zahlungsvorgang besprochen. In diesem Abschnitt geht es um Zahlungsvorgänge mit einer Gegenpartei. Anlässe für Sammelbuchungen ergeben sich allerdings auch bei solchen Vorgängen sehr häufig.

Bei Zahlungseingängen ist es im betrieblichen Umfeld nicht selten, dass Kunden mit einer Zahlung mehrere offene Rechnungen gleichzeitig ausgleichen möchten. Dies kann zu Sammelbuchungen führen, bei denen einem Zahlungseingangsbetrag auf der Soll-Seite mehrere Buchungszeilen auf der Gegenseite (Rechnungsbelege) gegenüberstehen. Viele zeitgemäße Systeme zur Verwaltung von Kundenforderungen erzwingen eine buchhalterische Aufteilung und Zuordnung von Zahlungseingängen auf bereits früher erfasste andere Belege (Rechnungen). Damit kann eine Verkettung zwischen dem auszugleichenden Beleg (Rechnung) und dem logisch damit zusammenhängenden Folgebeleg (Zahlung) im Zeitverlauf in den Daten abgebildet werden. Allerdings ist es sehr von dem Ausbaugrad und der Architektur der eingesetzten Software-Anwendung abhängig, ob eine Rückverfolgung einer Sammelzahlung in automatisierter Weise auf den auszugleichenden Beleg (Rechnung) möglich ist. Je nach Art der eingesetzten Buchhaltungssoftware ist diese Verfolgung technisch möglich oder aber dies stellt ein Hindernis für die automatisierte Analyse von Zahlungstransaktionen dar. Für die korrekte Klassifikation des Zahlungsvorgangs ist eine differenzierte Analyse zwingend. Es könnte sein, dass z. B. eine Rechnung an den gleichen Kunden sich auf die Veräußerung eines Gegenstands des Anlagevermögens (Investitionstätigkeit) und eine andere Rechnung sich auf eine Lieferung von Handelswaren (laufende Geschäftstätigkeit) bezieht.

Bei Zahlungsausgängen sind analoge Betrachtungen anzustellen. Im Gegensatz zu den Zahlungseingängen ist aber dem System bei Zahlungsausgängen ab einem bestimmten Ausbaustandard der Software der Zusammenhang zwischen Beleg (Rechnung) und Folgebeleg (Zahlung) bereits bekannt, weil es die Zahlung aus dem Beleg und aus Stammdaten abgeleitet vorgeschlagen hat (systemgenerierter Zahlungsvorschlag). Dennoch verbleibt die Herausforderung, dass eine ausgehende Zahlung nicht direkt analysiert werden kann, weil sie sich auf mehrere Belege verteilt, welche möglicherweise unterschiedlichen Tätigkeitsbereichen zuzuordnen sind.

Beispiel

Beispiel einer Zahlung für zwei Tätigkeitsbereiche der Cashflow-Rechnung
Das Unternehmen überweist einem Lieferanten für Informatik den Betrag von € 535.800,50 zu Lasten des Kontos bei der Commerzbank AG. In dem Zahlungsauftrag wird als Zahlungsgrund vermerkt: „Rg. 4569870/2 und 4569798/1".

Aus der Einsichtnahme in früher erfasste Belege ergeben sich folgende Informationen:

A. Die Rechnung Nr. 4569870/2 lautet auf einen Betrag von € 454.068,20 und betrifft den Erwerb einer Software-Lizenz.
B. Die Rechnung Nr. 4569798/1 lautet auf einen Betrag von € 81.732,30 und betrifft die Wartungsgebühr für das erste Nutzungsjahr der Software.

Analyse der Zahlung für die Cashflow-Rechnung

Die mit diesem Vorgang verbundene Veränderung des Kontos Commerzbank AG kann nicht als Ganzes einem Tätigkeitsbereich der Cashflow-Rechnung zugeordnet werden. Es ist eine differenzierte Betrachtung notwendig, was eine Aufspaltung des Zahlungsbetrags in zwei Geldflüsse erforderlich macht. Die Aufspaltung des Folgebelegs erfolgt nach Maßgabe der Informationen aus den auszugleichenden ursprünglichen Belegen (Rechnungen). Im Ergebnis ist die der Rechnung A. zuzuordnende Zahlung als Geldabfluss aus Investitionstätigkeit (Erwerb immaterieller Vermögensgegenstände) zu klassifizieren. Die der Rechnung B. zuzuordnende Zahlung ist hingegen als Geldabfluss aus Geschäftstätigkeit (Auszahlung an Lieferanten und Dienstleister) einzuordnen. ◀

Eine nachträgliche manuelle Analyse der Zahlung ist in jedem Fall möglich, aber mit nicht unerheblichem Aufwand verbunden. Ob die Programmierung einer voll automatisierten Rückverfolgung des Zahlungsbelegs (oder eines auf ein bestimmtes Personenkonto entfallenden Teilbetrags des Zahlungsbelegs, vgl. Abschn. 13.2.1) auf den ursprünglichen Beleg durchführbar ist, hängt von der konkreten Ausgestaltung der Datenstrukturen der eingesetzten Buchführungssoftware ab. Sind diese ungenügend, kann dies ein unüberwindliches Hindernis für eine automatisierte Analyse darstellen und dies könnte nur durch aufwändige manuelle Klärungen und Datenergänzungen überbrückt werden.

13.2.3 Belege mit mehreren Gegenposten (Artikelpositionen)

Im vorherigen Unterabschnitt wurde die Problematik einer gleichzeitigen Zahlung für mehrere auszugleichende Rechnungen beleuchtet. Sammelbuchungen können sich aber auch ergeben, wenn die Zahlung nur einen einzigen Beleg betrifft.

In vielen Fällen der betrieblichen Praxis umfassen Rechnungen nicht nur eine einzige Artikelposition, sondern mehrere Positionen. Betreffen diese Positionen unterschiedliche Tätigkeitsbereiche der Geldflussrechnung, ist auch hier eine differenzierte Betrachtung notwendig. Die dem Beleg zugeordnete Zahlung (Folgebeleg) muss nach den einzelnen Positionen der Rechnung aufgespalten werden, um die Zahlung den zutreffenden Tätigkeitsbereichen der Geldflussrechnung zuordnen zu können.

Beispiel

Beispiel der Analyse einer Zahlung für eine Rechnung mit mehreren Artikelpositionen

Die Marketingabteilung der schweizerischen Konzerngesellschaft hat zwei neue Fotokopiergeräte bestellt und gleichzeitig einen Wartungsvertrag dazu abgeschlossen. Nach erfolgter Auslieferung und Rechnungsstellung wurde zu Lasten des Kontos bei der UBS AG eine Zahlung in der Höhe von CHF 16.500,-- an den Lieferanten der Kopiergeräte geleistet. Wie ist die Zahlung in der Cashflow-Rechnung darzustellen?

Analyse der Zahlung

Auf dem Zahlungsauftrag steht als Zahlungsgrund: „Rg. AR4598-34". Diese Rechnung wurde 20 Tage vor der Zahlung in der Buchhaltung erfasst und wies folgende Artikelpositionen aus:

A. Fotokopiergerät A3 – Duplex, Sortieren und Scannen (2 Stück) CHF 15.000,--
B. Wartung gemäß Vertrag für ein Jahr ab Installationsdatum CHF 1500,--

Hinweis: Zur Vermeidung von Komplexität wird Mehrwertsteuer (Abschn. 13.2.4) noch nicht berücksichtigt.

Präsentation in der Cashflow-Rechnung

Der im Konto „UBS AG" ersichtliche Geldabfluss darf nicht gesamthaft in der Cashflow-Rechnung ausgewiesen werden. Es handelt sich um eine Zahlung, die auf unterschiedliche Tätigkeitsbereiche aufzuteilen und entsprechend auszuweisen ist. Derjenige Teil der Zahlung, welcher die Artikelposition A. betrifft, ist als Geldabfluss aus Investitionstätigkeit (Sachanlagen) darzustellen. Der andere Teil der Zahlung, welcher sich auf die Artikelposition B. bezieht, ist als Geldabfluss aus Geschäftstätigkeit (Auszahlungen an Lieferanten und Dienstleister) zu klassifizieren und auszuweisen. ◄

Technisch gesehen kann für die Klassifizierung auf die ursprüngliche Kontozuordnung für die buchhalterische Erfassung der Artikelposition in dem ursprünglichen Belegs (Rechnung) zurückgegriffen werden. Diese ist bei mehreren Artikelpositionen regelmäßig als Sammelbuchung angelegt. Der Zusammenhang zwischen Rechnungsbetrag und dazugehörigen Gegenbuchungen ist damit aufgelöst und besteht nur noch indirekt über den Belegkopf des Rechnungsbelegs. In der Regel ist das ein technisch lösbares Problem, das die Automatisierung der Analyse zwar aufwändiger macht, aber nicht verunmöglicht. Zusätzliche Datenstrukturen und Funktionalitäten dürften aber unumgänglich sein.

13.2.4 Mehrwertsteuer

Die Mehrwertsteuer stellt für die automatisierte Umsetzung der originären Methode eine weitere Herausforderung dar, die anschließend kurz angesprochen wird. Allerdings ist vorab darauf hinzuweisen, dass Programmierung und Datenstrukturen für die Abbildung von Mehrwertsteuerfragen in Buchführungssoftware sehr unterschiedlich angegangen werden. Wie herausforderungsreich das Mehrwertsteuerthema für die Automatisierung der Ableitung von Cashflow-Rechnung aus den Zahlungstransaktionen heraus ist, hängt von der konkret eingesetzten Software ab. In diesem Unterabschnitt wird auf die Problematik der Sammelbuchung bzw. die Rückführung von Mehrwertsteuerteilbeträgen auf einzelne Artikelpositionen hingewiesen. Die Mehrwertsteuer bildet aber auch in anderer Hinsicht eine Herausforderung für die korrekte Erstellung einer Cashflow-Rechnung. Darauf wird aber an dieser Stelle noch nicht eingegangen.

Die Problematik wird ausgehend vom Beispiel oben in Abschn. 13.2.3 illustriert, indem dieses Beispiel nun noch um die Mehrwertsteuerthematik erweitert wird. Zur Vereinfachung wird angenommen, dass in der Schweiz der Regelsatz der Umsatzsteuer 8 % beträgt.[2]

Beispiel

Analyse der Zahlung einer Rechnung bestehend aus mehreren Artikelpositionen (mit Mehrwertsteuer)

Der Nettowert der Lieferung und der Leistung aus dem Beispiel oben in Abschn. 13.2.3 betrug CHF 16.500,-- und der Rechnungsbetrag somit CHF 17.820,-- (unter Einbezug der Mehrwertsteuer von 8 % auf CHF 16.500,--). Es wird zur Vereinfa-

---

[2] Im Jahr 2022 betrug der Satz tatsächlich 7,7 %.

chung angenommen, dass das Unternehmen genau den in Rechnung gestellten Betrag überwiesen hat, dass also auf dem Bankkonto ebenfalls eine Transaktion i. H. v. CHF 17.820,-- als Zahlungsausgang zu analysieren ist.

Analyse der Zahlung

Dem Geldabfluss i. H. v. CHF 17.820,-- steht im Journal das Konto „Verbindlichkeiten aus Lieferungen und Leistungen" bzw. ein Personenkonto des entsprechenden Lieferanten (Graphax AG) gegenüber. Dies lässt noch keine Klassifizierung des Geldflusses zu. Daher wird der verkettete, vorangegangene Journaleintrag (Erfassung der Eingangsrechnung) herangezogen. Dort trifft man regelmäßig auf eine Sammelbuchung. Im vorliegenden Fall weist sie, wie in der folgenden Tabelle ersichtlich, vier Kontoeinträge auf (Kontobezeichnung teilweise generalisiert).

Journaleintrag der verbuchten Eingangsrechnung

Konto	Betrag Soll (CHF)	Betrag Haben (CHF)
Sachanlagen	15.000,00	
Verwaltungsaufwand	1500,00	
Vorsteuer (Investitionen und übriger Betriebsaufwand)	1320,00	
Lieferantenkonto Graphax AG		17.820,00

Präsentation in der Cashflow-Rechnung

Werden die Zahlungen in der Cashflow-Rechnung einschließlich der bezahlten Umsatzsteuerbeträge ausgewiesen (Bruttoausweis), ist die Verwendung der beiden Nettobeträge in den ersten zwei Buchungszeilen nicht korrekt, weil dies nur den Ausweis eines Geldabflusses i.H. v. CHF 16.500,-- in der Cashflow-Rechnung bewirken würde. Der Vorsteuerbetrag ist auf die einzelnen Artikelpositionen der Rechnung nach Maßgabe ihrer Vorsteuercodes (Zusatzkontierungen) zurückzuführen. Im vorliegenden Fall würde unter Einbeziehung der anteiligen Vorsteuer ein Geldabfluss aus Investitionstätigkeit (Sachanlagen) i. H. v. CHF 16.200 und ein Geldabfluss aus Geschäftstätigkeit (Auszahlungen an Lieferanten und Dienstleister) i. H. v. CHF 1620 in der Cashflow-Rechnung ausgewiesen.

Die Problematik der Mehrwertsteuer wurde im ersten Teil dieses Buches wegen ihrer Komplexität weitgehend ausgeblendet. Das Beispiel zeigt diese technischen Schwierigkeiten der automatisierten Analyse einer Zahlungstransaktion im Kontext der Mehrwertsteuer anschaulich auf.

Die aus dem Beispiel mit einem Zahlungsausgang dargelegte Problematik kann analog auch auf Beispiele aus dem Bereich von Zahlungseingängen übertragen werden. Auch dort stellt sich die Herausforderung, dass Umsatzsteuerbeträge auf die einzelnen Artikelpositionen einer Rechnung zurückgeführt werden müssen, um eine Abstimmung der Teilbeträge pro Artikelposition mit dem gesamten Zahlungsbetrag zu gewährleisten. Dies ist insbesondere von Bedeutung, wenn die Artikelpositionen in unterschiedlichen Bereichen der Cashflow-Rechnung auszuweisen sind. Beispielsweise könnte eine Kundenrechnung sowohl Artikelpositionen umfassen, die Zahlungen aus Umsatzerlösen von Kunden (Geschäftstätigkeit) zuzuordnen sind und Artikelpositionen, die erhaltenen Zahlungen aus der Veräußerung gebrauchter Anlagegüter (Investitionstätigkeit) zugerechnet werden sollen.

13.2.5 Pauschale Preisnachlässe und Nebenkosten

Eine ähnliche Problematik wie bei der Aufspaltung der Mehrwertsteuer stellt sich auch bei der Rückführung von pauschalen Preisnachlässen und von Nebenkosten (in Rechnung gestellte Portokosten, Frachtkosten, Versicherung, Verpackungskosten usw.) auf einzelne Artikelpositionen. Die auf Ebene der Gesamtrechnung ausgewiesenen Abzüge (Preisnachlässe) und Zuschläge (Nebenkosten) müssen sachgerecht auf die einzelnen Artikelpositionen zurückgeführt werden. Obwohl dies eigentlich nur bei unterschiedlich auszuweisenden Artikelpositionen notwendig wäre, ist bei einer automatisierten Analyse ein Prozess einzuhalten, der einheitlich funktioniert, um Abstimmungen und Kontrollen zu ermöglichen. Es wird an dieser Stelle auf ein illustratives Beispiel verzichtet. In jedem Fall liegt erneut eine Problematik einer Sammelbuchung vor, welche noch um eine zusätzliche Herausforderung erweitert wird, weil die Teilbeträge der Artikelpositionen um anteilige pauschale Preisnachlässe und anteilige Nebenkosten angepasst werden müssen, um eine betragliche Abstimmung dieser Teilbeträge mit dem zu analysierenden Zahlungsbetrag zu gewährleisten.

13.2.6 Zahlungsdifferenzen

In den obigen Unterabschnitten wurde stillschweigend angenommen, dass der Zahlungsbetrag dem Rechnungsbetrag entspricht. In der betrieblichen Praxis ist das jedoch nicht immer der Fall. Wenn der Zahlungsbetrag kleiner als der Rechnungsbetrag ausfällt, ergibt sich eine Zahlungsdifferenz. Diese Differenzen werden auf der Grundlage eines zusätzlichen (internen) Belegs buchhalterisch sachgerecht erfasst, um zu vermeiden, dass diese Differenzen auf den Personenkonten (Kundenkonten, Lieferantenkonten) verbleiben. Aus Gründen der korrekten Abrechnung mit den Steuerbehörden, aber auch aus sachlogischen Gründen kann diese Differenz nicht einfach pauschal in einem Betrag in der Gewinn-und-Verlust-Rechnung erfasst werden. Vielmehr ist eine entsprechende Reduktion der bereits verbuchten Umsatzsteuerschuld, bzw. des Vorsteuerguthabens notwendig, wenn der Betrag der Zahlung von demjenigen der Rechnung abweicht. Handelt es sich um Zahlungsdifferenzen im Zusammenhang mit einer Investition in Gegenstände des Anlagevermögens ist die Zahlungsdifferenz richtigerweise nicht in der Gewinn-und-Verlust-Rechnung, sondern als Minderung der Anschaffungskosten bilanziell zu erfassen.

Im Ergebnis bedeutet das für die automatisierte Analyse von Zahlungen, dass Belege über Zahlungsdifferenzen mitberücksichtigt werden müssen, um die Abstimmung mit den

Rechnungsbeträgen zu gewährleisten. Dies bedingt eine entsprechende Verkettung dieses Belegs mit dem Zahlungsbeleg in den Datenstrukturen der Buchhaltungssoftware. Eine weitere Vertiefung in genereller Weise ist nicht angezeigt, weil sich die Lösungsansätze in den unterschiedlichen Softwarepaketen unterscheiden.

Sodann stellt sich zudem noch die Aufgabe der Rückführung der Buchungen im Beleg der Zahlungsdifferenzen bis auf die Ebene der einzelnen Artikelposition der ursprünglichen Rechnung (einschließlich Korrektur der anteiligen Mehrwertsteuer, der anteiligen Preisnachlässe und der anteiligen Nebenkosten).

Fazit

Sammelbuchungen sind in der betrieblichen Praxis häufig anzutreffen. Sie zeichnen sich durch eine *Auflösung der direkten Paarbeziehung zwischen zwei Konten* aus. Im Bereich von Zahlungseingängen und Zahlungsausgängen sind solche Sammelbuchungen sehr häufig. Sie machen einen zusätzlichen Prozess-Schritt notwendig, um den Betrag der Sammelzahlung differenziert nach Gegenkonto analysieren zu können. Dies dürfte aber technisch machbar sein. Der dafür nötige Aufwand für die Anlage neuer, feiner untergliederter Datenbestände ist jedoch nicht zu unterschätzen und lässt sich wohl in den meisten Fällen nicht durch bestehende Datenstrukturen abbilden.

Im Abschnitt oben wurde auch dargelegt, dass in der betrieblichen Praxis direkt für die Geldflussrechnung auswertbare Gegenbuchungen nur in seltenen Fällen als Gegenstück eines direkt miteinander verknüpften Kontopaars auftreten. Vielmehr ist die für die Analyse des Vorgangs notwendige Information technisch und zeitlich manchmal mehrfach voneinander getrennt. Die Analyse einer Zahlung kann daher eine *Nachverfolgung über mehrere zeitlich voneinander getrennt erfasste Belege* erforderlich machen. Es hängt von der eingesetzten Buchhaltungssoftware und der Qualität ihrer Datenstrukturen ab, ob die Nachverfolgung von dem Zahlungsbeleg zum Rechnungsbeleg und allenfalls dem Zahlungsdifferenzbeleg automatisiert, möglich ist. Im ausgelieferten Standard von marktüblichen Buchführungssystemen sind solche Analysen regelmäßig nicht vorgesehen. Eine ergänzende Programmierung von Analysefunktionen und die Anlage zusätzlicher Datenstrukturen dürfte in jedem Fall noch zusätzlich notwendig sein.

13.3 Hilfs- und Nebenbuchhaltungen

Lernziele
- Die sich aus Hilfs- oder Nebenbuchhaltung ergebenden Schwierigkeiten für die Anwendung der originären Herleitung von Geldflüssen beschreiben.
- Die technische Machbarkeit und den Aufwand für die Überwindung der Schwierigkeiten bei der automatisierten Analyse von Geldflüssen grob einschätzen.

Integrierte Systeme zur Erfassung betriebswirtschaftlicher Vorgänge arbeiten häufig modular. Das heißt, dass für bestimmte funktionale Bereiche des Unternehmens speziell dafür konzipierte Teile von Software eingesetzt werden, sogenannte *Module*. Beispiele für solche Module sind das Lohn- und Gehaltsabrechnungsmodul oder das Anlagenbuchhaltungsmodul. Diese Module arbeiten regelmäßig mit Datenstrukturen, die feinkörniger gegliedert sind als die Kontonummern der Hauptbuchhaltung. Ein Beispiel dafür bilden die *Personenkonten* welche die auf Sammelkonten in der Hauptbuchhaltung ausgewiesene Summen nach einzelnen Schuldnern (z. B. Kunden) oder Gläubigern (z. B. Lieferanten, Aktionäre, Mitarbeiter) gesondert erfassen.

In der Anlagenbuchhaltung werden die einzelnen Anlagegüter unter Inventarnummern (Anlagenummern) erfasst, sodass ein Nachweis des im Hauptbuchkonto ausgewiesenen Bestands sowohl in sachlicher Hinsicht als auch in betragsmäßiger Hinsicht möglich ist (Inventarfunktion). In der Lohn- und Gehaltsabrechnung wird das Personal individuell mit einer Personalnummer verwaltet und jeder Bezug und Abzug wird einer Lohnart zugewiesen. In der Vorrats- und Materialbuchhaltung werden die Bestände auf Ebene des Artikels nach Menge und Preis verwaltet. Wertpapierbuchhaltungen verwalten den in der Buchhaltung als Sammelposten ausgewiesenen Bestand nach einzelnen Wertpapieren in mengen- und wertmäßiger Hinsicht auch über den Zeitverlauf hinweg.

13.3.1 Herausforderungen bei der automatisierten Analyse

Wenn Zahlungsvorgänge analysiert werden sollen und dies automatisiert erfolgen soll, ist eine IT-gestützte Analyse in bestimmten Fällen bis in die Einzelvorgänge von Hilfs- und Nebenbuchhaltungen notwendig. Dies wurde bereits oben im Zusammenhang mit Zahlungen mit Gegenbuchungen in Personenkonten thematisiert (vgl. Abschn. 13.2).

Je nach Ausgestaltung und Integrationsgrad der Module und Hilfsbuchhaltungen mit der Hauptbuchhaltung besteht die Herausforderung bei der automatisierten Analyse darin, dass zur Analyse der Gegenbuchungen von Zahlungen für die Klassifizierung hinsichtlich Tätigkeitsbereich der Cashflow-Rechnung eine Rückverfolgung der Belegkette bis in die Neben- oder Hilfsbuchhaltung ohne technische Systembrüche möglich sein muss. In der betrieblichen Praxis gibt es, z. B. aus Vertraulichkeitsgründen, wegen Einsatz unterschiedlicher Softwareprodukte oder wegen der Auslagerung an externe Dienstleister, jedoch häufig solche Systembrüche.

In solchen Fällen ist in der Hauptbuchhaltung nur ein Journaleintrag mit über eine Zeitperiode zusammengefassten Geschäftsfällen in summarischer Form verfügbar. Eine Rückverfolgung einer einzelnen Zahlungstransaktion ist damit ohne Zugang zu den Einzeltransaktionen in der Neben- oder Hilfsbuchhaltung verunmöglicht.

13.3.2 Beurteilung der Herausforderungen

Die nahtlose und automatisierte Rückverfolgung von Zahlungsvorgängen bis zum ursprünglichen Grundbeleg, bzw. Journaleintrag, aus dem die für Klassifizierung maßgebende Gegenbuchung ersichtlich ist, kann bei abgetrennt betriebenen Neben- oder Hilfsbuchhaltungen kaum mehr gewährleistet werden. Dies kann ein schwer zu beseitigendes Hindernis für die Umsetzung der originären Methode auf vollständig automatisierter Basis darstellen.

Fazit

Sofern Nebenbuchhaltungen nicht mit dem Hauptbuch integriert sind, kann dies ein kaum überwindbares Hindernis für die automatisierte Umsetzung der originären Methode zur Herleitung einer Cashflow-Rechnung darstellen. Aber auch integrierte Nebenbücher stellen zumindest eine zusätzliche Herausforderung dar.

13.4 Verfolgung von Belegketten

▷ Belegketten sind sachlich zusammenhängende Geschäftsfälle, die zu unterschiedlichen Zeitpunkten zu Belegen mit entsprechenden Journaleinträgen führen. Die periodengerecht abgegrenzte Buchführung weist zahlreiche Belegketten in Form der gesonderten Erfassung des Aufwands oder Ertrags einerseits und des Zahlungsvorgangs andererseits zu unterschiedlichen Zeitpunkten auf. Diese Belegkette stellt eine weitere Herausforderung für die automatisierte Anwendung der originären Herleitung dar.

Die originäre Herleitungsmethode geht davon aus, dass aus einem Journaleintrag, der ein Konto aus dem Finanzmittelbestand enthält, die Art der Tätigkeit, zu der dieser Finanzmittelfluss gehört, direkt aus der Gegenbuchung ermittelt werden kann. Neben den in den vorangehenden Abschnitten beschriebenen Schwierigkeiten stellt die Nachverfolgung von Belegketten eine weitere Herausforderung für die Ableitung einer Geldflussrechnung nach der originären Methode in der Praxis dar. Zunächst wird diese Problematik in allgemeiner Form dargestellt. Dann werden Beispiele für die Problematik zur Illustration hinzugefügt.

13.4.1 Generelle Problematik der Belegkette

Lernziel
Die Schwierigkeiten von Belegketten für die Anwendung der originären Methode in allgemeiner Form beschreiben.

Es liegt in der Natur einer periodengerecht abgrenzend geführten Buchhaltung, dass für die Erfassung eines Geschäftsfalls nicht nur der Zeitpunkt einer damit zusammenhängenden Zahlung, sondern auch dessen wirtschaftlicher Verursachungszeitpunkt, sofern davon abweichend, zu einem buchungspflichtigen Vorgang führt. Damit entstehen zwei Journaleinträge mit entsprechenden Belegen, die einen inneren Zusammenhang aufweisen und damit eine sog. Belegkette bilden.

Beispiel

Beispiel einer typischen Belegkette
Dem Kunden Devalux GmbH werden am 20. Dezember Handelswaren ausgeliefert und zeitgleich in Rechnung gestellt. Am 12. Januar des Folgejahres erfolgt ein Zahlungseingang dieses Kunden auf das Konto der liefernden Gesellschaft bei dem Kreditinstitut Alpha Bank zum Ausgleich der offenen Rechnung für die Warenlieferung.
Die Belegkette stellt sich wie folgt dar:

- 20.12. Beleg 1: Rechnungsdoppel
- 12.1. Beleg 2: Gutschriftanzeige/Kontoauszug Kreditinstitut Alpha Bank ◄

Die Problematik besteht nun darin, dass die beiden Journaleinträge und die beiden Belege zwar einen sachlogischen inneren Zusammenhang aufweisen, dieser jedoch nicht zwingend in den Datensätzen der Finanzbuchhaltungssoftware auch auswertbar festgehalten wird. Es hängt von der Ausgestaltung der Datenstrukturen ab, ob eine softwaremäßige Verkettung der beiden Journaleinträge gesondert erfasst und gespeichert wird. Nicht jede Software weist diese Möglichkeit auf und nicht alle Anwender erfassen die für eine Verkettung notwendigen Eingaben konsequent.

Für einen sachkundigen Menschen hingegen ist es in der Regel möglich zu ermitteln, welcher vorangehende Beleg damit zusammenhängt, bzw. welche vorangehende Journaleintragung erfolgte. Dabei wird auf der Grundlage des Belegs Nr. 2 aus dem Beispiel oder der damit zusammenhängenden Journaleintragung nach Hinweisen zu dem Grund der Zahlung gesucht. Aus dem Journaleintrag könnte ersichtlich sein, dass als Gegenbuchung ein bestimmtes Kundenkonto (Personenkonto, Debitoreneinzelkonto) der Devalux GmbH angesprochen wurde. Aus dem Beleg (Gutschriftanzeige) ergeben sich weitere Hinweise, z. B. auf die Rechnungsnummer, die Firma und die Anschrift des Auftraggebers der Zahlung und vielleicht auch das Rechnungsdatum. Dennoch ist daraus nicht zweifelsfrei erkennbar, ob es sich um eine Zahlung im Zusammenhang mit der laufenden Geschäftstätigkeit handelt. Um auszuschließen, dass es sich um eine Rechnung für den Verkauf z. B. eines gebrauchten Fotokopierapparats handelt, der zuvor als Betriebsmittel verwendet wurde und somit als Gegenstand des Anlagevermögens bilanziert war, ist eine Rückverfolgung bis zum Beleg Nr. 1 im obigen Beispiel nötig. Erst die Einsichtnahme in den Beleg, allenfalls auch die Analyse des damit zusammenhängenden Journaleintrags bestätigt den Charakter einer Zahlung im Zusammenhang mit der laufenden Geschäftstätigkeit und schließt eine Zahlung im Zusammenhang mit einer Investitionstätigkeit (Verkauf gebrauchter Gegenstand des Anlagevermögens) aus.

Die Effizienz des Vorgangs zur Rückverfolgung bis zum Ursprungsbeleg hängt sehr von der Art der datenmäßigen Verkettung mit dem Buchungsvorgang der Zahlung ab. Diese kann sehr unterschiedlich ausgeprägt sein. Es gibt Verkettungen, die nur durch manuelle Analyse durch Menschen nachverfolgbar sind. Bei sehr gut konzipierten Datenstrukturen und Funktionalitäten kann aber auch eine automatisierte Verfolgung zurück vom sog. Folgebeleg auf den davor liegenden Beleg möglich sein. Dazwischen sind in der betrieblichen Praxis, teilweise auch in Abhängigkeit von der Art der Geschäftsfälle, sehr unterschiedliche Zwischenstufen anzutreffen.

Unabhängig von der Frage der manuellen oder der automatisierten Durchführung stellt die Notwendigkeit der Verfolgung eines Zahlungsvorgangs zurück auf den Ursprungsbeleg die eigentliche Herausforderung der Anwendung der originären Methode dar. Wird lediglich auf der Grundlage der Gegenbuchung eines Zahlungsvorgangs auf die Art des Geldflusses bzw. den Tätigkeitsbereich geschlossen, ist dies zwar eine effiziente Methode, aber kann zu Fehlern in der Präsentation der Cashflow-Rechnung führen. Die Fehler treten regelmäßig in Form unzutreffender Zuordnungen von Geldflüssen zu den Tätigkeitsbereichen auf.

Die Rückverfolgung von Belegketten wird zudem häufig noch überlagert durch die oben in Abschn. 13.3 dargestellte Herausforderung bei Verwendung von Hilfs- und Nebenbuchhaltungen.

13.4.2 Beispiele für Belegketten

> **Lernziel**
> Konkrete Beispiele für Belegketten nennen und erläutern.

Nachdem im vorangehenden Unterabschnitt die Problematik von Belegketten und der Zusammenhang mit möglichen Fehldarstellungen in der Cashflow-Rechnung aufgezeigt wurde, folgen weitere Beispiele, welche aufzeigen, dass Belegketten nicht nur im Zusammenhang mit Zahlungen von Kunden bzw. an Lieferanten auftreten, sondern auch noch an weiteren Stellen der Buchführung. Es wird jedoch nur angedeutet, wie sich ein Verzicht auf eine sorgfältige Rückverfolgung auf die Darstellung der Cashflow-Rechnung auswirkt. In fast allen Beispielen ist eine automatisierte Rückverfolgung nur in seltenen Fällen darstellbar. Daher müsste wohl eine manuelle Analyse dieser Vorgänge erfolgen, um eine fehlerfreie Anwendung der originären Herleitung zu gewährleisten.

13.4.2.1 Zahlungen mit Gegenbuchung auf Personenkonto

Zahlungseingänge auf Konten des Finanzmittelfonds, deren Gegenbuchung auf ein Personenkonto (Kundenkonto) erfolgt, sind nicht zwingend Geldflüsse aus „Einzahlungen von

Kunden", d. h. aus der laufenden Geschäftätigkeit. Wie bereits oben in Abschn. 13.4.1 erwähnt, können sich diese Zahlungen auch auf Vorgänge beziehen, die der Investitionstätigkeit zuzurechnen sind. Daher ist eine Rückverfolgung entlang der Belegkette notwendig. Erst auf der Grundlage des Ursprungsbelegs und seiner Kontierung lässt sich eine abschließende Beurteilung vornehmen, welche zu einer korrekten Zuordnung auf die zutreffende Zeile in der Cashflow-Rechnung führt.

Zahlungsausgänge zu Lasten von Konten des Finanzmittelfonds, deren Gegenbuchung auf ein Personenkonto (i. d. R. Lieferantenkonto) erfolgte, sind ebenfalls nicht zwingend „Zahlungen an Lieferanten und Dienstleister" im Rahmen der Geldflüsse aus laufender Geschäftätigkeit. Betrifft die ursprüngliche Rechnung, auf die sich die Zahlung bezieht, eine Lieferung oder Leistung, die als Gegenstand des Anlagevermögens erfasst wird, liegt bei der Zahlung ein Geldfluss aus Investitionstätigkeit vor. Zudem muss näher analysiert werden, auf welche Kategorie von Anlagevermögen sich der Vorgang bezieht. Dies ist notwendig, um die zutreffende Zeile für den Ausweis innerhalb des Bereichs „Geldfluss aus Investitionstätigkeit" bestimmen zu können.

Teilweise verwenden Unternehmen auch Personenkonten für Angestellte, Aktionäre und für sonstige Geschäftspartner (Sozialversicherungsträger, Darlehensgläubiger, Finanzamt usw.). In solchen Fällen ist eine Rückverfolgung der Zahlung in jedem Fall unabdingbar, weil erst die Analyse des Ursprungsbelegs, bzw. dessen Erfassung im Buchungsjournal, eine abschließende Klassifizierung des Zahlungsausgangs ermöglicht.

13.4.2.2 Verwendung von Kontrollkonten

Viele Unternehmen verwenden sog. Kontrollkonten (auch als Abstimmkonten, Scharnierkonten, Durchlaufkonten u. ä. bezeichnet). Solche Konten können in unterschiedlichen Bereichen zur Anwendung kommen.

Beispiel

Beispiele für Kontrollkonten

- Überweisungen von einem Konto auf ein anderes Konto des Finanzmittelbestands werden als zwei Belege erfasst, wobei der Ausgang und der Eingang jeweils mit Gegenbuchung auf ein „Kontrollkonto Überträge" erfasst wird.
- Auszahlung von Löhnen und Gehältern erfolgen häufig mit Gegenbuchung auf ein Kontrollkonto oder „Durchlaufkonto Löhne und Gehälter". Vorangehend wurde auch der Beleg aus der Lohn- und Gehaltsabrechnung auf dieses Konto erfasst.
- Je nach Integration von Hilfs- oder Nebenbuchhaltungen können auch zum Zweck der Abstimmung von Einzelbuchungen in der Hauptbuchhaltung mit Sammelbuchungen aus der Hilfs- oder Nebenbuchhaltung Kontroll- oder Abstimmkonten eingerichtet werden. ◀

Je nach Ausprägung solcher Buchungstechniken können dadurch sachlogisch zusammengehörige Ketten von Buchungsvorgängen entstehen. Diese können ein Hindernis für die automatisierte Analyse nach der originären Methode darstellen oder zumindest einen zusätzlichen Analysevorgang erforderlich machen. Teilweise ist die Rückverfolgung zu den einzelnen den Zahlungen zugrunde liegenden Sachverhalten noch zusätzlich durch die Problematik der Sammelzahlungen und -buchungen erschwert (vgl. oben Abschn. 13.2).

Die Unterlassung der Rückverfolgung kann sich in Fehldarstellungen in der Cashflow-Rechnung äußern. Wird beispielsweise angenommen, die Belastung des Bankkontos mit der Gegenbuchung „Durchlaufkonto Löhne und Gehälter" sei aus Sicht der Cashflow-Rechnung ausschließlich als „Auszahlungen an das Personal und Sozialversicherungsträger" innerhalb der Geldflüsse aus laufender Geschäftstätigkeit zu klassifizieren, ohne die einzelnen Gegenbuchungen im Beleg über die monatliche Verarbeitung der Lohn- und Gehaltsabrechnung zu konsultieren, kann dies fehlerbehaftet sein. Enthält die Lohn- und Gehaltsabrechnung beispielsweise auch die Ausrichtung eines Auslagenersatzes für die Anschaffung eines ansatzpflichtigen Gegenstands des Anlagevermögens oder die Auszahlung eines langfristigen Darlehens, würden diese Vorgänge fälschlicherweise nicht als Geldflüsse aus Investitionstätigkeit ausgewiesen.

13.4.2.3 Geleistete Anzahlungen und Vorauszahlungen

Erhaltene Anzahlungsanforderungen oder Rechnungen für Vorauszahlungen werden in der Praxis regelmäßig über ein Personenkonto (i. d. R. Lieferantenkonto) erfasst. Bei der Erfassung dieses Belegs wird die Art der Anzahlung und damit auch das zu belastende Konto in der Bilanz festgelegt. Handelt es sich um eine Anzahlung für bestellte Gegenstände des Anlagevermögens (Investitionstätigkeit) wird ein Vorauszahlungs- oder Anzahlungskonto im Bereich der langfristigen Vermögenswerte angesprochen. Liegt jedoch eine Anzahlung oder Vorauszahlung für bestellte Materialien, Produkte oder Waren vor, die direkt in den Umsatzprozess einfließen, dann wird die Gegenbuchung in einem Konto vorgenommen, das in der Bilanz unter der Position Vorräte ausgewiesen wird. Die originäre Herleitungsmethode geht von dem Zahlungsbeleg aus. Dieser weist jedoch kaum mehr Hinweise auf, die auf die Art der Anzahlung schließen lassen. Auch die Gegenbuchung ist nicht hilfreich, weil es sich in der Regel um das Personenkonto des Lieferanten handelt.

Um eine korrekte Klassifikation des Zahlungsausgangs zu gewährleisten, ist der Rückgriff auf den früher erfassten Beleg (Anzahlungsanforderung, Vorauszahlungsrechnung) notwendig. Wie oben dargestellt, kann dann je nach Ergebnis dieser Analyse die Anzahlung als Geldfluss aus laufender Geschäftstätigkeit oder aus Investitionstätigkeit für die Cashflow-Rechnung zu klassifizieren sein. Die Effizienz der Rückverfolgung und deren Automatisierbarkeit sind abhängig von der Art und Weise der Verkettung der beiden Belege bzw. Journaleinträge.

13.4.2.4 Mehrwertsteuer

Die Abführung der geschuldeten Mehrwertsteuer gemäß Umsatzsteuer-Voranmeldung[3] sowie die Überweisung einer Umsatzsteuer-Sondervorauszahlung im Falle einer Dauer-

---

[3] In der Schweiz als „Mehrwertsteuer-Abrechnung" bezeichnet.

fristverlängerung stellen zweifelsfrei Geldflüsse dar. Deren Klassifikation im Zusammenhang mit der Cashflow-Rechnung ist allerdings in vielerlei Hinsicht nicht unproblematisch. Zum einen steht die Frage der Verrechnung von erhaltenen Umsatzsteuerzahlungen von Kunden mit den abzuführenden Umsatzsteuern im Raum. Damit verbunden ist die Entscheidung über die Nettodarstellung von erhaltenen Zahlungen von Kunden (ohne enthaltene Umsatzsteuer) oder deren Bruttodarstellung (einschließlich Umsatzsteuer) in der Cashflow-Rechnung. Zum anderen stellt sich die Frage, ob die erhaltenen Gutschriften für die Rückerstattung von Vorsteuerbeträgen im Zusammenhang mit Investitionen in Gegenstände des Anlagevermögens überhaupt Geldflüsse sind und wenn ja, wie sie allenfalls in der Cashflow-Rechnung zu klassifizieren wären. Stellen sie Einzahlungen aus Steuerrückerstattungen im Bereich der laufenden Geschäftstätigkeit dar oder sind sie als Einzahlungen aus Investitionstätigkeit zu klassifizieren? An dieser Stelle werden diese Fragen offen gelassen. Es gibt unterschiedliche Ansätze zur Beantwortung der Fragestellung, die von den maßgebenden Standards und deren Auslegung abhängig sind (vgl. Abschn. 10.7).

Die hier thematisierte Frage befasst sich vielmehr mit der Verfolgung der Zahlung im Zusammenhang mit der Verkettungsproblematik. Je nach den einzuhaltenden Anforderungen kann sich die Frage stellen, wie sich eine Abführungszahlung in seine beiden Komponenten Umsatzsteuerschuld und Vorsteuer-Rückerstattungsguthaben aufteilen lässt. Auch diese Aufgabenstellung ist ein Beispiel einer Verkettung von Belegen, die sich nur sehr schwierig auf automatisierter Basis analysieren lässt. Insbesondere die Aufspaltung des Vorsteuer-Rückerstattungsguthabens in solche Posten, welche die Investitionstätigkeit betreffen und solche, die im Zusammenhang mit der laufenden Geschäftstätigkeit entstanden sind, dürfte eine aufwändige Analyse erfordern. Gewisse Arten von Zahlungen, wie z. B. die Sondervorauszahlung, lassen sich nicht objektiv zuteilen. In jedem Fall stellt die korrekte Analyse von Zahlungen an den Fiskus[4] und ggf. Erstattungen im Zusammenhang mit der Mehrwertsteuer eine nicht zu unterschätzende Schwierigkeit in der praktischen Anwendung der originären Herleitung dar.

13.4.2.5 Abzugs- oder Sicherungssteuern

Die meisten Jurisdiktionen kennen für bestimmte Arten von Geschäftsfällen, insbesondere Kapitalerträgen, die Pflicht der Zahlstelle bestimmte Abzüge vom Kapitalertrag einzubehalten und dem Finanzamt abzuliefern. In Deutschland und Österreich handelt es sich um die Kapitalertragsteuer, in der Schweiz um die Verrechnungssteuer. Die Vorgehensweise zur Geltendmachung einer vollständigen oder teilweisen Rückerstattung oder Anrechnung ist unterschiedlich und hängt von vielen Faktoren des Einzelfalles ab. Den verschiedenen Fallkonstellationen ist jedoch auch hier gemeinsam, dass deren Rückerstattung in Form einer Zahlung regelmäßig nur sinnvoll zu analysieren ist, wenn auf die zugrunde liegenden Einzeltransaktionen Rückgriff genommen wird. Es kann sein, dass diese zeitlich deutlich zurück liegen und häufig in früheren Rechnungsperioden angefallen sind.

---

[4] In der Schweiz an die Eidgenössische Steuerverwaltung.

Die Analyse der Belegkette und damit der verschiedenen Zahlungsgründe ist notwendig, weil in der Cashflow-Rechnung beispielsweise die Rückerstattung der Kapitalertragsteuer auf früher erfasste Zinserträge anders ausgewiesen werden muss als die Rückerstattung von Kapitalertragsteuer mit Bezug auf früher erhaltene Dividendengutschriften. Die automatische Nachverfolgung der Belegkette zwischen der Rückerstattungszahlung und den früheren Belegen für die Erfassung der einzelnen Ansprüche auf Rückerstattung ist in doppelter Weise schwierig. Einerseits liegen teilweise große Zeiträume dazwischen und andererseits verfügen die meisten Finanzbuchhaltungsanwendungen in der Regel nicht über eine in den Datenstrukturen angelegte Verkettung dieser Journaleinträge oder Belege. Eine manuelle Rückverfolgung ist daher in den meisten Fällen notwendig, um die erhaltene Rückerstattungszahlung korrekt für die Cashflow-Rechnung zu klassifizieren.

13.4.2.6 Selbst hergestellte Gegenstände des Anlagevermögens

Zahlungsvorgänge, die zunächst in der Gewinn-und-Verlust-Rechnung als laufender Aufwand erfasst wurden, jedoch nachträglich pauschal wieder in die Bilanz übertragen werden, stellen eine weitere Fallgruppe von Zahlungen mit schwierig automatisierbarer Analyse dar. Darunter fallen aktivierte Eigenleistungen[5]. Sowohl aktivierte Forschungs- und Entwicklungsaufwendungen als auch selbst hergestellte Gegenstände des Sachanlagevermögens sind von dieser Problematik betroffen.

Im Gegensatz zu den Darstellungen in den vorangehenden Abschnitten liegt jedoch eine im zeitlichen Ablauf umgekehrte Belegkette vor. In der Regel erfolgen zunächst die Zahlungen (für Personalaufwand, Materialaufwand und anteiliger übriger betrieblicher Aufwand). Erst zu einem späteren Zeitpunkt erfolgt die Umqualifizierung in einen Gegenstand des Anlagevermögens. Mit anderen Worten ist im Moment der Zahlung teilweise noch nicht erkennbar, dass die Zahlung einer Investitionstätigkeit zuzuordnen ist. Vielmehr deuten die Indizien zumeist auf eine Zahlung im Rahmen der laufenden Geschäftstätigkeit hin.

> **Beispiel**
>
> **Beispiel einer selbst hergestellten Anlage**
>
> Ein Unternehmen aus der Elektrizitätswirtschaft kauft Zement und Kies auf Vorrat ein und leistet dem Lieferanten eine Zahlung, die in diesem Moment als Geldfluss aus laufender Geschäftstätigkeit eingeordnet wird, weil angenommen wird, dass die Materialien für den laufenden Unterhalt der Betriebsanlagen (Wasserkraftwerkbauten) und im Rahmen von Bauten für Kunden eingesetzt werden.
>
> Zum Ende des Jahres zeigt sich jedoch, dass ein gewisser Anteil der im Vorjahr eingekauften Vorräte an Zement und Kies im Rahmen der Erstellung einer neuen Wasserkraftwerkanlage für den Eigengebrauch verwendet wurde. In der Gewinn-und-Verlust-Rechnung wird ein Ertrag aus anderen aktivierten Eigenleistungen und in der Bilanz werden die Herstellkosten als Anlagen im Bau erfasst. Die Herstellkosten umfassen

---

[5] Im Sinne des § 275 Abs. 2 Nr. 3 HGB.

auch denjenigen Anteil der Zement- und Kiesvorräte zu Anschaffungskosten, welche für die Erstellung der Anlage verwendet wurden. ◀

In diesem Beispiel zeigt sich die Problematik der korrekten Zuordnung der Zahlung an den Kies- und Zementlieferanten deutlich. Im Zeitpunkt der Zahlung scheint deren Klassifizierung in vollem Umfang als Auszahlung an Lieferanten im Rahmen der laufenden Geschäftstätigkeit. Die nachträgliche Änderung des Zwecks der Vorräte muss allerdings zu einer nachträglichen und teilweisen Neuklassifizierung der Zahlung führen. Ein Teil der Zahlung ist als Auszahlung für eine Investition zu betrachten. Eine analoge Überlegung ist für die anteiligen Zahlungen an das Personal anzustellen. Im Umfang der in die Erstellung des Kraftwerkbaus eingeflossenen Arbeitsleistungen des eigenen Personals sind diese Zahlungen als Geldfluss aus Investitionstätigkeit zu betrachten. Ob die Notwendigkeit der Anpassung der Cashflow-Rechnung des Vorjahres gegeben ist, hängt von den Regeln zur Behandlung von wesentlichen Fehlern in Vorperioden ab. Diese unterscheiden sich von Standard zu Standard.

Bei dieser Belegkette stellen sich jedenfalls höchste Ansprüche an die Analyse und Klassifizierung von Zahlungen. Diese dürften sich regelmäßig als so komplex darstellen, dass sie sich einer Automatisierung entziehen.

Fazit

Die Anwendung der originären Methode zur Ableitung einer Cashflow-Rechnung erscheint zunächst einfach umsetzbar und sogar automatisierbar. Die in der Praxis häufig auftretenden *Belegketten* stellen aber Herausforderungen dar, die teilweise kaum einer automatisierten Lösung zugänglich sind. Die Grundproblematik sind zwei Journaleinträge bzw. Belege, die in einem für den Menschen erkennbaren sachlogischen Zusammenhang stehen, jedoch nicht immer auch automatisch analysierbaren Verkettungsverhältnis abgespeichert sind. Die Gesamtbetrachtung der Belegkette ist jedoch unabdingbar, weil häufig aus dem Zahlungsvorgang allein die Klassifizierung für die Geldflussrechnung nicht genügend zuverlässig und korrekt abgeleitet werden kann. Die automatisierte Suche nach dem sachlogisch zusammenhängenden Grund- oder Folgebeleg ist abhängig von der Datenarchitektur und der Funktionalität der eingesetzten IT-Systeme. Auch wenn bei entsprechender Konzeption der Software gewisse Gruppen von Geschäftsfällen automatisiert auf die verketteten Belege, bzw. Buchungsvorgänge hin analysiert werden können, verbleibt eine Restmenge, die nur manuell analysiert und klassifiziert werden kann.

13.5 Beurteilung der Umsetzbarkeit der originären Methode

In den vorangehenden Abschnitten wurden die praktischen Herausforderungen im Zusammenhang mit der Anwendung der originären Herleitung dargestellt. In diesem Abschnitt wird skizziert, welche grundsätzlichen Lösungsansätze für eine automatisierte Ableitung der Geldflussrechnung aus einer Buchhaltungssoftware unter Verwendung der originären

Vorgehensweise denkbar sind. Zugleich wird eine grobe Beurteilung ihrer Tauglichkeit unter technischen und wirtschaftlichen Aspekten vorgenommen. Abschließend werden die Erkenntnisse zusammengefasst und auf dieser Grundlage eine Gesamtbeurteilung der Umsetzbarkeit der originären Methode in der unternehmerischen Praxis vorgenommen.

Aufgrund der in der Praxis regelmäßig auftretenden großen Anzahl an Zahlungstransaktionen wird eine nachträgliche, rein manuelle Analyse aller Zahlungsvorgänge nicht in Betracht gezogen. Vielmehr wird die Frage untersucht, ob durch zusätzliche Funktionalitäten in der Buchhaltungssoftware eine automatisierte Erstellung der Geldflussrechnung auf Grundlage der originären Methode darstellbar wäre. Aufgrund der sehr unterschiedlichen Konzeptionen der Datenarchitektur und Funktionsumfang von Buchhaltungssoftware kann die Analyse jedoch nur auf einer relativ grundsätzlichen Ebene verbleiben und geht daher nicht auf Einzelheiten technischer Art ein.

13.5.1 Automatisierte Ableitung der Geldflussrechnung

Lernziele
- Die grundsätzliche Vorgehensweise zur automatisierten Ableitung der Geldflussrechnung aus Datensätzen einer bestehenden, softwaregestützt geführten Buchhaltung beschreiben.
- Alternativen der Klassifikation von Zahlungsvorgängen für Zwecke der Cashflow-Rechnung aufzählen und skizzenhaft erläutern.
- Die betriebswirtschaftlichen und technischen Schwierigkeiten bei der Anwendung der originären Methode aufzählen und beschreiben.

Die automatisierte Ableitung der Geldflussrechnung dürfte sich an der Methodik orientieren, wie sie bereits oben Abschn. 13.1 dargestellt wurde:

Wesentliche Teilschritte der originären Methode (vereinfacht)
1. Identifikation der Buchhaltungskonten, die Bestandteil des Finanzmittelfonds sind.
2. Klassifizierung der Buchhaltungskonten außerhalb des Finanzmittelfonds nach den drei Geschäftstätigkeiten, nach denen die Geldflussrechnung gegliedert wird.
3. Filterung des gesamten Buchungsjournals der betrachteten Periode nach Journaleinträgen mit nur einseitigem Vorkommen eines der Buchhaltungskontonummern nach Punkt 1.
4. Analyse der Journaleinträge aus Punkt 3. zur Ermittlung der Gegenbuchung zu dem Konto des Finanzmittelfonds.

5. Klassifizierung der Transaktion nach Geldzufluss und Geldabfluss aufgrund der Veränderung des Buchhaltungskontos innerhalb des Finanzmittelbestands.
6. Klassifizierung der Transaktion nach Tätigkeitsart des Geldflusses aufgrund des Gegenkontos mittels der Klassifizierung nach Punkt 2.
7. Sortierung und Gliederung der analysierten Transaktionen nach Tätigkeitsarten, Geldzuflüssen und Geldabflüssen und Gruppen gleichartiger Transaktionen.
8. Bildung von Zwischensummen pro Tätigkeitsbereich.
9. Erstellung eines Liquiditätsveränderungsnachweises.
10. Ermittlung einer eventuellen Differenz zwischen Summe aller Tätigkeitsbereiche und der Liquiditätsveränderung sowie Ermittlung und Behebung der Ursachen eventueller Differenzen.

Nachstehend wird nur auf diejenigen Arbeitsschritte besonders eingegangen, die sich als problematisch hinsichtlich deren Automatisierbarkeit darstellen.

Der Teilschritt 2 dürfte vor allem für Personenkonten nicht unproblematisch sein. Teilweise wurde oben auch festgestellt, dass in dem gleichen Personenkonto auch Gegenbuchungen zu Zahlungen erfasst werden, die in der Cashflow-Rechnung unterschiedlich zu behandeln sind. Namentlich sind z. B. Personenkonten für Lieferanten, die Gegenstände liefern, die als Investitionstätigkeit zu betrachten sind und gleichzeitig auch Gegenstände, die im Rahmen der laufenden Geschäftstätigkeit verwendet werden, nicht mehr eindeutig einer Gruppe von Tätigkeiten zurechenbar.

Der Teilschritt 6 stellt wohl die größte Herausforderung dar. Die Problematik im Zusammenhang mit Sammelzahlungen und Sammelbuchungen, die Herausforderungen durch Hilfs- und Nebenbuchhaltungen sowie die Notwendigkeit der Verfolgung von zusammenhängenden Journaleinträgen (Belegketten) wurden oben in den vorangehenden Abschnitten dieses Kapitels im Einzelnen dargestellt.

Die übrigen Teilschritte sind wohl in den meisten Buchhaltungssoftwareanwendungen durch die Softwarelieferanten theoretisch implementierbar.

Aus diesem Grund wird in den nachfolgenden Unterabschnitten auf den Teilschritt 6 näher eingegangen. Zunächst wird erörtert, wie eine voll automatisierte Klassifikation der Zahlungsvorgänge trotz der erwähnten Schwierigkeiten gelöst werden könnte. Dann wird auf die Frage eingegangen, ob dieser Schritt durch manuelle Eingriffe im Sinne einer Zusatzkennzeichnung durch die Benutzer erfolgen könnte.

13.5.1.1 Softwaregestützte Klassifikation von Zahlungsvorgängen

Wie oben bereits angedeutet worden ist, lässt sich die Frage der Machbarkeit einer vollständigen Automatisierung der Klassifikation von Zahlungsvorgängen nur im Kontext einer konkret vorliegenden Softwarelösung im Einzelfall beantworten. Eine generelle Beurteilung ist nur in der Weise möglich, als zumindest große konzeptionelle Hürden in den obigen Abschnitten identifiziert wurden, die wohl nur im Falle einer Softwarelösung mit ausgeklügelter Datenstruktur und sehr hohem Integrationsgrad überhaupt Aussicht auf eine erfolgreiche Bewältigung aufweisen. Aber auch wenn diese Voraussetzung gegeben ist, dürfte die funktionale Programmierung sehr anspruchsvoll sein, um z. B. eine Sammelzahlung von mehreren Kunden, die mehrere Rechnungen mit unterschiedlichen Rechnungspositionen über Nebenbuchhaltungen und Belegketten betrifft, korrekt zu klassifizieren. Jedenfalls ist dem Autor keine Softwarelösung bekannt, welche diese Herausforderung angenommen und ausschließlich basierend auf der originären Herleitung und ohne unzulässige Vereinfachungen erfolgreich gelöst hat.

13.5.1.2 Manuelle Klassifikation von Zahlungsvorgängen

Gerade weil die voll automatisierte und nachträgliche Analyse des mit Software auswertbar vorliegenden Buchungsstoffs (Journaleinträge und weitere Informationen aus Vorsystemen) stellt sehr hohe Anforderungen. Deshalb ist auch das Konzept einer manuellen Klassifikation durch die Benützer als mögliche Alternative für diesen Teilschritt zu erörtern. Zunächst wirkt der Grundgedanke bestechend einfach: Bei der Erfassung einer Buchung in einem Konto, das dem Finanzmittelbestand zugeordnet ist, verlangt das System vom Benutzer eine zusätzliche Kennung im Sinne einer „Cashflow-Kontierung". Voraussetzung wäre eine Art Kontoplan der verfügbaren Cashflow-Transaktionsarten im Sinne von einmalig angelegten Stammdaten. Es würde zunächst als problemlos erscheinen, weil im Zuge der Erfassung einer Zahlungstransaktion im Finanzbuchhaltungssystem die Klassifikation der Transaktion aus Sicht der Cashflow-Rechnung als bekannt vorausgesetzt würde.

Diese Voraussetzung ist wohl bei einfachen paarweisen Buchungen gegeben. In der Regel werden aber Zahlungstransaktionen entweder automatisiert oder durch Personal erfasst, das die nötige Zusatzqualifikation für die korrekte Klassifizierung für die Geldflussrechnung zumeist nicht aufweist und wohl diese Zusatzqualifikation auch kaum erfolgreich erwerben kann. Es handelt sich in arbeitsteilig organisierten größeren Finanzabteilungen häufig um wenig qualifiziertes Personal, das vor allem für schnelle und fehlerfreie Erfassung von reinen Routinevorgängen eingesetzt wird. Bei der automatisierten Verbuchung von Zahlungstransaktionen stellen sich die gleichen Fragen wie bereits oben in Abschn. 13.5.1.1 skizziert wurde.

Schließlich ist erneut auf die bereits in den obigen Abschnitten über Sammelzahlungen und Sammelbuchungen, Neben- und Hilfsbuchhaltungen sowie Belegketten ausführlich besprochenen Fragestellungen hinzuweisen. Auch bei einer manuellen „Zusatzkontierung für Cashflow-Rechnung" stellen sich diese Aufgaben derjenigen Person, die mit der Aufgabe konfrontiert ist, eine Zahlung zu klassifizieren. In solchen Fällen ist die Zahlung zunächst in viele Teile aufzuspalten und jedem einzelnen Teil wäre dann eine Zusatzkontierung zuzuordnen. Dies macht zum einen eine gesonderte Datei mit diesen Datensätzen nötig und zum anderen ist die Person durch die Nachverfolgung bis zur Grundbuchung, allenfalls zur einzelnen Position im Grundbeleg, stark von der eigentlichen Kerntätigkeit abgelenkt. Die Recherchen zur Ermittlung der korrekten Zusatzkontierung für Zwecke der Erstellung der Cashflow-Rechnung sind häufig derart aufwändig und auch fachlich anspruchsvoll, dass die Person sowohl zeitlich und fachlich überfordert wäre.

13.5.2 Gesamtbeurteilung der Umsetzbarkeit in der Praxis

Lernziel
Die Ursachen der seltenen Anwendung der originären Methode in der Praxis erläutern.

Die manuelle Rückverfolgung des jeder Zahlung zugrunde liegenden Ursprungsbelegs ist ganz offensichtlich sehr aufwändig und für Unternehmen mit einer größeren Anzahl von Zahlungsvorgängen kaum wirtschaftlich vertretbar, um eine Cashflow-Rechnung aufzustellen. Zudem steht auch der häufig vorhandene Zeitdruck und die zusätzliche Belastung der bei der Abschlusserstellung beteiligten Personen einer solchen rein manuellen nachträglichen Analyse der Zahlungstransaktionen entgegen.

Bei der manuellen Kennzeichnung (Erfassung einer Zusatzkontierung Geldflussrechnung im Buchhaltungssystem) fällt einerseits eine zusätzliche Arbeitsbelastung an, die bedeutend ist, weil gerade die Erfassung von Ein- und Auszahlungsvorgängen einen großen Teil des gesamten Buchungsstoffs umfassen. In zeitgemäß organisierten Unternehmen ist ein hoher Anteil dieser Vorgänge jedoch automatisiert. Kundenzahlungen werden regelmäßig aus von den Banken zur Verfügung gestellten Dateien automatisch in das Buchführungssystem überführt, ohne dass es eines manuellen Eingriffs bedarf. Das gilt auch für geleistete Zahlungen, z. B. an Lieferanten oder Angestellte, welche üblicherweise von der Buchführungssoftware automatisch erfasst werden. Die für die Geldflussrechnung nötigen Zusatzinformationen würden solche automatischen Prozesse durchbrechen und manuelle Bearbeitungen erforderlich machen. Zudem ist für eine hohe Datenqualität der Zusatzkontierung eine fundierte Kenntnis der maßgebenden Regelungen zur Klassifikation von Geldflüssen nötig. Zumeist werden die Buchhaltungsarbeiten im Bereich der Erfassung von Belegen des Zahlungsverkehrs von Personen auf einfacher Sachbearbeitungsstufe vorgenommen. Zur Gewährleistung einer einheitlich hohen Datenqualität muss die Zusatzkontierung durch Personen mit höherer Qualifikation vorgenommen werden. Es sind nämlich neben dem Zahlungsbeleg selbst auch Recherchen zu vorgelagerten Buchungsvorgängen nötig, z. B. hinsichtlich der Rechnungen, auf die sich die Zahlung bezieht. Dies bedeutet eine nachträgliche, aufwändige Arbeit zur Ermittlung und Erfassung der notwendigen Zusatzkontierung für die Geldflussrechnung.

Die automatisierte Generierung oder Ableitung von solchen Zusatzinformationen ist zwar für gewisse Standardgeschäftsfälle unproblematisch. Daneben bestehen aber noch Geschäftsfälle, bei denen vereinfachte Ableitungsregeln zu falschen Zusatzkontierungen führen würden und somit auch zu einer fehlerhaften Geldflussrechnung. Zu denken ist dabei z. B. an erhaltene Zahlungen, die nicht die laufende Geschäftstätigkeit, sondern z. B. die Investitionstätigkeit betreffen (Veräußerung von Anlagevermögen). Auch bei den geleisteten Zahlungen lässt sich kaum aus der Information zur Zahlungstransaktion auf die Klassifizierung in der Geldflussrechnung schließen. Es kann sich bei Zahlungsausgängen um die Zahlung von Löhnen, die Zahlung von Rechnungen im Zusammenhang mit der laufenden Geschäftstätigkeit, aber auch die Zahlung einer Rechnung für einen Investitionsvorgang handeln. Zur automatisierten Klassifikation müsste das System also über eine Verkettung des Zahlungsvorgangs mit der zugrunde liegenden Rechnung und dessen Kontierung über mehrere Stufen eine automatisierte Ableitung vornehmen. Dies ist technisch sehr anspruchsvoll in der Realisierung mit einer Softwarelösung und ist in gängigen Standardlösungen für die Buchführung nicht implementiert. Hauptursache der Probleme ist die Tatsache, dass die meisten Zahlungsvorgänge nur indirekt über Forderungs- oder Verbindlichkeitskonten, teilweise auch Abstimm- oder Kontrollkonten, mit dem eigentlichen Grundvorgang verknüpft sind. Aus diesen Gegenbuchungen lässt sich nicht zuverlässig auf die Art des Zahlungsstroms schließen, die für eine zutreffende Klassifizierung der Ein- oder Auszahlung notwendig wäre. Nach Amen (1994, S. 196) „erweist sich eine reine Zahlungsstromrechnung als unbrauchbar". „Um die Investitions- und Finanzierungsvorgänge bei einer Erstellung der Kapitalflussrechnung aus den Kontenumsätzen vollständig zu erfassen, ist es erforderlich, stets den kompletten Geschäftsgang von den elementaren Geschäftsvorfällen bis hin zur Erstellung des Jahresabschlusses gedanklich nachzuvollziehen. Neben den liquiditätswirksamen Kontenbewegungen sind dabei auch die liquiditätsneutralen Umsätze zwischen den Konten zu berücksichtigen, da erst bei Kenntnis der weiteren Behandlung der verbuchten Beträge eine zweckentsprechende Zuordnung zu den Bereichen der Kapitalflussrechnung erfolgen kann. Besonders deutlich wird dies am Beispiel der in den ‚anderen aktivierten Eigenleistungen' des Gesamtkostenverfahrens enthaltenen Primäraufwendungen, aus denen hier die Fertigungslöhne herausgegriffen werden: die gezahlten Fertigungslöhne werden zunächst in dem Personalaufwand erfasst. Der Personalaufwand wird über die Gewinn- und Verlustrechnung. Die Gegenbuchung zum Zugang des betreffenden Anlagekontos erfolgt über die Gewinn- und Verlustrechnung und wird dort als ‚andere aktivierte Eigenleistungen' der Aufwandsumme gegenübergestellt. (...) In beiden Fällen (...) kann der Investitionscharakter erst spät erkannt werden" (Amen 1994, S. 196). „Ebensowenig können die geleisteten Ausgaben für Forschung und Entwicklung, die ebenfalls in den Anlagenbereich einzustellen sind, aus einer Betrachtung der Kontenumsätze der Liquiditätsbestände erkannt werden" (Amen 1994, S. 196).

Fazit

Die *Anwendung der originären Methode scheitert in der Praxis* an dem für das erstellende Unternehmen zu hohen Aufwand, der durch den zusätzlichen Nutzen der direkten Darstellung von Geldflüssen aus Sicht des Unternehmens zumeist nicht gerechtfertigt werden kann. Die originäre Methode zeichnet sich durch Rückgriff auf Einzeltransaktionen aus. Bei mittleren und größeren Unternehmen kann dies in wirtschaftlicher Weise aber nur automatisiert erfolgen. Bislang bestehen jedoch *keine Standardsoftwarelösungen*, welche mittels der originären Methode eine korrekte Cashflow-Rechnung „auf Knopfdruck" generieren können.

Eine mitlaufende manuelle Zusatzkontierung für Zwecke der Cashflow-Rechnung dürfte als Alternative zur voll automatisierten Analyse aus verschiedenen betrieblichen Gründen nicht zu rechtfertigen sein. Neben dem *hohen zeitlichen Aufwand für die Analysearbeiten* stellt diese Zusatzaufgabe auch *Ansprüche an die fachliche Qualifikation*, die in den meisten Unternehmen auf dieser Stufe des Personals nicht vorausgesetzt werden dürfen.

Die originäre Methode mündet in einer aussagekräftigen Darstellung der Cashflow-Rechnung, weil sie auch in dem Bereich der Cashflows aus Geschäftstätigkeit ausschließlich eine direkte Methode verwendet und dabei den Einzahlungen die Auszahlungen aus der Geschäftstätigkeit gegenüberstellt. Es ist bedauerlich, dass es scheinbar nicht gelingt, diese Herleitungsform softwaremäßig so umzusetzen, dass eine „Cashflow-Rechnung auf Knopfdruck" ermöglicht wird. Es bleibt zu hoffen, dass die in diesem Kapitel dargestellten Herausforderungen durch findige Softwareentwickler bewältigt werden können. Bis dahin verbleibt wohl nur die modifizierte derivative Herleitung mit hohen Anteilen an von Menschen zu leistenden Analysearbeiten.

Kapitel-Zusammenfassung

Die originäre Methode erscheint zunächst bestechend einfach und klar. Man könnte daher meinen, dass sie problemlos als Zusatzmodul „Cashflow-Rechnung" einer Buchhaltungsmethode von Softwarelieferanten implementiert werden könnte. Dennoch gibt es keine solchen Standardprodukte auf dem Markt, die ausschließlich auf Grundlage einer originären Herleitung arbeiten. Dies hängt mit den *nicht unerheblichen konzeptionellen Herausforderungen* einer solchen Aufgabenstellung zusammen, welche in diesem Kapitel im Einzelnen dargestellt wurden. Auch mit Hilfe von ergänzenden manuellen Eingriffen in Form von „Zusatzkontierungen" *lässt sich die originäre Herleitung nach heutiger Einschätzung kaum wirtschaftlich umsetzen*. Mit der immer größeren Bedeutung der in Form der direkten Darstellung ausgestalteten Finanzplanung wäre es dennoch sehr wünschbar, wenn die originäre Herleitung aus den einzelnen Zahlungstransaktionen angewendet würde, weil nur damit eine zuverlässige *direkte Darstellung der effektiven Geldfluss-Werte* aus der laufenden Geschäftstätigkeit möglich ist. Damit wäre ein zeilenweiser Plan-Ist-Vergleich erst ermöglicht, da die Geldflussplanungen sinnvollerweise geplante Einzahlungen und Auszahlungen beinhalten und nicht eine indirekt ermittelte Gesamtsumme für die Cashflows aus der Geschäftstätigkeit. Aus diesen Gründen *kommt für die Cashflow-Rechnung die originäre Methode in der Praxis leider kaum zur Anwendung*.

Literatur

Amen M (1994) Erstellung von Kapitalflussrechnungen. Oldenbourg, München/Wien
Geuppert F (2003) Cash Flow Accounting (Diss. St. Gallen). Difo-Druck, Bamberg

The manufacturer's authorised representative in the EU is Springer
Nature Customer Service Centre GmbH,,Europaplatz 3, 69115 Heidelberg,
Germany. If you have any concerns regarding our products, please
contact ProductSafety@springernature.com

Printed and bound by CPI Group (UK) Ltd, Croydon, CR0 4YY

24/04/2026

02096351-0016